Christoph Koch

Vertrag, Treueid und Bund

Studien zur Rezeption
des altorientalischen Vertragsrechts im Deuteronomium
und zur Ausbildung der Bundestheologie
im Alten Testament

Walter de Gruyter · Berlin · New York

♾ Gedruckt auf säurefreiem Papier,
das die US-ANSI-Norm über Haltbarkeit erfüllt.

ISBN 978-3-11-020245-8
ISSN 0934-2575

Bibliografische Information der Deutschen Nationalbibliothek

Die Deutsche Nationalbibliothek verzeichnet diese Publikation in der Deutschen Nationalbibliografie; detaillierte bibliografische Daten sind im Internet über http://dnb.d-nb.de abrufbar.

Printed in Germany

Einbandgestaltung: Christopher Schneider, Berlin

Für Marina

Vorwort

Die vorliegende Arbeit ist im Sommersemester 2007 von der Theologischen Fakultät der Ruprecht-Karls-Universität Heidelberg als Dissertation angenommen und für den Druck geringfügig überarbeitet worden.

Mein herzlicher Dank gilt an erster Stelle meinem Doktorvater, Herrn Prof. Dr. Jan Christian Gertz. Er hat die Arbeit angeregt und ihr Entstehen auf vielfache Weise begleitet und gefördert.

Herrn Prof. Dr. Manfred Oeming danke ich für die Übernahme des Zweitgutachtens.

Die hethitologischen und assyriologischen Anteile der Arbeit hat Frau Prof. Dr. Doris Prechel (Mainz) begleitet. Dafür sowie für die Erstellung des altorientalistischen Drittgutachtens gilt ihr mein aufrichtiger Dank.

Zu danken habe ich auch Herrn Prof. Dr. Dr. h.c. mult. Otto Kaiser (Marburg), der mich schon zu Beginn meines Studiums für das Alte Testament als Teil des Alten Orients begeistert hat und stets ein freundschaftlicher Begleiter und Förderer auf meinem Weg war.

Die Arbeit ist im Rahmen des Mainzer Sonderforschungsbereichs 295 „Kulturelle und sprachliche Kontakte“ der Deutschen Forschungsgemeinschaft entstanden. Den dortigen Kolleginnen und Kollegen sowie den Teilnehmerinnen und Teilnehmern der Alttestamentlichen Sozietät in Heidelberg möchte ich für viele Gespräche und Anregungen danken.

Der Mühe des Korrekturlesens haben sich meine Kolleginnen Anke Wewer (Heidelberg) und Susanne Görke (Mainz) sowie mein langjähriger Freund Dietmar Becker (Marburg) unterzogen. Ihnen sowie meiner Mainzer Kollegin Ulrike Lorenz-Link, die mir nicht zuletzt bei der Erstellung der Druckvorlage eine große Hilfe war, bin ich sehr zu Dank verpflichtet.

Mein Dank gilt ferner den Herausgebern der Reihe *BZAW* sowie dem Verlag *Walter de Gruyter* für die Aufnahme und verlegerische Begleitung der Arbeit.

Schließlich möchte ich mich bei meiner Familie bedanken, namentlich bei meiner Frau Marina Koch, die mit Geduld und Ermutigung das Entstehen der Arbeit begleitet hat. Ihr möchte ich das vorliegende Buch widmen.

Neukirchen/Knüll, im Mai 2008 — Christoph Koch

Inhaltsverzeichnis

I. Einleitung

Der „Bund" (hebr. *bryt*[1]) ist im Alten Testament die zentrale Metapher für die Darstellung des Gottesverhältnisses „Israels"[2].[3] Der Bundesbegriff spielt in der Folge im Neuen Testament[4] und in der weiteren Geschichte des Christentums,[5] nicht zuletzt auch im Hinblick auf sein Verhältnis zum Judentum,[6] eine entscheidende Rolle. Dass die hebräische Vokabel *bryt* („Bund") als Metapher für das Gottesverhältnis im Alten Testament nebenbei gleichzeitig der Kennzeichnung verschiedener Arten von zwischenmenschlichen Abkommen („Vertrag") dient, geben die biblischen Texte offen zu erkennen.[7] Vergleichsweise jung ist jedoch die Einsicht, dass der im Alten Testament ausgedrückte Gedanke, Jhwh habe mit Israel auf dem Horeb einen „Bund" geschlossen (vgl. Dtn 5,2 u.ö.), mit der Rezeption von Vorstellungen und Sprachformen des altorientalischen Vertragsrechts einherging, das primär dem Zweck diente, entweder abhängige Vasallenkönige oder die eigenen Untertanen auf den (Groß-) König zu vereidigen. War mit der Metapher vom „Bund" ohnehin die Gefahr einer Verrechtlichung der ehedem „natürlichen" Beziehung zwischen Gott und Mensch[8] gesehen worden, so stieß die weiter reichende These einer Abhängigkeit der Bundestheologie von einer dem Herrschaftserhalt altorientalischer Könige dienenden rechtlich-politischen Institution auf erhebliche theologische

---

1 Wegen der besseren Vergleichbarkeit mit dem Aramäischen und Akkadischen wird das Hebräische in der vorliegenden Arbeit in einer reinen Konsonantenumschrift dargeboten (s. hierzu die Legende auf S. 326).

2 Da sich der Name „Israel" im Laufe der Geschichte mehrfach gewandelt hat (vgl. Berlejung, Geschichte, 63), wird er im Folgenden, wo immer er etwas anderes als das 722 seiner Eigenstaatlichkeit entledigte Nordreich bezeichnet, in Anführungszeichen gebraucht.

3 So konnte Eichrodt den Bundesbegriff als Aufbauprinzip seiner „Theologie des Alten Testaments" verwenden (vgl. bes. ders., Theologie 1, passim).

4 Vgl. zur Rezeption des Bundesbegriffs im Neuen Testament vor allem die Bezugnahmen in den Paulusbriefen und dazu Merklein, Bund.

5 Exemplarisch sei die Föderaltheologie des Coccejus im 17. Jh. genannt; vgl. zu Ursprung und Geschichte dieser altreformierten Lehrbildung Link, Föderaltheologie, 172–175.

6 Vgl. dazu z.B. Zenger, Bundestheologie, bes. 44–49.

7 Vgl. zu den drei als *bryt* apostrophierten Arten der Verpflichtung Kaiser, Theologie 3, 13–15.

8 Vgl. Wellhausen, Prolegomena, 415f.

Vorbehalte.[9] Seit der Entdeckung der Zusammenhänge in den 1950er Jahren gilt die Verhältnisbestimmung von Bundestheologie und Altem Orient als eine ungelöste Aufgabe der alttestamentlichen Wissenschaft. Dabei werden in der vergleichenden Forschung vor allem drei Fragerichtungen lebhaft diskutiert, die zugleich den Hauptgegenstand der vorliegenden Studien bilden:

(1.) Woher stammen die in den bundestheologischen Texten rezipierten vertragsrechtlichen Vorstellungen und Sprachformen?

(2.) Wann ist die Bundestheologie ausgebildet worden?

(3.) Wie könnte der Rezeptionsprozess verlaufen sein, an dessen Ende die Bundestheologie stand?

1. Etappen der Forschungsgeschichte

Ausgangspunkt der vergleichenden Forschung auf dem Gebiet der Bundestheologie, die im Jahr 1954 mit den Beiträgen „Ancient Oriental and Biblical Law“ und „Covenant Forms in Israelite Tradition“ von G. E. Mendenhall ihren Anfang nimmt, sind zwei diametral entgegenstehende Ortsbestimmungen der Bundestheologie, die mit den prominenten Namen J. Wellhausen und M. Weber zu verbinden sind. Die forschungsgeschichtliche Skizze[10] zum Thema „Entstehung der Bundestheologie im Alten Testament“ soll deshalb mit einer knappen Gegenüberstellung dieser beiden Ansätze beginnen. *J. Wellhausen* hat sich im ausgehenden 19. Jh. in seinen epochalen „Prolegomena“ gegen eine vorstaatliche Datierung der Bundestheologie in mosaische Zeit ausgesprochen. Für ihre Interpretation als ein – erst mit der Einführung des deuteronomischen Gesetzes durch Joschija von Juda im Jahr 622[11] Gewicht erlangendes[12] – spätes Theologumenon führt Wellhausen neben dem Konkordanzbefund[13] vor allem

9 Vgl. zu diesem Problemkreis Lohfink, Wandlung, 423–444, bes. 423–432. – In diesen Bereich gehört auch die semantische Neubestimmung von hebr. *bryt*, die am nachdrücklichsten von Kutsch gefordert worden ist: „Für das Verständnis von *b^erît* ist von der Bedeutung ‚Bestimmung‘, ‚Verpflichtung‘ auszugehen. Je nach dem Kontext ist von da aus die Selbstverpflichtung, Zusage wie auch die Fremdverpflichtung, das Gebot, Gesetz gemeint; und nur bei wechselseitiger Verpflichtung mehrerer ‚Parteien‘ kann sich – im profanen, nicht aber im theologischen Bereich – für *b^erît* auch der Sinn von ‚Bund‘ o.ä. nahe legen.“ (ders., Bund, 398)

10 Die Skizze erhebt in keiner Weise den Anspruch auf Vollständigkeit. Für einen ausführlicheren forschungsgeschichtlichen Überblick sei auf den Exkurs „Der Ursprung der Bundestheologie in Assyrien und Juda. Eine forschungsgeschichtliche Orientierung“ in Otto, Gottes Recht, 128–166, verwiesen. – Die Auseinandersetzung mit Forschungspositionen zu Einzelproblemen erfolgt jeweils z. St.

11 Die chronologische Näherbestimmung „vor“ bzw. „nach Christus“ erfolgt in der vorliegenden Arbeit nur dann, wenn sie sich nicht aus dem Kontext eindeutig erschließen lässt.

12 Vgl. Wellhausen, Prolegomena, 417.

die religionsgeschichtliche Entwicklung von einem „natürlichen" zu einem „sittlich bedingten" Gottesverhältnis an, die sich ihm als Folge der chronologischen Neubestimmung der literarischen Größen Prophetie, Deuteronomium und Priesterschrift nahe legt:[14]

> „Auch in der späterhin so sehr beliebt gewordenen Form des Bundes hat die Theokratie nicht seit Moses existirt. Das Verhältnis Jahves zu Israel war von Haus aus ein natürliches; kein zum Nachdenken geeignetes Zwischen trennte ihn von seinem Volke. Erst seitdem durch Syrer und Assyrer die Existenz Israels bedroht wurde, hoben Propheten wie Elias und Amos die Gottheit hoch über das Volk hinaus, zerschnitten das natürliche Band zwischen ihnen und setzten ein bedingtes und zwar sittlich bedingtes Verhältnis an die Stelle."

Als ein in der weiteren Diskussion Ton angebender Gegenspieler des Wellhausen'schen Spätdatierungsprogramms ist *M. Weber* mit seiner religionssoziologischen These einer „israelitischen Eidgenossenschaft" in vorstaatlicher Zeit anzusprechen. Weber leitet den mosaischen Ursprung der Bundestheologie von der von ihm für das vorstaatliche „Israel" postulierten institutionellen Verfasstheit der Stämme und insbesondere einzelner religiöser Gruppierungen ab:[15]

> „Die Bedeutung des ‚Bundes'-Begriffs für Israel an sich hat ihren Grund darin, dass die alte Sozialverfassung Israels zum sehr wesentlichen Teil auf einer durch Kontrakt regulierten Dauerbeziehung grundbesitzender Kriegersippen mit *Gaststämmen* als rechtlich geschützten Metöken: Wanderhirten und Gasthandwerkern, Kaufleuten und Priestern, beruhte. Ein ganzes Gewirr solcher Verbrüderungen [...] beherrschte die soziale und ökonomische Gliederung. Dass aber der Bund *mit* dem Gott Jahwe selbst eine für Israels Selbstbeurteilung seiner Gesamtstellung unter den Völkern grundlegende Konzeption wurde, hing mit [...] [der] außerordentliche[n] Stabilität eines bestimmten Verbandstypus [zusammen], der sich gerade bei diesen nicht vollsesshaften Schichten findet: *des religiösen Ordens* oder ordensartigen Kultverbandes. Als tragfähige Basis für politische und militärische Organisationen auf lange Sicht scheint geradezu nur ein derartiger religiöser Verband geeignet gewesen zu sein."

Die Eigenheit der „israelitischen" Bundeskonzeption als „Bundesschließungen *mit dem Gott selbst*, der also bei der Rache des Bundesbruchs seine eigenen verletzten Vertragsrechte, nicht nur die seinem Schutz empfohlenen Ansprüche

---

13 Vgl. a.a.O., 416: „Der Name Berith [...] findet sich bei den alten Propheten noch nicht, selbst nicht bei Hosea [...]."

14 A.a.O., 415f.

15 Weber, Judentum, 354 (kursiv im Original).

der vertragstreuen Partei vertritt“[16], ergibt sich nach Weber ihrerseits aus der spezifischen „israelitischen“ Gotteskonzeption:[17]

> „Er war, wie wir annehmen müssen: seit Mose, der Bundesgott des israelitischen Bundes und, dem Zweck des Bundes entsprechend, vor allem der Bundeskriegsgott. Aber dies war er in sehr eigener Art. Durch einen Bundesvertrag ist er dazu geworden. Und dieser Vertrag musste außer unter den Bundesgliedern auch mit ihm selbst abgeschlossen werden deshalb, *weil* er nicht ein inmitten des Volkes residierender oder schon bekannter, sondern ein bisher fremder Gott war und ein ‚Gott aus der Ferne‘ blieb. Dies war das Entscheidende der Beziehungen. Jahwe war ein Wahlgott. Durch berith mit ihm hat sich ihn das Bundesvolk erwählt, ganz ebenso wie es sich später durch berith seinen König einsetzte. Und umgekehrt hat er dieses Volk aus allen anderen nach freiem Entschluss erwählt. Das hält er dem Volk durch die priesterliche Thora und die prophetischen Orakel später immer wieder vor: aus freier Gnade hat er dies und kein anderes Volk sich als sein Volk ausersehen, ihm Verheißungen gegeben wie keinem andern und dafür seine Versprechungen entgegengenommen. Und daher war nun überall, wo das Bundesvolk als solches eine berith machte, er, der Gott, der ideelle Gegenpartner. Alle Verletzungen der heiligen Satzungen waren also nicht nur Verstöße gegen Ordnungen, die er garantiert, wie dies andere Götter auch tun, sondern Verletzungen der feierlichsten Vertragsverpflichtungen gegen ihn selbst.“

Die von Weber eingeleitete institutionsgeschichtliche Verankerung der Vertragsvorstellung im vorstaatlichen „Israel“ konnte in der Folge mit Hilfe der berühmten – jedoch inzwischen als widerlegt geltenden – Amphiktyonie-Hypothese M. Noths aus dem Jahr 1930 noch einmal bekräftigt werden.[18]

Die erste Etappe der vergleichenden Forschung auf dem Gebiet der Bundestheologie beginnt – nach kleineren Vorarbeiten[19] – erst nach dem Zweiten Weltkrieg in den 1950er Jahren, obwohl die einschlägigen hethitischen Vergleichstexte schon seit Jahrzehnten ediert[20] und juristisch interpretiert[21] vorlagen. Vor dem Hintergrund der Wellhausen-Weber'schen Datierungskontroverse kommt dem außerbiblischen Vergleichsmaterial von Anfang an die Rolle der entscheidenden *external evidence* zu. So formuliert *G. E. Mendenhall*, der Pionier der vergleichenden Forschung:[22]

16 A.a.O., 352 (kursiv im Original).

17 A.a.O., 423–425 (kursiv im Original).

18 Die These sowie die entscheidenden Gegenargumente werden dargelegt bei Donner, Geschichte 1, 72–76.

19 So hat Noth 1938 erstmals die hethitischen Staatsverträge für seine Interpretation von Dtn 28 in Anspruch genommen, vgl. ders., Fluch, bes. 161–165.

20 Vgl. Friedrich, Staatsverträge I/II; Weidner, Dokumente.

21 Vgl. Korošec, Staatsverträge.

22 Mendenhall, Recht, 27.

„Da es bekanntlich schwierig ist, die Geschichte der israelitischen Religion aus den Geschichtsüberlieferungen der Bibel zu rekonstruieren, braucht der Historiker ein außerhalb dieses Buches liegendes Kriterium für die Prüfung seiner Theorien."

Dieses Kriterium erblickt Mendenhall im Formzusammenhang zwischen alttestamentlichen bundestheologischen Texten und dem von hethitischen Vasallenverträgen bezeugten Vertragsformular. Vor allem der Dekalog (Ex 20// Dtn 5) zeige nach Mendenhall eine große Nähe zum Aufbau der hethitischen Texte, wobei der biblischen Abfolge von Selbstvorstellung Jhwhs und Ge- bzw. Verboten in den Vasallenverträgen die von Korošec ermittelte feste Abfolge Präambel – Vorgeschichte – Vertragsbestimmungen entspreche.[23] Nach Mendenhall ist der Formzusammenhang zwischen alttestamentlichen Texten wie dem Dekalog und dem Vertragsformular der hethitischen Vasallenverträge aus dem 2. Jt. geeignet, auf formgeschichtlichem Umweg eine Entscheidung in der Datierungskontroverse zugunsten der Weber-Noth'schen institutionellen Verankerung des Bundesbegriffs im vorstaatlichen „Israel" herbeizuführen:[24]

„Israelitische Überlieferungen betrachten den Bund am Sinai als das Ereignis, dem Israel sein Dasein als besonderes religiöses Gemeinwesen verdankt. Gegen diese Sicht vom Ursprung Israels wandte sich Wellhausen, der die israelitische Religionsgemeinschaft vielmehr als das Produkt eines sehr langsamen Wachstumsprozesses ansah. Demgegenüber wissen wir heute, dass Bundesverhältnisse die wichtigste Grundlage für Beziehungen zwischen ursprünglich getrennten Gruppen darstellten, und dass die Bildung einer neuen Rechtsgemeinschaft sowie die Übernahme neuer rechtlicher Pflichten sich am natürlichsten durch Bundesschluss vollzog. Das Bestehen eines durch Bundesschluss zusammengehaltenen sakralen Stämmeverbandes kann für die Richterzeit kaum mit vernünftigen Gründen in Zweifel gezogen werden. Die Hauptfrage ist, ob dieser Stämmebund in der nomadischen Zeit vor der Landnahme einen Vorläufer gehabt hat. Der Schreibende glaubt, dass der Stämmebund nur von der Annahme aus verstanden und erklärt werden kann, dass er die bewusste Fortführung einer älteren, bis auf die Mosezeit zurückgehenden Tradition darstellt. Der Bund am Sinai war das formale Mittel, durch das die halbnomadischen Sippen, die kurz zuvor der Sklaverei in Ägypten entronnen waren, zu einem religiösen wie politischen Gemeinwesen zusammengeschlossen wurden. Der Text dieses Bundes ist der Dekalog."

Während Mendenhall im Textbereich Ex 19–24 sowie in Jos 24 mit einem direkten Einwirken der in etwa zeitgleichen hethitischen Vertragsrechtstradition aus dem 2. Jt. rechnet,[25] sieht er in der Bundeskonzeption des jüngeren Deuteronomiums lediglich eine Fortentwicklung der primären Vertragskonzeption,[26] da diese ihm zufolge im 1. Jt. nicht länger bekannt gewesen sei:[27]

23 Vgl. Korošec, Staatsverträge, 12–14.

24 Mendenhall, Recht, 7f (vgl. dazu die Anm. 7–9).

25 Vgl. a.a.O., 38–47.

26 Vgl. a.a.O., 50–54.

27 A.a.O., 32f.

„Der uns beschäftigende Bundestypus gewinnt als Ausgangspunkt für die Untersuchung israelitischer Traditionen noch an Wichtigkeit, wenn man bedenkt, dass er sehr wahrscheinlich den Zusammenbruch der großen Reiche gegen Ende des zweiten vorchristlichen Jahrtausends nicht überlebt hat. Als dann von neuem Großreiche aufstiegen, man denke vor allem an Assyrien, war die Struktur von Bundesschlüssen eine völlig andere. Der Verfasser glaubt, dass selbst im Israel der nachsalomonischen Zeit die ältere Bundesform nicht mehr allgemein bekannt war, obgleich deren charakteristische Züge in der späteren Entwicklung religiöser Ideen – besonders bei den Propheten – weiterhin eine bedeutende Rolle spielten."

Der Beobachtung, dass hethitische und assyrische Vertragstexte strukturelle Unterschiede zu erkennen geben, ist auch nach wachsender Kenntnis der Quellen prinzipiell beizupflichten.[28] Mendenhalls darauf aufbauende Datierungsthese ist jedoch zu Recht in Zweifel gezogen worden[29] und angesichts der traditionsgeschichtlichen Kontinuität zwischen den hethitischen Vertragstexten und den aramäischen Vertragstexten der Inschriften von Sfire aus dem 8. Jh.,[30] die das Fortleben hethitischer Traditionen im 1. Jt. bezeugen, auch von rezeptionsgeschichtlichen Seite als zu kompliziert von der Hand zu weisen.[31] Mendenhall gebührt aber zweifelsohne das Verdienst, die „babylonische Gefangenschaft der alttestamentlichen Bundestheologie in endogen-inneralttestamentlichen Erklärungsmustern"[32] ein für alle Mal beendet zu haben.

Mendenhalls Entdeckung erlebte in den folgenden Jahren unter dem von *K. Baltzer* geprägten Kunstwort „Bundesformular"[33] einen fulminanten Siegeszug innerhalb der alttestamentlichen Wissenschaft.[34] Dabei waren die

28 Vgl. zur Unterscheidung der westlichen von der mesopotamischen Vertragsrechtstradition u. S. 23.

29 Vgl. z.B. McCarthy, Treaty, 7: „I believe, that in spite of more or less significant variations in the different manifestations of the treaty there was in fact one treaty form which was used for international agreements throughout most of the history of the pre-Hellenic near east. Hence the occurence of the form does not by itself offer an adequate criterion for dating a document or an event."

30 Vgl. dazu Koch, Hatti, und in dieser Arbeit S. 52–78.

31 Mendenhall rechnet selbst mit der Möglichkeit, dass Texte bekannt werden könnten, die das Fortleben der hethitischen Vertragsrechtstradition im 1. Jt. belegen, vgl. ders., Recht, 33, Anm. 19.

32 Otto, Gottes Recht, 147.

33 Vgl. Baltzer, Bundesformular, passim, der bei weitgehender Ausblendung historischer Fragestellungen die Textbasis im Alten Testament sowie in frühjüdischen und -christlichen Texten noch einmal enorm verbreiterte und in den Texten zwischen Bundesschluss, Bundeserneuerung und Bundesbestätigung unterschied.

34 Vgl. z.B. von Rad, Deuteronomium, 15; vgl. zu den Erben und Kritikern Mendenhalls McCarthy, Gottesbund, 40ff.

Erwartungen an die „Wunderpille“[35] „Bundesformular“ hoch gesteckt. *N. Lohfink* prophezeite gar, dass seine Entdeckung „noch zu mehreren größeren Revisionen in der Literarkritik des Pentateuchs zwingen [werde]“[36]. Wenige Jahre später sollte sich jedoch zeigen, dass genau das Gegenteil der Fall war: Die Pentateuchforschung brachte in der Folge die These einer Gestaltung einschlägiger Textbereiche (wie z.B. der Sinaiperikope) nach dem „Bundesformular“ zu Fall, indem sie zeigen konnte, dass die einzelnen Formelemente, sofern sie denn je vorhanden waren, verschiedenen literarischen Schichten zugehören.

Die mit der Studie „Treaty and Covenant“ von *D. J. McCarthy* beginnende zweite forschungsgeschichtliche Etappe[37] schließt zeitlich dicht an die vorangehende an und trägt Züge einer Übergangsphase, da neben deutlichen Neuakzentuierungen – z.B. in der Eingrenzung der für den Vergleich herangezogenen alttestamentlichen Texte – grundsätzlich an der Vergleichsgröße „Bundesformular“ festgehalten wird. Der größte Unterschied zu den Arbeiten von Mendenhall und Baltzer besteht in der Verbreiterung des altorientalischen Vergleichsmaterials auf Quellen des 1. Jt.[38] Voraussetzung dafür ist ein sensationeller archäologischer Fund etlicher assyrischer Vertragstafeln in Nimrud im Jahr 1955. Waren an neuassyrischen Vertragstexten bis dato lediglich einzelne, wenig aussagekräftige Fragmente bekannt, so änderte sich die Lage grundlegend mit der Entdeckung der Tafeln des Sukzessionsvertrags Asarhaddons (EST), die 1958 von D. J. Wiseman als „Vassal-Treaties of Esarhaddon“ (= VTE) veröffentlicht worden sind.[39] Dieser und weitere neuassyrische sowie bis dahin schlecht zugängliche aramäische Vertragstexte aus dem 9.–7. Jh. gaben der Frage nach dem Alter der Bundestheologie ganz neue Impulse und führten in letzter Konsequenz zu ihrer Spätdatierung in die ausgehende judäische Königszeit.

McCarthy äußerte nicht zuletzt Zweifel an Mendenhalls historischer Schlussfolgerung einer Frühdatierung der Rezeption des Vertragsrechts aufgrund der hethitischen Vergleichstexte. Neben den für eine Abhängigkeit von diesem Textkorpus fehlenden historischen Voraussetzungen spreche gegen eine vorstaatliche Verortung der Bundestheologie auch die Beobachtung, dass das

---

35 So mit kritischem Unterton McCarthy, Gottesbund, 54; vgl. auch – in seiner Kritik über McCarthy hinausgehend – Perlitt, Bundestheologie, 4f.

36 Lohfink, Wandlung, 425.

37 Die erste Auflage erschien 1963; zitiert wird im Folgenden nach der zweiten Auflage von 1978 (McCarthy, Treaty).

38 Vgl. McCarthy, Treaty, 7.

39 Wiseman, Vassal-Treaties. Die in der vorliegenden Arbeit gebrauchte Abkürzung EST geht auf die aktuelle Standardedition von Parpola/Watanabe in SAA II 6 zurück, in der der Text als „Esarhaddon's Succession Treaty“ bezeichnet wird.

von Mendenhall im Alten Testament zu Tage geförderte „Bundesformular" aus Vorstufen (Ex 19,3b–8; Jos 24,2–24; 1Sam 12) erst in der Zeit zwischen dem Fall Samarias 722 und der Epoche Joschijas[40] im Urdeuteronomium (nach McCarthy: Dtn 4,44–28,68[41]) voll entwickelt vorliege:[42]

> „Es ist zweifellos bedeutsam, dass das Vertragsformular sich beim grundlegenden Sinaibund nicht eindeutig nachweisen lässt, dass die Texte, in denen es sicher auftritt, verhältnismäßig spät sind und die anderen Texte, in denen wenigstens Elemente des Formulars mit mehr oder weniger großer Wahrscheinlichkeit vorgefunden werden können, meist ebenfalls als spät angesetzt werden – praktisch als Texte der deuteronomistischen Schule oder mindestens stilistisch damit verwandt. Dieser Sachverhalt müsste nochmals und gründlicher untersucht werden. Es könnte sein, dass das Bundesformular nur mit dem Dt und nördlichen (israelitischen im Gegensatz zu judäischen) Traditionen zusammenhängt, während es im Süden fehlt."

Mit McCarthys These einer Abhängigkeit des Urdeuteronomiums vom altorientalischen Vertragsformular, das ihm zufolge nicht einer bestimmten Vertragsrechtstradition zugeschlagen werden könne,[43] beginnt von Seiten der traditions- bzw. formgeschichtlichen Forschung eine Annäherung an das an den biblischen Texten selbst erhobene Wellhausen-Paradigma einer Spätdatierung der Bundestheologie. Mit der Konzentration auf das Deuteronomium ist überdies der Weg geebnet für genauere formale, inhaltliche, aber auch sprachliche Vergleiche mit den Vertragstexten des 9.–7. Jh., wobei der am besten erhaltene neuassyrische EST aus dem Jahr 672 eine dominierende Rolle zu spielen beginnt. In diesem Zusammenhang begegnen erstmals Thesen einer literarischen Abhängigkeit einschlägiger Deuteronomiumstexte von assyrischen Vertragstexten im Allgemeinen[44] oder dem EST im Besonderen.[45] Für Forscher wie *M. Weinfeld* fügt sich die doppelte Erkenntnis, dass der Einfluss des altorientalischen Vertragsrechts im Buch Deuteronomium am besten greifbar ist und die neuassyrischen Vertragstexte die nächsten Parallelen bieten, ausgezeichnet zu der schon älteren These, nach der das Deuteronomium aufgrund der Erzählung 2Kön 22f in die ausgehende Königszeit zu datieren ist, die auf W. M. L. de Wette zurückgeht:[46]

---

40 Vgl. McCarthy, Treaty, 290.

41 Vgl. a.a.O., 158.

42 McCarthy, Gottesbund, 51f; vgl. auch ders., Treaty, 293: „But it is only Urdt which finally, stimulated by such efforts – it develops their special language – and by acquaintance with the international vassal treaties, gives a full expression of the covenant idea in the form of a treaty." Vgl. dazu a.a.O., 156–298, bes. 277–298.

43 Vgl. a.a.O., 7.

44 Vgl. z.B. Borger, Asarhaddon-Verträge, 191f; Weinfeld, Traces, 423.

45 Vgl. z.B. Frankena, Vassal-Treaties, 151.

46 Weinfeld, Deuteronomy, VII.

> „A close study of these treaties [gemeint ist der EST, CK], the longest ever discovered in Mesopotamia, revealed a great number of parallels to the covenant form of the book of Deuteronomy (which is not surprising in view of the fact that the vassal treaties of Esarhaddon were written in 672 B.C., that is, close to the time of composition of the book of Deuteronomy). The similarity in the formulation of the deuteronomic Covenant and the Assyrian treaties led me to infer that trained scribes of the Judean court transferred literary patterns from the political sphere, with which they were intimately familiar, to the religious sphere in which they began to be active during the Hezekian-Josianic reign. In fact, the evidence from contemporaneous Assyrian literature adds a new dimension to de Wette's hypothesis about dating Deuteronomy."

Der Fortschritt dieser zweiten Etappe liegt nicht zuletzt darin, dass einerseits neben dem hethitischen Vergleichsmaterial die assyrischen und aramäischen Quellen aus dem 1. Jt. einbezogen werden und andererseits das Buch Deuteronomium als Quellort der Bundestheologie geltend gemacht wird. Problematisch ist allerdings das Festhalten an der Vergleichsgröße „Bundesformular", das überdies mit einem mangelnden Problembewusstsein für die Tiefendimension des Deuteronomiums einhergeht; beide Defizite werden in der dritten Etappe einer Lösung zugeführt.

Zwischen den ersten Aufbrüchen der 1950er und 60er Jahre und der dritten forschungsgeschichtlichen Etappe der 1990er Jahre erstreckt sich eine längere Phase des „Bundesschweigens". Dazu hat nicht zuletzt eine Monographie *L. Perlitts* beigetragen, in der er den in der vergleichenden Forschung vernachlässigten Begriff *bryt* wieder in den Mittelpunkt stellte, um die dtn/dtr Herkunft der Bundestheologie zu erweisen:[47]

> „Eine Bundestheologie kann zwar gewiss nicht vom lexikalischen Befund des Wortes ברית her geschrieben werden, aber ebenso gewiss auch nicht ohne oder gegen ihn. Ein flüchtiger Blick in die Konkordanz enthüllt nämlich, warum gerade jene Bemühungen um den Gottesbund, die auf das Wort ברית beinahe ganz verzichten, zu den umfassendsten Konzeptionen gelangen: Das Wort findet sich nicht in allen, sondern nur in sehr begrenzten Textbereichen. Lässt man einmal seine Spätgeschichte (von der Priesterschrift bis zur Chronik) beiseite, so fällt die außergewöhnliche Konzentrierung des Begriffs in der Literatur des 7. bis 6. Jh.s, also der Literatur des ‚Deuteronomismus', ebenso auf wie die Spärlichkeit der Belege in der sicher datierbaren Prophetie des 8. Jh.s."

In seiner Kritik an Mendenhall und seiner These einer aus dem Formzusammenhang zwischen bundestheologischen Texten und dem hethitischen Vertragsschema erschlossenen historischen Nähe geht Perlitt noch weit über

47 Perlitt, Bundestheologie, 2f.

McCarthy hinaus.[48] Dass Perlitt in seinen Analysen das altorientalische Vergleichsmaterial weitgehend ausgeblendet hat, ist ihm vielfach vorgeworfen worden.[49] Aus heutiger Sicht geurteilt schärfte dieser Verzicht jedoch das Bewusstsein dafür, dass die Frage nach der Datierung der Bundestheologie ihren Ausgangspunkt bei den alttestamentlichen Texten selbst zu nehmen hat – eigentlich eine Selbstverständlichkeit, die in seiner Zeit (und z. T. bis heute) in Vergessenheit geraten war. Perlitts literarhistorische Verortung der Bundestheologie in die ausgehende Königszeit in Juda spiegelt nach wie vor die *opinio communis* der Forschung.[50]

Auf dem von Perlitt gelegten Fundament erfolgte die schlagende Kritik an Mendenhall und seinen Erben von Seiten der redaktionsgeschichtlich orientierten neueren Deuteronomiumsforschung, die – der Tiefendimension des Deuteronomiums eingedenk – vermehrt zwischen dtn und dtr Textanteilen unterscheidet und letztere nun auch innerhalb des Gesetzeskerns Dtn 12–26 erblickt. *H. D. Preuß* kritisierte Anfang der 1980er Jahre zu Recht das in der vergleichenden Forschung bis dato zu beobachtende mangelnde Problembewusstsein für diachrone Fragestellungen:[51]

> „Bei der Aufdeckung paralleler Strukturen zwischen den Vertragstexten und dem Dtn wurden und werden literarkritische und redaktionsgeschichtliche Fragen des Dtn.s und seiner Schichten weithin merkwürdig ausgeklammert oder überspielt."

Gegen McCarthy und Weinfeld ist mit Preuß zu sagen, dass „[d]ie dtr Rahmung des Dtn.s […] doch nicht für die Erschließung des Aufbaus auch des Urdtn.s herangezogen werden [kann]".[52] Entsprechende Thesen setzen nämlich voraus,

> „dass bereits das mögliche Urdtn unter Josia seine äußere Gestalt und damit auch einen gewissen Umfang in Analogie zum ‚Bundesformular' der Vertragstexte erhalten hatte. Stehen Schreiber des Jerusalemer Hofes hinter dem Dtn als ‚Verfasser', muss bereits auf den Stufen der dtn Sammlung und der dtn Redaktion, nicht aber erst der dtr Redaktion die bewusste Kombination von Vertrag und Gesetzbuch erfolgt sein […]. Dies aber lässt sich weder literarkritisch noch redaktionsgeschichtlich bisher klar erweisen […]"[53]

48 A.a.O,, 4: „Einer durch Formanalysen und -vergleiche geübten und geprägten Forschergeneration fällt der Sprung über historische und geographische Hürden in die Welt der altorientalischen (besonders hethitischen) Staatsverträge manchmal relativ leicht."

49 Vgl. z.B. Lohfink, Bundestheologie, 330.

50 Vgl. Gertz, Bund, 1864.

51 Preuß, Deuteronomium, 67.

52 Ebd.

53 A.a.O., 69.

Im Hinblick auf einen Formzusammenhang zwischen dem Deuteronomium und dem Vertragsschema ist mit Preuß festzustellen, dass nach Abzug der als dtr verdächtigten Texte „für ein vollständiges ‚Bundesformular' doch etwas zu viel [fehlt]".[54] Somit war dem „Bundesformular" – nach seiner allmählichen Verdrängung aus anderen Textbereichen – jetzt auch im Deuteronomium der Abschied gegeben.

Die vergleichende Forschung der 1990er Jahre, die als dritte forschungsgeschichtliche Etappe vorgestellt werden soll, reagiert auf die veränderte Forschungslage, indem sie nicht länger auf rein synchroner Textebene strukturelle Parallelen zwischen ganzen biblischen Textbeständen und dem Aufbauschema der Verträge identifiziert, sondern ihren Vergleich auf einschlägige, vorher literarkritisch und redaktionsgeschichtlich analysierte Kapitel im Deuteronomium konzentriert. Der Übersichtlichkeit halber sollen an dieser Stelle lediglich die beiden die gegenwärtige Debatte beherrschenden Entwürfe von T. Veijola und E. Otto vorgestellt werden, die sowohl in literar- wie in traditionsgeschichtlicher Hinsicht für diametral entgegengesetzte Entstehungsmodelle der Bundestheologie im Deuteronomium stehen.

T. Veijola interpretiert das Deuteronomium vor dem Hintergrund des so genannten Göttinger Schichtenmodells, das innerhalb des DtrG[55] mit durchgehenden dtr Bearbeitungen operiert. Die bundestheologischen Texte im Deuteronomium, für deren Identifikation Veijola formale und inhaltliche Kriterien beibringen kann, verdanken sich ihm zufolge einer Redaktionsschicht DtrB:[56]

> „Eine noch bedeutendere Rolle als DtrP und DtrN spielt im Dtn ihr frühnachexilischer Schüler, der von Christoph Levin 1985 eingeführte bundestheologische Deuteronomist (DtrB), der angefangen mit Dtn 4 sowohl die Paränese wie auch das Gesetz tief greifend bearbeitet und dem Dtn seine heute noch prägende Gestalt verliehen hat. In formaler Hinsicht kennzeichnet sich DtrB einerseits dadurch, dass er für die Anrede Israels ohne Unterschied den Singular ‚du' wie auch den Plural ‚ihr' verwendet, was zu einem auffallenden Numeruswechsel geführt hat, und andererseits dadurch, dass er seine Texte gern in lockerer Anknüpfung an das Schema der altorientalischen Staatsverträge und Loyalitätseide gestaltet. Inhaltlich geht es dem DtrB vor allem um das Erste Gebot als vornehmste Verpflichtung des Gottesbundes, von dessen Einhaltung das Wohl und Wehe des Gottesvolkes abhängt (6,5.14; 7,4f;

---

54 A.a.O., 69f; vgl. auch schon Perlitt, Bundestheologie, 4f.

55 Das so genannte „Deuteronomistische Geschichtswerk" (DtrG) ist als ein in der Exilszeit entstandenes, einheitliches Geschichtswerk in der gegenwärtigen Forschung umstritten (vgl. die Kritik bei Schmid, Wellhausen). Der offenen Diskussion eingedenk, soll dennoch im Folgenden der Begriff des Deuteronomistischen Geschichtswerks beibehalten werden.

56 Veijola, Deuteronomium, 4f.

> 8,19; 13,3.7.14 u.ö.). Es ist anzunehmen, dass DtrB ebenso wenig wie DtrP und DtrN eine Einzelperson war, sondern eher eine kleine Gruppe von geistesverwandten Redaktoren vertritt.“

Veijolas literarhistorische Verortung von Dtn 13* in nachexilischer Zeit macht Ernst mit der Einsicht, dass das Deuteronomium auch innerhalb des Gesetzeskerns in großem Ausmaß dtr überarbeitet worden ist, wobei das Erste Gebot den inhaltlichen Maßstab bildet.[57] Als zu vage sind allerdings seine traditionsgeschichtlichen Schlussfolgerungen zu bezeichnen. Wenn Veijola etwa in Bezug auf DtrB bemerkt, dieser habe seine Texte „in lockerer Anknüpfung an das Schema der altorientalischen Staatsverträge und Loyalitätseide“[58] formuliert, so wird er m.E. den deutlichen Querbezügen speziell zwischen Dtn 13* und 28* und altorientalischen Vertragstexten nicht gerecht. Auch bleibt sein pauschaler Verweis auf die Zählebigkeit der Vertragskonventionen[59] als Erklärung für die Vertragsrechtstraditionen in Dtn 13* und die „verspätete“ Rezeption der viel älteren hethitischen, aramäischen und assyrischen Vergleichstexte in nachexilischer Zeit auffallend ort- und zeitlos.

Im Anschluss an eine Untersuchung H. U. Steymans’[60] fördert *E. Otto* in Dtn 13 und 28 vor-dtn Kerntexte zu Tage,[61] die sich ihm zufolge als Übersetzungen einzelner EST-Paragraphen begreifen ließen. Näherhin bildeten die Abschnitte Dtn 13,2–10*; 28,15*.20–44* einen judäischen Loyalitätseid für Jhwh, der der spätvorexilischen dtn Redaktion bereits vorgelegen habe und von dieser überarbeitet in das Deuteronomium eingebaut worden sei.[62] Wie schon Mendenhall bezüglich der hethitischen Vertragsrechtstradition mit deren Ende im ausgehenden 2. Jt. argumentiert hat, um damit die mosaische Herkunft der Bundestheologie zu garantieren, so versucht auch Otto seine Datierung der Rezeption des Vertragsrechts in die ausgehende judäische Königszeit mit einer zeitlichen Eingrenzung der postulierten altorientalischen Vorlage zu begründen:[63]

> „Die Texte Dtn 13,2–10*; 28,15*.20–44* sind Übersetzungen aus den VTE [= EST], die zusammengefügt eine literarische Einheit der Gattung des Loyalitätseides

---

57 Vgl. Veijola, Wahrheit, passim.

58 Veijola, Deuteronomium, 4.

59 Vgl. Veijola, Wahrheit, 310.

60 Steymans, Deuteronomium 28, 380, nimmt an, dass die – aufgrund der assyrischen Vorlage nach 672 zu datierende – vor-dtr Fluchsequenz Dtn 28,20–44* bei dem 2Kön 23 erzählten Verpflichtungsakt Joschijas bereits vorgelegen habe und somit zwischen 672 und 622 entstanden sei.

61 Vgl. zu Ottos These einer vor-dtn Grundschicht in Dtn 13 (und 28) ders., Deuteronomium, 64.

62 Vgl. a.a.O., 64–68.

63 A.a.O., 68f.

> ergeben. Der Zeitraum der Abfassung dieses Loyalitätseides kann auf die Jahre zwischen 672 v. Chr., dem Jahr der Abfassung der VTE als *terminus a quo*, und 612 v. Chr., dem Jahr des Untergangs des neuassyrischen Reiches als *terminus ad quem*, eingegrenzt werden. Diese Datierung wird durch die bislang nicht ausreichend berücksichtigte Tatsache gestützt, dass die neuassyrische Gattung der Loyalitätseide ihre Funktion in der Sukzessionssicherung bei irregulärer Thronfolge hat und derartige Loyalitätseide in spätbabylonischer und persischer Zeit unbekannt sind."

Die Absicht der Rezeption besteht nach Otto darin, den assyrischen Herrschaftsanspruch über den judäischen Vasallenstaat im ausgehenden 7. Jh. in Frage zu stellen:[64]

> „Man entzieht dem assyrischen König die religiöse Legitimation seiner Herrschaft, indem man den Loyalitätseid, der ihm geschworen wurde, direkt zitierend auf JHWH überträgt."

Im Gegensatz zu Veijola[65] macht Otto mit Recht deutlich, dass die bundestheologischen Texte im Deuteronomium nicht auf einer literarischen Ebene liegen und dass Dtn 13* und 28* der relativ ältesten Stufe angehören. Allerdings ist der vor-dtn bzw. -dtr Charakter der Kapitel bei Steymans, vor allem aber bei Otto, nur um den Preis einer rigorosen Literarkritik möglich, bei der als dtr anerkannte Formeln und Themen sowie Anspielungen auf das babylonische Exil als Nachträge ausgeschieden werden. Da das dtr Idiom aber nicht völlig zu beseitigen ist,[66] mehren sich die Stimmen derer, die schon die Kernbestände von Dtn 13 und 28 für exilisch-dtr halten.[67] Ein Fortschritt der von Steymans und Otto vorgelegten traditionsgeschichtlichen Analysen besteht darin, dass – vor dem Hintergrund einer Unterscheidung der mesopotamischen von der westlichen Vertragsrechtstradition – der spezifisch assyrische Einfluss ganz detailliert aufgezeigt worden ist. Problematisch ist freilich die damit einhergehende These einer literarischen Abhängigkeit der Kapitel von einem bestimmten assyrischen Vertragstext (nämlich dem EST), wobei andere mögliche traditionsgeschichtliche Vorbilder – z.B. der westlichen Tradition[68] – von vornherein ausgeblendet werden.

---

64 A.a.O., 74.

65 Auch wenn Veijola in Bezug auf DtrB nicht eine Einzelperson, sondern „eine kleine Gruppe von geistesverwandten Redaktoren" (ders., Deuteronomium, 5) am Werk sieht, bleibt die Frage nach einer inner-dtr Differenzierung der bundestheologischen Texte bei ihm prinzipiell unbeantwortet.

66 Vgl. die berechtigte Kritik bei Köckert, Ort, 83.

67 Vgl. Levin, Verheißung, 87f; Pakkala, Monolatry, 20–50; Kratz, Komposition, 138; Gertz, Tora, 248. Eine Sonderstellung nimmt in diesem Punkt Dion, Deuteronomy 13, ein, der in Dtn 13* einen vorexilischen Dtr am Werk sieht (s. dazu u. S. 108f).

68 Vgl. Loretz, Mari-Amurriter, 325–330; Rüterswörden, Dtn 13, 203; Morrow, Cuneiform Literacy, 212f; ders, Fortschreibung, 114–117.

Eine für die künftige vergleichende Forschung richtungsweisende Einsicht, die sich im Lauf der Forschungsgeschichte Bahn gebrochen hat, besteht m.E. darin, den Quellort der Bundestheologie im Buch Deuteronomium zu suchen. Dabei ist nicht das altorientalische Vertragsschema komplett auf das Buch übertragen worden; vielmehr ist mit der Rezeption einzelner Vorstellungen und Sprachformen in – anfangs – einzelnen Kapiteln (Dtn 13* und 28*) zu rechnen, die erst auf einer literarisch späten Stufe das Buchganze als „Vertragsurkunde“ (*spr hbryt*, vgl. 2Kön 23,2.21) zu verstehen geben. Von daher legt sich für das weitere Vorgehen eine Konzentration auf Dtn 13 und 28 als biblischer Textgrundlage der später erfolgenden traditionsgeschichtlichen Analysen nahe.

2. Die Fragestellung

Ausgehend von den eingangs formulierten Fragen und den referierten forschungsgeschichtlichen Problemanzeigen ergibt sich für die vorliegende Untersuchung die folgende dreifache Fragestellung:

(1.) Woher stammen die in den bundestheologischen Texten rezipierten vertragsrechtlichen Vorstellungen und Sprachformen? Hier gilt es, mit Hilfe einer vergleichenden Untersuchung die Traditionsverhältnisse in Dtn 13* und 28* genau zu bestimmen (Kap. III 1.3 und 2.3). Dabei ist im Hinblick auf die Feststellung von möglichen Abhängigkeiten gelegentlich eine Testfrage hilfreich, die M. Malul für den Rechtsvergleich („comparative method“) eingeführt hat, nämlich die nach „coincidence“ bzw. „uniqueness“. Konkret ist dabei zu fragen:[69]

> „[A]re the similarities and/or differences discovered between the sources/phenomena the result of parallel developmens [sic.!], independent of each other and, therefore, coincidental, or do they point to an original phenomenon unique to the sources under comparison?“

Die Unterscheidung von *coincidence* und *uniqueness* erlaubt allerdings keine Antwort auf die Frage nach dem Grad der Abhängigkeit (literarische oder bloß traditionsgeschichtliche Abhängigkeit). Außerdem ist zu beachten, dass Gemeinsamkeiten, die aufgrund der entdeckten *uniqueness* auf eine Abhängigkeit schließen lassen, ebenso dem Überlieferungszufall geschuldet sein können. Von daher ist es aussagekräftiger, wenn man Abhängigkeiten nicht mit einem einzelnen Vertragstext (z.B. dem EST), sondern – quellenmäßig breiter – mit dem Textbefund einer ganzen Vertragsrechtstradition (in diesem Fall: der neuassyrischen) begründet. Nicht zuletzt diesem Vorsatz dient der den eigentlichen

69 Malul, Method, 93.

Analysen in Kap. III vorangehende Überblick über die Vereidigungspraxis im Alten Orient (Kap. II 1) sowie die ausführliche Untersuchung der aramäischen Sfire-Inschriften (Kap. II 2) und des neuassyrischen EST (II 3), die beide jeweils repräsentativ für die westlich-aramäische bzw. neuassyrische Vertragsrechtstradition stehen können.

In Bezug auf die Frage nach den Wurzeln der Bundestheologie hat die vergleichende Forschung zuerst ausschließlich Parallelen zu den (älteren) hethitischen und zuletzt zu den (jüngeren) assyrischen Vertragstexten geltend gemacht. Vor dem Hintergrund dieser Kontroverse ist zu fragen, ob nicht beide Beobachtungen ihr partielles Recht haben, das heißt, ob die Bundestheologie nicht vielleicht verschiedene – westliche und mesopotamische – Wurzeln hat. Da die Parallelen zu den geographisch und chronologisch abgelegenen hethitischen Vasallenverträgen in der gegenwärtigen Forschung als „ein weiterhin ungelöstes historisches Rätsel“[70] gelten, ist hier eine plausible Rekonstruktion von Kontaktzonen und Vermittlungswegen gefordert, die zu erklären vermag, wie Elemente der hethitischen Vertragsrechtstradition in das Alte Testament gelangen konnten. Malul, der die Aufdeckung der historischen Kontaktbedingungen als „corroboration” bezeichnet,[71] sieht darin zu Recht eine notwendige Voraussetzung für den Textvergleich, der Abhängigkeitsverhältnisse zu Tage bringen soll:[72]

> „The existence of an appropriate corroboration is the preliminary condition for a detailed study of the similarities and differences between the sources under comparison in the light of the methodological test for coincidence *versus* uniqueness.“

Es wird sich zeigen, dass eine mögliche Lösung des Rätsels der biblischen Parallelen mit den hethitischen Vasallenverträgen eng verbunden ist mit der traditionsgeschichtlichen Bewertung der aramäischen Inschriften von Sfire, die vielfach in der Tradition der älteren hethitischen Texte stehen.

(2.) Wann ist die Bundestheologie ausgebildet worden? Der Überblick über die Forschungsgeschichte hat deutlich gemacht, dass die aufgrund von *external evidence* gewonnenen Datierungsvorschläge der Bundestheologie mehrfach durch den textimmanenten Befund im Alten Testament in Zweifel gezogen oder gar widerlegt worden sind: Die Datierung in die Mosezeit aufgrund der hethitischen Vertragstexte durch die Einsicht, dass die einschlägigen Vergleichstexte in das Umfeld der dtn/dtr Literatur und somit in eine viel spätere Zeit gehören; die Datierung in die spätvorexilische Zeit aufgrund der neuassyrischen Vertragstexte

---

70 Lohfink, Bund, 104; vgl. schon McCarthy, Treaty, 286f.

71 Vgl. Malul, Method, 99: „[I]s it possible to prove the existence of the right conditions for the creation of a historical connection between the two cultures under comparison?“

72 A.a.O., 110f.

durch die Einsicht in die Tiefendimension des Deuteronomiums mit seinen auch im Gesetzeskern anzutreffenden exilisch-dtr Anteilen. Als Konsequenz folgt hieraus, dass die zeitliche Verortung der Bundestheologie unabhängig von den altorientalischen Referenztexten allein aufgrund textimmanenter Gesichtspunkte erfolgen sollte. Auf die konkreten Texte bezogen heißt das, dass in Dtn 13 und 28 die literarkritisch ermittelten Kapitelkerne im Buch Deuteronomium kompositionsgeschichtlich zu verorten sind, wobei es vor allem um die Frage geht, ob Dtn 13* und 28* dem Urdeuteronomium oder seiner (exilisch-)dtr[73] Überformung angehören (s. Kap. III 1.2 und 2.2). Um diese Frage im weiteren Verlauf der Untersuchung beantworten zu können, ist schon an dieser Stelle ein Wort zu dem dabei vorausgesetzten Bild von der Entstehung des Deuteronomiums angeraten.

Was Teil des Urdeuteronomiums ist und was nicht, erschließt sich hauptsächlich aufgrund von drei weithin anerkannten Textbeobachtungen:[74] Erstens der Anrede Israels mit dem singularischen „Du"; zweitens der Bezugnahme auf das rechtsgeschichtlich ältere Bundesbuch, das in entscheidenden Punkten reformuliert wird; und drittens der Forderung der Kultzentralisation auf den einen, von Jhwh erwählten Kultort. Was demgegenüber stilistisch und thematisch aus dem Rahmen fällt, steht im Verdacht, nachgetragen zu sein. Dtr Herkunft sind nicht zuletzt diejenigen Texte, die als integralen Bestandteil Anspielungen auf die bevorstehende Landnahme enthalten (z.B. die Landnahmeformel), denn das Urdeuteronomium kennt die fiktive Verankerung der Gesetzesproklamation in den Gefilden Moabs am Vorabend der Landnahme noch nicht, die insbesondere in den Rahmenkapiteln vorausgesetzt ist.[75] Zu beachten ist allerdings, dass schon das Urdeuteronomium eine „leichte" Historisierung in Form der Mose-Fiktion gekannt zu haben scheint, insofern Mose stets als Sprecher vorausgesetzt ist[76] und die wohl älteste Buchüberschrift Dtn 4,45*[77] den Ägyptenbezug über eine „lockere Zeitangabe"[78] herstellt.[79] Mit der *opinio communis* der Forschung ist nicht zuletzt aufgrund der vorauszusetzenden religionspolitischen Kontextbedingungen von einer Entstehung des Urdeuteronomiums als königliches

73 Die Zuschreibung „deuteronomistisch" (dtr) ist vor allem innerhalb des Deuteronomiums umstritten. In der vorliegenden Arbeit bezeichnet der Begriff dtr in Bezug auf das Deuteronomium seine späteren Überarbeitungen, die sich vom „deuteronomischen" (dtn) Kern, dem so genannten Urdeuteronomium, abheben lassen und das Buch in einen größeren (dtr) Erzählzusammenhang einordnen; s. dazu den Exkurs bei Gertz, Tora, 244f.

74 Vgl. z.B. Kratz, Komposition, 121f, sowie Gertz, Tora, 247f.

75 Vgl. dazu Lohfink, Kerygmata, bes. 90f.

76 Vgl. dazu Hossfeld, Dekalog, 51–54.

77 Vgl. Veijola, Deuteronomium, 122f.

78 A.a.O., 123, Anm. 5.

79 Vgl. dazu auch Gertz, Deuteronomium 1–3, 122f.

Reformprogramm in joschijanischer Zeit auszugehen,[80] obgleich die von G. Hölscher[81] begründete abweichende These einer exilischen Datierung des Zentralisationsprogramms ebenfalls gute Gründe auf ihrer Seite hat.[82]

Abgesehen von der Ermittlung der kompositionsgeschichtlichen Orte von Dtn 13* und 28* im Gesamtzusammenhang des Deuteronomiums ergibt sich ein Anhaltspunkt für die Datierung der Bundestheologie auch aufgrund ihrer spezifischen Konzeption im Vergleich zu den Vertragskonzeptionen, wie sie sonst in den altorientalischen Quellen greifbar werden (s. Kap. IV).

(3.) Die Frage nach dem Rezeptionsprozess, an dessen Ende die ausgebildete Bundestheologie steht, hat die Befunde der literarischen und traditionsgeschichtlichen Analysen von Dtn 13 und 28 als Ausgangspunkt. Die entsprechenden Ergebnisse aus Kap. III (und IV) vorwegnehmend, sieht man sich in Kap. V mit einem doppelten Problem konfrontiert: Erstens mit dem traditionsgeschichtlichen Befund, nach dem neben der neuassyrischen auch die westlich-aramäische Vertragsrechtstradition in Dtn 13* und 28* markante Spuren hinterlassen hat; zweitens mit dem literarhistorischen Befund, nach dem schon die Kapitelkerne von Dtn 13 und 28 als exilisch-dtr einzustufen sind. Der disparate traditionsgeschichtliche Befund stellt vor die Aufgabe, der gegenwärtig florierenden These einer literarischen Abhängigkeit (oder gar Übersetzung) der beiden Kapitel von einem bestimmten Vertragstext ein weniger statisches Rezeptionsmodell entgegenzustellen, das den verschiedenen eingeflossenen Traditionen gerecht wird. Aus dem literarhistorischen Befund ergibt sich ferner das Phänomen einer „verspäteten" Rezeption, insofern die bundestheologischen Texte in einer Zeit entstanden sind, in der die maßgeblichen aramäischen und neuassyrischen Vorbilder keinerlei politische Relevanz mehr besaßen. Sowohl das Phänomen einer „verspäteten" Rezeption als auch die Einsicht in die traditionsgeschichtliche Disparität der bundestheologischen Texte sprechen für einen komplexen, mehrstufigen Rezeptionsprozess, der sicherlich schon in vorexilischer Zeit eingesetzt hat und – wie sich zeigen wird – im Alten Testament nicht analogielos ist.

---

80 Vgl. zu den religionsgeschichtlichen Befunden Uehlinger, Kultreform, und zu 2Kön 22f Hardmeier, König Joschija. Vgl. ferner Levin, Joschija, 351–353; Veijola, Deuteronomium, 2; Gertz, Tora, 249–251.

81 Vgl. Hölscher, Komposition, bes. 227–230, der für seine exilische Datierung u.a. den „ideologische[n] Charakter der deuteronomischen Gesetzgebung" (a.a.O., 228) geltend macht. Vgl. die Kritik bei Gertz, Gerichtsorganisation, 15, der in diesem Zusammenhang darauf aufmerksam macht, dass es in der Königszeit ebenfalls „realitätsferne Utopien" gegeben haben könne.

82 Vgl. zu den Argumenten Kaiser, Einleitung, 132–134, sowie Kratz, Komposition, 136–138.

Die Rezeption des altorientalischen Vertragsrechts im Alten Testament ist das Ergebnis kultureller Kontakte. Die neuere kulturwissenschaftliche Forschung hat für die Untersuchung derartiger Kontaktphänomene eine Reihe von Elementen namhaft gemacht, von denen die folgenden drei für die vorliegende Fragestellung von Interesse sind:[83]

- Das erste Element bilden die *Kontaktmedien* in Form von Artefakten, Texten oder Sprache, deren Existenz den Kontakt überhaupt erst offen legt (z.B. internationale Verträge oder Königsinschriften).
- Als zweites Element gelten die *Kontaktträger* (Einzelpersonen bzw. gesellschaftliche Gruppierungen), von denen der Kontakt getragen wird (z.B. Diplomaten oder der Stand der Hofschreiber).
- Das dritte Element ist der *Kontakttyp*, womit Teilbereiche bzw. Netzwerke menschlichen Handelns gemeint sind, innerhalb derer sich der Kontakt abspielt (z.B. die Diplomatie oder die Schreiberschule). Dieses dritte Element kann jedoch als das institutionelle Umfeld der Kontaktträger im zweiten Element inbegriffen sein.

Die vorgestellte Begrifflichkeit aufnehmend, sollen die einschlägigen biblischen und außerbiblischen Quellen in Kap. V auch daraufhin befragt werden, ob sie Informationen über Medien und Träger der kulturellen Kontakte preisgeben, die für die Rezeption des Vertragsrechts im Alten Testament seit vorexilischer Zeit eine Rolle gespielt haben könnten. Die Frage nach dem potentiellen Trägerkreis soll schließlich auch in Bezug auf die Ausbildung der Bundestheologie im dtr redigierten Deuteronomium in exilischer Zeit gestellt werden.

---

83 Die vorgestellten Elemente sind vom Sonderforschungsbereich 295 „Kulturelle und sprachliche Kontakte: Prozesse des Wandels in historischen Spannungsfeldern Nordostafrikas/Westasiens" der Johannes Gutenberg-Universität Mainz entwickelt worden, in dessen Rahmen die vorliegende Arbeit entstanden ist. Das Modell ist unter http://www.uni-mainz.de/Organisationen/sfb/295/Das_Forschungsprogramm/2.html zu finden. Neben den drei genannten werden als weitere Elemente „Handlungsmotivationen" und „Kontaktdynamik" angeführt, die jedoch bei den altertumsbezogenen Disziplinen schwer zu ermitteln sind.

II. Vasallenvertrag und Treueid – Ein Überblick über die Vereidigungspraxis im Alten Orient

1. Die Vereidigungspraxis im Alten Orient

1.1 Grundlegende Vorbemerkungen

Antike Herrschaftsverbände im östlichen Mittelmeerraum[1] regelten ihre binnen- und zwischenstaatlichen Verhältnisse mit Hilfe schriftlicher Abkommen, die durch einen Eid bekräftigt wurden und mit dem Rechtsterminus „Vertrag"[2] bezeichnet werden können.[3] Der Organisationsform derjenigen Gesellschaften entsprechend, denen wir eine Rechtsüberlieferung verdanken, kam in diesem Zusammenhang dem Herrscher die Hauptrolle zu, der über Verträge auf der einen Seite seine Untertanen und auf der anderen Seite weniger mächtige und von ihm abhängige Herrscher auf seine Person vereidigte. Die aus dem Alten Orient erhaltenen Vertragstexte kann man grob in innerstaatliche bzw. interne und zwischenstaatliche bzw. externe Verträge aufteilen.[4] Die moderne Rechtsterminologie aufnehmend, handelt es sich bei den internen um staatsrechtliche, bei den externen dagegen um völkerrechtliche Verträge.[5] Erstere werden „von

1 Vgl. zu diesem Kulturraum Hagedorn, Moses, 45–48.

2 Steiger, Vertrag, 842f, definiert „Vertrag" als „ein rechtliches Instrument zur Regelung des Verhältnisses von unterschiedlichen Trägern eigener Herrschaftsbefugnisse zueinander".

3 Eine Zusammenstellung der überlieferten Vertragstexte bieten Neumann, Staatsverträge, 321–327, und Müller/Sakuma, Staatsverträge, 328–337.

4 Barré, Treaties, 654, gebraucht die Opposition „international" und „domestic treaties".

5 Was die Verwendung der modernen Termini „Staat" und „Völkerrecht" in Bezug auf einschlägige altorientalische Phänomene angeht, so hat Ziegler, Völkerrecht, 949, zu Recht klargestellt: „Einwände, die immer wieder gegen die Verwendung der Begriffe Staat und V. [= Völkerrecht, CK] in bezug auf ma. [= mittelalterliche, CK] oder antike Herrschaftsverbände erhoben werden, sind nicht stichhaltig. Auch eine altorientalische Monarchie, eine antike Polis oder ein frühma. Stammesverband als höchste Organisationsform der auf einem bestimmten Gebiet ansässigen Bevölkerung, die, aus eigenem Recht lebend, sich als autonome Gruppe versteht und zu anderen derartigen Gruppen in friedliche oder kriegerische Beziehungen tritt, ist ein ‚souveräner' Staat i.S. eines möglichen V.-Subjekts." Dieser Sicht hat sich auch Preiser, Ausbildung, 228, angeschlossen.

Herrschaftsträgern innerhalb eines Staates“[6] geschlossen, letztere regeln das Verhältnis „zwischen Staaten oder sonstigen Völkerrechtssubjekten“.[7] Geben die internen Verträge im Alten Orient stets ein Machtgefälle zu erkennen, insofern sie in der Regel Untertanen auf den Herrscher verpflichten, so können die externen bzw. völkerrechtlichen Verträge weiterhin in paritätische und nicht-paritätische Verträge eingeteilt werden, je nachdem, in welchem Verhältnis die vertragschließenden Herrscher zueinander stehen. Da die Bundestheologie im Deuteronomium in erster Linie von asymmetrischen Vertragsverhältnissen beeinflusst zu sein scheint, ist im Folgenden eine Beschränkung auf die internen und die nicht-paritätischen externen Verträge angeraten.

In der Forschungsliteratur werden die nicht-paritätischen externen Verträge in der Regel als „Vasallenverträge“ (englisch: „vassal treaties“) bezeichnet.[8] Das Wort „Vasallenvertrag“ ist eine anachronistische Begriffsbildung, die das mittelalterliche Konzept der „Vasallität“ auf antike Verhältnisse überträgt. Nach H. Steiger sind Anachronismen erlaubt, insofern sie in Bezug auf den Vergleichsgegenstand eine „funktionale Adäquanz“[9] zu erkennen geben. Diese ist m.E. bei der Übertragung des Konzepts der Vasallität – welche schon in der Mediävistik eher eine Metapher als eine Rechtsinstitution darstellt[10] – auf die Vereidigungspraxis abhängiger Herrscher im Alten Orient im Großen und Ganzen gegeben. Das Wort Vasall (*vassus*/*vasallus*) leitet sich von keltisch **was*/*gwas* ab, das wörtlich „Knecht“ bedeutet.[11] Damit entspricht es aber der antiken Terminologie, die das Abhängigkeitsverhältnis ebenfalls als „Knechtschaft“ (akk. *ardūtu*)[12] und die beteiligten Parteien mit der entsprechenden Opposition „Herr“ (*bēlu*)[13] und „Knecht“ (*ardu*)[14] bezeichnet.[15] Auch was die konkrete Ausgestaltung des Abhängigkeitsverhältnisses angeht, sind Gemeinsamkeiten nicht von der Hand zu weisen. Der Vasall schuldet seinem Herrn Loyalität, die sich in der Übernahme von Pflichten (z.B. Tributzahlungen und militärische Hilfe) oder im Verzicht auf Rechte (z.B. eine eigenständige Außenpolitik) manifestieren kann. Der Herr

6 Steiger, Vertrag, 843.

7 Ebd.

8 Vgl. schon Korošec, Staatsverträge, 5 u.ö.

9 Steiger, Vertrag, 843.

10 Vgl. Reuter, Vasallität, 646: „Vasallität betrachtet man am besten als Metapher, nicht als eine Rechtsinstitution, die das gemeinsame Element bei verschiedenartigen Verhältnissen ausdrückt und unterstreicht.“

11 Vgl. a.a.O., 645.

12 Vgl. CAD A II, 252f (*ardūtu* 2).

13 Vgl. CAD B, 194f (*bēlu* 1 b).

14 Vgl. CAD A II, 250 (*ardu* 2 c).

15 Für die einschlägige Terminologie in den hethitischen Quellen s. Korošec, Staatsverträge, 51.

gewährt dem Vasallen im Gegenzug Protektion[16] – ein Tauschgeschäft, das vor allem im Assyrerreich zu beobachten ist. Die Unterschiede ergeben sich aus den verschiedenen Organisations- bzw. Regierungsformen der antiken und mittelalterlichen Gesellschaft. Die in der Regel zentral und monarchisch regierten altorientalischen Herrschaftsverbände waren keine Lehnsgesellschaften. Eine dem mittelalterlichen Partikularismus entsprechende Lehnspyramide mit Vasallen und Aftervasallen ist ihnen daher fremd. Die Vereidigung ist nach Ausweis der altorientalischen Quellen vielmehr ein ausschließlich dem König vorbehaltenes Herrschaftsinstrument.

Neben dem Terminus „Vasallenvertrag" begegnet in der Forschungsliteratur der weniger spezifische Begriff „Treueid", englisch: „loyalty oath", der von I. J. Gelb zur urkundlichen Charakterisierung des EST vorgeschlagen worden ist[17] und in der Folge für einige Konfusion in Bezug auf das neuassyrische Vertragskorpus gesorgt hat.[18] Auf die antiken Vertragstexte bezogen, birgt der Terminus freilich schwerwiegende Probleme. Auf der einen Seite legt er nahe, dass sich die einschlägigen Urkunden nachgerade durch den Eid von anderen Vertragstexten abheben. Der Eid ist aber ein konstitutives Element aller altorientalischen Vertragstexte und eignet sich folglich nicht als Differenzmerkmal. Auf der anderen Seite läuft der Terminus „Treueid" in Abgrenzung zu „Vertrag" Gefahr, den völkerrechtlichen Charakter verschiedener Texte, z.B. auch des EST, zu nivellieren. Um die mittlerweile etablierten Begriffe „Vasallenvertrag" und „Treueid" dennoch zu bewahren, plädiere ich dafür, die beiden Urkundenformen, die eine gemeinsame Terminologie aufweisen (im Neuassyrischen werden interne und externe Verträge etwa mit dem Wort *adê* bezeichnet) und sich auch formal und inhaltlich *cum grano salis* entsprechen, strikt und ausschließlich aufgrund der beiden Kategorien Rechtsbereich und Adressaten zu unterscheiden:

- Erstens ist im Hinblick auf den Rechtsbereich zu fragen: Spiegeln die Urkunden ein innerstaatliches oder ein zwischenstaatliches eidliches Abkommen?
- Zweitens ist im Hinblick auf die Adressaten zu fragen: Sind die Vertragspartner direkte Untertanen oder abhängige Herrscher bzw. Volksstämme des vereidigenden Königs?

16 Zu den Pflichten und Rechten des Vasallen und des Herrn vgl. Reuter, Vasallität, 644.

17 Gelb, Rezension, 161f.

18 Vgl. nur den Doppeltitel „Treaties and Loyalty Oaths" zu den von Parpola/Watanabe edierten neuassyrischen Vertragstexten, vgl. dies., Treaties (= SAA II); vgl. auch die kritischen Worte a.a.O., XV.

In Anlehnung an M. Giorgieri schlage ich folgende Definitionen für die Textgattungen „Vasallenvertrag“ und „Treueid“ vor:[19]

- *Vasallenverträge* sind juristisch-administrative Urkunden außenpolitischer Natur, die dem Zweck dienten, das Verhältnis des Königs zu abhängigen Herrschern bzw. Volksstämmen auf eine rechtliche Grundlage zu stellen.
- *Treueide* sind juristisch-administrative Urkunden innenpolitischer Natur, die dem Zweck dienten, das Verhältnis des Königs zu seinen eigenen Untertanen, sei es die staatliche Elite oder die gesamte Bevölkerung, auf eine rechtliche Grundlage zu stellen.

Vasallenverträge und Treueide funktionierten im Alten Orient nach ein und demselben Prinzip, auf das an dieser Stelle in aller gebotenen Kürze einzugehen ist. V. Korošec erbrachte am Beispiel der hethitischen Quellen den Nachweis, dass nach altorientalischem Verständnis ein Vertrag aus im Wesentlichen zwei, oft auch terminologisch getrennten Elementen besteht: Den eigentlichen Vertragsbestimmungen bzw. -stipulationen (Rechte und Pflichten des/der Vereidigten) und deren Bekräftigung durch den Eid bei den (im Fall der externen Verträge auch ausländischen) Göttern, deren Namen in der Regel in den Vertragstexten genannt werden.[20] Der Eid als bedingte Selbstverfluchung fordert eine mehr oder minder ausgeführte Fluchformel als weiteren festen Bestandteil der Verträge, insofern er „eine Hypostase derjenigen Gottheit [ist], bei der er geleistet wird und die im Falle des Eidbruches den Vereidigten vernichtet“.[21] Wenn bei Vertragsbrüchen dann in der Regel an Stelle des Götterfluchs die Selbsthilfe des militärisch überlegenen Oberherrn als Rechtsmittel zu beobachten ist, so bedeutet dies keinen Widerspruch, da nach altorientalischer Geschichtsauffassung die Götter hinter Sieg und Niederlage stehen.[22] Die genannten Elemente (beeidete Vertragsbestimmungen, Götterliste und Fluchformeln) sind in Verträgen des gesamten Mittelmeerraumes belegt. M. Weinfeld hat wiederholt auf gemeinsame

---

19 Giorgieri, Treueide, 324 sowie 325f, Anm. 17.

20 Nach Korošec, Staatsverträge, 34, setzen sich die altorientalischen Staatsverträge aus zwei Elementen zusammen: „[E]inerseits der Aufstellung von Vertragsbestimmungen (*riksu, išḫiul*) durch den einen Vertragsteil, anderseits durch deren Beschwörung (*mamītu, lingaiš*) seitens des anderen.“

21 So treffend Giorgieri, Treueide, 324. – Ziegler, Völkerrechtsgeschichte, 21, stellt bezüglich der Rechtsgesinnung der antiken Verträge zu Recht fest: „Was die Einhaltung der Staatsverträge anlangt, so war die Eidesleistung eine dem Vertragsschluss selbst innewohnende Garantie. Eine stärkere Bindung als die durch den Schwur, mit dem man sich für den Fall des Wortbruchs selbst verflucht, ist für Menschen, für die Götter eine Realität darstellen, kaum denkbar. Wer die Qualität der Rechtsgesinnung deshalb verneinen wollte, müsste das Recht aus der überwiegenden Menschheitsgeschichte streichen.“

22 Vgl. auch Cooper, Law, 248f.

Züge wie z.B. die verwandte Terminologie, die sich von Mesopotamien über die Levante und Anatolien bis Griechenland[23] belegen lasse, aufmerksam gemacht und von einem „gemeinsamen Erbe" („common heritage") gesprochen.[24] Da Vasallenverträge *per definitionem* eine internationale Textform darstellen, ist gerade bei ihnen vermehrt mit Interdependenzen zu rechnen.[25] Unbeschadet der offensichtlichen Gemeinsamkeiten kann aber aufgrund von Eigenheiten auf dem Gebiet des Vertragsformulars, der verwendeten Fluchgattungen sowie allgemein der Phraseologie eine durch hethitische und aramäische Verträge repräsentierte westliche von einer mesopotamischen bzw. neuassyrischen Vertragsrechtstradition abgegrenzt werden.[26]

Das vorliegende Kapitel gliedert sich grob in einen eher diachron angelegten ersten Teil, der zeitlich von den ersten Vasalleneiden im 3. Jt. bis in die Nachgeschichte der neuassyrischen *adê*-Vereidigungen im 6. Jh. reicht, und einen eher synchron angelegten zweiten Teil, der vor allem Quellen aus dem 1. Jt. in den Blick nimmt. Im ersten Teil, der zugleich einen groben Überblick über die Vereidigungspraxis im Alten Orient[27] geben soll (II 1), stehen – der eklektisch verfahrenen Rezeption des Vertragsrechts im Alten Testament entsprechend – grundlegende Loyalitätsforderungen im Mittelpunkt, die in den altorientalischen Vasallenverträgen und Treueiden das Verhältnis zwischen König und Vasallen bzw. Untertanen regeln sollten. Gerade die in diesem Zusammenhang anzutreffende Trias von Ausschließlichkeits-, Schutz- und Informations- bzw. Anzeigegebot ist ein sprechendes Beispiel für das gemeinsame Erbe der altorientalischen Vertragsrechtstradition. Im Anschluss an den eigentlichen Überblick sollen im zweiten Teil die für den späteren Textvergleich wichtigsten Texte, die aramäischen Inschriften von Sfire (II 2) sowie der neuassyrische Sukzessionsvertrag Asarhaddons (EST) (II 3), eingehender untersucht werden,

---

23 Vgl. zu Griechenland Barré, God-List, passim; Brown, Israel, 253–289; Rollinger, Verschriftlichung.

24 Vgl. Weinfeld, Covenant Terminology; ders., Loyalty Oath; ders., Heritage.

25 Der Frage nach einer historischen Erklärung der Gemeinsamkeiten im altorientalischen Vertragsrecht hat sich jüngst Weeks, Admonition, bes. 174–182, gewidmet, der im Hinblick auf konkrete Abhängigkeiten skeptisch ist.

26 So auch der gemeinsame Nenner der Beiträge des Sammelbandes I trattati nel mondo antico (vgl. Steymans, Rezension, 206). Vgl. zu den terminologischen Differenzen die Übersicht bei Tadmor, Alleanza, 20. Zu den Unterschieden der beiden Traditionen s. auch u. S. 52–78.

27 Obwohl es auch in Ägypten eine den nachfolgend besprochenen vorderorientalischen Gesellschaften vergleichbare Vereidigungspraxis gegeben haben muss (vgl. z.B. Weinfeld, Loyalty Oath, 413), liegen keinerlei einschlägige ägyptische Quellen vor; offen ist, ob entsprechende Urkunden niemals existiert haben (so z.B. Tadmor, Treaty, 140) oder ob sie bislang nur nicht gefunden worden sind (so z.B. Neumann, Staatsvertrag, 880). Vgl. dazu ausführlich Weeks, Admonition, 99–112.

wobei zahlreiche Interdependenzen im altorientalischen Vertragsrecht im 1. Jt. offen gelegt werden sollen. Am Beispiel des aramäischen Ausdrucks *ʿdy* „Vertrag" soll abschließend die prägende Kraft der aramäischen Tradition, die sowohl das neuassyrische als auch das judäische Vertragsrecht (bzw. die biblische Bundestheologie) beeinflusst hat, hervorgehoben werden (II 4).

1.2 Vereidigungen im dritten Jahrtausend v. Chr.[28]

Vereidigungen von Untertanen oder abhängigen Herrschern haben in der schriftlichen Überlieferung erste Spuren hinterlassen, seit sich im Verlauf des 3. Jahrtausends unter den Sumerern Südmesopotamiens zentral regierte und verwaltungstechnisch ausdifferenzierte Stadtstaaten herausgebildet haben. Die ersten Nachrichten über Verfahren und Inhalte einer eidlichen Verpflichtung eines unterlegenen Herrschers durch einen mächtigeren befinden sich auf der so genannten „Geierstele" des Eannatum von Lagasch (um 2450), die von einem Grenzvertrag zwischen Lagasch und Umma berichtet, wobei sie diesen wohl zum Teil auch im Wortlaut bewahrt hat.[29] Schon dieser älteste Text beinhaltet die von Korošec ermittelten Elemente Vertragsbestimmungen und Eid/Fluch.[30] Der „Mann von Umma" wird von Eannatum in die Pflicht genommen, indem er bei den Hauptgöttern des sumerischen Pantheons einen Eid leistet, die gemeinsame Grenze nicht zu verletzen. Für den Fall der Übertretung der Vertragsbestimmungen soll die Stadt Umma das „große Klappnetz" der genannten Götter treffen, welches Eannatum dem Vereidigten zuvor symbolisch überreicht hat.

Aus dem Palastarchiv des nordsyrischen Stadtstaates Ebla[31] (Tell Mardiḫ) stammt ein Vertrag aus dem 24./23. Jh., den der Herrscher von Ebla dem Herrn einer Stadt Abarsal auferlegt hat.[32] Dieser Vasallenvertrag ist „der älteste bisher im Wortlaut überlieferte Staatsvertrag der Weltgeschichte".[33] Von den zahlreichen Stipulationen, die in der Mehrzahl das Verhältnis der Untertanen beider Seiten zueinander wohl im Hinblick auf handelspolitische Kooperationen regeln, ist insbesondere die dem Herrn von Abarsal auferlegte Informations- bzw. Anzeigepflicht in § 20f von Interesse, die der erste Beleg für eine Forderung ist, die in der Folge ein fester Bestandteil beinahe aller altorientalischen Vasallenverträge und Treueide sein wird. Sie lautet:[34]

---

28 Vgl. den Überblick bei Cooper, Law, 241–251.

29 Vgl. die Übersetzung von Römer, TUAT I, 297–308.

30 Vgl. Korošec, Staatsverträge, 34f.

31 Vgl. zu Ebla Veenhof, Geschichte, 81–85.

32 Vgl. zu Text und Übersetzung Edzard, Vertrag, 195–210.

33 Ziegler, Völkerrechtsgeschichte, 15.

34 Neumann, TUAT NF II, 6.

„§ 20 $^{(5–12)}$ Betreffs schlechter Absichten (INIM HUL), von denen du hörst, lass schleunigst Boten gehen (= informiere umgehend).

§ 21 $^{(13–V\ 8)}$ Während du auf einem langen Wege liegst (= dich auf einer weiten Reise befindest), [brauchst du keine Boten gehen zu lassen]; (wenn) du (aber) anwesend bist (und) du hörst schlechte Absichten, lässt (aber) keine Boten gehen, wirst du den Eid gebrochen haben."

Das Informationsgebot bietet zugleich den ersten Beleg für die Terminologie vom „bösen Wort" (sum. INIM HUL; akk. *awātum lemnum*), die etwa ein Jahrtausend später speziell in hethitischen Verträgen breit und differenziert Verwendung findet. Eine Vorwegnahme einer hethitischen bzw. westlichen stilistischen Eigenheit stellt ferner der Gebrauch der so genannten Repressionsformel[35] („... dann wirst du den Eid gebrochen haben.") am Ende zahlreicher konditional formulierter Stipulationen dar.[36]

Ebenfalls in das 3. Jahrtausend gehört der älteste Hinweis auf einen dem König von einem Tempelverwalter geleisteten Treueid aus der Stadt Girsu, der in die Ur-III-Zeit (ca. 2112–2002)[37] datiert.[38]

1.3 Die Vereidigungspraxis in Mari[39]

Der am mittleren Euphrat gelegene syrische Stadtstaat Mari (Tell Hariri) wurde in altbabylonischer Zeit von einer amoritischen Dynastie regiert (seit ca. 1815 v.Chr.).[40] Diese so genannte „Lim-Dynastie" war Teil einer Welt gesteigerter diplomatischer Beziehungen,[41] wie ein Brief an König Zimrilim von Mari schön vor Augen führt: [42]

„Kein König ist durch eigene Kraft mächtig; zehn bis zwanzig Könige folgen Hammurapi von Babylon, ebenso viele Rimsin von Larsa, ebenso viele Ibalpi'el von Eschnunna, ebenso viele Amutpi'el von Qatna, und zwanzig folgen Jarimlim von Jamchad (Aleppo)."

35 Vgl. zu diesem Begriff u. S. 70.

36 Vgl. zu dieser Formel Neumann, TUAT NF II, 5, Anm. 18, sowie Edzard, Vertrag, 194f.

37 Vgl. zu dieser Dynastie Veenhof, Geschichte, 73–78.

38 Vgl. Lafont, L'avènement, 99: „NP a déclaré (sous serment par) la vie du roi (ZI LUGAL *nīš šarri*) que [...]"

39 Einen Überblick über die Quellen des internationalen Rechts in der ersten Hälfte des 2. Jahrtausends bietet Eidem, Law, 745–752.

40 Vgl. zu Mari Veenhof, Geschichte, 121–123.

41 Vgl. den ausführlichen Überblick bei Lafont, Relations internationales, 213–328.

42 Zitiert nach Veenhof, Geschichte, 124.

Ein Beispiel für eine Vereidigung eines Vasallen enthält die Tafel mit dem Vertrag zwischen Zimrilim von Mari und Atamrum von Andarig[43], die im Wesentlichen aus einer Loyalitätserklärung gegenüber Zimrilim besteht, wobei Atamrum insbesondere seine Informationspflicht gegenüber Zimrilim beschwört. Mehr Informationen bieten die zahlreichen Anspielungen auf Vereidigungen von Vasallen in den hunderten überlieferten Briefen aus dem Palastarchiv,[44] die es auf der einen Seite erlauben, den Ablauf der Vereidigungen zu rekonstruieren[45] und in denen auf der anderen Seite vereinzelt Loyalitätsgebote paraphrasiert werden, die im Zusammenhang mit den Vereidigungen beschworen wurden. In Brief ARMT XXVI/2, 404[46] bringt derselbe Atamrum von Andarig neben sieben anderen Vasallenkönigen sein Verhältnis zu Zimrilim von Mari mit der folgenden, auch in hethitischen und assyrischen Vasallenverträgen bezeugten Ausschließlichkeitserklärung zum Ausdruck (Z. 17f):[47]

> „Neben (*ullānum*) Zimrilim, unserem Vater, unserem älteren Bruder und unserem Führer gibt es keinen anderen König (*šarrum šanûm ul ibaššī*)!"

J. M. Durand ist in seiner Studie „Précurseurs syriens aux protocoles néo-assyriens" der innerstaatlichen Vereidigungspraxis unter König Zimrilim nachgegangen, die in zahlreichen Briefen ihre Spuren hinterlassen hat.[48] Die von Durand als „protocole juré" bezeichneten Treueide aus altbabylonischer Zeit können als traditionsgeschichtliche Vorbilder der späteren hethitischen und neuassyrischen Treueide angesehen werden.[49] Der auf den König erfolgende Eid (*nîš ilim/ilāni*), der in Mari von den verschiedenen Kategorien von Staatsbeamten, aber wohl auch von den Einwohnern von ganzen Städten[50] verlangt war, war mit Loyalitätsforderungen verbunden, wie sie in späterer Zeit in den hethitischen oder assyrischen Verträgen und Treueiden belegt sind. An erster Stelle rangiert dabei auch hier das Gebot, keinem anderen König außer Zimrilim zu folgen. Die Ausschließlichkeitsforderung ist regelmäßig von den Eidleistenden zu beschwören, etwa mit den Worten: [51]

---

43 Vgl. zu Text und Übersetzung Joannès, Traité, 167–174. Weitere Staatsverträge aus altbabylonischer Zeit sind aufgelistet bei Neumann, Staatsverträge, 322f. – Nach Eidem, Law, 747 und 750, war eine schriftliche Dokumentation der Vereidigungen in dieser Epoche noch nicht die Regel.

44 Vgl. zu diesem Korpus Heimpel, Letters.

45 Vgl. dazu Eidem, Law, 748f, der zwischen einer „standard procedure" und einer „long-distance procedure" unterscheidet.

46 Vgl. zu dem Brief auch Heimpel, Letters, 133–135; vgl. auch Brief XXVI 347 (a.a.O., 311).

47 Übersetzt nach Durand, Précurseurs, 54.

48 Vgl. a.a.O., passim.

49 Vgl. Giorgieri, Treueide, 325f.

50 Vgl. Durand, Précurseurs, 53.

51 Übersetzt nach Durand, Précurseurs, 53 (Text A.322, Z. 10); vgl. auch a.a.O., 48–50 (Text M.7259) und 54 (Text A.230).

„Unser Herr ist unser (einziger) Herr (*bēlnīma bēlni*); wir werden keinem anderen Herrn nachfolgen (*bēlam šanêm ul nisaḫḫur*)!"

Zu den Grundforderungen zählt ferner die Pflicht, den König über alle erdenklichen konspirativen Machenschaften zu informieren. Im „protocole de subordonnés"[52] wird in diesem Zusammenhang mit der vor allem in hethitischen Verträgen breit belegten Terminologie des „bösen Wortes" (*awātum lemuntum*) operiert, die wie im neuassyrischen EST in einem Atemzug mit dem Stichwort „Aufstand" (*bartum*) Verwendung findet (M. 7964, Z. 3; vgl. z.B. EST § 16).

1.4 Die Vereidigungspraxis der Hethiter

Vereidigungen bildeten im Hethiterreich, das vom 17. bis zum 13. Jh. in Kleinasien zu einer Großmacht aufstieg,[53] ein wesentliches Instrument der Herrschaftssicherung.[54] Auf den hethitischen König vereidigt wurden einerseits unterworfene Herrscher bzw. Volksstämme und andererseits die eigenen Untertanen. Die hethitischen Verträge[55] stellen das umfangreichste Korpus an internationalen Verträgen im Alten Orient. Die gute Quellenlage ist einer der Gründe für die zentrale Rolle, die die hethitischen Verträge in der älteren vergleichenden Forschung gespielt haben. Dieser Vergleich scheint in der gegenwärtigen Forschungslage wieder erfolgversprechender zu werden, da in den letzten Jahren aufgrund neu erschlossener Quellen immer deutlicher zu Tage tritt, dass hethitische (Rechts-) Traditionen den Untergang des Hethiterreiches überlebten und z.T. noch im 8. Jh. lebendig waren, womit der für traditionsgeschichtliche Rückfragen problematische zeitliche und geographische Graben zwischen dem Hethiterreich und den Königreichen Israel und Juda kleiner geworden ist.

Exkurs: Das hethitische Erbe im eisenzeitlichen Nordsyrien

Im Hinblick auf die Vermittlung des hethitischen Erbes in die Kulturen der Levante und Mesopotamiens kommt den so genannten hethitischen

52 A.a.O., 24.

53 In der Forschungsliteratur ist es üblich, zwischen einem althethitischen (Mitte 17. bis Ende 16. Jh.), einem mittelhethitischen (15. bis Mitte 14. Jh.) und einem junghethitischen Reich (der so genannten Großreichszeit; Mitte 14. bis Ende 13. Jh.) zu unterscheiden. Einen knappen Überblick über die Geschichte des hethitischen Reiches bietet Klengel, Hethiter.

54 Vgl. Beckman, Texts, 3: „These vassal treaties, with their explicit threats of divine retribution in case of violation, were the ideological glue which held the Hittite empire together."

55 Die Bezeichnung „hethitische Verträge" ist von Wiseman, Covenant, 311f, problematisiert worden. Sie bezieht sich im Folgenden nicht auf die Sprache, in denen die Verträge abgefasst sind (s. dazu S. 29f), sondern trägt alleine dem Umstand Rechnung, dass diese Verträge im Hethiterreich bzw. in der hethitischen Hauptstadt Ḫattuša entstanden sind.

Nachfolgestaaten Nordsyriens eine entscheidende Rolle zu.[56] In Karkamiš sowie in Aleppo hatte der hethitische Großkönig Šuppiluliuma I. um 1330 für zwei seiner Söhne Sekundogenituren eingerichtet. Nach dem Zusammenbruch des hethitischen Großreiches um 1200[57] trat Karkamiš das politische und kulturelle Erbe der Hethiter an.[58] Auch wenn das Großkönigtum Karkamiš in der Folge in eine Reihe luwischer und aramäischer Einzelstaaten zerfiel, so ist doch für die Stadt Karkamiš selbst eine dynastische Kontinuität von der ausgehenden Spätbronzezeit bis in das 10. Jh., vielleicht sogar bis zur Eroberung der Stadt durch die Assyrer im Jahre 717 festzustellen.[59] Mit Bezeichnungen wie „(Land) Hatti" bzw. „Hethiter" für die hethitischen Nachfolgestaaten wird noch in neuassyrischer Zeit und bis in das Alte Testament hinein (vgl. die *ḥtym* in Jos 1,4 u.ö.) auf die in Nordsyrien fortbestehende Kontinuität mit dem untergegangenen Hethiterreich verwiesen.[60] Neben den hethitischen Nachfolgestaaten geben auch die nordsyrischen Aramäerstaaten unterschiedlich starke hethitische Einflüsse zu erkennen. Denn als sich die verschiedenen Aramäerstämme seit dem 11./10. Jh. in Nordsyrien ansiedelten,[61] fanden sie keine kulturelle *tabula rasa* vor, sondern trafen auf ein Substrat an späthethitischen Traditionen, das sich vielerorts noch lange Zeit behaupten konnte.[62] So wird die traditionsgeschichtliche Analyse der aramäischen Inschriften von Sfire, die einen Vasallenvertrag zwischen den beiden Aramäerkönigen Bar-gaʾyah von *Ktk* und Matiʿ-ʾel von Arpad bezeugen, etliche Elemente des hethitischen Vertragsrechts an den Tag bringen. Ein Blick auf die an Arpad angrenzenden Aramäerstaaten bestätigt das Bild. In dem nordwestlich von Arpad gelegenen Aramäerstaat Samʾal spiegelt sich etwa nicht nur in der Kunst und der Götterwelt, sondern auch in den luwischen Thronnamen der aramäischen Könige die Hochschätzung der späthethitischen Kultur.[63] Im Gebiet des östlich von Arpad gelegenen Aramäerstaates Bit-Adini ist jüngst eine

56 Vgl. zusammenfassend Hawkins, Erben I/II.

57 Zu der jüngeren Einsicht, dass das Ende des Großreiches nicht durch die so genannten „Seevölker", sondern vermutlich durch innerdynastische Machtkämpfe herbeigeführt worden ist, vgl. Sürenhagen, Niedergang, 283–290, und Klengel, Geschichte, 309–315.

58 Vgl. dazu Klengel, Geschichte, 315–319, sowie Starke, Kleinasien, 518–521.

59 Vgl. Hawkins, Kuzi-Tešub, sowie ders., „Great Kings"; vgl. auch die Dynastielinie von Karkamiš bei Starke, Kleinasien, 519f; Klengel, Syria, 193, hält die dynastische Kontinuität für möglich und fügt hinzu: „In any case, the Hittite traditions were still alive, and the Hittite/Luwian component of population was certainly strong."

60 Vgl. zu den Hethitern in der Bibel Cancik, Land, sowie Hutter, Widerspiegelungen, 425f.

61 Nach Sader, Kingdoms, 68–76, setzten sich die Aramäerstämme in einem dreistufigen Prozess in Nordsyrien fest. Auf ein „peaceful settlement" im 11./10. Jh. folgte im 10./9. Jh. ein „urbanization process", der im 9./8. Jh. eine Periode der „centralized monarchy" zeitigte.

62 Vgl. dazu Veenhof, Geschichte, 212–215.

63 Vgl. Tropper, Inschriften, 3–26, und zu Samʾal allgemein Lipiński, Aramaeans, 233–247.

in das 8. Jh. zu datierende Bauinschrift entdeckt worden, die neben einer assyrischen und einer aramäischen Fassung auch eine Kurzform in Hieroglyphenluwisch enthält,[64] was entsprechend Rückschlüsse auf die Zusammensetzung der Bevölkerung zulassen dürfte.[65] Und in Ḥamat löst König Zakkur erst zu Beginn des 8. Jh. die luwische Dynastie ab.[66] Schon dieser kurze Blick auf die politische Geographie Nordsyriens macht deutlich, dass wir in dieser Kontaktzone von einer „engen Symbiose zwischen späthethitischen und aramäischen Staaten"[67] sprechen können, in der Traditionen aus der hethitischen Großreichszeit bis weit in die Eisenzeit hinein lebendig blieben.[68] Mit der Einsicht in die historisch-kulturelle Kontinuität zwischen dem spätbronzezeitlichen Hethiterreich und den eisenzeitlichen späthethitischen Nachfolgestaaten ist Sürenhagen zufolge „der Weg frei für neue Überlegungen, die die Überlieferung geistigen Kulturgutes in die klassische Antike betreffen."[69] Für die vergleichende Forschung am Alten Testament ist aus alldem zu schließen, dass Traditionen der hethitischen Großreichszeit über luwisch-aramäische Vermittlungswege bequem bis in biblische Texte hinein gelangt sein können.[70]

An hethitischen völkerrechtlichen Verträgen sind gut 35 Texte[71] aus mittel- und junghethitischer Zeit (15. bis 13 Jh.) – meist in mehreren Kopien – in der hethitischen Hauptstadt Ḫattuša entdeckt worden. Handelte es sich bei den dort gefundenen Verträgen auf Tontafeln um ungesiegelte Archivkopien, so wurde 1986 erstmals eine originale Vertragsurkunde gefunden,[72] die zahlreiche Vertragszeugen sowie den Schreiber der Tafel erwähnt und zudem gesiegelt war. Aus dem Kolophon der Tafel geht hervor, dass Abschriften des Vertrags einerseits vor hethitischen Gottheiten niedergelegt und anderseits dem Vertragspartner ausgehändigt worden sind. Nach Ausweis aller überlieferten Texte bekamen anatolische Vasallen ihr Exemplar grundsätzlich in hethitischer, die syrischen hingegen in akkadischer Sprache – der *lingua franca*

64 Vgl. dazu Röllig, Aramäer, 182f.

65 Vgl. Dalley, Shamshi-ilu, 80: „This shows that the use of Hittite hieroglyphs for Luwian continued in use under Assyrian rule, and did not die out with the end of the ‚Luwian' dynasty."

66 Vgl. Klengel, Syria, 212f.

67 Podella, Notzeit-Mythologem, 446. Zu luwisch-aramäischen Kontakten auf dem Gebiet der Religion vgl. Hutter, Ineinanderfließen, sowie Niehr, Auswirkungen.

68 Vgl. Klengel, Syria, 183: „Further investigation in other places should reveal similar continuity between the Hittite empire and the Syro-Hittite kingdoms."

69 Sürenhagen, Niedergang, 292.

70 S. dazu u. S. 273f.

71 Vgl. Beckman, Texts, 1, sowie die Übersicht a.a.O., 6–8; vgl. auch die Liste bei Müller/Sakuma, Staatsverträge, 330–337.

72 Vgl. zu Text und Übersetzung Otten, Bronzetafel, 10–29.

der Spätbronzezeit – ausgeliefert.[73] Die Terminologie der hethitischen Vasallenverträge spiegelt die von Korošec ermittelten integralen Elemente eines Vertrags „Bindung“ und „Eid“ (heth.: *išḫiul* und *lingai-*, akk.: *rikiltu/rikištu/riksu* und *māmītu*).[74] Trotz zahlreicher Abweichungen im Detail[75] folgen die hethitischen Vasallenverträge im Wesentlichen einem einheitlichen Schema:[76]

- Präambel
- Historischer Prolog[77]
- Stipulationen
- Deponierungsklausel
- Eidgötterliste (mit *evocatio*)
- Segen und Fluch

Den Kern der Vasallenverträge bilden die Stipulationen. K. Baltzer hat überzeugend zwischen einer „Grundsatzerklärung“, deren „Grundforderung [...] die Loyalität des Vertragspartners“[78] ist, und nachgeordneten Einzelbestimmungen unterschieden.[79] Zu den grundsätzlichen Loyalitätsbestimmungen zählen – ähnlich wie in den älteren syrischen Vasallenverträgen und Treueiden – die drei Gebote der Ausschließlichkeit, des Schutzes sowie der Information bzw. Anzeige. Die Verpflichtung des Vasallen zu exklusiver Loyalität schließt zumeist die Anerkennung der Thronfolgeentscheidung des Hethiterkönigs ein. In Šuppiluliumas Vertrag mit Ḫukkana von Ḫajaša heißt es:[80]

> „Now you, Huqqana, recognize only My Majesty as overlord. And recognize my son whom I, My Majesty, designate: ‚Everyone shall recognize this one‘, and thus distinguish among <his brothers(?)>.“

Dann folgen das Ausschließlichkeits- und das Schutzgebot:[81]

73 Vgl. Beckman, Texts, 2. Aus diesem Grund sind Verträge in hethitischer, in akkadischer sowie in beiden Sprachen überliefert.

74 Vgl. Beckman, Texts, 2, sowie ausführlich Korošec, Staatsverträge 21–35.

75 Vgl. dazu Weeks, Admonition, 68–84, der auf verschiedene Arten von Abweichungen aufmerksam macht: „[...] differences in the power relations between the two parties, differences in the social structure of the treaty partner, differences in their perception of his need for motivation and of what would best motivate him.“ (a.a.O., 80)

76 Vgl. Korošec, Staatsverträge, 12–14, sowie Beckman, Texts, 2f.

77 Vgl. zu diesem die hethitischen Vasallenverträge kennzeichnenden Element die umfassende Monographie von Altman, Historical Prologue.

78 Baltzer, Bundesformular, 23.

79 Vgl. a.a.O., 22f. – Vgl. zu den häufigsten Einzelbestimmungen Beckman, Law, 762f.

80 HDT 3 § 2.

81 HDT 3 § 3. Das Schutzgebot wird vorwiegend mit PN *paḫs-/naṣāru* „jemanden schützen“ ausgedrückt, vgl. dazu und zu weiteren Ausdrücken Hagenbuchner, Loyalitätsverpflichtungen.

„Furthermore, benevolently recognize my sons – his brothers – and [my] brothers in brotherhood and comradeship. But beyond that you shall not recognize any other nobleman, whoever he might be, behind the back of My Majesty. Recognize [only] My Majesty and protect My Majesty!"

Schließlich erscheint auch das Informations- bzw. Anzeigegebot, in dem gefordert wird, „böse Worte" nicht vor dem Großkönig zu verheimlichen:[82]

„... or if you ever hear evil concerning My Majesty from someone and conceal it from me, and do not speak of it to me, and do not point out that person but even hide him, you will transgress the oath."

Von ganz besonderem Interesse für die Frage nach einer möglichen Traditionsvermittlung in den Süden sind die Verträge mit nordsyrischen Vasallenfürsten, die nicht zuletzt aufgrund ihrer – vom Standardformular leicht abweichenden – formalen und inhaltlichen Geschlossenheit als syro-hethitische Verträge eine eigene Gruppe stellen.[83] Die syro-hethitischen Verträge dürften in den nordsyrischen Empfängerstaaten in akkadischer Sprache rezipiert worden sein. Erhalten sind Verträge mit Amurru,[84] Nuḫašše[85] und Ugarit[86]. Die syro-hethitischen Verträge enthalten am Ende der Stipulationen eine Loyalitätsbestimmung, die auf die exklusive Anerkennung des hethitischen Großkönigs als Oberherrn abzielt.[87] Einzig der Vertrag zwischen Tutḫalija IV. und Šaušga-muwa von Amurru geht eigene Wege, insofern auf die historische Einleitung sofort umfangreiche Loyalitäsbestimmungen folgen,[88] die aus den üblichen Schutz-, Ausschließlichkeits- und Anzeigegeboten bestehen:[89]

„[And] I, My Majesty, Great King, have taken you, Shaushga-muwa, by the hand [and] have made you my brother-in-law. I have given you my sister in marriage and have made you king in the land of Amurru. Protect My Majesty as overlord. And later protect the sons, grandsons, and progeny of My Majesty as overlords. You shall not desire some other overlord for yourself. This matter shall be placed under oath for you."

Im Vorausblick auf den neuassyrischen EST ist es vor allem interessant, zu sehen, dass hier in einem hethitischen Vasallenvertrag ähnliche, auf eine ganz

---

82 HDT 3 § 4. Vgl. zur Vorstellung vom „bösen Wort" in hethitischen Vasallenverträgen Korošec, Staatsverträge, 77–79, sowie in dieser Arbeit S. 75f.

83 Vgl. dazu schon Korošec, Staatsverträge, 8f, vor allem aber Del Monte, Trattato, 1–12.

84 Vgl. Del Monte, Trattato, 116–141; 157–177; 178–187; s. auch HDT 5; 8; 17.

85 Vgl. Del Monte, Trattato, 142–155; s. auch HDT 7.

86 Vgl. Del Monte, Trattato, 14–114; s. HDT 9 (vgl. auch HDT 4).

87 Vgl. zum Aufbau der Verträge Del Monte, Trattato, 10f.

88 Auch der geographisch nach Nordsyrien weisende Vertrag zwischen Muwatalli II. und Talmi-Šarruma von Aleppo besteht im Wesentlichen aus einer Loyalitätserklärung, vgl. Weeks, Admonition, 74.

89 HDT 17 §§ 6–10; das Zitat ist § 6 entnommen.

konkrete Thronfolge bezogene Loyalitätsforderungen erhoben werden, wobei auch in diesem Fall die Schutzpflicht explizit die Thronfolger des Großkönigs einschließt, deren Königtum gegen andere mögliche Thronprätendenten aus der königlichen Familie zu verteidigen ist:[90]

> „Because I have made you, Shaushga-muwa, my brother-in-law, protect My Majesty as overlord. And later protect the sons, grandsons, and progeny of My Majesty as overlords. You shall not desire anyone as overlord from among those who are legitimate brothers of My Majesty, sons of the concubines of the father of My Majesty, or even other royal progeny who are to be regarded by you as bastards."

Von den syro-hethitischen Verträgen abzuheben sind noch einmal die so genannten „Sekundogenitur-Verträge" mit Karkamiš und Ḫalab/Aleppo, mit denen Šuppiluliuma I. seine Söhne Pijaššili und Telipinu auf den Thron gehoben hatte.[91] Leider sind nur wenige Fragmente der Verträge zwischen Karkamiš und Hatti erhalten. Dort belegte Forderungen, Šuppiluliuma II. und seine Nachkommen zu schützen, sowie Fluchformeln in Gestalt von Vergleichen machen aber deutlich, dass hethitische Vertragsrechtstraditionen in Karkamiš vorhanden waren.[92] Dieser Umstand verdient besondere Beachtung, da Karkamiš zum einen im Laufe der Zeit die Kontrolle über ganz Nordsyrien erlangen konnte[93] (was sich in eigenen Vertragsabschlüssen z.B. mit Ugarit niederschlug) und sich zum anderen, wie bereits erwähnt, eine dynastische Kontinuität bis in das 1. Jahrtausend nachweisen lässt.[94] Ein Vergleich dieser nicht leicht zu interpretierenden Texte mit hethitischen Verträgen deutet auch hier auf eine Kontinuität hinsichtlich des Formulars und der Phraseologie hin.[95] Damit kommt Karkamiš in jedem Fall eine besondere Rolle in Bezug auf das Weiterleben hethitischer Traditionen im eisenzeitlichen Nordsyrien zu.

Was auf internationalem Parkett dienlich war, sollte auch im Inneren des Reiches für die Stabilität der königlichen Herrschaft sorgen. Nach Giorgieri, auf dessen Untersuchung der Treueide ich mich im Folgenden hauptsächlich beziehe,[96] avancierten die hethitischen Treueide vor allem in mittelhethitischer Zeit zu einem gebräuchlichen Instrument der Staatsverwaltung.[97] In allen überlieferten

90 HDT 17 § 7.

91 Vgl. Klengel, Geschichte, 372, Anm. 182.

92 Vgl. die Belege bei Singer, Treaties, 636.

93 Vgl. Klengel, Geschichte, 372–374.

94 S. o. S. 28.

95 Vgl. D'Alfonso, Vertragstradition, 325–327.

96 Giorgieri, Treueide; vgl. zu den „internal treaties" außerdem Weeks, Admonition, 84–88.

97 Giorgieri, Treueide, 325.

Texten gilt der Eid dem hethitischen König und seiner Familie[98] und diente dem Zweck, „die Loyalität gegenüber dem König und seiner Dynastielinie sowie die Erfüllung der Dienstverpflichtungen der hethitischen Untertanen [...] zu sichern".[99] Anhand der hethitischen Treueide ist besonders schön abzulesen, dass interne und externe Verträge im Alten Orient streng genommen ein und derselben Textform angehörten.[100] Dies veranschaulicht schon die verwendete Rechtsterminologie, die sich nicht von der der Verträge unterscheidet.[101] Hinzu tritt die Beobachtung, dass die Treueide im Grunde genommen das gleiche Repertoire an Formelementen aufweisen wie die Vasallenverträge, wobei sie im Gegensatz zu diesen allerdings keine kanonisierte Abfolge der Einzelelemente ausgebildet haben.[102] Einige Exemplare entsprechen im Aufbau der Sondergruppe der Verträge mit Volksstämmen, die vom Standardformular durch das Fehlen des historischen Prologs, das Hinzutreten einer Vereidigtenliste sowie das Vorrücken der Götterliste vor die Stipulationen abweichen.[103] Schließlich bestehen auch inhaltliche Gemeinsamkeiten zwischen Vasallenverträgen und Treueiden. Auch bei den Treueiden ist eine Unterscheidung zwischen der grundsätzlichen Loyalitätsforderung und den Einzelbestimmungen von Nutzen. Erstere teilen die internen mit den externen Vereidigungen, wobei wiederum Schutz-, Ausschließlichkeits- und Anzeigegebote begegnen. Für Vasallenverträge wie Treueide gilt: Die grundsätzlichen Schutz- und Loyalitätsbestimmungen, die der Sicherung des Königs und seiner Dynastielinie dienen, bilden gleichsam das *Ordinarium*, während die konkreten Einzelbestimmungen, die adressaten- und situationsbezogen und somit veränderlich sind, entsprechend das *Proprium* bilden. Aus all dem folgt, „that for the Hittites there was no sharp conceptual distinction between internal and external obligations to their monarch".[104]

98 Giorgieri betont zu Recht den „staatliche[n] Charakter" der Dokumente, der einer Hierarchisierung der Loyalitätspflicht nach dem mittelalterlichen Feudalsystem entgegensteht (a.a.O., 342).

99 A.a.O., 324.

100 Vgl. auch a.a.O., 325f, Anm. 17, wo Giorgieri im Hinblick auf die verschiedenen in der hethitischen Verwaltung eingesetzten Textgattungen feststellt: „Obwohl zum Teil unterschiedlich abgefasst, hatten diese Dokumente denselben Zweck: die Beziehungen zwischen König und Untertanen auf eine rechtliche Grundlage zu stellen. Dass man sie heute oft getrennt behandelt und als verschiedene Textgattungen betrachtet, beruht vor allem auf unserer modernen, klassifikatorischen Perspektive. [...] Alle Beamten- und Bevölkerungseide – darunter auch die Eide von Volksstämmen wie jene der Kaškäer – sowie die ‚Vasallenverträge' sind aber als eine einzige Textform zu verstehen."

101 Vgl. Klengel, Geschichte, 365, Anm. 161.

102 Vgl. Giorgieri, Treueide, 327.

103 Vgl. die Gegenüberstellung von CTH 259 und dem so genannten Išmeriga-Vertrag (CTH 133) a.a.O., 328.

104 Beckman, Treaties, 283 ; vgl. auch ders., Law, 759f.

Was die Adressaten der hethitischen Treueide angeht, so wurde wohl in erster Linie die staatliche Elite (hohe Beamte oder Militärs) vereidigt, dann aber auch Menschen, die sich in der Nähe des Königs befanden und diesem Schaden zufügen konnten.[105] Giorgieri macht darauf aufmerksam, dass in den Quellen auch immer wieder global von einer Vereidigung von „ganz Ḫattuša“, „allen Hethitern“ oder der „gesamten Bevölkerung von Ḫatti“ die Rede ist, womit nach einer Definition von G. F. Del Monte all diejenigen Menschen gemeint sind, „die eine aktive Rolle bei der Verteidigung des Staates und in der Produktion spielten“.[106]

Zu den Gelegenheiten, die einen Eid auf den hethitischen König verlangten, zählten ausweislich der Quellen in erster Linie innenpolitische Krisensituationen. So sind Vereidigungen im Anschluss an einen Königsmord und mehrfach im Zusammenhang einer Thronfolgeregelung bezeugt.[107] Daneben ergibt sich aus einem Abschnitt in den so genannten „Würdenträgereiden des Arnuwanda“, dass das „gesamte Ḫatti-Land“ monatlich einen allgemein gehaltenen Loyalitätseid auf den Großkönig, seinen Thronfolger und seine Dynastielinie zu leisten hatte:[108]

> „Siehe: Das g[esam]te Ḫatti-Land, d.h. die Herren, [die Wagenkämpfer], die Fußsoldaten, die *š*.-Truppen, ein jeder [schwört] monatlic[h der Person] des Arnuwanda, des Großkönigs, der Pers[on der Ašmunikal], der Großkönigin, der Perso[n des T]utḫalij[a, des *tuḫkanti*-Prinzen] (und) nachher dessen Söhnen (und) dessen Enkeln und den Person[en der Prinzen] (und) nachher ihren Söhnen (und) ihren Enkeln [Loyalität].“

Über den Ablauf der Vereidigungen enthalten die Texte wenig Informationen. Nach Auskunft der Götterlisten, in denen die Götter als Zeugen der Eide angerufen werden, dürften die Vereidigungen aber – wie die internationalen Verträge – vor dem hethitischen Pantheon abgehalten worden sein.[109] Die so genannten „Militärischen Eide“ geben ferner Einblicke in die im Zusammenhang einer Vereidigung vollzogenen magisch-analogischen Riten. Demnach wird an einem Gegenstand eine (oft destruktive) Symbolhandlung vorgenommen und vom Ritualleiter in einem Vergleich mit den Vereidigten identifiziert, die ihrerseits mit der Formel *apāt ešdu* „dies soll (so) sein!“ ihre Zustimmung signalisieren und damit den bedingten Fluch in Kraft setzen.[110] Ein Abschnitt lautet etwa (Vs. I 47–II 4):[111]

---

105 So geht aus einem Text hervor, dass das königliche Küchenpersonal regelmäßig einen Diensteid leisten musste, vgl. Giorgieri, Treueide, 339f.

106 Zitiert nach Giorgieri, Treueide, 332.

107 Vgl. a.a.O., 330–335

108 A.a.O., 337; vgl. zum Inhalt der regelmäßigen Vereidigungen 335f.

109 Vgl. a.a.O., 327.

110 Vgl. a.a.O., 338f, und für weitere Beispiele 338–342.

111 Oettinger, Eide, 9. Vgl. zu dem Abschnitt auch u. S. 67.

„Dann legt er ihnen Wachs und Schaffett in die Hände, wirft es dann in die offene Flamme und spricht: ‚Wie dieses Wachs schmilzt, das Schaffett aber zerläuft, so soll nun, wer auch immer diese Eide übertritt und sich gegen den [König des Lande]s Hatti hinterhältig beträgt, wie Wachs schmelzen, wie Schaffett aber soll er zerlaufen!‘ Jene aber sprechen: ‚Das soll (so) sein!‘“

Aus den „Würdenträgereiden Arnuwandas“ ergibt sich, dass die Treueide nach dem Vereidigungsritual schriftlich festgehalten und die Tafeln anschließend in verschiedenen Städten vor bedeutenden hethitischen Gottheiten deponiert wurden[112] – auch darin gleichen sich also die internen und die externen Verträge.

Abschließend ist im Zusammenhang mit den hethitischen Treueiden auf eine These von F. Starke einzugehen, die später für die gattungsgeschichtliche Einordnung des EST noch einmal von Belang sein wird. Nach Starke stellen Treueide im Gegensatz zu Vasallenverträgen, die in erster Linie das Verhältnis zwischen Vasall und Oberherrn regeln, indem sie die Rechte und Pflichten der unterlegenen Partei definieren, „lediglich eine bedingte (z.B. sich auf bestimmte vertraglich vereinbarte Dienstverpflichtungen beziehende) oder unbedingte Loyalitätserklärung“ dar.[113] Aus dieser Beschreibung zieht Starke den folgenschweren Schluss, dass Treueide „nur in ganz besonderen politischen Situationen“[114] zu erwarten seien. Die besondere politische Situation findet er, nachdem er den neuassyrischen EST und zwei junghethitische Vereidigungstexte des 13. Jh. vergleichend gegenübergestellt und ihren gemeinsamen „Sitz im Leben“ aufgezeigt hat, in der nicht regulären Thronfolge der betreffenden assyrischen bzw. hethitischen Könige.[115] Die These eines direkten Zusammenhangs zwischen dem Aufkommen von Treueiden und Unregelmäßigkeiten in der Thronfolge ist jedoch nicht stichhaltig. Zweifel meldet hier allein schon die Beobachtung an, dass die hethitischen Treueide gattungsgeschichtliche Vorbilder in den in Mari bezeugten „protocoles jurés“ aus altbabylonischer Zeit besitzen, die aber einen vergleichbaren „Sitz im Leben“ nicht zu erkennen geben.[116] Widerspruch ist aber in erster Linie aufgrund der hethitischen Quellen angesagt.

– Erstens ist nicht einzusehen, warum Starke die zum Teil schon in mittelhethitische Zeit datierenden so genannten „Militärischen Eide“ außer Acht lässt, die thematisch ebenfalls auf die Sicherstellung der Loyalität gegenüber dem

112 Vgl. Giorgieri, Treueide, 338.

113 Starke, Charakterisierung, 73.

114 Ebd.

115 Vgl. a.a.O., 75.

116 Vgl. dazu Durand, Précurseurs, sowie o. S. 26.

hethitischen Königshaus beschränkt sind[117] und insbesondere in den zahlreichen Vergleichsflüchen eine brauchbare Analogie zum EST liefern.

– Zweitens hat M. Giorgieri jüngst überzeugend dargelegt, dass sich das für Starke ausschlaggebende Motiv der Sicherung des Königs und seiner Dynastielinie schon in mittelhethitischen Treueiden und völlig unabhängig von der Situation einer nicht regulären Thronfolge belegen lässt.[118] In CTH 251, einem Text, der vermutlich in die Zeit Tutḫalijas I. (ca. 1425–1410) zu datieren ist, lautet ein Paragraph:[119]

> „[Wi]e ihr euch selbst (wörtl. eure Häupter), d.h. Ḫatt[uša, schüt]ze[t], (dementsprechend) [soll]t [ihr], ganz Ḫattuša, die Person (wörtl. Haupt) der Majestät[42] [schützen und] das Leben des [Köni]gs begehren! [… …] er fügt. W[en]? der König [… nim]mt [und] zum Königtum salbt, ihn sollt [ihr, *eure Söhne*?] … eure [*Enkel*? aner]kennen! Und wer ih[m Böses zu]füg[t – wen]n? aber (jemand davon) hört, so [soll] er ihn er[greifen und ih]n?/e]s? anzeigen! [Wer]? aber gerade?! [ih]n verbirgt, mögen die[se Eid]e ihn ergreifen [und ihn zusamm]en mit seiner Frau (und) seinen Söhnen verni[ch]ten!“

In dem Paragraph sind beinahe alle Schlagwörter vereint, die in den von Starke gegenübergestellten Paragraphen der junghethitischen Treueide und des EST vorkommen.[120] Demnach gilt es 1. den König zu schützen, 2. den Thronfolger zu akzeptieren sowie 3. alles, was man hört, dem König zu melden. Die abschließende Repressionsformel[121] zeigt an, dass die Verpflichtungen auf einer Eidleistung beruhen, wobei die Übertretung der Eide ein Fluchgeschehen nach sich zieht.

– Drittens beweist umgekehrt ein Text wie CTH 105, der Vertrag zwischen Tutḫalija IV. und Šaušga-muwa von Amurru, dass die Sicherung der Thronfolge des hethitischen Königs als alles beherrschendes Thema keinesfalls auf die Textgattung Treueid beschränkt ist, sondern auch einen zeitgenössischen Vasallenvertrag bestimmen kann[122] – eine Beobachtung, die auch in Bezug auf die literarische Beurteilung des EST von Bedeutung ist.

---

117 Die Eide werden jeweils übertreten, wenn der Vereidigte „sich gegen den König des Landes Hatti hinterhältig beträgt und auf das Land Hatti feindlich den Blick richtet“ (Vs. I 41–43) bzw. „dem König, der Königin und den Söhnen des Königs Böses zufügt“ (Vs. II 24–25) (vgl. Oettinger, Eide, 8–11).

118 Vgl. Giorgieri, Treueide, 329–338.

119 A.a.O., 331.

120 Vgl. Starke, Charakterisierung, 76–80.

121 Vgl. zu dem Begriff S. 70.

122 S. o. S. 31f.

– Viertens ist festzustellen, dass es sich bei den von Starke ins Feld geführten Parallelen zwischen den LÚ^{MEŠ} SAG-Texten und dem EST um die standardmäßigen Grundforderungen der Loyalität handelt, die in den allermeisten Verträgen und Treueiden vorkommen, weshalb eine juristische Wertung der Texte nicht aufgrund dieser Loyalitätsforderungen erfolgen sollte.

Aus all dem folgt, dass an einem direkten Zusammenhang zwischen dem Aufkommen der Treueidgattung und der Situation der nicht regulären Thronfolge im Hethiterreich nicht festzuhalten ist, dass es hethitische Treueide vielmehr zeitlich vor und sachlich unabhängig von der nicht regulären Thronfolge von Ḫattusilis III. auf Tutḫalija gab, auf die Starke das Aufkommen der Treueidgattung zurückführt.

1.5 Die neuassyrische Vereidigungspraxis

„Das assyrische Reich war das erste Imperium, das nicht nur Anspruch und Idee, sondern auch Wirklichkeit war.“[123] Voraussetzung der enormen geographischen Ausdehnung des ethnisch inhomogenen assyrischen Großreiches war wohl nicht zuletzt eine systematisch und flächendeckend vollzogene Vereidigungspraxis, bei der die assyrischen Untertanen sowie alle Herrscher der unterworfenen Länder auf den assyrischen König einen Eid zu leisten hatten, der diesem gegenüber absolute Loyalität garantieren sollte.

Auch wenn sämtliche erhaltenen Vereidigungstafeln erst aus neuassyrischer Zeit stammen, so sind Vereidigungen als Herrschaftsmittel im Umgang mit besiegten Herrschern schon in mittelassyrischer Zeit eindeutig belegt.[124] Unter den 14 mehr oder minder gut erhaltenen[125] Texten aus neuassyrischer Zeit, die in SAA II zusammengestellt sind, befinden sich 12 assyrische Verträge bzw. Treueide.[126] Davon sind jedenfalls SAA II 2, 5, 10 und 13 als völkerrechtliche Verträge einzustufen.[127] Vier Tafeln (SAA II 3, 4, 7 und 8) scheinen dagegen

---

123 Knauf, Umwelt, 132.

124 Vgl. dazu Radner, Vorbild, 353–357, bes. 357.

125 Vgl. zum Erhaltungszustand der Tafeln Parpola/Watanabe, Treaties, XLIVf.

126 Der als Text 1 erscheinende Vertrag zwischen Marduk-zākir-šumi und Šamši-Adad V. aus dem 9. Jh., in dem der assyrische König einmal in der schwächeren Position in Erscheinung tritt, stellt ausweislich der typisch babylonischen Traditionselemente in der Götterliste und der Fluchsequenz eher einen babylonischen als einen assyrischen Vertrag dar (vgl. zu den Argumenten Brinkman, Covenants, 96f; vgl. auch a.a.O., 107–111). Text 14 ist kein Vertrag, sondern Teil einer Inschrift Asarhaddons, die der religiösen Legitimation seiner Thronfolgeregelung diente (vgl. Parpola/Watanabe, Treaties, XXXIV).

127 Hierzu gehören – je nachdem, wie der völkerrechtliche Status Babylons in der Zeit Aššurbanipals bzw. Sîn-šarru-iškuns bewertet wird – auch die *adê*-Tafeln mit babylonischen Verbündeten (SAA II 9 und 11 [sowie 12?]).

innerassyrische Vereidigungen zu spiegeln und sind dementsprechend als Treueide zu bezeichnen. Diese an Geltungsbereich und Adressaten orientierte Einteilung darf freilich nicht verdecken, dass alle Texte – sofern die Präambel erhalten ist – ohne Unterschied unter dem Terminus *adê* firmieren und – wie im Hethiterreich – hinsichtlich des Formulars und der Phraseologie weitgehend übereinstimmen.[128]

Neben den eigentlichen Vertragstafeln hat Parpola 47 Erwähnungen von zwischen- und innerstaatlichen Vertragsschlüssen in assyrischen Quellen des 8. und 7. Jahrhunderts aufgelistet.[129] Da sich lediglich vier der erhaltenen Texte identifizieren lassen, gelangt Parpola per Hochrechnung zu dem Schluss, dass „the total number of Assyrian treaties concluded between 745 and 620 B.C. would rise to 160.“ Und er fügt hinzu: „the actual total was probably much higher considering the gaps in our documentation.“[130]

In den wenigen überlieferten externen Verträgen (SAA II 2; 5; [9]; 10; 13)[131] erschwert der schlechte Erhaltungszustand vor allem der Stipulationen die Suche nach den in den älteren Vertragstexten gefundenen grundlegenden Loyalitätsbestimmungen. Von der *adê*-Tafel, mit der sich Matiʿ-ʾel von Arpad dem assyrischen König Aššur-nērārī V. eidpflichtig machte (SAA II 2), sind von geschätzten 484 Zeilen gerade einmal 149 erhalten. Von den Stipulationen sind nach Parpola etwa 20% auf uns gekommen.[132] Obwohl sich diese hauptsächlich mit Fragen der Heeresfolge beschäftigen, haben Ausschließlichkeits- und Schutzbestimmungen immerhin in III 19ff sowie V 1ff Spuren hinterlassen, die die Existenz von Loyalitätsforderungen belegen. Der Vertrag zwischen Asarhaddon und Baal von Tyrus (SAA II 5), der zu höchstens 25% erhalten ist,[133] regelt im Bereich der Stipulationen die Handelsbeziehungen zwischen Tyrus und dem assyrischen Reich.[134] Auch in diesem Fall dürfte das Fehlen von

---

128 Vgl. dazu Parpola/Watanabe, Treaties, XV. Vgl. auch Parpola, Law, 1056: „To the Empire, which mostly dictated the terms of the treaties, all treaties ultimately served the same purpose, namely, the expansion of the Empire, and thus did not call for more nuanced terminological distinctions."

129 Vgl. Parpola, Treaties, 184f.

130 A.a.O., 162, Anm. 7.

131 Der Sukzessionsvertrag Asarhaddons (EST = SAA II 6), der ebenfalls zu den völkerrechtlichen Verträgen gehört, wird unten gesondert behandelt.

132 Vgl. zu den Zahlen die Übersicht bei Parpola/Watanabe, Treaties, XLVI. Parpola/Watanabe schreiben zu dem Vertrag: „In sum, the text may have resembled the other treaties, particularly no. 6, more closely that the extant text would suggest. The only major structural difference seems to lie in the relative positions of the adjuration and ritual sections, which appear in inverted order in Text 6.“ (ebd.)

133 Vgl. a.a.O., XLVII.

134 Vgl. dazu Radner, Handelspolitik, 160f.

Loyalitätsbestimmungen auf den schlechten Erhaltungszustand der Tafel zurückzuführen sein. Ohne explizite Loyalitätsforderungen präsentiert sich ferner die kleine Vereidigungstafel, in der Abī-Iate᾿ vom Qedarstamm verpflichtet wird, seinen treulosen Vorgänger nicht zu schonen (SAA II 10). Der anonyme Vasallenvertrag SAA II 13, von dem einzig ein kleiner Teil der Stipulationen erhalten ist,[135] weist sodann das Anzeigegebot als Bestimmung der assyrischen Vasallenverträge aus. Es lautet (III 10–17):

> „[Nor] will you conceal from me anything that you hear (*šumma* [III 4] ... *tašammûni*), be it from the mouth of a king or on account of a country, (anything) that bears upon or is harmful to us or Assyria, but you will write to me and bring it to my attention."

Dem ist ein Abschnitt aus einem Brief an die Seite zu stellen, in dem eine entsprechende Bestimmung aus einem Vasallenvertrag paraphrasiert wird:[136]

> „The king, my lord, appointed me in Qunbuna: I tell everything that I see and hear to the king, my lord. I do not conceal anything from the king."

In beiden Fällen erscheinen die für das Anzeigegebot charakteristischen Verben *šamû* „hören" und *pazzuru* „verheimlichen", die häufig in derselben Kombination im EST vorkommen.[137]

Nehmen wir Aššurbanipals Vertrag mit babylonischen Verbündeten (SAA II 9) noch hinzu[138], so begegnen sämtliche Loyalitätsbestimmungen der älteren Gattungsvorbilder: Das Schutzgebot (mit *naṣāru* „schützen") (Z. 10'–11'), das Anzeigegebot mit der Terminologie des „bösen Wortes" (*amat lā ṭābtu*) (Z. 12'–16') sowie das Ausschließlichkeitsgebot („keinen anderen König und Herrn" [*šarri šanumma bēl šanumma*]) (Z. 32'–34'). Den schlechten Erhaltungszustand der Stipulationen der wenigen neuassyrischen externen Verträge in Rechnung stellend, scheinen folglich die in syrischen und hethitischen Vasallenverträgen anzutreffenden Loyalitätsforderungen auch ein fester Bestandteil der neuassyrischen Vasallenverträge gewesen zu sein.

In Analogie zu den Verhältnissen im Hethiterreich sind auch für die assyrischen Vereidigungen ausdrucksstarke Symbolhandlungen zu postulieren, die

---

135 S. Parpola/Watanabe, Treaties, XXXIV, für Parallelen zu anderen Vasallenverträgen. Möglicherweise handelt es sich bei SAA II 13 um einen Vertrag mit einem Araberkönig (vgl. ebd.).

136 SAA V 243:7–11.

137 Vgl. zu den Belegen Parpola/Watanabe, Treaties, 98 u. 103.

138 Die Eingliederung dieser Vereidigungstafel unter die Vasallenverträge hat insofern ihr Recht, als in der Götterliste neben den Göttern Assyriens auch die Götter Babyloniens erscheinen, wie es in zwischenstaatlichen Verträgen üblich ist (vgl. Z. 1'–2' sowie Rev. 2').

die Einhaltung der Vertragsinhalte sicherstellen sollten.[139] Dafür sprechen zunächst die in SAA II 2 und 6 bezeugten Vergleichsflüche, die vermutlich der *demonstratio ad oculos* dienten und ein entsprechendes Ritual voraussetzen.[140] Hinzu tritt eine Passage aus der assyrischen Sammeltafel K.2401 (SAA IX 3), die verschiedene Orakel anlässlich der Thronbesteigung Asarhaddons vereint. In einem Ištar-Orakel wird die Vereidigung auf den assyrischen König angesprochen, wobei die Vereidigten von der Göttin aufgefordert werden, Wasser zu trinken, auf dass sie sich erinnern und bewahren die *adê*, die sie Asarhaddon betreffend festgesetzt hat.[141]

Wie im Hethiterreich gab es auch bei den Assyrern neben der zwischenstaatlichen eine innerstaatliche Vereidigungspraxis, die die Loyalität der Staatsbeamten und der Bevölkerung sicherstellen sollte. Vereidigungen der eigenen Untertanen treten in den assyrischen Quellen erst im 7. Jh. vermehrt in den Blick. Dass die innerstaatliche Vereidigungspraxis jedoch schon viel älter ist, ist etwa anhand einer Inschrift Šamši-Adads V. aus dem 9. Jh. zu belegen.[142] Unter den in SAA II versammelten Vereidigungstafeln befinden sich auch einige Texte, die der oben gegebenen Definition gemäß als Treueide anzusprechen sind. Bei dem in SAA II 3 unter dem Titel „Sennacherib's Succession Treaty" erscheinenden Fragment VAT 11449, das von K. Radner neu kopiert und bearbeitet worden ist,[143] könnte es sich um einen Treueid bzw. ein entsprechendes Exzerpt[144] handeln. Neben der Präambel ist die wiederholt vorkommende, jeweils die Fluchformel einleitende Götterliste das entscheidende Indiz für den innerstaatlichen Charakter des Textes, denn sie enthält – im Gegensatz zu den assyrischen Vasallenverträgen – ausschließlich assyrische Götter, nämlich „die Götter des Neujahrsfesthauses".[145] Während Parpola/Watanabe davon ausgingen, dass die Präambel

139 Für die altassyrische Zeit ist ein Brieffragment aus dem Kārum Kaniš überliefert, in dem aus einem internationalen Handeslvertrag zitiert wird. In diesem Zusammenhang werden auch Elemente eines Vereidigungsrituals geschildert: „Er ging um seinen Tisch und Thron herum, füllte eine Schale und seinen Becher und goß (ihn) aus. Folgendermaßen sprach der Fürst: ‚… soll mich niederwerfen'. Sie antworteten: ‚Wenn wir den Eid mit euch außer acht lassen, soll unser Blut wie der Becher ausgegossen sein!" (Hecker, TUAT NF II, 89f).

140 Vgl. dazu u. S. 95 sowie Streck, Flüche, 181f.

141 Vgl. SAA IX 3: III, 13–15. Vgl. zu Öl und Wasser im Rahmen von Vereidigungsritualen im Neuassyrischen Giorgieri, Birra, 312–314.

142 Vgl. Parpola/Watanabe, Treaties, XXIV, die zu Recht folgern: „treaties comparable to the 7th century ‚loyalty pacts' may well have existed considerably earlier." Eine Übersetzung des Inschriftentextes findet sich a.a.O., XXVI.

143 Vgl. Radner, Vorbild, 376–378.

144 Vgl. Parpola/Watanabe, Treaties, XLVIf.

145 Radner, Vorbild, 378.

des Textes nicht erhalten ist, da der Platz fehlt, um die andere Vertragspartei namentlich zu nennen,[146] kommt Radner zu der folgenden überzeugenden Rekonstruktion, die gerade dann Sinn macht, wenn es sich bei dem Text um einen innerstaatlichen Treueid bzw. ein entsprechendes Exzerpt handelt, mit dem z.B. königliche Beamte vereidigt wurden:[147]

> „[Vereidigung], die euch [euer Herr] Sanherib, der König von Assyrien, auferlegt hat."

Von Bedeutung ist sodann die erste und einzig erhaltene Sequenz an Stipulationen, die die drei grundlegenden Loyalitätsbestimmungen der altorientalischen Vasallenverträge und Treueide – Anzeige-, Ausschließlichkeits- und Schutzbestimmung – gedrängt vereinigt:[148]

> „Falls ihr nicht [sagen] solltet, wenn ihr eine unangenehme Angelegenheit [gehört habt]; falls ihr (deswegen) nicht zu [eurem Herrn] Sanherib, dem König von Assyrien, [gehen] solltet; falls euer [Herz] nicht [vollstä]ndig dem König, eurem Herrn, gehört; falls ihr [Asarhaddon, den großen Kronprinz des Nachfolgehauses], und die übrigen Söhne des Königs, [die der König, euer Herr], euch [einge]setzt hat, nicht beschützen solltet ..."

Dass hier das Anzeigegebot am Anfang steht, entspricht seinem häufigen Vorkommen in der neuassyrischen königlichen Korrespondenz, so dass sich auch von da her die Charakterisierung der *adê*-Tafel als Treueid nahe legt, der in der innerassyrischen Verwaltung eingesetzt wurde.

Die Vereidigungstafel SAA II 4 ist von Parpola/Watanabe als Treueid interpretiert und mit dem Regierungsantritt Asarhaddons in Verbindung gebracht worden.[149] Der Vereidigte schwört, Asarhaddon über „böse Worte" zu informieren:[150]

> „Should I he[ar an ug]ly word about him [from the mou]th of his progeny, [should I hear it] from the mouth of one of the magnates or [governors], [from the mouth of one o]f the bearded or from the mouth of [the eunuchs], I will go and tell it to Esarhaddon, my lord."

Eindeutig ein Treueid ist die *adê*-Tafel, mit der die Mutter Asarhaddons, Zakūtu, Angehörige des Königshauses sowie die staatliche Elite auf ihren Enkel Aššurbanipal verpflichtete (SAA II 8). In dem Text spielt das Informations- bzw. Anzeigegebot die zentrale Rolle, wobei eine Verschwörung notfalls auch gewaltsam verhindert werden soll:[151]

---

146 Vgl. Parpola/Watanabe, Treaties, XLVI.

147 Radner, Vorbild, 377.

148 Ebd.

149 Vgl. Parpola/Watanabe, Treaties, XXVIII.

150 SAA II 4: r. 4–7.

151 Hecker, TUAT NF II, 92.

> „(2–7)[Und wenn] ihr von diesem Tag an ein ungutes [Wort] von Aufstand (oder) Empörung, [das man gegen] Assurbanipal, den König des Landes Assur, euren Herrn, spricht, < hört >, dann sollt ihr kommen (und) [die Ohren] der Zakūtu, seiner Mutter, und des Assurbanipal, [des Königs des Landes Assur], eures Herrn, öffnen. (7–12) Und wenn ihr etwas von Mord oder Vernichtung [des Assur]banipal, des Königs des Landes Assur, eures Herrn, hört, dann sollt ihr kommen (und) die Ohren der Zakūtu, [seiner Mutter], und des Assurbanipal, des Königs, des Landes Assur, eures Herrn, öffnen. (12–17)Und wenn ihr hört, dass ungute Arglist gegen Assurbanipal, den König des Landes Assur, euren Herrn, ersonnen wird, dann sollt ihr kommen (und) vor der Zakūtu, seiner Mutter, und vor Assurbanipal, dem König des Landes Assur, eurem Herrn, (darüber) berichten. (18–23)Und wenn ihr hört oder wisst, dass unter euch Leute sind, die zum Kampf verleiten (oder) aufwiegeln, ob von den Bärtigen oder von den Eunuchen, ob von seinen Brüdern oder königlichem Samen, ob eure Brüder oder Freunde oder von den Leuten des ganzen Landes, (23–27)wenn ihr das hört (oder) [wisst], sollt ihr (sie) ergreifen, [töten und zur] Zakūtu [oder zu Assurbani]pal, [König des Landes Assur, euren Herrn, br]ingen."

Auf die Frage, wer innerhalb des assyrischen Reiches einen Eid auf den König leisten musste, gibt der genannte Treueid der Zakūtu eine erste Antwort, in dessen umfangreicher Präambel es heißt:[152]

> „(Vs. 1–2)Vertrag (*adê*) der Zakūtu, der Palastdame des Sîn-aḫ[ḫē-erība], des Königs des Landes Assur; der Mutter von Aššur-aḫa-iddina, König des Landes Assur … (3–9) mit Šamaš-šuma-ukīn, seinem *älteren* Bruder; mit Šamaš-mētu-uballiṭ und dem Rest seiner Brüder aus königlichem Samen, mit den Großen und Statthaltern, den Bärtigen und Eunuchen, den Höflingen, mit den Freien und allen Palastbetretern (und) mit den Bürgern des Landes Assur; ob gering oder mächtig …"

Weitere Informationen ergeben sich aus den zahlreich überlieferten Gebrauchstexten des 7. Jh., speziell der königlichen Korrespondenz. Nach Radner ist jedenfalls im 7. Jh. damit zu rechnen, dass alle dem König direkt unterstellten Staatsbeamten einen Treueid zu leisten hatten: „Dieser Kreis schließt neben den höchsten Würdenträgern des Reiches wie dem Obereunuchen, dem Generalvogt (*sartennu*), dem Vizier (*sukkallu*) und den Statthaltern auch die Mitglieder der städtischen Verwaltung sowie Priester und Wissenschaftler ein, außerdem jene Vertrauensmänner (*qēpu*), die der König an fremde Fürstenhöfe und bedeutende Heiligtümer entsandte, um dort seine Interessen zu vertreten."[153] Radner zufolge geht aus einer in privatrechtlichen Urkunden breit belegten Vertragssicherungsklausel, in der die *adê* des Königs als „rächende Entitäten" beschworen werden, außerdem hervor, dass auch in Assyrien nicht nur die staatlichen Eliten, sondern wahrscheinlich alle Untertanen einen Eid auf den König zu leisten hatten.[154]

152 Ebd. (kursiv im Original).

153 Radner, Vorbild, 360f.

154 A.a.O., 361.

Diese Annahme findet nicht nur in der oben zitierten Präambel der Zakūtu-*adê* Bestätigung, die neben den Funktionären auch die „Bürger des Landes Assur" nennt, sondern auch in Briefen, in denen etwa davon die Rede ist, dass die „Einwohner von Ninive und Kalaḫ" vereidigt werden sollen (vgl. SAA X 6).[155]

In der königlichen Korrespondenz gibt es zahlreiche Belege für die Rezeption neuassyrischer Treueide, wobei zum Teil ganze Bestimmungen oder Flüche paraphrasiert oder gar zitiert werden. Die Rezeption der Treueide in neuassyrischen Briefen hat in der Debatte um die Ursprünge der Bundestheologie im Alten Testament bislang keinerlei Aufmerksamkeit gefunden. Der Wert dieser Briefe ist aber sehr hoch einzuschätzen: Neben interessanten Einblicken in die neuassyrische Vereidigungspraxis besteht er zum einen darin, dass sie einen Beitrag zur Klärung des Geltungsbereichs der überlieferten EST-Exemplare leisten können; zum anderen liefern sie möglicherweise eine brauchbare Analogie zur Rezeption entsprechender Texte im Deuteronomium. Dabei sollte nicht übersehen werden, dass in den assyrischen Briefen grundsätzlich dieselben vertragsrechtlichen Sprachformen (nämlich Anzeigegebote und einzelne Flüche) rezipiert worden sind wie in Deuteronomium 13 und 28. Diese Beobachtung dürfte für die Frage nach den Trägerkreisen der Bundestheologie von ganz erheblichem heuristischen Wert sein; zeigen doch die assyrischen Briefe hoher Staatsbeamter an den König, wer in der Lage war, Einzelelemente aus Vereidigungstexten in andere Textsorten zu transferieren, und welche Bestimmungen dabei in erster Linie Verwendung fanden.

Ein besonders eindrückliches Beispiel stellen in dieser Hinsicht die Briefe eines gewissen Nabû-reḫtu-uṣur an König Asarhaddon dar, die eine Verschwörung gegen den assyrischen König zum Thema haben. Der Verfasser berichtet von einem Prophetenorakel,[156] gemäß dem ein Mensch namens Sasî den assyrischen Thron ergreifen werde. Erfahrungsgeschichtlicher Hintergrund der Briefe ist vermutlich eine Konspiration im Monat Nisan (I) des Jahres 670, die auch in anderen Briefen Spuren hinterlassen hat.[157] Zweck der Schreiben an den König ist es, ihn dazu zu bewegen, den „Namen und Samen" der Verschwörer zu vernichten.[158] Die Briefe sind gespickt mit der Sprach- und Vorstellungswelt des neuassyrischen Vertragsrechts. M. Nissinen konnte zeigen, dass der Verfasser der Briefe auf wenigstens drei verschiedene Bestimmungen anspielt, die auch im EST belegt sind. „Was er schreibt, stimmt so schön mit den Paragraphen des

155 Nach den Königsinschriften zielte auch die *adê* von 672 auf alle Assyrer (vgl. u. S. 80).

156 SAA XVI 59: r. 2–5.

157 Vgl. dazu Nissinen, References, 127–135.

158 Die Formel von der Vernichtung des „Namens und Samens", die nach Nissinen, Prophetie, 187, einen deutlichen Querbezug zum EST darstellt, ist vermutlich auch in der Fluchformel der fragmentarischen *adê*-Tafel Sanheribs (SAA II 3) belegt (vgl. die Neubearbeitung bei Radner, Vorbild, 376–378 [Rs. Z. 9]).

Thronnachfolgevertrags von Asarhaddon überein, dass man sich des Eindrucks nicht erwehren kann, dass die Bestimmungen dieses Vertrags ihm bekannt waren."[159] In diesem Zusammenhang begegnet auch zweimal das Anzeigegebot: Einmal als Vorwurf gegenüber einem Kollegen, der die Verschwörung offensichtlich verschwiegen hat;[160] und sodann in einem Abschnitt, in dem der Verfasser des Briefes vermutlich seine eigene Loyalität und Glaubwürdigkeit demonstrieren will, wenn er schreibt:[161] „[I am bound by the treaty of the king my lord]; I cannot c[onceal the words of ...]"

Eine weitere informative Quelle bilden drei Briefe des Chefschreibers Issar-šumu-ereš aus dem Jahr 672, dem Jahr der Thronfolgeregelung Asarhaddons, die von der Vereidigung assyrischer Staatsbeamter handeln. Aus ihnen ergeben sich die folgenden Informationen:[162]

- Die Vereidigungen fanden an zuvor ausgewählten „guten Tagen" statt, wobei der König den Termin letztlich persönlich festsetzte;[163]
- Die Vereidigungen geschahen vor verschiedenen Göttern bzw. deren Bildern;[164]
- Die Vereidigungen spielten sich nachts vor den Sternen ab;[165]
- Die Vereidigungen der Staatsbeamten erfolgten an einem zentralen Ort (z.B. der Stadt Assur), der zu diesem Anlass von den Beamten aus anderen Städten aufgesucht wurde;[166]
- Die Vereidigungen der Staatsbeamten erfolgten getrennt nach Beamtenkategorien.[167]

Aus den voneinander abweichenden Datumsangaben in den Briefen und dem EST folgert Villard, dass die Vereidigung von 672 mehrere Wochen in Anspruch nahm, wobei die Vereidigung der medischen Vasallen im Monat Ajjaru, der

159 Nissinen, Prophetie, 186.

160 SAA XVI 59: r. 17: „Why have you [not reported] what you sa[w and heard]?"

161 SAA XVI 60: 11f.

162 Vgl. dazu Villard, Réception, 149–151.

163 Vgl. SAA X 5: 8ff; 6: r. 11ff.

164 Vgl. SAA X 6: 22f; SAA XIII 32: 7ff, wo davon die Rede ist, dass die Götter zur Vereidigung gebracht werden sollen.

165 Vgl. SAA X 6: r. 16–19.

166 Vgl. SAA X 6: 6ff. – Interessant ist in diesem Zusammenhang auch ein Brief an den König, in dem der Verfasser seine Abwesenheit bei einer Vereidigung in Babylon entschuldigt und schildert, wie er stattdessen in Nippur und Uruk vom Palastvorsteher (*pāni*) vor den Göttern in die *adê* des Königs eingetreten sei (Vgl. SAA XVIII 162).

167 Vgl. SAA X 7: 6ff: „The scribes, the haruspices, the exorcists, the physicians and the augurs staying in the palace and living in the city will enter the treaty (*adê*) on the 16th of Nisan (I)." – Dieses Verfahren stellt im Alten Orient keine Ausnahme dar, vgl. Villard, Réception, 150, Anm. 17.

assyrischen Beamten aber schon im Monat Nisan stattfand.[168] Nach Villard ergibt sich ferner aus dem Nebeneinander der Formeln „in die *adê* eintreten (*erēbu*)" und „die *adê* festsetzen (*šakānu*)" in SAA X 6 – wobei ersteres bei Tagesanbruch und letzteres in der darauf folgenden Nacht geschehen sollte –, dass bei der Vereidigung grundsätzlich zwei Operationen zu unterscheiden sind: „La première (*ana/ina libbi adê erâbu*) consistait peutêtre en une lecture du texte sur lequel les contractants allaient s'engager. La seconde (*adê šakânu*) semble se référer au serment proprement dit et le fait qu'il se déroule devant les étoiles, s'accorde fort bien avec la présence de divinités astrales en tête des témoins du traité."[169]

Anspielungen auf Treueide bezeugen ferner auch Briefe des Exorzisten Adad-šumu-uṣur (SAA X 227f und 197f[170]). Villard demonstriert anhand weiterer phraseologischer Bezugnahmen (z.B. der Formel *ina gummurti libbi* „mit ganzem Herzen"), dass die Rezeption der Treueide mithin dazu dienen konnte, die eigene Loyalität gegenüber dem König zum Ausdruck zu bringen.[171] Dabei zeigt die *adê*-Rezeption in einem Brief eines Händlers nebenbei, „que la connaissance du texte des conventions jurées s'étendait bien au-delà des milieux lettrés ou proches de la cour."[172] Der Inhalt dieser Bittschrift an den König unterstreicht noch einmal, dass der abgelegte und treu beachtete Eid auf den König mehr als ein einseitig aufoktroyiertes Joch darstellte; er bedeutete zugleich die oft vorteilhafte Protektion des Vereidigten durch den assyrischen Oberherrn.[173]

Zu welchen Gelegenheiten der Eid auf den assyrischen König verlangt wurde, lässt sich aufgrund der lückenhaften Quellenlage nicht mit Gewissheit klären. Vermutlich gab aber jeder Regierungsantritt Anlass, alle direkten Untertanen sowie die Vasallenkönige neu zu vereidigen.[174] Die Texte SAA II 3 und 6

---

168 Vgl. a.a.O., 150.

169 Ebd.. Vgl. zum vergleichbaren Befund in Mari ebd. Anm. 15.

170 Da der Brief SAA X 197f vermutlich in das Jahr 670 datiert, rechnet Villard mit einer weiteren Vereidigung in diesem Jahr, in dem es während einer Erkrankung Asarhaddons zu einer innenpolitischen Krise gekommen ist (Villard, Réception, 154).

171 Vgl. a.a.O., 155–157.

172 A.a.O., 156.

173 Vgl. a.a.O., 157: „L'expression, que l'on retrouve lorsqu'il est question des traités internationaux, suggère au moins une part de réciprocité dans l'engagement, et les serviteurs qui avaient juré fidélité attendaient en retour la protection de leur maître." Hierhin gehören auch die Berufungen auf die *adê ša šarri* in neuassyrischen Privatrechtsurkunden, s. S. 42. Vgl. für den zwischenstaatlichen Bereich Radner, Vorbild, 363f, die an den Fall des assyrischen Vasallen Pādî von Ekron erinnert, der, nachdem er von seinen Leuten abgesetzt und nach Juda ausgeliefert worden war, vom assyrischen König befreit und rehabilitiert worden ist.

174 Vgl. Radner, Vorbild, 359, mit Verweis auf SAA XVIII 83:1–2: „We entered [into] a treaty with the king, your father, [and] we have entered [in]to a treaty with the king, our lord." Eine *adê*-Tafel anlässlich eines Regierungsantritts ist möglicherweise SAA II 4.

bezeugen ferner eine Vereidigung anlässlich der Ernennung eines Kronprinzen. Ob es hierzu frühere Vorbilder gab, muss offen bleiben.[175] Unbeantwortet bleibt auch die Frage, ob es wie bei den Hethitern in einem regelmäßigen zeitlichen Turnus erfolgende Vereidigungen der Untertanen gab. Die gelegentlich gebrauchte Zitationsformel „in den *adê* steht geschrieben“ beweist immerhin, dass die internen Treueide wie die externen Vasallenverträge in schriftlicher Form existierten.[176]

Exkurs: Die Rezeption von *adê*-Texten in der königlichen Korrespondenz und die Frage nach dem Geltungsbereich des EST

Einige Anspielungen auf *adê*-Tafeln erlauben Schlussfolgerungen in Bezug auf die kontrovers diskutierte Frage, ob es neben den überlieferten EST-Exemplaren noch weitere, in ihrem Wortlaut abweichende Tafeln der Vereidigung von 672 gegeben hat, die z.B. für die assyrische Beamtenschaft vorgesehen waren. Im Folgenden sollen einige Argumente vorgestellt werden, die für das Vorhandensein verschiedener *adê*-Versionen der Vereidigung von 672 sprechen:

(1.) Wie in den überlieferten und in SAA II zusammengestellten assyrischen *adê*-Tafeln spielt auch in den Briefen das Informations- bzw. Anzeigegebot eine herausragende Rolle. Unter den zahlreichen Verweisen auf *adê*-Texte begegnet es schon rein statistisch am häufigsten.[177] Einige Beispiele seien im Folgenden zitiert:[178]

> „I[t is written in] the treaty (*adê*): ‚Write me (about) whate[ver] you se[e] and h[ear]!‘“
> (SAA XVIII 81: 3ff)
> „Is it not said in the treaty as follows: ‚Anyone who hears something (but) does not inform the king …‘“
> (SAA X 199: r. 19f)
> „[I swear] that it has been *expl*[*ained*] to the king, my lord, and that I do not conceal [anything] I hear and see [from] the king, my lord.“
> (SAA X 286: r. 7–9)

175 Vgl. dazu Radner, Vorbild, 365–367.

176 Vgl. a.a.O., 362.

177 Vgl. dazu Villard, Réception, 157–159. Vgl. bes. die bilanzierenden Ausführungen a.a.O., 159.

178 Vgl. ferner SAA VIII 316: r. 12–16; XVI 59: r. 17; 60: 11f; 71: r. 2ff; XVIII 83: 3–4; X 90: r. 17–20.

Es stellt sich heraus, dass von den in den Briefen belegten Varianten der Anzeigepflicht keine mit den einschlägigen EST-Paragraphen im Wortlaut übereinstimmt. Auffällig ist vor allem das häufig vorkommende Nebeneinander von „hören" (*šamû*) und „sehen" (*amāru*), während im EST in allen Fällen ausschließlich vom „Hören" einer bösen Sache die Rede ist.[179] Diese Beobachtung ist noch auffälliger, wenn erkannt ist, dass die Briefe aus dem zeitlichen Umfeld der Thronfolgevereidigung von 672 stammen und den Bezug auf die *adê* mit Hilfe der Zitationsformel zum Teil eigens herstellen. Dies könnte ein erster Hinweis für verschiedene Versionen von *adê*-Tafeln der Vereidigung von 672 sein.

(2.) Neben den Anzeigegeboten sind speziell die umfangreichen Götterlisten in den Briefpräskripten der königlichen Korrespondenz beachtenswert, die in ihrem Umfang an dieser Stelle atypisch sind, aber überraschend an die Götterlisten des EST erinnern. Für die Frage nach verschiedenen EST-Versionen ist dabei von Interesse, dass die Listen weit besser mit der auf einheimische Götter beschränkten Liste auf dem Rassam-Zylinder korrespondieren, der rückschauend über die Vereidigung von 672 berichtet.[180] Auch hier liegt der Verdacht nahe, dass sowohl die Zylinderinschrift als auch die Beamtenbriefe nicht den überlieferten EST, sondern eine innerstaatliche Version der Vereidigung von 672 vor Augen hatten, wobei auf eine Auflistung ausländischer Götter, wie sie im überlieferten EST erscheint, verzichtet werden konnte.[181]

(3.) In einem Brief an König Aššurbanipal paraphrasiert der Verfasser mit Namen Itti-Šamaš-balaṭu zwei Flüche aus seinem Treueid,[182] die auch im EST enthalten sind:

---

179 Vgl. in den Briefen noch SAA XVI 59:17; XVIII 83:3–4. Das Stichwort *amāru* „sehen" wird demgegenüber im gesamten neuassyrischen Vertragskorpus niemals im Zusammenhang der zahlreichen Informations- bzw. Anzeigegebote gebraucht (vgl. die Belege bei Parpola/ Watanabe, Treaties, 84; vgl. dagegen die zahlreichen Belege von *šamû* „hören" a.a.O., 103).

180 Vgl. Villard, Réception, 153f. Die Annahme, die Verfasser der Briefe seien beim Erstellen der Götterliste von ihrer *adê*-Tafel beeiflusst worden, findet weitere Bestätigung in Brief SAA X 286, der neben der Götterliste auch das Anzeigegebot paraphrasiert (vgl. a.a.O., 154f).

181 Vgl. auch a.a.O., 161, Anm. 68: „Ces faits pourraient plaider pour l'existence d'une version du pacte de loyauté, différente des manuscrits qui ont été retrouvés, et dont se seraient inspirés les auteurs des lettres à Assarhaddon, tout comme le rédacteur de l'inscription d'Assurbanipal."

SAA XVI 126: 19ff	SAA II 6 [= EST] §§ 96 und 102
„As [it is said] in the treaty: ‚[May iron swords consume him] who go[es] to the south [and may iron swords consume him] who g[oes] to the north.	„If you should forsake Esarhaddon, king of Assyria, … going to the south or to the north, may iron swords consume him who goes to the south and may iron swords likewise consume him who goes to the north.“
May your waterskins b[reak] in a place of [severe] t[hirst]‘	„Just as (this) waterskin is split and its water runs out, so may your waterskin break in a place of severe thirst; die [of th]irst!“
– [by] the gods of the king, [I have don]e just as [it is said] in [the treaty].“[183]	

Im Hinblick auf eine mögliche Rezeption des EST fällt dreierlei auf:

1. Die hier aufeinander folgenden Flüche liegen im EST weit voneinander entfernt (Z. 632ff und Z. 652ff).
2. Vor allem der zweite Fluch weicht erheblich vom Wortlaut des EST-Pendants ab: Er erscheint nicht in Gestalt eines Vergleichs, sondern in der einer einfachen Verfluchung. Die Fluchgattung der Vergleiche ist aber in neuassyrischen Texten bislang lediglich in zwei internationalen Verträgen (eben dem EST und SAA II 2) bezeugt und stellt einen Import aus dem Westen dar.[184]
3. Die durch *šumma* („Bei Gott …“) eingeleiteten Eidformeln in den Z. 25f stellen vermutlich eine Fortsetzung des Zitats dar;[185] eine Entsprechung zu V. 25 findet sich aber nicht im EST.

Wenn hier aber zwei Flüche paraphrasiert werden, die auch aus dem überlieferten EST bekannt sind, aber dort nicht in direkter Abfolge stehen, wenn dabei überdies im Wortlaut bzw. der verwendeten Fluchgattung eigene Wege gegangen werden und schließlich vielleicht sogar Stipulationen vorkamen, die nicht im EST belegt sind, so ist dies – einmal vorausgesetzt, dass hier tatsächlich

182 Nach Villard ist der Verfasser in dem Brief seiner Anzeigepflicht nachgekommen, möglicherweise indem er „nach Süden und Norden“ entflohene Feinde des Königs verraten hat (a.a.O., 158f).

183 Der Rest ist leider weggebrochen, aber nach Luukko/van Buylaere, Correspondence, 112f, deutet das noch erkennbare *šumma* auf die Fortsetzung des Zitats hin, das ja auch im Text angekündigt wird.

184 Vgl. dazu u. S. 68.

185 Der teilweise erhaltene und in SAA XVI 126 überzeugend rekonstruierte Eidsatz in Z. 25 entspricht formal den oft als Eid stilisierten Stipulationen in assyrischen Verträgen und Treueiden, vgl. SAA II 9 für Beispiele in der 1. Pers. Pl.

wörtlich zitiert wird – ein weiteres Indiz für die Annahme, dass der Verfasser des Briefes eine andere, vermutlich weniger umfangreiche *adê*-Tafel der Vereidigung von 672 vorliegen hatte.

Dass es Treueide in gestraffter Gestalt gab, machen die *adê*-Tafel Sanheribs (SAA II 3: vermutlich ein Exzerpt) sowie der Treueid der Zakūtu (SAA II 8) deutlich. All dies macht die Annahme wahrscheinlich, dass es vom EST abweichende *adê*-Tafeln für den innerstaatlichen Gebrauch gab.[186] Es wird sich herausstellen, dass die These einer kontextbezogenen Situierung der überlieferten EST-Tafeln auch von verschiedenen Textstellen des EST selbst untermauert wird, die ganz konkret auf ihre medischen Adressaten gemünzt sind.[187]

Das Prinzip der Loyalitätssicherung mittels *adê* bezeichneter Treueide endet nicht mit dem Untergang des Assyrerreiches im Jahre 612. In den in Dūr Katlimmu zu Tage geförderten Gerichtsurkunden beruft man sich nach 612 allerdings nicht länger auf die *adê ša šarri* (den „Eid beim König“), sondern auf die *adê ša mār šarri* (den „Eid beim Königssohn“), womit wahrscheinlich der Kronprinz Aššur-uballit II. gemeint ist, der nach dem Tod des letzten assyrischen Großkönigs die Regierungsgeschäfte übernommen hatte, ohne offiziell zum König von Assyrien gekrönt worden zu sein.[188]

Obgleich die Quellenlage in Südmesopotamien noch einmal erheblich schlechter ist, sind dennoch Spuren von babylonischen Treueiden zu finden, die die Existenz von *adê u māmīt* genannten Beamteneiden schon im 8. Jh. belegen.[189] Watanabe verzeichnet darüber hinaus 40 Bezugnahmen auf königliche *adê* in Texten, die in den Regierungszeiten der Könige Nebukadnezar, Neriglissar, Nabonid, Kyrus, Kambyses, Darius und Artaxerxes entstanden sind.[190] Noch in der zweiten Hälfte des 6. Jh.s wird in einer Urkunde aus der Regierungszeit des Perserkönigs Kyros II. vor der Verletzung der *adê ša šarri*, dem „Treueid beim König“, gewarnt, den die betreffenden Handwerker geschworen haben und dessen Übertretung die

186 In diese Richtung denkt auch Villard, Réception, 160f : „Il est vrai que le traité de 672 est connu par les manuscrits spécialement rédigés pour faire jurer des dynastes mèdes vassaux d'Assarhaddon. Il n'est pas impossible que d'autres versions, plus courtes et moins solennelles, aient été préparées pour le serment des ressortissants de l'empire.“ – Allerdings gibt er folgendes zu bedenken (a.a.O., 161): „Les éléments dont on dispose à l'heure actuelle restent cependant trop ténus pour parvenir à une certitude sur ce point.“

187 Vgl. dazu u. S. 83.

188 Vgl. dazu Radner, Texte, 17f. Für Belege s. die Tabelle a.a.O., 19.

189 Vgl. Brinkman, Covenants, 99f.

190 Watanabe, *adê*-Vereidigung, 21–23. – In einem babylonischen Brief aus dem 6. Jh. heißt es: „Den Eid bei dem König (*adê ša šarri*), meinem Herrn, schwor ich ihm, den Eid bei dem König, meinem Herrn, [schworen] sie.“ (Ebeling, Briefe, 139 [GCCI II 395 Z. 10f])

Strafe der Götter und des Königs nach sich zieht.[191] Eine Kontinuität vom 3. Jt. bis in die achämenidische Zeit ist aber nicht nur hinsichtlich der Treueidgattung im Allgemeinen, sondern auch in Bezug auf einzelne Bestimmungen nachzuweisen. So macht Weisberg darauf aufmerksam, dass das in Vasallenverträgen und Treueiden regelmäßig belegte Informations- bzw. Anzeigegebot noch in der Handwerkerurkunde aus der Zeit Kyros' II. begegnet, der schon der späte Beleg für den königlichen Treueid (*adê ša šarri*) entstammte.[192]

1.6 Ertrag

Abschließend gilt es, den Ertrag des chronologisch und geographisch weitgesteckten Überblicks in einigen Thesen zu sichern, wobei jeweils mögliche Konsequenzen für die Frage nach der Rezeption des Vertragsrechts im Alten Testament benannt werden sollen:

(1.) Vereidigungen auf die Person des Königs waren im Alten Orient ein gebräuchliches Instrument der Herrschaftssicherung, welches innen- wie außenpolitisch verwendet wurde. Sieht man von den selten belegten paritätischen Verträgen ab, die hier unberücksichtigt bleiben können, so sind hinsichtlich des Rechtsbereichs sowie der Adressaten zwei Textgattungen zu unterscheiden: Erstens Vasallenverträge, die eine Vereidigung ehedem unabhängiger Herrscher oder Volksstämme darstellen; und zweitens Treueide, mit denen die direkten Untertanen vereidigt wurden. Beide Arten der Vereidigung fanden vor Götterbildern statt und waren von symbolischen Handlungen, nämlich einem Drohritus der Selbstverfluchung, begleitet und in schriftlicher Form niedergelegt. – Da sich beide Textgattungen hinsichtlich des Formulars sowie der grundsätzlichen Loyalitätsforderungen kaum unterscheiden, ist nicht mit Bestimmtheit zu sagen,

191 Vgl. Weisberg, Guild Structure, 5–9: Text 1, Z. 30. Vgl. zum Zusammenhang zwischen der neuassyrischen und neubabylonischen Vereidigungspraxis Joannès, Serment, 164: „Il n'est pas nécessaire sur ce point de séparer les *adê* néo-babyloniens des *adê* néo-assyriens. Comme l'avait remarqué D. Weisberg, le système est en fait le même, et les études sur les inscriptions de Sfiré comme celle des textes de Mari ont montré qu'on avait là le prolongement d'une pratique ancienne, celle de la convention jurée, qui lie la population à son souverain. On note que sous le règne de Nabonide, où le roi est absent, certains serments sont prêtés par référence aux *adê* de Nabonide et à ceux de Bêl-šar-uṣur, son fils. Les serment par le roi ou par les *adê* du roi sont attestés couramment depuis le règne de Nabopolassar jusqu'à celui de Darius Ier."

192 Weisberg, Guild Structure, 35–38. Vgl. a.a.O., 37: „In the Craftsmen's Charter, the artisans swear not to conceal or ceep secret anything that they see or hear whenever someone does work in another temple (lines 25–26). They declare further that anyone who has seen or heard that someone has done work elsewhere without the permission of the authorities, and does not report it, causes the loyalty oath of the king to be violated (lines 28–30)."

ob ein Vasallenvertrag oder ein Treueid der alttestamentlichen Bundestheologie als Vorbild diente.

(2.) Die Analyse der Loyalitätsbestimmungen der Vasallenverträge und Treueide zeigt, dass ein phraseologisch weitgehend einheitliches, standardisiertes Repertoire an Geboten existierte, welches sich von den syrischen Stadtstaaten Ebla und Mari über das Hethiterreich bis ins neuassyrische Reich verfolgen lässt. – Um die Herkunft entsprechender Gebote im Alten Testament ermitteln zu können, ist es daher zwingend notwendig, auf formale, inhaltliche oder sprachliche Details zu achten, die etwas über den traditionsgeschichtlichen Ursprung dieser grundsätzlich zählebigen Forderungen verraten.

(3.) Vor allem die im Inneren der staatlichen Verwaltung eingesetzten Treueide scheinen nach Ausweis speziell der neuassyrischen Quellen nicht nur die staatliche Elite, sondern die gesamte Bevölkerung betroffen zu haben. Im Hethiterreich scheint es sogar eine monatlich wiederholte Vereidigung auf den König gegeben zu haben. Am Beispiel der syrischen Stadtstaaten (z.B. Ebla und Mari) wird ferner deutlich, dass sich Vereidigungen auf den König nicht auf die Großreiche beschränken lassen. Aus der Tatsache, dass die Formel *adê ša šarri* auch noch in spätbabylonischen und persischen Quellen begegnet, ergibt sich, dass die Vereidigungspraxis entgegen anderer Stimmen in der Forschung das assyrische Reich überlebt hat. – Aus alledem folgt für Israel und Juda als „normale“ altorientalische Gesellschaften, dass auch dort mindestens die Beamtenschaft regelmäßig auf den König vereidigt worden sein dürfte.

(4.) Im krassen Gegensatz zu den quellenkritisch rekonstruierten Ausmaßen der Vereidigungspraxis steht die magere Zahl der tatsächlich überlieferten Verträge. Den von S. Parpola hochgerechneten gut 160 Vertragsschlüssen in neuassyrischer Zeit[193] stehen lediglich 14 erhaltene neuassyrische Verträge in zumeist fragmentarischem Zustand gegenüber. Dabei ist zu beachten, dass die allermeisten erhaltenen Vertragstafeln vermutlich Archivabschriften sind, da ihnen eine Siegelung fehlt. Westlich des Euphrat sind lediglich die aramäischen Sfire-Inschriften mit einem Vasallenvertrag aus dem 8. Jh. erhalten. Archivabschriften sind in diesem Gebiet aufgrund der vergänglichen Schreibmaterialien ohnehin nicht zu erwarten. – Die Quellenlage macht deutlich, dass einer traditionsgeschichtlichen Untersuchung der Verträge enge Grenzen gesetzt sind. Deshalb sind Abhängigkeitsthesen, die auf konkrete Verträge abzielen, mit

193 Vgl. Parpola, Treaties, 162, Anm. 7.

Skepsis zu betrachten. Statt mit einer Abhängigkeit von einem ganz bestimmten, zufällig überlieferten Vertragstext sollte eher aufgrund einer breiteren Quellenbasis mit Einflüssen eines Kulturraumes gerechnet werden.

(5.) Grundsätzliche Gemeinsamkeiten zwischen allen bekannten Vertragstexten machen deutlich, dass Assyrien und der östliche Mittelmeerraum (im Westen bis Griechenland) einen weitgehend einheitlichen Kulturraum bildeten. Dennoch deuten spezifische Eigenheiten (Differenzen im Formular, unterschiedliche Fluchgattungen und Formulierungsgewohnheiten) der (spät)hethitischen und aramäischen auf der einen und der assyrischen Verträge auf der anderen Seite darauf hin, dass sich im 1. Jahrtausend zwei Lokalausprägungen bzw. Traditionsstränge im Vertragsrecht voneinander abgrenzen lassen – eben eine westlich-aramäische und eine mesopotamische bzw. neuassyrische Vertragsrechtstradition. – Diese Einsicht ist für die Frage nach der Herkunft der Traditionen im Deuteronomium zu beachten, die eben nicht alle einer gemeinorientalischen Vertragsrechtstradition entspringen, sondern differenziert betrachtet werden sollten.

2. Die aramäischen Inschriften von Sfire

2.1 Problemstellung

Die aramäischen Inschriften von Sfire sind für die Frage nach der Rezeption des altorientalischen Vertragsrechts in mehrfacher Hinsicht von zentraler Bedeutung: Erstens sind sie die bislang einzigen Staatsverträge in einer mit dem Hebräischen eng verwandten nordwestsemitischen Sprache; zweitens sind sie die einzigen Vertreter der aramäischen Vertragsrechtstradition, an der ausweislich der alttestamentlichen Historiographie auch die Königreiche Israel und Juda partizipiert haben;[194] und drittens sollte nicht übersehen werden, dass die Sfire-Inschriften von allen überlieferten altorientalischen Vertragstexten den Verhältnissen in Israel und Juda auch geopolitisch am nächsten stehen. Sie entspringen im Gegensatz zu den hethitischen oder assyrischen Verträgen nicht einem der altorientalischen Großreiche, den damaligen Machtzentren, sondern levantinischen Klientelkönigreichen, die auf der einen Seite vom assyrischen Reich abhängig waren und sich auf der anderen Seite im Umfeld der hethitischen Nachfolgestaaten vorfanden. Von daher bieten sich die Inschriften von Sfire vorzüglich

194 Vgl. etwa 1Kön 15,18f: Asa von Juda schließt mit Ben-Hadad von Aram-Damaskus einen (Vasallen-)Vertrag.

als traditionsgeschichtliches Modell für die bundestheologischen Texte im Alten Testament an. Das Hauptaugenmerk der folgenden Ausführungen gilt deshalb einer traditionsgeschichtlichen Verortung der Inschriften.

In der neueren Forschung sind diesbezüglich hauptsächlich die Gemeinsamkeiten zwischen den Sfire-Inschriften und der neuassyrischen Vertragsrechtstradition betont worden. So sind etwa A. Lemaire und J.-M. Durand nicht zuletzt aufgrund der Götterliste in Sf I A und der zahlreichen stilistischen Berührungen mit dem etwa zeitgleichen Aššur-nērārī-Vertrag zu dem Schluss gelangt, dass der assyrische General (*turtānu*) Šamši-ilu für die Inschriften verantwortlich zeichnet.[195] S. Parpola sieht in dem Vertragswerk gar das aramäische Gegenstück zum keilschriftlichen Vertrag zwischen Aššur-nērārī V. und Matiʿ-ʾel von Arpad[196] und vertritt entsprechend die Meinung, das Dokument sei „in reality nothing but an *Assyrian* treaty".[197] Gegen diese einseitig assyrische Herleitung der Inschriften wird in jüngerer Zeit vereinzelt darauf aufmerksam gemacht, dass sich neben den assyrischen auch genuin nordsyrisch-aramäische Elemente ausmachen lassen, etwa in den Flüchen oder den Stipulationen.[198] Die folgende traditionsgeschichtliche Analyse der Sfire-Inschriften berücksichtigt neben den einschlägigen aramäischen und assyrischen Quellen insbesondere das umfangreiche Korpus der hethitischen Staatsverträge. Der Einbezug der hethitischen Quellen ist nicht zuletzt deshalb geboten, da erkannt ist, dass hethitische (Rechts-)Traditionen im eisenzeitlichen Nordsyrien, wo hethitische Nachfolgestaaten und Aramäerstaaten miteinander auf engstem Raum lebten, erhalten blieben und ihre Spuren hinterlassen haben.[199]

---

195 Lemaire/Durand, Inscriptions, 51–56. Vgl. dazu kritisch Krebernik, Rezension, sowie Fales, Rezension.

196 Vgl. Parpola/Watanabe, Treaties, XXVIIf. Die damit verbundene These, *Brg'yh* sei in Wirklichkeit ein aufgrund diplomatischer Rücksichtnahme gewählter Deckname für den assyrischen Großkönig, wird von Fales, Evidence, 143f, mit überzeugenden Argumenten zurückgewiesen.

197 Vgl. Parpola, Treaties, 183: „The Sefire Treaty [...] is in reality nothing but an *Assyrian* treaty imposed on a defeated adversary, but written in his mother tongue. In some details of its formulation, this treaty may well conform with local traditions, but it is good to keep in mind that these local traditions also had their roots in older practices largely originating in Mesopotamia." (kursiv im Original)

198 Genuin aramäische Traditionen wurden von Fales, Istituzioni, 149–173, und Morrow, Sefire Treaty, 83–99, herausgearbeitet.

199 S. dazu den Exkurs S. 27–29.

2.2 Der zeithistorische Kontext der Sfire-Inschriften

Die aramäischen Sfire-Inschriften wurden seit 1930 durch Einwohner am Rande der etwa 25 km südöstlich von Aleppo gelegenen Ortschaft Sfire auf den Bruchstücken dreier Basaltstelen entdeckt.[200] Der mutmaßliche Fundort Sfire liegt in dem in den Vertragstexten erwähnten (vgl. Sf I B: 11; II B: 10) eisenzeitlichen Aramäerstaat *Bēt Guš* (akk. *Bīt Agūsi*), dessen Hauptstadt in dieser Zeit Arpad war.[201] Die drei Stelen sind mit einem Vertrag zwischen Bar-ga'yah von *Ktk* und Mati'-'el von Arpad beschrieben. Während der zuletzt genannte auch in einem neuassyrischen Dokument Erwähnung findet, ist die Identität des gleichfalls einen aramäischen Namen tragenden Bar-ga'yah von *Ktk* umstritten. Nach einer ansprechenden These von E. Lipiński ist das Toponym *Ktk* mit der bei Theodoret von Kyrrhos in dessen Kirchengeschichte erwähnten Stadt Κίττικα gleichzusetzen und Hauptstadt des eisenzeitlichen, westlich von Karkamiš gelegenen aramäischen Staates *Bēt Ṣullūl*, der in den Vertragstexten zweimal neben *Bēt Guš* erscheint (Sf I B: 3; II B: 10).[202] Demnach handelt es sich bei den Inschriften um Vertragstexte zweier aramäischer Nachbarstaaten,[203] wobei Mati'-'el von Arpad in der Position des unterlegenen Vertragspartners in Erscheinung tritt.[204]

Der zeithistorische Kontext des Vertragsabschlusses ergibt sich aus der im 9. Jh. einsetzenden Westexpansion des neuassyrischen Reiches, von der die nordsyrischen Aramäerstaaten unmittelbar betroffen waren.[205] Seit etwa 870 werden in den assyrischen Quellen immer wieder Tributzahlungen der Herrscher von Bīt-Agūsi erwähnt. Gelegentlich ist denn auch von Rebellionen der Aramäer und folgenden Strafexpeditionen der Assyrer die Rede, die seit Salmanassar III. die östliche Grenze von Bīt-Agūsi bilden und in Garnisonsstädten im Bereich der Aramäerstaaten permanente Präsenz zeigen. Nachdem der Aramäerstaat im Jahre 805 noch einmal als Anführer einer antiassyrischen Koalition in Erscheinung tritt, schweigen die assyrischen Quellen für etwa ein halbes Jahrhundert. Eine erneute Rebellion machte dann im Jahre 754 eine weitere assyrische Kampagne gegen Bīt-Agūsi notwendig, in deren Folge die Beziehung

200 Vgl. dazu Donner/Röllig, KAI II, 238.

201 Vgl. zu Arpad Fitzmyer, Inscriptions, 62f und Veenhof, Geschichte, 247.

202 Vgl. Lipiński, Aramaeans, 221–231; vgl. zu anderen Interpretationen Fitzmyer, Inscriptions, 59f und 167–174.

203 Für die Annahme einer direkten Nachbarschaft der beiden Staaten spricht auch, dass eine Funktion der Vereinbarung offenbar die Festsetzung der Grenze zwischen Bar-ga'yah und Mati'-'el war (vgl. Sf III: 23ff und dazu Klengel, Syria, 216, und Lipiński, Aramaeans, 223f).

204 Vgl. dazu Fitzmyer, Inscriptions, 165f, der die Inschriften m.E. zu Recht als Vasallenverträge bezeichnet.

205 Die keilschriftlichen und aramäischen Quellen bietet Sader, États, 99–136; vgl. zu ihrer Auswertung auch Lipiński, Aramaeans, 211–219.

zwischen Oberherrn und Vasall neu geordnet wurde. Davon gibt der schon erwähnte Vasallenvertrag Zeugnis, der vermutlich im Jahre 754 v.Chr.[206] zwischen dem assyrischen König Aššur-nērārī V. und dem aramäischen König Matiʿ-ilu von Bīt-Agūsi geschlossen worden ist, der sicherlich mit dem Matiʿ-ʾel von Arpad der Sfire-Inschriften identisch ist.[207] In diesem zeithistorischen Kontext ist vermutlich auch der Vertrag zwischen Bar-gaʾyah von *Ktk* und Matiʿ-ʾel von Arpad zu sehen, an dessen Zustandekommen der assyrische Großkönig bzw. sein General Šamši-ilu auf irgendeine Weise beteiligt gewesen sein dürfte.[208] Der *terminus ante quem* der Inschriften von Sfire ist in jedem Fall das Jahr 740, in dem Tiglatpileser III. Arpad nach langer Belagerung zerstörte.[209]

2.3 Der Aufbau der Sfire-Inschriften

Der schlechte Erhaltungszustand der Sfire-Inschriften sowie die fehlende Worttrennung machen eine eindeutige Rekonstruktion des Vertragsformulars zu einem schwierigen Unterfangen. Unter der Voraussetzung, dass die drei Stelen drei Exemplare ein und desselben Vertrags darstellen[210] und sich folglich bei einem Rekonstruktionsversuch wechselseitig ergänzen können, lässt sich aber dennoch eine feste Abfolge der einzelnen Vertragselemente plausibel machen.

---

206 Vgl. Parpola/Watanabe, Treaties, XXVII; Lamprichs, Westexpansion, 107 ; Lipiński, Aramaeans, 216f.

207 Vgl. zur Identität der beiden z.B. Donner/Röllig, KAI II, 272.

208 Dies legt sich aus folgenden Gründen nahe: Erstens ist es schwer vorstellbar, dass ein aramäischer Nachbarstaat, der ansonsten nirgends explizit bezeugt ist, das relativ mächtige Reich von Arpad aus eigenen Kräften in ein Vasallenverhältnis zwingen kann; zweitens verdient Beachtung, dass der assyrische Reichsgott Aššur mit seiner Parhedra Mulissu die Götterliste anführt (vgl. Sf I A: 7f und dazu S. 60, Anm. 231); drittens bringt Bar-gaʾyah seinen Protektor selbst ins Spiel, wenn er mit der Annexion von Bīt-Agūsi durch die Assyrer droht, falls Matiʿ-ʾel ihm gegenüber eidbrüchig werden sollte (Sf I A: 24f); schließlich wird der Herrschaftssitz Šamši-ilus als am Vertragsschluss beteiligte Stadt erwähnt (vgl. Sf I A: 5 und dazu Lipiński, Aramaeans, 204–206). Gegen eine assyrische Abhängigkeit von Bar-gaʾyah spricht nicht, dass sich dieser als *mlk* „König" bezeichnet. Die Bilingue vom Tell Feḫerīye macht deutlich, dass sich ein aramäischer Herrscher, der vom assyrischen König abhängig war und dementsprechend den Titel *šaknu* „Statthalter" trug, in seinem aramäischen Umfeld durchaus *mlk* „König" nennen konnte. Vgl. dazu auch Fales, Evidence, 145, der Bar-gaʾyah als „a brief-lived puppet fully enmeshed in the astute political-diplomatical preparations for future Assyrian expansionism in Inner Syria" bezeichnet und hinzufügt: „It is indisputable that this ruler was fully conversant with the religious, and consequently the political-ideological, foundations of the Assyrian state, and that he did not hesitate to transfer them to the Aramaic texts which bear his name."

209 Vgl. Donner/Röllig, KAI II, 274; Fitzmyer, Inscriptions, 19; Lipiński, Aramaeans, 218f.

210 Dafür sprechen die großen Übereinstimmungen der erhaltenen Textpartien, vgl. McCarthy, Treaty, 99f.

Nach der überzeugenden Rekonstruktion von H. F. van Rooy[211] war die ursprüngliche Reihenfolge der Seiten bei Stele I ADBC, was sich insbesondere aus Stele III, einer ursprünglich zweiseitig beschrifteten Steinplatte, ergibt, die die Stipulationen auf der Rückseite präsentiert und demnach die umfangreiche Fluchsequenz samt Präambel und Götterliste am Textanfang bezeugt haben muss.

Sf I A (Vorderseite)	Erste Präambel Eidgötterliste Vertragsflüche
Sf I D (linke Seite)	–
Sf I B (Rückseite)	Zweite Präambel Stipulationen
Sf I C (rechte Seite)	Segen-Fluch-Formular (Nachtrag des Matiʿ-ʾel?)[212]

Die weitaus schlechter erhaltene Stele II bietet auf den Breitseiten A und B lediglich geringe Teile der Fluchsequenz sowie der Stipulationen. Aus Seite C geht aber immerhin hervor, dass der Vertrag eine Deponierungsklausel beinhaltete. Daraus folgt für Stele I, dass die nicht erhaltene Seite D möglicherweise eine entsprechende Deponierungsklausel bezeugte.

Sf II A	Vertragsflüche
Sf II C	Deponierungsklausel
Sf II B	Stipulationen
Sf II D	–

Von Stele III ist, wie gesagt, einzig die Rückseite mit den Stipulationen erhalten:

Vorderseite	–
Rückseite	Stipulationen

Das Vertragsformular der Sfire-Inschriften dürfte somit folgendermaßen ausgesehen haben:

- Präambel
- Eidgötterliste
- Vertragsflüche
- Deponierungsklausel
- Stipulationen

211 Vgl. zum Folgenden van Rooy, Structure.

212 Van Rooy zufolge gehörte Sf I C aufgrund des Wechsels in die wörtliche Rede des Matiʿ-ʾel nicht dem ursprünglichen Vertrag an (a.a.O., 134). Diese Annahme ist jedoch nicht zwingend, da die Vereidigten auch in anderen Vertragstexten zu Wort kommen (vgl. etwa SAA II 6 § 57).

2.4 Traditionsgeschichtliche Analyse der Sfire-Inschriften[213]

2.4.1 Das Vertragsformular

Die Einordnung der Vertragstexte von Sfire in die neuassyrische Vertragsrechtstradition hat vornehmlich in einem Vergleich der Formulare ihr Recht. Schon die Präambel zeigt die Nähe zu den neuassyrischen Verträgen. Denn während die Überschrift der hethitischen Vasallenverträge nur den hethitischen Großkönig nennt,[214] führt die Präambel der Sfire-Inschriften nach mesopotamischem Vorbild[215] sowohl den überlegenen als auch den unterlegenen Vertragspartner auf:[216]

> „Vertrag (*ʿdy*) des Bar-gaʾyah, des Königs von *Ktk*, mit (*ʿm*) Matiʿ-ʾel ..., dem König von [Arpad]." (Sf I A: 1)

Überblickt man das ganze Vertragsformular, so bestätigt sich auch hier, dass die Sfire-Inschriften vom Standardformular der hethitischen Vasallenverträge[217] erheblich abweichen. Vor allem die dem hethitischen Formular fremde Kopfstellung der Fluchformeln und Endposition der Stipulationen stechen bei einem Vergleich in die Augen.[218] Beide Auffälligkeiten reihen sich gut in das Formular der neuassyrischen Vertragstexte ein, die im Vergleich zu den hethitischen Vasallenverträgen folgende unterscheidende Charakteristika zu erkennen geben: 1. eine paritätisch formulierte Präambel, die in der Regel nahtlos in die Götterliste übergeht;[219] 2. das Fehlen einer historischen Einleitung; 3. das Fehlen einer Segensformel; 4. eine gewisse Flexibilität in der Reihenfolge der einzelnen

213 Die folgenden Ausführungen gehen größtenteils auf einen Vortrag zurück, den ich auf dem Mainzer Symposium „Vertrag, Treueid und Bund" am 04.12.2004 gehalten habe (s. Koch, Hatti).

214 Kienast, Vertrag, 233, Anm. 8, stellt dazu fest: „Es handelt sich hier also deutlich um ein Diktat des hethitischen Großkönigs auch der Form nach."

215 Vgl. zu den neuassyrischen Präambeln, deren Standardform *adê ša* A *issi* B lautete, Parpola/Watanabe, Treaties, XXXVf.

216 Den in der vorliegenden Arbeit gebotenen eigenen Übersetzungen aus den Sfire-Inschriften liegt, sofern nicht anders angegeben, die jüngste Edition der aramäischen Texte von Schwiderski, Inschriften, 402–406, sowie der Kommentar von Fitzmyer, Inscriptions, 40–161, zugrunde. Bei der Wiedergabe des Aramäischen transkribiere ich aramäisches ש grundsätzlich mit *š*.

217 1. Präambel; 2. Historischer Prolog; 3. Stipulationen; 4. Deponierungsklausel; 5. Eidgötterliste; 6. Segen und Fluch.

218 Daher ist in der Forschung auch eine die Vertragsbestimmungen nach vorn rückende Seitenabfolge erwogen worden, vgl. van Rooy, Structure, 136f.

219 Vgl. Barré, God-List, 15–17. Darin haben sie ihr Vorbild in den hethitischen Staatsverträgen mit einer Personenmehrheit, die darüber hinaus durch das Fehlen einer historischen Einleitung und den Zusatz einer Vereidigtenliste vom Normalformular abweichen; vgl. dazu von Schuler, Sonderformen, 455.

Elemente des Formulars.[220] Van Rooy hat die Sfire-Inschriften aufgrund der Gemeinsamkeiten bezüglich des Formulars zu Recht den neuassyrischen Verträgen an die Seite gestellt.[221] Gegen eine rein neuassyrische Herleitung des Formulars sprechen allerdings Spuren einer Segensformel, die Einflüsse der hethitischen Vertragsrechtstradition zu erkennen geben. In Sf I C heißt es in einem stark beschädigten Kontext (Z. 15f):

> „Mögen die Götter seine Lebenszeit und sein Haus bewahren (*yṣrw*)!"[222]

Dass diese Segensformel, deren Einleitung nicht erhalten ist, nicht allein auf den Inschriftenschutz, sondern vor allem auf die Einhaltung der Vertragsinhalte abzielt, macht die Einleitung der sich anschließenden Fluchformel wahrscheinlich (Z. 16f):[223]

> „Und wer die Worte der Inschrift, die auf dieser Stele ist, nicht bewahrt (*lyṣr*) …"

Die Formen *yṣrw* und *lyṣr* (3. Person Plural Jussiv Peal und *l'* + 3. Person Singular PK Peal von *nṣr*) entsprechen exakt den akkadischen Verbformen von *naṣāru* „bewahren", die häufig in den recht monoton formulierten Segensformeln der hethitischen Vasallenverträge begegnen. So etwa in dem Vertrag zwischen Muršili II. und Niqmepa von Ugarit (Z. 116'–119'):[224]

> „Und wenn Niqmepa diese Worte der Bindung und des Eides, die auf dieser Tafel geschrieben stehen, bewahrt (*inaṣṣaršunu*), so mögen die Eide bei den Göttern den Niqmepa mit seinem Haupt, seinen Frauen, seinen Söhnen, seinen Enkeln, seinem Haus, seiner Stadt, seinem Land und mit seinem Besitz bewahren (*liṣṣurūšu*)."

In Übereinstimmung mit der hethitischen Tradition wird in den Vertragstexten von Sfire mit der Wurzel *nṣr* „bewahren" nicht nur der göttliche Schutz für den gehorsamen Vasallen, sondern auch das dem Segen vorangehende Befolgen der Vertragsbestimmungen zum Ausdruck gebracht:[225] Wer die Vertragsbestimmungen bewahrt, den werden entsprechend die Götter bewahren.

---

220 Vgl. van Rooy, Structure, 137f.

221 Vgl. a.a.O., 138f.

222 Vgl. zu dieser Übersetzung Rössler, TUAT I, 184; vgl. zur Interpretation auch Fitzmyer, Inscriptions, 118.

223 Vgl. auch Steymans, Deuteronomium 28, 174. Auch der Beleg für *nṣr* in Sf I B: 8, wo es eindeutig um den Vertragsinhalt geht, der bewahrt werden soll, spricht gegen eine Eingrenzung auf den Inschriftenschutz.

224 Übersetzt nach Del Monte, Trattato, 32f.

225 Vgl. dazu auch Fensham, Malediction, 7, mit dem Hinweis auf *nṣr* in Dtn 33,9.

2.4.2 Die Götterliste

Götterlisten sind ein integraler Bestandteil der für den Alten Orient bezeugten internationalen Verträge. Die Schwurgötter, die das offizielle Pantheon der am Vertragsschluss beteiligten Staaten spiegeln, dienen dabei zugleich als Zeugen und Garanten der vertraglichen Vereinbarungen. Alle Götterlisten weisen zwar eine weitgehend einheitliche Struktur auf, in der die Bedeutung der jeweiligen Götter zum Ausdruck kommt; dennoch gehen auch hier die hethitische und die neuassyrische Vertragsrechtstradition je eigene Wege. In Anlehnung an die Strukturanalysen von M. L. Barré lassen sich die Götterlisten der hethitischen und neuassyrischen Staatsverträge folgendermaßen grob gliedern:[226]

Hethitische Verträge	*Neuassyrische Verträge*[227]
Anrufung der Eidgötter	
1. Hochgötter	1. Der Reichsgott Aššur
2. Zusammenfassende Formel: „Alle Götter des Landes Hatti und alle Götter des Landes LN“	2. Babylonisch-assyrische Hochgötter – Siebengottheit – Götter der unterlegenen Partei
3. Uralte Götter/Naturgottheiten	3. Zusammenfassende Formel: „Alle Götter des Himmels und der Erde“
Aufforderung zur Zeugenschaft	

Werden in den hethitischen Vasallenverträgen auch Götter der unterlegenen Partei genannt, so geschieht dies entweder in einer zusammenfassenden Formel oder in einer eigenen, knapp formulierten Liste.[228]

Die Götterliste der Inschriften von Sfire ist nach mesopotamischem Vorbild direkt nach der Präambel positioniert, wobei sie syntaktisch an dem Einleitungssatz „Dieser Vertrag ist es, den Bar-gaʾ[yah] geschlossen hat [vor (*qdm*) …“ (Sf I A: 7) hängt. Die Einleitungsformel der Götterliste (aram.: *qdm*; akk.: *ina panē*)[229] dürfte auf den Brauch anspielen, internationale Verträge in Anwesenheit der Götter bzw. deren Bildern zu schließen, die hier die Funktion haben, den Vertragsschluss zu bezeugen.[230]

226 Vgl. Barré, God-List, 22 und 35.

227 Vgl. z.B. die Liste in EST Z. 414–472 (Barré, God-List, 112f).

228 Vgl. a.a.O., 29.

229 Vgl. z.B. SAA II 6:13; vgl. auch die Einleitung der Götterliste eines in griechischer Sprache überlieferten Vertrags bei Barré, God-List, 5f und 22f.

230 Vgl. auch Barré, God-List, 23, der feststellt, dass die Formel „indicates not only that the treaty was concluded in the presence of images of the gods but moreover that these gods were understood to be witnesses to the conclusion of the treaty“.

Die Götterliste der Sfire-Inschriften weist einige Lücken auf, die aber zum größten Teil mit Hilfe der Liste des Aššur-nērārī-Vertrags (SAA II 2) geschlossen werden können. Die Liste dürfte demnach die folgenden Eintragungen gehabt haben (Sf I A: 7–12):[231]

… qdm ’šr] [8]*wmlš*	„… vor Aššur] und Mulissu,
wqdm mrdk wzrpnt	vor Marduk und Zarpanītu,
wqdm nb’ wt[šmt	vor Nabû und Ta[šmētu,
wqdm ’r (?) *wnš]*[9]*k*	vor Erra und Nus]ku,
wqdm nrgl wlṣ	vor Nergal und Lāṣ,
wqdm šmš wnr	vor Šamaš und Nēr,
wqdm s[n wnkl	vor S[în und Nikkal,
wq][10]*dm nkr wkd’h*	v]or *nkr* und *kd’h*,
wqdm kl ’lhy r”bh w’dm[h	vor allen Göttern der Steppe und des Ackerland[es (?),
wqdm hdd zy ḥ][11]*lb wqdm sbt*	vor Hadad von A]leppo und vor der Siebengottheit,
wqdm ’l w‘lyn	vor ’El und ‘Elyon,
wqdm šmy[n w’rq	vor Himme[l und Erde,
wqdm mṣ][12]*lh wm‘ynn*	vor dem Meeres]grund und den Quellen,
wqdm ywm wlylh	vor Tag und Nacht.“

Im Anschluss an die oben angeführte Gliederung neuassyrischer Götterlisten scheint neben der Position somit auch die Struktur der Liste mesopotamischen Gepflogenheiten zu folgen: Zu Beginn steht der assyrische Reichsgott Aššur. Dem folgen zunächst paarweise zusammengestellte Hochgötter des babylonisch-assyrischen Pantheons, die – abgesehen von dem geheimnisvollen Götterpaar in Zeile 10[232] – alle auch in dem Vasallenvertrag Aššur-nērārīs V. mit Mati‘-’el von Arpad begegnen. Dies gilt im Übrigen auch für den Hadad von Aleppo, der in beiden Verträgen vor der Siebengottheit zu stehen kommt. Der mesopotamische Raum ist somit erst mit den westsemitischen Göttern ’El und ‘Elyon eindeutig verlassen.[233] Umstritten ist, ob und in welchem Umfang die Liste auch namentlich Götter von Arpad aufführt. Die Frage wird in der Forschung, bei aller Uneinigkeit in Detailfragen, in der Regel positiv

231 Vgl. zur Rekonstruktion des ersten Götterpaares Barré, Deities, 208: „Thus the first-named deity in the Sefîre god-list must be Assur – not simply by process of elimination but because he alone meets the requirements for first place in the list by virtue of the fact that he is (1) the supreme deity of the Assyrian pantheon and (2) the consort of Ninlin/Mulleš.“

232 Lambert, Rezension Barré, 121f, macht darauf aufmerksam, dass ein westsemitischer Name *‘bdkd’h* bezeugt ist, weshalb auch das Götterpaar westsemitischer Herkunft sein dürfte; vgl. zu weiteren Identifizierungsversuchen Fitzmyer, Inscriptions, 73; Lipiński, Aramaeans, 227–229.

233 Vgl. zu ’El und ‘Elyon als zwei selbständigen Göttern Pope/Röllig, El, 279–284, und zu ’El in aramäischen Götterlisten etwa die Inschriften von Zincirli (Tropper, Inschriften, 153–164).

beantwortet.[234] Doch die Tatsache, dass einerseits von den im Aššur-nērārī-Vertrag aufgelisteten Göttern von Arpad (z.B. Dagan und Melqart)[235] in der Götterliste der Sfire-Inschriften keine Spur ist und andererseits in hethitischen Vasallenverträgen die Götter der unterlegenen Partei in der Regel nur in einer zusammenfassenden Formel erwähnt werden, legt den Schluss nahe, dass hier ebenfalls nach hethitischem Vorbild die Götter von Arpad lediglich in der die Liste abschließenden Formel „Zeugen sind alle G[ötter von *Ktk* und Arpad]" (Sf I A: 12f) genannt werden.[236]

Die ganz offensichtlich in das Zweistromland führende Götterliste gab, wie gesagt, Anlass, in Bar-gaʿyah von *Ktk* einen hohen assyrischen Würdenträger zu vermuten.[237] Doch sprechen gewichtige Gründe gegen eine Entstehung der Liste in genuin assyrischen Kreisen. Auffällig ist zunächst die von den recht konsistenten mesopotamischen Götterlisten abweichende Reihenfolge der Götter.[238] Insbesondere das Vorrücken von Erra und Nergal vor Šamaš und Sîn stellt einen weitreichenden Eingriff in die Hierarchie der mesopotamischen Götterwelt dar. Eine Umstellung dieser Art „would not be expected in a Mesopotamian god-list".[239] Auf der anderen Seite sind mesopotamische Götter im Bereich der Aramäerstaaten Nordsyriens keine Seltenheit.[240] So bezeugt die Bilingue vom Tell Feḫerīye den mesopotamischen Unterweltsgott Nergal ausgerechnet in ihrer aramäischen Fassung. Und auch die ebenfalls aus Nordsyrien stammenden aramäischen Grabinschriften von Nerab, die Šahar, Šamaš, Nikkal und Nusku auflisten, sind ein Beleg für „ein Pantheon sumerisch-babylonischer Provenienz".[241] Aus dem Vorherrschen mesopotamischer Götter in der Liste der Sfire-Inschriften ist demnach nicht unbedingt auf die assyrische Herkunft des Bar-gaʿyah, wohl aber auf dessen assyrische Akkulturation zu schließen, die,

234 Einige der vertretenen Positionen nennt Voigt, Struktur, 66f, der freilich unter der m.E. falschen Prämisse eines paritätischen Vertrages meint, die Götter gerecht auf *Ktk* und Arpad aufteilen zu müssen.

235 Vgl. SAA II 13; vgl. zu Melqart als für die Dynastie von Arpad bedeutsame Gottheit Puech, Stéle, 315.

236 Zu diesem Ergebnis kommt – aus z.T. anderen Gründen – auch Barré, God-List, 29: „This analysis of the final section of gods in the Sf1 list leaves no room at all for the gods of Arpad – except, of course, in the summary expression that follows [...] But this is quite normal in Hittite treaty-writing."

237 Siehe oben S. 53, Anm. 195.

238 Barré, God-List, 23, bemerkt treffend: „The arrangement in Sf1 seems somewhat haphazard."

239 Ebd.

240 Vgl. auch Fales, Rezension, 91, der – nicht zuletzt mit einem Hinweis auf die in Nordsyrien bezeugte Onomastik – „the extreme complexity of the Assyrian-Aramaic symbiosis in the field of the divine" betont.

241 Niehr, Religionen, 162.

wie sich gezeigt hat, in der Kontaktzone Nordsyrien keine Besonderheit darstellt. Befremdend wirkt allerdings die Kopfstellung des assyrischen Reichsgottes, da diese in den Götterlisten stets dem höchsten Gott des überlegenen Vertragspartners vorbehalten ist. Sie spricht m.E. für eine wie auch immer geartete Abhängigkeit des Aramäerkönigs Bar-gaʿyah vom assyrischen Großkönig, mit dessen höchstem Gott er deshalb die Liste eröffnet.

Die Götterliste der Sfire-Inschriften beinhaltet daneben aber auch ganz offensichtlich Elemente der hethitischen Vertragsrechtstradition. Neben der schon erwähnten zusammenfassenden Formel in Sf I A: 12f, die mit der hethitischen Tradition überdies das Motiv der göttlichen Zeugenschaft teilt (vgl. auch Sf I A: 13f),[242] sind hier speziell die Naturgottheiten zu nennen, die bei den Hethitern mitunter kultisch verehrt wurden.[243] Sie bilden ein charakteristisches Element gegen Ende der hethitischen Götterlisten, wohingegen sie in neuassyrischen Verträgen nicht belegt sind.[244] Genannt werden hier regelmäßig: Berge, Flüsse, Quellen, Wolken, Himmel, Erde, Meer.[245] Wie in den hethitischen Verträgen erscheinen die in den Sfire-Inschriften genannten Naturgottheiten – Himmel und Erde, Meeresgrund und Quellen, Tag und Nacht – gegen Ende der Liste.[246]

Alles in allem ist die Götterliste der Vertragstexte von Sfire ein Beispiel für das Verschmelzen von genuin aramäischen mit neuassyrischen religiösen Traditionen in Nordsyrien. Daneben sind aber – vor allem gegen Ende der Liste – zu einem geringeren Grad auch Einflüsse der hethitischen Vertragsrechtstradition greifbar.

2.4.3 Die Flüche

In den Sfire-Inschriften lassen sich drei Fluchgattungen unterscheiden: Erstens einfache Flüche, die sowohl mit als auch ohne Anrufung einer Gottheit erscheinen; zweitens Nichtigkeitsflüche; und drittens Vergleichsflüche. Während die einfachen Flüche, die im Alten Orient weit verbreitet und in zahlreichen

242 Vgl. dazu Koch, Hatti, 390f.

243 Vgl. dazu Haas, Geschichte, 460–467.

244 Vgl. auch Barré, God-List, 27, der allerdings den ganzen zweiten Teil der Liste (ab *wqdm ʾl wʿlyn*) von der hethitischen Tradition herleiten möchte.

245 Vgl. HDT 3; 5; 6A; 6B; 8; 9; 11; 12; 13; 18B; 18C.

246 Vgl. zu den alttestamentlichen Belegen Moran, Remarks, bes. 317–320, sowie Delcor, Attaches litteraires. Weitere Belege befinden sich auf einem phönizischen Beschwörungstäfelchen (s. Zevit, Inscription, 117) und in einem in griechischer Sprache überlieferten Vertrag aus dem zweiten Punischen Krieg aus dem Jahre 215 v.Chr. (s. Barré, God-List, 123f). Der griechische Beleg gibt zugleich einen Eindruck von der Zählebigkeit der Traditionen.

Textsorten belegt sind, hier außer Acht bleiben können, verdienen zumal unter traditionsgeschichtlicher Fragestellung die eher selten bezeugten Nichtigkeits- und Vergleichsflüche besondere Aufmerksamkeit.

Die so genannten *Nichtigkeitsflüche*, die im englischsprachigen Raum auch *futility curses* bezeichnet werden,[247] stehen in den Sfire-Inschriften am Anfang der Fluchsektion und sind wie die beiden anderen Fluchtypen aufgrund ihrer präventiven Funktion an die konditionale Protasis in Sf I A: 14: „Wenn Mati‘-’el vertragsbrüchig wird …“ angeschlossen. Die Fluchreihe lässt sich folgendermaßen rekonstruieren (Sf I A: 21–24):[248]

> „[Und sieben Widder mögen] ein Schaf [bespringen], aber es soll nicht empfangen; und sieben [Am]men mögen [ihre Brüste] salben, [und] (22) sie mögen ein Kind stillen, aber es soll nicht satt werden; und sieben Stuten mögen ein Fohlen säugen, aber es soll nicht satt [werden; und sieben] (23) Kühe mögen ein Kalb säugen, aber es soll nicht satt werden; und sieben Schafe mögen ein Lamm säugen, aber [es soll nicht satt] werden; (24) und sieben seiner Töchter mögen in einem Ofen Brot backen, aber sie sollen ihn nicht füllen!“[249]

Die sechs erhaltenen Nichtigkeitsflüche machen deren stereotypen Bauplan deutlich: In der Protasis wird eine lebenswichtige Tätigkeit genannt, deren erhoffte Wirkung in der syndetisch angeschlossenen Apodosis verneint wird (aram. *w’l* + PK).[250]

Die assyrisch-aramäische Bilingue vom Tell Feḫerīye aus dem 9. Jh.[251] enthält ebenfalls Nichtigkeitsflüche und ermöglicht zudem einen direkten Vergleich der assyrischen und aramäischen Formulierungsgewohnheiten. Die aramäische Fassung der Fluchformeln lautet in Übersetzung (Z. 20–22):[252]

> „Und hundert Mutterschafe mögen ein Lamm säugen, aber es soll nicht satt werden; und hundert Kühe mögen ein Kalb säugen, aber es soll nicht satt werden; und hundert Frauen mögen ein Kind stillen, aber es soll nicht satt werden; und hundert Frauen mögen in einem Ofen Brot backen, aber sie sollen ihn nicht füllen.“

---

247 Wolff, Micha, 162f, prägte den Ausdruck „Nichtigkeitsflüche”; der englische Terminus „*futility curses*“ geht auf Hillers, Treaty-Curses, 28f, zurück.

248 Die eigene Übersetzung orientiert sich an der Kommentierung von Fitzmyer, Inscriptions, 79–83, und der Übersetzung von Rössler, TUAT I, 180.

249 Vgl. zu den Rekonstruktionsproblemen des letzten Fluchs Kaufman, Reflections, 170–172, und Zuckerman, Story.

250 In Anlehnung an die formgeschichtliche Beschreibung bei Wolff, Micha, 162; vgl. auch Hillers, Treaty-Curses, 28: „The form may be described as consisting of a protasis, which describes the activity, and an apodosis, the frustration of the activity.“

251 Vgl. zu dieser Inschrift Schwiderski, Studien.

252 Der aramäische Text ist ediert bei Schwiderski, Inschriften, 194.

Die direkte Gegenüberstellung der beiden Fassungen zeigt, dass lediglich der aramäische Text klassische Nichtigkeitsflüche bezeugt, was sich an dem folgenden Fluch beispielhaft demonstrieren lässt:[253]

Assyrische Fassung (Z. 33)	Aramäische Fassung (Z. 20f)
1 mē lâtu lā ušabbâ mūri	*wm'h swr lhynqn 'gl w'l yrwy*
„100 Kühe sollen ein Kalb nicht sättigen!"	„und hundert Kühe mögen ein Kalb säugen, aber es soll nicht satt werden!"

Die assyrischen Flüche, die schon aus gattungskritischen Gründen eine Übersetzung der aramäischen Nichtigkeitsflüche darstellen dürften,[254] vereinfachen deren antithetischen Satzbau zu schlichten Wunschsätzen.[255] Der akkadischen Tradition scheint demnach im 9. Jh. die Formulierung von Nichtigkeitsflüchen noch fremd zu sein.[256]

Die aus dem heutigen Iran stammende und erst vor wenigen Jahren bekannt gewordene aramäische Inschrift von Bukān, auf die später noch näher eingegangen wird,[257] bezeugt zwei weitere Nichtigkeitsflüche, die denen in den Sfire-Inschriften und der Tell Feḫerīye-Inschrift zum Teil wörtlich entsprechen. Die fragmentarische Inschrift beweist, dass nicht nur die aramäische Sprache, sondern auch geprägte aramäische Sprachformen bereits im 8. Jh. weit in den Osten hinein gewirkt haben.

Wenden wir uns dem assyrischen Kernland zu, so erscheint das die aramäischen Nichtigkeitsflüche bestimmende Motiv des Sättigungsverlustes nicht direkt in Gestalt von Flüchen, sondern in einem Feldzugsbericht, der sich aber an dieser Stelle explizit auf eingetroffene Vertragsflüche bezieht und sich dabei auch formal eng an die aramäischen Nichtigkeitsflüche anlehnt. Der assyrische

253 Transkriptionen nach Abou-Assaf/Bordreuil/Millard, Statue, 16 und 23.

254 Die Richtung der Abhängigkeit ergibt sich m.E. aus der Tatsache, dass die aramäische Fassung eine geprägte aramäische Fluchgattung bietet, was in der assyrischen Fassung, die hier mehr schlecht als recht eine Übertragung in den assyrischen Fluchstil versucht, nicht der Fall ist. Vgl. auch schon Dohmen, Statue, 92, Anm. 6, und vor allem Greenfield/Shaffer, Notes, 49: „We believe that along side this division one following the original language of composition can be made: Assyrian original – Assyrian II. 1–26 = Aramaic II. 1–16; Aramaic original – Assyrian: II. 26–38 = Aramaic II. 16–23. This last part, to be discussed here in detail, contains the curse portion of the inscription. The Aramaic is rich while the Assyrian equivalent is, except for the last curse, poor and secondary."

255 Vgl. auch Fales, Bilinguisme, 249, und Steymans, Deuteronomium 28, 159.

256 Auch nach Steymans bezeugt das Fehlen der Antithesen im assyrischen Text „unterschiedliche Fluchstile" (a.a.O., 160, Anm. 1).

257 Vgl. dazu S. 286f.

König Aššurbanipal schildert in einem Brief an den Gott Aššur die Not der vertragsbrüchigen arabischen Stämme, gegen die er von Damaskus aus militärisch vorgegangen war (VAT 5600+):[258]

> „(10) Alle die Flüche, die im Eid(estext) (11) unter Nennung meines Namens und (der Namen) der Götter, deiner Kinder, geschrieben stehen, (12) bestimmtest du ihnen genauso als schlimmes Geschick: (13) Ein Kamelfohlen, ein Eselfohlen, ein Kalb, ein Lamm (14) mochten an sieben Milchtieren saugen und (15) konnten doch ihren Bauch an Milch nicht sättigen. (16) Die Leute in Arabien (17) fragten einander gegenseitig: (18f.) ‚Weshalb ist [Arabien] ein solches Un[heil widerfahren?]' – (20) ‚Weil wir [die großen] E[ide bei Assur nicht gehalten,] (21) [uns] gegen die Güte A[ssurbani]pals, (22) [des Königs na]ch dem Herzen Ellils, [vergan]gen haben!'"

Da es sich um einen Bericht handelt, steht die Protasis im Gegensatz zu den aramäischen Nichtigkeitsflüchen im Indikativ. Die Apodosis (*-ma šizbu lā ušabbû karassun*) zeigt aber die formal konstitutiven Elemente Konjunktion (*-ma*) und Negation (*lā*) + Präsens, die dem *w'l* im Aramäischen entsprechen. H. U. Steymans stellt treffend fest: „Besser könnte man die westsemitische Form der *futility curses* im Akkadischen kaum wiedergeben."[259] Da der an dieser Stelle gemeinte arabische Qedar-Stamm in der syrischen Wüste in Nachbarschaft zu den Aramäern lebte, ist eine Vermittlung der aramäischen Nichtigkeitsflüche über die arabischen Stämme in die akkadische Literatur gut vorstellbar.[260] Aus den bisher besprochenen aramäischen und akkadischen Beispielen geht hervor, dass die dort bezeugten Nichtigkeitsflüche thematisch auf den Bereich von Fruchtbarkeit und Nachkommenschaft begrenzt sind, wobei vor allem der Sättigungsverlust thematisiert wird, der somit ein konstitutives Element dieser Flüche darstellen dürfte.[261]

Nun verbindet, wie T. Podella aufzeigen konnte,[262] das Motiv des Essens, ohne satt zu werden, die aramäischen Nichtigkeitsflüche mit dem hethitischen Vorstellungskomplex vom Verschwinden und der Wiederkehr einer Gottheit. Das prominenteste Beispiel ist der Mythos vom Vegetationsgott Telipinu, der bereits der protohattischen Mythologie entstammen dürfte.[263] Sein Verschwinden

---

258 Zitiert nach Weippert, Kämpfe, 82; vgl. auch a.a.O., 76.

259 Steymans, Deuteronomium 28, 183.

260 Vgl. ebd.

261 Vgl. Podella, Notzeit-Mythologem, 436, der nach einem Vergleich der alttestamentlichen Nichtigkeitsflüche mit denen aus der Umwelt des Alten Testaments feststellt: „Thematisch sind die Beispiele aus der Umwelt auf den Vorgang des Trinkens beim Stillen und Säugen und auf Aussaat und Ernte begrenzt, so dass hier sehr viel stärker als in den alttestamentlichen Belegen der Kontext von Fruchtbarkeit und Nachkommenschaft hervortritt."

262 Vgl. a.a.O., 427–254.

263 Vgl. dazu von Schuler, Notzeit, 189; die älteste Fassung des Mythos befindet sich in der mittelhethitischen Abschrift einer althethitischen Tafel, vgl. Haas, Geschichte, 708.

bewirkt in der Götter-, Menschen- und Tierwelt eine Notzeit, die darin besteht, „dass vitale Lebensäußerungen ihre Wirkung verlieren: Essen und Trinken führen nicht zur Sättigung; der Fortpflanzungsakt bringt keine Nachkommen.“[264] Der folgende Abschnitt aus dem Telipinu-Mythos schildert anschaulich die Auswirkungen der Notzeit:[265]

> „Telipinu ist fortgegangen: Korn, Fruchtbarkeit(?), Wachstum, Gedeihen und Sättigung trug er mit sich fort – (hinaus) in Flur und Wiese, mit hinein ins Moor. [...] Nun wachsen Korn (und) Emmer nicht mehr; Rinder, Schafe (und) Menschen begatten sich nicht mehr. Und (selbst) jene, die bereits geschwängert/trächtig sind, gebären nicht. Die Berge vertrockneten, die Quellen trockneten aus, und im Lande entstand eine Hungersnot. Menschen und Götter kommen durch Hunger um.“

Später heißt es dann:[266]

> „Die große Sonnengöttin bereitet ein Fest; und sie rief die 1000 Götter zu sich; sie aßen, sättigten sich aber nicht, sie tranken – berauschten sich aber nicht.“

Die zuletzt genannten Antithesen bieten mit der Konjunktion *nu* und der Negation *UL* in der Apodosis[267] im Wesentlichen den Bauplan der späteren aramäischen Nichtigkeitsflüche. Ein Unterschied besteht lediglich darin, dass das Schema hier nicht in Fluchform, sondern als Schilderung einer bestehenden Notzeit in Erscheinung tritt. Entscheidend ist aber, dass in den Antithesen des Telipinu-Mythos das Motiv des Essens, ohne satt zu werden, eine wichtige Rolle spielt. Von daher ist die Vorgeschichte der aramäischen Nichtigkeitsflüche mit Podella wohl am wahrscheinlichsten im hethitischen Notzeit-Mythologem zu suchen.[268] An Überzeugungskraft gewinnt diese These zusätzlich durch die in ihrem Bekanntheitsgrad wachsende hieroglyphen-luwische Überlieferung der späthethitischen Nachfolgestaaten Nordsyriens. Texte aus Tabal, die Anklänge an das hethitische Notzeit-Mythologem zu erkennen geben, deuten nach

---

264 Podella, Notzeit-Mythologem, 439.

265 Zitiert nach Haas, Geschichte, 709. – Das mit dem Thema Sättigungsverlust verwandte Motiv der Unfruchtbarkeit erscheint etwa in einer Fluchformel in einem der so genannten Kaškäer-Verträge (CTH 139), die wie folgt lautet: „Wenn ihr die Eide brecht, [sollen] sich eure Rinder, eure Schafe (und) die Menschen nicht fortpflanzen. Und die Eidgötter sollen euch eure Söhne in eurem Herzen fressen.“ (von Schuler, Kaškäer, 111).

266 Haas, Geschichte, 710. – Der Sättigungsverlust ist im Übrigen nach der Wiederkehr der Gottheit aufgehoben: „(Die Götter) aßen und [sättigten sich], auch tranken sie [und berauschten sich]“ (a.a.O., 719).

267 Vgl. zum hethitischen Text Otten, Überlieferungen, 15.

268 Vgl. Podella, Notzeit-Mythologem, 438–446; vgl. auch Grätz, Wettergott, 84–89. Wenn Steymans, Deuteronomium 28, 183f, die traditionsgeschichtliche Herleitung der Gattung der Nichtigkeitsflüche von der hethitischen Tradition aufgrund eines mittelbabylonischen Belegs ablehnt, so ist dagegen zu betonen, dass in den dort verzeichneten Flüchen das für die aramäischen Nichtigkeitsflüche ganz elementare Motiv des Essens, ohne satt zu werden, fehlt.

M. Hutter darauf hin, „dass dieses Motiv als luwische Tradition auch im 1. Jt. bekannt war".[269] In einer Segensformel heißt es:[270]

> „Zu Tuwatis sollen diese Götter gut kommen, ihm sollen sie zu essen und zu trinken sowie Leben für seine Person geben; lange Tage sollen ihm alle diese Götter geben."

Die zweite für die traditionsgeschichtliche Fragestellung relevante Fluchgattung sind die *Vergleichsflüche* oder *Zeremoniellen Flüche*.[271] Sie wurden ursprünglich im Zusammenhang einer auf dem Prinzip des Analogiezaubers basierenden Symbolhandlung ausgesprochen,[272] die den Vereidigten auf drastische Weise die Folgen einer Verletzung der Eide vor Augen führte. In den Sfire-Inschriften erinnert lediglich das Demonstrativum an eine im Hintergrund stehende *demonstratio ad oculos*,[273] wenn es etwa heißt (Sf I A: 37f):

> „Wie (*'ykh zy*) dieses Wachs (*š'wt'*) im Feuer verbrennt, so (*kn*) verbrenne Ma[ti'-'el im Feu]er."

Die größte formale wie inhaltliche Nähe der Vergleichsflüche in den Sfire-Inschriften besteht zu Ritualflüchen in hethitischen Treueiden und Verträgen.[274] Die eindrücklichsten Belege befinden sich in den Militärischen Eiden, deren erster in die mittelhethitische Zeit datiert.[275] Dort heißt es etwa (Vs. I 47–II 4):[276]

> „Dann legt er (sc. der vereidigende Priester) ihnen Wachs und Schaffett in die Hände, wirft es dann in die offene Flamme und spricht: ‚Wie (*maḫḫan*) dieses Wachs schmilzt, das Schaffett aber zerläuft, so soll nun, wer auch immer diese Eide übertritt und sich gegen den [König des Lande]s Hatti hinterhältig beträgt, wie Wachs schmelzen, wie Schaffett aber soll er zerlaufen!' Jene aber sprechen: ‚Das soll (so) sein!'"

Hier ist der eigentliche Fluch noch ganz in den Zusammenhang der *demonstratio ad oculos* gestellt. Zugleich zeigt die dem Fluch folgende Zustimmung der Vereidigten, dass die Symbolhandlung einen Drohritus der Selbstverfluchung darstellt.

---

269 Hutter, Widerspiegelungen, 433.

270 Zitiert nach Hutter, Widerspiegelungen, 433.

271 Hillers, Treaty-Curses, 18, spricht von „simile curses", Parpola/Watanabe, Treaties, XLII, gebrauchen die Bezeichnung „ceremonial curses".

272 Vgl. dazu Haas, Magie, 244f, der die von einem Ritual begleiteten Flüche unter „manipulierte Analogien mit Kontiguitätsbeziehung" verbucht.

273 Vgl. Hillers, Treaty-Curses, 19, der das Demonstrativpronomen für seine Untergruppe „ritual or ceremonial curses" verbindlich macht, da es anzeigt, „that the object was present and was handled in some sort of ritual (at least when the curse was first composed)".

274 Zu Vergleichsflüchen in einem Staatsvertrag vgl. z.B. HDT 6A § 15.

275 Vgl. Giorgieri, Treueide, 338.

276 Oettinger, Eide, 8f.

Flüche in Form von Vergleichssätzen sind auch im neuassyrischen EST vertreten, wobei der Vergleich mit der Verbindung *kī ša* eingeleitet wird, der im Aramäischen die Verbindung *ʾyk zy* entspricht.[277] § 89 lautet entsprechend:[278]

> „Wie (*kī ša*) eine Figur aus Wachs im Feuer verbrannt wird …, so (*kī*) mögen sie eure Gestalt im Feuer verbrennen."

Die formal wie inhaltlich enge Beziehung zu den etwas älteren aramäischen Flüchen lässt nach wie auch immer zu bestimmenden Abhängigkeiten fragen. Drei Beobachtungen sprechen für die schon von K. Watanabe in ihrer einschlägigen Arbeit zum EST vorgetragene These, nach der die Vergleichsflüche in der neuassyrischen Vertragsrechtstradition sekundär und zudem von der westlichen Fluchtradition abhängig sind:[279] Erstens haben Vergleichsflüche in der mesopotamischen Literatur kaum Vorbilder.[280] Zweitens stehen im EST die Vergleichsflüche vorwiegend in assyrischer Sprache, wohingegen die traditionellen Flüche ohne Vergleich in der üblichen babylonischen Literatursprache verfasst sind,[281] ganz so, als sollte das der eigenen Tradition fremde auch sprachlich als Novum gekennzeichnet werden. Drittens häufen sich im Bereich der Vergleichsflüche die Aramaismen,[282] was kaum ein Zufall sein wird. Da Vergleichsflüche in der neuassyrischen Vertragsrechtstradition sonst nur noch in dem Vertrag Aššurnērārīs mit dem Aramäer Matiʿ-ʾel von Arpad vorkommen und auch andere neuassyrische Vasallenverträge offenkundig lokale Traditionen der Vasallenstaaten aufgenommen haben,[283] könnte die Vermittlung der Vergleichsflüche über eben solche mit Aramäerstaaten geschlossene Verträge geschehen sein.

277 Vgl. Fitzmyer, Inscriptions, 92.

278 Watanabe, *adê*-Vereidigung, 172f.

279 A.a.O., 33f; vgl. auch Grätz, Wettergott, 80–82.

280 Vgl. Streck, Flüche, 181, mit dem Hinweis, „dass Vergleichsflüche in der mesopotamischen Fluchtradition anscheinend keine große Rolle spielen, mithin literarische Vorbilder in der Regel fehlen". Ebd., Anm. 28, führt Streck den Nergalfluch aus dem Codex Hammurapi als Beleg für einen Vergleichsfluch in der mesopotamischen Fluchtradition an. Allerdings ist zu beachten, dass die hethitischen wie später auch die aramäischen und akkadischen Vergleichsflüche stets ohne ein göttliches Subjekt auftreten.

281 Vgl. Watanabe, *adê*-Vereidigung, 33, und die Feststellung a.a.O., 44: „Bemerkenswert ist, dass die Flüche, die aus dem Westen zu stammen scheinen, in neuassyrischer Sprache abgefasst sind."

282 Vgl. a.a.O., 204; vgl. zu dieser Beobachtung schon Grätz, Wettergott, 82.

283 Auch der Vertrag Asarhaddons mit Baal von Tyrus (SAA II 5) gibt, insbesondere in den Fluchformeln, westliches Lokalkolorit zu erkennen, wenn es etwa heißt: „So mögen Baal-sameme, Baal-malage und Baal-Saphon einen bösen Wind sich gegen eure Schiffe erheben lassen, ihr Schiffstau lösen, ihren Schiffspfahl herausreißen …" (Borger, TUAT I, 159 [Kol. IV Z. 10'–12']). Vgl. dazu auch Radner, Handelspolitik, 160f, Anm. 31.

Für den westlichen Ursprung der von einer *demonstratio ad oculos* begleiteten Vergleichsflüche spricht schließlich auch, dass allein im Westen entsprechende Selbstverfluchungsriten auf die Vertragsterminologie eingewirkt haben. So stehen aramäisch *gzr ʿdy* „einen Vertrag schneiden" und hebräisch *krt bryt* „einen Bund schneiden" idiomatisch für „einen Vertrag schließen".[284] Die terminologischen Übereinstimmungen zwischen den idiomatischen Formeln einerseits und den Symbolhandlungen andererseits verraten den Zusammenhang: Nachdem in den Vertragstexten von Sfire in I A: 7 davon die Rede war, dass Bar-gaʿyah den vorliegenden Vertrag geschnitten hat (*gzr ʿdy*), heißt es in einem Vergleichsfluch (Sf I A: 39f):

> „[Und wie] dieses Kalb zerschnitten wird (*ygzr*), so werde zerschnitten (*ygzr*) Matiʿ-ʾel und werden zerschnitten (*wygzrn*) seine Großen."

Ganz entsprechend kann für das Alte Testament auf die Formel *krt bryt* „einen Bund schneiden" im Zusammenhang mit einem Selbstverfluchungsritus in Jer 34,18 verwiesen werden, wo es heißt:

> „Ich mache die Männer, die meinen Bund (*bryty*) übertreten und die Worte des Bundes (*dbry hbryt*), den sie vor mir geschnitten hatten (*ʾšr krtw lpny*), nicht gehalten haben, dem Kalb gleich,[285] das sie in zwei Hälften zerschnitten haben (*ʾšr krtw lšnym*) und zwischen dessen Stücken sie hindurchgegangen sind."[286]

2.4.4 Die Vertragsbestimmungen

Die Vertragsbestimmungen der Inschriften von Sfire sind von W. Morrow unter formalen und stilistischen Gesichtspunkten analysiert worden.[287] Textgrundlage der formgeschichtlichen Beschreibung sind die Bestimmungen in Sf I B: 21ff, Sf II B: 5ff und Sf III: 1ff. Die aufgezählten Vertragsbestimmungen bestehen aus aneinander gereihten, aber freistehenden Einheiten. Die in Form von Wenn-Dann-Satzgefügen stilisierten Paragraphen werden jeweils durch die

---

284 Vgl. auch Tadmor, Treaty, 137: „Thus, the idiom ‚to cut a covenant' would be an isogloss that separates the western from the eastern, or Mesopotamian, treaty terminology in which compacts were ‚bound' or ‚established' but never ‚cut'." Vgl. zu phönizisch *krt ʾlt* a.a.O., 136.

285 Vgl. zu dem grammatischen Problem, das MT an dieser Stelle mit *hʿgl* an Stelle von *kʿgl* bereitet, McKane, Jeremiah II, 873.

286 Vgl. Haase, Deuteronomium, 71f, zu einem vergleichbaren hethitischen Ritual, das – sollte das fragmentarisch überlieferte Ritual mit einer Vereidigung in Zusammenhang stehen – eine brauchbare Parallele zu Jer 34,18 darstellen würde. Ob auch die in der Mari-Literatur erscheinende idiomatische Formel *ḫayarum qatālum* „einen Esel töten" auf einen Ritualfluch zurückgeht, oder nicht eher einen Bundesratifikationsritus darstellt, bleibt dagegen umstritten; vgl. Hasel, כרת, 366.

287 Morrow, Sefire Treaty.

Konditionalpartikel *hn* „wenn“ eingeleitet und durch eine so genannte Repressionsformel abgeschlossen, die meist folgendermaßen lautet:[288]

> „... wenn nicht (*whn lhn*), dann seid ihr eidbrüchig gegenüber allen Vertragsgöttern, die in dieser Inschrift stehen.“

In den Stipulationen der neuassyrischen Verträge bilden die gesuchten Merkmale die Ausnahme. Vorherrschend ist ein anderes Prinzip, das Parpola wie folgt erläutert:[289]

> „Typologically, the attested stipulations fall into declarations, demands, injunctions, obligations, commands and prohibitions, and they are usually phrased in the form of sentences beginning with the particle *šumma* and ending in a subjunctive predicate.“

Neben diesen in Eidesform stilisierten Stipulationen begegnen vereinzelt Sätze im Indikativ:[290]

> „‚Normal‘ main clauses with indicative predicates are interspersed among the subjunctive ones, but they form a clear minority.“

Lediglich in zwei Verträgen erscheinen dabei durch *šumma* „wenn“ eingeleitete Sätze im Indikativ, die eindeutig als Konditionalsätze zu bestimmen sind. Zum einen in Asarhaddons Vertrag mit Baal von Tyrus (SAA II 5), in dem sich trotz des schlechten Erhaltungszustandes der Stipulationen in III 6–14 eine Reihe von *šumma*-Sätzen im Indikativ erschließen lässt, die Protasen zu den eigentlichen Bestimmungen darstellen und damit eindeutig als Konditionalsätze zu interpretieren sind. Zum anderen im EST (SAA II 6). Auch hier begegnen *šumma*-Sätze im Indikativ, die eindeutig als Konditionalsätze aufzufassen sind.[291] Da die recht seltenen konditionalen *šumma*-Sätze im Indikativ im EST über das gesamte Dokument verteilt erscheinen, kommt es im Gegensatz zu den Sfire-Inschriften jedoch zu keinerlei Reihenbildung. Die Beobachtung, dass es keine weiteren Beispiele für zweifelsfreie Konditionalsätze in Verträgen gibt, entspricht der Einschätzung von Morrow: „By and large, the NA comparative group does not organize its contents in series of free-standing conditional constructions.“[292] Der einzige Vertrag, der isolierte Konditionalsätze in Reihenbildung aufweist, ist

288 Vgl. z.B. Sf III 4; Morrow, Sefire Treaty, 84, bezeichnet die die Paragraphen abschließende Formel im Anschluss an Kestemont („clause répressive“) als „repression formula“ (ebd., Anm. 5); die Formel wird durch die Wendung *whn lhn* eröffnet, die Fitzmyer, Inscriptions, 113, mit „and if not so“ wiedergibt.

289 Parpola/Watanabe, Treaties, XXXVIII.

290 A.a.O., XXXVIIIf.

291 Vgl. dazu Streck, Flüche, 188, sowie S. 88 in der vorliegenden Arbeit.

292 Morrow, Sefire Treaty, 86.

demnach der Vertrag Asarhaddons mit Baal von Tyrus.[293] Eine den Stipulationen der Sfire-Inschriften vergleichbare Repressionsformel ist in neuassyrischen Verträgen nirgends belegt.

Die Stipulationen der hethitischen Verträge sind demgegenüber regelmäßig als Konditionalsätze formuliert. Die Protasis wird mit der Partikel *mān* „wenn" eingeleitet.[294] Die Apodosis besteht in den meisten Fällen aus einer stereotypen Repressionsformel (*ištu māmīti ītetiq* „dann wirst du den Eid übertreten"[295]), die allgemein das Übertreten der Eide ankündigt. Gelegentlich folgt als Apodosis eine konkrete Bestimmung. Längere Reihen von konditionalen Satzgefügen finden sich vor allem in den syro-hethitischen Verträgen,[296] die auch am ehesten als Kontaktmedien im Hinblick auf die nordsyrischen Aramäer in Frage kommen. Ein Vergleich zweier Paragraphen über die Auslieferung von Flüchtlingen aus einem syro-hethitischen Vertrag illustriert die formale Nähe der Stipulationen der Sfire-Inschriften zur hethitischen Tradition.

Vertrag mit Duppi-Teššup von Amurru § 13[297]	Sfire-Vertrag III 4–7[298]
„… wenn mir [40]von diesen Gefangenen jemand entläuft und er zu dir [41]hinkommt und du ihn nicht ergreifst [42]und ihn dem König des Landes ‘atti nicht zurückgibst [43]und vielmehr folgendermaßen zu ihm sprichs[t: ‚Auf,] geh, [44]wohin du geh[en will]st; ich aber mag dich nicht [45]kennen‘, so verletzest du die Eide."	„Und wenn mir ein Flüchtling entflieht … und sie nach Aleppo gehen, dann hast du sie nicht mit Nahrung zu versorge[n] und nicht zu ihnen zu sagen: ‚Bleibt ruhig an eurem Ort!‘ und nicht [6]ihre Partei gegen mich zu ergreifen, vielmehr hast du sie zu *begütigen* und sie zu mir zurückzubringen … Wenn du aber ihre Partei [7]gegen mich ergreifst und sie mit Nahrung versorgst und zu ihnen sagst: ‚Bleibt wo ihr seid und kehrt nicht zu seinem Gebiet zurück!‘ so seid ihr eidbrüchig gegen diese Verträge."

293 Aus dem Rahmen fällt SAA II 2, ein Vertrag, der auf die Stipulationen jeweils sofort einen Fluch folgen lässt.

294 Vgl. dazu Friedrich, Staatsverträge II, 144.

295 Vgl. McCarthy, Treaty, 60. vgl. zu hethitischen Belegen für die Repressionsformel a.a.O., 103, Anm. 57.

296 Vgl. etwa die Wenn-Dann-Satzgefüge in den §§ 3–6 und 9–15 des Vertrags zwischen Šuppiluliuma und Aziru von Amurru (HDT 5).

297 Friedrich, Staatsverträge I, 19.

298 Rössler, TUAT I, 187.

Als Differenz bleibt lediglich festzuhalten, dass in den Stipulationen der Sfire-Inschriften die Apodosis nicht wie in der Regel in den hethitischen Verträgen mit der Repressionsformel identisch ist, sondern meist aus einer konkreten Bestimmung besteht, auf die dann erst am Ende einer thematischen Einheit die Repressionsformel folgt.

Neben dem Aufbau der Vertragsbestimmungen kann auch deren Sprachregelung ein weiterer Baustein für die traditionsgeschichtliche Verortung der Inschriften sein. In den Stipulationen der Sfire-Inschriften spricht der Vertragsherr Bar-ga'yah in der 1. Pers. Sg., während die Anrede des unterlegenen Mati'-'el in der 2. Pers. Sg. erfolgt. Lediglich die Repressionsformel erscheint in der Regel in pluralischer Anrede – vielleicht um klarzustellen, dass die Sanktionen bei Vertragsbruch auch die Untertanen des Mati'-'el treffen werden. Ein Blick auf das Korpus der neuassyrischen Vasallenverträge und Treueide zeigt, dass die Sprachregelung dort einigermaßen flexibel gehandhabt werden konnte. Während der assyrische Vertragsherr zwar immer in der 3. Pers. Sg. auftritt, können im Anschluss an A. K. Grayson hinsichtlich der Anredeform drei Gruppen unterschieden werden. Von Belang ist hier in erster Linie die Gruppe, in der die Adressaten wie in den Sfire-Inschriften in direkter Rede angesprochen werden:[299]

> „In these texts the superior party is in the third person and imposes the *adê* upon the inferior party who is in the second person and enjoined under oath to observe various injunctions."

Von den 14 in SAA II zusammengestellten Texten gehören ihr die Hälfte, nämlich SAA II 3, 5, 6, 8, 10, 12 und 13, an.[300] Davon haben SAA II 3, 6, 8, 10 und 12 eine pluralische Anrede. Allein Asarhaddons Vertrag mit Baal von Tyros (SAA II 5) sowie ein sehr schlecht erhaltener Vasallenvertrag (SAA II 13) stimmen mit den Vertragsbestimmungen der Sfire-Inschriften in der Anrede überein.[301] Festzuhalten bleibt aber, dass der assyrische Großkönig an keiner Stelle wie der Aramäer Bar-ga'yah in der 1. Pers. Sg. in Erscheinung tritt. In den hethitischen Vasallenverträgen ist hinsichtlich der Sprachregelung in den Stipulationen eine größere Homogenität zu beobachten. Die Regel ist, dass der hethitische Großkönig von sich in der 1. Pers. Sg. spricht und den Vasallen in der 2. Pers. Sg.

299 Grayson, Treaties, 131. In der zweiten und dritten Gruppe erscheinen entweder Großkönig und Vasall in der 3. Person (SAA II 11 und 14) oder der Großkönig in der 3. (Grayson spricht hier irrtümlich von der 2. Pers., vgl. ebd.) und die Vasallen in der 1. Person (SAA II 9). Bei der zweiten Gruppe handelt es sich nach Grayson womöglich um „an archival copy of a treaty" (ebd.).

300 SAA II 2 ist hinsichtlich der Sprachregelung uneinheitlich. In den Kolumnen III und V ist ebenfalls gelegentlich die Anrede in der 2. Pers. Sg. bezeugt. Auch Text 4 bietet in 12ff vom Kontext abweichend die 2. Pers. Sg.

301 Angesichts der geringen Anzahl an erhaltenen Tafeln, muss offen bleiben, ob die beiden Verträge die in assyrischen Vasallenverträgen gebräuchliche Anredeform spiegeln.

anredet, wobei dieser gelegentlich namentlich genannt werden kann.[302] Verträge mit Personenmehrheiten zeigen demgegenüber die pluralische Anrede (z.B. im Išmeriga-Vertrag).[303] Die Inschriften von Sfire folgen bei der Sprachregelung in den Stipulationen folglich nicht den assyrischen, sondern den hethitischen Vasallenverträgen.

Zusammenfassend ist zu sagen, dass eine assyrische Herkunft der genannten formalen Elemente wenig wahrscheinlich ist. Reihen von freistehenden Wenn-Dann-Satzgefügen sowie eine singularische Anrede der Vereidigten sind im neuassyrischen Vertragskorpus selten und begegnen gemeinsam nur im Vertrag Asarhaddons mit Baal von Tyrus, wohl nicht zufällig einem Vertrag mit einem westlichen Herrscher;[304] das Auftreten des Vertragsherrn in der 1. Pers. Sg. sowie eine die einzelnen Stipulationen abschließende Repressionsformel fehlt hingegen im neuassyrischen Vertragskorpus völlig. Alles in allem dürften sich die Vertragsbestimmungen der Inschriften von Sfire formal somit der hethitischen Vertragsrechtstradition verdanken, mit der sie größtenteils konform gehen.[305]

Die Stipulationen der Inschriften von Sfire stehen der hethitischen Tradition aber auch inhaltlich nicht fern.[306] So begegnen aus hethitischen Vasallenverträgen vertraute Bestimmungen über militärische Hilfe (I B: 26–33), die Versorgung (der Truppe?) (I B: 33ff), „böse Worte" (III: 1–4), die Auslieferung von Flüchtlingen (III: 4–7; 19–21) Usurpationsversuche (III: 9–19), Nichteinmischung in innere Angelegenheiten (III: 21–23) und territoriale Ansprüche (III: 23ff).[307] Die Tatsache, dass sich in dieser Hinsicht mehr Gemeinsamkeiten zu hethitischen als zu assyrischen Vasallenverträgen auffinden lassen, mag freilich auch an der schmaleren Quellenbasis der assyrischen Texte liegen; denn in den ohnehin vergleichsweise wenigen überkommenen assyrischen Vasallenverträgen sind oft gerade die Stipulationen schlecht erhalten.[308] Bei zwei der in den Stipulationen vorkommenden Themen scheint mir der hethitische Einfluss jedoch offenkundig zu sein.

---

302 Vgl. HDT 3; 5; 6A; 7; 8; 9; 10; 11; 12; 13; 16; 17; 18B. Dabei kommt es in HDT 6A, 7, 16 und 18B gelegentlich zu einem Wechsel in die 3. Pers. Sg.

303 Daneben gibt es auch hier einige wenige Verträge, in denen vom Vasallen durchgängig in der 3. Pers. Sg. die Rede ist, vgl. z.B. HDT 18C.

304 Vgl. Morrow, Sefire Treaty, 87: „The fact that this document is from the western part of the neo-Assyrian empire should not be overlooked."

305 Dass die traditionsgeschichtlichen Wurzeln der Vertragsbestimmungen der Sfire-Inschriften im Westen zu suchen sind, vermutet auch Morrow: „[W]e must assume that in the composition of its treaty stipulations the scribes of Sefire made use of a non-Assyrian tradition which is best attested in the western part of the fertile crescent." (a.a.O., 89)

306 So schon McCarthy, Treaty, 103.

307 Vgl. zu den Vasallenpflichten in hethitischen Verträgen Korošec, Staatsverträge, 66–89.

308 S. o. S. 38.

Erstens: In Sf I B: 24f taucht inmitten der Stipulationen[309] ein Konditionalsatzgefüge auf, das sich dem Inhalt nach wie eine Segensformel ausnimmt. Denn während die vorangehende sowie die nachfolgenden Stipulationen jeweils verbotene Aktionen des Matiʿ-ʾel aufführen und mit einem Hinweis auf den mit diesen einhergehenden Vertragsbruch, eben der Repressionsformel, schließen, verspricht in Sf I B: 24f der überlegene Bar-gaʾyah dem gehorsamen Matiʿ-ʾel den Schutz seiner sowie seiner Nachkommen Herrschaft:[310]

> „[24][Wenn du aber hörst …] … diese Verträge und sagst: ‚[Ich] bin ein Vertragsmann!' [dann kann ich meine] [25][Hand nicht] gegen dich [erheben] (*šlḥ yd b*),[311] und mein Sohn kann die Hand nicht gegen [deinen] Sohn erheben, und meine Nachkommenschaft (nicht) gegen [deine] Nachkommenschaft."

Obwohl auch die gehorsamen Vasallen des assyrischen Großkönigs in Notlagen auf assyrische Hilfe hoffen durften,[312] sucht man eine vergleichbare Sicherheitsgarantie[313] in assyrischen Vertragstexten vergebens. Ganz anders ist der Befund in den hethitischen Vasallenverträgen. Im Ḫuqqana-Vertrag findet sich eine entsprechende Klausel in § 6:[314]

> „And if you always behave well and benevolently protect My Majesty, then I, My Majesty, will later act favorably in regard to your sons, and my son will benevolently protect your sons. I, My Majesty, will protect you."

Wie in den Sfire-Inschriften gilt auch in dem hethitischen Vertrag der zugesicherte Schutz sowohl dem angeredeten Vasallenkönig selbst als auch dessen Thronfolger(n). Eine bemerkenswerte Gemeinsamkeit ist sodann, dass auch in dem hethitischen Vertrag die Klausel nicht im Zusammenhang mit der obligatorischen Segensformel am Vertragsende, sondern im Bereich der Stipulationen erscheint, die sie allerdings beschließt. Es scheint somit, als handele es sich bei der Sicherheitsgarantie um eine den übrigen Stipulationen gleichwertige Verpflichtung des Oberherrn gegenüber seinem Vasallen. Im Anschluss an die Garantie folgt eine Art Überleitung zur Götterliste:[315]

> „I have now placed these words under oath for you, and we have now summoned the Thousand Gods to assembly in this matter."

---

309 Abzulesen daran, dass in I B: 23 eine die einzelnen Stipulationen abschließende Repressionsformel vorangeht und in I B: 27f eine weitere folgt.

310 Rössler, TUAT I, 183.

311 So nach Sf II B: 6 rekonstruiert. Vgl. zu Bedeutung und Parallelen der Formel *šlḥ yd b* „die Hand erheben gegen …" Tawil, Notes, 32–37.

312 Vgl. dazu o. S. 45.

313 Steymans, Deuteronomium 28, 175, spricht von „menschliche[n] Wohlwollensäußerungen".

314 HDT 3 § 6.

315 Ebd.

Nach der überzeugenden Interpretation von A. Altman ergibt sich aus der Erklärung des hethitischen Königs, er habe „diese Worte“ – nämlich die vorangehenden Stipulationen samt der Sicherheitsgarantie – für den Vasallen mit einem Eid abgesichert, dass dieser selbst wie der Vasall einen Eid geleistet hat.[316]

> „In such a case, we would have to understand the words ‚for you‘ not as meaning that it should be ‚your oath‘ but rather that this oath (taken by both sides) will be both to ‚your advantage and disadvantage‘.“

Diese Interpretation, nach der auch der Oberherr einen Eid zu leisten hatte, hat Anhalt sowohl an der Fluchformel[317] desselben Vertrags als auch an zahlreichen anderen Stellen in hethitischen Vasallenverträgen.[318] Ob nun die Sicherheitsgarantie in Sf I B 24f auch bei den Sfire-Inschriften auf einen Eid des Oberherrn schließen lässt, wage ich mangels weiterer Indizien in den Sfire-Inschriften nicht zu beantworten. In jedem Fall stellt aber die in neuassyrischen Verträgen nicht belegte Sicherheitsgarantie eine weitere Nahtstelle zu den hethitischen Verträgen dar, die im Gegensatz zu den assyrischen Texten neben den negativen stets auch die positiven Folgen für den Vasallen aufzeigen.

Zweitens: Der erste Paragraph der dritten Stele regelt das Verfahren mit politischen Gegnern, die „böse Worte“ gegen Bar-gaʾyah oder seine Nachkommen reden (Sf III: 1–4). Es heißt dort:[319]

> „<Und wenn irgendeiner zu dir kommt> … und [ge]gen mich re[d]et (*wymll ʿly*) …, oder gegen meine Nachkommenschaft, ebenso wenn irgend jemand [2]kommt, der Zuflucht sucht und böse Worte über mich redet (*wymll mln lḥyt lʿly*) […], darfst du die Worte nicht von ihm annehmen …“

Hinter der Formel *mll mln lḥyt lʿl* „böse Worte reden gegen …“ steht die sich magischem Denken verdankende und aus der altorientalischen Beschwörungsliteratur bekannte Vorstellung vom „bösen Wort“. V. Korošec hat diesen Vorstellungskomplex in den hethitischen Staatsverträgen untersucht und festgestellt, dass dort mit der Terminologie des „bösen Wortes“ nicht nur jede Form der Beleidigung des Großkönigs bezeichnet wird, sondern auch die Tatbestände der Empörung und des feindlichen Einfalls, die sich in den Dokumenten auch terminologisch differenzieren lassen.[320] Der häufige und terminologisch differenzierte Gebrauch der Vorstellung vom „bösen Wort“ in den hethitischen

316 Altman, Oath, 179.

317 „But if you in any way do evil, then I, My Majesty, will treat you badly. I, My Majesty, shall be free from this oath before the gods.“ (HDT 3 § 36)

318 Vgl. Altman, Oath. Die These, dass der Oberherr in hethitischen Vasallenverträgen ebenfalls einen Eid ablegte, dürfte ein neues Licht auf Texte wie Gen 15 oder die so genannte Bundesformel Dtn 26,16f werfen.

319 Rössler, TUAT I, 186.

320 Vgl. Korošec, Staatsverträge, 78f.

Vasallenverträgen, in denen mit der Terminologie handfeste politische Tatbestände bezeichnet werden, spricht für die Annahme, dass die in Sf III: 1–4 bezeugte Bestimmung über den Umgang mit Menschen, die „böse Worte" gegen den Vertragsherrn reden, ebenfalls ein Erbe der hethitischen Vertragsrechtstradition darstellt.

Die hethitische Vorstellung vom „bösen Wort" hat von dort aus vielleicht auch Eingang in neuassyrische Vertragstexte gefunden. Den aramäischen Wendungen *mll ʿl* und *mll mln lḥyt lʿl* „böse Worte reden gegen …" in Sf III: 1–4 entsprechen im Akkadischen die Formeln *ina muḫḫi* PN *dabābu* und *amat lemutti qabû*,[321] die u.a. in EST § 10 und 57 begegnen. Das Nebeneinander von *abutu lā ṭābtu* „böse Worte" und verschiedenen Termini für „Aufstand" (z.B. *bārtu*) zeigt,[322] dass die Terminologie vom „bösen Wort" im EST wie in den hethitischen und aramäischen Verträgen den innenpolitischen Tatbestand der Empörung bezeichnet.

Neben den genannten assyrischen und hethitischen enthalten die Inschriften von Sfire fraglos auch genuin aramäische Elemente. Bemerkenswert ist in dieser Hinsicht ein stilistisches Proprium, auf das Morrow aufmerksam gemacht hat.[323] Es handelt sich um eine Infinitiv-Konstruktion, die dem ugaritischen und hebräischen *infinitivus absolutus* entspricht und der Verstärkung des *verbum finitum* dient.[324] Morrow hat gezeigt, dass der so genannte paronomastische Infinitiv in den Inschriften von Sfire gleich in dreifacher Gestalt begegnet:[325] bei Typ 1 erscheint der paronomastische Infinitiv „in an apodosis contrasting with the negative clause(s) beginning the apodosis"[326]; bei Typ 2 begegnet er dagegen in der Protasis „which contrasts with the negative commands in the apodosis of the preceding conditional structure"[327]; Typ 3 gibt im Gegensatz zu den vorangehenden Typen keinerlei kontrastierende Funktion zu erkennen; vielmehr erscheinen paronomastische Infinitive hier „as emphatic commands resuming a series of related instructions"[328]. Da auf zwei der von Morrow namhaft gemachten Verwendungsweisen im Zusammenhang der traditionsgeschichtlichen Analyse von Dtn 13 näher eingegangen werden soll,[329] genügt an dieser Stelle

321 Vgl. Tawil, Hadad Inscription, 478 mit Anm. 19 u. 20.

322 Vgl. z.B. EST § 16.

323 Vgl. Morrow, Sefire Treaty, 89–96.

324 Vgl. Segert, Grammatik, 390 (6.6.5.3.); Waltke/O'Connor, Introduction, § 35.3.1; vgl. auch Fitzmyer, Inscriptions, 144f und 212.

325 Vgl. Morrow, Sefire Treaty, 89–91; Typ 1: III: 2 und 5f; Typ 2: III: 18; Typ 3: III: 12f und 13.

326 A.a.O., 89.

327 A.a.O., 90.

328 Ebd.

329 S. u. S. 148–150.

der Hinweis, dass eine vergleichbare Infinitivkonstruktion Morrow zufolge bislang in keinem weiteren altorientalischen Vertragstext nachgewiesen werden konnte. Von daher scheint es sich bei dem differenzierten Gebrauch innerhalb der Stipulationen der Sfire-Inschriften um eine spezifisch aramäische Verwendungsweise zu handeln.[330]

2.5 Ertrag

Der Vergleich der aramäischen Inschriften von Sfire mit den überlieferten hethitischen und assyrischen Verträgen macht deutlich, dass eine einseitige Vereinnahmung der aramäischen Vertragstexte für die assyrische Tradition nicht haltbar ist. Der prägende Einfluss Assurs ist zwar unschwer am Vertragsformular und in der mit dem assyrischen Reichsgott eröffneten Götterliste feststellbar. Daneben bestehen jedoch auch enge Beziehungen zur hethitischen Vertragsrechtstradition, die gerade dann besondere Beachtung verdienen, wenn es sich um Elemente handelt, die in neuassyrischen Verträgen nicht zu belegen sind. Zu nennen sind hier etwa die Segensformel in Sf I C, die Naturgottheiten am Ende der Götterliste, die Sicherheitsgarantie in Sf I B: 24f sowie die formalen Eigenschaften der Stipulationen. Schwieriger stellt sich die traditionsgeschichtliche Verortung der beiden Fluchgattungen dar, von denen mindestens eine auch in neuassyrischen Verträgen vertreten ist. Im Blick auf die hethitischen Kulturelemente ist es aber die Kumulation der Beobachtungen, durch die das Postulat einer von Hatti ausgehenden traditionsgeschichtlichen Verbindungslinie an Evidenz gewinnt.

Schließlich werden auch genuin aramäische Traditionen greifbar. Der aramäischen Tradition dürfte zunächst die Rezeption des hethitischen Notzeit-Mythologems in Nichtigkeitsflüchen zu verdanken sein. Hierhin gehört sodann die Verwendung des paronomastischen Infinitivs in den Vertragsbestimmungen. Dass das Verhältnis zwischen Assyrien und den Aramäern keine Einbahnstraße war, zeigt eindeutig die Entlehnung des aramäischen *terminus technicus* für „Vertrag" *'dy* ins Akkadische.[331] Für die Fluchgattungen des Nichtigkeits- und des Vergleichsfluchs sowie für die Vorstellung vom „bösen Wort" ist eine vergleichbare Vermittlung immerhin gut begründet zu vermuten. Fasst man die Einzelbeobachtungen zusammen, so gibt sich das Vertragswerk von Sfire als ein

---

330 Vgl. Morrow, Sefire Treaty, 96: „It appears that the emphatic infinitive constructions in Sefire represent a native rhetorical tradition which Old Aramaic shares with Canaanite but which it did not necessarily borrow."

331 S. dazu u. S. 97–102.

Amalgam aus genuin aramäischen sowie späthethitischen und neuassyrischen Traditionen zu erkennen.[332]

3. Der Sukzessionsvertrag Asarhaddons (EST)[333]

3.1 Problemstellung

Während die aramäischen Sfire-Inschriften in der Diskussion um die Herkunft der Vertragsrechtstraditionen im Deuteronomium bislang eher eine Nebenrolle spielten, war es in erster Linie Asarhaddons Sukzessionsvertrag aus dem Jahre 672 (EST), der die vergleichende Forschung beherrschte. Der EST besitzt in der Tat eine Reihe von Vorzügen, die ihn für den Rechtsvergleich mit dem Deuteronomium als überaus geeignet erscheinen lassen. Erstens handelt es sich um einen Text derjenigen Administration, die im 7. Jh. über die levantinischen Kleinstaaten – unter ihnen das Königreich Juda – die Oberherrschaft ausübte. Einen weiteren Vorzug stellt die zeitliche Nähe zur mutmaßlichen Entstehungszeit des ältesten Deuteronomiums im ausgehenden 7. Jh. dar. Drittens verpflichtet der EST iranische Herrscher, die – wie die zeitgenössischen judäischen Könige – Vasallen des assyrischen Großkönigs waren. Der entscheidende Vorzug des EST ist aber sein ausgezeichneter Erhaltungszustand. Doch gerade dieser Aspekt birgt bei der Verwendung des EST als Vergleichstext die große Gefahr, diesen einen Text unter Absehung der insgesamt schlechten Quellensituation in seiner Aussagekraft zu überschätzen. Man muss sich klarmachen, dass die überlieferten EST-Tafeln die einzigen kompletten und im Original erhaltenen neuassyrischen Vertragstexte darstellen, wobei an die von Parpola genannte Zahl von mindestens 160 Vertragsabschlüssen in neuassyrischer Zeit erinnert sei. Angesichts dieser Diskrepanz stellt sich die Frage nach der Stellung des EST innerhalb der neuassyrischen Vertragsrechtstradition. Steht der EST, zumindest in den zentralen Formelementen, repräsentativ für andere neuassyrische Vasallenverträge und Treueide, oder ist er ein Vertragswerk *sui generis*, das aus der übrigen altorientalischen bzw. assyrischen Rechtsüberlieferung hervorsticht? Je nachdem, wie diese Frage entschieden wird, ergeben sich gewichtige Konsequenzen für oder gegen die These eines literarischen Einflusses dieses speziellen Textes auf das Deuteronomium, wie sie gegenwärtig die Forschungslandschaft dominiert. Um die Frage beantworten zu können, soll im Folgenden nach einer knappen

332 Damit bestätigt sich, was Morrow, Sefire Treaty, 97, im Anschluss an seine Analyse der Stipulationen als Ergebnis festhält: „The Sefire inscriptions represent an amalgam of different traditions."

333 Die im Folgenden dargebotenen Umschriften des EST sind der Edition von Watanabe (*adê*-Vereidigung, 144–174) entnommen.

zeithistorischen Verortung des EST (II 3.2) seiner literarischen und historischen Bedeutung im Rahmen der neuassyrischen Vereidigungspraxis nachgegangen werden (II 3.3). Sodann sollen einzelne grammatische und inhaltliche Aspekte und Probleme der Stipulationen und Flüche angesprochen werden (II 3.4), um abschließend nach westlichen Einflüssen im neuassyrischen Vertragsrecht zu fragen (II 3.5).

3.2 Der zeithistorische Kontext des EST[334]

Im Jahr 672[335] verfügte der assyrische König Asarhaddon, dass sein Sohn Aššurbanipal nach seinem Tod König von Assyrien und dessen älterer Bruder Šamas-šumu-ukīn König von Babylonien werden sollte.[336] Aus diesem Anlass fand im selben Jahr eine groß angelegte Vereidigung sowohl der Assyrer als auch der assyrischen Vasallen statt. In einem vergleichbaren Vorgang war einige Jahre zuvor Asarhaddon selbst seinem älteren Bruder Urdu-Mullissu vorgezogen worden, woraufhin es zu heftigen Machtkämpfen zwischen den Söhnen Sanheribs gekommen war, die dieser schließlich mit dem Leben bezahlen musste.[337] Die Erfahrung, dass die Vereidigung, die Sanherib anlässlich der Kronprinzenwahl veranlasst hatte, in dieser brenzligen Situation das Königtum Asarhaddons zu bewahren half, mag sein eigenes Vorgehen mitbestimmt haben.[338] Die Vereidigung des Jahres 672 ist im Inschriftenwerk und in der königlichen Korrespondenz gut dokumentiert. Darüber hinaus sind Fragmente von mindestens neun Exemplaren[339] der Vereidigungstafeln mit „Stadtherren“ (sum. ^{LÚ}EN.URU, akk. *bēl āli*) aus dem Zagrosgebiet erhalten, die 1955 im „Thronraum“ des Nabû-Heiligtums von Nimrud, dem assyrischen Kalḫu, entdeckt worden sind.[340] Diese Tafeln weichen in dreifacher Hinsicht von den

334 Vgl. dazu ausführlich Watanabe, *adê*-Vereidigung, 2–5, sowie Cancik-Kirschbaum, Assyrer, 86–88.

335 Watanabe, *adê*-Vereidigung, 3, vermutet, dass der Tod der Gattin Asarhaddons „den unmittelbaren Anlass“ für die Thronfolgeregelung bot.

336 Es ist an dieser Stelle zu betonen, dass die Primogenitur auch in Assyrien die übliche Praxis dargestellt haben dürfte, dass aber im Gegensatz zum Hethiterreich keine (rechtsverbindliche) Thronfolgeregel bezeugt ist, vgl. Ben-Barak, Succesion, 96, sowie Cancik-Kirschbaum, Assyrer, 81f. Im Telipinu-Edikt lautet die Regel: „Let the first-born son of the king be king. If there is no first-born son, let a son of the second place become king. If, however, there is no king's son, let them take a husband for the first-born daughter and let him become king.“ (zitiert nach Ben-Barak, Succesion, 96)

337 Vgl. dazu Cancik-Kirschbaum, Assyrer, 81–83.

338 Vgl. Radner, Vorbild, 366.

339 Vgl. zu dieser Zahl Farber, Rezension, 163.

340 Vgl. dazu Oates/Oates, Nimrud, 203–207.

übrigen überlieferten neuassyrischen Vereidigungstafeln ab: 1. sind sie (mit Gottessiegeln) gesiegelt; 2. haben sie im Vergleich zu den anderen Tafeln eine beachtliche Größe (das besterhaltene Exemplar misst etwa 30 x 45 cm);[341] 3. sind sie gegen die Gepflogenheiten so beschrieben, dass man, wenn sie aufgestellt sind, beide Tafelseiten lesen kann. Die genannten Unterschiede zu den anderen Vereidigungstafeln dürften allerdings dem Umstand geschuldet sein, dass die überlieferten EST-Tafeln die einzigen Originaltafeln eines Vertrags, alle anderen Tafeln aber lediglich ungesiegelte Archivabschriften bzw. -vorlagen darstellen.[342] Warum ausgerechnet die Tafeln mit den medischen Vasallen auf uns gekommen sind, ist umstritten. Vielleicht sind sie der babylonisch-medischen Koalition zum Opfer gefallen, die im Jahr 612 Kalḫu zerstörte.[343] Ein weiteres Fragment einer Tafel der Vereidigung von 672 ist in der Stadt Assur gefunden worden.[344] Das Großereignis ist aber auch in verschiedenen Königsinschriften bezeugt. Nach dem Rassam-Zylinder versammelte Asarhaddon „die Leute von Assyrien, klein und groß, vom Oberen und vom Unteren Meere“ und ließ sie zum Schutz von Aššurbanipals Königtum „einen Vertrag bei […] den großen Göttern beschwören und machte die Bindungen stark“.[345] Aus der so genannten „Treaty Inscription“ geht hervor, dass neben den assyrischen Untertanen auch die Vasallenländer („all the lands“)[346] den Eid auf die beiden Thronfolger abzulegen hatten. Der Vereidigung der medischen Vasallen, die möglicherweise

341 Vgl. dazu Parpola/Watanabe, Treaties, XLVIII.

342 Radner, Vorbild, 373f, teilt die überlieferten *adê*-Tafeln dem Format und Aufbewahrungsort nach in zwei Gruppen: „Gesiegelte, auf ihrer Unterseite aufgestellte Exemplare, die zumindest im Fall der Nimruder Tafeln in einem Heiligtum aufbewahrt wurden, und ungesiegelte, um die Breitachse zu drehende Stücke, die wohl zu Referenzzwecken in den staatlichen Archiven gelagert waren.“ Dass in diesem Zusammenhang auch mit Exzerpten zu rechnen ist, machen die Texte 3 und 12 aus SAA II deutlich. – Es verbietet sich in jedem Fall, dem EST aufgrund der genannten formalen Unterschiede innerhalb der neuassyrischen Vertragsrechtsüberlieferung eine Sonderrolle einzuräumen (so aber wohl Steymans, Bedeutung, 334f).

343 Vgl. Lanfranchi, Esarhaddon, 109: „That in Kalḫu were found only the broken tablets of the *adê* of the Median ‚city lords‘ may perhaps depend from the fact that the Medians themselves occupied the city after their rebellion.“ Vgl. auch schon Liverani, Medes, 62. Nach Steymans, Bedeutung, 343, befanden sich die *adê*-Tafeln der medischen Stadtherren schlicht deshalb in Kalḫu, weil die Stadt der Sammelplatz der Tribute der östlichen Vasallen war.

344 Dabei handelt es sich nicht zwingend um ein exaktes Duplikat der Vereidigungstafeln aus Kalḫu. Der EST § 21 entsprechende Abschnitt, der Aššurbanipal beim Namen nennt, erweist das Fragment zwar als der Thronfolgevereidigung von 672 zugehörig, doch der Paragraph enthält allgemeine Forderungen, wie sie in den ersten Paragraphen des EST schon einmal vorkamen (vgl. etwa § 4) und wie sie vermutlich auch in der zu postulierenden *adê*-Version für die assyrischen Untertanen zu erwarten wären.

345 Borger, Beiträge, 208.

346 SAA II 14: i 7f: „At that time, when that treaty was imp[osed] and it was said: ‚The king my lord has imposed an oath on all [the lands] …“

mehrere Tage in Anspruch genommen hat,[347] ging nach Auskunft der königlichen Korrespondenz anscheinend die Vereidigung der assyrischen Staatsbeamten um einige Wochen voraus.[348] Aus den Briefen sowie dem EST ergibt sich ferner, dass die Vereidigung nachts in Anwesenheit der Götter und der (vergöttlichten) Sterne erfolgte[349] und mit drastischen Selbstverfluchungsritualen einherging, die sich in den umfassenden Fluchformeln des EST zum Teil spiegeln.

3.3 Urkundenform und Geltungsbereich des EST

In Bezug auf die literarische und historische Bedeutung des EST gehen die Meinungen in der Forschung weit auseinander. Die Vielzahl der Lösungsversuche lässt sich dabei im Wesentlichen auf drei Thesen reduzieren, die zunächst referiert und anschließend kritisch auf ihren Ertrag hin überprüft werden sollen.

(1.) Am Anfang steht die auf den Erstbearbeiter D. J. Wiseman zurückgehende Interpretation des EST als „vassal treaties" (= VTE)[350]. Sie ist in jüngerer Zeit von S. Parpola noch einmal bekräftigt worden.[351] Demnach sei der EST als internationales Abkommen zwischen Herrschern formuliert und zeige dementsprechend eine große Nähe zu den klassischen Vasallenverträgen wie dem Aššur-nērārī-Vertrag und den Sfire-Inschriften. EST Z. 393f fordere zudem die Akzeptanz der assyrischen Suprematie, wie dies im Zusammenhang mit der Etablierung eines Vasallenverhältnisses zu erwarten sei.[352] Da Parpola für „at least four, and possibly as many as seven" der vereidigten Stadtherren den Nachweis erbringen kann, dass diese in einem Zeitraum von gerade einmal drei Jahren assyrische Vasallen geworden sind, hält er es für denkbar, dass die überlieferten EST-Tafeln „were meant to function as ‚vassal-treaties'".[353]

(2.) Gegen die Interpretation des EST als Vasallenvertrag ist Widerspruch eingelegt worden, wobei sich dieser – die rechtlich-politische Funktion und den Geltungsbereich der gefundenen EST-Tafeln betreffend – in zwei diametral entgegengesetzten Thesen niedergeschlagen hat. Gemeinsamer Ausgangspunkt der Thesen ist die von I. J. Gelb eingeforderte Wiedergabe des akkadischen

347 Vgl. Watanabe, *adê*-Vereidigung, 3; vgl. dagegen Streck, Flüche, 166, Anm. 3.

348 Vgl. dazu o. S. 44f.

349 Vgl. Streck, Flüche, 166.

350 Wiseman, Vassal-Treaties, 3.27f. Dem hat sich Frankena, Vassal-Treaties, 134f, angeschlossen.

351 Vgl. Parpola/Watanabe, Treaties, XXXf.

352 Gegen diese Deutung der Bestimmung hat sich zu Recht Otto, Deuteronomium, 18, ausgesprochen.

353 Parpola/Watanabe, Treaties, XXXI.

Ausdrucks *adê* mit „loyalty oath".[354] K. Watanabe sieht im EST einen Standardtext, der geeignet war, In- und Ausländer gleichermaßen zu vereidigen.[355] Demnach hätten etwa Mitglieder der städtischen Verwaltung einer beliebigen assyrischen Stadt dieselben Stipulationen und Flüche akzeptiert wie die medischen Vasallen.[356] Dass ausgerechnet die Vereidigungstafeln der medischen Stadtherren entdeckt worden sind, sei nach Watanabe dem Zufall geschuldet.[357]

(3.) Die dritte These stammt aus der Feder M. Liveranis. Er stellt angesichts der im EST erscheinenden spezifischen Schutzbestimmungen die Frage:[358]

> „Did the Medes take the oath in their capacity as vassals, together with all other vassals, or did they swear allegiance in a more specific capacity – namely as an armed guard stationed in the Assyrian palace?"

Entsprechend leicht gelingt ihm eine Erklärung für die Tatsache, dass ausschließlich die an die Meder adressierten *adê*-Tafeln entdeckt wurden. Der Grund ist: „there were no similar oaths with other ‚vassals'." [359]

Alle drei vorgestellten Interpretationen haben auf der einen Seite ein Wahrheitsmoment, bergen jedoch auf der anderen Seite auch ihre Probleme. An Parpolas These, die EST-Exemplare hätten der Etablierung eines Vasallenverhältnisses gedient, ist problematisch, dass die Texte kein Wort über die Ausgestaltung der Beziehungen der beiden beteiligten Staaten verlieren.[360] Wenig überzeugend ist auch die mit der These implizierte Vorstellung, dass ein Vasallenfürst erst drei Jahre, nachdem er das assyrische Joch auf sich genommen hat, offiziell vereidigt wurde. In dieser Hinsicht gab es nach assyrischem Verständnis keinen rechtsfreien Raum: Entweder man war – seit der Vereidigung[361] – Knecht des assyrischen Königs, oder man galt noch als dem Chaos verhafteter Feind.[362] Dass die erstmalige Auferlegung der *adê* ein Akt war, der „as soon as possible"[363] vonstatten ging, zeigen z.B. assyrische Briefe, aus denen hervorgeht, dass quasi noch auf dem Schlachtfeld die Besiegten in Eid genommen wurden.[364]

---

354 Vgl. Gelb, Rezension, 161.

355 Watanabe, *adê*-Vereidigung, 3 und 178.

356 Damit scheint auch Otto, Deuteronomium, 19, zu rechnen, wenn er behauptet, nicht nur die Vasallen, sondern auch die Notabeln des assyrischen Reiches hätten bei ihrer Vereidigung den Text gesprochen, „der kein anderer als der der VTE [= EST] ist".

357 Watanabe, *adê*-Vereidigung, 4.

358 Liverani, Medes, 59.

359 A.a.O., 62.

360 Vgl. a.a.O., 58; Lanfranchi, Esarhaddon, 103.

361 Vgl. Radner, Vorbild, 353 u. 356.

362 Auch bei den Hethitern war man entweder Vasall oder Feind, vgl. Beckman, Law, 768f.

363 Lanfranchi, Esarhaddon, 104.

364 Vgl. a.a.O., 104f.

Was sodann die These von Watanabe betrifft, beim EST handele es sich um einen allgemeingültigen Standardtextes, so hat G. B. Lanfranchi einleuchtende Textbeobachtungen aufgelistet, die sie als zweifelhaft erscheinen lassen: Erstens setzen EST Z. 288–295 voraus, dass die Vereidigten Angehörige einer regierenden Dynastie sind, deren Territorium und Untertanen im Fall des Eidbruchs Ziel von Strafmaßnahmen sind. Ein vergleichbarer Abschnitt findet sich auch in dem Vasallenvertrag, den Asarhaddon Baal von Tyrus auferlegt hat (vgl. SAA II 5: IV,14'–15'). Zweitens machen verschiedene Fluchformeln (EST Z. 440–444; 530–533; 567) ebenfalls nur dann Sinn, wenn die Vereidigten über ein eigenes Gebiet verfügten, welches nicht Teil des assyrischen Reiches war, „since this would imply that the Assyrian king would be asking for damages to his own territory".[365] Dazu stimmt drittens, dass gelegentlich von „Städten" oder „Distrikten" der Vereidigten die Rede ist (vgl. EST Z. 40B; 599f; 546f). Und viertens wird an einer Stelle damit gedroht, dass der Thron der Vereidigten gestürzt werde (EST Z. 659). Aus den Einzelbeobachtungen zieht Lanfranchi zu Recht die folgende Konsequenz:[366]

> „These examples clearly show that the text of the *adê* which were adjured by the Zagric ‚city lords' cannot be considered, in its entirety, as a standard formulary to be used indifferently for all the imperial officials asked to swear the oath. Instead, it must be considered a particular text, which was specifically prepared for independent dynasts, either as a totally original creation, or as the fusion of a hypothetical standard text, designed to be valid for all officials, with specific clauses formulated for independent dynasts."

In dieses Bild fügen sich gut die Referenzen auf die Vereidigung von 672 in der königlichen Korrespondenz, die von den erhaltenen EST-Tafeln abweichende Vereidigungstexte für die assyrische Beamtenschaft vorauszusetzen scheinen.[367]

Die Kritik gegenüber Liverani und seiner Idee von der medischen Leibwache am assyrischen Hof ist auffallend deutlich artikuliert worden, vielleicht deshalb, weil sie der alttestamentlichen Wissenschaft einen der wichtigsten Referenztexte zu entziehen drohte. Die Kritik ist allerdings nicht immer gerechtfertigt. Das betrifft etwa den Hauptvorwurf, der dahin geht, dass es der Text des EST als abwegig erscheinen lasse, in seinen Adressaten Leibgardisten und nicht Herrscherpersönlichkeiten von teilautonomen Territorien zu sehen, deren Nachkommenschaft in den Eid mit einbezogen wird (vgl. EST § 25).[368]

---

365 A.a.O., 102.

366 Ebd.

367 Vgl. dazu o. S. 46–49.

368 Vgl. Steymans, Beobachtungen, 11–13, besonders 58–60; Rüterswörden, Dtn 13, 186; Parpola, Law, 1055, Anm. 35.

Diese schon an der Präambel des EST abzulesende Erkenntnis ist jedoch auch Liverani nicht entgangen. Auch nach ihm sind die Leibgardisten keineswegs die direkten Adressaten des EST. Vielmehr leisten die Stadtherren stellvertretend den Eid „concerning the loyalty of their men, while personally remaining in their 'distant' lands".[369] Das Problematische an Liveranis These ist hingegen, dass die EST-Tafeln mit medischen Stadtherren seiner Meinung nach die einzigen Exemplare darstellen sollen, die je existiert haben. Dagegen spricht erstens die Schilderung der Vereidigung von 672 im Inschriftenwerk, etwa auf dem „Rassam-Zylinder", die einen nahezu globalen Akt voraussetzt;[370] zweitens die Anspielungen und Paraphrasen in den Gebrauchstexten wie etwa der königlichen Korrespondenz; und drittens das Fragment VAT 11534 aus Assur, das mit EST § 21 identisch ist,[371] wobei offen bleibt, ob das Fragment den Teil eines Treueids oder eines Vasallenvertrags darstellt, ob es also an In- oder Ausländer gerichtet war. In Bezug auf Liveranis Grundthese, nach der Untertanen der medischen Stadtherren spezielle Aufgaben im assyrischen Reich wahrgenommen haben sollen, was sich ja zweifelsohne auch in einzelnen Stipulationen des EST spiegelt,[372] plädiert Lanfranchi für zwei relativierende Präzisierungen der These, die das insgesamt zutreffend vorgestellte Szenario einer militärischen Unterstützung der assyrischen Armee durch Untertanen der Vasallen ins rechte Licht rücken. Erstens ist die Annahme, die im EST vorausgesetzte Nähe der Vereidigten (besser: ihrer Untertanen) zum Kronprinzen mache ihre Identifikation mit der Leibgarde des Kronprinzen wahrscheinlich, nicht die einzige Lösungsmöglichkeit. Die Voraussetzung wäre etwa auch erfüllt, wenn medische Soldaten schlicht in der vom Kronprinzen geführten Armeesektion (*kiṣir šarrūti*) gedient hätten.[373] Die zweite Relativierung besagt, dass in beiden Fällen – gleich, ob in der Leibgarde oder der Armeesektion des Kronprinzen – kaum ausschließlich Meder gedient haben werden.[374]

---

369 Liverani, Medes, 61.

370 S. o. S. 80.

371 Vgl. dazu auch Steymans, Beobachtungen, 11; Rüterswörden, Dtn 13, 186f.

372 Vgl. Liverani, Medes, 59f.

373 Vgl. Lanfranchi, Esarhaddon, 107.

374 A.a.O., 108. – Steymans, Bedeutung, 344–349, hat sich, die Sicht Lanfranchis fortschreibend, dafür ausgesprochen, dass auch Manasse von Juda die *adê* von 672 beeiden musste, da er – wie die iranischen Stadtherren – als tributpflichtiger Vasall Arbeitskräfte und vielleicht auch Soldaten bereitzustellen hatte, wobei seine *adê*-Tafel nicht in Kalḫu, sondern in Ninive, dem Ort der Tributablieferung der westlichen Vasallen, zu suchen wäre. Ob eine solche *adê*-Tafel allerdings eine identische Gestalt wie die erhaltenen EST-Tafeln aufweisen würde, ist eine Frage, die sich angesichts der Annahme, dass es nicht den einen Standardtext gegeben hat, aufdrängt, die aber letztlich nicht zu beantworten ist.

> „If Median soldiers were in the Assyrian army, or Median bodyguards were at the Assyrian court, they were mingled with other national groups, and in any case they were surrounded by a large number of Assyrian soldiers. Consequently, it cannot be excluded that other rulers, be they kings, ‚city lords', sheiks, or anything else, were requested to swear the *adê* in the name of their subjects who were serving at the Assyrian court."

Abschließend soll noch kritisch auf Versuche eingegangen werden, dem EST im Kontext der assyrischen Vertragsrechtsüberlieferung aufgrund seiner Verwendung im Rahmen der Thronfolgeregelung eine (auch gattungsmäßige) Sonderrolle zuzuschreiben. Nach H. Tadmor ist der EST das Ergebnis eines in zwei Stufen abgelaufenen Vorgangs. In einem ersten Schritt habe die assyrische Administration im 8. Jh. neben dem aramäischen Lehnwort im Akkadischen *adê*[375] auch den Vasalleneid („loyalty oath") als Vertragsform „by way of the Aramaic intermediaries"[376] rezipiert, der ausweislich der hethitischen und akkadischen Verträge des 2. Jahrtausends „a well established Western institution" darstelle.[377] Der Vasalleneid sei in der Folge derart modifiziert worden, dass mit ihm neben abhängigen Herrschern auch die eigenen Untertanen vereidigt werden konnten – ein Vorgang, der nach Tadmor in direktem Zusammenhang mit der nicht regulären Thronfolge von Sanherib (705–681) auf Asarhaddon (681–669) zu sehen sei.[378] Für die vorliegenden EST-Tafeln ergibt sich daher, dass diese „were born of necessity, resulting from an extraordinary situation – an exception rather than the rule".[379] Tadmors These, mit dem Begriff *adê* sei auch das Vertragskonzept rezipiert worden, kann inzwischen als widerlegt gelten, da in dieser Hinsicht schon eine ältere mesopotamische Tradition vorhanden war.[380] Seine zweite Annahme, dass sich die Ausweitung der Vereidigung auf die eigenen Untertanen der spezifischen historischen Situation der nicht regulären Thronfolge verdanke, ist jüngst von E. Otto neu begründet worden. Dabei übergeht Otto den inzwischen obsolet gewordenen ersten Schritt der Tadmor-These und rechnet mit einer direkten Rezeption der Treueidgattung,[381] die

375 S. dazu u. S. 97–102.

376 Tadmor, Treaty, 145.

377 Vgl. Tadmor, Aramaization, 457.

378 Vgl. Tadmor, Treaty, 146, der darin „a significant transformation in the use oft the *adê* in Assyria proper" sieht: „the loyalty oath was applied not only to foreign but also to internal relations: it came to express the loyal relationship between the emperor and his subjects in cases of irregular succession." Schon Tadmor hat in diesem Zusammenhang auf hethitische Treueide aufmerksam gemacht, vgl. ders., Aramaization, 458.

379 Tadmor, Treaty, 148.

380 Vgl. Radner, Vorbild, 353–356. Vgl. schon Parpola, Treaties, 181, der auf die Verträge aus Ebla und Emar aufmerksam macht.

381 Vgl. Otto, Deuteronomium, 31: „Es wird also aus dem Westen nicht das Konzept der Vasallenverträge übernommen [...], sondern die Treueidgattung."

überdies die Entlehnung des Terminus *adê* plausibler erkläre.[382] Im Gefolge von F. Starke, dessen gattungsgeschichtliche These in dieser Arbeit schon referiert und in Zweifel gezogen worden ist, postuliert auch Otto einen festen Zusammenhang zwischen der Urkundenform „Treueid“ und einem bestimmten „Sitz im Leben“, eben dem Fall der nicht regulären Thronfolge.[383] „[D]ie Loyalitätseide der neuassyrischen Zeit knüpfen an eine bereits junghethitisch im 13. Jh. belegte Gattung der Treueide bei irregulärer Thronfolge an.“[384] Aus der Sondergattung „Nachfolgeeide“[385], die eben fest in den historischen Zusammenhang einer nicht regulären Thronfolge gehört, ergibt sich nach Otto ferner der für eine mögliche Abhängigkeit des Deuteronomiums vom EST wichtige *terminus ad quem*, insofern nämlich die im 13. Jh. entstandene Gattung mit dem Ende des Assyrerreiches im Jahre 612 auch schon wieder ihr Ende gefunden habe.[386]

Doch für Ottos neuassyrische Nachfolgeeide gelten im Prinzip die gleichen Einwände wie schon für die vermeintlichen hethitischen Vorbilder. Ein Blick auf die innerstaatliche Vereidigungspraxis in Mesopotamien macht deutlich, dass die Treueidgattung zeitlich vor und sachlich unabhängig vom Fall der nicht regulären Thronfolge existierte.[387] Auch wenn die entsprechenden Vereidigungstafeln nicht überliefert sind, sollte der EST nicht vorschnell aufgrund von *argumenta e silentio* als eigene Sondergattung abgegrenzt werden. Skepsis meldet in dieser Hinsicht schon die Beobachtung an, dass die von Starke und Otto verglichenen Paragraphen der vermeintlichen junghethitischen und neuassyrischen Sondergattung Standardbestimmungen aller Verträge und Treueide spiegeln und die von Otto als potentielles Bindeglied angeführten

---

382 Vgl. Otto, Deuteronomium, 31, Anm. 96, der gegen Parpola (s. u. S. 101, Anm. 454) einwendet: „Die Verwendung des Terminus *adê* in (nicht erhaltenen) aramäisch abgefassten Verträgen der Assyrer erklärt keineswegs, warum die Terminologie der Vasallen in einer so zentralen politischen Angelegenheit der imperialen Herren, die in der Sache ihr Strukurmodell durchgesetzt haben, im Akkadischen verdrängt haben soll. Plausibler ist es, dass mit dem Begriff auch eine Sache übernommen wurde, nur nicht der Vasallenvertrag, sondern der Loyalitätseid.“ – Doch bliebe auch dann unerklärt, warum der Terminus für „Treueid“ die bestehenden akkadischen Termini für „Vertrag“ verdrängt, zumal der Begriff zuerst im Zusammenhang mit Vasallenverträgen (SAA II 2; Sfire-Inschriften) erscheint.

383 Diese Schlussfolgerung in Bezug auf die neuassyrischen Vereidigungstafeln hatte schon Starke, Charakterisierung, 81, gezogen: „Für die in Frage stehenden neuassyr. *adê*-Urkunden wird man dementsprechend die Folgerung ziehen, dass alle diejenigen als Treueide in Betracht kommen, die in unmittelbarem Zusammenhang mit der irregulären Thronfolge Asarhaddons und Assurbanipals stehen.“

384 Otto, Deuteronomium, 21.

385 So a.a.O., 27.

386 Vgl. dazu a.a.O., 32.

387 S. dazu o. S. 40 u. 49. In Assyrien gibt es erste Hinweise auf Treueide schon im 9. Jh., in Babylonien im 8. Jh.

Vergleichsflüche,[388] die vor allem in hethitischen Treueiden vorkommen, eben auch in einem assyrischen Vasallenvertrag belegt sind (vgl. SAA II 2). Im Hinblick auf den Vergleich zwischen dem EST und dem Deuteronomium ist überdies zu fragen, ob sich aus der Sondergattung „Nachfolgeeid" irgendwelche Konsequenzen bei der Ausgestaltung der für den Vergleich in Betracht kommenden Textinhalte (der Loyalitätsbestimmungen oder der Flüche) ergeben – eine Frage, die angesichts der Tatsache, dass dem EST kein in seinem Erhaltungszustand ebenbürtiger assyrischer Vertragstext an die Seite gestellt werden kann, nicht mit Sicherheit zu beantworten ist. Das wenige Erhaltene scheint aber eher für die Annahme zu sprechen, dass sich der EST formal und phraseologisch gut in die übrige assyrische Vertragsrechtsüberlieferung einfügt.

Den Ertrag der verschiedenen referierten Thesen verbindend, sei zusammenfassend festgehalten: Mit Parpola ist der völkerrechtlich-zwischenstaatliche Charakter des EST zu betonen, der aus der Präambel, der Götterliste sowie zahlreichen Stipulationen und Flüchen eindeutig hervorgeht.[389] Der Urkundenform nach ist folglich von einem „Vertrag" zu sprechen. Bei den Adressaten handelt es sich um östliche Vasallen, die stellvertretend für ihre Untertanen vereidigt wurden, wobei diese möglicherweise in einem Arbeitskommando (*pirru*) oder der assyrischen Armee (*ḫurādu*),[390] vielleicht sogar in der Nähe des Kronprinzen, dienten. Bietet sich aufgrund des Rechtsbereichs sowie der Adressaten die Urkundenform „Vasallenvertrag" an, so ist gegen Parpola festzustellen, dass der EST sehr wahrscheinlich nicht die Etablierung eines Vasallenverhältnisses in die Wege leitete. Sieht man einmal von den für Vasallenverträge und Treueide typischen Standardbestimmungen ab, mit denen die Loyalität zum assyrischen Königshaus garantiert werden soll, dient der EST allein dem Zweck, medische Stadtherren und deren Untertanen auf die beiden Thronfolger des assyrischen Königs zu vereidigen. Will man den Terminus „Vasallenvertrag" vermeiden und dem vorherrschenden Vertragsthema gerecht werden, bietet sich die Bezeichnung „Sukzessionsvertrag" an.[391]

388 Vgl. Otto, Deuteronomium, 28f.

389 Vgl. auch Lanfranchi, Esarhaddon, 102, sowie Steymans, Vertragsrhetorik, 95: „[D]ie Normadressaten sind Herrscher mit eigenen Dynastien und deren Untertanen, nicht Funktionäre des assyrischen Staates."

390 Vgl. EST § 16 und dazu Liverani, Medes, 59, und Steymans, Bedeutung, 342–344.

391 Die Bezeichnung „Sukzessionsvertrag" („succession treaty") erscheint erstmals bei Parpola/Watanabe, Treaties (= SAA II 6); sie wird aufgenommen von Krebernik, Deuteronomiumskommentar, 28, Anm. 3, und Streck, Flüche, 165.

3.4 Die syntaktische Funktion der Stipulationen

Genauso strittig wie die Gattungsfrage des EST ist die Frage, ob die Stipulationen der Paragraphen 4–36 syntaktisch selbständig sind, oder nicht vielmehr die Einleitung zu den Fluchklauseln der Paragraphen 37–56 darstellen. Das Problem ist nicht zuletzt für den später erfolgenden Textvergleich mit Dtn 13 von Belang, der auch formgeschichtliche Aspekte einschließen soll.

Im EST sind wie in anderen assyrischen *adê*-Texten zwei durch die Partikel *šumma* „wenn" eingeleitete Satzarten anzutreffen. Dabei ist die Bestimmung der *šumma*-Sätze im Indikativ unstrittig: „Alle diese Sätze sind eindeutig Protasen zu den Stipulationen und nicht zu den Flüchen."[392] Kennzeichnend ist für die wenigen im EST bezeugten zweifelsfreien Konditionalsätze – neben dem indikativischen Modus – der von den übrigen Stipulationen abweichende Tempusgebrauch. An Stelle des Präsens stehen die Prädikate der Protasen der Konditionalsätze entweder im Perfekt oder im Stativ. In den Apodosen, den eigentlichen Stipulationen, erscheinen dann wiederum Prädikate im Präsens mit Affirmativ[393]-Endung.[394]

Schwierigkeiten bereitet dagegen die Interpretation der *šumma*-Sätze im Affirmativ. Der Umstand, dass diese wie Konditionalsätze mit *šumma* „wenn" eingeleitet werden, könnte dazu verleiten, sie ebenfalls als Wenn-Dann-Satzgefüge aufzufassen. Dem steht aber entgegen, dass Prädikate in normalen Konditionalsätzen im Assyrischen wie im Babylonischen nicht im Affirmativ erscheinen. Vielmehr markieren *šumma*(*lā*)-Sätze mit Prädikaten im Affirmativ regelhaft eine eidliche Aussage.[395] In der 2. Pers. handelt es sich dann entsprechend um Ge- bzw. Verbote: „In Vasallenverträgen werden Gebote und Verbote in der Form eines Bedingungssatzes mit *šumma* und dem Prs. mit

392 A.a.O., 188.

393 Da die Endung *-ūni* an diesen Stellen nicht eine Abhängigkeitsform, sondern einen Modus markiert, ist mit Streck (a.a.O., 187, Anm. 34) die modale Opposition Indikativ-Affirmativ der demgegenüber auf der syntaktischen Ebene liegenden Opposition Indikativ-Subjunktiv vorzuziehen.

394 Eine Ausnahme bildet § 18, der auch in der Apodosis indikativische Prädikate bietet. Auch die Apodosis von § 7 zeigt den Indikativ; allerdings macht Z. 85 deutlich, dass die Textvariante *lā tušaṣbatāni* „bei Gott, ihr sollt ergreifen lassen" exakt der indikativischen Forderung *tušaṣbatā* „ihr sollt ergreifen lassen" entspricht (vgl. Streck, Flüche, 187).

395 Vgl. von Soden, Grundriss, § 185 a: „Der Eid ist eine verkürzte Selbstverfluchung für den Fall der Eidesverletzung. Hieraus erklärt sich die häufige Verwendung negierter Ausdrücke in ihm für positive Aussagen und positiver Ausdrücke für negative Aussagen, ebenso wahrscheinlich der ganz überwiegende Gebrauch des Subjunktivs auch in Haupt- und Bedingungssätzen [...]" Vgl. auch a.a.O., § 185 g und h.

Subjunktiv-Endung ausgedrückt [...], wobei bei einem Verbot keine Negation, bei einem Gebot *lā* erscheint.“[396]

Dagegen hat Watanabe geltend gemacht, dass die *šumma*-Sätze im Affirmativ mit der 2. Person nicht als Eide fungieren könnten, da die implizierte Selbstverfluchung die 1. Person voraussetze. Sie kommt zu dem Ergebnis: „Da im VTE[= EST]-Text tatsächlich die Flüche als Nachsätze folgen, sollte man die *šumma*-Sätze im Subjunktiv (2. Pl.) als Protasis der Fluchklausel gegenüber der Apodosis, den Flüchen, betrachten.“[397] Watanabe übersetzt die Schutzbestimmung in § 4 (Z. 49a.50) daher wie folgt:[398]

> „<Solltet ihr> ihn [= Aššurbanipal] nicht in Stadt und Land [50]beschützen ... (*šumma ... lā tanaṣṣarāšūni*)“

Auch Otto sieht in der direkten Anrede „eine nicht zu rechtfertigende Differenz zwischen Sprecher und grammatischem Subjekt“.[399] Dieser Einwand trifft jedoch zumindest in EST § 57, der von den Vereidigten selbst gesprochenen Eidformel, ins Leere, weil dort Sprecher und grammatisches Subjekt identisch sind:[400]

> „Bei Gott, wir wollen gegen Asarhaddon ... nicht Rebellion und Aufstand unternehmen (*šumma anēnu ... neppašūni*).“ (EST § 57 Z. 494–498)[401]

Da sich die übrigen als Eide verstandenen *šumma*-Sätze mit grammatischem Subjekt in der 2. Pers. Pl. in Modus- und Tempusgebrauch nicht von § 57 unterscheiden, ist die Kritik von Watanabe und Otto m.E. nicht gerechtfertigt. Nach Parpola sprechen vielmehr vor allem zwei Beobachtungen für die Interpretation der *šumma*-Sätze im Affirmativ als Eide: Erstens fehlt die Partikel *šumma* in einigen Stipulationen des EST und ist mithin „semantically redundant“[402] (vgl. etwa Z. 283); zweitens erscheint gelegentlich an Stelle einer Affirmativ- eine Indikativform (als Textvariante z.B. in § 7 Z. 85), woraus deutlich wird, dass die Formen mehr oder minder äquivalent sind, mit dem Unterschied, dass die Affirmativform vielleicht als „more solemn and binding“ galt.[403] Die Stipulationen mit (*šumma* +) Prädikat im Affirmativ sind daher wie folgt zu verstehen: „In 1st person verbal forms, it marks solemn promises or assertions, in 2nd and

396 Riemschneider, Lehrbuch, 186; vgl. für das Hebräische Gesenius/Kautzsch/Bergsträsser, Grammatik, § 149. Auch im Hebräischen sind eidliche Aussagen in der direkten Anrede belegt (vgl. etwa 1Sam 3,17)

397 Watanabe, *adê*-Vereidigung, 29. Vgl. schon Frankena, Vassal-Treaties, 125.

398 Watanabe, *adê*-Vereidigung, 146f.

399 Otto, Deuteronomium, 65.

400 Die eigene Übersetzung basiert auf der Umschrift von Watanabe, *adê*-Vereidigung, 166.

401 Vgl. auch die *šumma*-Sätze in der 1. Pers. in SAA II 4.

402 Parpola/Watanabe, Treaties, XL.

403 Ebd.

3rd person forms, solemn pledges or assertions, depending on the tense of the verb."[404] Im Gegensatz zu Watanabe übersetzt Parpola die Schutzbestimmung in § 4 als Gebot (SAA II 6: 50):

> „You shall protect him [= Aššurbanipal] in country and in town … (*šumma … tanaṣṣarāšūni*)"

Während Parpola in acht Sätzen mit Prädikat im Affirmativ weiterhin *šumma* mit „if" wiedergibt, hat Streck überzeugend dargelegt, dass auch bei diesen angeblichen Konditionalsätzen die Interpretation als Eide möglich und angeraten ist. Im Gegensatz zu den zweifelsfreien Konditionalsätzen und in Übereinstimmung mit den von Parpola als Gebote und Verbote aufgefassten *šumma*-Sätzen bieten sie ohne Ausnahme die drei Kennzeichen: 1. einfaches *šumma*; 2. Prädikate im Affirmativ und 3. im Präsens. Das Problem, dass in diesen Fällen ein intendiertes konditionales Verhältnis nicht grammatikalisch umgesetzt wird, löst Streck, indem er zwischen Bezeichnetem und Gemeintem unterscheidet. So stehen etwa in § 6 die Verben, die in Parpolas Übersetzung auf ein Wenn-Dann-Satzgefüge verteilt werden, tatsächlich asyndetisch nebeneinander:[405]

> „Bei Gott, ihr sollt kein unziemliches Wort hören und (es) dann verbergen (*šumma … tašammâni tupazzarāni*)."

Mit Streck gilt es demnach festzuhalten:[406]

> „Der Sukzessionsvertrag unterscheidet klar zwischen Konditionalsätzen im Indikativ mit Verb im Perfekt und durch *šumma* eingeleiteten Stipulationen im Affirmativ und Verb im Präsens."

Letztere sind als Eide syntaktisch nicht auf die folgenden Flüche angewiesen, sondern von diesen unabhängig.

Die Frage, wie das Nebeneinander der beiden Konstruktionen in neuassyrischen Verträgen zu erklären ist, kann nicht mit Bestimmtheit beantwortet werden. Interessant ist aber, dass ein vergleichbares Phänomen auch in den aramäischen Sfire-Inschriften zu beobachten ist, „where paronomastic constructions with infinitive absolutus alternate with simple verbal forms".[407] Was aber die wenigen *šumma*-Sätze im Indikativ im EST angeht, so kann ihnen in den meisten Fällen doch eine syntaktische Funktion zugewiesen werden. So dürften die Protasen mit perfektischen Prädikaten die Vorzeitigkeit in der Zukunft zum

---

404 A.a.O., XXXIX.

405 Streck, Flüche, 190.

406 Ebd.

407 Parpola/Watanabe, Treaties, XL; vgl. zum paronomastischen Infinitiv o. S. 76f sowie u. S. 148–150.

Ausdruck bringen.[408] So in EST § 7, der bestimmt, wie sich die Vereidigten verhalten sollen, wenn Asarhaddon gestorben sein wird (Z. 83–85):[409]

> „Wenn (*šumma*) Asarhaddon … stirbt (*ana šīmti ittalak*), dann sollt ihr – bei Gott – Aššurbanipal … den Thron ergreifen lassen."

An anderen Stellen könnten indikativische Vordersätze erscheinen, um in einem Paragraphen einen Unterfall („Falls …") zu markieren.[410] Dabei bezeichnet der Stativ den Zustand oder die Lage, in dem bzw. der sich die Vereidigten jeweils befinden. So in EST § 26:[411]

> „Wenn jemand gegen Asarhaddon … Rebellion und Aufstand unternimmt (*ētapaš*) (und) sich auf den Königsthron setzt (*ittūšib*), dann sollt ihr euch – bei Gott – nicht über sein Königtum freuen …. Falls ihr ihn nicht ergreifen und töten könnt (*lā maṣâkunu*), willigt – bei Gott – nicht in sein Königtum ein …"

3.5 Gliederung sowie grundlegende Forderungen des EST

Der EST lässt sich wie folgt grob gliedern:

	Siegelbeischrift: „Siegel Aššurs …"
§ 1	Präambel: „Vertrag (*adê*) Asarhaddons …"
§ 2	Eidgötterliste
§ 3	Vereidigung bei den genannten Göttern: „Schwört jeweils (*tit*[*ammâ*]) bei …"
§ 4–36	Stipulationen – Wiederholung der Präambel (41–45) – Die Loyalität gegenüber Aššurbanipal betreffende „Gebote" (46–372) – Die *adê*(-Tafel) betreffende „Gebote" (373–396)
§ 37–106	Fluchklauseln – Die *adê*-Tafel betreffende Flüche („Standard Curse Section") (397–493) – Eidformel (494–512) – Die *adê* betreffende Flüche („Ceremonial Curse Section") (513–663)
§ 107	Kolophon mit Datum und Titel der *adê*

408 Vgl. Streck, Flüche, 188, der ferner auf eine entsprechende Funktion von *šumma*-Sätzen im Altbabylonischen sowie *kī*-Sätzen im Spätbabylonischen aufmerksam macht.

409 Übersetzung in Anlehnung an Streck, Flüche, 188. S. außerdem EST §§ 14; 18; 22; 26 Z. 302–305.

410 Im Hebräischen werden dagegen Oberfall und Unterfälle unterschieden, indem Ersterer mit *ky* „wenn" und Letztere mit *ʾm* „falls" eingeleitet werden; vgl. Liedke, Gestalt, 31–34.

411 Übersetzung in Anlehnung an Streck, Flüche, 188. S. außerdem EST § 12 Z. 138–144 und – allerdings mit perfektischem Prädikat – § 15 Z. 177–179.

Im Hinblick auf den Vergleich zwischen dem EST und dem Deuteronomium sind insbesondere die Loyalitätsbestimmungen in den Paragraphen 4–31 von Interesse. Die Vielzahl an Bestimmungen lässt sich auf wenige Grundforderungen reduzieren, die bereits in den Paragraphen 4–6 vorweggenommen werden. Es handelt sich um die aus anderen Verträgen und Treueiden hinlänglich bekannten Standardbestimmungen, nämlich die des Schutzes, der Ausschließlichkeit sowie der Information bzw. Anzeige. Die Paragraphen 4–6 heben sich insofern von den §§ 7ff ab, als sie gezielt auf das Königtum (*šarruttu*) Aššurbanipals bezogen sind. Erst § 7, der in einem der wenigen echten Konditionalsätzen regelt, was geschehen soll, nachdem Asarhaddon gestorben ist, erweitert die Loyalitätsforderung auch auf Šamaš-šumu-ukīn, der das Königtum über Babylonien ergreifen soll.[412] Aber zunächst bestimmt § 4, dass nach dem Ableben Asarhaddons sein Sohn Aššurbanipal den assyrischen Thron besteigen und das Königtum über die Vereidigten ausüben soll. Das folgende Gebot, Aššurbanipal überall zu schützen (*naṣāru*), ist auf den Erhalt seines Königtums gerichtet (Z. 61). Auf das Königtum Aššurbanipals zielen auch die das Grundgebot des Schutzes explizierenden Forderungen in den Paragraphen 5–6 (vgl. Z. 68 und 74), wobei den Vereidigten geboten wird:

1. keine Aufstände (*epšu bārtu*) zu unternehmen (*šumma … teppašāneššūni*);
2. keinen anderen König (*šarru šanûmma*) einzusetzen (*šumma … tašakkanāni*);
3. keine bösen Worte (*abutu lā de'iqtu* [Var. *ṭābtu*] *lā banītu* [Var. *de'iqtu*]) zu hören und zu verheimlichen (*šumma … tašammâni tupazzarāni*)

Den Paragraphen 5–6 korrespondiert der von den Vereidigten gesprochene Paragraph 57, der – jeweils durch ein die Eidformeln einleitendes *šumma* voneinander abgetrennt – die drei Forderungen der Paragraphen 5–6 wiederholt. Die Vereidigten verpflichten sich auch dort (Z. 494–510):

1. keine Aufstände (*sīḫu bārtu*) zu unternehmen (*šumma … neppašūni*);
2. keine bösen Worte (*amāt lemutti lā ṭābtu lā banītu*) zu hören und zu verheimlichen (*šumma … nišammûni nupazzarūni*);
3. keinen anderen König (*šarru šanûmma*) einzusetzen (*šumma … nišakkanūni*).

Bei den in den Paragraphen 5–6 sowie zusammenfassend in § 57 erscheinenden grundlegenden Loyalitätsforderungen, die in den §§ 7–31 ausgeführt und zum Teil auf die konkrete Situation der medischen Adressaten bezogen werden (vgl.

412 Folgerichtig wird in § 8 das schon in § 4 in Bezug auf Aššurbanipal ausgesprochene Schutzgebot auf seine leiblichen Brüder ausgeweitet.

etwa § 16),[413] handelt es sich um die im altorientalischen Vertragsrecht breit belegten Standardbestimmungen, an die auch terminologisch angeknüpft wird. Im Folgenden sollen die Anzeigegebote noch einmal näher betrachtet werden, da diese die größte Nähe zu den in Dtn 13 zusammengestellten Stipulationen zeigen. Wie oben dargestellt, ist dieses Gebot schon in einem eblaitischen Vertrag aus dem 24. Jh. belegt und von Mari über Hatti bis in Rechtstexte des achämenidischen Reiches zu verfolgen. Im EST begegnet es in den Paragraphen 6, 10, 12, 13 und 57, jeweils in leicht abgewandelter Gestalt und Abzweckung.

In der Bestimmung in § 6 geht es, wie gesagt, um „böse Worte", die die Ausübung des Königtums Aššurbanipals betreffen. In diesem Zusammenhang erscheint eine Liste mit Menschen, die als mögliche Quelle einer Verschwörung in Frage kommen und die dem künftigen König auszuliefern sind. Die Liste endet, wie alle entsprechenden Personenlisten im EST, mit einem verallgemeinernden Bezug auf „alle Schwarzköpfigen (= Menschen)". Die Bestimmung in § 10 vervollständigt die Liste potentieller Verschwörer um Angehörige der Vereidigten und religiöse Experten. Sie lautet:[414]

> „Bei Gott (*šumma*), ihr sollt nicht ein ungutes, unfreundliches, unziemliches Wort, das für Aššurbanipal, den Kronprinzen vom ‚Nachfolgehaus', den Sohn Asarhaddons, Königs von Assyrien, nicht korrekt, nicht gut ist, sei es aus dem Mund seines Feindes oder aus dem Mund seines Freundes oder aus dem Mund seiner Brüder, der Brüder seines Vaters, der Söhne der Brüder seines Vaters, seiner Familie, der Nachkommen seines Vaterhauses oder aus dem Mund eurer Brüder, eurer Söhne, eurer Töchter oder aus dem Mund eines Propheten/Orakelpriesters, eines Ekstatikers, eines *šā'ilu*-Priesters oder aus dem Mund aller ‚Schwarzköpfigen' überhaupt hören (und es dann) verheimlichen, sondern zu Aššurbanipal, dem Kronprinzen vom ‚Nachfolgehaus', dem Sohn Asarhaddons, Königs von Assyrien, kommen (und es) sagen."

§ 12 geht insofern über die §§ 6 und 10 hinaus, als er von einem Aufstand handelt, der darauf abzielt, den Thronfolger Aššurbanipal zu töten. Dementsprechend ist der geforderte Umgang mit den Aufständischen verschärft, die entweder auszuliefern oder – sei es selbständig oder mit Hilfe des Königs – zu eliminieren sind:[415]

413 Dass die §§ 7–31 die in den §§ 4–6 vorangestellten grundlegenden Loyalitätsbestimmungen ausführen, zeigt sich daran, dass die wichtigsten Stichworte aus 4–6 in 7–31 wieder aufgenommen werden: *naṣāru* „schützen": Z. 50; 65; 100; 168; *šarru/bēlu šanimu* „ein anderer König/Herr": Z. 72; 129; 196f; *abūtu la ṭābtu* „böses Wort": 67f; 73f; 107; 183; 186f; *bārtu* „Aufstand": 67; 133; 145; 159; 186; 198.

414 Die eigene Übersetzung basiert auf der Umschrift von Watanabe, *adê*-Vereidigung, 148.

415 Die eigene Übersetzung basiert auf der Umschrift von Watanabe, *adê*-Vereidigung, 150.

> „Bei Gott (*šumma*), weder soll euch irgendeiner in Bezug auf Aššurbanipal, den [Kronp]rinzen vom ‚Nachfolgehaus', den Sohn Asarhaddons, Königs von Assyrien, eures Herrn, der für ihn einen Vertrag (*adê*) mit euch geschlossen hat, von Rebellion (und) Aufstand, (nämlich) ihn zu töten, zu ermorden (oder) zu vernichten berichten, noch sollt ihr (es) aus dem Munde irgendeines hören, sondern ihr sollt die Aufständischen ergreifen und zu Aššurbanipal, dem Kronprinzen vom ‚Nachfolgehaus', bringen."

Es folgen zwei Unterfälle, deren Vordersätze im Indikativ/Stativ stehen:

> „Falls (*šumma*) ihr sie ergreifen (und) töten könnt (*maṣâkunu*), sollt ihr sie – bei Gott – ergreifen (und) töten (und) ihren Namen (und) Samen im Land vernichten. Falls (*šumma*) ihr sie nicht ergreifen (und) töten könnt (*lā maṣâkunu*), sollt ihr – bei Gott – Aššurbanipal, den Kronprinzen vom ‚Nachfolgehaus', informieren, an seiner Seite stehen (und) die Aufständischen ergreifen (und) töten."

Der folgende Paragraph 13 rechnet mit der Möglichkeit, dass die Vereidigten mit den Aufständischen gemeinsame Sache machen. In diesem Fall werden sie aufgefordert – quasi in der Funktion als Doppelspione – alles, was sie in dieser Position hören, es sei gut oder böse, Aššurbanipal zu berichten.

Obwohl das Anzeigegebot auch in den assyrischen Quellen die schon rein statistisch am häufigsten belegte Forderung darstellt, handelt es sich bei den entsprechenden Geboten im EST um die ausführlichsten und differenziertesten im ganzen assyrischen Vertragskorpus. Lediglich der einschlägige Abschnitt im Treueid der Zakūtu (SAA II 8) reicht in dieser Hinsicht annähernd an die Bestimmungen des EST heran. Diese Beobachtung ist allerdings insofern zu relativieren, als bei den übrigen Vereidigungstafeln die Sektionen mit den Loyalitätsbestimmungen entweder überhaupt nicht oder sehr schlecht erhalten sind. Somit könnte auch in diesem Punkt eine vermeintliche Eigenheit der erhaltenen EST-Tafeln ihrem ausgezeichneten Erhaltungszustand und der Tatsache, dass sie die einzigen überlieferten Originale darstellen, geschuldet sein.

3.6 Westliche Einflüsse im assyrischen Vertragsrecht

Wenn es auch nicht überzeugt, die Urkundenformen des Vasallen- oder des Treueids aufgrund von *argumenta e silentio* als von den westlichen Nachbarn importierte Konzepte zu begreifen,[416] so zeigen sich die neuassyrischen *adê*-Texte gleichwohl in Einzelelementen von der westlichen Tradition beeinflusst. Auch in dieser Hinsicht bietet sich der EST wegen seines ausgezeichneten Erhaltungszustandes als Anschauungsmaterial an. Westliche Einflüsse sind vor

416 So die Thesen von Tadmor und Otto, s. o. S. 85–87.

allem im Bereich der Fluchsequenz des EST postuliert worden, die die umfangreichste Ansammlung von Flüchen im Alten Orient darstellt. Dass die Flüche auf zwei getrennte Abschnitte vor und nach dem Loyalitätseid § 57 verteilt sind, stellt eine Besonderheit des EST dar. Während sich die Flüche der §§ 37–56 auf den Schutz der *adê*-Tafel beziehen, gewährleisten die Flüche der §§ 58–106 die Einhaltung der Vertragsbestimmungen. Das Nebeneinander der beiden Fluchabschnitte spricht nach M. Krebernik für eine unterschiedliche traditionsgeschichtliche Herkunft der Sektionen.[417] In diese Richtung deuten zwei weitere Beobachtungen formgeschichtlicher und sprachlicher Art. Streck hat in Anlehnung an Hillers und Watanabe eine formale Typologie der im EST belegten Flüche erstellt.[418] Oberstes Kriterium ist das Vorhandensein bzw. Nichtvorhandensein eines Vergleichs, wobei Streck noch einmal zwischen einem einfachen und einem selbständigen Vergleich sowie dem Vorkommen eines Demonstrativs, das auf ein begleitendes Ritual verweist, unterscheidet. Als zweites Kriterium dienen die Fluchsubjekte, eingeteilt in die Kategorien „Gott", „Nicht-Gott" und „Göttergruppe". Aus der Typologie geht hervor, dass die Vergleichsflüche niemals einen namentlich genannten Gott, sondern stets entweder die Göttergruppe oder Nicht-Gott als Subjekt haben. In den Flüchen ohne Vergleich tritt dagegen überwiegend ein bestimmter, namentlich genannter Gott als Subjekt in Erscheinung. Interessant ist aber vor allem die räumliche Trennung der beiden Flucharten:[419]

> „[W]ährend sich die Flüche ohne Vergleich mit namentlich genanntem Gott besonders vor dem feierlichen Treueschwur auf Aššurbanipal befinden (§§ 37–56), finden sich Vergleichsflüche ausschließlich nach dem Schwur (§§ 58–106) und werden dort nur vereinzelt durch Flüche ohne Vergleich unterbrochen."

Die traditionsgeschichtliche Analyse der Flüche in den Sfire-Inschriften hatte ergeben, dass die Vergleiche ihre traditionsgeschichtlichen Wurzeln vermutlich in der hethitischen Vereidigungspraxis haben und durch nordsyrisch-aramäische Vermittlung nach Mesopotamien und Palästina gelangt sein dürften, wofür nicht zuletzt die Beobachtung spricht, dass die Gattung im Neuassyrischen erstmals in einem Vasallenvertrag mit einem aramäischen Herrscher (SAA II 2) auftaucht.[420] In Bezug auf die Vergleiche im EST ist ferner auf die von den Flüchen ohne Vergleich abweichende Sprache (assyrisch statt babylonisch; Aramaismen) aufmerksam gemacht worden. All dies spricht für eine traditionsgeschichtliche Verortung der Vergleichsflüche in EST §§ 58–106 im Westen.[421] Ähnliches ist

---

417 Vgl. Krebernik, Deuteronomiumskommentar, 29.

418 Vgl. Streck, Flüche, 168–170.

419 A.a.O., 170f.

420 S. oben S. 68.

421 Dies soll später am Beispiel von EST § 63f im Detail nachgewiesen werden (s. u. S. 209–216).

oben in Bezug auf die in hethitischen Vasallenverträgen und Treueiden elaboriert gebrauchte Vorstellung vom „bösen Wort“ vermutet worden.[422]

In all diesen Fällen ist aufgrund der schmalen Quellenlage keine letzte Sicherheit zu gewinnen. Vor allem bleiben die dahinter stehenden Rezeptionsvorgänge größtenteils hypothetisch. Vor diesem Hintergrund ist es ein glücklicher Umstand, dass mit dem aramäischen Vertragsbegriff *ʿdy* eine eindeutig beweisbare sprachliche Entlehnung aus dem Aramäischen den vermuteten und später noch einmal aufzugreifenden Traditionstransfer vom (aramäischen) Westen nach Mesopotamien sowie in das Alte Testament auf eine sichere Grundlage stellt. Vor der folgenden terminologischen Untersuchung ist jedoch wiederum kurz der Ertrag des vorangegangenen Abschnitts zu sichern.

3.7 Ertrag

Der Sukzessionsvertrag Asarhaddons aus dem Jahr 672 spielt in der vergleichenden Forschung auf dem Gebiet der Bundestheologie eine eminent wichtige Rolle. Er ist der einzige Vertragstext, der als direkte Vorlage für einschlägige bundestheologische Texte gehandelt wird. Um beurteilen zu können, inwiefern derartige Abhängigkeitsthesen ihre Berechtigung haben, war eingangs eine Verortung des EST innerhalb der neuassyrischen Vereidigungspraxis gefordert worden. Der EST ist der Urkundenform nach kein Treueid, sondern ein völkerrechtlicher Vertrag, der namentlich genannte östliche Vasallen, deren Untertanen möglicherweise in einem Arbeitskommando (*pirru*) oder der assyrischen Armee (*ḫurādu*) (in der Nähe Aššurbanipals?) Dienst taten, auf den Kronprinzen vereidigte. Abgesehen von einigen wenigen situations- und adressatenbezogenen Eigenheiten entspricht der Vertrag sowohl bezüglich der einzelnen Formelemente als auch phraseologisch weitgehend den anderen überlieferten neuassyrischen (internen und externen) Vertragstexten, obgleich diese im Gegensatz zum EST in keinem Fall vollständig und im (gesiegelten) Original erhalten sind. Insbesondere die Grundgebote des Schutzes, der Loyalität und der Information teilt der EST (zum Teil wortwörtlich) mit den anderen neuassyrischen Vereidigungstafeln. Da die auffälligsten Eigenschaften des EST (Tafelgröße, Beschriftung der Tafeln, Siegelung etc.) aller Wahrscheinlichkeit nach seinem einzigartigen Erhaltungszustand und somit dem Überlieferungszufall geschuldet sind, kann der Vertrag – speziell im Hinblick auf die grundlegenden Loyalitätsbestimmungen – als ein typischer Repräsentant der neuassyrischen Vertragsrechtstradition betrachtet werden. Die Beobachtung, dass sich im Bereich der Flüche westliche

422 S. oben S. 76.

bzw. aramäische Einflüsse identifizieren lassen (Gattung der Vergleichsflüche), ist für die Verhältnisbestimmung zwischen der Fluchsequenz des EST und den Flüchen in Dtn 28 (s. Kap. III 2.3) noch einmal von Interesse.

4. Die Terminologie mit *'dy*, *adê* und *'dwt*

4.1 *'dy* in den aramäischen Inschriften von Sfire

Der aramäische Terminus *'dy* erscheint in den Inschriften von Sfire gut 30mal und ausschließlich im Plural.[423] Obgleich bislang keine weiteren aramäischen Belege bekannt sind, ist kaum davon auszugehen, dass sich in den Vertragstexten von Sfire die ältesten oder gar einzigen Beispiele für *'dy* befinden. Was die Semantik des Begriffs angeht, so ergibt sich aus seiner pluralischen Gestalt sowie dem Kontext der Belege, die in einem eidlich abgesicherten Vasallenvertrag erscheinen, die Grundbedeutung „Vertragsbestimmungen". In diesem Sinne begegnet der Begriff vielleicht schon in der Präambel der Vertragsstelen (Sf I A: 1):[424]

> „Vertragsbestimmungen (*'dy*) des Bar-ga'yah, des Königs von *Ktk*, mit Mati'-'el ..., dem König von Arpad."

Doch wie die wiederholt vorkommende Repressionsformel „... sonst seid ihr eidbrüchig gegenüber allen Göttern des [Ver]trags (*'lhy* [']*dy'*), der in dieser Inschrift steht" [vgl. z.B. III: 14]) anzeigt, kann das Wort auch *pars pro toto* für den gesamten Vertrag stehen.[425]

4.2 *adê* – ein aramäisches Lehnwort im Akkadischen

Der Terminus *adê* erscheint in assyrischen Texten zum ersten Mal in dem Vasallenvertrag, den Aššur-nērārī V. vermutlich im Jahr 754[426] dem Aramäer Mati'-'el von Arpad auferlegt hat. Einmal abgesehen von den eigentlichen Vertragswerken, die von da an stets den Titel *adê* tragen, begegnet das Wort seit der

423 Nach Hoftijzer/Jongeling, Dictionary, 824, verteilen sich die Belege folgendermaßen: *'dn* (Plur. abs.): I B: 24; 41; *'dy'* (emph.): I A: 7; B: 7; 11; 23; 24; 33; 38; II B: 2; 18; III: 4; 7; 9; 14; 17; 19; 20; 23; 27; *'dy* (cs.): I A: 1; 2; 3; 4; 13; B: 1; 4; 5; 6.

424 Gefordert ist die Übersetzung mit „Vertragsbestimmungen" vor allem dann, wenn es um die konkreten Vertragsinhalte geht, die zu befolgen sind; vgl. z.B. Sf I B: 24.

425 Vgl. Fitzmyer, Inscriptions, 58; Volkwein, „Bundesbestimmungen", 35; Hoftijzer/Jongeling, Dictionary, 824.

426 Vgl. zur Datierung Parpola/Watanabe, Treaties, XXVII.

Regierungszeit Tiglatpilesers III. (744–727) regelmäßig in Königsinschriften und verschiedenen anderen Textsorten.[427] Ältere Belege sind bislang nicht bekannt.[428] Etwa zeitgleich mit den ersten assyrischen Belegen taucht das Wort in neubabylonischen Texten auf, wobei mit der Verbindung *adê u māmīt* „Vertrag und Eid“ auf innerstaatliche Beamteneide Bezug genommen wird, die in Assyrien erst im 7. Jh. belegt sind.[429] *adê* ist im Akkadischen wie im Aramäischen ein *plurale tantum*, das gleichwohl gelegentlich wie eine Singularform behandelt werden kann.[430]

Der Begriff *adê* löst im Verlauf des 8. Jh. die häufig als Hendiadyoin erscheinenden traditionellen akkadischen *termini technici* für „Vertrag“,[431] *riksu* bzw. *rikiltu* und *māmītu*, ab, die ursprünglich die für einen Vertragsschluss konstitutiven Elemente „Bindung“ und „Eid“[432] terminologisch differenzierten. Die gelegentlich neben dem einfachen *adê* promiscue gebrauchte Verbindung *adê māmīte*[433] macht deutlich, dass das Element der Eidleistung bei dem Terminus *adê* immer mitgemeint ist.[434] Problematisch ist die Interpretation von Watanabe, wenn sie die *adê*-Vereidigungen von der älteren altorientalischen Vereidigungspraxis mit dem Argument abgrenzt, *adê* sei ein „religiöser Begriff“, insofern er eine Form der Vereidigung bezeichne, die vor den Göttern und in Begleitung von religiösen Handlungen vollzogen werde.[435] Die Abwicklung der Vereidigungen vor den Göttern und in Verbindung mit religiösen Handlungen, die in der Regel eine bedingte Selbstverfluchung in Kraft setzten, teilen die *adê*-Vereidigungen mit den älteren altorientalischen Vereidigungen von Vasallen bzw. Untertanen des Vertragsherrn.[436] Als das

---

427 Vgl. die Belege bei Watanabe, *adê*-Vereidigung, 10–23

428 Die in AHw reklamierten mittelassyrischen Belege halten einer Überprüfung nicht stand, vgl. Watanabe, *adê*-Vereidigung, 9.

429 Vgl. Brinkman, Covenants, 99f, der die Verbindung mit „sworn covenants“ übersetzt.

430 Vgl. a.a.O., 82, Anm. 3.

431 Vgl. Weinfeld, Covenant Terminology, 191, Anm. 3: „It seems however that the original meaning of these terms fell into oblivion after they were combined into a hendiadys and turned into a technical term for ‚treaty‘.“

432 Vgl. Korošec, Staatsverträge, 26, der die Termini im Blick auf die hethitischen Vasallenverträge folgendermaßen verdeutlicht: „Der Ḫattiherrscher stellt das *riksu*, die Vertragsbestimmungen, auf, während der Vasall durch deren Beschwörung, die *mamītu* seinen Konsens zum Vertragsabschluss ausdrückt.“

433 Vgl. Weinfeld, Covenant Terminology, 191: „In the Akkadian of the first millenium *adê* replaced the *riksu*/*riksāte* of the second millenium and in accordance with this change the old *riksu māmītu* has been transformed into *adê māmīte*.“

434 Vgl. auch Radner Vorbild, 353.

435 Watanabe, *adê*-Vereidigung, 24.

436 S. dazu Kap. II 1.

entscheidende Spezifikum des Begriffs *adê* ist dagegen mit Watanabe zu betrachten, dass das Wort immer eine „politische bzw. öffentliche Vereidigung“[437] bezeichnet. Dieses königlich-staatliche, in jedem Fall aber offizielle Gepräge der *adê*-Vereidigungen ergibt sich aus der Beobachtung, dass das Wort im Gegensatz zu den älteren Termini *māmītu, nīš ilānī, riksu* usw. nie für ein privates Abkommen gebraucht wird.[438]

Was die Semantik des akkadischen *adê* angeht, so zeigt sich mit wachsender Kenntnis der Quellen, dass eine semantische Engführung und Festlegung entweder auf „Treueid“[439] oder auf „Vasallenvertrag“[440] nicht überzeugt. Mit *adê* wird einerseits die Auferlegung einer Verpflichtung in einem Abhängigkeitsverhältnis auf den Begriff gebracht, wobei sowohl die direkten Untertanen als auch abhängige Herrscher in die Pflicht genommen werden können;[441] andererseits bezeichnet der Begriff aber auch gegenseitige Verpflichtungen unter gleichrangigen Herrschern.[442] Die Positionen von Watanabe und Parpola zusammenführend, bezeichnet der Pluralausdruck *adê* somit zunächst einmal ganz allgemein eine „Vereidigung“,[443] wobei anschließend aufgrund der Adressaten bzw. des konkreten Anlasses greifbarere Etiketten wie „Treueid“, „Vasallenvertrag“ oder „Akzessions-“ bzw. „Sukzessionsvertrag“ vergeben werden können.[444]

---

437 Watanabe, *adê*-Vereidigung, 24.

438 Vgl. ebd.

439 So zuerst Gelb, Rezension, 162.

440 Vgl. z.B. Frankena, Vassal-Treaties, 134f.

441 Vgl. Radner, Vorbild, 360–364.

442 Vgl. a.a.O., 359f.

443 Vgl. dazu auch Starke, Charakterisierung, 72, der sich für eine semantische Entwicklung des Begriffs ausspricht, wobei eine Bedeutungserweiterung von „Eid“ zu „Vertrag“ insofern plausibler sei, „als der Eid ein u.U. sogar wichtiger Bestandteil des Vertrages sein kann, indes der Vertrag kein konstitutives Element des Eides bildet“. Dies vorausgesetzt, deutet allerdings die Verwendung des Begriffs in den Sfire-Inschriften darauf hin, dass die semantische Erweiterung zu „Vertrag“ schon im Aramäischen stattgefunden hat; vgl. zur Etymologie von aramäisch *ʿdy* Lemaire/Durand, Inscriptions, 94f und 105.

444 Vgl. Parpola, Treaties, 182: „‚Covenant‘ would probably be the closest equivalent in English, but ‚treaty‘, ‚pact‘, and even ‚loyalty oath‘ are equally acceptable, depending on the context.“ Strittig ist allerdings die von Parpola, Treaties, 181, unter (1) und (2) dargebotene Interpretation der Sammeltafel SAA IX 3, in der er einen Vertrag zwischen Gott und König sowie zwischen verschiedenen Göttern sieht (vgl. dagegen Pongratz-Leisten, Herrschaftswissen, 77–80, sowie Weeks, Admonition, 48–50). Da nach assyrischem Verständnis Verträge immer auch eine Angelegenheit zwischen den Eidgöttern und den Vereidigten darstellen, sollte die in SAA IX 3 bezeugte Aufforderung an die Götter, in die *adê* (des Königs) einzutreten, nicht weiter verwundern; es ist keinesfalls zwingend, hierin ein abweichendes *adê*-Konzept zu sehen. – Der Terminus *adê* teilt im Übrigen die semantische Unbestimmtheit mit dem hebräischen Terminus für „Vertrag“ *bryt*, der seinerseits drei Arten der Verpflichtung abdeckt, vgl. Kaiser, Theologie 3, 13–15.

Woher aber stammt das Wort *adê*? Seit der Veröffentlichung der Inschriften von Sfire wird eine Verbindung zwischen dem akkadischen *adê* und dem dort bezeugten aramäischen *ʿdy* vermutet. Dabei schlägt neben der augenfälligen Wurzelverwandtschaft auch zu Gewicht, dass die Ausdrücke in den assyrischen und aramäischen Vertragstexten ganz analog verwendet werden, was ein Vergleich der „Überschriften" (in assyrischen Verträgen: *adê ša* A *issi* B[445]; in den Sfire-Inschriften: *ʿdy* A *ʿm* B) sowie der Formel „einen Vertrag (fest)setzen" (akk.: *adê šakānu*; aram.: *šym ʿdy*)[446] veranschaulicht.

In der Forschung werden hauptsächlich zwei Gründe namhaft gemacht, die *adê* als aramäisches Lehnwort im Akkadischen erweisen sollen:[447]

– Auf der einen Seite das späte Auftreten der Belege in assyrischen und babylonischen Texten. W. von Soden hat für die Identifikation von aramäischen Lehnwörtern folgende Faustregel aufgestellt:[448]

> „Wörter […], die nur in neuass. oder neubab. Texten nach etwa 800 bezeugt und als aram. bekannt sind, werden wir oft als aram. Fremd- oder Lehnwörter im späten Akkadischen ansehen dürfen."

– Auf der anderen Seite gab es für das Wort *adê* keine wirklich befriedigende innerakkadische Herleitung.[449] Zumindest in diesem Punkt hat aber J.-M. Durand einen plausiblen Lösungsvorschlag unterbreitet, demzufolge der Begriff *adê* einen spezialisierten Gebrauch von akk. *adû* „Arbeitspensum" (vgl. CAD A I, 135f [*adû* C]) reflektiere, ein Wort, das seit altbabylonischer Zeit belegt ist und auf sumerisch $a_2.du_3$ zurückgeht.[450] Dieser aus innerakkadischer Perspektive zunächst überzeugende Ableitungsversuch scheitert jedoch an der Tatsache, dass der Terminus auch im Aramäischen und Hebräischen belegt ist. Das Auftreten der Wurzel in drei verschiedenen Varietäten verlangt nach einer Erklärung, zumal weitere Gemeinsamkeiten wie die pluralische Gestalt und die ähnlichen Gebrauchsweisen ins Auge stechen. Drei Lösungen sind möglich: 1. Es liegen so genannte urverwandte Wörter vor; 2. Es liegt eine Entlehnung aus dem Akkadischen vor; 3. Es liegt eine Entlehnung aus dem Aramäischen vor.

---

445 Vgl. Parpola/Watanabe, Treaties, XXXV.

446 Vgl. auch Fitzmyer, Inscriptions, 69, sowie Gelb, Rezension, 161.

447 Vgl. zu den Argumenten Volkwein, „Bundesbestimmungen", 34–36, und Veijola, Ableitung, 347–349.

448 Von Soden, Wörter I, 4.

449 Vgl. dazu Volkwein, „Bundesbestimmungen", 33f.

450 Durand, Précurseurs, 70, Anm. 167. Der Vorschlag wird verhalten positiv aufgenommen bei Radner, Vorbild, 357.

Die morphologische Gestalt der Ausdrücke im Akkadischen und Aramäischen beweist, dass allein die dritte Alternative in Frage kommt. Aufgrund der sprachlichen Kontakte zwischen Mesopotamien und der Levante in neuassyrischer Zeit sind nämlich ausreichend aramäische Wörter im Akkadischen wie umgekehrt akkadische Wörter im Aramäischen und Hebräischen bezeugt, um nachweisen zu können, wie bei Wortentlehnungen mit der nordwestsemitischen Besonderheit der Laryngale verfahren wurde. Demnach sind die beiden vorangehenden Lösungsmöglichkeiten aufgrund der folgenden Beobachtungen ausgeschlossen:

- Erstens erklärt allein die aramäische Herkunft des Wortes die Frage, warum dem aramäischen Laryngal ʿ im Akkadischen ein a und nicht ein e entspricht, wie es eigentlich bei sogenannten „urverwandten Wörtern" zu erwarten wäre (vgl. z.B. aram. *ʿrb* und akk. *erēbu*).[451]
- Zweitens verbietet sich umgekehrt aber auch die Annahme einer Entlehnung des akkadischen *adê* ins Aramäische, da in diesem Fall der Vokal a im Aramäischen den Laryngal ʾ verlangt hätte.[452]

Folglich scheidet ein akkadischer Ursprung des Ausdrucks, den die von Durand vertretene mesopotamische Etymologie automatisch verlangt, aus.[453] Ausgeschlossen ist aber auch die vermittelnde These, akkadisch *adê* und aramäisch *ʿdy* seien „urverwandte Wörter". Das so eindeutig identifizierte aramäische Lehnwort *adê* ist vermutlich im Zusammenhang mit der Westexpansion des neuassyrischen Reiches im 10. bis 8. Jh. v. Chr. zu sehen, als es zu zahlreichen Vertragsschlüssen mit aramäischen Staaten gekommen ist. Diese Verträge dürften zum Teil in aramäischer Sprache verfasst gewesen sein, wodurch sich der aramäische *terminus technicus* für „Vertrag" auch in der assyrischen Verwaltung etablieren konnte.[454] Weiter ist in Rechnung zu stellen, dass sich durch die mit

451 Vgl. von Soden, Grundriss, §§ 9 und 23b: Die Regel besagt, dass *a* in Silben, die mit ʾ, das aus ʿ entstanden ist, beginnen oder schließen, zu *e* wird; vgl. dazu auch Fitzmyer, Inscriptions, 59: „The lack of such a shift is the best indication of a loanword."

452 Vgl. Kaufmann, Influences, 142: „Akkadian words beginning with a vowel have initial /ʾ/ in their Aramaic forms." Kaufmann weitet die Regel noch einmal aus, indem er formuliert, „that there is [...] no firm evidence that any North West Semitic borrowing from an Akkadian word with an initial vowel has /ʿ/." (ebd.) Kaufman kommt zu folgendem schlagenden Ergebnis: „[T]he etymological and phonetic evidence, as well as the occurrence of *adê* in late Akkadian only, almost certainly precludes an Akkadian origin for this political term." (a.a.O., 33) – Vgl. auch Lemaire/Durand, Inscriprions, 101–104.

453 Vgl. zu diesem Einwand auch van Koppen/van der Toorn, Agreement, 12.

454 Vgl. Parpola, Treaties, 183: „A perfectly natural explanation for the intrusion of *adê* into Neo-Assyrian can be found in Assyria's expansion in the tenth through eighth centuries, which must have involved innumerable treaties imposed on Aramean city states that would naturally have been mostly drawn up in Aramaic. It is not hard to imagine that as a result of this repetitive process *adê* as a colloquial term for ‚treaty' gradually gained foothold in Assyrian administrative parlance and then rapidly in Neo-Assyrian at large."

der Expansion einhergehenden Massendeportationen gerade auch der Oberschichten eine starke aramäische Bevölkerungsschicht im neuassyrischen Reich ausbreiten konnte, weshalb von einer regelrechten „Aramaisierung" des neuassyrischen Reiches gesprochen werden kann.[455] Von Soden rechnet seit dem 8. Jh. mit 250–260 aramäischen Lehnwörtern in Mesopotamien,[456] und seit dem 7. Jh. verdrängt das Aramäische das Akkadische nach und nach als Sprache des Handels und der Diplomatie (vgl. 2Kön 18,26).

4.3 *ʿdwt* – ein aramäisches Lehnwort im Hebräischen

Ein dem aramäischen und akkadischen *terminus technicus* für „Vertrag" *ʿdy* bzw. *adê* entsprechendes Wort hat in Gestalt von *ʿdwt* auch Eingang in das Alte Testament gefunden. Das in der masoretischen Textgruppe verschieden vokalisierte Wort[457] wird aufgrund einer falschen etymologischen Herleitung häufig mit „Zeugnisse" (von *ʿd* „Zeuge") übersetzt.[458] Wie B. Volkwein jedoch überzeugend dargelegt hat, besitzt hebräisch *ʿdwt* eine etymologische und semantische Affinität zu den analogen Termini im Aramäischen und Akkadischen und sollte dementsprechend mit „Bundesbestimmungen" wiedergegeben werden.[459]

Das Wort spielt eine zentrale Rolle in der Priesterschrift, in der es den Dekalog als Grundlage des Sinaibundes bezeichnet (vgl. z.B. *lḥt hʿdt*[460] in Ex 31,18 mit *lḥt hbryt* in Dtn 9,9).[461] Weitere Belege finden sich im Deuteronomium

455 Vgl. Tadmor, Aramaization, passim.

456 Vgl. von Soden, Wörter III, 197.

457 Volkwein, „Bundesbestimmungen", 19, behauptet zu Recht, dass die Unterschiede in der Vokalisation von *ʿd(w)t* „auf das Konto der Masoreten" zurückgehen dürften; so auch Lohfink, *ʿd(w)t*, 167, Anm. 3. Am Anfang stand folglich die Pluralform *ʿdwt*, die vermutlich am Wortbeginn ein langes a hatte (= *ʿādōt*) (vgl. Volkwein, „Bundesbestimmungen", 38). Die vom Aramäischen abweichende feminine Pluralendung dient wohl der Unterscheidung von *ʿdym* „Zeugen", vgl. Veijola, Ableitung, 348.

458 Vgl. dazu Volkwein, „Bundesbestimmungen", 21f. – Eine mögliche Erklärung für die Interpretation des Ausdrucks *ʿdwt* als Abstraktform zu *ʿd* „Zeuge" sieht Volkwein in den jungen Belegen für *ʿdwt* = μαρτυρία in Sir 34,23f und 36,20. „Es scheint nun, dass **ʿādōt/ʿēdōt* in späterer Zeit mit diesem *ʿēdūt* verwechselt wurde." (a.a.O., 39)

459 Vgl. Volkwein, „Bundesbestimmungen", bes. 39.

460 *lḥt hʿdt* entspricht exakt der akkadischen Formel *ṭuppi adê* „Vertragstafel", mit der die Assyrer die den Vertragspartnern übergebenen Abschriften der Vereidigungstafeln bezeichneten (vgl. Radner, Vorbild, 367–373). Vielleicht bildet dies den Erfahrungshintergrund für die dem Mose auf dem Sinai ausgehändigten Gebotstafeln (vgl. Ex 31).

461 Vgl. Volkwein, „Bundesbestimmungen", 39f, und Simian-Yofre, עוד, 1126, der annimmt, dass P *ʿdwt* immer dort gebrauche, wo in der dtn-dtr Tradition von *bryt* die Rede war.

sowie in den Königebüchern.[462] In den meisten Fällen erweist der literarische Kontext den spät-dtr Entstehungszusammenhang (z.B. 1Kön 2,3; 2Kön 17,15; 23,3). Überall dort, wo der Kontext eine frühere Ansetzung ermöglichte, handelt es sich vermutlich um Glossierungen, so etwa in der wohl ältesten Überschrift des Deuteronomiums, Dtn 4,45,[463] oder in der Erzählung vom Sturz der Königin Atalja, 2Kön 11,12.[464]

Im Deuteronomium erscheint der Terminus *'dwt* einmal in der Überschrift vor Kap. 5, das den Dekalog enthält, und zweimal in Kap. 6 (V. 17.20), das den Dekalog kommentiert. Da das Deuteronomium den Dekalog an anderer Stelle auch als *bryt* „Bund" bezeichnen kann (vgl. Dtn 9,9), ist damit zu rechnen, dass die Belege für *'dwt* im Deuteronomium in irgendeiner Weise auf die sich einer späteren Redaktion verdankenden Zehn Gebote abzielen.[465] Dieser Bezug wäre noch deutlicher, wenn sich herausstellen sollte, dass die spät-dtr Belege schon von P beeinflusst sind – eine Annahme, die mit der Beobachtung, dass der Begriff in P zentral, aber in der dtr Literatur marginal ist, an Plausibilität gewinnt.[466] Die Überschrift zum Dekalog, die mit den älteren Gesetzestermini *ḥqym wmšpṭym* „Satzungen und Rechte" zugleich das deuteronomische Gesetz in 12–26 in den Blick nimmt (vgl. Dtn 11,32), kann folgendermaßen übersetzt werden:[467]

> „Dies sind die Bundesbestimmungen (*h'dt*) und die Satzungen und Rechte (*hḥqym whmšpṭym*), die Mose den Israeliten sagte, als sie aus Ägypten auszogen."

T. Veijola konnte zeigen, dass aus dem aramäischen Lehnwort *'dwt* „Bundesbestimmungen" im Hebräischen offensichtlich auch ein Verbum *'wd* hi denominiert worden ist.[468] Dessen Grundbedeutung „Bundesbestimmungen auferlegen" er-

---

462 Außer acht bleiben können die 34 Belege in den jungen (Tora-)Psalmen, in denen *'dwt* zu einem Gesetzesausdruck verblasst ist und häufig synonym zu *twrh* und anderen Gesetzestermini steht, vgl. zu sämtlichen Belegen im Alten Testament Simian-Yofre, עוד, 1125–1128.

463 Vgl. Veijola, Deuteronomium, 123.

464 Vgl. Würthwein, Könige 2, 348.

465 Vgl. Hölscher, Komposition, 170, Anm. 1; Steuernagel, Deuteronomium, 71; Seitz, Studien, 36f; Nielsen, Deuteronomium, 68; Veijola, Deuteronomium, 123. – Braulik, Ausdrücke, 36, geht davon aus, dass der Begriff „wahrscheinlich 4,45; 6,17.20 das ganze ‚Gesetz', den paränetischen Teil samt dem Gesetzeskorpus" bezeichne. Lohfink, *'d(w)t*, 173, sieht demgegenüber in dem Begriff „die älteste noch greifbare begriffliche Bezeichnung des dt Gesetzes".

466 Dass P in Dtn 4 ihre Spuren hinterlassen hat, ist nicht neu (vgl. z.B. Otto, Deuteronomium 4); und auch die Glosse in 2Kön 11,12 wird mit P in Verbindung gebracht (so etwa Levin, Atalja, 46ff).

467 McCarthy, Treaty, 1, macht mit Recht auf die Nähe zu den Einleitungssätzen in hethitischen Verträgen aufmerksam.

468 Vgl. Veijola, Ableitung, 343, der unter Anm. 5 folgende Belege nennt: Gen 43,3; Ex 19,21.23; 21,29 (ho); Dtn 8,19; 32,46; 1Sam 8,9; 1Kön 2,42; 2Kön 17,13.15; Jer 6,10; 11,7; 42,19; Am 3,13; Sach 3,6; Ps 50,7; 81,9; Neh 9,26.29.30.34; 13,15.21; 2Chr 24,19; bis auf Jer 6,10 werden alle Vorkommen mit der Präposition *b* konstruiert.

gibt sich aus der etymologischen und semantischen Verwandtschaft zwischen *hʿyd* und *ʿdwt*, die insbesondere in der figura etymologica in 2Kön 17,15 und Neh 9,34 zum Ausdruck kommt.[469] Der an dieser Stelle interessantere Beleg in 2Kön 17,15 erscheint im Zusammenhang einer theologischen Deutung des Untergangs des Königreiches Israel aus einer späten, das Exil voraussetzenden Perspektive. Dort heißt es von den Israeliten:[470]

> „Und sie hatten seine Satzungen (*ʾt ḥqyw*) und seinen Bund, den er mit ihren Vätern geschlossen hatte (*wʾt brytw ʾšr krt ʾt ʾbwtm*), und seine Bundesbestimmungen, die er ihnen auferlegt hatte (*wʾt ʿdwtyw ʾšr hʿyd bm*), verworfen und waren gefolgt den [...] Völkern rings um sie herum, von denen Jahwe ihnen befohlen hatte, dass sie nicht so handeln sollten wie sie."

Die Frage, ob das hebräische *ʿdwt* unmittelbar aus dem Aramäischen oder aber sekundär durch neuassyrische Vermittlung aus dem Akkadischen entlehnt worden ist, lässt sich ebenfalls mit großer Sicherheit beantworten, da es, wie gesagt, eine recht große Zahl von akkadischen Wörtern im Aramäischen und Hebräischen gibt, die zum Vergleich herangezogen werden können. Da akkadische Wörter, die – wie *adê* – mit dem Vokal a beginnen, im Aramäischen und Hebräischen regelmäßig mit dem Laryngal ʾ am Wortanfang wiedergegeben werden,[471] das hebräische *ʿdwt* aber offenkundig mit dem Laryngal ʿ geschrieben wird, ist der Schluss zu ziehen, dass in diesem Fall dem Alten Testament nicht das akkadische *adê* Pate gestanden hat, sondern dass mit einer direkten Entlehnung aus dem Aramäischen zu rechnen ist.[472]

4.4 Ertrag

Der in den aramäischen Sfire-Inschriften häufig belegte *terminus technicus* für „Vertragsbestimmungen/Vertrag" *ʿdy* begegnet in neuassyrischen und neubabylonischen Quellen seit dem 8. Jh. in Gestalt des wurzelverwandten Begriffs *adê* als Bezeichnung für eine „politische" bzw. „öffentliche Vereidigung". Die auffällige morphologische Gestalt der Ausdrücke im Akkadischen (Wortbeginn mit dem Vokal a) und Aramäischen (Wortbeginn mit dem Laryngal ʿ) beweist, dass das Wort vom Aramäischen ins Akkadische entlehnt worden ist – ein Vorgang, der angesichts der geopolitischen und sprachlichen Verhältnisse im

469 Vgl. Veijola, Ableitung 349; vgl. zu einer differenzierteren Semantik auch Simian-Yofre, עוד, 1123–1125.

470 Übersetzung und Rekonstruktion nach Würthwein, Könige 2, 392; Würthwein rechnet den Abschnitt 17,13–17.20 einem nomistischen Deuteronomisten zu (a.a.O., 396f).

471 Vgl. o. S. 101, Anm. 452.

472 Vgl. auch Lemaire/Durand, Inscriptions, 101–104.

neuassyrischen Reich seit dem 8. Jh. (so genannte „Aramaisierung" Assyriens) gut vorstellbar ist. Im Alten Testament begegnet dieselbe Wurzel in relativ späten Texten (erstmals bei P?), einerseits in dem Nomen *ʿdwt* „Bundesbestimmungen" und andererseits in dem Verb *hʿyd* „Bundesbestimmungen auferlegen". Auch hier macht die morphologische Gestalt von hebräisch *ʿdwt* (mit dem Laryngal ʿ zu Beginn) deutlich, dass das Wort direkt aus dem Aramäischen entlehnt worden ist. Eine (indirekte) Entlehnung aus dem Akkadischen kommt nicht in Frage. Beide Entlehnungen erlauben einen schlaglichtartigen Einblick in die Interdependenzen im altorientalischen Vertragsrecht im Allgemeinen und die prägende Ausstrahlungskraft der westlich-aramäischen Vertragsrechtstradition im Besonderen. Das Vorkommen des Begriffs in späten Texten des Alten Testaments zeigt überdies, dass Elemente der aramäischen Vertragsrechtstradition in Juda noch in nachstaatlicher Zeit lebendig waren und rezipiert werden konnten, als die für eine derartige Entlehnung unabdingbaren politisch-militärischen Kontakte zu den benachbarten Aramäerstaaten ihre (strategische) Virulenz bereits verloren hatten.

III. Vertragsrechtstraditionen in Dtn 13 und 28

In Dtn 5,2 heißt es programmatisch:

> *yhwh ʾlhynw krt ʿmnw bryt bḥrb*
> „Jhwh, unser Gott, hat einen Bund/Vertrag mit uns geschlossen am Horeb."

Dass die Ausbildung des in Dtn 5,2 pointiert ausgedrückten Gedankens, Jhwh habe unter Mose am Horeb mit Israel einen Bund geschlossen, mit der Rezeption vertragsrechtlicher Vorstellungen und Sprachformen einherging, ist inzwischen *opinio communis* der Forschung. Strittig sind vor allem die Herkunft der rezipierten Traditionen sowie der Zeitpunkt und die näheren Modalitäten der Rezeption. Damit eng verbunden ist die Frage, wo sich die Bundestheologie, die schon im Alten Testament selbst eine grandiose Wirkungsgeschichte entfaltet hat,[1] literarhistorisch erstmals festmachen lässt.[2] Nachdem erkannt ist, dass weder die Sinaiperikope, deren bundestheologische Abschnitte bereits das dtr Deuteronomium voraussetzen,[3] noch die späte Bundesschlusserzählung in Jos 24 als Quellorte der Bundestheologie in Frage kommen,[4] stehen in der gegenwärtigen Diskussion Texte aus dem Deuteronomium selbst im Zentrum der Debatte: „Die Entscheidung über das Alter der Bundestheologie fällt in der Exegese des Deuteronomiums."[5]

Die Bundestheologie ist im Deuteronomium auf mehreren literarischen Ebenen beheimatet. Verschiedene Textblöcke, die gleichwohl vertragsrechtliche Vorstellungen und Sprachformen rezipieren, können aus literarhistorischen (z.B.

---

1 Vgl. zu den verschiedenen alttestamentlichen Bundeskonzepten Groß, Zukunft, 13–152, sowie komprimiert Kaiser, Theologie 3, 11–38.

2 Gemeint ist hier die ausgebildete Vorstellung, nach der Jhwh am Horeb mit dem Volk Israel einen Bund geschlossen hat. Dass es schon vorher bundestheologische Interpretationsversuche in der Prophetie gegeben hat, die zwar den Terminus *bryt* vermeiden, aber ebenfalls vertragsrechtliche Vorstellungen und Sprachformen rezipiert haben, steht außer Frage; vgl. dazu u. S. 270f.

3 Vgl. dazu Groß, Zukunft, 13–26.

4 Vgl. zu Jos 24 als Quellort der Bundestheologie im Alten Testament Perlitt, Bundestheologie, 239–284. – Vgl. dagegen Levin, Verheißung, 114–119; zu Jos 24 als spätem Scharnier zwischen der vorangehenden Heils- und der nachfolgenden Unheilsgeschichte vgl. Becker, Kontextvernetzungen, bes. 147–149.

5 Levin, Entstehung, 93.

Dtn 4 und 29–30)[6] oder konzeptionellen Gründen (z.B. Dtn 7–9)[7] für die Frage nach den entstehungsgeschichtlichen Quellorten von vornherein übergangen werden. Zu den relativ ältesten Texten, die die ausgebildete Bundestheologie voraussetzen und dabei traditionsgeschichtlich tief im altorientalischen Vertragsrecht verwurzelt sind, werden in jüngerer Zeit die Kernschichten von Dtn 13 und 28 gezählt,[8] obwohl sie den Begriff *bryt* verschweigen.[9] Sie erscheinen deshalb am ehesten geeignet, um der Frage nach der Rezeption des altorientalischen Vertragsrechts im Zusammenhang mit der Ausbildung der Bundestheologie im Alten Testament nachzugehen. Das vorliegende Kapitel bietet literarische und traditionsgeschichtliche Analysen der beiden Kapitel, wobei ein Vorteil gegenüber früheren Analysen darin besteht, dass Dtn 13 und 28 erstmals ausführlich in einem Zusammenhang behandelt werden. Dies legt sich nicht zuletzt aufgrund forschungsgeschichtlicher Vorgaben nahe, da Dtn 13 und 28 einerseits als „kommunizierende Röhren“[10] gelten, wobei der traditionsgeschichtliche Befund von Dtn 28 gelegentlich auf den ambivalenteren Befund in Dtn 13 übertragen wird;[11] andererseits bilden die Kapitel E. Otto zufolge „eine literarische Einheit der Gattung des Loyalitätseides“, der näherhin aus 13,2–10*; 28,15* und 28,20–44* bestünde.[12]

---

6 Vgl. zu den Entstehungsbedingungen von Dtn 4 z.B. Otto, Deuteronomium 4, und von Dtn 29–30 ders., Studien, 138–155.

7 Vgl. Lohfink, Bund, 105, der im Hinblick auf Kap. 7–9 den Schluss zieht, dass diese „offensichtlich schon die priesterschriftliche Abwandlung der Bundestheologie ins Deuteronomium eintragen und mit der deuteronomistischen zusammenführen wollen“.

8 Vgl. etwa zu Dtn 13 (und 28) Otto, Deuteronomium, 15–90, und zu Dtn 28 Steymans, Deuteronomium 28, passim.

9 Dieser hat nach einer ansprechenden These von Aurelius in Dtn 5,2 seinen ältesten Beleg (vgl. ders., Ursprung, 17).

10 Rüterswörden, Dtn 13, 190.

11 Vgl. Otto, Deuteronomium, 37; Seebass, Dtn 13,10, 188, Anm. 10: „[...] wegen der höchstwahrscheinlich antiassyrischen Übernahme von Formulierungen des Treueides in Dtn 28 [...] ist auch eine antiassyrische Übernahme der §§ von Propheten/Träumern und nächster Umgebung aus Asarhaddons Treueid nach Dtn 13,2–12 wahrscheinlich.“

12 Otto, Deuteronomium, 68f: „Die Texte Dtn 13,2–10*; 28,15*.20–44* sind Übersetzungen aus den VTE [= EST], die zusammengefügt eine literarische Einheit der Gattung des Loyalitätseides ergeben.“

1. Deuteronomium 13

1.1 Problemstellung

Dtn 13 beinhaltet drei paradigmatische Fälle der Verführung zu Nachfolge und Dienst anderer Götter. Ein Kernbestand von Dtn 13 gilt in der Deuteronomiumsforschung bis in die jüngste Zeit hinein als Teil des joschijanischen Urdeuteronomiums bzw. als diesem bereits vorgegebene Tradition.[13] Ausschlaggebend hierfür war auf der einen Seite die Stellung des Kapitels im Kontext des angenommenen ältesten Gesetzeskerns in Dtn 12–26; auf der anderen Seite seine mit dem Urdeuteronomium übereinstimmende Anrede Israels im singularischen „Du“, die nur selten in den Plural wechselt.

Die Parallelen zwischen Dtn 13 und altorientalischen Vertragstexten sind erstmals von M. Weinfeld systematisch gesammelt worden.[14] Im Einklang mit der älteren Deuteronomiumsforschung schließt er aufgrund der Übereinstimmungen speziell zu neuassyrischen Dokumenten des 7. Jh. auf eine joschijazeitliche Entstehung des Kapitels.[15] Da die „Du“-Anrede Israels eine dtr Herkunft von Dtn 13 aber keinesfalls ausschließt und nachdem der dtr Textanteil auch innerhalb des dtn Gesetzeskerns in der gegenwärtigen Forschung größer veranschlagt wird, mehren sich die Stimmen derer, die schon den Kernbestand von Dtn 13 als einen dtr Einschub in die dtn Zentralisationsgesetze (Dtn 12.14–16) betrachten.[16]

Eine entscheidende Voraussetzung für die gegenwärtig florierende (exilisch)-dtr Ansetzung des Kapitels ist die Analyse P. E. Dions, dem mittels sprachstatistischer Erhebungen der Nachweis gelingt, dass Dtn 13 schon in der Grundschicht das dtr Idiom zu erkennen gibt.[17] Der dtr Provenienz entspreche weiterhin die Beobachtung, dass das Kapitel wenig mit seinem Kontext (Dtn 12.14–16) gemein habe und folglich einen Nachtrag darstelle. Im Anschluss an Weinfeld bietet auch Dion zahlreiches altorientalisches, vor allem aber neuassyrisches Vergleichsmaterial auf, das den Einfluss des altorientalischen Vertragsrechts auf Dtn 13 über allen Zweifel erhebt.[18] Allerdings hält Dion aufgrund der Nähe zum neuassyrischen EST und der von ihm speziell in Bezug auf den dritten Fall in

13 Vgl. Preuß, Deuteronomium, 134.

14 Weinfeld, Deuteronomy, 91–100; vgl. dazu kritisch McCarthy, Treaty, 171 mit Anm. 27.

15 Weinfeld, Deuteronomy, 100: „The present style of the laws and their affinities with political documents from the seventh century prove their connection with Josianic times.“

16 So m.E. erstmals Levin, Verheißung, 87.

17 Vgl. Dion, Deuteronomy 13, 175–192, mit dem Resümee: „Deuteronomy 13 is the work of a deuteronomistic writer, who placed it after 12.29–31. This chapter was expanded in a theological direction (vv. 2b–3a, 4b–5, 6a*) by a later dtr redactor with a widened horizon (v. 8), who also tried to build a special unit covering 12.28–13.19.“

18 A.a.O., 198–204.

Dtn 13,13–19 vorausgesetzten historisch-politischen Rahmenbedingungen an der in der Forschung bis dato vorherrschenden spätvorexilischen Datierung des Kapitels fest:[19]

> „Nonetheless, the closer to 672 BC one places the composition of Deuteronomy 13, the easier to understand are its precise contacts with the vassal treaties of Esarhaddon. Furthermore, we noted that law 3 could only have been implemented under a king devoted to YHWH, a situation that would disappear for several centuries after the fall of Jerusalem to the Babylonians."

Voraussetzung von Dions vorexilischem Deuteronomismus ist freilich die „Double Redaction Theory", nach der ein erster vorexilischer Deuteronomist das joschijanische Geschichtswerk zunächst mit 2Kön 23,25 enden ließ, bevor ein zweiter exilischer Deuteronomist eine erweiterte und redigierte Auflage des DtrG geschaffen habe.[20]

T. Veijola teilt mit Dion die ausnahmslos dtr Prägung von Dtn 13 sowie die isolierte Stellung des Kapitels im Kontext der Zentralisationsgesetze. Im Gegensatz zu Dion sieht er aber im weitgehend einheitlichen Kernbestand des Kapitels eine dtr bundestheologische Redaktion (DtrB) am Werk, „die das Deuteronomium nicht nur in den Kapiteln 12 und 13, sondern auch an vielen anderen Stellen im Sinne des Hauptgebots tiefgreifend bearbeitet hat".[21] Neben dem in Dtn 13* gebrauchten Vokabular sprechen Veijola zufolge kompositionskritische Erwägungen sowie die Abhängigkeit vom dtr redigierten Jeremiabuch für die Annahme, dass das Kapitel „eine relativ späte Stufe innerhalb des Deuteronomismus darstellt, die geistig dem nomistischen Schulhaus (DtrN) nahesteht

19 A.a.O., 204f. Freilich weiß auch Dion, dass die in Dtn 13 anzutreffenden vertragsrechtlichen Vorstellungen und Sprachformen das Assyrerreich überlebt haben, vgl. a.a.O., 204: „No doubt the political information and the educational background revealed by the parallels that we have sampled could still be found among the remnant of Judah in the decades that followed the fall of the kingdom. We know through allusions like Ezek. 17.13 and through surviving documents such as the treaty between Hannibal and Philip V (Polybius 7.9) that the Near Eastern treaty form long survived the Neo-Assyrian era; and students of Deuteronomy agree that this book is most heavily indebted to political treaties in some of its latest ingredients (especially in chs. 4; 29–30)." – Dions Argumente für eine Datierung des Kapitels in joschijanische Zeit sind von Kreuzer, Exodustradition, 91, mit guten Gründen in Zweifel gezogen worden. Dions wichtigstes Argument, dass nämlich ein in Dtn 13,13ff geforderter Kriegszug gegen eine abgefallene israelitische Stadt allein in der Zeit Joschijas, nicht aber in den Jahrzehnten danach, vorstellbar sei, ist Kreuzer zufolge als realpolitisches Ziel Joschijas „fraglich" (ebd.). Insbesondere in Bezug auf 2Kön 23,15–20 stellt Kreuzer zu Recht fest: „Bezeichnenderweise zerstörte Josia nur den Altar und nicht den Ort Bethel, dessen Einwohner doch zweifellos das Heiligtum benützten." (ebd.)

20 Vgl. zu dieser Zweistufenhypothese Kaiser, Grundriss 1, 87f, und zum DtrG allgemein o. Anm. S. 11, Anm. 55.

21 Veijola, Wahrheit, 310.

und zeitlich nach 538 anzusetzen ist."[22] Veijola korreliert seine extreme Spätdatierung des Kapitelkerns mit den offensichtlichen Parallelen zu vertragsrechtlichen Vorstellungen und Sprachformen mit dem Verweis auf deren Konventionalität und Perseveranz:[23]

> „Die Tradition der Vertragskonventionen ist bekanntlich zählebig, wie ihr Weiterleben in dem diplomatischen Sprachgebrauch der griechisch-römischen Antike augenfällig beweist."

Eine völlig andere Interpretation des Kapitels vertritt E. Otto, der in Dtn 13,2–10* (sowie Dtn 28,15*.20–44*) einen Loyalitätseid für Jhwh zu Tage fördert.[24] Wie Dion und Veijola erkennt auch Otto die deplatzierte Lage des Kapitels im dtn Gesetzeszusammenhang an.[25] Im krassen Gegensatz zu Veijola war Dtn 13,2–10* jedoch nach Otto der dtn-vorexilischen Redaktion bereits vorgegeben, die den Text redigiert und an die jetzige Stelle gesetzt hat.[26] Ottos These lautet im Ergebnis:[27]

> „Die Texte Dtn 13,2–10*; 28,15*.20–44* sind Übersetzungen aus den VTE [= EST], die zusammengefügt eine literarische Einheit der Gattung des Loyalitätseides ergeben. Der Zeitraum der Abfassung dieses Loyalitätseides kann auf die Jahre zwischen 672 v. Chr., dem Jahr der Abfassung der VTE als *terminus a quo*, und 612 v. Chr., dem Jahr des Untergangs des neuassyrischen Reiches als *terminus ad quem*, eingegrenzt werden. Diese Datierung wird durch die bislang nicht ausreichend berücksichtigte Tatsache gestützt, dass die neuassyrische Gattung der Loyalitätseide ihre Funktion in der Sukzessionssicherung bei irregulärer Thronfolge hat und derartige Loyalitätseide in spätbabylonischer und persischer Zeit unbekannt sind. Durch die Übersetzung des neuassyrischen Textes und die Übertragung der Loyalitätsforderung auf JHWH wird subversiv dem neuassyrischen Großkönig die Loyalität entzogen. Das setzt voraus, dass der Loyalitätseid Asarhaddons noch als Autorität heischender Text galt, was nur in der neuassyrischen Zeit Sinn machte. Eine derartige subversive Loyalitätsübertragung ist historisch am ehesten zur Zeit Josias möglich gewesen."

Den Analysen von Dion, Veijola und Otto ist gemeinsam, dass Dtn 13 mehrschichtig ist und der Kapitelkern einen Einschub in einen vorgegebenen Gesetzeszusammenhang darstellt. Offen ist neben dem genauen Umfang der

---

22 Ebd.

23 Ebd.

24 Vgl. den rekonstruierten Wortlaut bei Otto, Deuteronomium, 67f; vgl. für die These einer literarischen Abhängigkeit zwischen Dtn 13* und einzelnen EST-Paragraphen schon ders., Treueid; ders., Archimedischer Punkt; ders., Ursprünge.

25 Otto, Deuteronomium, 64.

26 Ebd.; vgl. die Kritik an Veijola a.a.O., 37.

27 A.a.O., 68f. Vgl. die Kritik an Otto bei Pakkala, Deuteronomium 13, passim, der „[a]ngesichts der verfügbaren Beweislage" zu dem vorsichtigen Ergebnis kommt, „dass ein unbekanntes, politisches Dokument hinter Dtn 13 steht" (a.a.O., 134).

Fortschreibungen einerseits, ob der eingeschobene Grundtext das Produkt einer Redaktion (Veijolas DtrB) oder eine vorgegebene Quelle (Ottos Loyalitätseid) ist. Offen ist weiterhin – ganz gleich, ob man eine Ergänzungs- oder eine Fragmentenhypothese vertritt –, in welcher Zeit der Einschub erfolgt ist. Eng verknüpft mit dem Datierungsproblem ist die Frage nach den traditionsgeschichtlichen Wurzeln des Kapitels. Die Forschungsgeschichte zum Problemfeld Deuteronomium und Vertragsrecht zeigt, dass nicht nur die *external evidence* der altorientalischen Referenztexte für die Altersbestimmung der Bundestheologie in Beschlag genommen wird, sondern dass auch umgekehrt das vorausgesetzte Bild von der Entstehung des Deuteronomiums Folgen für die Auswahl der Vergleichstexte zeitigt.[28] Anders wäre es kaum zu erklären, dass in der gegenwärtigen Debatte eine weitgehende Beschränkung auf das neuassyrische Vergleichsmaterial zu beobachten ist, das mit der angenommenen Entstehung des Deuteronomiums im ausgehenden 7. Jh. am besten zu vereinbaren ist. Nachdem also in der gegenwärtigen Forschungssituation eine generelle Abhängigkeit von Dtn 13 vom altorientalischen Vertragsrecht weitgehend akzeptiert ist, soll in der anstehenden traditionsgeschichtlichen Analyse näherhin gefragt werden, ob sich einzelne Elemente identifizieren lassen, die spezifisch neuassyrische oder spezifisch westliche (hethitische bzw. aramäische) Einflüsse spiegeln. Im Zentrum des Vergleichs stehen dabei einerseits der ausgezeichnet erhaltene neuassyrische Sukzessionsvertrag Asarhaddons (EST), nach dessen Einfluss auf Dtn 13 jeweils gesondert zu fragen ist, und andererseits die aramäischen Inschriften von Sfire, die die bislang einzigen Vertreter der aramäischen Vertragsrechtstradition sind und den biblischen Texten geopolitisch und sprachlich am nächsten kommen.

1.2 Literarische Analyse von Dtn 13

1.2.1 Abgrenzung und Gliederung des Kapitels

Was die Abgrenzung von Dtn 13 nach vorn betrifft, so ist die Beobachtung wichtig, dass sich die Forderung in V. 1, alles Gebotene im Wortlaut zu bewahren, vermutlich nicht auf Kap. 13, sondern auf Kap. 12 bezieht. Dies zeigt schon die Wendung *tšmrw lʿśwt* in 13,1a an, die, indem sie die zentrale Forderung aus Dtn 12,1 (*tšmrwn lʿśwt*) wieder aufnimmt (statt des älteren Doppelausdrucks *ḥqym wmšpṭym* steht das Wort *dbr*), einen Rahmen um die in Kap. 12 versammelten Zentralisationsgebote legt. Für eine Zugehörigkeit von 13,1 zu Kap. 12 spricht des Weiteren die Kanonformel in Dtn 13,1b (*lʾ tsp ʿlyw wlʾ tgrʿ mmnw*)

28 S. o. S. 2–14.

(vgl. 4,2),[29] die ihre Vorbilder überwiegend im Bereich der altorientalischen Gesetzes- und Vertragstexte hat, wo sie „ausnahmslos am Ende der eigentlichen Inschrift“[30] begegnet. Von daher liegt auch für 13,1 nahe, dass der Vers nicht den Anfang von Kap. 13, sondern das Ende von Kap. 12 markiert,[31] wobei der Numeruswechsel zwischen 13,1a und b wohl auf der einen Seite der Stichwortaufnahme aus 12,1 und auf der anderen Seite dem singularischen Kontext (12,29–31; 13,2ff) geschuldet ist.[32] Die Abgrenzung nach hinten ist klarer: Formal fällt in 14,1 der Wechsel in die pluralische Anrede auf; inhaltlich geht es nicht wie in Dtn 13,2–19 um Verführung zum Abfall von Jhwh, sondern um den Totenkult, der verboten wird. Die eigentliche Textbasis der folgenden Analyse liegt somit in Dtn 13,2–19 vor.

Dtn 13,2–19 kann mühelos in drei weitgehend parallel laufende Einheiten gegliedert werden (V. 2–6.7–12.13–19).[33] Jede der Einheiten besteht aus einem Vordersatz (Protasis) und einem Nachsatz (Apodosis). Die Protasis – eingeleitet mit der Konjunktion *ky* „wenn“ – definiert mit wechselnden Subjekten (Prophet oder Traumseher/Verwandte oder Freund/böse Menschen) den Tatbestand, der in der Verführung zum Dienst anderer Götter besteht und mit einer aus den Elementen *hlk* (*ʾḥry*) + *ʿbd* + *ʾlhym ʾḥrym* zusammengesetzten Formel zum Ausdruck gebracht wird. Die Apodosis bestimmt die Rechtsfolge, die in den beiden ersten Einheiten mit einem Verbot, auf die Rede des Verführers zu hören (V. 4a; ausführlicher: V. 9), beginnt und mit einem Gebot, den/die Verführer zu töten, endet. Die Apodosis der dritten Einheit folgt einer Bestimmung über das Ermittlungsverfahren (V. 15) und fordert die Vernichtung der abgefallenen Stadt. Die drei Einheiten schließen mit einer Begründung der Rechtsfolge, die wiederum mit *ky* „denn“ eingeleitet wird, sowie einer paränetischen Formel.

Die drei konditionalen Satzgefüge sind formal den kasuistisch formulierten Gesetzen vergleichbar, die im Alten Testament jedoch selten mit direkter Anrede begegnen.[34] Eine allzu rasche Identifikation der in Dtn 13,2–19 zusammengestellten Einheiten mit der Gattung der kasuistischen Gesetze wäre gleichwohl übereilt.[35] Die drei Fälle weichen nämlich auf der einen Seite in mehreren Punkten von den üblichen Rechtssätzen ab;[36] auf der anderen Seite sind Wenn-Dann-Satzgefüge in der altorientalischen Literatur nicht auf die so genannten

29 Vgl. zu dieser Formel auch Veijola, Deuteronomium, 113f.

30 Reuter, Dtn 13,1, 112.

31 Vgl. auch Dohmen/Oeming, Kanon, 83.

32 Vgl. Reuter, Kultzentralisation, 96f.

33 S. dazu die Übersetzung des Kapitels S. 168–170.

34 Vgl. zu den Belegen im Alten Testament Liedke, Gestalt, 20–26.

35 So z.B. Richter, Bearbeitungen, 83.

36 Vgl. auch Veijola, Wahrheit, 290, der deshalb formuliert: „Es handelt sich in Dtn 13 nicht um echte Gesetze, sondern eher um eine die Form der Rechtssätze imitierende Paränese.“

Gesetze der Rechtsbücher beschränkt, sondern in den unterschiedlichsten Textgattungen breit bezeugt, so z.B. in den Omina, in medizinisch-diagnostischen Texten sowie in Staatsverträgen der westlichen, durch hethitische und aramäische Texte repräsentierten Tradition.[37] Die vergleichende Untersuchung wird zeigen, dass es sich bei den Wenn-Dann-Satzgefügen in Dtn 13 aus formalen und inhaltlichen Gründen am ehesten um Vertragsstipulationen bzw. deren Imitation handelt.[38]

1.2.2 Literarkritik von Dtn 13,2–19[39]

Von den Textauffälligkeiten, die darauf hindeuten, dass 13,2–19 nicht in einem Zuge entstanden ist, sind zwei Kategorien kurz anzusprechen. Die weitgehend parallele Struktur der drei in 13,2–19 zusammengestellten Einheiten ist an einigen Stellen offensichtlich durchbrochen. Als Faustregel kann gelten, dass abweichende Textpassagen, die nur in einer der drei Einheiten erscheinen und nicht sachlichen Notwendigkeiten geschuldet sind, erheblichen Zweifeln unterliegen. Ein weiteres, nicht unproblematisches Kriterium ist der Numeruswechsel. Bekanntermaßen spricht das älteste Deuteronomium „Israel“ mit dem singularischen „Du“ an, während die dtr Bearbeiter sowohl pluralische als auch singularische Sektionen ergänzen. In spät-dtr Texten kann in der Folge der Wechsel in der Anrede „Israels“ geradezu als Stilmittel eingesetzt werden.[40] Für ein Kapitel wie Dtn 13, das nicht ungeprüft dem Urdeuteronomium zugeschlagen werden kann, ergibt sich daraus, dass ein rein mechanischer Gebrauch des Numeruswechselkriteriums nicht geeignet ist, Tradition und Redaktion zu scheiden.[41] Gleichwohl kann der Numeruswechsel im Verbund mit anderen

---

37 Vgl. Maul, Omina, 46: „Allen Satzgefügen dieser Art ist in jedem Falle gemein, dass der durch die Verknüpfung von Protasis und Apodosis hergestellte Zusammenhang im altorientalischen Weltbild das Offenlegen einer Gesetzmäßigkeit des dynamischen Weltgefüges darstellt.“

38 Vgl. u. S. 150.

39 Die folgende Literarkritik schließt relevante textkritische Entscheidungen mit ein. Hinter diesem Vorgehen steht eine Verhältnisbestimmung der beiden Methodenschritte, nach der die Textkritik als eine Spielart der Literarkritik betrachtet wird, vgl. z.B. Stipp, Textkritik, sowie ders., Verhältnis.

40 Vgl. dazu etwa Braulik, Einleitung, 129: „Können spätere Verfasser die ‚Numerusmischung‘ nicht als typisch dtn Stil betrachtet und in ihren eigenen Texten imitiert haben, so dass dort trotz ‚Numeruswechsels‘ keine verschiedenen Schichten vorliegen? Der Numeruswechsel könnte dann z.B. dazu gedient haben, thematische Höhepunkte rhetorisch herauszuheben oder Gliederungen zu signalisieren (z.B. in 4,1–40).“

41 Vgl. Veijola, Wahrheit, 292f: „Wenn in Dtn 13 nicht axiomatisch davon ausgegangen werden kann, dass hier ein Text des Urdeuteronomiums in frühdeuteronomistischer Bearbeitung vorliegt, dann lässt sich der Numeruswechsel als literarkritisches Kriterium nicht mechanisch auf diesen Text anwenden.“

Textauffälligkeiten auch in Dtn 13 ein probates Instrument sein, redaktionelle Nacharbeit zu identifizieren.[42]

a.) Verführung durch einen Propheten oder Traumseher: Dtn 13,2–6

Die erste Stipulation thematisiert den Versuch der Verführung zum Abfall von Jhwh durch einen Propheten oder Traumseher, der sich mittels eines Zeichens oder Wunders legitimieren kann. Die literarische Beschaffenheit der ersten Einheit ist höchst umstritten. Die Bandbreite der Meinungen reicht vom Postulat einer weitgehenden Einheitlichkeit der Verse[43] bis zu einer feingliedrigen Aufteilung in vor-dtn, dtn und dtr Anteile.[44] Im Folgenden sollen die problematischen Stellen der ersten Stipulation der Reihe nach überprüft werden.

(1.) Bei der in 13,2b.3aα überlieferten Auskunft, der zufolge der Prophet oder Traumseher seine konspirative Botschaft zusätzlich durch ein Zeichen oder Wunder legitimieren kann, sind zwei Auffälligkeiten zu konstatieren, die nicht selten Anlass geben, das Stück aus dem Grundtext zu entfernen:[45] Zum einen liegt eine enge sachliche Beziehung zu V. 4b vor, der seinerseits gemeinhin als Nachtrag angesehen wird; zum anderen werden in syntaktischer Hinsicht Bedenken geltend gemacht. Diese haben insofern ihre Berechtigung, als das prophetische Beglaubigungszeichen in V. 2b.3aα seinen eigentlichen Ort nicht vor, sondern erst nach der prophetischen Botschaft V. 3b gehabt hätte,[46] wie z.B. die in 1Kön 12,33–13,10 überlieferte Prophetenlegende demonstriert (vgl. auch 1Sam 2,34; 10,7.9; 2Kön 19,29//Jes 37,30 ; 2Kön 20,8f//Jes 38,7.22; Jes 7,11.14; Jer 44,29). Die umgekehrte Reihenfolge bringt es nun mit sich, dass erstens nicht ganz deutlich wird, wann das Beglaubigungszeichen ergangen ist, und zweitens das *l'mr* am Ende von V. 3a mehr schlecht als recht an das Vorangehende anschließt. Vor diesem Hintergrund ist es begreiflich, dass es in der Literatur nicht an Versuchen fehlt, die Spannungen literarkritisch zu beheben. Ein älterer Vorschlag bezieht den Relativsatz V. 3aβ (*'šr dbr 'lyk l'mr*) nicht auf das eintreffende Zeichen oder Wunder (V. 3aα), sondern auf den Propheten oder Traumseher in V. 2a, da andernfalls ein *'šr ntn* zu erwarten gewesen wäre.[47] In

42 Dafür, dass der Wechsel in der Anrede Israels nicht allein ein Problem der modernen Exegese ist, sondern schon antiken Rezipienten als störend aufgefallen ist, sind die Angleichungen in der Textüberlieferung von Dtn 13 ein beredter Beweis (vgl. etwa im Apparat der BHS zu Dtn 13,6).

43 Vgl. etwa Veijola, Wahrheit, 291–293, der lediglich das Verb *wn'bdm* aus dem Grundtext ausscheidet.

44 Vgl. etwa die Rekonstruktion von Otto, Deuteronomium, 38–40.

45 So schon Löhr, Deuteronomium, 174.

46 Vgl. die versuchsweise Umstellung bei Dion, Deuteronomy 13, 168.

47 So die Argumentation von Löhr, Deuteronomium, 174, der sich in jüngerer Zeit Otto, Deuteronomium, 38, anschließt.

diesem Fall müsste das Perfekt *ʾšr dbr* allerdings gegen den üblichen Gebrauch (vgl. z.B. Dtn 1,1; 4,45; 9,10.28; 10,4; 19,8) präsentisch übersetzt werden („der zu dir spricht"), wofür im Hebräischen *ʾšr ydbr* bereitgestanden hätte (vgl. z.B. Dtn 5,27; 18,19.22; 1Sam 9,6).[48] Überzeugender wäre es dann schon, das *lʾmr* direkt an V. 2a anschließen zu lassen (vgl. auch Ri 20,8: *wyqm kl hʿm kʾyš ʾḥd lʾmr*).[49]

Doch eine Abtrennung der V. 2b.3aα ist nicht zwingend notwendig. Die zu Recht beobachtete Nähe zu V. 4b erklärt sich, wie sich zeigen wird, schlicht und ergreifend mit der Charakterisierung von V. 4b.5 als Nachinterpretation der theologisch anstößigen Passage 13,2b.3aα.[50] Der problematische Satzbau dürfte hingegen der eingangs geschilderten parallelen Struktur der drei Einheiten geschuldet sein, in der die wörtliche Rede der Verführer jeweils am Ende der Protasis stehen sollte. Wie eine analoge Formulierung in 1Kön 13,3 zeigt (*zh hmwpt ʾšr dbr yhwh*), spricht auch syntaktisch nichts dagegen, den Relativsatz *ʾšr dbr ʾlyk lʾmr* einfach auf das angekündigte Zeichen oder Wunder zu beziehen.[51] Rose übersetzt dementsprechend: „... das Zeichen oder Wunder trifft [...] ein, das er dir angesagt hatte mit den Worten: Lasst uns anderen Göttern nachfolgen [...]"[52] Die durch den Passus vom eintreffenden Zeichen oder Wunder ausgeschmückte Protasis hat im Übrigen eine strukturelle Entsprechung in der Protasis der nachfolgenden Stipulation. Während hier eine dramaturgische Steigerung durch das Eintreffen des prophetischen Beglaubigungszeichens erzielt wird, so in V. 7 durch die extensive und stark emotional gefärbte Aufzählung von nahe stehenden Menschen, die als potentielle Verführer in Frage kommen.

(2.) Der stereotyp wiederkehrende Satz *ʾšr lʾ ydʿt(m)* „die du nicht kennst" (13,3b.7b) bzw. *ʾšr lʾ ydʿtm* „dir ihr nicht kennt" (14b)[53] wird gelegentlich aus inhaltlichen Gründen ausgeschieden, da solch ein die eigenen schlechten Absichten entlarvender Satz in der Rede der Verführer nicht zu erwarten

48 Vgl. auch Veijola, Deuteronomiumsforschung, 295, der hier gar eine Übersetzung „gegen die Grammatik" sieht.

49 So Merendino, Gesetz, 62; Dion, Deuteronomy 13, 167f; Pakkala, Monolatry, 25.

50 Horst, Privilegrecht, 44, betont daher zu Recht, dass sich V. 4b.5 im Vergleich zu V. 2b.3aα „anderer und späterer Hand" verdanken.

51 Vgl. auch Veijola, Wahrheit, 292; Köckert, Ort, 84, Anm. 21; Veijola, Deuteronomiumsforschung, 295. Vgl. auch die Relativierung der eigenen Entscheidung bei Dion, Deuteronomy 13, 188: „[T]he case for the secondary origin of these verses still leans predominantly on the less than ideal arrangement of vv. 2–3, an argument which is admittedly not compelling."

52 Rose, 5. Mose, 295.

53 Vgl. im Dtn noch 11,28; 28,64; 29,25 und zur Bedeutung der Wendung von Rad, Theologie 1, 223: „Tatsächlich wird von den fremden Göttern nicht selten nur dies ausgesagt, dass sie keine Geschichte mit Israel haben; die Väter haben sie nicht ‚gekannt', d.h. sie waren mit ihnen nicht vertraut [...]"

sei.[54] Dagegen ist zu sagen, dass bei näherem Hinsehen nicht erst der Relativsatz, sondern schon die für Dtn 13 elementare Aufforderung, anderen Göttern zu dienen, die nichts weniger als eine Übertretung des Ersten Gebots verlangt, als werbende Rede der Verführer völlig utopisch ist.[55] Die offensichtlich pejorativen Formeln werden den potentiellen Verführern bewusst in den Mund gelegt, um den alles entscheidenden Gegensatz zwischen Jhwh und den anderen Göttern herauszustreichen.[56] Es besteht somit kein Anlass für eine Entfernung der Relativsätze *ʾšr lʾ ydʿt(m)* in V. 3b, 7b und 14b.

(3.) Bei dem Kohortativ *wnʿbdm* „und ihnen dienen" in V. 3b zeigt schon die Textgeschichte seine deplatzierte Lage an. So überliefern 11QT 54,10 und LXX das Verb nicht nach, sondern vor dem Relativsatz *ʾšr lʾ ydʿtm.*[57] Da die MT-Lesart aber *lectio difficilior* ist, ist die „nachhinkende" Position des Kohortativs den beiden glättenden Varianten vorzuziehen und wahrscheinlich als Glosse zu beurteilen. Der Sinn der Fortschreibung liegt auf der Hand: „Der in Dtn 13,3 durch הלך אחרי אלהים אחרים beschriebene ‚Tatbestand' wurde durch ועבד an die Tatbestände in 13,7.14 angeglichen."[58]

(4.) In 13,4b.5 fällt zunächst der abrupte Wechsel in die pluralische Anrede auf. Hinzu kommt die Beobachtung, dass die in V. 4b mit *ky* eingeleitete Begründung den natürlichen Zusammenhang zwischen dem Verbot, auf den Verführer zu hören (V. 4a), und der Deklaration seiner Todeswürdigkeit in V. 6 unterbricht (vgl. dagegen den Zusammenhang zwischen V. 9 und V. 10aα) und überdies keinerlei Entsprechung in den beiden folgenden Stipulationen hat. Diese Textbeobachtungen führen in aller Regel zu einer Entfernung der V. 4b.5 aus dem Grundtext,[59] so dass die zweiteilige Apodosis der ersten Stipulation, bestehend aus V. 4a und V. 6*, ursprünglich folgenden Wortlaut gehabt hätte:

---

54 Vgl. z.B. Seitz, Studien, 145.

55 Vgl. auch Dion, Deuteronomy 13, 163 mit Anm. 2, und Pakkala, Monolatry, 26, der richtig feststellt, „that the whole statement is artificial in any case".

56 Vgl. auch Horst, Privilegrecht, 36, Anm. 30: „Die Formulierung erweckt den Anschein, als wolle der Verfasser sein eigenes Urteil den Redenden in den Mund legen (vgl. Jes 28,15; 29,15; 30,11)."

57 Vgl. Veijola, Wahrheit, 292, Anm. 23; dass das Verb „außerhalb des Zitats" stehe (ebd.), stimmt allerdings nicht, da vermutlich auch der dazwischen liegende Satz *ʾšr lʾ ydʿtm* Teil der wörtlichen Rede der Verführer ist.

58 Floss, Jahwe dienen, 286.

59 Vgl. Puukko, Deuteronomium, 253; Hölscher, Komposition, 192, Anm. 4; Steuernagel, Deuteronomium, 102; Horst, Privilegrecht, 43f; Merendino, Gesetz, 63f; Seitz Studien, 151; Preuss, Deuteronomium, 134; Nielsen, Deuteronomium, 144f.

l' tšm' 'l dbry hnby' hhw' 'w 'l ḥwlm hḥlwm hhw'	„dann sollst du auf die Worte dieses Propheten oder Traumsehers nicht hören.
whnby' hhw' 'w ḥlm hḥlwm hhw' ywmt […]	Und dieser Prophet oder Traumseher soll getötet werden […]“

Bei dem so rekonstruierten Text stört aber ganz offensichtlich die ungerechtfertigte Verdopplung des Objekts (*hnby' hhw' 'w ḥlm hḥlwm hhw'*),[60] was in den neueren Arbeiten zu Dtn 13 zu ganz unterschiedlichen Lösungsvorschlägen geführt hat.

So fragt sich etwa P. E. Dion, „if, before 4b–5 was inserted, v. 4a was not shorter“, woraufhin er den Halbvers kurzerhand nach V. 9 (*wl' tšm' 'lyw*) umformuliert.[61] Allerdings sollten solch freie Textrekonstruktionen lediglich die *ultima ratio* sein. Veijola löst das Problem, indem er auf den Numeruswechsel als literarkritisches Kriterium und infolgedessen auf eine Ausscheidung der V. 4b.5 verzichtet. Es ist zwar richtig, dass die Anrede in spät-dtr Schichten sowohl im Plural als auch im Singular erfolgen kann;[62] jedoch erscheint der Numeruswechsel an dieser Stelle äußerst willkürlich[63] und ist darüber hinaus im Verbund mit den anderen Indizien, die für eine redaktionelle Erweiterung sprechen, zu sehen. Otto macht sich demgegenüber wieder für eine Herauslösung der V. 4b.5 stark. Wie aus seiner Übersetzung hervorgeht, in der er das Objekt in V. 4a als Zusatz markiert, versucht er das Problem mit dem wiederholt vorkommenden Objekt durch Streichung desselben in V. 4a zu bewältigen, wobei er seine Entscheidung mit dem Hinweis auf das literarkritische Prinzip der Wiederaufnahme legitimiert. Ein Blick auf den hebräischen Text zeigt freilich, dass bei dieser Rekonstruktion der Constructus *dbry* merkwürdig in der Luft hängen bleibt.[64] Einen ganz neuen Lösungsweg präsentiert J. Pakkala.[65] Auch nach ihm markiert V. 4b aufgrund des Perspektiven- und Numeruswechsels eine literarische Naht. Im Gegensatz zum breiten Konsens trennt er aber V. 4b von V. 5 und rechnet

60 Vgl. z.B. Dion, Deuteronomy 13, 172: „In immediate succession these two verses seem exceedingly repetitious [...].“ Veijola, Wahrheit, 293, sieht in dem Grundtext gar „eine unnötige, ja unerträgliche Tautologie“.

61 Dion, Deuteronomy 13, 172.

62 Vgl. Veijola, Wahrheit, 292f.

63 Otto, Deuteronomium, 39, macht zu Recht darauf aufmerksam, dass ein als Stilmittel gebrauchter Wechsel in die pluralische Anrede bereits „für die Paränese in Dtn 13,4a im Gegensatz zu der konkreten Rechtsfolgebestimmung in Dtn 13,6aα und nicht erst für ihre Begründung und Fortsetzung mit den positiven Forderungen in V. 4b.5“ zu erwarten wäre.

64 Otto, Deuteronomium, 38. – Oder möchte Otto im Anschluss an Dion *dbry* zu *dbryw* konjizieren? (vgl. a.a.O., 40)

65 Vgl. Pakkala, Monolatry, 26–28.

letzteren unbeschadet seiner pluralischen Anrede der Grundschicht zu, wobei V. 5 mit der Aufforderung, Jhwh nachzufolgen (*ʾḥry yhwh ʾlhykm tlkw*), eine Antithese zu V. 3b (*nlkh ʾḥry ʾlhym ʾḥrym*) bilde. Dem ist entgegenzuhalten, dass die Antithese zwischen V. 3b und V. 5 ebenso gut der Absicht der Redaktoren entspringen kann, die möglicherweise in V. 5 bewusst an V. 3b angeknüpft haben. Das Problematische an Pakkalas Rekonstruktion ist aber in erster Linie, dass sie nicht plausibel zu machen vermag, warum sich V. 5 durch die pluralische Anrede von seinem Kontext abhebt, zumal dieser Vers das Ergebnis einer Kombination einschlägiger Formulierungen in den Rahmenkapiteln des Deuteronomiums zu sein scheint, die nun gerade in singularischer Anrede stehen (vgl. Dtn 6,13f; 10,12f; vgl. vor allem die Reihenfolge in 10,20: *ʾt yhwh ʾlhyk tyrʾ ʾtw tʿbd wbw tdbq*).[66] Es liegt nahe, dass V. 5 seine pluralische Anrede allein seiner literarischen Zugehörigkeit zu V. 4b verdankt,[67] mit dem er im Übrigen in einem engen traditionsgeschichtlichen Zusammenhang steht, der eine Trennung der Verse nachgerade verbietet.[68]

Wenn aber 13,4b.5 zusammengehören und eine sekundäre Erweiterung der ursprünglichen Stipulation darstellen, bleibt die zu Recht beanstandete Verdopplung des Objekts am Anfang von V. 6 plausibel zu machen. Weiterführend ist hier m.E. das von Otto ins Spiel gebrachte Prinzip der Wiederaufnahme. Während Otto selbige aber in V. 4a erblickt, dürfte es der redaktionellen Technik der Wiederaufnahme, mit deren Hilfe ein Redaktor nach einem Einschub den ursprünglichen Erzählfaden wieder aufnimmt,[69] eher entsprechen, sie *nach* der redaktionellen Erweiterung in V. 4b.5 und damit zu Beginn von V. 6 zu vermuten.

---

66 Die von 10,20 nicht abgedeckten – und die Dreierreihe unterbrechenden! – Elemente *wʾt mṣwtyw tšmrw wbqlw tšmʿw* dürften aus Dtn 13,19 stammen. Das erste Element in V. 5 ist wohl aus V. 3 (*nlkh ʾḥry ʾlhym ʾḥrym*) herausgesponnen.

67 Pakkala, Monolatry, 27, verweist dagegen auf das Objekt der Verführung in V. 3b oder V. 2, welches allerdings stets im Singular angesprochen wird. Der Kohortativ in V. 3b dürfte den Sprecher (*nbyʾ ʾw ḥwlm ḥlwm*) mit einbeziehen.

68 Dieser zeigt sich z.B. in Dtn 8,2, wo das Motiv der Prüfung Jhwhs ebenfalls in direktem Zusammenhang mit Israels Gebotsgehorsam steht (vgl. *htšmr mṣwtw* in 8,2 mit *wʾt mṣwtyw tšmrw* in 13,5); Belege wie Dtn 8,2; 10,12; 11,13.22; 30,20 machen überdies den engen Zusammenhang von Gottesliebe und Gebotsgehorsam deutlich, der auch in 13,4b.5 begegnet.

69 Zum Unterschied zwischen Wiederholungen und literarkritisch relevanten Wiederaufnahmen vgl. grundlegend Kuhl, Wiederaufnahme, 2: „Es lässt sich […] die Beobachtung machen, dass die Wiederholung dadurch bedingt ist, dass in den ursprünglichen Text ein Einschub erfolgt ist, und dass nach solchem Einschub der ursprüngliche Faden der Erzählung durch Wiederholung der letzten Worte, ja ganzer Sätze und zum Teil sogar größerer Abschnitte, wieder aufgenommen wird. Wir wollen diese eigentümliche Erscheinung zum Unterschied von anderen Wiederholungen mit dem Ausdruck ‚Wiederaufnahme' bezeichnen, da hierbei ja der ursprüngliche Text wieder aufgenommen wird."

Dann wäre das – wie in V. 10aα[70] – ehedem adversativ gemeinte *ky* sekundär für die redaktionell eingefügte Begründung in V. 4b in Beschlag genommen worden. Weiterhin wäre auch die Wiederholung des Objekts am Anfang von V. 6 (*whnbyʾ hhwʾ ʾw ḥlm hḥlwm hhwʾ*) der Fortschreibung in V. 4b.5 geschuldet, durch die der natürliche Zusammenhang zwischen der Nennung des Objekts in V. 4a und der Deklaration seiner Todeswürdigkeit in V. 6 (*ky ywmt* „vielmehr soll er getötet werden")[71] unterbrochen wurde, so dass eine Wiederaufnahme des Objekts für das Verständnis der Apodosis unabdingbar war. Die zweiteilige Rechtsfolgebestimmung in Dtn 13,4a.b*.6* dürfte demnach ursprünglich folgenden Wortlaut gehabt haben:

lʾ tšmʿ ʾl dbry hnbyʾ hhwʾ ʾw ʾl ḥwlm hḥlwm hhwʾ	„dann sollst du auf die Worte dieses Propheten oder Traumsehers nicht hören,
ky [...] *ywmt* [...]	vielmehr [...] soll er getötet werden [...],
ky dbr srh ʿl yhwh lhdyḥk mn hdrk [...]	denn er hat Falsches geredet gegen Jhwh, um dich von dem Weg abzuführen [...]"

Die vorgelegte Rekonstruktion hat den weiteren Vorteil, dass sie eine syntaktische Struktur freilegt, die eine Entsprechung in dem auch sonst weitgehend parallel laufenden zweiten Fall (13,7–12*) besitzt. Der formale Vergleich mit altorientalischen Vertragstexten wird offen legen, dass beide Fälle nach dem Vorbild aramäischer Vertragsbestimmungen gestaltet worden sind.

Die Frage nach Sinn und Zweck des nachgetragenen Abschnitts 4b.5[72] kann aufgrund der theologisch problematischen Aussage im vorangehenden Vers einigermaßen sicher beantwortet werden. Demnach reagiert der begründende V. 4b mit seinem Hinweis auf eine Prüfung Jhwhs (*nsh* pi)[73] auf den anstößigen Passus über das Eintreffen des (pseudo)prophetischen Beglaubigungszeichens

---

70 Vgl. zu dieser Stilfigur mit adversativem *ky* noch Num 35,31.

71 Dass hier im Gegensatz zu V. 10aα dem *ky* kein Inf. abs. folgt, braucht nicht weiter zu beunruhigen, da *ywmt* und *mwt ywmt* in alttestamentlichen Rechtssätzen nachgewiesenermaßen promiscue gebraucht werden (vgl. z.B. Lev 24,21b mit Ex 21,12 und Ex 35,2 mit 31,15; vgl. auch Lev 24,16; Dtn 17,6); vgl. dazu auch Schulz, Todesrecht, 74, der in diesem Zusammenhang von einer „Kurzform der Todessätze" spricht. Denkbar wäre aber auch, dass die redaktionelle Einfügung von *hnbyʾ hhwʾ ʾw ḥlm hḥlwm hhwʾ* die Ersetzung des ursprünglichen Inf. abs. *mwt ywmt* durch das schlichte *ywmt* befördert hat, da der Inf. abs. für gewöhnlich eine x-yiqtol-Funktion wahrnimmt, die nach dem Einschub des Objekts *hnbyʾ hhwʾ ʾw ḥlm hḥlwm hhwʾ* in V. 6 aber schon erfüllt ist; vgl. dazu Liedke, Gestalt, 50.

72 Mit V. 4b.5 ist im Anschluss an die hier vorgetragene Rekonstruktion im Folgenden näherhin der Textbestand von *mnsh* in V. 4b bis *whnbyʾ hhwʾ ʾw ḥlm hḥlwm hhwʾ* in V. 6 gemeint.

73 Vgl. zu Prüfungen Israels durch Jhwh (*nsh* pi) Dtn 8,2.16: der 40jährige Wüstenzug; Ri 2,22; 3,1.4: die übrig gelassenen Völker.

in V. 3aα und versucht, diesen zu entschärfen,[74] indem er erklärt, „warum es auch antijahwistisches Mantikertum geben kann, das zeichenmächtig ist“.[75] Damit gelingt dem Nachtrag V. 4b.5 zugleich die Vermittlung der überholten Vorstellung, nach der die *ʾlhym ʾḥrym* offenkundig in der Lage sind, Zeichen und Wunder zu wirken, mit einem in den späteren Schichten des Deuteronomiums weiter entwickelten Gotteskonzept; denn während der Kernbestand von Dtn 13 mit seiner Warnung vor den *ʾlhym ʾḥrym* ein monolatrisches Gotteskonzept impliziert,[76] vertritt V. 4b mit seiner Betonung der Alleinwirksamkeit Jhwhs einen konsequenten Monotheismus, wie er im Deuteronomium etwa in Kap. 4 zu finden ist.[77] Auch dieses tendenzkritische Argument spricht für eine Ausscheidung der V. 4b.5 aus dem Grundtext von Dtn 13.

(5.) In V. 6 fallen einerseits die im Kontext störenden pluralischen Suffixe der Wörter *ʾlhykm* und *ʾtkm* auf, die deshalb von LXX und Samaritanus sekundär geglättet worden sind; andererseits birgt der sichtlich überladene Satz die Gefahr, Jhwh als Subjekt von *lhdyḥk* in V. 6aβ aufzufassen. Beide Schwierigkeiten werden behoben, wenn die zweigliedrige Exodusformel als Interpolation betrachtet wird, deren Absicht es ist, den ersten Fall an den zweiten anzugleichen (vgl. die Exodusformel in V. 11b).[78] Der Nachtrag schließt im Numerusgebrauch zunächst an den pluralischen Zusatz V. 4b.5 an. Die plötzliche Rückkehr in die singularische Anrede durch das Partizip *whpdk* dient dann wohl dem Zweck, den Anschluss an den nachfolgenden singularischen Grundtext zu erleichtern (vgl. den analogen Numeruswechsel in Dtn 7,8).[79]

Demnach sind in der ersten Stipulation lediglich das Verb *wnʿbdm* in V. 3b, der Abschnitt V. 4b.5 sowie die zweigliedrige Exodusformel in V. 6 als Nachträge zu beurteilen.

---

74 Deshalb können V. 2b.3aα und 4b.5 schwerlich ein und derselben Redaktionsstufe angehören; s. o. S. 115, Anm. 50.

75 Horst, Privilegrecht, 43.

76 S. dazu u. S. 140f.

77 Braulik, Monotheismus, 140, stellt zu Recht fest, dass das konsequent monotheistisch formulierende Kap. 4 im Kommentar zum Ersten Gebot die *ʾlhym ʾḥrym* bewusst verschweigt; vgl. auch Otto, Deuteronomium 4, 206: „Fremde Götter gibt es in der Perspektive von Dtn 4,1–40 nicht (Dtn 4,35.39), sondern nur Götzen (Dtn 4,28).“

78 Vgl. auch Kreuzer, Exodustradition, 88, und zuletzt Pakkala, Monolatry, 28, der sich zu Recht dagegen ausspricht, die mit *ky dbr srh* anhebende und in V. 6aβ fortgesetzte Begründung für die Todessanktion als sekundär auszuscheiden (so z.B. Merendino, Gesetz, 65f). Insbesondere das Verb *ndḥ* hi ist in Dtn 13 fest verankert, da es in jeder der drei Einheiten erscheint (V. 6.11.14).

79 Vgl. auch Dion, Deuteronomy 13, 172.

b.) Verführung durch einen Verwandten oder einen Freund: Dtn 13,7–12
Die zweite Stipulation behandelt den Versuch der Verführung zum Abfall von Jhwh durch ein Familienmitglied oder einen Freund. Hier kommen im Wesentlichen zwei Stellen für literarkritische Eingriffe in Frage.[80]

Erstens unterliegt die Authentizität der in V. 8 begegnenden Näherbestimmung der *'lhym 'ḥrym* aus V. 7b erheblichen Zweifeln.[81] Für eine Fortschreibung spricht hier neben dem plötzlichen Wechsel in die pluralische Anrede vor allem die Beobachtung, dass die wörtliche Rede der Verführer durch die Erweiterung um V. 8 ganz erheblich von den Parallelstellen in V. 3b und V. 14b abweicht. Sachlich dürfte die Erweiterung – wie die in V. 4b.5 – an der in Dtn 4 begegnenden universalen Perspektive orientiert sein, nach der die – dort bewusst verschwiegenen – *'lhym 'ḥrym* „allen Völkern unter dem ganzen Himmel" zugewiesen sind (4,19). Dabei wurden entsprechende Formeln aus Dtn 6,14 (*m'lhy h'mym 'šr sbybwtykm*; vgl. auch Ri 2,12), 20,15–17 (V. 15: *kn t'śh lkl h'rym hrḥqt mmk m'd 'šr l' m'ry hgwym h'lh hnh*; vgl. auch Jos 9,6.9) und 28,64 (*bkl h'mym mqṣh h'rṣ w'd qṣh h'rṣ*) aufgenommen und miteinander verknüpft.[82] Der Numeruswechsel innerhalb der Erweiterung dürfte auf den unterschiedlichen Numerusgebrauch in den aufgenommenen Formeln zurückzuführen sein, der getreu übernommen worden ist.[83]

Auch die komplexen Strafbestimmungen in 13,10f zeigen Spuren literarischen Wachstums. Jedoch ist in V. 10aα zuerst eine textkritische Entscheidung zu fällen, da sich die beiden wichtigsten Textzeugen, MT und LXX, ganz erheblich widersprechen:
MT: *ky hrg thrgnw*
LXX: ἀναγγέλλων ἀναγγελεῖς περὶ αὐτοῦ = *hgd tgydnw*

Weil die LXX mit ihrer sich besser in den Kontext integrierenden Lesart allein steht und sich leicht als Angleichung an Dtn 17,4 (*whgd lk*) verstehen lässt, ist der masoretische Text als *lectio difficilior* zu bevorzugen, der die spontane Tötung der aus dem Familien- bzw. Freundeskreis stammenden Verführer verlangt (vgl. dagegen Dtn 21,18–21).[84]

80 In V. 7 ist die kürzere Lesart von MT, die bewusst auf *bn 'byk* verzichtet, zu bevorzugen; vgl. Weinfeld, Deuteronomy, 98, Anm. 5, und erschöpfend Levinson, Deuteronomy 13:7a.

81 Vgl. zuletzt Pakkala, Monolatry, 29.

82 Vgl. auch Veijola, Wahrheit, 301.

83 Der Numeruswechsel innerhalb einer Redaktionsschicht begegnet in Dtn 13 auch in V. 1 und V. 6.

84 Vgl. dazu bahnbrechend Levinson, Deuteronomy 13:10; ihm folgen Veijola, Wahrheit, 302; Otto, Deuteronomium, 41–45, der darüber hinaus eine instruktive Zusammenfassung der Problematik bietet; Pakkala, Monolatry, 29; anders Aejmelaeus, Septuaginta, 19–21.

Dass nach MT die Tötung des Verführers gleich zweimal befohlen wird (vgl. V. 10aα mit 10aβb.11a),[85] erfordert m.E. einen literarkritischen Eingriff,[86] zumal V. 10aβb.11a eine wörtliche Parallele in 17,2–7 hat, wo sich die Ausführungen zur Steinigung besser in den Kontext einfügen. Die Wendung *wsqltm bʾbnym wmtw*, die in 17,5b das konditionale Satzgefüge des kasuistischen Rechtssatzes beendet (vgl. 22,21.24),[87] hat in 13,11a lediglich die – nach V. 10aα eigentlich überflüssige – Funktion, den Todeserfolg bei Steinigung sicherzustellen. Von der Zeugenregel in 17,6.7a ist in 13,10aβb aus einsichtigen Gründen allein V. 7a (*yd hʿdym thyh bw brʾšnh lhmytw wyd kl hʿm bʾḥrnh*) eingetragen worden, da bei einem sich heimlich (*bstr*) abspielenden Versuch der Verführung kaum mit einer Mehrzahl von Zeugen zu rechnen ist. Nur am Rande sei angemerkt, dass in 13,10aβb.11a eine Bestimmung, die zu steinigende Person vor der Exekution hinauszuführen, fehlt, die in Strafbestimmungen mit *sql* „steinigen" in aller Regel vorangeht (*yṣʾ* hi + *ʾl ptḥ* [Dtn 22,21]; *ʾl šʿr* [22,24]; *ʾl šʿryk* [17,5]; vgl. auch Jos 7,24–26; 1Kön 21,10.13; Apg 7,58) bzw. aus dem Kontext erhellt (Dtn 21,21). Auch dieses Detail dürfte für die Annahme sprechen, dass der in 13,7–12* geschilderte Fall sekundär an ein ordentliches Gerichtsverfahren angeglichen worden ist, wie schon M. Löhr vermutete: „Hinter V. 10 Anfang ist später eine Verbesserung dieser Thora, welche die Lynchjustiz guthieß, vorgenommen im Sinne einer ordnungsmäßigen Exekution durch Steinigung."[88]

Damit entspricht die Apodosis von Dtn 13,7–12* in ihrer syntaktischen Struktur (*lʾ* + Impf. – *ky* + Impf. bzw Inf. abs. – *ky* + Begründung im Perf. + *lhdyḥk*) im Wesentlichen der ebenfalls zweiteiligen Rechtsfolgebestimmung der vorangehenden Stipulation (13,4–6*):

Dtn 13,4–6*	Dtn 13,9–12*
lʾ tšmʿ ʾl dbry hnbyʾ hhwʾ ʾw ʾl ḥwlm hḥlwm hhwʾ	*lʾ tʾbh lw wlʾ tšmʿ ʾlyw wlʾ tḥws ʿynk ʿlyw wlʾ tḥml wlʾ tḥsh ʿlyw*
ky [...] *ywmt* [...]	*ky hrg thrgnw* [...]
ky dbr srh ʿl yhwh [...] *lhdyḥk mn hdrk* [...]	*ky bqš lhdyḥk mʿl yhwh ʾlhyk* [...]

Während sich die Exodusformel in V. 6 als Nachtrag erwiesen hat, liegen in V. 11 keine hinreichenden literarkritischen Argumente vor, die eine Ausscheidung von

85 Dass MT an dieser Stelle gleich drei Rechtsfolgebestimmungen zur Todessanktion biete, wie Otto, Deuteronomium, 42, vorauszusetzen scheint, vermag ich jedoch nicht nachzuvollziehen, da V. 11a lediglich den Todeserfolg bei Steinigung fordert; vgl. z.B. Dtn 21,21 und Horst, Privilegrecht, 52, Anm. 78.

86 Es sei denn, man interpretiert V. 10aα als eine Art summarische Prolepse der folgenden Anweisungen zur Art und Weise der Hinrichtung.

87 Vgl. Gertz, Gerichtsorganisation, 51.

88 Löhr, Deuteronomium, 174.

hmwṣy'k m'rṣ mṣrym mbyt ʿbdym erforderlich machen.[89] Für die Ursprünglichkeit der Exodusformel in 13,11 spricht demgegenüber, dass eine entsprechende Formel in den Rahmenkapiteln des Deuteronomiums häufig im Zusammenhang mit der Fremdgötterthematik und dem Ausdruck *ʾlhym ʾḥrym* begegnet (vgl. Dtn 4,20; 5,6; 6,12; 7,8; 8,14; 29,24).

Exkurs: Dtn 13 und Dtn 17,2–7

Die formale und inhaltliche Nähe von Dtn 13,2–19 und 17,2–7, die bis zu wortwörtlichen Entsprechungen reicht, ist schon in der Antike gesehen worden (vgl. 11QTempelrolle LIV 12–LVI 1[90]). Versuche, die Übereinstimmungen durch postulierte spätere Textumstellungen zu erklären,[91] deren Gründe aber kaum plausibel zu machen sind, sind in der jüngeren Forschung der Einsicht gewichen, die Verwandtschaft als Folge literarischer Abhängigkeit zu begreifen. Umstritten ist allerdings, welchem Text die literarische Priorität zukommt.

Im Gegensatz zu Dtn 13 geht es in 17,2–7 nicht um Verführung zum Abfall von Jhwh, sondern um den Tatbestand der Apostasie selbst, wobei der Akzent „auf dem Gerichtsverfahren als solchem“ liegt.[92] Für die Richtung des Abhängigkeitsverhältnisses ist nun entscheidend, dass 17,2–7 literarische Bezüge zu allen drei in Dtn 13 subsumierten Fällen enthält:[93] „17,2–7 umgreift somit die einzelnen Fälle von Kap. 13 und trägt zusammenfassenden Charakter.“[94] Darüber hinaus lassen sich weitere Textbeobachtungen für die Priorität von Dtn 13 anführen: 1. Dtn 17,2 nennt im Gegensatz zu Dtn 13,2.7.13f keine bestimmten Personen bzw. Personenkreise, sondern verallgemeinert zu *ʾyš ʾw ʾšh*; 2. Der Abfall von Jhwh, der in 13,3b.7b.14b jeweils mit einer zweigliedrigen Formel (*hlk* + *ʿbd* + *ʾlhym ʾḥrym*) definiert wird, erscheint in 17,3a in einer um *wyšṯḥw lhm* vermehrten Reihe. Eine spätere Streichung von *wyšṯḥw lhm* ist aber wenig wahrscheinlich;[95] 3. Dasselbe gilt für die Formel *ʿbr bryt* in 17,2b, die in Dtn 13 keine Entsprechung hat; 4. Die Vorschrift einer genauen Untersuchung

---

89 Auch Kreuzer, Exodustradition, 88, muss im Hinblick auf den Satz zugeben, „dass es keinen literarkritischen Grund gibt, ihn nicht zum Grundbestand zu rechnen“. Unter der Prämisse einer dem joschijanischen Deuteronomium zuzurechnenden Grundschicht von Dtn 13 spricht er sich dennoch gegen seine Ursprünglichkeit aus.

90 Vgl. Steudel, Texte, 116–121.

91 Vertreter solcher Umstellungsthesen benennt Gertz, Gerichtsorganisation, 43, Anm. 66.

92 Hölscher, Komposition, 198.

93 Vgl. die Synopse bei Pakkala, Monolatry, 59; zu ergänzen wäre hier noch die kontrastierende Aufnahme der Formel *lʿśwt hyšr bʿyny yhwh ʾlhyk* aus 13,19 in 17,2: *ʾšr yʿśh ʾt hrʿ bʿyny yhwh ʾlhyk*.

94 Seitz, Studien, 153f.

95 Vgl. auch Floss, Jahwe dienen, 286.

in 13,15, die reichlich redundant formuliert ist (*wdršt wḥqrt wšʾlt*), wird in 17,4b leicht verkürzt übernommen und – zusammen mit der Zeugenregel in 17,6.7a – für alle Fälle verbindlich gemacht.[96]

Der Abschnitt Dtn 17,2–7, dessen literarischer Charakter auch aus der „durchgängig dtr Terminologie und Vorstellungswelt der Definition des Straftatbestandes in den Vv.2.3a" hervorgeht,[97] ist somit als „deuteronomistisches Kompilat aus Dtn 13"[98] zu begreifen, das wohl deutlich machen soll, „worin nach Ansicht des Redaktors das vornehmste Betätigungsfeld der Gerichtsbarkeit in Israel besteht: In der Sorge um die Reinheit des Kultes."[99]

Alles in allem ist Dtn 17,2–7 zwar auf der einen Seite von Dtn 13* literarisch abhängig und als Kompilation der dort zusammengefassten drei Einheiten zu begreifen;[100] auf der anderen Seite hat aber auch 17,2–7 auf Kap. 13* zurückgewirkt, indem die V. 10aβb.11a aus Dtn 17,5b.7 stammen und 13,7–12* verfahrensrechtlich an 17,2–7 angleichen sollen.[101]

c.) Verführung einer israelitischen Stadt: Dtn 13,13–19

Was die dritte und letzte, den Abfall einer ganzen israelitischen Stadt behandelnde Stipulation betrifft, so ist vor der eigentlichen literarischen Analyse kurz auf den – in der Forschungsgeschichte zu Dtn 13 m.E. einmaligen – Versuch einer gänzlichen Eliminierung der Einheit durch Otto einzugehen.[102] Dieser verweist zunächst auf die inhaltlichen Unterschiede zu den beiden vorangehenden Fällen: War dort lediglich von der versuchten Verführung zum Abfall die Rede, so ist hier die Verführung bereits in die Tat umgesetzt; handelte es sich dort um einzelne Menschen, die mit der Todesstrafe belegt wurden, so hier um das Kollektiv einer ganzen Stadt; schließlich begegnet nur im dritten Fall die Forderung einer gründlichen Untersuchung der Angelegenheit, ehe die Vernichtung der Stadt geboten wird (V. 15). Neben diesen inhaltlichen Argumenten führt Otto den Sprachbeweis zu Felde. Der dritte Fall sei durchgehend dtr formuliert und greife auf die Ausdrücke „ein Greuel" (*twʿbh*), „Söhne" (*bnym*) und „mit Feuer verbrennen" (*śrp bʾš*) in Dtn 12,31 zurück: „Die Grundstruktur dieses

96 Vgl. auch Richter, Bearbeitungen, 83.

97 Gertz, Gerichtsorganisation, 52; Gertz betrachtet lediglich die V. 3b und 5a (außer *whwṣʾt ʾt hʾyš hhwʾ ʾw ʾt hʾšh hhwʾ*) als noch spätere Zusätze.

98 Rüterswörden, Schultheologie, 235; vgl. auch Dion, Deuteronomy 13, 161f, der zu dem Ergebnis kommt, „that 17,2–7 was composed by a late redactor, who imitated ch. 13 and also inspired himself of the criminal laws already collected in the book".

99 Gertz, Gerichtsorganisation, 59.

100 Vgl. in diesem Sinn Seitz, Studien, 153–155; Gertz, Gerichtsorganisation, 45–52; Levinson, Deuteronomy, 118–123.

101 So auch Veijola, Wahrheit, 302; Otto, Deuteronomium, 41–43; Pakkala, Monolatry, 29.

102 Vgl. Otto, Deuteronomium, 45–50.

Gesetzes ist also aus der dtr Rahmung in Dtn 12 entwickelt."[103] Nun fehlt es aber seit der Studie von Dion nicht an Stimmen, die schon den Grundbestand von Dtn 13 für dtr halten, weshalb der Sprachbeweis an dieser Stelle mit äußerster Vorsicht zu gebrauchen ist. Was aber die vagen terminologischen Bezüge zu 12,31 angeht, so sind diese zu Recht von Rüterswörden in Zweifel gezogen worden, wobei er im Hinblick auf das in 13,14 ganz anders gebrauchte Wort „Söhne" (in der Verbindung *bny bly'l*) von „Überinterpretation" und bei dem Verb *śrp* von einer „Zufallsparallele" spricht und letztlich einzig den Begriff *tw'bh* als anknüpfungsfähig anerkennt.[104] Auch die vermeintlichen inhaltlichen Differenzen zwischen den vorangehenden und der letzten Stipulation lassen sich m.E. entkräften. Die dritte Stipulation führt die beiden voranstehenden insofern logisch fort, als sie bestimmt, was zu geschehen hat, wenn die versuchte Verführung (*bqš lhdyḥk* in V. 11) nicht verhindert werden konnte, sondern bereits in die Tat umgesetzt wurde (*wydyḥw* in V. 14). Dabei wendet sie sich, den vorangehenden entsprechend, an ein konkretes „individuelles Du", dem die bereits erfolgte Apostasie zu Ohren gekommen ist.[105] Alle weiteren Abweichungen ergeben sich aus der veränderten Ausgangslage. So erklärt sich etwa das Fehlen eines entsprechenden Verbotes, auf die Worte der Verführer zu hören (vgl. V. 4 und V. 9), das seinerseits verhindert, dass die Forderung der Todesstrafe in Analogie zu V. 10 mit einem adversativen *ky* eingeleitet wird. So erklären sich aber auch die eingeflochtenen verfahrensrechtlichen Angaben in V. 15, die nicht ausgeschieden werden dürfen,[106] weil die allein vom Hörensagen (*ky tšm'* in V. 13)[107] bekannte Apostasie der israelitischen Stadt einer gründlichen Untersuchung bedarf.[108] Einmal abgesehen von diesen notwendigen, weil kontextbedingten Abweichungen, entspricht die dritte Einheit formal und terminologisch den vorangehenden. Wie dort, so wird auch hier der Tatbestand, eingeleitet durch *ky* + Impf., sehr ausführlich geschildert. Es geht ebenfalls um Verführung zum Abfall von Jhwh (*ndḥ* hi; vgl. V. 6 und 11), und auch hier kommen die Verführer gewissermaßen aus den eigenen Reihen (*mqrbk*; vgl. V. 2, 6 und 12) und werben mit dem altbekannten Motto (V. 14b), das lediglich durch ein Pluralsuffix am

---

103 A.a.O., 47.

104 Vgl. Rüterswörden, Dtn 13, 195, mit dem abschließenden Votum: „Sprachliche Varianz kann man in Rechnung stellen, aber die Entsprechung ist nicht vollkommen."

105 Vgl. dazu Gertz, Gerichtsorganisation, 50, Anm. 97, der m.E. zu Recht darauf aufmerksam macht, dass „das ‚individuelle Du' des jeweiligen Rechtsfalls immer auch das ‚kollektive Du' des Rechtskreises" ist.

106 So etwa Veijola, Wahrheit, 304, und zuletzt Pakkala, Monolatry, 30.

107 Vgl. Gertz, Gerichtsorganisation, 47, Anm. 84, der darauf hingewiesen hat, dass mit *šm'* im Gegensatz zu *mṣ'* ni „eine nur mittelbare Zeugenschaft" zum Ausdruck gebracht wird.

108 Vgl. auch Horst, Privilegrecht, 37; Dion, Deuteronomy 13, 164 und 174; Otto, Deuteronomium, 48.

Ende dem neuen, größeren Kontext angepasst worden ist. Schließlich verwendet die Rechtsfolgebestimmung in Analogie zu V. 10 den Inf. abs. Aus alledem ergibt sich, dass sich die V. 13–19 nicht gänzlich aus Dtn 13* herauslösen lassen, sondern vielmehr zum Kernbestand des Kapitels zu rechnen sind.

Aber auch die dritte Stipulation zeigt Spuren literarischen Wachstums. So erweckt die in den V. 16–18 im Vergleich zu den knappen Anweisungen in den vorangehenden Einheiten breit ausgeschmückte Rechtsfolgebestimmung schon auf den ersten Blick den Eindruck, das Ergebnis einer redaktionellen Überarbeitung zu sein. Und in der Tat scheint zwischen V. 16a und b eine literarische Nahtstelle zu liegen; denn während in V. 16a von den Einwohnern der Stadt die Rede ist, bezieht sich der präzisierende Infinitiv *hḥrm ʾth i*n V. 16b auf die Stadt selbst, die ausdrücklich erst in V. 17aα^{2} erwähnt wird. Hinzu kommt, dass in den folgenden Versen eine thematische Verschiebung zu beobachten ist, da sich spätestens ab V. 17 alles um die Beute der zu vernichtenden Stadt dreht, was offenkundig „in contrast with the overall theme of the chapter, apostasy", steht.[109] Demnach handelt es sich ab V. 16b um eine spätere Überarbeitung der dritten Stipulation.[110]

Ist der Beginn der Überarbeitung nach V. 16a gemeinhin anerkannt,[111] so ist die Frage nach ihrem Ende nicht leicht zu beantworten.[112] Sie ist m.E. eng verknüpft mit der Frage nach der thematischen und terminologischen Herkunft der Überarbeitung. Die Nähe der Verse zu den ätiologischen Erzählungen in Jos 6–8 ist seit langem bekannt.[113] In jüngster Zeit hat sich J. Pakkala aufgrund der zahlreichen bis in die Terminologie reichenden Entsprechungen für eine literarische Abhängigkeit der Verse von Jos 6–8 stark gemacht, wobei sich die Richtung der Abhängigkeit daraus ergäbe, dass die Entsprechungen in Jos verschiedenen Schichten angehörten.[114] Eine Gegenüberstellung der Texte veranschaulicht deren große Nähe:

109 Pakkala, Monolatry, 30.

110 Dion, Deuteronomy 13, 174f, und Otto, Deuteronomium, 45–49, gehen im Gegensatz dazu von der Einheitlichkeit der dritten Stipulation aus.

111 Vgl. aber dagegen Merendino, Gesetz, 69–71, der die literarische Naht hinter V. 16b vermutet.

112 Nach Horst, Privilegrecht, 38f, umfasste die Überarbeitung 16b.17aα.γ.18; nach Merendino, Gesetz, 69–71, dagegen 17f; Veijola, Wahrheit, 304–306, rechnet ihr 16b.17aα$^{1.3}$βb.18a zu.

113 Vgl. Merendino, Gesetz, 69f, der freilich über Jos 6–8 hinaus noch weitere Stellen des DtrG im Blick hat, und Veijola, Wahrheit, 305f.

114 Vgl. Pakkala, Monolatry, 30f.

Dtn		Jos	
13,16b	*hḥrm ʾth wʾt kl ʾšr bh wʾt bhmth lpy ḥrb*	6,21	*wyḥrymw ʾt kl ʾšr bʿyr mʾyš wʿd ʾšh mnʿr wʿd zqn wʿd šwr wśh wḥmwr lpy ḥrb*
13,17a	*wʾt kl šllh tqbṣ ʾl twk rḥbh*	8,2aβ	*rq šllh wbhmth tbzw lkm*
	wśrpt bʾš ʾt hʿyr wʾt kl šllh	6,24	*whʿyr śrpw bʾš wkl ʾšr bh*
	klyl lyhwh ʾlhyk	6,17	*whyth hʿyr ḥrm hyʾ wkl ʾšr bh lyhwh*
13,17b	*whyth tl ʿwlm lʾ tbnh ʿwd*	8,28	*wyśrp yhwšʿ ʾt hʿy wyśymh tl ʿwlm šmmh*
		6,26β	*ʾrwr hʾyš lpny yhwh ʾšr yqwm wbnh ʾt hʿyr hzʾt ʾt yryḥw*
13,18a	*wlʾ ydbq bydk mʾwmh mn hḥrm*	6,18	*wrq ʾtm šmrw mn hḥrm*
		7,1b	*wyqḥ ʿkn [...] mn hḥrm wyḥr ʾp yhwh*
	lmʿn yšwb yhwh mḥrwn ʿpw	7,26aβ	*wyšb yhwh mḥrwn ʾpw*

V. 16b übernimmt aus Jos 6,21 die ansonsten selten belegte (vgl. noch Jos 11,11f und 1Sam 15,8) Formel *ḥrm lpy ḥrb* und fasst die dort breit entfaltete Aufzählung der Bannopfer an Menschen und Tieren zusammen. Damit erklärt sich auch die – als „Stichwortglosse“ missdeutete[115] – Wiederholung von *lpy ḥrb* am Ende von V. 16. Die Aufforderung, die Stadt mit allem, was in ihr ist, zu verbrennen (V. 17a), hat eine Entsprechung in Jos 6,24 und ist damit wohl ebenfalls als sekundär einzustufen.[116] V. 17b mit dem Stichwort *tl ʿwlm* ist eine Kombination aus Jos 6,26 und 8,28. Das Verbot, die Beute (*ḥrm*) an sich zu nehmen, hat seinen ursprünglichen Ort in der Erzählung von Achans Diebstahl (vgl. Jos 6,18; 7,1), was zusätzlich für die Vermutung spricht, dass Jos 6–8 die gebende und Dtn 13 die nehmende Seite ist. Schließlich dürfte auch die etwas unvermittelt auftauchende Rede vom Zorn Jhwhs in der – in dieser Form selten bezeugten[117] – Wendung *šwb mḥrwn ʾp* in V. 18b (*lmʿn yšwb yhwh mḥrwn ʾpw*) Teil der Überarbeitung sein, denn sie stimmt wörtlich mit Jos 7,26 (*wyšb yhwh mḥrwn ʾpw*) überein, wo sie durch 7,1 überdies besser eingeführt ist.[118] Ganz nebenbei könnte die Vorlage auch plausibel machen, warum an dieser Stelle hinter *yhwh* die sonst in Dtn 13 übliche Apposition *ʾlhyk* fehlt.

115 Vgl. Horst, Privilegrecht, 39, Anm. 36; Nielsen, Deuteronomium, 148, vermutet hier gar den „Zusatz eines tierfreundlichen L*sers [sic!]“.

116 Gegen Veijola, Wahrheit, 305f.

117 Vgl. noch Ex 32,12; Num 25,4; 2Kön 23,26; Jona 3,9; Ps 85,4.

118 Vgl. auch Pakkala, Monolatry, 31.

Für die Frage nach dem Umfang der Überarbeitung ergibt sich aus dem Vergleich mit Jos 6–8, dass diese jedenfalls bis *lmʿn yšwb yhwh mḥrwn ʾpw* gereicht hat.[119] An dieser Stelle eine literarische Naht zu postulieren, hält jedoch der bei literarkritischen Eingriffen unabdingbaren Gegenprobe nicht stand, weil erstens das Subjekt des unmittelbar anschließenden *wntn* unklar bliebe[120] und zweitens den *Perfecta consecutiva* die den Satz einleitende Imperfektform (*yšwb*) abhanden käme, die gemäß der hebräischen *Consecutio temporum* die futurische Bedeutung der Verben sicherstellt. Von daher liegt es näher, den ganzen V. 18 als dem Einschub zugehörig zu betrachten – unbeschadet der Tatsache, dass die Fortsetzung in V. 18b keine Entsprechung in Jos 6–8 hat. Demnach umfasst die Überarbeitung der dritten Einheit die V. 16b–18. Sie ist von Jos 6–8 literarisch abhängig und vertritt eine radikalisierte spät-dtr Bannvorstellung, „nach der die gebannten Städte restlos, einschließlich der Einwohner, des Viehs und der materiellen Güter, zu vernichten sind, und überträgt sie selbst auf eine israelitische Stadt, die abtrünnig geworden ist".[121]

Nachdem sich auch V. 18b als Teil der Überarbeitung erwiesen hat, besteht allerdings die berechtigte Frage, ob V. 16a einen befriedigenden Abschluss der dritten Stipulation abgibt, zumal die vorangehenden Einheiten nach der eigentlichen Rechtsfolgebestimmung noch eine Begründung (eingeleitet mit *ky*) sowie eine paränetische Formel zu erkennen geben. So bleibt nur der schwierige V. 19 als möglicher Kandidat für den Abschluss der dritten Einheit. Gegen die Ursprünglichkeit von V. 19 wird gerne eingewandt, dass er aus häufig belegten Formeln bestehe und zudem neben V. 16a eine weitere Bedingung für den in V. 18b verheißenen Segen nachtrage.[122] Doch die Argumente sind nicht stichhaltig. Zunächst werden auch die vorangehenden Einheiten mit geprägten paränetischen Formeln beschlossen. Was aber das zweite Argument angeht, so ist es in der Tat so, dass das in aller Regel konditional verstandene *ky* in V. 19 schlecht an den Finalsatz in V. 18b (mit *lmʿn*) anschließt.[123] Wenn aber die Überarbeitung der dritten Einheit den ganzen V. 18 umfasst hat, steht der Ursprünglichkeit von V. 19 nichts im Wege. Gegen seine Entfernung spricht zudem, dass damit auch das Dtn 13* gliedernde *ky* sowie eine den vorangehenden Einheiten analoge

119 So Pakkala (ebd.).

120 Pakkala vermutet, dass das Tetragramm im Zuge der Überarbeitung der dritten Einheit abhanden gekommen ist (ebd, Anm. 66).

121 Veijola, Wahrheit, 306; vgl. zu Bannkriegen allgemein Lohfink, חרם; Dietrich, David, 146–156.

122 Vgl. zum ersten Argument etwa Puukko, Deuteronomium, 253, und zum zweiten zuletzt Pakkala, Monolatry, 31f.

123 So aber Veijola, Wahrheit, 307. Wenn er ebd., Anm. 111, auf die Abfolge von Verheißung und nachfolgender Bedingung in Dtn 19,8 und 9a verweist, so ist zu sagen, dass auch dort keine finale Bestimmung zusätzlich durch ein *ky* konditioniert wird.

paränetische Formel wegfiele. Somit folgt in V. 19 wie in den vorhergehenden Einheiten auf die knapp formulierte Forderung der Tötung aller Einwohner der Stadt in V. 16a direkt eine mit einem kausalen *ky* eingeleitete und die dritte Stipulation abschließende paränetische Formel (vgl. zu dieser Funktion des *ky* Dtn 21,9).[124] Und indem der Beginn von V. 19 mit *ky tšmʿ bqwl yhwh ʾlhyk* ausdrücklich die Verbote, auf die Verführer zu hören, aus V. 4 und V. 9 aufnimmt und klarstellt, auf wessen Stimme demgegenüber zu hören ist, dient der Vers zugleich als Fazit und Beschluss der drei in Dtn 13 zusammengestellten Stipulationen.

Die literarische Analyse hat eine singularische Grundschicht zu Tage gefördert, die in den V. 3b[Ende].4b.5.6aα*.8.10aβb.11a.16b–18 redaktionell erweitert worden ist. Die Erweiterungen stellen einerseits theologische Nachinterpretationen dar (V. 4b.5; V. 8); andererseits dienen sie der – schon in der Überlieferung des hebräischen Textes zu beobachtenden – Angleichung von Texten, die – sei es im Buch Deuteronomium, sei es darüber hinaus – in späterer Zeit nebeneinander gestellt worden sind (V. 3b[Ende]; V. 6aα*; V. 10aβb.11a; V. 16b–18). Der rekonstruierte Grundtext von Dtn 13 ergibt eine parallele Struktur der drei Einheiten:

Die Protasis – eingeleitet mit der Konjunktion *ky* „wenn" – definiert mit wechselnden Subjekten den Tatbestand, der in der Verführung zum Dienst anderer Götter besteht und in der ersten Einheit mit der Formel *nlkh ʾḥry ʾlhym ʾḥrym* und in den beiden nachfolgenden Einheiten jeweils mit der Formel *nlkh wnʿbdh ʾlhym ʾḥrym* zum Ausdruck gebracht wird. Die Apodosis bestimmt die Rechtsfolge, die in den beiden ersten Einheiten mit einem Verbot, auf die Worte der Verführer zu hören (V. 4a; V. 9), beginnt und – nach einem adversativen *ky* „vielmehr" – mit der Forderung der Tötung der Verführer schließt. Die Apodosis der dritten Einheit folgt einer Bestimmung über das Ermittlungsverfahren (V. 15) und fordert die Vernichtung der abgefallenen Stadt. Die drei Einheiten schließen mit einer Begründung der Rechtsfolge, die ebenfalls mit *ky* „denn" eingeleitet wird, sowie einer paränetischen Formel. Demnach ergibt sich ein sehr schön am dreifachen Auftreten der Partikel *ky* abzulesender dreiteiliger Aufbau der drei Einheiten (s. u. die Übersetzung).

124 Die Konjunktion *ky* verbindet an dieser Stelle ebenfalls ein Gebot mit einer Motivation (vgl. in Dtn 13 die Abfolge V. 16a und V. 19). Die Bezeichnung „kausal" meint im Anschluss an Aejmelaeus, Function, 202, zugleich „cause, reason, motivation, and explanation"; vgl. auch a.a.O., 203: „These types of כִּי clauses are in fact very loose in relationship to their main clause, or, indeed, they sometimes do not seem to have any main clause."

1.2.3 Der kompositions- und theologiegeschichtliche Ort des Kapitels

a.) Dtn 13 im Kontext der Zentralisationsgesetze Dtn 12*.14–16**

Als das zentrale Anliegen des deuteronomischen Gesetzes gilt gemeinhin die Vorstellung der Kultzentralisation. Das Grundgebot, den Kult Jhwhs auf den einen legitimen Ort Jerusalem (der freilich im Interesse der Fiktion einer Promulgation der Gesetze am Vorabend der Landnahme nicht namentlich genannt wird) zu begrenzen, erscheint in Dtn 12 in drei Varianten (12,2–7[.29–31]; 8–12; 13–28), die sich verschiedenen literarischen Schichten zuschlagen lassen.[125] Das älteste Stratum, erkennbar an der Anrede Israels mit dem singularischen „Du", liegt in 12,13–14a.15–18 vor.[126] Dem übergreifenden Thema der Kultzentralisation sind auch die folgenden Kapitel gewidmet, wobei die so genannte Erwählungsformel *hmqwm ʾšr ybḥr yhwh* (Dtn 12,14) den Zusammenhang mit dem Grundgebot herstellt (Dtn 14,23.24.25; 15,20; 16,2.6.7.11.15.16).[127] Neben den eindeutigen Zentralisationsgesetzen können in Dtn 14–16* weitere Gesetzestexte als Reflexe auf das Zentralisationsgebot wahrscheinlich gemacht werden, die gemeinsam mit dem ältesten Zentralisationsgebot den (privilegrechtlichen) Kern des Urdeuteronomiums gebildet haben könnten. So erwägt U. Rüterswörden, ob nicht auch die Polemik gegen den Totenkult (14,1f), der vermutlich an den künftig verbotenen Lokalheiligtümern beheimatet war, sowie die Speisegebote in 14,3–21, die im Anschluss an die Freigabe der profanen Schlachtung in 12,15f für Laien auflisten, welche Tiere denn überhaupt verzehrt werden dürfen, als Auswirkungen des Zentralisationsgebots zu begreifen sind.[128] Demnach könnte der (privilegrechtliche) Kern des Urdeuteronomiums in folgenden Texten vorliegen: 12,13–18* – 14,(1–2.3–21.)22–29* – 15,1–18* – 15,19–23 – 16,1–17*.[129]

Völlig quer zu der Thematik der Kultzentralisation, die die genannten Texte wie ein roter Faden durchzieht, steht Dtn 13*. Der Tempelkult und seine Zentralisation auf den von Jhwh erwählten Ort spielen in Dtn 13* keine Rolle; umgekehrt fehlt in den Kap. 12*.14–16* jede Bezugnahme auf das in Dtn 13* vorherrschende Thema der Verführung zum Abfall von Jhwh.[130] Steht hinter

125 Vgl. dazu grundlegend Smend, Entstehung, 72f.

126 Vgl. Reuter, Kultzentralisation, 97–112.

127 Vgl. zu dieser Formel a.a.O., 115–138.

128 Rüterswörden, Dtn 13, 189, Anm. 22; vgl. auch schon Levin, Verheißung, 87, sowie ders., Deuteronomium, 122f.

129 Vgl. auch die Rekonstruktion des Gesetzeskerns bei Gertz, Tora, 248.

130 Vgl. auch Dion, Deuteronomy 13, 156: „[…] several aspects of ch. 12 are picked up again by chs. 14–16, in contrast to ch. 13 which is an entirely self-contained unit. Its author does not waste one word about the geographical centralization of worship, while this topic, and various formulaic expressions associated with it, play a prominent part in chs. 14–16 as well as in ch. 12."

Dtn 12*.14–16* das Motto „keine anderen Tempel“, so traktiert Dtn 13* das Gebot „keine anderen Götter“ – beschrieben mit der Formel *hlk wʿbd ʾlhym ʾḥrym*. Dass Dtn 13* in seinem Kontext deplatziert ist, ist inzwischen *opinio communis* der Deuteronomiumsforschung, in der selbst so gegensätzliche Positionen wie die von Veijola und Otto zusammenfinden.[131] Strittig ist allein, wie dieser Befund zu interpretieren ist: Ist mit Dtn 13* nachträglich der Trias an Zentralisationsgeboten in Dtn 12* eine entsprechende Trias an Anwendungsbeispielen des Fremdgötterverbots in Dtn 13* an die Seite gestellt worden[132], oder war Dtn 13* den Zentralisationsgesetzen als Text vorgegeben und ist im Zuge ihrer Entstehung an seine jetzige Lage gestellt worden? Mit letzterer Möglichkeit rechnet Otto:[133]

> „Der Grundtext in Dtn 13,2–10* ist der spätvorexilischen dtn Redaktion vorgegeben und wurde von ihr überarbeitet an die jetzige Stelle gesetzt, wurde also nicht vom dtn-vordtr Redaktor verfasst.“

Otto bringt für die Entstehung des Urdeuteronomiums demnach zwei Quellpunkte in Anschlag, einen Loyalitätseid (Dtn 13* + 28*) und eine Gesetzessammlung (Dtn 12*.14–26*), wobei dem Loyalitätseid die literarische Priorität zukommt. Für die Annahme, Dtn 13,2–10* habe der dtn Redaktion in 12–26 bereits vorgelegen, sprechen Otto zufolge nicht zuletzt „einige undtn Züge des Grundtextes“[134], die etwa in der Wurzel *hrg* „töten“ sowie dem vor-dtn Stilmittel des Inf. abs. (13,10aα) zu erkennen wären. Doch die Existenz nicht-dtn bzw. -dtr Terminologie besagt lediglich, *dass* in Dtn 13* entsprechendes (dem altorientalischen Vertragsrecht entlehntes) Textmaterial rezipiert worden ist, nicht aber *wie* die Rezeption konkret ausgesehen hat (ein „Loyalitätseid für Jhwh“ als Textvorlage, oder lediglich traditionsgeschichtliche Vorgaben, die redaktionell eingearbeitet worden sind) und welcher Trägerkreis verantwortlich zeichnet (vordtn, dtn oder dtr Kreise). Aber auch bezüglich der Einfügung von Dtn 13,2–10* zwischen die Zentralisationsgesetze im Zuge ihrer Entstehung melden sich gewichtige Zweifel an, da Kap. 13* ganz offensichtlich einen thematisch konsistenten und darum vermutlich vorgegebenen Zusammenhang zerreißt. Es ist wahrscheinlich, dass auf das älteste Zentralisationsgebot in 12,13–18* direkt die weiteren Zentralisationsgesetze in 14–16* folgten. Insbesondere das auffällige Auseinanderklaffen der organischen Abfolge von der Freigabe der Schlachtung in 12,15f und den Speisegeboten in 14,3–21 bleibt mit der These, der Zusammenhang Dtn 12.*14–16* sei im Zuge seiner Abfassung um 13,2–10* herum

131 Veijola, Wahrheit, 308f, und Otto, Deuteronomium, 64; vgl. auch Levin, Verheißung, 87; Dion, Deuteronomy 13, 156–159; Kratz, Komposition, 123; Köckert, Ort, 82; Pakkala, Monolatry, 23–25; Rüterswörden, Dtn 13, 189; Pakkala, Deuteronomium 13, 126f.

132 Vgl. etwa Veijola, Wahrheit, 308f.

133 Otto, Deuteronomium, 64 (im Original kursiv).

134 A.a.O., 56.

komponiert worden, unerklärt. Verschärft wird das Problem, wenn man mit Veijola und Otto den Abschnitt 14,3–21 dem Urdeuteronomium abspricht;[135] denn in diesem Fall erscheint Dtn 13* in der Konzeption des Deuteronomiums an einer Stelle, „wo er einen an sich schon sekundären Zusammenhang unterbricht und damit selber eine tertiäre Stufe darstellt"[136] Wenn Otto selbst den organischen Zusammenhang zwischen Dtn 12* und 14,3–21 anerkennt,[137] bedeutet dies für seine These, dass zuerst die dtn Redaktion im Zuge ihrer Integration des vorgegebenen Textabschnitts Dtn 13,2–10* den Zusammenhang der Zentralisationsgesetze 12*.14,22–16,18* preisgibt und dass anschließend eine dtr Redaktion bei der Eintragung von 14,1f.3–21 den noch engeren Zusammenhang zwischen der in Kap. 12* geforderten Freigabe der profanen Schlachtung und den Speisegeboten in 14,3–21 noch einmal zerreißt, indem sie die Speisegebote nicht vor, sondern nach Kap. 13 einstellt – alles in allem eine eher unwahrscheinliche Vorstellung. Es spricht vielmehr gegen Otto alles dafür, dass der nachträgliche Einschub von Dtn 13* einen bereits vorgegebenen Gesetzeszusammenhang auftrennt, womöglich mit dem Ziel, der (inzwischen) dreifachen Ausgestaltung des Grundgebots der Kultzentralisation in Dtn 12* ein analog gestaltetes Kapitel über das dtr Hauptgebot der Alleinverehrung Jhwhs an die Seite zu stellen. So erhielt das den Deuteronomiumsrahmen dominierende Hauptgebot auch im Gesetzeskorpus selbst einen ihm gebührenden Platz.[138] Festzuhalten bleibt, dass die deplatzierte Lage von Dtn 13* in seinem näheren (dtn) Kontext gegen die Annahme spricht, das Kapitel sei einmal Teil des Urdeuteronomiums gewesen. Wenn demnach die These einer frühen Verbindung zwischen Dtn 13* und den Zentralisationsgesetzen in Dtn 12*.14–16* abzulehnen ist, stellt sich die Frage, ob nicht ein anderer, womöglich dtr Bezugsrahmen für Dtn 13* zu finden ist. Im Hinblick auf die nachfolgenden Textvergleiche ist jedoch einschränkend

135 Vgl. Veijola, Wahrheit, 308; ders., Deuteronomium, 273 u. 295; Veijola zufolge stammen die Speisegebote in Dtn 14,3–21 erst von einem exilischen Verfasser, der zwischen DtrH und DtrB anzusetzen ist und auf den Nachtrag in Dtn 12,15f reagiert. Otto, Rechtsbruch, 41, sieht in 14,1f.3–21a DtrH am Werk.

136 Veijola, Wahrheit, 308.

137 In Bezug auf 14,3–21 stellt Otto, Rechtsbruch, 41, fest: „Diese Aufzählungen haben in der dtr Redaktionsperspektive die Funktion, an das Verbot des Blutgenusses in Dtn 12,23f anknüpfend, das Volk Israel als heilig aus der Profanität anderer Völker auszugrenzen, indem es Regeln der Beschränkung befolgt."

138 Gegen eine frühe Verbindung von Dtn 13* und 12*.14–16* spricht sich auch Rüterswörden, Dtn 12,1, 215, aus, der mit seinen Überlegungen bezüglich der Größen Bund und Gesetz dem Blockmodell Ottos nahe kommt: „Möglicherweise hatte es [sc.: das Deuteronomium] mehr als nur einen Kristallisationskern, einmal eine Bundesurkunde aus Dtn 13* + Dtn 28*, einmal ein Rechtsbuch aus 12*.14–26*. Sie sind denkbar als Entitäten eigener Art, die sich in ihrer Gattung unterscheiden und je für sich fortgeschrieben worden sein können. Die Zusammenfügung ist eher spät – was 12 und 13 verbindet, wirkt redaktionell nicht früh."

vorauszuschicken, dass es sich hierbei um inner-dtr Verhältnisbestimmungen handelt, die – anders als im Fall der Identifizierung dtr Bearbeitungen der dtn Grundschicht – mangels harter Kriterien in einem hohen Maße hypothetisch bleiben.

b.) Dtn 13 und die Fremdgötterpolemik in 12,29–31*

Ein möglicher Bezugsrahmen für Dtn 13* wird gelegentlich in dem späten, DtrN zugeschriebenen Rahmen von Kap. 12, insbesondere in 12,29–31,[139] erblickt.[140] Doch die terminologischen Übereinstimmungen zwischen Dtn 13* und 12,29–31 sind einerseits sehr vage; andererseits sind erhebliche inhaltliche Differenzen zu konstatieren:[141] Während 12,29–31 davor warnt, Jhwh so zu dienen wie die (kanaanäischen) Vorbewohner ihren Göttern gedient haben (*ʿbd ʾlhyhm*), ist in Dtn 13* ganz allgemein von Verführung zum Dienst anderer Götter (*ʿbd ʾlhym ʾḥrym*) die Rede, wobei die Gefahr von innen ausgeht (*bqrbk*). In 12,29–31 wird nicht in erster Linie „die dtn Forderung der Kulteinheit als Gebot der Kultreinheit interpretiert";[142] vielmehr zeigen deutliche Querbezüge zu den Königebüchern (vgl. 1Kön 14,24; 21,26; 2Kön 16,3; 17,7ff; 21,2ff),[143] dass die Verse „in den Zusammenhang der Geschichts(re-)konstruktion dieses Verfasserkreises gehören".[144] Ihre primäre Funktion ist es daher, die Schuld Israels an der Exilskatastrophe beim Namen benennen zu können: Jhwh vernichtet Israel um der Gräuel willen, aufgrund derer er damals die Heiden vernichtet hatte. So bleibt am Ende die Feststellung Dions bestehen: „In spite of redactional efforts to tie it to ch. 12, Deut. 13,2–18 remains an isolated composition."[145] Eine Ausnahme bildet hier allein die Anknüpfung von Dtn 13,19, dem – wie sich gezeigt hat – primären Abschluss des Kapitels, an 12,28, dem (wohl sekundären)[146] Abschluss

139 Dass Dtn 12,2–7 und 29–31 aus einer Hand sind (vgl. bahnbrechend Smend, Entstehung, 78, der beide Stücke DtrN zuschlägt), hat Rüterswörden, Dtn 13, 191f, mit überzeugenden Argumenten in Zweifel gezogen, s. u. Anm. 144.

140 Veijola, Redaktion, 156, sieht hier ein und dieselbe Redaktion am Werk, nämlich DtrB.

141 Vgl. auch Dion, Deuteronomy 13, 158: „[…] the combination of 12.29–31 with ch. 13 is superficial and probably secondary."

142 Veijola, Redaktion, 156.

143 Vgl. auch Lohfink, Kerygmata, 97: „Die Bezüge zwischen diesen Texten des Gesetzbuchs und der Königsbücher sind trotz kleiner, aber erklärbarer Variationen so zahlreich und eindeutig, dass wir hier mit einer ein Aussagensystem schaffenden Hand zu rechnen haben."

144 Rüterswörden, Stellung, 201f; vgl. auch ders., Dtn 13, 192: „Dtn 12,29–31 hat seine primäre Funktion im Kontext des deuteronomistischen Geschichtswerks; dass der Text ‚irgendwie' mit 12,2–7 verbunden ist, ist eher ein Kollateralnutzen."

145 Deuteronomy 13, 159; vgl. auch Pakkala, Monolatry, 24: „Although related in content, these additions (12:2–3 and 12:29–31) present a shifted perspective from the one in Dt 13."

146 Vgl. dazu Reuter, Kultzentralisation, 109.

des ältesten Zentralisationsgebots,[147] mittels der Verben *šmʿ* („hören“) und *šmr* („bewahren“) sowie der Formel *ʿśh hyšr bʿyny yhwh ʾlhyk* („das Rechte in den Augen Jhwhs tun“). Offen bleibt allerdings, ob die Anknüpfung an 12,28 erfolgt ist, als der Abschnitt 12,29–31 noch nicht vorhanden war, oder ob, wie z.B. Dion vermutet, der Rahmen in 12,28 und 13,19 das schon vorhandene Stück 12,29–31 mit Kap. 13 zusammenbindet „to build a complex of instructions against religious contamination by Canaanites“.[148] Da die (ohnehin zweifelhafte) Nähe zwischen Dtn 13,2–19* und 12,29–31 für die Position von Kap. 13* nicht ausschlaggebend gewesen sein dürfte, scheint es wahrscheinlicher, dass 13,2–19* einmal direkt an 12,28 angeschlossen hat, wobei 13,19 gewollt als Parallele zu 12,28 gestaltet worden ist.

c.) Dtn 13 und das dtr Prophetengesetz Dtn 18,9–22*

Ein weiterer dtr Text, der in der Diskussion um die literarhistorische Verortung von Dtn 13* eine Rolle spielt, ist das Prophetengesetz Dtn 18,9–22.[149] Zahlreiche sachliche und phraseologische Interdependenzen zwischen Dtn 13,2–6* und Dtn 18,9–22 machen deutlich, dass beide Texte nicht gänzlich unabhängig voneinander geschaffen worden sind. Im Einzelnen handelt es sich um die folgenden Parallelen:

(1.) *ky yqwm bqrbk nbyʾ ʾw ḥlm ḥlwm* (13,2a) steht in scharfem Gegensatz zu *nbyʾ mqrbk* [...] *yqym lk yhwh ʾlhyk* (18,15; vgl. auch V. 18).

(2.) Dem *ʾšr dbr ʾlyk* in 13,3aβ steht *wntty dbry bpyw wdbr ʾlyhm* in 18,18bα gegenüber, wo das Wort Jhwhs mit dem des wahren Propheten identifiziert wird.

(3.) Während der Pseudoprophet in 13,3b zu Nachfolge und Dienst der *ʾlhym ʾḥrym* aufruft, warnt 18,20aβ vor falschen Propheten, die *bšm ʾlhym ʾḥrym* reden.

(4.) Dem Verbot, auf die Worte der falschen Propheten zu hören (*lʾ tšmʿ ʾl dbry hnbyʾ hhwʾ*) in 13,4a entspricht umgekehrt die Forderung *ʾlyw tšmʿwn* in

147 Mit Reuter, Kultzentralisation, 89, ist 12,28 eine „zusammenfassende Abschlussformel“ (vgl. 6,18f; 13,19; 21,9); anders Veijola, Wahrheit, 308.

148 Vgl. Dion, Deuteronomy 13, 158; vgl. auch schon ganz ähnlich Seitz, Studien, 153: „Durch den Vorbau von 12,29–31 werden nun die ‚anderen Götter‘, von denen Kap. 13 ganz allgemein spricht, näher als die Götter der Völker gekennzeichnet, die Jahwe vor Israel ausrotten und deren Land er seinem Volk geben wird.“

149 Zur Analyse von Dtn 18,9–22 vgl. Köckert, Ort, 94–100: Nicht nur die V. 16–20, sondern auch die V. 9–15 sind aufgrund der im Kontext fest verankerten historisierenden Gebotseinleitung in V. 9 als dtr zu beurteilen; die literarische Einheit 18,9–20 hat in V. 21f eine Nachinterpretation erfahren.

18,15b, die durch V. 19 noch unterstrichen wird, wo demjenigen gedroht wird, der nicht auf die Worte des wahren Propheten hört (*ʾšr lʾ yšmʿ ʾl dbry ʾšr ydbr bšmy*).

(5.) Die falschen Propheten werden in 13,6aα[1] ([*whnbyʾ hhwʾ ʾw ḥlm hḥlwm hhwʾ*] *ywmt*) und 18,20b (*wmt hnbyʾ hhwʾ*) mit derselben Sanktion belegt.

(6.) Schließlich wird in 13,3aα das Eintreffen von einem Zeichen oder Wunder wie im Anhang zum Prophetengesetz, 18,21f, mit dem Verb *bwʾ* („eintreffen") ausgedrückt (vgl. *wbʾ hʾwt whmwpt* mit *wlʾ yhyh hdbr wlʾ ybwʾ*).

Für die Richtung der Abhängigkeit ist auf die in Dtn 13,2f und 18,21f vorausgesetzten Kriterien für wahre und falsche Prophetie verwiesen worden. Während das in 18,21f an die Hand gegebene Erfüllungskriterium schon auf den ersten Blick „sachlich weniger befriedigend"[150] als das in 13,2f genannte inhaltliche Kriterium sei, nehme sich letzteres demgegenüber „unerhört eindeutig und klar"[151] aus. M. Köckert zufolge verfüge Dtn 13,2–6 in der Terminologie von 18,9–22 und mit dem Fremdgötterverbot im Rücken, dass jeder Prophet, der zu Nachfolge und Dienst anderer Götter aufruft, nicht gehört, sondern sofort getötet werden soll. Dies gilt selbst dann – und darin gehe 13,3a sachlich über 18,21f hinaus – wenn sich der Prophet durch das Eintreffen von einem Zeichen oder Wunder scheinbar legitimieren kann. „Es ist zwar vorstellbar, dass man nachträglich 13,3 vor 18,22 eingefügt hat, nicht aber dass ein jüngerer Fortschreiber die Erfahrungen ignoriert, die zu 13,3 geführt haben."[152] Ist aber die Notiz über das Eintreffen von einem Zeichen oder Wunder in Dtn 13,3a wirklich mit dem Nachtrag in 18,21f vergleichbar? Einmal abgesehen von dem gemeinsamen Gebrauch des Verbs *bwʾ* „eintreffen" sprechen gute Gründe gegen die Vergleichbarkeit der beiden Texte. Zunächst: Während 13,3a in der üblichen Terminologie das Eintreffen eines prophetischen Beglaubigungszeichens, das „in keinem direkten Zusammenhang mit der prophetischen Botschaft" steht,[153] berichtet (vgl. 1Sam 2,34; 10,7.9), geht es in 18,22 um die Erfüllung der prophetischen Botschaft (*hdbr*) selbst. Aufschlussreich ist es sodann, nach der Intention der dem Prophetengesetz nachgetragenen V. 21f zu fragen – zwei Verse,

150 Steuernagel, Deuteronomium, 102.

151 Nissinen, Prophetie, 175. Vgl. auch Rüterswörden, Schultheologie, 225: „Somit wird in Dtn 13 das übrig gebliebene Problem konstruiert: Wie steht es um Prophetie im Dienst fremder Götter, wenn sie sich durch das Eintreffen von Zeichen legitimieren kann [...]"

152 Köckert, Ort, 84f. – Braulik, Deuteronomium II, 137f, spricht demgegenüber Dtn 13,2–6* die literarische Priorität zu. Den von Köckert in Anschlag gebrachten Widerspruch zwischen 13,2f und 18,21f löst Braulik, indem er die Texte streng unterscheidet: „Denn dort geht es um prophetische Anforderungen, die das 1. Gebot betreffen, hier um Aufforderungen, die andere Handlungsbereiche betreffen." (a.a.O., 138)

153 Stolz, אות, 93.

die wegen ihrer Nähe zu Sach 13,2–6 erst aus nachexilischer Zeit stammen dürften.[154] Die Antwort findet sich in V. 20, wo zwei Arten von Falschprophetie unterschieden werden: 1. Verkündigung im Namen Jhwhs, jedoch ohne dessen Beauftragung ([*dbr*] *bšmy ʾt ʾšr lʾ ṣwytyw ldbr*); 2. Verkündigung im Namen anderer Götter ([*dbr*] *bšm ʾlhym ʾḥrym*). Während die zweite Art von Falschprophetie eindeutig zu identifizieren ist, provozierte die zuerst genannte eine Nachinterpretation in V. 21f, was sich leicht an der Wendung (*dbr*) *bšm yhwh* ablesen lässt, die das (*dbr*) *bšmy* aus V. 20aα aufnimmt (vgl. auch *yzyd* in V. 20aα und *zdwn* in V. 22bα). Der Nachtrag antwortet auf die noch offene Frage, woran denn die Beauftragung des Propheten durch Jhwh erkannt werden kann, mit dem in der Tat wenig befriedigenden Hinweis auf ihre zukünftige Erfüllung.[155] Neben diesem kaum handhabbaren Kriterium deutet auch V. 22b, der, anstatt die Todesstrafe zu fordern (vgl. V. 20b), zu einem ignoranten Verhalten gegenüber dem Pseudopropheten aufruft, darauf hin, dass diese Art von Falschprophetie hier schon nicht mehr ganz ernst genommen wird.[156] In 18,21f geht es alles in allem um die Unterscheidung von legitimer und illegitimer Prophetie im Namen Jhwhs, nicht um einen Konflikt mit dem Fremdgötterverbot wie in Dtn 13,2–6*; denn diese Thematik war in 18,20aβγ.b bereits hinreichend geklärt worden, und lediglich diese zweite Art von Falschprophetie, hinter der bereits das Fremdgötterverbot stehen dürfte (vgl. die Formel *ʾlhym ʾḥrym*), ist mit Dtn 13,2–6* vergleichbar. Ein direkter Vergleich der in 13,2f und 18,21f vorausgesetzten Kriterien für wahre und falsche Prophetie trägt folglich für die Bestimmung der relativen Chronologie wenig aus.

Demgegenüber sind die zwischen Dtn 13,2–6* und 18,9–20 festgestellten Berührungspunkte noch einmal daraufhin zu prüfen, ob sie für die Frage, welchem der beiden Texte die literarische Priorität zukommt, etwas austragen können. Folgende Beobachtungen deuten m.E. darauf hin, dass Dtn 13,2–6* auf Formulierungen aus Dtn 18,9–20 zurückgreift, und nicht etwa umgekehrt: Zunächst ist das seltene *ky yqwm bqrbk* in 13,2a auffällig (vgl. nur noch Dtn 19,16: *ky yqwm ʿd ḥms bʾyš*). Hier wäre eigentlich das geläufigere *ky ymṣʾ* zu erwarten, das denn auch in dem von Dtn 13* abhängigen, ähnlich gelagerten

154 Vgl. Hossfeld, Propheten, 142f, und Köckert, Ort, 94, Anm. 66: „Der Nachtrag stellt in nachexilischer Zeit die Unheilsprophetie unter das Erfüllungskriterium und ist schon auf dem Wege zu Sach 13,2–6."

155 Vgl. Kaiser, Theologie 1, 230: „Dass das in dem deuteronomistischen Prophetengesetz Dtn 18,9–22 benannte Kriterium der Erfüllung der Weissagung (vgl. V. 21f.) sich lediglich bei der Beurteilung und Auswahl tradierter Prophetien, aber keineswegs in der aktuellen Konfliktsituation anwenden ließ, sagt einem die praktische Vernunft."

156 Vgl. auch Hossfeld, Propheten, 143, der vermutet, das „die Falschprophetie mit den großen Vorbildern der echten Jahweprophetie im Rücken wohl keine so gravierende Gefahr mehr dar[stellt], so dass sie sich selbst verurteilt".

Fall Dtn 17,2–7 statt *ky yqwm* verwendet worden ist (vgl. 17,2; vgl. im Dtn weiterhin 21,1; 22,22; 22,28; 24,7). 18,15 ist dagegen gut dtr formuliert. *qwm* hi „erwecken" mit Gott als Subjekt und herausragenden Persönlichkeiten als Objekt ist in dtr redigierten Texten breit belegt: Ri 2,16.18: *špṭym*; 3,9.15: *mwšyʿ*; 1Sam 2,35: *khn nʾmn*; 1Kön 11,14.23: *śṭn* = Hadad; 14,14: *mlk ʿl yśrʾl*; Jer 29,15: *nbyʾym*.[157] Man gewinnt daher den Eindruck, als greife die ungewöhnliche Eröffnung der Protasis in 13,2a bewusst auf die Formulierung in 18,15 zurück, wobei sie mit dem Gebrauch von *qwm* qal an Stelle von *qwm* hi den Propheten in 13,2–6* von vornherein jede Legitimität abspricht. Dies könnte ein Indiz für die Priorität von Dtn 18,9–20 gegenüber Dtn 13,2–6* sein. Umgekehrt ist es schwer, Textbeobachtungen zu finden, die den gegensätzlichen Weg wahrscheinlich machen. So ist Dtn 18,20aβγ, die im Alten Testament einzigartige[158] Rede von den Propheten, die *bšm ʾlhym ʾḥrym* sprechen, weniger plausibel mit dem dreifachen Vorkommen des Ausdrucks *ʾlhym ʾḥrym* in Dtn 13* zu erklären, sondern vermutlich als Antithese zu dem wahren Propheten, der *bšm yhwh* (vgl. 18,19: *bšmy*) spricht, formuliert worden.

Abschließend ist festzustellen, dass die genannten Textbeobachtungen, die im dtr Prophetengesetz Dtn 18,9–20 den gegenüber Dtn 13* älteren Text sehen, nicht mehr als vage Indizien sind, die für eine literarhistorische Verortung von Dtn 13* allenfalls eine bestätigende Funktion haben können.

d.) Dtn 13 und das dtr redigierte Jeremiabuch*

Ein entscheidendes Argument für seine extreme Spätdatierung von Dtn 13* sieht Veijola in der Nähe zur Pseudoprophetenpolemik in Jer 14,13–16, Jer 23 und 27–29, die seiner Meinung nach mit einer literarischen Abhängigkeit des Kapitels vom Jeremiabuch zu erklären sei.[159] Allerdings überwiegen insbesondere in der verwendeten Terminologie die Unterschiede.[160] Die Wurzel *ndḥ* hi „verführen", die allen drei in Dtn 13* zusammengestellten Einheiten das Thema vorgibt, hat im Jeremiabuch die damit schlechterdings nicht zu vermittelnde Bedeutung „verstoßen" und zielt auf die Deportation des Volkes ab (Jer 27,10.15 u.ö.); wo hier von „Verführung" die Rede ist, wird dagegen *tʿh* hi gebraucht. Der metaphorische Gebrauch von *ndḥ* hi im Sinne von „verführen" dürfte demgegenüber seinen Ursprung in der vertragsrechtlich gewendeten Liebessprache haben (vgl. Spr 7,21: *hṭtw brb lqḥh bḥlq śptyh tdyḥnw*).[161] Während im Jeremiabuch die Botschaft der Falschpropheten immer wieder mit dem Begriff *šqr* „Lüge"

157 Vgl. dazu Köckert, Ort, 86, Anm. 30.

158 Die Formel *dbr bšm ʾlhym ʾḥrym* ist ein *hapax legomenon*; vgl. aber die sachlich ähnlich gelagerte Episode 1Kön 18,24–26.

159 Veijola, Wahrheit, 297–301.

160 Vgl. auch Otto, Deuteronomium, 50–56.

161 Vgl. Kronholm, נדח, 258f.

abqualifiziert wird (Jer 14,14; 23,25f; 27,10.14–16; 29,9.21.23), gebraucht Dtn 13,6* das selten belegte und vermutlich dem neuassyrischen politischen Vokabular abgelauschte Wort *srh* „Falsches“ bzw. „Verrat“. Wo aber, wie im Fall von Jer 28,16 und 29,32, wirkliche Entsprechungen zu Dtn 13* vorliegen, ist umgekehrt die Jeremiaüberlieferung von Dtn 13* abhängig, wie die Auslassungen der einschlägigen Wendungen in der LXX nahe legen, die hier die ältere Textfassung bewahrt haben dürfte.[162]

e.) Dtn 13 und das Erste Gebot in Dtn 5*

Größeres Gewicht im Hinblick auf die Datierung von Dtn 13* gebührt den deutlichen Querbezügen speziell zu solchen Texten im Deuteronomiumsrahmen, die das Erste Gebot thematisieren bzw. kommentieren (vgl. Dtn 4,15–20; 6,10–15; 7,6–11; 8,11–20). Alle diese Texte dürften bereits den Dekalog und vor allem das Erste Gebot in Dtn 5 voraussetzen. Für Dtn 13* hat schon M. Löhr richtig erkannt, dass die in diesem Kapitel zusammengestellten Einheiten eine „Auswirkung […] der obersten Forderung des Jahwismus“[163] darstellen. Folgende Textbobachtungen können für die These in Anschlag gebracht werden, dass Dtn 13* den Dekalog in Dtn 5 und insbesondere das Erste Gebot in 5,6f.9a voraussetzt:[164] (1.) In den V. 3b*.7b.14b wird der Abfall von Jhwh in erster Linie mit der Wendung *ʿbd ʾlhym ʾḥrym* definiert, was wie eine Zusammenfassung von Dtn 5,7.9a (*lʾ yhyh lk ʾlhym ʾḥrym ʿl pny lʾ tštḥwh lhm wlʾ tʿbdm*) wirkt.[165] Dies gilt insbesondere dann, wenn sich die These E. Aurelius’ bewahrheiten sollte, nach der das Erste Gebot in Dtn 5,7 der literarhistorische Quellpunkt für den als eine Art Chiffre[166] gemeinten *terminus technicus* der Fremdgötterpolemik, *ʾlhym ʾḥrym* „andere Götter“, sei, der sich, ausgehend von diesem *locus classicus*, in der gesamten dtr Literatur rasch verbreitet habe.[167] Das Argument für die These ist gleichermaßen schlicht wie bestechend: Dass mit den *ʾlhym ʾḥrym* einzig in den Formulierungen des Ersten Gebots eine Negation sowie eine Erwähnung

162 Vgl. Otto, Deuteronomium, 56.

163 Löhr, Deuteronomium, 173.

164 Das Bilderverbot Dtn 5,8 stellt einen späteren Einschub dar; vgl. Moran, Conclusion, 553; Levin, Dekalog, 170; Smend, Zehn Gebote, 23f.

165 Die Nähe zum Ersten Gebot scheint auch dem Verfasser von Dtn 17,2–7 aufgefallen zu sein, der im Rahmen der Reformulierung von Dtn 13 das dort ausgelassene *wyštḥw lhm* aus 5,9a ergänzt.

166 Aurelius, Götter, 157, spricht treffend von einer „Chiffre des Jhwhfeindlichen – und Israelfeindlichen“.

167 Ebd.; so auch Kratz, Dekalog, 84. Die gelegentlich als Quellpunkte des Ausdrucks reklamierten Belege in Ex 22,19a und Hos 3,1 (vgl. etwa Floss, Jahwe dienen, 129f, und Otto, Deuteronomium, 61) sind aller Wahrscheinlichkeit nach jüngeren Datums; vgl. Aurelius, Götter, 157, Anm. 43, sowie Köckert, Ort, 83, Anm. 15. Einen Überblick über die Belege und Kombinationsmöglichkeiten des Ausdrucks *ʾlhym ʾḥrym* bietet Römer, Väter, 86f.

Jhwhs einhergehe, liefere den notwendigen Verstehenshorizont für den an sich höchst artifiziellen Ausdruck, „denn in diesen Fällen gibt der Text in der Tat eine erschöpfende Antwort auf die Frage, die sich einstellt: ‚Welche anderen Götter?' – Keine (anderen als Jhwh)!"[168] (2.) Das Verb *ndḥ* hi, das in allen drei Einheiten bezeugt ist (13,6a.11b.14a) und somit ein essentielles Element des Kapitels darstellt, bestimmt das Thema von Dtn 13: Verführung zum Dienst anderer Götter. *ndḥ* hi „verführen/verleiten" sowie *ndḥ* ni „verleiten lassen" sind als Metaphern für religiöse Verführung recht selten belegt (Dtn 4,19; 30,17; 2Kön 17,21; 2Chr 21,11). Bis auf 2Kön 17,21 wird an allen Stellen vor Abfall vom Ersten Gebot gewarnt (vgl. z.B. Dtn 4,19). 2Kön 17,21b (*wydḥ yrbʿm ʾt yśrʾl mʾḥry yhwh*) wirft Jerobeam demgegenüber nicht einen Verstoß gegen das Erste Gebot, sondern gegen die Kultzentralisation vor. Hier dürfte somit der älteste Beleg für den metaphorischen Gebrauch von *ndḥ* hi zu suchen sein.[169] Alle übrigen Belege – die drei in Dtn 13* eingeschlossen – setzen das Erste Gebot voraus; (3.) In 13,6* begegnet das Wort *drk* „Weg" als Metapher für „Gesetz" gefolgt von einem Promulgationssatz.[170] G. Braulik hat sich dafür ausgesprochen, dass mit *drk* an dieser und an anderen Stellen im Deuteronomium (vgl. 9,12.16) nichts anderes als der Dekalog gemeint sein kann, der „als Text vorauszusetzen" sei.[171] (4.) In Dtn 13,11b schließt sich in der Apodosis an die Begründung (*ky bqš lhdyḥk mʿl yhwh ʾlhyk*) eine Exodusformel in partizipialer Formulierung an (*hmwṣyʾk mʾrṣ mṣrym mbyt ʿbdym*). Die Formel ist „die genaue Aufnahme der Formulierung des 1. Dekaloggebotes, umgesetzt in die partizipiale Form, wodurch der Exodus nicht nur geschichtliche Tat, sondern bleibendes Kennzeichen Jhwhs wird".[172] Die wörtliche Bezugnahme auf die Dekalogpräambel in Dtn 5,6 macht deutlich, dass Dtn 13* nicht irgendeine Formulierung des Ersten Gebots, sondern wirklich den Dekalog in Ex 20//Dtn 5 voraussetzt.[173]

---

168 Aurelius, Götter, 157.

169 Vgl. zur literarischen Analyse von 2Kön 17 Aurelius, Zukunft, 71–95, der in 17,21–23 den ältesten Epilog erblickt: „Der Abschnitt 2 R 17:21–23 befindet sich somit auf derselben Linie wie der Königsrahmen und die älteste Form des Zentralisationsgebots in Dt 12 (v 13f). Er richtet sich gegen Jhwh-Kult außerhalb Jerusalems." (a.a.O., 74)

170 Vgl. zur Funktion des Promulgationssatzes Lohfink, Hauptgebot, 60, der hier einen „Rückverweis auf den Dekalog, speziell sein erstes Gebot" sieht.

171 Braulik, Ausdrücke, 22; vgl. auch die Zusammenfassung a.a.O., 23.

172 Kreuzer, Exodustradition, 89; vgl. auch a.a.O., 90, wo Kreuzer im Blick auf die Exodustradition in Dtn 13, die er freilich als sekundär beurteilt (s. o. S. 123, Anm. 89), feststellt: „Diese dient hier dem Verweis auf die verpflichtende Exklusivität Jhwhs im Sinn des ersten Gebotes, und ihre sprachliche Gestalt ist vom Dekalog her geprägt."

173 Vgl. auch Lohfink, Hauptgebot, 60: „[D]ass der Dekalog und nicht eine andere Hauptgebotsformulierung gemeint ist, zeigen die Anspielungen auf den Dekalogsanfang." – Kreuzer, Exodustradition, 92, ist hier etwas skeptischer, wenn er bemerkt: „[D]ie Frage, ob die Bezugnahme auf die Dekalogpräambel den Dekalog als literarischen Bestandteil des Deuteronomiums voraussetzt oder nur seine Kenntnis, ist kaum zu entscheiden"

Die Tatsache, dass Dtn 13* den Dekalog und speziell das Erste Gebot in Dtn 5,6f.9a als Text voraussetzt, hat erhebliche Konsequenzen für die zeitliche Ansetzung des Kapitels; denn damit spricht neben dem von Dion geltend gemachten Sprachbeweis[174] sowie der deplatzierten Lage des Kapitels im Kontext der Zentralisationsgesetze auch der theologiegeschichtliche Ort der drei am Ersten Gebot orientierten Stipulationen für die These, dass Dtn 13* als Nachtrag zum ältesten Deuteronomium zu betrachten ist. *Terminus a quo* für die Entstehung des Kapitels ist der Einbau des Dekalogs in das Deuteronomium, weshalb an dieser Stelle auf den literar- und theologiegeschichtlichen Ort des Dekalogs bzw. des Ersten Gebots einzugehen ist. Die These, dass der Dekalog sowie der paränetische Rahmen in Dtn 5,1–6,3* als eine spätere Erweiterung der ursprünglichen Eröffnung des Deuteronomiums zu begreifen ist und infolgedessen auf das Konto der Deuteronomisten geht, ist *opinio communis* der gegenwärtigen Deuteronomiumsforschung.[175] Neben der pluralischen Anrede Israels an Stelle der älteren singularischen spricht vor allem die Vorwegnahme des „Höre, Israel!“ aus Dtn 6,4 in den Rahmenversen 5,1 und 6,3 für einen Einschub, wobei die redaktionellen Techniken der Ringkomposition und der Wiederaufnahme Anwendung fanden. Nach Veijolas überzeugender Rekonstruktion folgte im Urdeuteronomium auf die älteste Buchüberschrift Dtn 4,45* (ohne *hʿdt w*) zunächst die Redeeinleitung Dtn 5,1aα* („Da rief Mose ganz Israel und sagte zu ihnen“) und schließlich das „Höre, Israel!“ in Dtn 6,4, woraufhin mit dem Zentralisationsgebot in Dtn 12,13ff der eigentliche Gesetzeskern begann.[176] Mit dem Einbau des Dekalogs in das Urdeuteronomium gelang den dtr Redaktoren neben der sachlichen Koordination des deuteronomischen Gesetzes mit der Sinaigesetzgebung[177] zugleich die notwendige Fortentwicklung des Gotteskonzepts. Gewichtige Gründe sprechen nämlich für die These, dass das „Höre, Israel!“ in Dtn 6,4[178] anfangs nicht in Analogie zum Ersten Gebot die ausschließliche Verehrung Jhwhs, sondern die „einheitliche Identität des Gottes Jahwe im Sinne eines gesamtisraelitischen *Monojahwismus*“ proklamiert hat.[179] Dass es in der Religionsgeschichte Israels polyjahwistische Tendenzen gegeben

174 Vgl. zum Sprachbeweis jedoch kritisch Rüterswörden, Schultheologie, 227: „Wenn es das Wesen des Deuteronomismus ausmacht, sich terminologisch und theologisch auf das Deuteronomium zu beziehen, wird man nicht mit den Mitteln der Sprachstatistik allein operieren können.“ Vgl. auch ders., Dtn 13, 192 mit Anm. 34.

175 Vgl. Veijola, Deuteronomium, 129 mit Anm. 37.

176 A.a.O., 123.

177 Vgl. Gertz, Deuteronomium 1–3, 120.

178 V. 5 ist eine Nachinterpretation im Lichte des Ersten Gebots, vgl. Veijola, Bekenntnis, 80–82.

179 Levin, Entstehung, 98f (kursiv im Original). Vgl. zu dieser Interpretation von Dtn 6,4 grundlegend Bade, Monojahwismus; Bade zeigt a.a.O., 87, auch bereits den Zusammenhang von Monojahwismus und dem Programm der Kultzentralisation auf.

hat, gegen die sich Dtn 6,4 wendet, machen sowohl biblische (1 Kön 12,28)[180] als auch außerbiblische (Inschriften von Kuntillet ʿAğrūd, 9. Jh.)[181] Texte wahrscheinlich.[182] Die Voranstellung des Dekalogs und speziell des Ersten Gebots in Dtn 5,1–6,3* vor das ältere „Höre, Israel!" sowie dessen Nachinterpretation durch das Liebesgebot in 6,5[183] stellen das zunächst an der Einheit Jhwhs interessierte Deuteronomium in den Horizont einer intoleranten Monolatrie („intolerant monolatry"[184]).[185] Dann aber ist der Schluss zu ziehen, dass auch Dtn 13* Teil dieser monolatrischen Überformung des Urdeuteronomiums ist. Nimmt man noch spätere Texte wie Dtn 4 hinzu, so lassen sich im Hinblick auf das Gotteskonzept im Deuteronomium grob drei Stadien unterscheiden, in die Dtn 13 wie folgt eingetragen werden kann:

I.	Urdeuteronomium Monojahwistische Grundschicht	Dtn 4,45*; 5,1aα*; 6,4; 12,13–26,16*: „ein Jhwh – ein Kultort"
II.	Monolatrische (bundestheologische) Schicht(en)	Dtn 5,1–6,3*; 13*; 26,16f; 28*: „Jhwh – und keine anderen Götter"
III.	Monotheistische Schicht(en)	Dtn 4; Zusätze wie z.B. 13,4b.5.8: „Jhwh ist Gott – und sonst keiner"

Zusammenfassend kann gesagt werden, dass sich Dtn 13* in seinem näheren Kontext als Einschub in den vormaligen Zusammenhang der Zentralisationsgesetze Dtn 12*.14–16* erweist. Daneben gibt das Kapitel zahlreiche Querbezüge zu anderen Texten insbesondere im Deuteronomium zu erkennen, die für die Datierungsfrage des Kapitels von Relevanz sind. Als Ergebnis der Untersuchung dieser intertextuellen Bezüge ist festzuhalten, dass Dtn 13,2–6* das dtr Prophetengesetz Dtn 18,9–20 (aber noch nicht den Anhang in 18,21f) zu kennen scheint. Eine Abhängigkeit von der Falschprophetenpolemik des dtr redigierten Jeremiabuchs ist demgegenüber nicht nachweisbar. Den entscheidenden Hinweis für die literarhistorische Verortung von Dtn 13* liefert die Beobachtung,

180 Vgl. Donner, Götter.

181 Vgl. zu den Inschriften Renz/Röllig, Handbuch I, 47–52.59–64, und zu den Implikationen für Dtn 6,4 Höffken, Dtn 6,4.

182 Vgl. zu der vorgetragenen Interpretation von Dtn 6,4 auch Aurelius, Ursprung, 4–9; Becker, Staatsreligion, 13f; Berlejung, Geschichte, 127f; Gertz, Tora, 242.

183 Vgl. zum traditionsgeschichtlichen Hintergrund des Liebesgebots Rüterswörden, Liebe.

184 Vgl. zu diesem Ausdruck Pakkala, Monolatry, passim, speziell 18f.

185 Vgl. auch Kratz, Komposition, 132, sowie Aurelius, Ursprung, 20, dem zufolge die Entwicklung „vom Programm ‚ein Gott und nicht zwei' zum Programm ‚ein Gott und keine anderen'" verlief.

dass das Kapitel den Dekalog und vor allem das Erste Gebot in Dtn 5,6f.9a voraussetzt. Da der Textabschnitt Dtn 5,1–6,3* einer kompositions- und theologiegeschichtlich jüngeren Phase in der Entstehung des Deuteronomiums angehört, kann auch Dtn 13* nicht Teil des Urdeuteronomiums gewesen sein. Mit anderen Worten: Von Dtn 13* her geurteilt ist der Bund dem Gesetz literarhistorisch nicht vor-, sondern nachgeordnet.[186]

1.3 Traditionsgeschichtliche Analyse von Dtn 13*

In Dtn 13* haben ganz offensichtlich Forderungen Eingang gefunden, wie sie in Vertragsstipulationen altorientalischer Vasallenverträge und Treueide üblich sind. Der Überblick über die Vereidigungspraxis im Alten Orient (Kap. II) hat drei Typen von Forderungen benannt, die das Grundgerüst der Loyalitätsbestimmungen ausmachen und einen festen Platz in den Vasallenverträgen und Treueiden der verschiedensten Gebiete und Epochen des Alten Orients haben: Schutzgebote (der Vasall [be]schützt den König), Ausschließlichkeitsgebote (der Vasall erkennt keinen anderen König an) sowie Anzeigegebote (der Vasall informiert den König über Verschwörungen, von denen er hört). Bei der Übertragung der Vertragsvorstellung auf das Gottesverhältnis sind das Ausschließlichkeits- sowie das Anzeigegebot in Dtn 13* in den Dienst der Alleinverehrung Jhwhs gestellt worden. Im Hinblick auf die Verhältnisbestimmung zwischen Ausschließlichkeits- und Anzeigegeboten im Kontext der Vertragstexte ist zu beachten, dass erstere den letzteren sachlich vorgeordnet und Ausgangspunkt der auf exklusiver Loyalität basierenden Vasallität sind. Für die in Dtn 13* zusammengestellten Fälle der Verführung zu Nachfolge und Dienst anderer Götter (vgl. Dtn 13,3b*.7b.14b), die sich nach Form, Inhalt und Sprache an den vertragsrechtlichen Anzeigegeboten orientieren, folgt daraus, dass auch sie in der „Fabel" des Deuteronomiums die Verhältnissetzung in Dtn 5,6f.9a (Jhwh, der Gott des Auszugs, ist Israels einziger Gott, neben dem es keine anderen Götter geben darf) als *conditio sine qua non* haben. Dtn 13* setzt das Erste Gebot demnach nicht allein literarhistorisch,[187] sondern auch traditionsgeschichtlich und sachlogisch voraus. Schon diese Beobachtung widerrät der These, Dtn 13* (+ Dtn 28*) für sich genommen als „eine literarische Einheit der Gattung des Loyalitätseides"[188] zu betrachten, da der das Jhwh-Volk-Verhältnis setzende Kopfteil der vertragsrechtlichen Interpretation des Gottesverhältnisses in Dtn 5* ebenso notwendig zu Dtn 13* gehört, wie die entsprechenden Verhältnisbestimmungen

186 Vgl. auch Veijola, Redaktion; anders Otto, Deuteronomium, 74.

187 So o. S. 138f.

188 Otto, Deuteronomium, 68.

in den altorientalischen Vasallenverträgen und Treueiden (z.B. in der Präambel und der grundlegenden Ausschließlichkeitsforderung)[189] zu den nachgeordneten Anzeigegeboten. Die traditionsgeschichtliche Analyse von Dtn 13* soll deshalb bei der Ausschließlichkeitsforderung, wie sie im Ersten Gebot Dtn 5,7.9a grundgelegt und in Dtn 13,3b*.7b.14b modifiziert aufgenommen ist, ihren Anfang nehmen.

1.3.1 Das Erste Gebot im Licht der vertragsrechtlichen Ausschließlichkeitsforderung

Ein Vergleich von Dtn 5,7 mit verschiedenen Ausschließlichkeitsgeboten in altorientalischen Vasallenverträgen und Treueiden zeigt, dass die traditionsgeschichtlichen Wurzeln des Ersten Gebots in der vertragsrechtlichen Ausschließlichkeitsforderung zu suchen sind,[190] wobei aus der vertragsrechtlichen Forderung „Keine anderen Könige!" im Deuteronomium das Gebot „Keine anderen Götter!" geworden ist.[191] Dtn 5,7 lautet wörtlich:

lʾ yhyh lk ʾlhym ʾḥrym ʿl pny

„Es sollen nicht für dich andere Götter sein statt meiner!"[192]

Dem ist die schon zitierte Verpflichtungsformel aus dem altbabylonischen Brief ARMT XXVI/2, 404 an die Seite zu stellen:[193]

---

189 Auch der EST könnte nicht mit den Anzeigegeboten in den §§ 6 bzw. 10 beginnen, sondern schickt in den §§ 4 und 5 das Schutz- und das Ausschließlichkeitsgebot (vgl. v. a. Z. 71f) voraus, um das exklusive Verhältnis zwischen Vereidigten und assyrischem König deutlich zu machen, auf dessen Grundlage alles Weitere geschehen soll.

190 So schon Beyerlin, Herkunft, 63.

191 Vor dem Hintergrund der Vertragsbestimmungen aus den Vasallenverträgen wird noch einmal deutlich, dass das Erste Gebot noch weit von einem Monotheismus etwa eines Deuterojesaja entfernt ist. Wie in den Vertragsbestimmungen außer Frage steht, dass es neben dem Vertragsherrn noch andere Oberherren gibt, die aber für den Vasallen tabu sein sollen, so setzt das Erste Gebot voraus, dass die erwähnten anderen Götter sehr wohl existieren, aber für Israel keine Rolle spielen sollen.

192 Vgl. zur Übersetzung Aurelius, Ursprung, 9. Die nicht ganz leicht zu übersetzende hebräische Wendung *ʿl pny*, die zumeist mit „neben" bzw. „außer mir" wiedergegeben wird, entspricht exakt der akkadischen Formel *ina muḫḫīšu* „statt seiner" (s. EST Z. 197) und sollte somit ebenfalls mit „statt meiner" ins Deutsche übertragen werden (s. Krebernik, Deuteronomiumskommentar, 31).

193 Vgl. o. S. 26 (übersetzt nach Durand, Précurseurs, 54); vgl. dazu auch Polak, Covenant, 126f. – Der Gebrauch von akk. *bašû* zeigt, dass der Anfang von Dtn 5,7 mit dem Verb *hyh* wenigstens vor dem Hintergrund der traditionsgeschichtlichen Parallelen doch nicht so „einmalig und auffällig" ist, wie Aurelius, Ursprung, 9, annimmt. Seine These, Dtn 26,17f habe dem Ersten Gebot als Formulierungshilfe gedient, bleibt gleichwohl bedenkenswert.

> „Neben (*ullânum*) Zimrilim, unserem Vater, unserem älteren Bruder und unserem Führer gibt es keinen anderen König (*šarrum šanûm ul ibašši*)."
> (ARMT XXVI/2, 404, Z. 17f)

In hethitischen Vasallenverträgen lautet das Gebot regelmäßig:[194]

> „You shall not desire some other overlord for yourself."
> (Vertrag zwischen Hattušili III. von Hatti und Bentešina von Amurru)

Im neuassyrischen EST heißt es im Hinblick auf den künftigen König Aššurbanipal:[195]

> „(Bei Gott,) ihr sollt alles hören, was er sagt, und alles tun, was er befiehlt, und keinen anderen König (*šarru šanûmma*) und keinen anderen Herrn (*bēlu šanûmma*) statt seiner (*ina muḫḫīšu*) suchen!"
> (EST § 17 Z. 194–197)

Dem Vertragsrecht entstammen aber auch die mit der Ausschließlichkeitsforderung in Dtn 5,7.9a und 13,3b*.7b.14b einhergehenden zentralen Stichworte. Die Chiffre *ʾlhym ʾḥrym* „andere Götter", die ihren ältesten Beleg vermutlich in der Formulierung des Ersten Gebots Dtn 5,7 hat,[196] entspricht dem geprägten Terminus *šarru šanû* „andere Könige" in den Ausschließlichkeitssgeboten der Vasallenverträge und Treueide.[197] Das Verb *ʿbd* in der Formel *ʿbd ʾlhym ʾḥrym* „anderen Göttern dienen" (Dtn 5,9a; 13,7b.14b) beschreibt in den Vertragstexten das Verhältnis zwischen Vasall und Oberherrn.[198] Ein entsprechender traditionsgeschichtlicher Hintergrund lässt sich auch für die Formel *hlk ʾḥry ʾlhym ʾḥrym* „anderen Göttern nachfolgen" (13,3b*) wahrscheinlich machen. Zwar ist für eine vor-dtn/dtr Herkunft der Formel die Verwurzelung von *hlk ʾḥry* im judäischen Eherecht postuliert worden.[199] Doch das ist nicht die einzig mögliche Herkunftsbestimmung. Mit *hlk ʾḥry* werden in alttestamentlichen und altorientalischen Texten nämlich ganz verschiedene Verhältnisse bezeichnet, die sich in einem Punkt treffen: „In allen Fällen handelt es sich um ein Abhängigkeits- oder Eigentumsverhältnis, in dem der Nachfolgende dem Vorausgehenden Gehorsam schuldet."[200] Während von *hlk ʾḥry* im Alten Testament in der Tat bevorzugt im Kontext der familiären Treue die Rede ist (vgl. etwa Rut 3,10),[201] ist

---

194 HDT 17 § 6.

195 Die eigene Übersetzung basiert auf der Umschrift von Watanabe, *adê*-Vereidigung, 152. Weitere Belege im neuassyrischen Vertragskorpus: SAA II 3: 5–6; 9: 10–11 u. 32–34; 6 passim.

196 S. o. S. 138f.

197 Vgl. zum Ausdruck *ʾlhym ʾḥrym* auch Erlandsson, אחר, 219f, der den festen Zusammenhang der Formel mit der Bundesvorstellung betont.

198 Vgl. Ringgren, עבד, 989–991.

199 So Otto, Deuteronomium, 61.

200 Helfmeyer, אחרי, 221.

201 Vgl. Rüterswörden, Schultheologie, 227f; ders., Dtn 13, 192.

der Ausdruck außeralttestamentlich z.B. auch in hethitischen Vasallenverträgen bezeugt,[202] so dass auch für Dtn 13,3b* ein vertragsrechtlicher Hintergrund als möglich erscheint. Beachtet man ferner, dass Dtn 13* auch sonst gespickt ist mit vertragsrechtlichen Vorstellungen und Formulierungen, so ist ein traditionsgeschichtlicher Umweg über das judäische Eherecht bei dem Ausdruck *hlk ʾḥry* in Dtn 13,3b* eine entbehrliche Verkomplizierung. Die Formel „anderen Göttern nachfolgen" lässt sich einfacher als Rezeption der vertragsrechtlichen Formel „anderen Königen bzw. Herren nachfolgen" erklären. Im Alten Testament ist der überzeugenden Analyse J. P. Floss' zufolge Dtn 13,3b* als der älteste Beleg der Formel anzusprechen.[203] Auch dies spricht für die Annahme, dass die Formel „anderen Göttern nachfolgen" über die Rezeption vertragsrechtlicher Sprachformen in das Alte Testament gelangt ist. Dass allerdings Dtn 13,3b* als der einzige vor-dtr Beleg in der Folge zu einer wunderbaren Vermehrung der Formel im Deuteronomismus geführt habe, ist nicht wahrscheinlich.[204] Dagegen spricht neben der Gesamteinschätzung von Dtn 13* als dtr Text auch, dass die Formel mit der Chiffre *ʾlhym ʾḥrym* das dtr Erste Gebot zwingend voraussetzt.[205]

1.3.2 Traditionsgeschichtliche Analyse von Dtn 13,2–19*

Während das Erste Gebot in Dtn 5,7.9a und dessen Aufnahme in Dtn 13,3b*.7b.14b nach den Ausschließlichkeitsgeboten der altorientalischen Vasallenverträge und Treueide gestaltet ist, standen den drei Fällen in Dtn 13,2–6*.7–12*.13–19* die der Ausschließlichkeitsforderung nachgeordneten Anzeigegebote Modell, die jedoch bezüglich der Tatfolgebestimmung, wie sich zeigen wird, verschärft worden sind. Die Forderung, den König über verdächtige Personen und deren Machenschaften zu informieren, ist erstmals in einem eblaitischen Vasallenvertrag aus dem 24. Jh. greifbar und von da an ein fester Bestandteil der aus dem Alten Orient überlieferten Vasallenverträge und Treueide.[206] Die in ihrer Aussageabsicht weitgehend standardisierten Anzeigegebote sind häufig mit der Vorstellung und Terminologie vom „bösen Wort" verknüpft. In der Grundgestalt der

202 Vgl. Helfmeyer, אחרי, 222.

203 Floss, Jahwe dienen, 284–287; die weiteren Belege: Dtn 6,14; 8,19; 11,28; 28,14; Ri 2,12.19; 1Kön 11,10; Jer 7,6.9; 11,10; 13,10; 16,11; 25,6; 35,15.

204 So im Anschluss an Floss Rüterswörden, Dtn 13, 192f.

205 Vgl. zu dem Rechtssatz Ex 22,19a, der nach Otto, Deuteronomium, 62 ein vor-dtn Beleg für ein Fremdgötterverbot sei, etwa Pakkala, Monolatry, 119–126.

206 Vgl. zu dem eblaitischen Vertrag o. S. 24f und zum Anzeigegebot in den altorientalischen Treueiden und Vasallenverträgen Kap. II dieser Arbeit. Vgl. für das neuassyrische Vertragskorpus auch Nissinen, References, 160. „A stipulation of this kind is included in most of the well-preserved Neo-Assyrian treaties and is likely to have constituted a standard part of the treaties between the king and his allies or his subjects."

Anzeigegebote geht es immer darum, „böse Worte" gegen den König nicht zu verheimlichen. So heißt es in dem Vasallenvertrag zwischen dem hethitischen Großkönig Muwattalli II. und Alaksandu von Wilusa:[207]

> „If someone speaks an evil word concerning My Majesty before you, Alaksandu, and you conceal it from My Majesty ..., then you, Alaksandu, will have offended before the oath gods."

In einem (anonymen) neuassyrischen Vasallenvertrag lautet die entsprechende Klausel:[208]

> „[Nor] will you conceal from me anything that you hear, be it from the mouth of a king, or on account of a country, (anything) that bears upon or is harmful to us or Assyria, but you will write to me and bring it to my attention."

Die Grundgestalt kann verschiedentlich variiert werden:

- mit oder ohne die Vorstellung und Terminologie vom „bösen Wort";[209]
- durch eine Personenliste, die potentielle Verschwörer benennt;[210]
- durch das wörtliche Anführen der Parole der Verschwörer;[211]
- durch weitergehende Forderungen, die etwa die Ergreifung, Auslieferung oder Tötung der Verschwörer verlangen.[212]

Die Anzeigegebote in ihren verschiedenen Erscheinungsformen können nicht pauschal einer bestimmten Vertragsrechtstradition zugeschlagen werden; sie sind Gemeingut der altorientalischen Vasallenverträge und Treueide. Gleichwohl geben formale, inhaltliche und sprachliche Eigenheiten in den überlieferten Anzeigegeboten Gelegenheit, einzelne Elemente je einer der beiden großen Vertragsrechtstraditionen zuschlagen zu können. Ihr Vorkommen in Dtn 13* erlaubt sodann Rückschlüsse über die Herkunft der Traditionen, die auf das Kapitel eingewirkt haben. Folgende Themen sollen anschließend genauer untersucht werden:

a.) Formale Aspekte der drei Einheiten in Dtn 13*
b.) Dtn 13,2–12* und EST § 10
c.) Die Formel *dbr srh* „Falsches reden" (Dtn 13,6*)

---

207 HDT 13 § 13. Weitere Belege in hethitischen Vasallenverträgen und Treueiden: HDT 1 § 4; 1A § 9; 2 §§ 18, 43; 3 §§ 4, 20f, 31; 7 § 8; 10 § 1; 11 § 21; im Treueid für die LÚ^{MEŠ} SAG: §§ 24, 25 und 29; und in dem für Prinzen etc.: §§ 16 u. 28 (Text und Übersetzung bei von Schuler, Dienstanweisungen, 8–30).

208 SAA II 13: r. iii 10–17. Weitere Belege in neuassyrischen Verträgen: SAA II 3: 2–4; 4: r. 4–7; 6 §§ 6, 10 u. 12; 8: r. 2–27; 9: 6–9 u. 12–16. Zur Rezeption der Anzeigegebote in der königlichen Korrespondenz s. o. S. 46f.

209 Vgl. HDT 1A § 9 mit 2 §§ 18f u. 43.

210 Vgl. z.B. HDT 1A § 9.

211 Vgl. z.B. HDT 11 § 21.

212 Die Auslieferung der Verschwörer verlangt HDT 3 § 4 sowie SAA II 9: 12–16.

d.) Das Tötungsgebot in Dtn 13,10aα
e.) Abfall einer israelitischen Stadt (Dtn 13,13–19*)

a.) Formale Aspekte der drei Einheiten in Dtn 13:* Die vergleichende Forschung hat sich bislang vorwiegend auf die Ermittlung inhaltlicher Parallelen beschränkt. Demgegenüber sollen im Folgenden ausgewählte formale Aspekte der in Dtn 13* zusammengestellten Einheiten mit Stipulationen in altorientalischen Vasallenverträgen und Treueiden verglichen werden, wobei auf Ergebnisse der traditionsgeschichtlichen Analyse der Stipulationen der aramäischen Sfire-Inschriften zurückgegriffen werden kann.[213] Voraussetzung der formalen Verortung der drei Einheiten in Dtn 13* ist die grundsätzliche Möglichkeit, aufgrund der überlieferten Vertragstexte eine aramäische bzw. westliche von einer neuassyrischen Vertragsrechtstradition unterscheiden zu können.

Dtn 13* besteht aus drei in sich abgeschlossenen Paragraphen, die je ein Wenn-Dann-Satzgefüge zu erkennen geben: Die Protasis ist jeweils mit der Konditionalpartikel *ky* „wenn" eingeleitet und definiert den Tatbestand; die Apodosis bestimmt, was in dem gesetzten Fall zu geschehen hat. Die Anrede erfolgt dabei, darin dem Urdeuteronomium folgend, durchgängig in der 2. Pers. Sg. Lediglich die in dieser Arbeit als Nachträge beurteilten Textpassagen wechseln in die 2. Pers. Pl. Die genannten formalen Merkmale haben ihre nächste Parallele in den Stipulationen der aramäischen Sfire-Inschriften, die ihrerseits in der Tradition der Stipulationen der hethitischen Vasallenverträge stehen. Kennzeichnend für diesen westlichen Typ von Stipulationen sind Ketten von frei stehenden Konditionalsätzen. Die Protasis wird mit der Partikel „wenn" (heth. *mān*, aram. *hn*) eingeleitet; die Apodosis besteht in den hethitischen Texten meist aus einer stereotypen Repressionsformel, die allgemein das Übertreten der Eide ankündigt; in den Sfire-Inschriften folgt als Apodosis zunächst eine konkrete Bestimmung, woraufhin am Ende einer Sinneinheit eine Repressionsformel erscheint.[214] Die Anrede des Vasallen erfolgt in der Regel in der 2. Pers. Sg. Ausschlaggebend für eine formkritische Verortung der Einheiten in Dtn 13* in der westlichen Vertragsrechtstradition ist die Beobachtung, dass die aufgeführten formalen Merkmale in der neuassyrischen Vertragsrechtstradition, soweit das die spärliche Quellenlage zu erkennen gibt, Ausnahmen bilden.[215] Insbesondere unterscheidet sich EST § 10, der gerne als Vergleichstext herangezogen

213 Vgl. o. S. 69–77.

214 Die in hethitischen und aramäischen Stipulationen gebräuchliche Repressionsformel am Ende der Paragraphen könnte in Dtn 13* in den abschließenden Formeln 13,6b.12 einen Nachhall erfahren haben, vgl. Rose, Ausschließlichkeitsanspruch, 30.

215 Einzig Asarhaddons Vertrag mit Baal von Tyrus (SAA II 5) weist Konditionalsätze in Reihenbildung und gleichzeitig eine singularische Anrede des Vereidigten auf, s. o. S. 73.

wird, von Dtn 13* und den Sfire-Inschriften sowohl in der Sprachregelung[216] als auch im Aufbau, unabhängig davon, ob man die *šumma*-Sätze im Affirmativ als Protasen zu den Flüchen oder als Eide interpretiert.[217] Die Gegenüberstellung eines die Anzeige „böser Worte" gegen den König verlangenden Paragraphenabschnitts aus den Sfire-Inschriften und dem EST veranschaulicht die Unterschiede. EST § 10 ist dabei einmal als Eid und einmal als Protasis zu den Flüchen übersetzt:

Sf III: 1–4[218]	EST § 10*[219]
„... wenn irgend jemand [2]kommt, der Zuflucht sucht und böse Worte über mich redet ..., darfst du die Worte nicht von ihm annehmen ..."	„Bei Gott, ihr sollt kein böses ... Wort, das für Aššurbanipal ... nicht gut ist ... hören und (dann) verheimlichen ..." „Solltet ihr ein böses ... Wort, das für Aššurbanipal ... nicht gut ist ... hören und verheimlichen ... –" (Es folgen die Flüche in EST §§ 37ff)

Neben dem Aufbau und der Sprachregelung teilt Dtn 13* mit den aramäischen Inschriften von Sfire eine emphatische Infinitivkonstruktion, deren Gebrauch in Vertragsstipulationen eine genuin aramäische Tradition darzustellen scheint, da sie bislang in keinen anderen Vertragstexten belegt ist. W. Morrow, der den Gebrauch des so genannten paronomastischen Infinitivs in den Sfire-Inschriften untersucht hat, hat drei verschiedene Verwendungsarten identifizieren können.[220] Von besonderem Interesse ist hier zunächst diejenige Variante, in der der paronomastische Infinitiv „in an apodosis contrasting with the negative clause(s) beginning the apodosis" erscheint.[221] Als sichere Belege hierfür gelten Sf III: 1–4 und 4–6. Der entscheidende Abschnitt der Stipulation Sf III: 1–4 lautet:[222]

> „<Und wenn irgendeiner zu dir kommt> [1]... und [ge]gen mich re[d]et ..., darfst du die Worte nicht von ihm annehmen (*ltqḥ*), (vielmehr) hast du solche (Leute) mir auszuliefern (*hskr thskrhm*) ..." (Sf III: 1f)

---

216 Zu beachten ist, dass die Sfire-Inschriften und der EST einen unterschiedlichen Numerusgebrauch zeigen, obwohl sich beide Verträge ausweislich der Präambeln sowohl an den abhängigen Herrscher als auch an seine Familie und seine Untertanen richten, weshalb sich die pluralische Anrede im EST nicht einfach mit dem Hinweis auf eine hier angesprochene Personenmehrheit rechtfertigen lässt.

217 Vgl. dazu o. S. 88–91.

218 Rössler, TUAT I, 186.

219 Die eigenen Übersetzungen basieren auf der Umschrift von Watanabe, *adê*-Vereidigung, 148.

220 Morrow, Sefire Treaty, 89–96.

221 A.a.O., 89.

222 Rössler, TUAT I, 186.

Eben derselbe Gebrauch liegt in Dtn 13,7–12* vor. Wie in dem aramäischen Beispiel setzt sich auch hier die Rechtsfolgebestimmung aus einem oder mehreren Prohibitiven (*l'* + PK) sowie einem die Negation kontrastierenden paronomastischen Infinitiv zusammen:[223]

> „[…], dann sollst du ihm nicht willfahren (*l' t'bh lw*), nicht auf ihn hören (*wl' tšmʿ 'lyw*), nicht mitleidig auf ihn blicken (*wl' tḥws ʿynk ʿlyw*), nicht dich erbarmen (*wl' tḥml*), nicht ihm verzeihen (*wl' tksh ʿlyw*), vielmehr sollst du ihn unbedingt töten (*hrg thrgnw*) […].“ (Dtn 13,9.10aα)

Sollte die in dieser Arbeit vorgelegte Rekonstruktion von Dtn 13,2–6* zutreffend sein,[224] könnte sich hinter der Kurzform der *mwt ywmt*-Formel in V. 6 (*ky ywmt*) ebenfalls ein paronomastischer Infinitiv verbergen:

> „[…], dann sollst du auf die Worte dieses Propheten oder Traumsehers nicht hören (*l' tšmʿ 'l* …), vielmehr soll er getötet werden (*ky ywmt*) […].“ (Dtn 13,4–6*)

In Dtn 13,13–19* findet der antithetische paronomastische Infinitiv keine Verwendung. Im Gegensatz zu den vorangehenden Fällen ist in Dtn 13,13–19* die Apostasie bereits ins Werk gesetzt, womit sich ein Verbot, auf die Rede der Verführer zu hören, erübrigt hat. Wenn in Dtn 13,16* dennoch ein paronomastischer Infinitiv gebraucht wird, so hat auch dies ein Vorbild in der von den Sfire-Inschriften repräsentierten aramäischen Vertragsrechtstradition. In Sf III: 12f erkennt Morrow eine Verwendungsart des paronomastischen Infinitivs „as emphatic commands resuming a series of related instructions“.[225] Die einschlägige Stipulation beginnt in Sf III: 9 mit der Konditionalpartikel *hn* und reicht bis III 14, wo sie mit einer Repressionsformel abgeschlossen wird. Die Bestimmung regelt die Reaktion des Matiʿ-'el im Fall eines erfolgreichen Mordanschlags auf Bar-ga'yah: Matiʿ-'el und seine Nachkommen sollen kommen und Bar-ga'yah und seine Nachkommen an den Feinden rächen. Wie das konkret vonstatten gehen soll, explizieren zwei weitere Konditionalsätze, die einerseits die Vernichtung einer ganzen Stadt und andererseits einer Einzelperson samt Anhang fordern:[226]

> „Und wenn irgendeiner … [11]meinen Kopf will, um mich zu töten …, – wenn sie mich tatsächlich töten, so musst du kommen und mein Blut rächen von der Hand meiner Feinde (*wtqm dmy mn yd šn'y*) … Und wenn es sich um eine Stadt handelt, schlagt sie [13]mit dem Schwert (*nkh tkwh bḥrb*); und wenn es sich um einen meiner Brüder handelt, oder einen meiner Diener oder [einen] meiner Aufseher, oder einen aus dem Volk, das mir untertan ist, erschlagt ihn, ja ihn und seine Nachkommen-

223 Vielleicht sollte dem Prohibitiv als der stärksten Form der Negation mit dem paronomastischen Infinitiv eine gleichwertige Form der Affirmation an die Seite gestellt werden.

224 S. o. S. 119 mit Anm. 71.

225 Morrow, Sefire Treaty, 90.

226 Rössler, TUAT I, 187.

> schaft, seine Schütz [14]linge und seine Freunde, mit dem Schwert (*nkh tkh ʾy*[*t*]*h … bḥrb*), sonst seid ihr eidbrüchig gegenüber allen [Ver]tragsgöttern, die in dieser Inschrift stehen."

Der paronomastische Infinitiv dient in dem zitierten Beispiel der Fortsetzung der vorangegangenen Bestimmung. Ähnlich gelagert ist der Sachverhalt in Dtn 13,16*. Auch hier führt der paronomastische Infinitiv eine vorangehende Bestimmung fort, die in diesem Fall das Ermittlungsverfahren betrifft (vgl. V. 15):

> „[…], dann sollst du nachfragen und nachforschen und gründlich untersuchen (*wdršt wḥqrt wšʾlt hyṭb*), und ist es wirklich wahr, dass dieser Gräuel in deiner Mitte begangen wurde, dann sollst du die Einwohner dieser Stadt unbedingt mit der Schärfe des Schwertes schlagen (*hkh tkh … lpy ḥrb*)." (Dtn 13,15f*)

Ein dem aramäischen paronomastischen Infinitiv entsprechendes Forminventar ist zwar auch im Hebräischen vorhanden gewesen.[227] Der konkrete Gebrauch des Stilmittels in den drei Stipulationen in Dtn 13*, der dem in den aramäischen Sfire-Inschriften zum Teil exakt entspricht, macht allerdings eine Abhängigkeit des Kapitels von der aramäischen Vertragsrechtstradition und ihren Formulierungsgewohnheiten wahrscheinlich, zumal sich die drei in Dtn 13* zusammengestellten Einheiten auch in puncto Sprachregelung und Aufbau vorzüglich in die westlich-aramäische Tradition einfügen.

Aus den formalen Gemeinsamkeiten der drei in Dtn 13* zusammengestellten Einheiten mit den Vertragsstipulationen der aramäischen Inschriften von Sfire ergeben sich zwei Schlussfolgerungen: Erstens ist die kontrovers diskutierte Frage, welcher Rechtsgattung die Einheiten in Dtn 13* angehören, dahingehend zu beantworten, dass hier weder kasuistische Gesetze[228] noch deren Nachahmung,[229] sondern schlicht und ergreifend Vertragsstipulationen vorliegen bzw. imitiert werden, womit sich – wie sich zeigen wird – Form und Inhalt entsprechen;[230] zweitens stehen diese Vertragsstipulationen in formaler Hinsicht

---

227 Vgl. neben Dtn 13 Ex 23,23f; Dtn 7,18; 15,7f.13f; 22,6f; 24,12f (vgl. Morrow, Sefire Treaty, 95).

228 Vgl. Richter, Bearbeitungen, 83; Rüterswörden, Dtn 13, 197. Bei der These, in Dtn 13* lägen kasuistische Gesetze vor, hätte man allerdings aufgrund der direkten Anrede von einer Mischgattung auszugehen, vgl. die Kritik bei Rose, Ausschließlichkeitsanspruch, 26.

229 So Veijola, Wahrheit, 290. Da Otto bei seiner Interpretation von Dtn 13* allein von den formalen Merkmalen des neuassyrischen EST ausgeht, die sich mit dem Befund in Dtn 13* aber schlecht decken, gelangt er zu der komplizierten Annahme, in Dtn 13* sei „die Vertragsstipulation der judäischen Gattung des kasuistischen Rechts angepasst worden" (Otto, Deuteronomium, 66).

230 Ähnlich schon Rose, Ausschließlichkeitsanspruch, 26–33, der als formale Parallelen die so genannten hethitischen Dienstanweisungen (Treueide aus der Zeit Tutḫalijas IV.) geltend macht.

nicht in der Linie der neuassyrischen, sondern der westlich-aramäischen Vertragsrechtstradition.

b.) Dtn 13,2–12 und EST § 10:* Analog zu altorientalischen Verträgen werden in den drei Stipulationen in Dtn 13* einzelne Personen bzw. ganze Gesellschaften als potentielle Verführer zum Abfall von Jhwh aufgezählt. Dtn 13,2–6* schildert den Fall, dass ein Prophet (*nbyʾ*) oder ein Traumseher (*ḥlm ḥlwm*), der sich mit einem Beglaubigungszeichen legitimiert, der Nachfolge anderer Götter das Wort redet. In Dtn 13,7–12* sind es nächste Verwandte und Freunde, die (heimlich) zum Fremdgötterdienst auffordern. Die größte Nähe besteht zu EST § 10. Da der Paragraph in der Diskussion um eine mögliche Abhängigkeit der (ersten beiden) Stipulationen vom EST eine zentrale Rolle spielt, sei er an dieser Stelle in Umschrift und Übersetzung in voller Länge dargeboten:[231]

(108) *šumma abutu lā ṭābtu lā deʾiqtu*
(109) *lā banītu ša ina muḫḫi Aššur-bāni-apli marʾi šarri rabiʾi ša bēt ridūti*
(110) *marʾi Aššur-aḫu-iddina šar māt Aššur bēlīkunu lā tarṣatūni*
(111) *lā ṭābatūni lū ina pî nak(i)rīšu*
(112) *lū ina pî salmīšu*
(113) *lū ina pî aḫḫēšu*
(114) *aḫḫē abbēšu marʾē aḫḫē abbēšu*
(115) *qinnīšu zarʾi bēt abīšu lū ina pî aḫḫēkunu*
(116) *marʾēkunu marʾātēkunu lū ina pî rāgimi*
(117) *maḫḫê mār šāʾili amāt ili*
(118) *lū ina (pî) napḫar ṣalmāt qaqqadi mala bašû*
(119) *tašammâni tupazzarāni*
(120) *lā tallakānenni ana Aššur-bāni-apli marʾi šarri rabiʾi*
(121) *ša bēt ridūti marʾi Aššur-aḫu-iddina šar māt Aššur*
(122) *lā taqabbâni*

„[108]Bei Gott, ihr sollt nicht ein ungutes, unfreundliches, [109]unziemliches Wort, das für Aššurbanipal, den Kronprinzen vom ‚Nachfolgehaus', [110]den Sohn Asarhaddons, Königs von Assyrien, eures Herrn, nicht korrekt, [111]nicht gut ist, sei es aus dem Mund seines Feindes [112]oder aus dem Mund seines Freundes [113]oder aus dem Mund seiner Brüder, [114]der Brüder seines Vaters, der Söhne der Brüder seines Vaters, [115]seiner Familie, der Nachkommen seines Vaterhauses oder aus dem Mund eurer Brüder, [116]eurer Söhne, eurer Töchter oder aus dem Mund eines Propheten/Orakelpriesters, [117]eines Ekstatikers, eines *šāʾilu*-Priesters [118]oder aus dem Mund aller ‚Schwarzköpfigen' überhaupt [119]hören (und es dann) verheimlichen, [120]sondern zu Aššurbanipal, dem Kronprinzen [121]vom ‚Nachfolgehaus', dem Sohn Asarhaddons, Königs von Assyrien, kommen [122](und es) sagen."

231 Die Umschrift stammt aus Watanabe, *adê*-Vereidigung, 148. Die eigene Übersetzung deutet den Paragraphen als Eidformel, vgl. dazu o. S. 88–91.

Nach Otto verdanken die ersten beiden Fälle in Dtn 13* ihre Struktur EST § 10, der wie Dtn 13,2–12* Familienangehörige und religiöse Experten auflistet.[232] Vergleicht man EST § 10 und Dtn 13,2–12* jedoch genauer, so überwiegen die Unterschiede. So schon im Hinblick auf die Absicht der Auflistung der potentiellen Aufwiegler. Das Anliegen von EST § 10 ist es ganz offensichtlich, möglichst alle Personen zu benennen, die dem (künftigen) König potentiell gefährlich werden könnten, um anschließend ihre Anzeige beim König zu fordern (EST § 10 Z. 119.122: [*šumma*] *tašammâni tupazzarāni ... lā taqabbâni*). Dabei bedient sich der Paragraph der Form der Liste, die „nach einem an Nähe und Distanz zu Assurbanipal orientierten Schema“[233] angeordnet ist. Als mögliche Anstifter einer Rebellion werden neben Feind und Freund die nächsten Familienangehörigen sowohl Aššurbanipals als auch der vereidigten medischen Vasallen sowie eine Trias von Kultbeamten genannt. Speziell die die Liste abschließende, bewusst sehr allgemein gehaltene Formel *lū ina (pî) napḫar ṣalmāt qaqqadi mala bašû* (EST § 10 Z. 118) zeigt, dass die gebotene Aufzählung auf Vollständigkeit abzielt.[234] Da sämtliche im EST belegten Personenlisten mit der auf „alle Menschen“ verallgemeinernden Formel abschließen (vgl. EST Z. 79f: *lū (ina pî) napḫar ṣalmāt qaqqadi mala bašû*; Z. 164: *lū ina šiknat napulti mala bašû*; Z. 223: *lū ina napḫar ṣalmāt qaqqadi mala bašû*; Z. 321f: *issu libbi mar'i māt Aššur issu libbi mar'i māti šanītim*; Z. 339f: *lū ina napḫar ṣalmāt qaqqadi mala bašû*),[235] ist das Fehlen einer solchen Formel in Dtn 13* ein erster gravierender Unterschied zum EST.[236] Darüber hinaus präsentiert Dtn 13* die religiösen Experten und die Familienangehörigen (im Vergleich zu EST § 10 in umgekehrter Reihenfolge) in zwei verschiedenen Paragraphen (Dtn 13,2–6*: Propheten; 7–12*: Familie und Freunde),[237] womit die in EST § 10 vorliegende Form der Personenliste in Dtn 13* gerade nicht gegeben ist.

232 Vgl. Otto, Deuteronomium, 57–59.

233 Wie Otto, a.a.O., 58, richtig sieht.

234 Vgl. auch Veijola, Deuteronomiumsforschung, 296. Dieses Anliegen wird auch von dem im Jahre 669 entstandenen Treueid der Zakūtu bestätigt, der wie der EST zugunsten Aššurbanipals aufgesetzt worden ist. Auch die hier eingebaute Liste endet, nachdem sie Personen sowohl aus der Umgebung des Königs als auch aus der der Vereidigten genannt hat, mit der die Bewohner des ganzen Landes einschließenden Formel *lū ina nīšē māti gabbu* (Z. 23), die die Intention der Liste, nämlich die vollständige Aufzählung aller potentiellen Verschwörer, deutlich macht (vgl. SAA II 8).

235 Vgl. Watanabe, *adê*-Vereidigung, 146; 150; 154; 158. Zu einer vergleichbaren Formel in einem hethitischen Vertrag vgl. HDT 10 § 1.

236 Vgl. auch Aurelius, Götter, 160, Anm. 51.

237 Pakkala, Deuteronomium 13, 131, erkennt richtig, dass in Dtn 13* nicht einfach die religiösen Experten und die Angehörigen auf zwei Paragraphen verteilt worden sind, sondern dass darüber hinaus zwei verschiedene Tatbestände zu unterscheiden sind: In 13,2–6* die öffentliche, in 13,7–12* die geheime Anstiftung zum Abfall von Jhwh. Nach Floss, Jahwe dienen, 285f, sind die beiden Tatbestände auch anhand der verschiedenen Parolen der Anstifter zu unterscheiden: In 13,3b* *hlk 'ḥry 'lhym 'ḥrym*, in 13,7b *'bd 'lhym 'ḥrym*.

Die in Dtn 13,7a gebotene Aufzählung der nächsten Verwandten und Freunde, die hier nicht wie im EST im Plural angesprochen werden, ist im Gegensatz zu der Liste in EST § 10 umfangreicher und zudem stark affektgeladen. Die emotionale Färbung kommt besonders schön aufgrund der den Personen beigefügten Näherbestimmungen zur Geltung, wenn etwa der Bruder als *bn ʾmk* („Sohn deiner Mutter"),[238] die (in EST § 10 fehlende) Frau als *ʾšt ḥyqk* („Frau an deiner Seite") und der (in EST § 10 ebenfalls fehlende) Freund als *rʿk ʾšr knpšk* („Freund, den du liebst wie dich selbst") vorgestellt werden. Die Intention der Zeilen liegt auf der Hand: „[T]he author thereby rhetorically sharpens the conflict between blood and religion."[239] Eine zusätzliche Dramatisierung erfährt der innerfamiliäre Konflikt noch durch die Tatsache, dass die von den in V. 7a genannten Personen ausgehende Anstiftung zum Fremdgötterdienst hier *bstr* „heimlich" (vgl. Dtn 27) geschieht.[240] Des Weiteren hat Levinson darauf hingewiesen, dass die fünf in Dtn 13,9 aneinandergereihten Prohibitive („dann sollst du ihm nicht willfahren, nicht auf ihn hören, nicht mitleidig auf ihn blicken, nicht dich erbarmen, nicht ihm verzeihen"), die allesamt den Verzicht auf Mitleid thematisieren, den fünf in V. 7a aufgeführten Verwandten und Freunden in der Anzahl genau korrespondieren, und der Paragraph somit auf die schonungslose Tötung des potentiellen Verführers zielt (V. 10aα). Im Mittelpunkt von Dtn 13,7–12* steht daher nicht – wie in EST § 10 – die Anzeige der potentiellen Anstifter einer Rebellion, sondern „the injunction to extinguish the inner feelings of kinship and mercy that would inevitably arise toward the beloved – and that would preclude the summary execution that is called for".[241] Dass damit eine von EST § 10 abweichende Tatfolgebestimmung einhergeht, ist später aufzuzeigen. Was die Erwähnung der engsten Familienmitglieder in beiden Texten anbelangt, so ist folglich zu schließen, dass bei der stark emotional

238 Levinson, Deuteronomy 13:7a, 240f, sieht gerade darin ein Indiz für eine Übertragung aus dem EST, da dort (allerdings gerade nicht in dem relevanten § 10 [vgl. Z. 113 und 115: *aḫḫēšu* bzw. *aḫḫēkunu*]!) die Brüder Aššurbanipals (jedoch nicht die der Vereidigten!) immer wieder als *aḫḫēšu marʾē ummišu* „seine Brüder, Söhne seiner Mutter" bezeichnet werden (Z. 94, 103, 171, 270, 285, 497, 504, 516, 633): „The attestation of that formula only in this treaty increases the likelihood of its having been used as a literary model by the author of Deut 13." Jedoch dürfte der Zusatz „Söhne deiner Mutter" in einer Gesellschaft, in der Polygamie eine anerkannte Lebensform war, nicht ungewöhnlich sein, und so sagt Levinson selbst, dass die Formel „is common also in classical Hebrew, where it is found in a broad range of literary genres, extending from narrative to wisdom and poetry" (a.a.O. 226).

239 Levinson, Deuteronomy 13:9, 616.

240 Das Motiv begegnet auch in einem hethitischen Treueid: „Oder (wenn) jemand (von) euch heimlich etwas hört, es aber nicht im Palast meldet, so soll ihm auch dies unter Eid gelegt sein." („Instruktion für Prinzen, ‚Herren' und ‚Obere'" § 6 [von Schuler, Dienstanweisungen, 24]).

241 Levinson, Deuteronomy 13:9, 617.

gefärbten Aufzählung in Dtn 13,7a die Unterschiede zu EST § 10:115f überwiegen, was einer Übersetzung aus dem EST entgegensteht. Da das Motiv, dass eine Verschwörung aus dem Kreis der nächsten Verwandten und besten Freunde ausgeht, in altorientalischen Verträgen häufig belegt ist, legt auch die – im Alten Orient verbreitete[242] – gemeinsame Abfolge *aḫḫēkunu mar'ēkunu mar'ātēkunu* in EST § 10 Z. 115f bzw. *'ḥyk bn 'mk 'w bnk 'w btk* in Dtn 13,7a einen direkten Einfluss speziell einer assyrischen Quelle oder gar des EST auf Dtn 13* keinesfalls zwingend nahe, spricht vielmehr dafür, dass der Verfasser von Dtn 13* ein Motiv der altorientalischen Vasallenverträge und Treueide aufgegriffen und für sein Anliegen dienstbar gemacht hat. Einige Beispiele entsprechender Stipulationen seien im Folgenden angeführt:

Der hethitische Išmeriga-Vertrag bietet in einem mit EST § 10 in vielerlei Hinsicht parallel laufenden Paragraphen eine noch umfassendere Aufzählung von engsten Familienmitgliedern, wobei deren Nachordnung hinter verschiedene Funktionsträger exakt der Reihenfolge in Dtn 13* entspricht (Vs. 21'–24'):[243]

> „21'Wenn vor euch aber jemand ein böses Wort [sp]richt, sei (es) ein Grenzherr, [
> 22'sei er ein Geringer, sei er ein Hethit[er, sei] er ein Kizzuwatnäer [
> 23'oder einem Menschen sein (eigener) Vater, seine Mutter, sein Bruder, seine Schwester oder sein Sohn, (sein) Schwager [
> 24'wer ein (solches) Wort sagt, diesen soll niemand verstecken, (sondern) er soll ihn ergreifen und zur Anzeige [bringen!"

Der in Dtn 13,7a genannte Freund hat zwar in EST § 10 keine Entsprechung, dafür aber in einem hethitischen Treueid, in dem eine Bestimmung lautet:[244]

> „Oder (wenn) ein Freund bei einem Freunde irgendeine böse Sache über die Sonne hört und ihn nicht anzeigt, (das) soll [unter] Eid gelegt sein."

Freunde finden aber auch in der Liste der Zakūtu-*adê* gleich hinter den Brüdern der Vereidigten in Gestalt der *bēl ṭābātēkunu* Erwähnung. Wie in Dtn 13* stellt auch hier die Personenliste den Brüdern und Freunden der Vereidigten verschiedene staatliche Funktionsträger voran:[245]

> „(18–23)Und wenn ihr hört oder wisst, dass unter euch Leute sind, die zum Kampf verleiten (oder) aufwiegeln, ob von den Bärtigen oder von den Eunuchen, ob von seinen Brüdern oder königlichem Samen, ob eure Brüder oder Freunde oder von den Leuten des ganzen Landes, (23–27)wenn ihr das hört (oder) [wisst], sollt ihr (sie)

242 Vgl. auch Pakkala Deuteronomium 13, 131.

243 Kempinski, Išmeriga-Vertrag, 195. Für weitere Personenlisten in hethitischen Vasallenverträgen s. HDT 1A § 9; 3 § 31; 10 § 1.

244 „Instruktion für ‚Obere'" § 29 (von Schuler, Dienstanweisungen, 15).

245 Hecker, TUAT NF II, 92; vgl. den akkadischen Text in SAA II 8. Personenlisten finden sich ferner in SAA II 4: r. 4–7 sowie in SAA II 13: r. iii 10–17. Entsprechende Personenlisten bezeugen auch die aramäischen Sfire-Inschriften, vgl. Sf III: 1–4 u. 9–14.

ergreifen, [töten und zur] Zakūtu [oder zu Assurbani]pal, [König des Landes Assur, euren Herrn, br]ingen."

Anders liegen die Dinge bei dem Fall der beiden Prophetengestalten in Dtn 13,2–6*. Denn obgleich Träume nach Auskunft des Alten Testaments als göttliches Offenbarungsmedium in vor- und nachexilischer Zeit allgemein akzeptiert waren,[246] ist der als *ḥlm ḥlwm* bezeichnete Traumexperte im Alten Testament nirgends sonst belegt. Dies könnte ein erstes Indiz für die Rezeption einer dem Alten Testament an sich fremden Vokabel sein. Dazu fügt sich, dass die in EST § 10 genannten Kultbeamten (*raggimu, maḫḫû, šā'ilu amāt ili*) einigermaßen gut mit den Prophetengestalten in Dtn 13* korrespondieren: „Der *maḫḫû* (‚Ekstatiker') entspricht dem Nabi, während der *šā'il(t)u* (‚Traumdeuter') mit dem Inkubanten gleichzusetzen ist."[247] Der mögliche Einwand, dass dem *nby'* gleich zwei Prophetengestalten gegenüberstehen, wiegt nicht schwer, da sich der *raggimu* „Rufer" (von akk. *ragāmu*[*m*] „rufen") und der archaische, möglicherweise später durch den *raggimu* ersetzte *maḫḫû* „Ekstatiker; Prophet" (von akk. *maḫû*[*m*] „rasen") hinsichtlich ihrer Funktion kaum unterscheiden lassen und die redundante Erwähnung beider Spezialisten daher literarischem Interesse entsprungen sein könnte.[248] Bei einem ersten Vergleich der in EST § 10 und Dtn 13,2–6* vorkommenden religiösen Experten wird man also in der Tat zugeben müssen, dass der Ausdruck *nby' 'w ḥlm ḥlwm* „exakt mit der Korporation von *raggimu, maḫḫû* und *šā'ilu* korrespondiert".[249] Wenn man den Ausdruck *nby' 'w ḥlm ḥlwm* isoliert betrachtet, könnte hier demnach tatsächlich eine Übersetzung aus EST § 10:116f vorliegen.[250] Bei näherem Hinsehen ist die Entsprechung zwischen den religiösen Experten in EST § 10 und Dtn 13,2–6* jedoch nicht vollkommen. So hat J. Pakkala m.E. berechtigte Zweifel bezüglich der These angemeldet, der hebräische *ḥlm ḥlwm* könne als Übersetzung für akkadisch *šā'ilu amāt ili* angesehen werden.[251] Der *ḥlm ḥlwm* sei als Experte der Oneiromantik viel spezifischer als der assyrische *šā'ilu*, dessen divinatorische Tätigkeiten demgegenüber weiter gesteckt seien. Die exakte Interpretation der Constructus-Verbindung *mār šā'ili amāt ili* „Sohn eines das Gotteswort Fragenden" ist nicht sicher. Entsprechend bietet CAD, das für *šā'ilu* allgemein „diviner" angibt, mit Fragezeichen *šā'ilu* „(who asks for) divine

---

246 Vgl. Kaiser, Theologie 1, 216.

247 Otto, Deuteronomium, 58, Anm. 250.

248 Vgl. auch Nissinen, References, 161: „[I]t seems like a word-pair combining the colloquial and literary equivalents for ‚prophet'."

249 Nissinen, Prophetie, 179.

250 Levinson 13,7a 238, Anm. 80, macht darauf aufmerksam, dass der *ḥlm ḥlwm*, der „Träumer von Träumen", auch grammatisch der Formel *mār šā'ili amāt ili* entspricht: „it employs a masculine singular active participle in construct to a following noun."

251 Pakkala, Deuteronomium 13, 132f.

utterances"[252], was sich noch dahingehend konkretisieren lässt, dass *šā'ilu* „is usually – though not exclusively – connected with dream interpretation".[253] Pakkala fragt nun zu Recht, weshalb der recht offene akkadische Terminus ausgerechnet mit dem im Alten Testament nicht belegten *ḥlm ḥlwm* übersetzt worden ist, wo doch treffendere hebräische Äquivalente bereit gestanden hätten. So wären der *qsm* „Wahrsager" (Dtn 18,10.14), der ebenfalls mit Träumen beschäftigt war (Jer 27,9; 29,8), oder der *š'l 'wb* (Dtn 18,11) passender gewesen; es wäre sogar möglich gewesen, die akkadische Constructus-Verbindung *šā'ilu amāt ili* in Form von *š'l bdbr h'lhym* (vgl. 2Sam 16,23) wortwörtlich ins Hebräische zu übersetzen.[254] Mit anderen Worten: Hinter hebräischem *ḥlm ḥlwm* scheint sich etwas anderes zu verbergen als ausgerechnet *šā'ilu amāt ili* aus EST § 10. Gleichwohl bleibt zu berücksichtigen, dass einerseits das *hapax legomenon* im Alten Testament *ḥlm ḥlwm* für die Rezeption einer fremden Vokabel spricht und andererseits die Themen Prophetie und Traum(deutung) im neuassyrischen Reich im 7. Jh. von einigem Gewicht waren.[255] Von daher ist es nicht ausgeschlossen, dass die Stipulation über die Falschpropheten in Dtn 13,2–6* in der Tat von einem assyrischen Vasallenvertrag inspiriert worden ist. Die Parallele zwischen EST § 10:116f und Dtn 13,2–6* ist jedoch kein Beweis für eine Abhängigkeit von genau diesem Text. Wenn man bedenkt, dass es sich bei den überlieferten EST-Tafeln um die einzigen vollständig und im Original erhaltenen neuassyrischen *adê*-Texte handelt, die in ihren ausgedehnten Personenlisten erwartungsgemäß auch einzelne Funktionsträger erwähnen, die bislang nur dort bezeugt sind, so ist die im neuassyrischen Vertragskorpus einzigartige Erwähnung von Propheten in EST § 10 wahrscheinlich dem Überlieferungszufall geschuldet.[256]

Exkurs: Das bedrohliche Potential der Prophetie in assyrischer und dtr Sicht

Der Vergleich der einschlägigen assyrischen Quellen, in denen Propheten eine Gefahr für das Königshaus darstellen, mit dem Fall prophetischer Konspiration in Dtn 13* offenbart die verschiedenen zeithistorischen Kontexte, in denen die

252 CAD Š, 111.

253 Nissinen, References, 161; vgl. auch Tropper, Nekromantie, 74.

254 So auch die Schlussfolgerung von Pakkala, Deuteronomium 13, 133.

255 Vgl. Otto, Deuteronomium, 55 mit Anm. 243. – Für das Thema Prophetie s. Nissinen, Prophetie, passim; für das Thema Traum s. Pongratz-Leisten, Herrschaftswissen, 111–127. Allerdings war das Thema Prophetie auch im Juda der ausgehenden Königszeit von einiger Relevanz, vgl. z.B. Hardmeier, Prophetie, passim, sowie u. S. 294–309.

256 Vgl. auch Nissinen, Prophetie, 179: „Da von dem ganzen neuassyrischen Vertragswesen nur wenige Reste verschont geblieben sind, mag die Nicht-Erwähnung von Gelehrten und Propheten in den uns bekannten Verträgen ein reiner Zufall sein."

jeweiligen Texte entstanden sind. In dem assyrischen Brief ABL 1217, der für einen Vergleich mit dem Bild von Prophetie in Dtn 13* als geeignet erscheint, nimmt eine Verschwörung gegen den Großkönig ihren Ausgang bei einem prophetischen Orakel, das während der Herrschaft Asarhaddons einem anderen die Königsherrschaft verheißt.[257] Der loyale Verfasser des Briefes zeigt die verantwortliche Prophetin gemäß EST § 10 dem König an und fordert, darin EST § 12 folgend, die Vernichtung der Verschwörer.[258] Der Brief macht deutlich, dass die assyrischen Texte (u.a. EST § 10) und Dtn 13* die Propheten ganz verschiedenen Kriterien unterwerfen:[259]

> „Als Kontrollinstanz dient im neuassyrischen Reich die vorherrschende Königsideologie, im Falle des Deuteronomiums dagegen das deuteronomische Gesetz mit dem Hauptgebot an seiner Spitze, vermittelt durch den Propheten Mose (Dtn 18:15)."

Damit steht in Zusammenhang, dass die in den assyrischen Quellen beschriebenen demagogischen Bemühungen der Propheten „deutlich auf ganz reale Vorgänge"[260] bezogen sind, während es sich bei Dtn 13* um einen „Reflexionstext [handelt], der an drei Extrembeispielen das Fremdgötterverbot als Hauptgebot gleichsam durchexerziert".[261] Das in den assyrischen Quellen vorgeführte staatsgefährdende Potential der Prophetie scheinen die Verfasser von Dtn 13* – wie Nissinen ganz richtig feststellt – nicht länger als ernstzunehmende Gefahr empfunden zu haben:[262]

> „Die Falschheit bzw. Wahrhaftigkeit einer Prophetie erscheint in den Augen der politisch-religiösen Machthaber der judäischen Königszeit in einem wesentlich anderen Licht als in denen der nachexilischen deuteronomistischen oder priesterlichen Autoritäten; der Fall von Jeremia dient als ein anschauliches Beispiel dafür."

Das völlig andere Prophetenbild in Dtn 13* ist demnach kein Zeichen für eine von seiner Umwelt abweichende Rolle der Prophetie in Juda, sondern für eine nachstaatliche Entstehung des Kapitels, als Propheten zwar nicht länger dem regierenden König die Loyalität versagen (wie noch Jeremia oder der Prophet in den Lachischtexten)[263], aber immer noch als nachvollziehbares Beispiel für eine Gefährdung des Glaubens aufgrund illoyalen Verhaltens herhalten konnten.

Ein weiteres Indiz für eine Übertragung akkadischer Termini aus EST § 10 erkennt Otto in der Wendung *wlʾ tksh ʿlyw* in Dtn 13,9, die er mit „und es nicht

257 Vgl. dazu a.a.O., 182–193.

258 Vgl. a.a.O., 188.

259 A.a.O., 194.

260 Köckert, Ort, 83.

261 A.a.O., 84.

262 Nissinen, Prophetie, 195.

263 Vgl. zu dem Prophetenbeleg in den Lachischtexten Rüterswörden, Prophet.

verheimlichen" übersetzt und als aus EST § 10:119–121 (akk. *pazāru*[*m*] D = „verheimlichen") entliehen betrachtet.[264] Nun hat aber Levinson in einer umfassenden Wortuntersuchung überzeugend nachgewiesen, dass *ksh* pi + Präp. *ʿl* (ohne Objekt) im Gegensatz zu *ksh* pi + Akkusativobjekt[265] nicht mit „verbergen/verheimlichen", sondern mit „verzeihen" („condone") zu übersetzen sei (vgl. Neh 3,37 mit Jer 18,23).[266] Weil Liebe bereit ist, jedes Vergehen zu verzeihen (vgl. Spr 10,12: *wʿl kl pšʿym tksh ʾhbh*), scheint das Verbot in Dtn 13,9 speziell in Bezug auf die engsten Familienmitglieder und Freunde (V. 7a) geraten zu sein. „Here it is the human addressee who is forbidden to surrender to the feelings that would permit him, on account of love, to condone the apostate."[267] Die Übersetzung von *wlʾ tksh ʿlyw* mit „und es nicht verheimlichen" scheitert überdies schon an der fragwürdigen Zuordnung des Suffixes, das logischerweise, wie die übrigen Suffixe in Dtn 13,9 auch, auf den potentiellen Anstifter zu beziehen ist.[268]

Aber selbst wenn Ottos Übersetzung von *wlʾ tksh ʿlyw* richtig wäre, ist eine Abhängigkeit der Stelle von EST § 10 dennoch in zweierlei Hinsicht zweifelhaft: Erstens ist die Verbindung „hören und (dann) verheimlichen" (heth.: *istamas-/munnai-*; akk.: *šamû/pazāru* D)[269] in den Anzeigegeboten der hethitischen und vor allem der neuassyrischen Vasallenverträge und Treueide derart häufig belegt, dass ihr Vorkommen in Dtn 13* schlechterdings nichts über ihre Herkunft aussagt. Zweitens gebraucht EST § 10 die Verbindung „hören und (dann) verheimlichen" (EST § 10: 119.122: [*šumma*] *tašammâni tupazzarāni* ... *lā taqabbâni*) in dem Sinn, dass einem etwas zu Ohren kommt; in Dtn 13,4a und 9 wird das Verbum „hören" (*šmʿ*) dagegen im qualifizierten Sinn von „gehorchen" verwendet. Dtn 13,2–12* steht darin dem Anzeigegebot der Sfire-Inschriften, das an dieser Stelle das Verb *lqḥ* „annehmen" gebraucht (Sf III: 2), viel näher als EST § 10:[270]

> „... wenn irgend jemand ²kommt ... und böse Worte über mich redet [.....], darfst du die Worte nicht von ihm annehmen (*ltqḥ*), (vielmehr) hast du solche (Leute) mir auszuliefern ..."

264 Otto, Deuteronomium, 60 u. 68.

265 So die meisten der von Otto angeführten Belege, vgl. ebd., Anm. 254.

266 Vgl. Levinson, Deuteronomy 13:9.

267 A.a.O., 613.

268 Vgl. ebd., Anm. 39.

269 So heißt es z.B. in § 25 der „Instruktion für ‚Obere'" (von Schuler, Dienstanweisungen, 14): „Und wenn ihr bei jemandem Böses gegen die Sonne hört, verheimlicht es nicht. Es soll unter Eid gelegt sein." Vgl. für die neuassyrischen Belege das Glossar zu *pazāru* D in Parpola/Watanabe, Treaties, 98.

270 Rössler, TUAT I, 186. Vgl. in neuassyrischen Verträgen SAA II 6 § 18 u. SAA II 9: 12–16.

Wer in diesem Punkt dennoch von einer direkten Abhängigkeit vom EST ausgeht, sieht sich bereits an dieser Stelle gezwungen, auf einen anderen Paragraphen zu rekurrieren. „Die Abfolge von wörtlich zitierter Rede des Hochverräters mit anschließender Aufforderung, nicht auf ihn zu hören, wird aus VTE [= EST] § 18, dem Paragraphen gegen Palastrevolten, entnommen.“[271] Aber was genau hätte der Verfasser von Dtn 13* aus § 18 übernehmen können? Da die in Dtn 13* zitierten Parolen inhaltlich mit der wörtlichen Rede in EST § 18: 203f (*abū-ka rēška ittiši mā bēlī lillika* „Dein Vater hat dich bestellt. [Mein] Herr möge kommen!“)[272] nichts gemein haben, kann sich die Übernahme einzig und allein auf die rein formale Kombination von Zitat und anschließender Aufforderung, die wörtlich wiedergegebene Rede nicht zu befolgen, bezogen haben. Das Einflechten von Zitaten in Stipulationen ist jedoch ein gebräuchliches Stilmittel,[273] und auch die Kombination von Zitat und Gebot, auf das Gesagte nicht zu hören, ist kein Spezifikum des EST. Sie ist u.a. in einem Vertrag zwischen Šamši-Adad V. von Assyrien und Marduk-zakir-šumi von Babylonien bezeugt:[274]

> „Šamši-Adad shall not say (any) evil words about Marduk-rimanni [… to] the king, (viz.):‚Kill, blind, or se[ize] him‘, nor shall King Marduk-zakir-šumi listen to him (should he say such things).“

In § 16 (Z. 7-12) der hethitischen „Instruktion für Prinzen, ‚Herren‘ und ‚Obere‘“, einem Treueid aus der Regierungszeit Tutḫalijas IV., entspricht die wörtlich wiedergegebene Rede des Aufwieglers sogar inhaltlich annähernd der in Dtn 13,3b*.7b.14b begegnenden Formel *nlkh ʾḥry ʾlhym ʾḥrym bzw. nlkh wnʿbdh ʾlhym ʾḥrym*:[275]

> „Oder (wenn) jemand dies tut: entweder ein ‚Herr‘
> oder ein Prinz oder ein Verwandter oder ein ...
> hält aufrührerische Reden, (derart dass) er böse geworden ist:
> ‚Wohlan, wir werden uns einem anderen anschließen!‘,
> der aber, dem er es sagt, zeigt ihn nicht an –
> [(das) soll unter E]id gelegt sein.“

Gesetzt den Fall, der Verfasser von Dtn 13* hätte EST § 10 als Vorlage benutzt, ist es dennoch wenig wahrscheinlich, dass er für die Bildung eines Prohibitivs mit dem Allerweltswort *šmʿ* auf die Formel *attunu lā tašammeʾāšu* „ihr sollt nicht auf ihn hören“ in § 18 blicken musste – auf einen Paragraphen, der inhaltlich ganz anders gelagert ist als Dtn 13*.

271 Otto, Deuteronomium, 59.

272 Watanabe, *adê*-Vereidigung, 152f.

273 Vgl. z.B. HDT 11 § 21.

274 SAA II 1: 8–10; eine vergleichbare Bestimmung findet sich auch in einem Vertrag Aššurbanipals (SAA II 9: 12f): „We will not listen to nor [...] any detestable person [..., agitator] or conspirator who speaks evil words against [Assurbanipal, king of Assyria, our lord] …“

275 Von Schuler, Dienstanweisungen, 26.

Zusammenfassend sprechen folgende Abweichungen gegen EST § 10 als direkte Vorlage von Dtn 13,2–12*:

1. EST § 10 ist als Eidformel bzw. Protasis zu den Flüchen, die Fälle in Dtn 13,2–12* sind dagegen als Wenn-Dann-Satzgefüge stilisiert;
2. EST § 10 präsentiert die potentiellen Verschwörer in einer Personenliste in einem einzigen Paragraphen, Dtn 13,2–12* in zwei getrennten Paragraphen;
3. von insgesamt 13 Personen in EST § 10 und sieben in Dtn 13,2–12* stimmen gerade einmal vier überein;[276]
4. in Dtn 13,2–12* fehlt die für die Personenlisten des EST charakteristische, auf „alle Menschen" verallgemeinernde Schlussformel;
5. EST § 10 verlangt: „(nicht) hören und (dann) verheimlichen", Dtn 13,2–12* fordert: „nicht hören, vielmehr töten".

c.) Die Formel dbr srh „Falsches reden" (Dtn 13,6):* In Dtn 13,6* folgt auf das Tötungsgebot (*ky ywmt*) die Begründung, der Prophet habe *srh* gegen Jhwh geredet (*ky dbr srh ʿl yhwh …*). Für die in diesem Zusammenhang verwendete Formel *dbr srh* hat bereits M. Weinfeld auf das akkadische *dabābum sarrātim/surrātim* der neuassyrischen Königsinschriften im Allgemeinen und *dabāb surrāti (u) lā kīnāti* aus EST § 57: 502 im Besonderen aufmerksam gemacht, wobei er den Schluss zog, dass hebräisches *dbr srh* „appears to be an expression taken from the political vocabulary of the period".[277] Die etymologische Verwandtschaft von akk. *sartu* und hebr. *srh* ist über jeden Zweifel erhaben.[278] Das Akkadische Handwörterbuch bietet für *sarāru* ein eher ins Abstrakte gehendes „unbeständig, falsch, unwahr, lügnerisch sein"[279] und für die abgeleiteten Nomen *sartu* bzw. *surrātu* dementsprechend „Falsches, Lüge, Verbrechen"[280] bzw. „Lügen, Verbrechen".[281] Gerade wenn *sarrātu/surrātu* als Objekt zu *dabābu* „sprechen" fungiert, handelt es sich stets um eine Qualifikation von Worten (im Sinne von Lüge, Trug, Verleumdung usw.),[282] wofür auch das in EST § 57: 502 der Formel angehängte Oppositum *(u) lā kīnāti* (von *kīnu/kittu* „wahr/Wahrheit")[283] spricht. Der Befund ist im Hebräischen ganz analog zu sehen, und so ergibt die eingehende Wortuntersuchung des femininen Substantivs *srh* von E. Jenni, „dass an allen fünf Stellen mit *sarā* als Objekt zu einem verbum dicendi

276 Vgl. die Gegenüberstellung bei Pakkala, Deuteronomium 13, 130.

277 Weinfeld, Deuteronomy, 99.

278 Vgl. Jenni, Dtn 19,16, 211.

279 AHw II, 1028.

280 A.a.O., 1031.

281 A.a.O., 1062.

282 Vgl. Jenni, Dtn 19,16, 209.

283 Vgl. AHw I, 481 und 494.

die Bedeutung ‚Falschheit‘ o.ä. als mindestens teilweises Synonym zu *šaeqaer* weitaus am besten passt und die traditionelle Übersetzung ‚einer Übertretung beschuldigen‘ bzw. ‚Abfall predigen‘ aus semantischen und kontextuellen Gründen aufzugeben ist.“[284]

In Z. 499–507 nimmt der die grundlegenden Loyalitätsbestimmungen resümierende EST § 57 die Anzeigegebote noch einmal auf, indem er die Terminologie vom „bösen Wort“ (Z. 501) mit der zweigliedrigen Formel *dabāb surrāti (u) lā kīnāti* (Z. 502) verbindet. Die Formel ist in jedem Fall in ganz engem Zusammenhang mit der in altorientalischen Vasallenverträgen und Treueiden in verschiedenen Kombinationen regelmäßig bezeugten Vorstellung vom „bösen Wort“ (*abūtu lā ṭābtu/lā deʾiqtu/lā banītu*) zu sehen, die im Übrigen auch in dem für die Abhängigkeitsthese entscheidenden EST § 10 begegnet.[285] Da mit der Vorstellung und Terminologie vom „bösen Wort“ in den neuassyrischen Quellen aber stets der Tatbestand der Empörung gegen den Großkönig impliziert ist[286], und der hebräische Beleg in Dtn 13,6* in einem vergleichbaren vertragsrechtlichen Kontext steht, trifft Otto mit seiner gewagten[287] Übersetzung von hebr. *dbr srh* mit „Hochverrat das Wort reden“[288] prinzipiell die gemeinte Sache. Auch an dieser Stelle ist demnach ein neuassyrischer Einfluss nicht von der Hand zu weisen. Allerdings liegt in Dtn 13,6* wahrscheinlich nicht der älteste Beleg für *srh + verbum dicendi* im Alten Testament vor. Schon das dtn Falschzeugengesetz Dtn 19,16.18.19a[289] kennt den Ausdruck, freilich in der forensischen Bedeutung „Falschzeugnis“ (Dtn 19,16: *lʿnwt bw srh*).[290] Für die Frage, wie das ehedem akkadische Wort *srh* in das Alte Testament gelangt ist, gibt es verschiedene Antwortmöglichkeiten. Auf der einen Seite ist auf das häufige Vorkommen der Formel *dabābum sarrātim/surrātim* in neuassyrischen Königsinschriften zu verweisen,[291] die den judäischen Hofbeamten partiell bekannt gewesen

284 Jenni, Dtn 19,16, 207. Entsprechend übersetzt Ruppert, סרר, 962, den Satz *ky dbr srh ʿl yhwh ʾlhykm* (Dtn 13,6) mit „weil er über JHWH, euren Gott, Falsches (eigentlich: Falschheit) ausgesprochen hat“; und er erläutert: „Das Falsche über JHWH besteht darin, dass der Prophet verneint hat, dass JHWH und kein anderer es ist, dem Israel als seinem Gott nachzufolgen hat.“

285 Die Terminologie vom „bösen Wort“ stellt somit auch zu hebr. *dbr srh* (Dtn 13,6*) eine „direkte Parallele“ dar (Nissinen, Prophetie, 180).

286 Dies ergibt sich schon aus der Beobachtung, dass mit der Terminologie vom „bösen Wort“ oftmals Ausdrücke für „Aufstand“ (*sīḫu* bzw. *bārtu*) einhergehen (z.B. EST § 16: 186f).

287 Veijola, Deuteronomiumsforschung, 295f, wirft Otto (rein wortsemantisch gesehen zu Recht) eine „dramatisierende Übertreibung des aus dem Akkadischen entliehenen Terminus סרה“ vor.

288 Otto, Deuteronomium, 51.

289 Vgl. dazu Gertz, Gerichtsorganisation, 105–116.

290 Vgl. zu akkadischen Parallelen Jenni, Dtn 19,16, 209f.

291 Vgl. CAD S, 409f; vgl. ferner Weinfeld, Deuteronomy, 99, Anm. 3; Otto, Deuteronomium, 51, Anm. 219.

sein könnten; auf der anderen Seite ist es möglich, dass die Formel in anderen neuassyrischen Vasallenverträgen vorkam, von denen im 7. Jh. einige in Juda angelangt sein dürften.[292] Der spezifische Gebrauch der Formel in Dtn 13*, der dem Gebrauch im Zusammenhang des Anzeigegebots in EST § 57 entspricht, macht eher neuassyrische Vasallenverträge als Kontaktmedien wahrscheinlich. Dass die Formel allerdings ausgerechnet mittels EST § 57: 502 in den judäischen Wortschatz gekommen sein soll,[293] ist in keinem Fall zwingend. Die aus dem Akkadischen entliehene Formel *dbr srh* ist gleichwohl ein weiterer zentraler Beleg für den Einfluss der neuassyrischen Vertragsrechtstradition auf Dtn 13*.[294]

d.) Das Tötungsgebot in 13,10aα: Dtn 13,10aα fordert nach der wahrscheinlich ursprünglichen Lesart von MT die Lynchjustiz für den aus dem Familien- und Freundeskreis hervorgekommenen Verführer. Da die Lynchjustiz „keinen Anhalt an der in vor- und nachdtn Überlieferung belegten judäischen Rechtsgeschichte“[295] hat, wie Otto zu Recht feststellt, dürfte die Forderung ebenfalls auf die Rezeption divergierender juristischer Kategorien zurückgehen. Vergleichbare Forderungen sind in aramäischen und assyrischen Vasallenverträgen und Treueiden belegt, wobei sie dort in der Regel nicht Teil der Anzeigegebote sind, sondern in deren Zusammenhang lediglich im Falle der äußersten Bedrohung des Königs bzw. der Dynastie als *ultima ratio* verlangt werden. Dementsprechend fordert auch EST § 10, der inhaltlich die größte Nähe zu Dtn 13* aufweist, nicht die Tötung, sondern lediglich die Anzeige der potentiellen Verschwörer.[296] Vertreter einer Abhängigkeitsthese von EST § 10 sehen sich an dieser Stelle wieder gezwungen, neben § 10 andere EST-Paragraphen geltend zu machen. Otto hat in diesem Zusammenhang auf EST § 12 verwiesen,[297] der den Fall behandelt, dass der Thronfolger Aššurbanipal in äußerste Lebensgefahr gerät, und ein entsprechend hartes Vorgehen gegen die Aufständischen fordert: Sie sind zu ergreifen und zu töten ([*šumma*] *lā taṣabbatāšanūni lā tadukkāšanūni*). Das assyrische Vorgehen bei Konspirationen gestaltete sich wohl nach einem zweistufigen Prinzip:[298]

> „Such reporting of disloyalty represents only the first stage of a graded sequence. Once the conspiracy becomes grave, the loyal subject is required to take summary action and execute those who pose a threat to the sovereign.“

292 Vgl. Radner, Vorbild, 374.
293 So Otto, Deuteronomium, 60f.
294 Vgl. auch a.a.O., 51.
295 A.a.O., 60.
296 Vgl. dazu auch Nissinen, Prophetie, 188.
297 Otto, Deuteronomium, 60.
298 Levinson, 13:7a, 238.

Da eine entsprechende Forderung in hethitischen Verträgen m.E. nicht begegnet und die assyrische Praxis auch in anderen neuassyrischen Textsorten gesichert ist,[299] ist auch an dieser Stelle auf den ersten Blick mit einer neuassyrischen Einflussnahme auf Dtn 13,10aα zu rechnen. Das dort emphatisch ausgesprochene Gebot *hrg thrgnw* „perfectly reflects normative neo-Assyrian practice for dealing with a threat to the sovereign".[300] Zweifelhaft ist jedoch, dass speziell EST das Tötungsgebot angeregt haben soll. Dagegen spricht schon, dass erst dann eine Parallele zu Dtn 13* entsteht, wenn man die eigentliche vermeintliche Vorlage zu Dtn 13*, EST § 10, verlässt und zu einem inhaltlich anders gelagerten Paragraphen übergeht.[301] Das Problem bestand schon beim Verbot, auf die Rede des Verführers zu hören (§ 18), sowie bei der Formel *dabāb surrāti (u) lā kīnāti* aus § 57. Deshalb ist E. Aurelius' Einwand berechtigt: „Die Reihenfolge der Parallelen ist in VTE [= EST] und Dtn 13 so unterschiedlich, dass eine direkte Übertragung ein seltsames Hin- und Herblättern zwischen den Paragraphen in VTE voraussetzen würde."[302] Ein weiteres Argument gegen eine Abhängigkeit ausgerechnet vom EST ergibt sich aus der Beobachtung, dass derart drastische Forderungen nicht nur im EST, sondern auch in anderen neuassyrischen Vertragstexten und – vielleicht assyrisch beeinflusst[303] – auch in aramäischen Quellen belegt sind. Die Formel [*šumma*] *lā taṣabbatāšanūni lā tadukkāšanūni* aus EST § 12:139f begegnet beinahe wörtlich auch im Treueid, den Aššurbanipals Großmutter Zakūtu schwören ließ. Auch in diesem Fall stellt das Ergreifen und Töten der Aufwiegler eine Steigerung gegenüber der vorausgehenden allgemeinen Anzeigepflicht (Rs. 2–17) dar (Rs. 18–27):[304]

> „(18–23)Und wenn ihr hört oder wisst, dass unter euch Leute sind, die zum Kampf verleiten (oder) aufwiegeln, ob von den Bärtigen oder von den Eunuchen, ob von seinen Brüdern oder königlichem Samen, ob eure Brüder oder Freunde oder von den Leuten des ganzen Landes, (23–27)wenn ihr das hört (oder) [wisst], sollt ihr (sie) ergreifen, [töten und zur] Zakūtu [oder zu Assurbani]pal, [König des Landes Assur, euren Herrn, br]ingen."

299 Sie spiegelt sich z.B. in der königlichen Korrespondenz, vgl. Nissinen, Prophetie, 188f.

300 Levinson, Deuteronomy 13:10, 60.

301 Mögliche Kandidaten wären: EST §§ 12; 13; 22; 23; 26.

302 Aurelius, Götter, 160, Anm. 51.

303 Vgl. Rüterswörden, Dtn 13, 201. Der Schutz der Dynastie war jedoch auch schon ein wichtiges Thema in den hethitischen Vasallenverträgen und Treueiden.

304 Hecker, TUAT NF II, 92f. Auch der fragmentarisch erhaltene Vertrag Aššurbanipals mit dem arabischen Stamm Qedar (SAA II 10) bestätigt wahrscheinlich den konventionellen Charakter der Forderung, abgefallene Knechte des assyrischen Königs notfalls zu töten. Dort heißt es in Bezug auf den aufrührerischen Vorgänger des Königs von Qedar: „[Wenn] ihr … angesichts der *Ränke*, die er geschmiedet hat, ihn nicht zu töten plant, euch nicht feindlich verhaltet –" (Rs. 1'–7') (Borger, TUAT I, 177).

Vertragsstipulationen zum Schutz der Dynastie kennen auch die aramäischen Sfire-Inschriften. Auch dort ist neben einer allgemeinen Anzeigepflicht (Sf III: 1–4) die weitergehende Forderung belegt, Verschwörer bei Gefahr im Verzug auf der Stelle zu töten, (Sf III: 9–14):[305]

> „Und wenn irgendeiner meiner Brüder oder irgendeiner von meiner [10]Dynastie oder irgendeiner meiner Söhne oder irgendeiner meiner Hohen oder irgendeiner meiner [Auf]seher oder irgendeiner von den Leuten, die mir untertan sind, oder irgendeiner meiner Feinde [11]meinen Kopf will, um mich zu töten, beziehungsweise meinen Sohn und meine Nachkommenschaft zu töten, – wenn sie mich tatsächlich töten, so musst du kommen und mein Blut rächen von der Hand meiner Feinde, und dein Sohn muss kommen, [12]das Blut meines Sohnes an seinen Feinden zu rächen, und dein Enkel muss kommen, das Blut meines Enkels zu rächen, und deine Nachkommenschaft muss kommen, das Blut meiner Nachkommenschaft zu rächen. Und wenn es sich um eine Stadt handelt, schlagt sie [13]mit dem Schwert; und wenn es sich um einen meiner Brüder handelt, oder einen meiner Diener oder [einen] meiner Aufseher, oder einen aus dem Volk, das mir untertan ist, erschlagt ihn, ja ihn und seine Nachkommenschaft, seine Schütz [14]linge und seine Freunde, mit dem Schwert, sonst seid ihr eidbrüchig gegenüber allen [Ver]tragsgöttern, die in dieser Inschrift stehen.“

In diesem Punkt dürfen die im Zweistromland reichlicher fließenden Quellen allerdings nicht darüber hinwegtäuschen, dass auch die levantinischen Kleinstaaten mit ihren gekrönten Häuptern vergleichbare Strategien der Sicherung der eigenen Dynastie entwickelt haben, die in Dtn 13* eingeflossen sein könnten.[306] Alles in allem scheint sich die dem Deuteronomium an sich unbekannte Forderung der Lynchjustiz in Dtn 13,10aα demnach dem Einfluss politischer Vorstellungen zum Verfahren mit Menschen, die die Sicherheit des Königs bzw. der Dynastie auf das Äußerste gefährden, zu verdanken; ob assyrische oder bodenständig levantinische (aramäische oder israelitisch-judäische) Vorbilder ausschlaggebend waren, bleibt offen.

e.) Abfall einer israelitischen Stadt (Dtn 13,13–19):* Die dritte Stipulation in Dtn 13,13–19* fordert, dass die Einwohner einer zum Abfall von Jhwh verführten Stadt ausnahmslos mit dem Schwert zu erschlagen sind. Eine vergleichbare, auf eine ganze Stadt ausgerichtete Bestimmung ist in keinem der erhaltenen neuassyrischen Verträge zu finden. Demgegenüber gibt es etliche vergleichbare Beispiele in hethitischen und aramäischen Vasallenverträgen. Einer der Belege befindet sich im Išmeriga-Vertrag (Vs. 25’–26’):[307]

---

305 Rössler, TUAT I, 187.

306 Rüterswörden, Dtn 13, 202: „Das Problem der Sicherung der eigenen Dynastie stellt sich für jeden Regenten, nicht nur für den assyrischen Großkönig. Diese Sorge, bei den nördlichen Nachbarn in Stein gemeißelt, wird auch israelische und judäische Könige umgetrieben haben.“

307 Kempinski, Išmeriga-Vertrag, 195.

„25'Wenn inmitten meines Landes eine Stadt sün[digt,] dann werdet ihr, [Leute] von Išmerika, eintreten [und diese Stadt]
26'samt den Männern sollt ihr vernichten, die eroberte Zivilbevölkerung aber führt vor die Majestät, die Rinder aber (und) Schafe [nehmt euch] selbst.“

Wenn in Dtn 13* in den ersten beiden Stipulationen die Bedrohung von einer Einzelpersonen und in der dritten von einer Stadt ausgeht, so hat dies eine Parallele im Vertrag zwischen Tutḫalija II. von Ḫatti und Šunaššura von Kizzuwatna:[308]

„If someone, either a single man or a city, incites a revolt and begins war against His Majesty, Sunashshura must inform(?) His Majesty as soon as he hears of it.“

Hinzu kommt eine Bestimmung im Paragraphen über Usurpationsversuche in den Sfire-Inschriften Sf III: 9–14, wo es in Z. 12f heißt:[309]

whn qryh h' nkh tkwh bḥrb
„Und wenn es sich um eine Stadt handelt, schlage sie unbedingt mit dem Schwert.“

Dtn 13,16* bietet eine bis in die Terminologie und das verwendete Stilmittel des paronomastischen Infinitivs gleichlautende Strafbestimmung:[310]

hkh tkh 't yšby h'yr hhw' lpy ḥrb
„dann sollst du die Einwohner dieser Stadt unbedingt mit der Schärfe des Schwertes schlagen.“

Da von rebellischen bzw. feindlichen Städten in hethitischen Verträgen des Öfteren,[311] in den erhaltenen neuassyrischen dagegen nie die Rede ist, ist zu erwägen, ob die häufige Erwähnung der soziologischen Größe „Stadt“ ihre Ursache vielleicht weniger in der oft zufälligen Quellenlage als vielmehr in der im Vergleich zum neuassyrischen Reich anders gelagerten Organisation des hethitischen Großreiches hat. Dtn 13,13–19* enthält in jedem Fall ein Motiv, über das selbst der längste erhaltene neuassyrische Vertrag, EST, nicht verfügt.[312] Nach den altorientalischen Parallelen zu urteilen, haben wir es in 13,13–19* mit einem Motiv der westlichen Vertragsrechtstradition zu tun, das sich gut zu den formalen Charakteristika von Dtn 13* fügt, die ebenfalls westlichen Ursprungs zu sein scheinen.

308 HDT 2 § 18.

309 Vgl. zur Lesung *tkwh* Donner/Röllig, KAI II, 269, und Fitzmyer, Inscriptions, 153.

310 Gemeinsam ist beiden Bestimmungen auch die Forderung, den Fall auf seinen Wahrheitsgehalt zu prüfen, vgl. Sf III: 11 mit Dtn 13,15.

311 Vgl. HDT 1A § 10; 2 § 18f, 22f; 2 (heth.) § 4; 3 § 12f; 6A § 11 u.ö.

312 Pakkala, Monolatry, 43, folgert daraus zu Recht: „If Dt 13:13–14, 16a used a treaty as a source – which seems likely – and the VTE [= EST] does *not* have such a section, the VTE *cannot have been the source*.“ (kursiv im Original).

1.4 Ertrag

Die literarische Analyse von Dtn 13 hat ergeben, dass der in 13,2–19 zu suchende Kapitelkern folgende redaktionelle Erweiterungen erfahren hat: in V. 3b ist das „nachhinkende" *wn'bdm* angehängt worden, um den ersten Fall an die Tatbestände in V. 7b.14b anzugleichen; V. 4b*–6* (von *mnsh* bis *whnby' hhw' 'w ḥlm hḥlwm hhw'*; das *ky* in 4b leitete ursprünglich die Tatfolgebestimmung in V. 6* ein) ist der Versuch, die theologisch anstößige Aussage in V. 2b.3a abzumildern; V. 6aα* ist als Angleichung an die authentische Exodusformel in V. 11 zu begreifen; V. 8 bietet eine nachträgliche Näherbestimmung der Chiffre *'lhym 'ḥrym*; in V. 10aβb.11a liegt der Versuch vor, die geforderte Lynchjustiz an ein ordentliches Rechtsverfahren anzugleichen; in V. 16b–18 ist schließlich die spät-dtr Bannvorstellung nachgetragen worden. Die von den Nachträgen befreite Grundschicht gibt eine weitgehend parallele Struktur der drei in Dtn 13* zusammengestellten Einheiten zu erkennen, die ausnahmslos die Anrede in der 2. Pers. Sg. gebraucht.

Für die Datierung von Dtn 13* ist die Stellung des Kapitels im Gesamtzusammenhang des Deuteronomiums von Relevanz. In seinem näheren Kontext ist Dtn 13* ein Fremdkörper, der den vorgegebenen Zusammenhang der Zentralisationsgesetze (Dtn 12*.14–16*) aufbricht und sich somit als Einschub zu erkennen gibt. Das entscheidende Argument für die Annahme, Dtn 13* sei noch nicht Teil des Urdeuteronomiums gewesen, ist darin zu sehen, dass das Kapitel das Erste Gebot (Dtn 5,6f.9a) sowohl kompositions- als auch theologiegeschichtlich voraussetzt. *Terminus a quo* der Entstehung von Dtn 13* ist folglich der Einschub von Dtn 5,1–6,3* in den vorderen Deuteronomiumsrahmen, der ursprünglich lediglich die Buchüberschrift Dtn 4,45* (ohne *h'dt w*), die Redeeinleitung Dtn 5,1aα* sowie das „Höre, Israel!" Dtn 6,4 beinhaltete, woraufhin mit dem Zentralisationsgebot Dtn 12,13ff der eigentliche Gesetzeskern begann. Damit ist eine vorexilische Datierung des Kapitels so gut wie ausgeschlossen. Einer exilisch-dtr Verortung des Kapitelkerns kommen weitere Textbeobachtungen entgegen. Dtn 13* scheint ausweislich der V. 11* und 13 die fiktive Lokalisierung der Deuteronomiumsproklamation zwischen den heilsgeschichtlichen Wegmarken Exodus (vgl. V. 11b) und Landnahme (vgl. die Städte, die Jhwh geben wird [V. 13]) schon zu kennen, die nach vorherrschender Meinung der exilisch-dtr Überformung des Deuteronomiums zu verdanken ist. Hinzu kommt, dass Dtn 13* auf Textbausteine des dtr Prophetengesetzes (allerdings noch ohne den Anhang in 18,21f) zurückzugreifen scheint. Auf der anderen Seite lässt sich eine Abhängigkeit vom dtr redigierten Jeremiabuch nicht erhärten. Nimmt man als weitere Beobachtungen hinzu, dass der Numeruswechsel – im Gegensatz zu anerkanntermaßen spät-dtr Texten wie Dtn 4 – in Dtn 13* (noch) nicht als Stilmittel eingesetzt wird und dass das Kapitel auch in der Entwicklung des Gotteskonzepts noch nicht die Stufe von z.B. Dtn

4 erreicht hat, sondern gemeinsam mit dem Ersten Gebot ein monolatrisches Konzept vertritt, so scheint es mir geraten, Dtn 13* nicht in die nachexilische,[313] sondern eher noch in die (früh)exilische Zeit zu datieren.

Die traditionsgeschichtliche Analyse von Dtn 13* macht deutlich, dass die drei Einheiten (V. 2–6*.7–12*.13–19*) grundsätzlich das Thema der vertragsrechtlichen Anzeigegebote „Verführung zum Abfall vom Vertragsherrn" zum Gegenstand haben, das sich in unterschiedlichen Ausformungen in nahezu sämtlichen überlieferten altorientalischen Vasallenverträgen und Treueiden findet. Gemeingut sind auch die darin verarbeiteten Personenlisten (die den eigenen Familien- und Freundeskreis oder staatliche bzw. religiöse Autoritäten als potentielle Verführer aufzählen), das Zitieren der Parolen der Verführer sowie die Forderung, auf das Gesagte nicht zu hören und die Sache nicht zu verschweigen. Insofern ist Veijolas Verweis auf die „Tradition der Vertragskonventionen"[314] richtig. Diese Einsicht betrifft in erster Linie EST § 10, der sich gegen Otto nicht als Übersetzungsvorlage für Dtn 13* wahrscheinlich machen lässt. An Veijolas Pauschalurteil ist jedoch zu beanstanden, dass sich in Dtn 13* verschiedene Einzelelemente jeweils einer der beiden großen Vertragsrechtstraditionen zuordnen lassen. So fügen sich die drei in Dtn 13* versammelten Einheiten in formaler Hinsicht ausgezeichnet in die westliche Vertragsrechtstradition, was ein Vergleich mit Stipulationen der hethitischen und aramäischen Vasallenverträge veranschaulicht. Die größte Nähe besteht dabei zu den Stipulationen der aramäischen Inschriften von Sfire, mit denen Dtn 13* den Aufbau, die Anredeform und ein stilistisches Proprium, nämlich den paronomastischen Infinitiv, teilt. Westlichen Einfluss zeigt auch der Fall der rebellischen Stadt in Dtn 13,13–19*, der eine frappierende Parallele in den aramäischen Sfire-Inschriften hat. Zu beachten ist, dass immer dann, wenn westliche Einflüsse geltend gemacht werden können, die größte Nähe zu dem einzig erhaltenen aramäischen Vertrag besteht. Das bestätigt noch einmal die These, dass die nordsyrischen Aramäer als vermittelnde Traditionsträger zwischen der älteren hethitischen Tradition und dem Alten Testament fungierten. Einflüsse der neuassyrischen Vertragsrechtstradition liegen z.B. in der dem Akkadischen entliehenen Formel *dbr srh* „Falsches reden" vor. Neuassyrisches Lokalkolorit spiegeln möglicherweise auch das Tötungsgebot in Dtn 13,10aα, das die drastischen Maßnahmen zum Schutz altorientalischer Herrscherdynastien aufgreift, sowie die für den Abfall von Jhwh werbenden Prophetengestalten in Dtn 13,2–6*, deren den Jhwh-Glauben gefährdende Machenschaften sich rein formal gut zu der Situation der Prophetie im neuassyrischen Reich der Zeit Asarhaddons fügen, gleichwohl aber verschiedene zeithistorische Kontexte voraussetzen. Der

313 So Veijola, Wahrheit, 310.

314 Ebd.

komplexe traditionsgeschichtliche Befund, nach dem neben autochthon judäischen Elementen[315] sowohl aramäische als auch assyrische Einflüsse nachweisbar sind, spricht gegen die These, die vertragsrechtlichen Vorstellungen und Sprachformen in Dtn 13* resultierten allein aus der literarischen Abhängigkeit von einem neuassyrischen Vertragstext im Allgemeinen oder gar dem EST im Besonderen.[316] Als Vorlage kommt entweder ein Text in Frage, der in sich schon ein Gemenge an aramäischen und neuassyrischen Traditionen enthält (vgl. z.B. den Befund in den Sfire-Inschriften), oder aber man muss grundsätzlich von der Annahme Abschied nehmen, die Verfasser von Dtn 13* hätten einen anderen Text abgeschrieben. Die Aufgabe von Kap. V, in dem der Dtn 13* (und 28*) zugrunde liegende Rezeptionsprozess nachgezeichnet werden soll, ist es daher, erstens eine Alternative zum Modell einer literarischen Abhängigkeit zu entwickeln und zweitens die identifizierten Parallelen zu den aramäischen und neuassyrischen Vertragsrechtstraditionen mit dem Ergebnis der literarischen Analyse zu korrelieren, nach der Dtn 13* nicht in die Königszeit, in der Vasallenverträge getauscht worden sind, sondern in die Exilszeit zu datieren ist.

1.5 Übersetzung von Dtn 13

V. 2–6	V. 7–12	V. 13–19
(2) Wenn (*ky*) in deiner Mitte ein Prophet oder Traumseher aufsteht und dir ein Zeichen oder Wunder gibt (3) und das Zeichen und Wunder eintrifft, das er dir gesagt hatte mit den Worten:	(7) Wenn (*ky*) dich dein Bruder, der Sohn deiner Mutter, oder dein Sohn oder deine Tochter oder die Frau an deiner Seite oder dein Freund, den du liebst wie dich selbst, heimlich verführt mit den Worten:	(13) Wenn (*ky*) du hörst, dass in einer deiner Städte, die Jhwh, dein Gott, dir geben wird, um dort zu wohnen, (14) schlechte Leute aus deiner Mitte hervorgegangen sind und die Einwohner ihrer Stadt verführt haben (*ndḥ*) mit den Worten:

315 Z.B. die Aufnahme von Formeln, die den deuteronomischen Gesetzen entstammen; vgl. das Schema bei Pakkala, Monolatry, 46.

316 Die Tatsache, dass alle in Dtn 13* identifizierten Übereinstimmungen mit der neuassyrischen Tradition ausgerechnet im EST belegt sind, ist wahrscheinlich dem wirklich außergewöhnlich guten Erhaltungszustand seiner Textvertreter geschuldet, vgl. auch Pakkala, Monolatry, 44: „The similarities between Dt and the VTE [= EST] may derive from the fact that we simply know the VTE better than any other treaty." Vgl. auch ders., Deuteronomium 13, 133.

„Lasst uns anderen Göttern nachfolgen, die du nicht kennst, *und ihnen dienen*!“,	„Lasst uns gehen und anderen Göttern dienen, die du nicht kennst noch deine Väter!“, *(8) von den Göttern der Völker, die um euch herum sind, seien sie nahe bei dir oder fern von dir, von einem Ende der Erde bis zum anderen.*	„Lasst uns gehen und anderen Göttern dienen, die ihr nicht kennt!“,
		(15) dann sollst du nachfragen und nachforschen und gründlich untersuchen, und ist es wirklich wahr, dass dieser Gräuel in deiner Mitte begangen wurde,
(4) dann sollst du auf die Worte dieses Propheten oder Traumsehers nicht hören, *denn* (*ky*) *Jhwh, euer Gott, prüft euch, um zu erkennen, ob ihr Jhwh, euren Gott, mit eurem ganzen Herzen und mit eurer ganzen Seele liebt.* (5) *Jhwh, eurem Gott, sollt ihr nachfolgen, ihn fürchten, seine Gebote bewahren, auf seine Stimme hören, ihm dienen und ihm anhangen.*	(9) dann sollst du ihm nicht willfahren, nicht auf ihn hören, nicht mitleidig auf ihn blicken, nicht dich erbarmen, nicht ihm verzeihen,	

(6) *Und dieser Prophet oder Traumseher* vielmehr (*ky*) soll er getötet werden,	(10) vielmehr (*ky*) sollst du ihn unbedingt töten, *deine Hand sei die erste gegen ihn, um ihn zu töten, und danach die Hand des ganzen Volkes.* (11) *Und du sollst ihn steinigen, so dass er stirbt,*	(16) dann sollst du die Einwohner dieser Stadt unbedingt mit der Schärfe des Schwertes schlagen, *bannend sie und alles, was in ihr ist, sowie ihr Vieh mit der Schärfe des Schwertes.* (17) *Und ihre ganze Beute sollst du mitten auf ihrem Marktplatz sammeln und (dann) die Stadt und ihre ganze Beute mit Feuer verbrennen als Ganzopfer für Jhwh, deinen Gott, dass sie ein ewiger Schutthügel sei und nicht wieder aufgebaut werde.* (18) *Und es soll nichts von dem Gebannten an deiner Hand haften bleiben, damit Jhwh von seinem glühenden Zorn ablasse und dir Erbarmen gebe und sich deiner erbarme und dich zahlreich mache, wie er deinen Vätern geschworen hat.*
denn (*ky*) er hat Falsches geredet gegen Jhwh, *euren Gott, der euch aus Ägyptenland herausgeführt und dich aus dem Sklavenhaus erlöst hat,* um dich von dem Weg abzuführen (*ndḥ*), den Jhwh, dein Gott, dir geboten hat, ihn zu gehen. Und du sollst das Böse aus deiner Mitte schaffen.	denn (*ky*) er hat versucht, dich abzuführen (*ndḥ*) von Jhwh, deinem Gott, der dich aus Ägyptenland, dem Sklavenhaus, herausgeführt hat. (12) Und ganz Israel soll es hören und sich fürchten und nicht wieder eine solche böse Tat in deiner Mitte tun.	(19) denn (*ky*) du sollst auf die Stimme Jhwhs, deines Gottes, hören, um alle seine Gebote zu bewahren, die ich dir heute gebiete, um das Rechte in den Augen Jhwhs, deines Gottes, zu tun.

(die Nachträge sind kursiv gesetzt)

2. Deuteronomium 28

2.1 Problemstellung

Neben Dtn 13 spielt Dtn 28 eine zentrale Rolle für die Frage nach der Rezeption des altorientalischen Vertragsrechts im Deuteronomium. Das Kapitel stellt mit seiner Ankündigung von Segen und Fluch die Folgen von Gehorsam und Ungehorsam gegenüber den Geboten des vorangehenden deuteronomischen Gesetzes vor Augen, wobei der Fluch (28,15–68) mehr als dreimal so lang ist wie der Segen (28,1–14). Seit M. Noth 1938 zum ersten Mal hethitische Staatsverträge als Vergleichstexte für die Interpretation von Dtn 28 herangezogen hatte,[317] wird die Beziehung des Kapitels zum altorientalischen Vertragsrecht im Allgemeinen und zum 1958 edierten Sukzessionsvertrag Asarhaddons (EST) im Besonderen in der Forschung kontrovers diskutiert. Dabei ist der Befund an sich – zahlreiche formale und inhaltliche Parallelen zwischen Dtn 28 und altorientalischen Vertragstexten – unstrittig. Offen ist allein die Frage, wie sich die Parallelen erklären lassen. Die These, nach der die Parallelen durch ähnliche lebensweltliche Erfahrungen völlig unabhängig voneinander entstanden sind (*coincidence*)[318], stellt in der Forschung die Ausnahme dar.[319] Vorherrschend sind Erklärungsmodelle, die von einer Abhängigkeit der Fluchsequenz von altorientalischen Texten bzw. Traditionen ausgehen (*uniqueness*). Abhängigkeitsthesen treten in den verschiedensten Spielarten auf. Den einen Pol bildet die These eines dem Alten Orient gemeinsamen Fluchkanons, auf den die Verfasser von Dtn 28 zurückgreifen konnten.[320] Das Problematische dieser These, die die Annahme traditionsgeschichtlicher Verbindungslinien und Vermittlungswege bereits im Keim erstickt, ist, dass ein solcher Kanon erstens ein reines Postulat bleibt und zweitens jegliche Differenzierung der westlichen von der mesopotamischen Fluch- bzw. Vertragsrechtstradition nivelliert.[321] Den anderen Pol bildet die These, Dtn 28 sei von einem bestimmten altorientalischen Text literarisch abhängig,[322] ja stelle gar im Kern eine freie Übersetzung dieses Textes dar.[323] Hier

317 Noth, Fluch.

318 Vgl. zu dieser Terminologie o. S. 14.

319 Vgl. etwa Houtman, Himmel, 147, der die Parallelen lediglich auf die „Frucht gemeinsamer Erfahrungen der Bewohner der [sic!] Alten Orients" zurückführen möchte.

320 McCarthy, Treaty, 174: „Dtn 28 reflects the canon of ancient near eastern curses." Vgl. auch schon Hillers, Treaty-Curses, 41f.

321 Vgl. dazu auch die Kritik bei Steymans, Deuteronomium 28, 10f.

322 So schon Frankena, Vassal-Treaties, 151, der mit einer Kopie des EST in Jerusalem rechnet, die Dtn 28 als Vorlage gedient habe.

323 So Steymans, Deuteronomium 28, 380. Steymans geht von der Existenz einer (aramäischen) Übersetzung des EST in Jerusalem aus.

liegt das Problem darin, dass konkrete Abhängigkeitsthesen zu Engführungen neigen, insofern andere Texte und Traditionen, die als Vorlage gedient haben könnten, von vornherein ausgeblendet werden. Zwischen diesen beiden Polen bewegen sich vermittelnde Thesen, die mit einer literarischen Abhängigkeit nicht von einem bestimmten, sondern von einem x-beliebigen neuassyrischen Vertrag rechnen,[324] oder von einer traditionsgeschichtlichen Abhängigkeit[325] ausgehen, die den verschiedenen Lokalausprägungen im Vertragsrecht, speziell der aramäischen und assyrischen Tradition, gerecht wird. Für die eigene traditionsgeschichtliche Analyse bedeutet dies, dass sie auf einer möglichst breiten Quellenbasis unter Rücksichtnahme auf lokale Differenzen der Traditionsbereiche vorzunehmen ist. Wegen seines ausgezeichneten Erhaltungszustandes sowie forschungsgeschichtlicher Vorgaben gebührt dabei dem neuassyrischen EST besondere Aufmerksamkeit, wobei stets zu fragen ist, ob die Parallelen mit dem EST Eigenheiten eben dieses Textes oder der neuassyrischen Vertragsrechtstradition im Allgemeinen spiegeln. Ein besonderes Augenmerk gilt darüber hinaus möglichen Einflüssen der westlichen Vertragsrechtstradition, die in der jüngeren Forschung wegen der Dominanz der assyrischen Quellen vernachlässigt worden ist.

Der traditionsgeschichtlichen Analyse geht eine literarische Analyse voraus, deren Ziele es sind, erstens den ältesten Kern von Dtn 28 zu rekonstruieren, der den Ausgangspunkt für den Textvergleich bildet, und zweitens diesen Kern in der Kompositionsgeschichte des Deuteronomiums zu verorten, um so Aufschluss über seine Datierung zu erlangen. Letztere ist wichtig für den in Kap. V der Arbeit erfolgenden Versuch, den komplexen Rezeptionsprozess aufzuhellen, in dem die Aufnahme von Vorstellungen und Sprachformen des altorientalischen Vertragsrechts die Entstehung des Gedankens, Jhwh habe mit Israel am Horeb einen Bund geschlossen, begleitet hat.

2.2 Literarische Analyse von Dtn 28

Im Folgenden soll der Kernbestand von Dtn 28 ermittelt werden. Ausgehend von einer Aufbauanalyse soll gezeigt werden, dass das Kapitel, grob betrachtet, in einem dreistufigen Wachstumsprozess entstanden ist. Anschließend soll die älteste Stufe auf weitere redaktionelle Eingriffe hin überprüft werden, wobei textkritische Probleme, sofern sie von Relevanz sind, in diesem Zusammenhang besprochen werden.[326] Das Problem der Datierung des rekonstruierten

324 So z.B. Weinfeld, Traces, 423.

325 So etwa Jeremias, Kultprophetie, 168f.

326 Vgl. zu diesem Verfahren o. S. 113, Anm. 39.

Kapitelkerns sowie die Frage, ob dieser Kern bereits Teil des Urdeuteronomiums war, sollen schließlich im Zusammenhang einer kompositionsgeschichtlichen Verortung des Kapitels im Deuteronomium behandelt werden.

2.2.1 Aufbau und Kern des Kapitels

Der Aufbau des Kapitels ergibt sich aus den zahlreichen bedingenden und begründenden Einleitungs- und Schlusssätzen, die G. Seitz eingehend analysiert hat.[327] Neben ihrer gliedernden Funktion dienen sie auch der thematischen Verbindung von Dtn 28 mit dem vorangehenden Gesetzbuch, insofern sie Segen und Fluch an den Gehorsam bzw. Ungehorsam gegen die Gebote Jhwhs knüpfen.[328] Die Sätze erlauben außerdem Rückschlüsse auf die komplizierte Entstehungsgeschichte des Kapitels, da sie zeitweilige Endpunkte der Überlieferung markieren und damit Teilsammlungen voneinander abheben. Von daher liegt es nahe, das für die traditionsgeschichtliche Analyse belangreiche Problem, ob in Dtn 28 von Anfang an dem Fluch ein entsprechender Segen gegenüberstand, an dieser Stelle anzusprechen. Folgende bedingende und begründende Aussagen sind in Dtn 28 anzutreffen:[329]

1a	*whyh ʾm šmwʿ tšmʿ bqwl yhwh ʾlhyk* [...]	„Und es wird geschehen, wenn du auf die Stimme Jhwhs, deines Gottes, genau hörst [...]“
2b	[...] *ky tšmʿ bqwl yhwh ʾlhyk*	„[...] wenn du auf die Stimme Jhwhs, deines Gottes, hörst.“
9b	[...] *ky tšmr ʾt mṣwt yhwh ʾlhyk* [...]	„[...] wenn du die Gebote Jhwhs, deines Gottes, bewahrst [...]“
13b.14	[...] *ky tšmʿ ʾl mṣwt yhwh ʾlhyk* [...]	„[...] wenn du auf die Gebote Jhwhs, deines Gottes, hörst [...]“
15a	*whyh ʾm lʾ tšmʿ bqwl yhwh ʾlhyk* [...]	„Und es wird geschehen, wenn du auf die Stimme Jhwhs, deines Gottes, nicht hörst [...]“
45b	[...] *ky lʾ šmʿt bqwl yhwh ʾlhyk* [...]	„[...] denn du hast nicht auf die Stimme Jhwhs, deines Gottes, gehört [...]“
47	*tḥt ʾšr lʾ ʿbdt ʾt yhwh ʾlhyk* [...]	„[...] weil du Jhwh, deinem Gott, nicht gedient hast [...]“
58	*ʾm lʾ tšmr lʿśwt ʾt kl dbry htwrh hzʾt hktwbym bspr hzh* [...]	„Wenn du nicht alle Worte dieser Tora, die in diesem Buch geschrieben sind, bewahrst [...]“

327 Vgl. Seitz, Studien, 261–268.

328 Vgl. a.a.O., 261.

329 Vgl. zu diesem Überblick a.a.O., 261f.

62b	[…] *ky l' šm't bqwl yhwh 'lhyk*	„[…] denn du hast nicht auf die Stimme Jhwhs, deines Gottes, gehört."

Vor allem drei Beobachtungen sind wert, festgehalten zu werden:

(1.) Deutlich einleitenden Charakter haben V. 1a, V. 15a und V. 58.

(2.) V. 2b und V. 9b erfüllen allem Anschein nach keine gliedernde Funktion.

(3.) Die Verse 13b.14 sowie 45b haben abschließenden Charakter.

Die Einleitungssätze in V. 1f und V. 15 bereiten dem Verständnis am wenigsten Schwierigkeiten, weil sie schlicht dazu dienen, Segen und Fluch einzuleiten. Anders liegen die Dinge in V. 45b (bzw. 45f) und V. 58, die die Fluchsequenz V. 15–68 mehrfach unterbrechen. Wenden wir uns zuerst dem Stück V. 45f zu, so fällt auf, dass V. 45 eine chiastische Wiederaufnahme von V. 15 darstellt:[330]

V. 15a	*whyh 'm l' tšm' bqwl yhwh 'lhyk lšmr l'śwt 't kl mṣwtyw wḥqtyw 'šr 'nky mṣwk hywm*	„Und es wird geschehen, wenn du auf die Stimme Jhwhs, deines Gottes, nicht hörst, zu bewahren (und) zu tun alle seine Gebote und Satzungen, die ich dir heute gebiete,	A
V. 15b	*wb'w 'lyk kl hqllwt h'lh whśygwk*	dann werden all diese Verfluchungen über dich kommen und dich erreichen."	B
V. 45a	*wb'w 'lyk kl hqllwt h'lh wrdpwk whśygwk 'd hšmdk*	„Und es werden all diese Verfluchungen über dich kommen und dich erreichen, bis du vernichtet bist,	B'
V. 45b	*ky l' šm't bqwl yhwh 'lhyk lšmr mṣwtyw wḥqtyw 'šr ṣwk*	denn du hast nicht auf die Stimme Jhwhs, deines Gottes, gehört, zu bewahren seine Gebote und Satzungen, die er dir geboten hat."	A'

In 28,45f ist wegen der offensichtlichen Querbezüge zu V. 15 vielfach der ursprüngliche Abschluss des in V. 15 einsetzenden ältesten Fluchteils gesehen worden.[331] Demgegenüber hat Seitz überzeugend dargelegt, dass es sich bei den V. 45–47 um eine mit Bedacht komponierte Überleitung zum folgenden Abschnitt handelt. Das entscheidende Argument dafür, dass das Stück nicht zu dem vorangehenden, sondern zu dem nachfolgenden Fluchteil gehört, liefern die

330 Vgl. a.a.O., 263.

331 Vgl. etwa Puukko, Deuteronomium, 222; Steuernagel, Deuteronomium, 151.

unterschiedlichen Tempora: V. 45b ist im Gegensatz zu V. 15a (*ʾm lʾ tšmʿ*) und in Übereinstimmung mit der Einleitung zum begründeten Fluch in V. 47 perfektisch formuliert (*ky lʾ šmʿt*), was einen „Wechsel der Situation“ nahelegt, „da vor dem Ungehorsam nicht mehr als vor einer Möglichkeit gewarnt, sondern dieser als Gegebenheit konstatiert wird“.[332] Bemerkenswert ist zudem ein Vergleich der beiden Promulgationssätze in V. 15 und V. 45. Das *ʾšr ṣwh* in V. 45 hebt durch die perfektische Formulierung nicht nur die in V. 15 mit dem Partizip *mṣwk* sowie die Zeitangabe *hywm* implizierte Historisierung in die Zeit vor der Landnahme auf (vgl. auch 28,21bγ.36aα), sondern meidet, indem nun nicht wie in V. 15 das mosaische Ich (*ʾnky*), sondern Jhwh selbst die Gebote gegeben hat, auch die Mose-Fiktion. Dazu fügt sich das Fehlen jeglicher historisierender Bemerkungen in 28,45–57,[333] einem Abschnitt, der eine große Nähe zum Jeremiabuch zu erkennen gibt.[334] In Bezug auf V. 45f stellt Seitz zusammenfassend fest: „v. 45f. bilden demnach ein ausgesprochenes Zwischenstück. Sie schließen den bedingten Fluch v. 15–44 ab, vermitteln aber zugleich den Anschluss der begründeten Fluchdrohung v. 47–57.“[335] Hieraus folgt, dass V. 45f zusammen mit dem nachfolgenden Abschnitt V. 47–57 auf einer literarisch späteren Ebene liegen als der Einleitungssatz in V. 15.[336]

Der Neueinsatz in V. 58 hebt den letzten Abschnitt (V. 58–68) noch einmal insofern von den vorangehenden ab, als hier plötzlich von einem Torabuch (*spr htwrh*, vgl. V. 61) die Rede ist, womit ein weiterer Perspektivenwechsel einhergeht: „[D]ie Anrede richtet sich also nicht an die Zuhörer Moses, sondern an die Leser des Dtn.“[337] Damit zeigt der dritte Abschnitt eine besondere Nähe zu Dtn 29f, wo ebenfalls anachronistisch von einem Torabuch die Rede ist (vgl. 29,19.20.26; 30,10).[338]

Anhand der bedingenden und begründenden Aussagen lässt sich Kapitel 28 somit wie folgt grob gliedern:[339]

---

332 Seitz, Studien, 263.

333 Die Landgabeformel in V. 52bγ steht bezeichnenderweise ebenfalls im Perfekt.

334 Vgl. bereits Wolff, Kerygma, 318f.

335 Seitz, Studien, 264; vgl. auch Steymans, Deuteronomium 28, 226f.

336 Vgl. Seitz, Studien, 266.

337 Steuernagel, Deuteronomium, 154; vgl. auch Seitz, Studien, 267.

338 Anachronistisch sind die Belege eines *spr* mit Toraworten in den Kap. 28–30 insofern, als erst der sachlich (und möglicherweise auch literarisch) auf einer Ebene liegende Abschnitt 31,9ff von einer Verschriftung der Tora durch Mose berichtet, wobei „Dtn 31,9a […] die letzte Konsequenz aus der dt Fiktion der Moserede [zieht]: Mose hat nicht nur geredet, sondern auch geschrieben.“ (Perlitt, Bundestheologie, 117). Vgl. zum Übergang von der Mündlichkeit in die Schriftlichkeit im Deuteronomium Hossfeld/Reuter, ספר, 939f. Die Verschriftungstheorie des spät-dtr Deuteronomiums entspricht im Übrigen ganz den Gepflogenheiten des altorientalischen Vertragswesens (vgl. Sonnet, Book, 106.) und verstärkt somit den Gedanken, Jhwh habe sich und Israel vertraglich verpflichtet.

339 Vgl. Seitz, Studien, 262.

1–14 15–44	bedingter Segen bedingter Fluch	Mose-Landnahme-Fiktion: Mose spricht am Vorabend der Landnahme
45–57	begründeter Fluch (mit Überleitung in V. 45f)	Aufgabe der Mose-Landnahme-Fiktion (Enthistorisierung)
58–68	bedingter Fluch	„Torabuch“: Mose verliest die Flüche am Vorabend der Landnahme

Aus der Betrachtung der bedingenden und begründenden Aussagen ergibt sich für die Entstehungsgeschichte von Dtn 28, dass der umfangreiche Fluchteil in mindestens drei Schüben entstanden sein dürfte, wobei die V. 15, 45f und 58 je einen Neueinsatz markieren. In den Bedingungssätzen in V. 1f und V. 15 werden dementsprechend häufig die primären Einleitungen zu Segen und Fluch erblickt.[340]

Hiergegen hat in jüngerer Zeit H. U. Steymans Einspruch erhoben mit dem Argument, die fest verankerten Promulgationssätze in V. 1aγ und V. 15aγ setzten bereits die Mose-Fiktion voraus.[341] Hieraus aber auf den sekundären Charakter der Einleitungen zu schließen, ist nur dann zwingend, wenn erstens Dtn 28 Bestandteil des Urdeuteronomiums und zweitens dieses noch nicht als Moserede stilisiert war. Beide Voraussetzungen sind in der gegenwärtigen Diskussion zweifelhaft geworden.[342] Gravierender aber ist, dass Steymans immense Probleme hat, die Verknüpfung der Flüche mit dem Gesetzeskorpus zu gewährleisten. In seinem abschließenden „Versuch einer Redaktionsgeschichte von Dtn 28“ stellt er bezüglich der Verbindung der Flüche zum Gesetzesteil zwei Lösungswege vor, einen mit und einen ohne V. 15.[343] Der letztlich bevorzugte erste Lösungsweg verzichtet auf die durch den Promulgationssatz historisierte konditionale Einleitung in V. 15. Demnach wäre das deuteronomische Gesetz

340 Vgl. etwa a.a.O., 267, wo Seitz damit freilich „ein literarisches und kein überlieferungsgeschichtliches Urteil“ fällt. Dieser Unterscheidung eingedenk, ist es dann auch kein Widerspruch, wenn Seitz, a.a.O., 271–273, (jetzt eben: überlieferungsgeschichtlich) die *brwk*-Reihe für älter als die *ʾrwr*-Reihe hält (gegen Steymans, Deuteronomium 28, 228, Anm. 4).

341 Vgl. Steymans, Deuteronomium 28, 228f.

342 S. o. S. 16.

343 Steymans, Deuteronomium 28, 379f. – Grätz, Wettergott, 112, betont (mit Verweis auf Braulik, Deuteronomium I, 6ff) zu Recht das *tertium non datur* der diesbezüglichen Lösungsmöglichkeiten: „V.15 bzw. eine ähnliche ursprüngliche Einleitung ist in jedem Fall nur dann verzichtbar, wenn das originäre Deuteronomium – unter der Voraussetzung, dass die Flüche zu diesem gehörten – als Ganzes in einer Gestalt Protasis (Gesetze) – Apodosis (Flüche) entworfen worden ist.“ Grätz zufolge zeigt auch eine der wenigen Analogien zu den Fluchformen in 28,20ff, Num 5,21aβ, dass diese Flüche, bei denen es sich nach Steymans um „Sprechakte“ handelt (Deuteronomium 28, 202ff), als Vollzug der in V. 15b angekündigten *qllwt* zu betrachten sind (Grätz, Wettergott, 112).

durch einen für seine joschijanische Fassung zu postulierenden Bedingungssatz „als lange Protasis gestaltet“[344] gewesen, der die Flüche in Dtn 28,20–44* als Apodosis unmittelbar gefolgt wären. Wenn Steymans als Analogie für eine derartige Verbindung von Bestimmungen und Flüchen die Struktur des EST anführt, dann ist zu bedenken, dass diese einzige Parallele auf wackeligen Füßen steht, da sich die Stipulationen des EST plausibler als vom Fluchteil unabhängige Eidsätze interpretieren lassen.[345] Der Vergleich mit der Stuktur des EST ist aber schon deshalb problematisch, weil es sich beim EST nicht um ein Gesetz, sondern um ein Vertragsformular handelt; das deuteronomische Gesetz, zu dem Dtn 28 die Apodosis bilden soll, ist indes in seiner ursprünglichen Gestalt nirgends als Vertrag ausgewiesen.[346]

Der zweite von Steymans vorgestellte Lösungsweg rechnet mit dem Bedingungssatz in Dtn 28,15 als Bindeglied zwischen dem Gesetzesteil und den Flüchen. Diese Lösung ist von Otto aufgegriffen und seiner eigenen These dienstbar gemacht worden. Nach Otto stellt Dtn 28,15aα* die Verbindung zwischen den in Dtn 13,2–10* vermuteten Stipulationen und dem von Steymans in Dtn 28,20–44* rekonstruierten Grundbestand an Flüchen dar, womit zugleich die gewagte Hypothese einer Protasis-Apodosis-Struktur zwischen Gesetzesteil und Flüchen umgangen wird: „Die Flüche in Dtn 28,20–44* sind also nicht als Apodosis der Rechtssätze in Dtn 13,2–10* zu verstehen, sondern wollen die Einhaltung der Stipulation gewährleisten.“[347] Doch auch gegenüber dieser These sind Zweifel angebracht. Einmal abgesehen davon, dass sich das *kl mṣwtyw* „alle Gebote“ auf lediglich zwei Stipulationen bezöge,[348] ist auch die Beschränkung auf Dtn 28,15aα* wenig plausibel, da der Vers m.E. keinerlei Angriffsfläche für literarkritische Operationen bietet. Weit gewichtiger ist jedoch der Einwand, dass die Wahl der zweiten Lösungsmöglichkeit ganz erhebliche Konsequenzen für die Rekonstruktion der Grundschicht von Dtn 28 hat, auf die Steymans selbst bereits aufmerksam gemacht hat, wenn er ausführt: [349]

---

344 Steymans, Deuteronomium 28, 379.

345 S. dazu o. S. 88–91. Wenn Steymans, Vertragsrhetorik, 100, neuerdings ausgerechnet mit dieser Interpretation das Fehlen von Einleitungssätzen in Dtn 28 verteidigen will, so steht er vor dem Problem, dass sich im vorfindlichen Deuteronomium nicht einmal Spuren von ursprünglichen Eidsätzen ausmachen lassen, als deren Explikation dann die Flüche in Dtn 28* ausgegeben werden könnten.

346 Nach Veijola, Deuteronomiumsforschung, 291, wäre eine solche Protasis-Apodosis-Konstruktion im Hebräischen schon rein syntaktisch nicht möglich.

347 Otto, Deuteronomium, 66.

348 Vgl. auch Veijola, Deuteronomiumsforschung, 294f.

349 Steymans, Deuteronomium 28, 379f.

> „Dies [d.h. die Annahme, V. 15 sei die ursprüngliche Einleitung der Fluchsequenz in 28,20–44*; CK] eröffnet die Möglichkeit auch V. 1.2a².3–6.16–19 dem ältesten Stadium zuzurechnen. Die westsemitischen Sefire-Verträge enthielten ja auch wie manche altorientalische Gesetzeskodizes einen kurzen Segen und einen längeren Fluchteil. Also wäre Raum für die *bārûk-* und *ʾārûr*-Formeln vor 28,20–44* gegeben. Wenn hethitischen und aramäischen Zeugnissen entsprechend von Anfang an auch ein Segen dem Fluch gegenüber gestanden hat, waren im Gegensatz zum assyrischen *adê* die Einleitungsformeln zur Abgrenzung der Schicksalsalternativen unverzichtbar. Für diese Sicht spricht, dass man nicht mit einer Einleitung am Anfang der Stipulationen rechnen muss, die sie als Protasis zur Apodosis der קללות ausgewiesen hätte und die womöglich jetzt im Deuteronomium nicht mehr vorhanden ist."

Ottos Postulat eines ursprünglichen Zusammenhangs zwischen Dtn 13,2–10* und 28,15ff*, verbunden mit dem Verzicht auf 28,1f.3–6.16–19, ist angesichts dieser Überlegungen mehr als zweifelhaft und im Verein mit den zuvor genannten Gegenargumenten abzulehnen.

Wendet man sich jetzt wieder der Argumentation Steymans' zu, dann ist es nur konsequent, dass dieser mit dem Verzicht auf die Einleitungssätze in 28,1f.15 die folgenschwere These verbindet, nach der ausschließlich der Fluch, nicht aber der Segen, ein primärer Bestandteil des Kapitels gewesen sei. Steymans begründet seine Entscheidung mit der Beobachtung, dass sich der Abschnitt 28,16–44 von 28,3–14 und 28,45–68 dadurch unterscheide, „dass er durch keine geprägten Wendungen mit dem Einleitungsvers verknüpft ist"[350]. Doch diese im Prinzip zutreffende Beobachtung ist m.E. in einem entscheidenden Punkt zu präzisieren: Nicht allein der Abschnitt 28,16–44, sondern auch 28,3–6 unterscheiden sich nämlich in dieser Hinsicht von 28,7–14 und 45–68 – beides Abschnitte, die aufgrund von kompositionskritischen Erwägungen aus dem Grundbestand des Kapitels herausfallen.[351] Demnach spricht die Untersuchung der formelhaften Wendungen nicht gegen die Ursprünglichkeit der *brwk*-Reihe in 28,3–6. Wenn Steymans schließlich die Fluchsequenz 28,20–44 aufgrund fehlender Lexemverbindungen zu V. 15 aus dem Kontext hervorheben möchte,[352] so ist auch hier zu betonen, dass lexematische Verknüpfungen zu den Einleitungen auch in den Versen 3–6 und 16–19 vergeblich gesucht werden.[353] Alles in allem ist der Versuch, die *brwk*-Reihe in 28,3–6 und die *ʾrwr*-Reihe in 28,16–19 (mitsamt den

350 Steymans, Deuteronomium 28, 232.

351 S. o. S. 173–176.

352 Steymans, Deuteronomium 28, 232.

353 Die recht verschieden gebrauchten Formen von *bwʾ* in V. 2a und V. 6a vermögen die Annahme einer Anknüpfung wohl kaum zu tragen (so aber Steymans, Deuteronomium 28, 229f mit Anm. 6).

Einleitungen in 28,1f.15) aus dem Grundbestand des Kapitels herauszulösen, nicht überzeugend.[354]

Der Nachweis, dass der Kern des Kapitels allein in 28,1–44 zu suchen ist, wohingegen in 28,45–57 und 28,58–68(69) ausweislich der wiederholten Ein- bzw. Überleitungen sowie inhaltlicher Perspektivenwechsel spätere Teilsammlungen anschließen, ermöglicht es, die folgende literarkritische Überprüfung auf die Verse 1–44 zu beschränken.

2.2.2 Literarkritik von Dtn 28,1–44

Die Literarkritik von Dtn 28,1–44 ist bis heute in ganz erheblichem Ausmaß von verschiedenen an das Kapitel herangetragenen Forschungsprämissen abhängig. So gingen etwa Hölscher und Steuernagel von einer weitgehenden Symmetrie von Segen und Fluch aus, woraufhin sie folgerichtig all das ausschieden, was ohne korrespondierende Entsprechung war.[355] Das Vertrauen in das beschriebene Verfahren ging in der Folge so weit, dass J. Hempel 1914 in Bezug auf Dtn 28 erklären konnte:[356]

> „[D]ie Frage nach dem ursprünglichen Kern ist […] abschließend gelöst, und zwar von Puukko, auf den ich nur verweisen möchte, da eine erneute Aufzählung der Gründe mir unnötig erscheint. Es verbleiben nach diesem die Verse 1a, 2a, 3–8a, 12–13a, 19–20a, 24–25a, 43–44."

Der erstmals von M. Noth fruchtbar gemachte Vergleich mit der keilschriftlichen Rechtsüberlieferung des Alten Orients, in der in der Regel der Fluch vor dem Segen dominiert, befreite von dem Zwang, in 28,1–44 flächendeckend

354 Vgl. auch Veijola, Deuteronomiumsforschung, 291: „Das Nebeneinander von Segen und Fluch ist so konstitutiv für die Alternativpredigt des Dtn (Dtn 6,14f.17f; 7,12ff; 8,19f; 11,13–15.16f.26–28; 30,19), dass man sie in dem *Grand finale* des Themas unmöglich voneinander trennen und unterschiedlichen Redaktionen zuordnen kann." – Der Deuteronomiumskommentar von Nielsen ist im Hinblick auf die Frage nach der Ursprünglichkeit des Segens schwer zu fassen. Auf der einen Seite versucht Nielsen zu begründen, dass, wolle man das Urdeuteronomium wieder entdecken, „von 27,9–10* direkt zu 28,15" weiterzugehen sei, wofür er auch Argumente nennt (Nielsen, Deuteronomium, 255). Auf der anderen Seite führt in seiner Übersetzung die das Urdeuteronomium bildende Schicht jedoch erst von V. 1* über V. 8 zu V. 15ff (vgl. a.a.O., 249), womit die Alternative von Segen und Fluch wieder gegeben wäre.

355 Vgl. Hölscher, Komposition, 221, sowie Steuernagel, Deuteronomium, 150: „Ferner legt die Beobachtung eines weitgehenden, ziemlich genauen Parallelismus der Segen- und Fluchsprüche in v 1–15.16–46 die Vermutung nahe, die diesen Parallelismus störenden Elemente seien später eingetragen."

356 Hempel, Schichten, 252; vgl. die Übersicht bei Puukko, Deuteronomium, 225.

parallele Formeln zu ermitteln.[357] Noth gelang zudem der Nachweis, dass die vagen Entsprechungen zwischen 28,7–14 und einzelnen Flüchen am einfachsten als das Ergebnis einer gezielten redaktionellen Angleichungsarbeit zu begreifen sind.[358] Hieraus folgt, dass die Symmetrie auf den Anfang des Kapitels (28,1–6.15–19) beschränkt ist und dementsprechend ausschließlich in diesem Bereich als literarkritisches Kriterium dienen kann. Die traditionsgeschichtliche Analyse der einzelnen Teilreihen soll später die Frage klären helfen, warum die Korrespondenz ursprünglich nur bei den Einleitungsformeln in 28,1f.15 und dem nachfolgenden Segen-Fluch-Formular in 28,3–6.16–19 vorliegt, danach aber aufgegeben ist.

Von formgeschichtlichen Vorgaben ist die Analyse von G. Seitz bestimmt, der sich bei der formalen Typologisierung der Flüche in Dtn 28 an der Arbeit über die altorientalischen und biblischen Flüche von D. R. Hillers orientierte.[359] Der Versuch, in Dtn 28 ursprüngliche Formen und Reihen zu rekonstruieren, machte weitreichende Eingriffe in den Text notwendig. Für Seitz stellt sich der Werdegang des ältesten Fluchteils daher folgendermaßen dar:[360]

> „Am Anfang standen drei Reihen mit je sechs Gliedern: die *ʾārûr*-Reihe (v. 16–19), die Plagenreihe (v. 20a*.21f.*.27f.35*) und die zweite Gegensatzreihe (v. 38–40.43f.). Diese Reihen wurden aufgefüllt durch die Einlagerung der ersten Gegensatzreihe (v. 29–34), durch einen Einschub in die zweite Gegensatzreihe (v. 41f.) und durch v. 23–26 und v. 36f., die neben den Naturkatastrophen vor allem Niederlage im Kampf und Deportation als Fluch nennen."

Wiederum nahm die Kritik an diesem Verfahren ihren Ausgang von Seiten der rechtsvergleichenden Forschung. Steymans zufolge zeigt sich an altorientalischen Texten, „dass die von Hillers analysierten Fluchgattungen nebeneinander in Sequenzen stehen, die literarkritisch als einfache Einheit zu bewerten sind, da die altorientalischen Schreiber sie in einem zusammenhängenden Arbeitsgang schufen, wobei sie verschiedene Traditionen und Formen miteinander kombinierten".[361] Eine weitere häufig anzutreffende Prämisse ist schließlich die eines vor-dtr Ursprungs der Grundschicht von Dtn 28.[362] Da aber dem Urdeuteronomium für gewöhnlich das Stilmittel der

357 Vgl. Noth, Fluch, 160–165; vgl. auch die Kritik bei Hillers, Treaty-Curses, 33.

358 Vgl. Noth, Fluch, 159, der im Hinblick auf 28,7–14 feststellt: „Das, was im Segensabschnitt jetzt noch folgt, macht nämlich in Wirklichkeit viel stärker einen sekundären Eindruck als die Fortsetzung des Fluchabschnitts mit ihrem sehr konkreten Inhalt."

359 Vgl. Seitz, Studien, 276–286.

360 A.a.O., 289.

361 Steymans, Deuteronomium 28, 254; vgl. auch Braulik, Deuteronomium II, 203f.

362 So schon Hölscher, Komposition, 222: „Diese Segens- und Fluchformeln sind ohne Zweifel ein ursprünglicher Bestandteil des deuteronomischen Gesetzes." Vgl. auch Noth, Fluch, 157, Anm. 5.

Historisierung in die Zeit am Vorabend der Landnahme abgesprochen wird, ergeben sich daraus Konsequenzen für die literarische Beurteilung der Einleitungsformeln (28,1f.15) sowie der Landnahmeformel in V. 21, einmal abgesehen von den Anspielungen auf das Babylonische Exil in 28,36f.[363]

Der knappe Überblick über wichtige Wegmarken der literar-, redaktions- und formkritischen Erforschung von Dtn 28 hat zeigen können, dass Fortschritte der literarischen Analyse nicht zuletzt durch eine Perspektivenerweiterung auf das altorientalische Vergleichsmaterial erzielt worden sind. Altorientalische Quellen zu Segen und Fluch können darüber hinaus für die Frage eine Rolle spielen, ab wann Redundanzen und Brüche in der Gedankenfolge als Indizien für literarkritisch relevante Kohärenzstörungen zu begreifen sind.[364] Methodisch fahrlässig wäre es allerdings, die Literarkritik aufgrund altorientalischer Vergleichstexte vorzunehmen, die als mögliche Vorbilder in Betracht kommen; in diesem Fall wären Zirkelschlüsse vorprogrammiert.[365]

a.) Die Einleitungssätze in Dtn 28,1f.15

Die Einleitungssätze in V. 1f und 15 stellen die parallel gestalteten Segens- und Fluchformeln in V. 3–6 und 16–19 unter die Bedingung des Gehorsams bzw. Ungehorsams gegenüber der Stimme Jhwhs. Während V. 15 keinerlei Anzeichen eines literarischen Wachstums zu erkennen gibt, treten in V. 1f einige Ungereimtheiten zum Vorschein. So nimmt die Verheißung in V. 1b, Jhwh werde Israel über alle Nationen der Erde stellen, die allgemein gehaltene Ankündigung des Segens in V. 2a vorweg. Da sie zudem keine Entsprechung in V. 15 besitzt, scheint es sich um einen Nachtrag zu handeln.[366] Möglicherweise liegt er auf einer Ebene mit den thematisch verwandten Stellen 26,19 und 28,9b.10. Der ebenfalls in V. 15 fehlende Konditionalsatz in V. 2b ist eine Dublette zu

363 Vgl. etwa die Beurteilung von 28,21 bei Steymans, Deuteronomium 28, 259: „Ein späterer Redaktor wollte die Verse 20–44 wohl durch Landnahmeformel [sic!] als Moserede in Moab historisieren."

364 Dazu mahnt die Monographie zu den Vertragsflüchen von Hillers. Wenn dieser allerdings Dtn 28 einem einzigen Verfasser zuschreiben will, so verkennt er eine wichtige Eigenart biblischer Texte, die nicht Autoren-, sondern Traditions- bzw. Fortschreibungsliteratur darstellen; vgl. ders., Treaty-Curses, 40: „Deut 28 represents the combination and reworking by a single author of traditional curses known to him. It is composite, but not as the result of later scribal insertions. No part of it need be dated any later than the rest of Deuteronomy. The lists of curses of the Esarhaddon treaty, Sefire I, and the Ashurnirari treaty seem to be of this nature also. They give the impression of being composite, not because of late redactional activity, but because the scribes have combined a variety of traditional curses."

365 Vgl. auch Krebernik, Deuteronomiumskommentar, 33.

366 Vgl. auch Steuernagel, Deuteronomium, 150; Noth, Fluch, 158, Anm. 8.

V. 1a und folglich ebenfalls sekundär.[367] Es mag sein, dass der Zusatz in V. 2a, durch den die Bedingung in V. 1a von der eigentlichen Segensformel in V. 3ff weiter abgerückt worden war, seine Einfügung notwendig gemacht hat. Demnach waren die einleitenden Konditionalsätze in V. 1f und V. 15 ursprünglich im Wesentlichen parallel gestaltet: Auf eine die Konditionen benennende Protasis (V. 1a = V. 15a) sowie eine allgemein Segen bzw. Fluch ankündigende Apodosis (V. 2a = V. 15b) folgte eine ausgeführte Segens- bzw. Fluchformel (V. 3–6 = V. 16–19).[368]

b.) Der Segen in Dtn 28,3–14

Dem einleitenden Bedingungssatz folgt in den V. 3–6 eine Reihe von Nominalsätzen, die jeweils mit dem Partizip passiv *brwk* „gesegnet" anheben und in der *ʾrwr*(„verflucht")-Reihe in den V. 16–19 ein Gegenstück besitzen. Der Abschnitt ist im Wesentlichen einheitlich. Lediglich in V. 4 fällt die Wendung *wpry bhmtk* „und die Frucht deines Viehs" auf, die vor *šgr ʾlpyk wʿštrwt ṣʾnk* „der Wurf deiner Rinder und die Zucht deiner Schafe" überflüssig ist. In einer identischen Reihenbildung fehlt sie daher in dem korrespondierenden V. 18 sowie in Dtn 7,13. Da die Wendung in der Septuaginta zu Dtn 28,4 fehlt, hat diese entweder die ältere Lesart bewahrt oder den überflüssigen Zusatz später gestrichen. Die Ergänzung stammt vermutlich aus V. 11 (vgl. auch Dtn 30,9), wo aber die in V. 4 noch folgenden Ausdrücke für tierischen Nachwuchs berechtigterweise fehlen.

Die folgenden V. 7–14 sind formal weniger geschlossen als die *brwk*-Reihe und heben sich zudem aufgrund der paränetischen Formeln (vgl. V. 9b.13b.14) vom Vorangehenden ab. Auch hier liegen Entsprechungen zum Fluchteil vor. Allerdings gibt es gute Gründe, in den Korrespondenzen lediglich sekundäre Angleichungen an bestimmte Flüche zu sehen. So greifen V. 7f auf V. 25 und 20 zurück, wo die allgemeine Verfluchung und die Ankündigung der Kriegsniederlage in einer sinnigeren Reihenfolge erscheinen.[369]

367 Vgl. auch Steuernagel, Deuteronomium, 150; Noth, Fluch, 158, Anm. 9.

368 So in Anlehnung an Noth, Fluch, 158: „Hier folgt auf einen die Voraussetzung bezeichnenden Vordersatz (V. 1a = V. 15a) und auf eine allgemeine Ankündigung der Segnungen bzw. Verfluchungen (V. 2a = V. 15b) eine Segens- bzw. Fluchformel [...]"

369 Vgl. Seitz, Studien, 259.

V. 20	
Allgemeine Fluchankündigung	
V. 25	V. 7
ytnk yhwh ngp lpny ʾybyk bdrk ʾḥd tṣʾ ʾlyw wbšbʿh drkym tnws lpnyw „Jhwh wird dich geschlagen vor deinen Feinden geben. Auf einem Weg wirst du gegen sie ausziehen, und auf sieben Wegen wirst du vor ihnen fliehen […]“	*ytn yhwh ʾt ʾybyk hqmym ʿlyk ngpym lpnyk bkrk ʾḥd yṣʾw ʾlyk wbšbʿh drkym ynwsw lpnyk* „Jhwh wird deine Feinde, die sich gegen dich erheben, geschlagen vor dir geben. Auf einem Weg werden sie gegen dich ausziehen, und auf sieben Wegen werden sie vor dir fliehen.“
	V. 8
	Allgemeine Segensverheißung

Die an das Volk gerichteten nationalen Verheißungen in V. 9b.10 stehen wie der Zusatz in V. 1b unter dem Verdacht, Angleichungen an Dtn 26,17–19 zu sein. V. 11a ist eine Dublette zu V. 4 (vgl. auch die Wiederholung von V. 18 in V. 51). Die Verheißung von Regen in V. 12a dürfte auf den entsprechenden Fluch in V. 23f zurückgehen, der rhythmisch gestaltet ist und im Parallelismus membrorum steht.[370] Im Hinblick auf die in den V. 12b–13a bezeugte Vorstellung, Israel werde vielen Völkern (*gwym rbym*) etwas „leihen“ (*lwh*), hat schon M. Noth gesehen, dass der den Schutzbürger (*hgr ʾšr bqrbk*) aufführende Fluch in V. 43f „sehr konkret und praktisch vorstellbar“ sei, wohingegen die Entsprechung im Segensabschnitt „verallgemeinert und verflüchtigt“ werde.[371]

V. 12b.13a	V. 43f
whlwyt gwym rbym wʾth lʾ tlwh *wntnk yhwh lrʾš wlʾ lznb* *whyyt rq lmʿlh wlʾ thyh lmṭh*	*hgr ʾšr bqrbk yʿlh ʿlyk mʿlh mʿlh* *wʾth trd mṭh* *mṭh hwʾ ylwk wʾth lʾ tlwnw* *hwʾ yhyh lrʾš wʾth thyh lznb*
„Und du wirst vielen Nationen leihen, aber du selbst wirst dir nichts leihen. Und Jhwh wird dich zum Haupt machen und nicht zum Schwanz, und du wirst nur immer hinaufsteigen und nicht hinab […].“	„Der Fremde, der in deiner Mitte (lebt), wird höher und höher über dich hinaufsteigen, aber du, du wirst tiefer und tiefer hinabsteigen. Er wird dir leihen, aber du wirst ihm nicht leihen; er wird zum Haupt, aber duwirst zum Schwanz.“

370 Vgl. a.a.O., 259f.

371 Noth, Fluch, 159. Vgl. zu Dtn 15,6 Veijola, Deuteronomium, 316, Anm. 1131.

Die Richtung der Abhängigkeit ergibt sich im Übrigen recht eindeutig aus der Beobachtung, dass der Terminus *lwh* „leihen" dem Privatrecht entlehnt ist,[372] seinen ursprünglichen Ort mithin in V. 43f hat, wo im Gegensatz zu 12b–13a auch tatsächlich private Verhältnisse angesprochen sind.[373]

Der Bedingungssatz in V. 13b bildet mit V. 2b eine Inklusion um den Segensabschnitt, der damit wie der Fluchabschnitt einen Schlusssatz erhält (vgl. V. 45f). Während die V. 7–13 in sich im Wesentlichen einheitlich sind, stellt V. 14, der eine Dublette zu V. 13b ist und sich aufgrund der pluralischen Anrede von seinem Kontext abhebt, wohl eine noch jüngere Zutat dar.[374]

Alles in allem scheinen die V. 7–13 dem ursprünglichen Segensabschnitt in den V. 1–6 später angehängt worden zu sein. Die Verse geben sich als das Ergebnis „einer späteren kompilatorischen Arbeit" zu erkennen, die von der Fluchvorlage abhängig ist.[375] Die Beobachtung, dass der Segensabschnitt vom Fluchabschnitt her korrespondierende Erweiterungen erfahren hat, macht es allerdings wahrscheinlich, dass eine „bereits vorhandene Anlage zur Korrespondenz"[376] redaktionell fortgeschrieben worden ist. Dies ist ein weiteres Argument für die Ursprünglichkeit der Schicksalsalternative aus Segen und Fluch im Kernbestand von Dtn 28.

c.) Der Fluch in 28,16–44

In den Versen 16–19 gibt es keinerlei Indizien, die einen literarkritischen Eingriff rechtfertigen würden. Demgegenüber zeigen die Flüche in 28,20–44 vereinzelt Spuren literarischen Wachstums, wobei zu bedenken ist, dass gerade in diesem Teil verstärkt Traditionen aus dem altorientalischen Vertragsrecht rezipiert worden sind, deren Integration für manche Kohärenzstörungen verantwortlich sein könnte. Die in Frage kommenden Stellen sollen im Folgenden der Reihe nach besprochen werden.

(1.) In V. 20 wird in großer Einmütigkeit der den Fluch begründende Satz „wegen der Bosheit deiner Taten, mit denen du mich verlassen hast" (*mpny rʿ mʿllyk ʾšr ʿzbtny*) als spätere Ergänzung ausgeschieden. Ausschlaggebend ist zunächst der in Dtn 28 einmalige Umschlag in die 1. Pers. Sg. in dem Relativsatz *ʾšr ʿzbtny*, mit der sich Jhwh selbst zu Wort meldet. Des Weiteren fällt die Perfektform *ʿzbtny* aus ihrem vom Imperfekt bestimmten Kontext heraus, während

372 S. Ex 22,24; Neh 5,4; Ps 37,21.26; 112,5; Spr 19,17; 22,7; Jes 24,2; vgl. zu den Belegen Kellermann, לָוָה 492f.

373 Vgl. Jeremias, Kultprophetie, 167.

374 Vgl. auch Steymans, Deuteronomium 28, 367.

375 Seitz, Studien, 275.

376 A.a.O., 260.

sie im jüngeren begründeten Fluchabschnitt (V. 45ff), der die Historisierung in die Zeit vor der Landnahme aufgibt, eine Parallele hat. Da die Formel *mpny rʿ mʿllyk* für das Jeremiabuch kennzeichnend ist (vgl. Jer 4,4; 21,12; 26,3; 44,22; vgl. auch 23,2.22; 25,5), dürfte es sich um eine vom Jeremiabuch beeinflusste Glosse handeln.[377]

(2.) In V. 21 werden vereinzelt Zweifel an der Ursprünglichkeit der Landnahmeformel in V. 21bγ angemeldet, wobei die Annahme einer vor-dtr Grundschicht in Dtn 28 im Hintergrund steht. Vers 21 lautet:

ydbq yhwh bk ʾt hdbr ʿd kltw ʾtk mʿl hʾdmh ʾšr ʾth bʾ šmh lršth	„Jhwh wird die Pest an dir hangen lassen, bis er dich vernichtet hat aus dem Land, in das du kommst, um es in Besitz zu nehmen.“

Der Rekonstruktion von Seitz zufolge bestand der Vers primär aus einer allgemein gehaltenen Vernichtungsaussage. Die Territorialangabe in 21bβγ sei dagegen später hinzugefügt worden, da die im Alten Testament 41mal bezeugte Wurzel *klh* pi in der Bedeutung „vernichten“ lediglich in dem dtr Stück Ex 32,12 in Verbindung mit *mʿl hʾdmh* vorkomme.[378] Trennt man mit Seitz die Territorialangabe ab, bleibt allerdings offen, in welcher Hinsicht sich die Androhung der Vertilgung durch die Pest in V. 21 (*ʿd kltw*) von den entsprechenden Vernichtungsaussagen in den umliegenden Versen (V. 20: *ʿd hšmdk wʿd ʾbdk mhr*; V. 22: *ʿd ʾbdk*) unterscheidet, zumal V. 22 ebenfalls diverse Krankheiten aufführt. Mit Steymans dürfte die entscheidende Differenz in V. 21 zu der allgemeinen Fluchandrohung in V. 20 und dem Konglomerat an Plagen in V. 22 nachgerade in der von Seitz entfernten Territorialangabe bestehen: „Nimmt man dagegen מעל האדמה hinzu, so wird nicht mehr völlige Vernichtung ausgesagt, sondern nur die Entleerung eines Raumes durch die Pest.“[379] Dem entspricht in semantischer Perspektive die Wahl der in Dtn 28 einmaligen Wurzel *klh* pi „vernichten“, denn sie „bezeichnet nicht nur das Ende von etwas, sondern berücksichtigt auch den

377 So auch Seitz, Studien, 281; Steymans, Deuteronomium 28, 256f; Grätz, Wettergott, 105. Weitergehende literarkritische Eingriffe in V. 20 werden von Steymans, Deuteronomium 28, 260, mit Recht zurückgewiesen. Wenn Grätz, Wettergott, 106, vorschlägt, den verbleibenden V. 20abα nicht zuletzt aufgrund seiner allgemein gehaltenen, zentrale Anliegen der nachfolgenden Flüche vorwegnehmenden Gestalt „als eigens komponierten Auftaktvers der folgenden Fluchsequenz“ zu begreifen, so spricht dies keinesfalls zwingend gegen die Ursprünglichkeit des Verses, da auch die Verfasser der Grundschicht von Dtn 28 einen Auftaktvers für die folgenden Flüche mit Jhwh als Subjekt komponiert haben könnten; diese Frage wäre dann eher im Rahmen der Traditionskritik zu verhandeln.

378 Seitz, Studien, 281.

379 Steymans, Deuteronomium 28, 258.

Weg dorthin und beschreibt das Ziel dieses Weges“[380], das in V. 21 eben darin besteht, die vom Fluch getroffenen Menschen von der *ʾdmh* zu vertilgen. Dabei stellt der nachfolgende Relativsatz *ʾšr ʾth bʾ šmh lršth* klar, dass es sich bei der *ʾdmh* um das Verheißungsland handelt, das demnächst unter Josua in Besitz genommen werden soll. Die Frage ist allerdings, ob die mit der Landnahmeformel in V. 21bγ gegebene Interpretation ursprünglich ist, was bedeuten würde, dass schon der Grundbestand der Fluchsequenz ganz offensichtlich eine Historisierung auf das Israel vor der Landnahme enthalten hätte. Eben diese Konsequenz lässt Steymans an der Ursprünglichkeit der Formel zweifeln. Nicht zuletzt der mit der Mose-Fiktion einhergehende Perspektivenwechsel, der in Dtn 28,20–44 einmalig sei, spreche ihm zufolge gegen die Ursprünglichkeit von V. 21bγ.[381] Hier ist allerdings schon einzuwenden, dass die von Steymans behauptete Einmaligkeit der Historisierung bereits voraussetzt, dass auch der Vorverweis auf die Königszeit in V. 36aα ([*hmlk*] *ʾšr tqym ʿlyk*) redaktionell ist, ganz abgesehen von den einleitenden Bedingungssätzen in V. 1 und V. 15, die Mose als Sprecher von Segen und Fluch implizieren. Die These birgt aber noch ein anderes Problem. Nach der Abtrennung der Landnahmeformel bezieht Steymans folgerichtig *ʾdmh* in der Wendung *mʿl hʾdmh* nicht länger auf das Verheißungsland, sondern ganz allgemein auf die Erdoberfläche, wobei er zusätzlich auf den auf diese Weise freigelegten Antagonismus von Todessphäre (*dbr*)[382] und Lebenssphäre (*ʾdmh*) verweist: „אדמה bezeichnet dann nicht das Land Israel, sondern die Erdoberfläche, den Bereich der Lebenden.“[383] Der Bezug auf das Verheißungsland verdanke sich dagegen einer späteren Hand:[384]

380 Helfmeyer, כלה, 170. Für die literarhistorische Verortung der Grundschicht von Dtn 28 ist die Beobachtung von Interesse, dass das im Deuteronomium ungebräuchliche (vgl. lediglich Dtn 7,22) Verb *klh* pi „vernichten“ mit Bezug auf Israel im Alten Testament in der Regel im Zusammenhang mit dem Ersten Gebot begegnet, vgl. Ex 32,12; 33,5; Lev 26,44; Num 25,11; Jos 24,20; Jer 9,15; Ez 43,8f: „Vor allem der Abfall von JHWH durch Götterverehrung ist der Grund für die (mögliche) Vernichtung Israels.“ (ebd.)

381 Vgl. Steymans, Deuteronomium 28, 257.

382 Vgl. zu *dbr* als einer für Mensch und Tier tödlichen Seuche Mayer, דבר, 133. 2Sam 24,13f verdeutlichen, dass *dbr* in besonderer Weise als von Gott gewirkte Strafe verstanden wurde (vgl. auch Num 14,12).

383 Steymans, Deuteronomium 28, 258.

384 Ebd. – Dass die Landgabeformel in Jer 24,10bβ ([*hʾdmh*] *ʾšr ntty lhm wlʾbwtyhm*) die Vorlage der Formel in 21bγ gewesen sei (so Steymans, Vertragsrhetorik, 102, Anm. 44), ist schon wegen der geringen terminologischen Übereinstimmungen unwahrscheinlich. Bei der Besprechung von V. 37 wird sich überdies herausstellen, dass bezüglich Jer 24 die Richtung der Abhängigkeit – wenn überhaupt – prinzipiell umgekehrt verlaufen ist. Und auch in diesem Fall ist eher denkbar, dass Jer 24,10 das in Dtn 28,21 vorgefundene *dbr* „Pest“ zur typisch jeremianischen Trias „Schwert – Hunger – Pest“ ausgebaut hat, als dass umgekehrt in Dtn 28,21 gekürzt worden wäre.

> „Der Zusatz der Landnahmeformel interpretierte אדמה später zum Siedlungsgebiet Israels um. Nun ist der Bereich, in dem den Verfluchten ein Ende gemacht wird, nicht mehr der Erdboden, sondern das in Besitz zu nehmende Palästina."

Die von Steymans vorgelegte Rekonstruktion von V. 21 scheint auf den ersten Blick zu überzeugen.[385] Eine nähere Betrachtung des im Alten Testament recht breit belegten Theologumenons einer angedrohten Vertilgung von der *ʾdmh* spricht jedoch gegen die allgemeine Interpretation derselben. Von der *ʾdmh* vertilgt zu werden, insofern es sich bei *ʾdmh* um die Erdoberfläche handelt, wird im Alten Testament nämlich an keiner Stelle schlicht mit *mʿl hʾdmh*, wie Steymans dies für 28,21 postuliert, sondern ausschließlich mit der komplexeren Wendung *mʿl pny hʾdmh* gebildet (vgl. Gen 6,7; 7,4.23: *mḥh*. Ex 32,12: *klh* pi. Dtn 6,15; 2Sam 14,7; 1Kön 13,34: *šmd* hi. Jer 28,16: *šlḥ* pi. Zef 1,2.: *ʾsp*. 1Sam 20,15; Zef 1,3: *krt* hi).[386] Von besonderem Interesse ist in diesem Zusammenhang der Beleg in Ex 32,12, der zwar ebenfalls das Verb *klh* pi gebraucht, aber im Gegensatz zu Dtn 28,21 nicht von Vertilgung aus dem Verheißungsland, sondern, was sich aus dem geographischen Kontext der Erzählung eindeutig ergibt, von der Erdoberfläche spricht, wobei erwartungsgemäß nicht *mʿl hʾdmh*, sondern *mʿl pny hʾdmh* verwendet wird. Der im Alten Testament anzutreffende differenzierte Gebrauch der Wendung *mʿl (pny) hʾdmh* spricht folglich gegen eine Ausscheidung der Landnahmeformel in V. 21bγ. Im Einklang mit der dtr Geschichtstheologie ist in Dtn 28,21 vielmehr der Besitz des verheißenen Landes an die Bedingung des Gebotsgehorsams geknüpft: „Auf Untreue und Ungehorsam, namentlich auf den Abfall zu fremden Göttern, reagiert JHWH durch Vertilgen von der *ʾᵃdāmāh*."[387]

385 Ihr folgt z.B. Grätz, Wettergott, 106.

386 Vgl. auch die Zusammenstellung der Belege bei Plöger, אדמה, 101.

387 A.a.O., 104. Steymans, Deuteronomium 28, 258f, sieht in der Vorstellung, dass JHWH Israel im Verheißungsland durch die Pest ein Ende bereitet, einen „etwas merkwürdigen Gedanken": „Die Stämme jenseits des Jordan oder die Israeliten in anderen Ländern bleiben unbehelligt." Dazu ist zu sagen, dass im Deuteronomium über die Grenzen des verheißenen Landes bekanntlich unterschiedliche Auffassungen bestehen; immerhin schließt der theologische Gebrauch der Ausdrücke *ʾdmh*/*ʾrṣ* zumindest nach Dtn 1–3 die Stämme im Ostjordanland ein (vgl. etwa *ʾrṣ* in Dtn 3,18 und zur Sache Weinfeld, Promised Land, 67–70). Was aber „Israeliten in anderen Ländern" betrifft, so stehen diese zwar vermutlich den Verfassern von Dtn 28 vor Augen, sie haben aber mit Sicherheit keinen Platz in der dtr Fiktion einer bevorstehenden Landeroberung. Im Übrigen träfe der Vorwurf der Merkwürdigkeit nicht nur den vermeintlichen Redaktor von V. 21bγ, sondern die dtr Landtheologie in toto, denn die Rede von der Vertilgung Israels aus dem Land der Verheißung ist ja keinesfalls auf Dtn 28,21 beschränkt (vgl. zu dieser Vorstellung, verbunden mit der Wendung *mʿl hʾdmh*: Dtn 28,63; 29,27; Jos 23,13.15; 1Kön 9,7; 14,15; vgl. auch 2Kön 17,23; 25,21; 2Chr 7,20; Jer 24,10; 52,27; Am 7,11.17).

(3.) In V. 22 ist ein textkritisch relevantes Problem anzusprechen. In einer Reihe von insgesamt sieben Menschen- bzw. Pflanzenkrankheiten bietet MT an fünfter Stelle וּבַחֶרֶב „und mit dem Schwert“. Weil MT sich schlecht in den Zusammenhang einfügt,[388] sollte mit der Vulgata (*et aestu*) als Textzeugen וּבְחֹרֶב „und mit Dürre“ vokalisiert werden (vgl. Hag 1,11). Die gegebene Vokalisation der Masoreten steht im Zusammenhang mit weiteren euphemistischen Texteingriffen in Dtn 28[389] und dient hier vermutlich dem Zweck, einen Anklang an den Gottesberg Horeb zu vermeiden:[390]

> „Die Vokalisation חֹרֶב hätte in diesem Fluchkontext zu sehr an den (deuteronomisch/deuteronomistischen) Gottesberg gemahnt, so dass auf eine unproblematischere, in Plagenreihen häufig belegte Wendung zurückgegriffen wurde.“

(4.) In dem Fluch V. 25f erweckt V. 25b (*whyyt lzʿwh lkl mmlkwt hʾrṣ* „und du wirst zum Schrecken für alle Königreiche der Erde werden“) – wie die Sätze mit analogen Konstruktusverbindungen in V. 1 (*kl gwyy hʾrṣ*) und V. 10 (*kl ʿmy hʾrṣ*) – Zweifel an seiner Ursprünglichkeit. Nach Steymans unterbricht V. 25b den Zusammenhang zwischen der militärischen Niederlage (V. 25a) und dem Tierfraß an den Leichen (V. 26) – eine „sonst im AT zusammengehörende Motivverbindung“[391] (vgl. 1 Sam 17,46; Jer 19,7; 34,20; Ez 39,4). Ein weiteres Argument ergibt sich aus einem Überblick über die Verbformen der in Dtn 28,21–29 zusammengestellten Flüche mit Jhwh als Subjekt.

Vers	Verbform		Subjekt
20	yiqtol-x	+ nominaler Abschluss	Jhwh
21	yiqtol-x	+ nominaler Abschluss	Jhwh
22	yiqtol-x	+ nominaler Abschluss	Jhwh
23	w-qatal-x		
24	yiqtol-x	+ nominaler Abschluss	Jhwh
25	yiqtol-x		Jhwh
25b	*w-qatal*		
26	w-qatal-x	+ nominaler Abschluss	
27	yiqtol-x	+ nominaler Abschluss	Jhwh
28	yiqtol-x		Jhwh
29	w-qatal	+ nominaler Abschluss	

388 Vgl. schon Steuernagel, Deuteronomium, 152.

389 Vgl. Tov, Text, 50 und 226.

390 Grätz, Wettergott, 100.

391 Steymans, Deuteronomium 28, 259.

G. Seitz hat erkannt, dass die Handlungsketten der Flüche mit Jhwh als Subjekt jeweils mit yiqtol-x-Formen beginnen und mit einer w-qatal(-x)-Form ergänzt enden, die einen weiteren Aspekt des Fluchgeschehens nachschickt:[392]

> „An mehreren Stellen sind die Flüche des besprochenen Typus durch anders formulierte Unheilsankündigungen durchbrochen. Betrachtet man diese dazwischenstehenden Fluchdrohungen, dann haben sie unter sich gemeinsam, dass sie im perfectum consecutivum formuliert sind und jeweils eine Weiterführung oder Erläuterung des durch die ‚Flüche bei Jahwe' Angedrohten bringen."

Dabei erscheinen nach dem Auftaktfluch in V. 20 regelmäßig zwei yiqtol-x-Sätze mit Jhwh als Subjekt gefolgt von einem w-qatal(-x)-Satz. V. 25b fällt durch einen weiteren w-qatal-Satz aus diesem Schema heraus. Der Halbvers unterbricht somit nicht nur inhaltlich, sondern auch syntaktisch den Zusammenhang von V. 25a und V. 26. Da die Formel in diesem Wortlaut ansonsten ausschließlich in der jeremianischen Überlieferung erscheint (vgl. Jer 15,4; 24,9; 29,18; 34,17),[393] ist es wahrscheinlich, dass sie aus dem Jeremiabuch in die Fluchsequenz eingedrungen ist.[394] Die Authentizität von Dtn 28,26 bleibt davon allerdings unberührt.[395]

(5.) V. 29b hat in V. 33b eine Parallele und steht daher in Verdacht, nachgetragen zu sein. Das von Grätz genannte Argument, V. 29b sei sekundär, da die Wurzel *ʿšq* in der Regel materielle Unterdrückung meine, überzeugt indes nicht.[396] Zunächst ist festzustellen, dass die Wurzel *ʿšq* auch ganz allgemein „dem ‚Rechttun' entgegengesetzt"[397] werden kann. Sodann: Wenn die in etwa gleich lautenden Aussagen V. 29b und V. 33b einen Rahmen um die antithetische Reihe V. 30–33a bilden, dann ist zu erwarten, dass sich der Rahmen auf die eingeschlossenen Inhalte bezieht. Die Verse 30–33a thematisieren aber ganz deutlich materielle Unterdrückung. Folglich ist V. 29b nicht weniger passend als V. 33b. Die Entscheidung, V. 29b von seinem vorangehenden Kontext zu lösen, zwingt Grätz zu weiteren Eingriffen, da V. 29b nicht von V. 30–33 bzw. 34 zu trennen sei. Deshalb spricht er im Anschluss an Seitz dem ganzen Abschnitt 29b–34 die Ursprünglichkeit ab.[398] Die Abtrennung der V. 29b–34 würde allerdings mit

---

392 Seitz, Studien, 279.

393 Die Wendung „zum Schrecknis für alle Königreiche der Erde" (*lzʿwh lkl mmlkwt hʾrṣ*) ist Teil des deuterojeremianischen Idioms, vgl. Stipp, Konkordanz, 44 und 81.

394 Vgl. auch Steymans, Deuteronomium 28, 259. Thiel, Redaktion 1, 257f, plädiert dagegen für ein umgekehrtes Abhängigkeitsverhältnis.

395 Vgl. die ausführliche Begründung bei Steymans, Vertragsrhetorik, 101; anders Grätz, Wettergott, 107.

396 A.a.O., 107f.

397 Gerstenberger, עשק, 444.

398 Grätz, Wettergott, 108; vgl. Seitz, Studien, 289.

V. 29aβ, *wl' tṣlyḥ 't drkyk* „und du wirst keinen Erfolg haben auf deinen Wegen“, eine Ankündigung hinterlassen, die eine treffende Einführung in die Reihe der folgenden Nichtigkeitsflüche darstellt: Die antithetischen Flüche berichten nämlich in der Tat davon, dass den diversen Aktivitäten der Erfolg versagt bleibt. Der Zusammenhang zwischen V. 30–33a und V. 28f ist darüber hinaus auch dadurch gegeben, dass im Alten Orient Blindheit und Rechtlosigkeit eng beieinander liegen.[399] Die Nichtigkeitsflüche (V. 30–33a) könnten somit regelrecht als (zeitgleich entstandene) Explikation der V. 28f gedacht gewesen sein.

(6.) V. 35b, *mkp rglk w'd qdqdk* „von deiner Sohle bis zu deinem Scheitel“, hinkt nach und ist in seiner Globalität nur schlecht mit dem auf konkrete Körperstellen bezogenen Rest des Verses zu vereinbaren.[400] Die Redewendung (vgl. 2Sam 14,25) ist möglicherweise hinzugefügt worden, weil die in V. 35a begegnende Verbindung von *nkh* und *bšḥyn r'* an die Plagen des Hiob erinnert hat (vgl. Ijob 2,7: *wyk 't 'ywb bšḥyn r' mkp rglw 'd qdqdw*).

(7.) In den Versen 36f wird vielfach aufgrund der Anspielung auf das Exil eine jüngere Zutat vermutet.[401] Auch Hölscher, der das Urdeuteronomium in die Exilszeit datiert, spricht dem Grundbestand die Anspielungen auf das Exil ab: „[D]er Urdeuteronomiker ist viel zu geschmackvoll, um so aus der Rolle zu fallen.“[402] In der jüngeren Forschung werden zudem inhaltliche Widersprüche zum Kontext gegen die Ursprünglichkeit der Verse angeführt.[403]

> „Die Zäsur ist an dieser Stelle besonders auffallend, weil v. 37 auf die Deportation Bezug nimmt, die sich anschließenden Flüche aber weiterhin von der Voraussetzung ausgehen, dass Israel in seinem Land wohnt, Gärten und Felder bestellt (v. 38–40) und der Fremdling in seiner Mitte lebt (v. 43). Erst recht macht v. 41 deutlich, dass Israel noch im Land ist, da der Fluch gerade darin besteht, dass Söhne und Töchter in die Gefangenschaft müssen.“

Es ist allerdings zu fragen, ob eine logische Gedankenfolge in solch traditionsgeschichtlich disparatem Material überhaupt zu erwarten ist. Der Vergleich mit anderen altorientalischen Fluchformeln zeigt, dass diese Forderung in dieser Textsorte überspitzt ist.[404] Das geht im Übrigen schon aus Dtn 28 selbst hervor. Legte man dort an anderen Stellen einen derart hohen Maßstab an, dann dürften nach V. 20 keine weiteren Flüche folgen, da das Volk bereits vertilgt wäre. Auch

---

399 Vgl. Weinfeld, Traces, 420f.

400 Vgl. auch Plöger, Deuteronomium, 154, Anm. 88.

401 Vgl. etwa Puukko, Deuteronomium, 224.

402 Hölscher, Komposition, 222.

403 Seitz, Studien, 287; vgl. Steymans, Deuteronomium 28, 259f; Grätz, Wettergott, 109.

404 Vgl. Hillers, Treaty-Curses, 32f.

V. 34 würde nach V. 28f keinen Sinn machen, da der bereits mit Blindheit Geschlagene schlecht über das, was er sieht, wahnsinnig werden kann.[405] Nun hat Steymans im Hinblick auf V. 36b (*wʿbdt šm ʾlhym ʾḥrym ʿṣ wʾbn* „und du wirst dort anderen Göttern dienen – Holz und Stein") zusätzlich auf ein Argument tendenzkritischer Natur hingewiesen: Der dort angedrohte Götzendienst werde „nicht als Sünde, sondern wie in den sicher exilischen Versen Dtn 4,28; 28,64 als Strafe gedeutet".[406] Dem ist zuzustimmen, und es ist darüber hinaus zu beachten, dass die in der Verbindung *ʿṣ wʾbn* „Holz und Stein" (vgl. Dtn 4,28; 28,64; 29,16; 2Kön 19,18; Jes 37,19; Ez 20,32) zum Ausdruck kommende Betonung der Materialität auf ein vorangeschrittenes Stadium der Entwicklung des Monotheismus verweist:[407] Mit Händen gemachte Götter stellen im Gegensatz zu den im Dekalog (vgl. auch Dtn 13) genannten *ʾlhym ʾḥrym* keine Gefahr mehr dar. Die Wendung *ʿṣ wʾbn* setzt vermutlich sogar schon die Götzenpolemik bei Deuterojesaja voraus (vgl. Jes 40,19f; 44,12–20; 46,6f).[408] Es sprechen demnach gute Gründe für eine sehr späte Entstehung von V. 36b, so dass die Herausgeber der BHS gar vorschlagen, den Halbvers als in den Text eingedrungene Randglosse zu streichen, obgleich ihn alle Textzeugen bieten.[409] Das Problem ist aber m.E. literarkritisch zu lösen. Für einen Nachtrag spricht nämlich neben dem tendenzkritischen Argument auch, dass die Flüche mit Jhwh als Subjekt in aller Regel mit einer yiqtol-x-Form beginnen und durch eine w-qatal(-x)-Form entfaltet werden.[410] In V. 36f unterbricht aber V. 36b die regelhafte Abfolge. Demnach lässt der Einwand, V. 36b sei aus inhaltlichen Gründen sehr spät anzusetzen, nicht zwingend auf den sekundären Charakter des ganzen Fluches schließen; es reicht vielmehr aus, lediglich V. 36b aus den vorgetragenen inhaltlichen und syntaktischen Gründen als Glosse anzusehen.[411]

Was die so genannte „Katastrophenformel"[412] in V. 37 angeht, so hat Steymans behauptet, der Vers stamme wie V. 21bγ und V. 25b aus Jer 24,8–10.[413]

405 Vgl. auch die unlogische Abfolge der Ereignisse in Jer 24,9f.

406 Steymans, Deuteronomium 28, 259.

407 Vgl. dazu auch Aurelius, Götter, 165, der im Deuteronomium anhand des Ausdrucks *ʿṣ wʾbn* eine „allmähliche, fast unmerkliche Entwicklung des Fremdgötterverbots zum Bilderverbot und zum Monotheismus" nachverfolgt.

408 Zu einer möglichen Abhängigkeit der dtr von der dtjes Monotheismusvorstellung s. Labahn, Wort Gottes, 265.

409 S. den Apparat der BHS.

410 Vgl. oben S. 188.

411 Das Phänomen einer nachgetragenen Fremdgötterpolemik begegnet auch in 2Kön 19,18, wo *ʿṣ wʾbn* ebenfalls glossiert worden sind, vgl. Würthwein, Könige 2, 425f.

412 Vgl. zu den Belegen Stipp, Konkordanz, 158f.

413 Vgl. zuletzt Steymans, Vertragsrhetorik, 102, Anm. 44.

Die beiden Stellen lauten im Vergleich:

Dtn 28,37	*whyyt lšmh lmšl wlšnynh bkl hʿmym ʾšr ynhgk yhwh šmh*
Jer 24,9	*wnttym* […] *lḥrph wlmšl lšnynh wlqllh bkl hmqmwt ʾšr ʾdyḥm šm*

Gegen Steymans ist einzuwenden, dass ausgerechnet die beiden Ausdrücke, die Dtn 28,37 und Jer 24,9 gemeinsam haben, *mšl* und *šnynh*, alles andere als typisch jeremianisch sind.[414] Sie sind im Jeremiabuch allein an dieser Stelle belegt, weshalb H. Weippert vermutet, dass Jer 24,9 „erst sekundär um das Begriffspaar משל und שנינה erweitert wurde".[415] Um von der umgekehrten Richtung der Abhängigkeit auszugehen, ist es aber gar nicht notwendig, das Begriffspaar aus dem Vers zu entfernen. Denn während Thiel das Kapitel der dtr Redaktion zuschlägt,[416] hat H. J. Stipp mit überzeugenden Argumenten dargelegt, dass es sich bei Jer 24 um einen nach-dtr Text handelt, der das dtr Idiom imitiert.[417] Dies würde erklären, warum die Reihe in Jer 24,9 neben typisch jeremianischen Termini auch solche aus dem dtr Sprachmilieu aufgreift. Im Gegensatz zu Dtn 28,25b scheint die Richtung der Abhängigkeit also in diesem Fall vom Deuteronomium in das Jeremiabuch verlaufen zu sein. Während die Katastrophenformel selbst authentisch zu sein scheint, könnte der die Aussage von V. 36a (*ywlk yhwh ʾtk* …) wiederholende Relativsatz *ʾšr ynhgk yhwh šmh* „zu denen Jhwh dich führen wird" nachgetragen sein, weil die Glosse in V. 36b die Katastrophenformel zu weit von V. 36a entfernt hatte.

Das entscheidende Ergebnis der Aufbauanalyse besteht darin, dass der Fluchteil des Kapitels in wenigstens drei großen Schüben nach hinten gewachsen ist (V. 15–44; 45–57; 58–68[69]). Das gleiche Verfahren konnte auch für den Segensteil nachgewiesen werden (V. 1–6; 7–14). Dem entspricht die literarkritische Untersuchung insofern, als die in 28,1–6.15–44* zu Tage geförderte älteste Schicht lediglich geringfügige Nachinterpretationen erfahren hat, wobei folgende Zusätze zu vermerken sind: V. 1b; 2b; 20bβγ; 25b; 35b; 36b; 37bβ. Im Hinblick auf die im Folgenden zu verhandelnde Verortung des Kapitels im Gesamtzusammenhang des Deuteronomiums sei schon einmal festgehalten, dass sich die Hinweise auf eine Historisierung des Deuteronomiums am Vorabend

---

414 Vgl. zu *mšl* Dtn 28,37; 1Kön 9,7; 2Chr 7,20; Ps 44,15; Ez 14,8; Mi 2,4 und zu *šnynh* Dtn 28,37; 1Kön 9,7; 2Chr 7,20.

415 Weippert, Prosareden, 189, Anm. 365. Die Begriffe *ḥrph* und *qllh* sind im Jeremiabuch häufig bezeugt (*ḥrph*: 24,9; 29,18; 42,18; 44.8.12; 49,13; *qllh*: Jer 24,9; 25,18; 26,6; 29,22; 42,18; 44,8.12.22; 49,13).

416 Thiel, Redaktion 1, 253–261.

417 Vgl. Stipp, Probleme, 242–246. Eine nach-dtr Verortung von Jer 24 ist schon von Pohlmann, Studien, 20–31, angemahnt worden, der das Kapitel einer golaorientierten Bearbeitung zuschreibt; vgl. auch Schmid, Propheten, 345.

der Landnahme in den Einleitungssätzen sowie in V. 21b und 36a nicht literarkritisch entfernen lassen, vielmehr einen integralen Bestandteil der ältesten Gestalt von Dtn 28 bilden.

2.2.3 Der kompositionsgeschichtliche Ort des Kapitels

Die Forschung war lange Zeit von der historischen Prämisse geleitet, nach der zumindest ein Kernbestand von Dtn 28 dem im Jahre 622 im Tempel von Jerusalem gefundenen Gesetzbuch, dem so genannten Urdeuteronomium, angehört habe, da die in 2Kön 22,11–13 berichtete Reaktion Joschijas doch ganz offensichtlich Flüche voraussetze.[418] Nachdem die Joschija-Perikope jedoch hinsichtlich ihrer historischen Verwertbarkeit fragwürdig geworden ist,[419] gilt es, textimmanente Argumente in Anschlag zu bringen, die Aufschluss über das Alter des Segen-Fluch-Kapitels geben. Die Frage, ob Dtn 28* bereits Teil des Urdeuteronomiums war, ist am ehesten über eine Ermittlung des kompositionsgeschichtlichen Ortes des Kapitels im Gesamtzusammenhang des Deuteronomiums sowie in seinem näheren Kontext, dem hinteren Deuteronomiumsrahmen, zu beantworten. Ein erster Hinweis auf die Stellung des Kapitels im Deuteronomium ergibt sich schon daraus, wie sich Dtn 28* zu den beiden wichtigsten, das Buch gliedernden Überschriftensystemen verhält. Ein schon von Wellhausen für seine Rekonstruktion des Urdeuteronomiums fruchtbar gemachtes älteres Überschriftensystem[420] geht von dem Doppelausdruck *ḥqym wmšpṭym* „Satzungen und Rechte“ aus,[421] der isoliert allein in Dtn 5,1; 11,32; 12,1 und 26,16 erscheint und so „eine Inklusion um den paränetischen Teil (5,1–11,32) und um das Gesetzeskorpus (12,1–26,16)“[422] bildet.

418 Vgl. Preuss, Deuteronomium, 153; so auch noch Lohfink, שֶׁמַר 188: „Da auch das Gesetzbuch Joschijas nach 2 Kön 22f. offensichtlich schon Fluchtexte enthielt, muss man mit einem vor-dtr Textbestand von Dtn 28 rechnen.“ – Vgl. dagegen schon Wellhausen, Composition, 190, Anm. 1: „[…] diese Flüche (28,36) hat Josias schwerlich gehört.“

419 Vgl. Gertz, Tora, 245.

420 Die von Seitz, Studien, 23f sowie 35–44, vorgeschlagene Zuteilung der Überschriften in Dtn 4,45; 6,1 und 12,1 zu einem „älteren Überschriftensystem“ überzeugt dagegen schon deshalb nicht, weil die Überschriften nicht auf einer gemeinsamen Sprecherebene liegen; denn während sich 4,45 auf der Ebene des Bucherzählers befindet, sind 6,1 und 12,1 Bestandteil einer Moserede; vgl. zu weiteren Gegenargumenten Lohfink, Dtn 12,1, 229, Anm. 2.

421 Vgl. Wellhausen, Composition, 191, der die rahmende Funktion des Doppelausdrucks betont: „Es fehlt weder die Überschrift 12,1, noch die Unterschrift 26,16ss.“ Die Belege in 12,1 und 26,16 liegen jedoch kaum auf einer literarischen Ebene. Während 26,16 als authentisches Ende des Urdeuteronomiums in Betracht kommt (vgl. u. S. 197, Anm. 443), dürfte 12,1 ein Nachtrag sein (vgl. u. S. 194, Anm. 425).

422 Braulik, Ausdrücke, 34; ders., Siebenergruppierungen, 45f.

Überschriftensystem nach dem Doppelausdruck *ḥqym wmšpṭym*

5,1	11,32	12,1	26,16
Paränetischer Teil		Gesetzeskorpus	

Der Doppelausdruck *ḥqym wmšpṭym* war vermutlich auch schon im Urdeuteronomium präsent, wo er „das deuteronomische Gesetz distinktiv als die Zweieinheit von kultischen (Neu-)Ordnungen (חֻקִּים) und für die Rechtsprechung geltenden Normen (מִשְׁפָּטִים)“[423] bezeichnete. In diesem Sinne begegnet er erstmals in 4,45*, der wohl ältesten Buchüberschrift,[424] die in dieser frühen Entstehungsphase über die – dtr ergänzte – Hauptgebotsparänese in Dtn 5–11 hinweg direkt auf die Einzelgebote in Dtn 12[425]–26* abzielte und möglicherweise mit 26,16 endete.[426] Demgegenüber setzt das beschriebene Überschriftensystem in 5,1; 11,32; 12,1; 26,16 literarhistorisch bereits die Vorschaltung der Hauptgebotsparänese voraus. Da Dtn 26,16 in dem System als eine Art „Unterschrift“ fungiert,[427] ist für Dtn 28* zu schließen, dass das Kapitel in diesem Überschriftensystem apart steht.[428] Hierzu fügt sich, dass Kap. 28* durch die Redeeinleitung in 27,9f*[429] von dem ausgedehnten Redekomplex 5,1–26,19 geschieden ist, mithin eine vom eigentlichen Gesetzeskorpus unterschiedene, neue Rede darstellt.

Ein das gesamte Buch Deuteronomium umfassendes und somit literarhistorisch sehr spätes Überschriftensystem auf der Ebene des Bucherzählers ist an den vier Überschriften mit nachfolgenden Redeeinleitungen in 1,1; 4,44;[430] 28,69 und 33,1 abzulesen, das im Gegensatz zum älteren Überschriftensystem mit ganz unterschiedlichen Gesetzestermini operiert.[431]

423 Levin, „Color Hieremianus“, 118; so auch Rüterswörden, Dtn 12,1, 215.

424 Vgl. u. Anm. 430.

425 Die Überschrift in Dtn 12,1 ist vermutlich nicht ursprünglich, vgl. Lohfink, Dtn 12,1, 247; anders Rüterswörden, Dtn 12,1, der aber zu Recht Lohfinks weitergehende These einer mit Dtn 12,1 eingeleiteten Einschränkung „für ein Israel […], das in seinem Land lebt“ (Lohfink, Dtn 12,1, 253), in Frage stellt.

426 Vorhanden waren darüber hinaus vermutlich die Redeeinleitung in 5,1aα* sowie das „Höre Israel“ in 6,4, vgl. zum möglichen Grundbestand Gertz, Tora, 248.

427 Nach Levin, „Color Hieremianus“, 118, hatte Dtn 26,16 auch schon im Urdeuteronomium „den Charakter eines Fazits: Mit diesem Satz hat die Sammlung der Gesetze einmal geschlossen.“

428 Vgl. auch Rüterswörden, Dtn 13, 187.

429 Vgl. dazu u. S. 196.

430 Der Überschrift in Dtn 4,45*, womöglich die „älteste Überschrift des Dtn“, wurde später 4,44 vorangestellt; spätere Zutat dürften auch die historisierenden Notizen in 4,46–49 sein; vgl. Veijola, Deuteronomium, 123.

431 Vgl. Lohfink, Bundesschluss, 32–34; vgl. auch Seitz, Studien, 24–35.

Überschriftensystem auf Bucherzählerebene

1,1	4,44	28,69	33,1
ʾlh hdbrym	*wzʾt htwrh*	*ʾlh dbry hbryt*	*wzʾt hbrkh*

Redeeinleitungen in 5,1 und 29,1

5,1	*wyqrʾ mšh ʾl kl yśrʾl wyʾmr ʾlhm*
29,1	*wyqrʾ mšh ʾl kl yśrʾl wyʾmr ʾlhm*

Nach diesem System ist Dtn 28 (vermutlich bereits in seiner die V. 1–68 umfassenden Gestalt) sehr wohl Bestandteil der in 4,44 eröffneten Tora. Die Überschrift in 28,69[432] und die nachfolgende Redeeinleitung in 29,1 korrespondieren mit der Überschrift in 4,44 und der Redeeinleitung in 5,1. Die Wiederaufnahme dient zunächst der Gegenüberstellung von Horeb- und Moabbund (vgl. 28,69). Darüber hinaus verbindet die neue Überschrift, indem sie die in 5,1 eröffnete Texteinheit abschließt, Kap. 28 mit dem Gesetzeskorpus. Dtn 28 bildet somit den Abschluss der in 5,1 eröffneten Rede.[433]

Was seine Stellung im Kontext des Deuteronomiums angeht, so ist Dtn 28* folglich erst durch ein relativ spätes Überschriftensystem auf der Bucherzählerebene in die Tora von Kap. 5–28 integriert worden. Mit anderen Worten: Es gab wahrscheinlich einmal eine entstehungsgeschichtliche Phase, in der das Deuteronomium das Segen-Fluch-Kapitel Dtn 28* noch nicht enthalten hatte.[434]

Nach diesem ersten Versuch, die Stellung des Kapitels im Kontext des Deuteronomiums zu ermitteln, soll im Folgenden der Kern des Kapitels Dtn 28,1–44* innerhalb seines umliegenden literarischen Kontextes positioniert werden. Was die Verbindung nach vorne angeht, so verlangt das *whyh* „Und es wird geschehen …" der Einleitungsformel in 28,1f* schon aus syntaktischen Gründen einen vorausgehenden Kontext; denn die Verbform w-qatal dient für gewöhnlich der Verknüpfung mit dem Voranstehenden.[435] An das unmittelbar vorausgehende Ritual zwischen Garizim und Ebal in 27,11–26 schließen 28,1f* allerdings denkbar schlecht an. Zwar hängen Segen und Fluch von Dtn 28 bei synchroner Betrachtung an der Redeeinleitung in 27,11 und wären demnach die Fortsetzung der in 27,15–26 anhebenden Flüche der Leviten, die gemäß 27,14 nach der Landnahme in Sichem vor den Israeliten „mit erhobener Stimme" proklamiert

432 Vgl. Lohfink, Dtn 28,69.

433 Fabry, Dekalog, 89, wertet die Übereinstimmungen als „Zeichen eines früheren Kompositionsprinzips".

434 So schon Wellhausen, Composition, 190, Anm. 1.

435 Vgl. Niccacci, Syntax, 182.

werden sollen.[436] Doch sprechen folgende Gründe gegen die Annahme, dass Dtn 28,1ff* von Anfang an die Rede der Leviten in 27,15–26 fortsetzen sollte: (1.) Die befremdende Abfolge von Fluch-Segen-Fluch; (2.) Der Umschlag von der Rede in der 3. Person in die Du-Anrede; (3.) Die Promulgationssätze in 28,1a und 28,15, die deutlich machen, dass nicht die Leviten, sondern Mose selbst der Sprecher von Segen und Fluch ist; (4.) Die von Kapitel 27 auf 28 erfolgende Abstraktion der konkreten Taten zum Ungehorsam gegenüber allen Geboten sowie die Ausweitung von einzelnen Menschen auf ganz Israel.

Das Problem der schlechten Anbindung von Dtn 28* an das vorangehende Kapitel lässt nach der Stellung von Dtn 27 im hinteren Deuteronomiumsrahmen fragen. Schon Wellhausen sah in Dtn 27 „ein buntscheckiges und im Ganzen junges Stück“[437], eine Annahme die in der gegenwärtigen Forschung allgemein akzeptiert ist.[438] Das Kapitel fällt schon wegen der auffallend dicht gesetzten Redeeinleitungen in den V. 1, 9 und 11 aus seinem Kontext heraus, da durch sie die in 5,1 einsetzende und bis 28,68 reichende direkte Rede des Mose mehrfach unterbrochen wird. Das Kapitel erweist sich aber auch inhaltlich als Fremdkörper innerhalb des Deuteronomiums. „Gerade der Vergleich mit den Zentralisationsgesetzen in Dtn 12 zeigt, dass mit dem Altarbau in Dtn 27 ein zum übrigen Dtn isoliertes Thema angeschlagen wird.“[439] Das ganze Kapitel verdankt seine unglückliche Stellung vor Dtn 28* vermutlich der Absicht, dem Dekalog in Dtn 5 eine entsprechende Gebotsreihe gegenüber zu stellen: „redaktionell steht diese Fluchreihe absichtlich in Kontrastanalogie und Weiterführung so *hinter* dem Dtn wie der Dekalog in Dtn 5 *vor* dem Dtn“[440], um so, wie H. J. Fabry treffend bemerkt, „den Zaun um die Thora“ zu schließen.[441]

Wenn folglich Dtn 27 als sehr später Nachtrag zum hinteren Deuteronomiumsrahmen zu beurteilen ist,[442] ergibt sich das Problem, woran Dtn 28*

---

436 Vgl. dazu Lohfink, Moab, 142–146, sowie Sonnet, Book, 98: „At the beginning of chapter 28, no textual element explicitly says that the anticipation of the Ebal-Gerizim speech is over; no textual element establishes that Moses is now speaking *sans plus* to the sons of Israel listening to him in the plains of Moab. Most important of all, 27:12–26 does not include the blessings announced (in 27:12) for the ceremony at Ebal-Gerizim, while blessings are read in 28:3–14.“ Speziell der Umstand, dass 27,12 auf den Segen in 28,3–14 angewiesen ist, macht es wahrscheinlich, dass die für 27,11–26 verantwortliche „‚letzte Hand‘ die formelle Proklamation von Dtn 28 durchaus nach Sichem verlegen wollte“ (Lohfink, Moab, 150f).

437 Wellhausen, Composition, 363.

438 Vgl. Preuss, Deuteronomium, 149–153.

439 Fabry, Dekalog, 78, Anm. 11.

440 Preuss, Deuteronomium, 152 (kursiv im Original).

441 Fabry, Dekalog, 92f: „Indem er [sc. der Verfasser] nun in Dtn 27 zum Dekalog in Dtn 5 ein Pendant schafft, schließt er den Zaun um die Thora.“

442 Braulik, Deuteronomium II, 134, datiert das Kapitel in die nachexilische Zeit; auch Fabry, Dekalog, 90, spricht sich weniger präzise für eine „extreme Spätdatierung“ aus.

angeschlossen hatte, als es Kap. 27 noch nicht gab. Möglich wäre, dass es ohne weitere Verknüpfungen direkt an das Urdeuteronomium angehängt war, wobei freilich umstritten ist, wo dieses einst sein Ende hatte.[443] Da jedoch Dtn 28* seiner Funktion nach weniger den Abschluss eines Gesetzes als vielmehr den eines Vertrags markiert,[444] drängt sich eine vielfach vertretene These auf, nach der Dtn 28,1ff* mit dem Gesetzeskorpus über Dtn 26,16–18(19)[445], die so genannte Bundesformel,[446] verbunden waren.[447] Dafür sprechen nicht zuletzt terminologische Berührungen zwischen beiden Texten, etwa die Wendung *šmʿ bqwl yhwh* „auf die Stimme Jhwhs hören" oder der im Deuteronomium lediglich in 26,18 und 28,1* und 15 belegte Gesetzesausdruck *kl mṣwt* „alle Gebote". Dtn 26,17–18 gilt gemeinhin als dtr Text.[448] Im Anschluss an Lohfink ergibt sich dies schon aus der unterschiedlichen Rahmenterminologie. Der für das älteste Deuteronomium bestimmende Doppelausdruck *ḥqym wmšpṭym* „Satzungen und Rechte" (vgl. Dtn 4,45*; 26,16) und der in 28,1 begegnende Terminus *mṣwt* „Gebote" werden in der Dreierreihe von 26,17 zusammengeführt. „Dadurch wird zum Ausdruck gebracht, dass die beiden Terminologien dasselbe meinen. Das spricht dafür, dass unser Text geschaffen wurde, um die beiden Textgruppen zusammenzunähen."[449] Für die dtr Wurzeln der Bundesformel sprechen weitere formelhafte Wendungen, so z.B. die Wendung *hlk bdrkyw* „auf seinen Wegen wandeln" (V. 17), die im Deuteronomium[450] das aus Paränese und Gesetzeskorpus bestehende ganze mosaische Gesetz bezeichnet.[451] Und auch das entscheidende Stichwort *sglh* „Eigentum"[452] (V. 18) erscheint in theologischer

443 Kratz, Komposition, 128, plädiert für Dtn 26,16, dem „Pendant zum ‚Höre Israel' in Dtn 6", als ursprüngliches Ende des Urdeuteronomiums; vgl. schon Wellhausen, Composition, 191, der 26,16 als „Unterschrift" des Urdeuteronomiums deutete.

444 S. dazu S. 202f.

445 V. 19 dürfte einen Nachtrag darstellen, der sich nicht zuletzt am Wechsel des logischen Subjekts der Infinitive zu erkennen gibt, vgl. Levin, Verheißung, 101; vgl. auch Otto, Studien, 119, Anm. 53.

446 Vgl. dazu grundlegend Smend, Bundesformel.

447 Nach Hölscher, Komposition, 218, sind 26,16–19 ein notwendiges „Bindeglied" zwischen Gesetzeskorpus und Kap. 28; vgl. in diesem Sinn auch Noth, Fluch, 157, Anm. 5.

448 Vgl. zur literarkritischen und redaktionsgeschichtlichen Einordnung Preuss, Deuteronomium, 147f.

449 Lohfink, Dt 26,17–19, 246. Lohfink geht allerdings davon aus, dass dem Verfasser von Dtn 26,16–19 bereits beide Blöcke, Kap. 12–26 und Kap. 28, vorgelegen haben; diese Annahme scheint mir in Bezug auf Dtn 28 fraglich zu sein.

450 Die Belege: Dtn 8,6; 10,12; 11,22; 19,9; 26,17; 28,9; 30,16. – Der einzige Beleg, der sich innerhalb des Gesetzeskorpus befindet, Dtn 19,9, ist ein dtr Zusatz (vgl. z.B. Nielsen, Deuteronomium, 188).

451 Vgl. Braulik, Ausdrücke, 22f.

452 Da *sglt* im Ugaritischen den Vasallen des Großkönigs bezeichnen kann (vgl. Wildberger, סגלה, 142), scheint auch in Dtn 26,18 die Verbindung *ʿm sglh* in vertragsrechtlichem Zusammenhang zu stehen; vgl. auch Lohfink, Dt 26,17–19, 250f, sowie Weinfeld, Deuteronomy 1–11, 368.

Verwendung sonst nur in späten Texten bzw. Zusätzen (Ex 19,5[453]; Dtn 7,6; 14,2[454]; Ps 135,4[455]; Mal 3,17).

Der paränetischen Einleitung von Segen und Fluch scheint neben Dtn 26,17–18 aber noch ein Kernbestand von Dtn 27 anzugehören. In Kap. 27 fügen sich die V. 9f thematisch schlecht zu den konkreten Bestimmungen von 27,1–8 und 27,11–26, dagegen gut zu 26,17–18 und 28,1f*.[456] Auch ein Vergleich der auffällig dicht gesetzten Redeeinleitungen zeigt, dass die V. 9f innerhalb von Kap. 27 isoliert stehen. Während Mose nach V. 9 wie üblich „ganz Israel“ anredet, sprechen die V. 1 und 11 lediglich vom „Volk“.[457] Lohfink hat darüber hinaus vorgeschlagen, neben V. 9f auch V. 1 zum Grundbestand von Dtn 27 hinzuzurechnen, und zwar ebenfalls als unmittelbare Fortsetzung der Bundesformel in Dtn 26,17–19:[458]

> „JHWH verpflichtet sich, die Gott-Volk-Beziehung zu Israel zu setzen, Israel verpflichtet sich, JHWHs Gesetz zu befolgen. Genau diese beiden Selbstverpflichtungen werden in 27,1 und 27,9 öffentlich vollzogen.“

So bestechend Lohfinks These auf den ersten Blick klingen mag; bei näherer Betrachtung stellen sich dennoch gewisse Zweifel ein. Zunächst fällt in 27,1bβ die pluralische Anrede auf, die in Spannung zum rekonstruierten Kontext (26,16–18; 27,9f; 28,1–44*) steht und sich m.E. kaum anders als entstehungsgeschichtlich erklären lässt. Ferner ergeben sich Probleme, wenn man mit Lohfink 27,1 auf die Erklärung Israels und 27,9 auf die Erklärung Gottes bezieht.[459] Im Blick auf 27,9 ist Lohfink uneingeschränkt beizupflichten. 27,9b greift mit der zweiten Hälfte der Bundesformel *hywm hzh nhyyt lʿm lyhwh ʾlhyk* „heute bist du zum Volk Jhwhs, deines Gottes, geworden“ ganz offensichtlich 26,18a auf (*wyhwh hʾmyrk hywm lhywt lw lʿm sglh* „und Jhwh hat dir gegenüber heute erklärt, dass du sein Eigentumsvolk sein sollst“). Weniger evident sind indes die Querbezüge zwischen 27,1 und der Erklärung Israels in 26,16–18. Die Wendung *šmr ʾt kl hmṣwh ʾšr ʾnky mṣwh ʾtkm hywm* „bewahrt alle Gebote, die ich euch heute gebiete“ in 27,1 dürfte sich nämlich eher auf die mit *whyh* (V. 2) angeschlossenen konkreten Anordnungen von 27,2–8 beziehen (vgl. den Relativsatz *ʾšr ʾnky mṣwh ʾtkm hywm* in V. 4). Eine entsprechend enge Semantik von *mṣwh*

---

453 Der Passus Ex 19,3b–8 dürfte bereits Bestandteil der Pentateuchredaktion sein, „indem er dtr, priesterschriftliche und noch jüngere Formulierungen mischt und indem er sich inhaltlich auf die Verbindung priesterschriftlicher und dtr Texte bezieht“ (Groß, Zukunft, 129f).

454 Vgl. zu diesem Zusatz Veijola, Deuteronomium, 301.

455 Nach Seybold, Psalmen, 504, datiert der Psalm in „späte[n] Phasen des zweiten Tempels“.

456 Vgl. Dillmann, Deuteronomium, 367; Fabry, Dekalog, 80.

457 Vgl. a.a.O., 89.

458 Lohfink, Älteste, 34.

459 Vgl. ebd.

„Gebot" liegt auch in 26,13 und 31,5 vor.[460] Die größte Schwierigkeit der Rekonstruktion Lohfinks liegt aber m.E. darin, dass 27,1 und 27,9 die Reihenfolge der gegenseitigen Verpflichtungen vertauschen würden und 27,10 als Wiederholung der bereits in 27,1 genannten Erklärung Israels ohne Funktion bliebe. In 26,17–18 beginnen beide Deklarationen mit der Selbstverpflichtung Jhwhs, der dann jeweils die Selbstverpflichtung Israels folgt (dogmatisch gesprochen: Erst das Evangelium, dann das Gesetz; vgl. auch Dtn 5,6ff; 6,4f). Nach Lohfinks Rekonstruktion wäre der öffentliche Vollzug genau umgekehrt verlaufen. Zuerst hätte Mose mit den Ältesten das Volk auf das Gesetz verpflichtet, um dann mit den levitischen Priestern die Gott-Volk-Beziehung zu proklamieren. Hinzu kommt, dass 27,9f, zwei Verse, die sich kaum literarkritisch scheiden lassen, offenkundig bereits beide „Bundesleistungen" beinhalten. V. 9b enthält unter Aufnahme von 26,18a die Selbstverpflichtung Jhwhs, dass Israel sein Volk sein solle; V. 10 knüpft mit der Form w-qatal-x unmittelbar an V. 9 an und enthält unter Anspielung auf 26,17b die Selbstverpflichtung Israels, Jhwhs Geboten gehorchen zu wollen (*šmʿ bqwlw*). „Beide Texte verhalten sich zueinander wie Faktum und Replik [...]"[461] Für die Frage nach dem vorausgehenden Kontext von Dtn 28* bleibt somit festzuhalten, dass dieser vermutlich aus Dtn 26,17–18 und 27,9f (ohne 27,1) bestanden hat. Sollte es sich bei den dtr Stücken Dtn 26,17–18; 27,9f[462] um die ursprüngliche Einleitung zu Dtn 28,1–44* handeln, so hätte das Folgen für die literarhistorische Einordnung des Segen-Fluch-Kapitels, insofern ein vor-dtr Ursprung der Grundschicht ausgeschlossen wäre.

Die Abgrenzung nach hinten ist auf den ersten Blick leichter vollzogen. Nachdem sich Dtn 28,45–57 und 58–68 als später hinzugewachsene Fluchabschnitte herauskristallisiert haben, stellt die Redeeinleitung in 29,1 einen deutlichen Neueinsatz dar. Voraus geht in 28,69 die Überschrift[463] der neuen Rede, in der es um den Moabbund in Abgrenzung zum Horebbund geht. Die Erzählung vom Moabbund in Dtn 29–30*[464] präzisiert ihrerseits die *bryt*-Konzeption von Dtn 5: Erstens ist nach Dtn 29–30* nicht allein der Dekalog Grundlage der *bryt*, sondern auch die deuteronomischen Gesetze (als die *dbry hbryt*, 28,69)

460 Vgl. Braulik, Ausdrücke, 28. Braulik äußert sich freilich in Bezug auf 27,1 zurückhaltend (a.a.O., 27).

461 Fabry, Dekalog, 90, Anm. 59.

462 Es mag sein, dass die „levitischen Priester" einen redaktionellen Zusatz im Blick auf V. 14 (vgl. auch Jos 8,33) darstellen, vgl. schon Dillmann, Deuteronomium, 367, und, mit ausführlicher Begründung, Dahmen, Leviten, 113f.

463 Vgl. dazu Lohfink, Dtn 28,69.

464 Die Erzählung vom Bundesschluss in Moab hat noch weitere Nachinterpretationen erfahren, vgl. z.B. Otto, Studien, 138–155.

in 12–26;[465] zweitens findet in Dtn 29–30* eine Art „Enthistorisierung“ statt,[466] insofern der Moabbund eine Relevanz über die Mosezeit hinaus beansprucht und dem „Israel aller Zeiten und an allen Orten“[467] gilt.[468] Da die Erzählung vom Moabbund ebenfalls einer späteren Schicht angehört als der Kern von Dtn 28[469], stellt sich die Frage, ob sich in Dtn 29–30* möglicherweise noch Spuren einer die älteste Segen-Fluch-Sequenz abschließenden Coda verbergen, zumal Dtn 28,44 nach dem Wegfall von V. 45f kein wirklich befriedigendes Ende abgibt. Steuernagel erwog, ob Dtn 30,15–20* den ursprünglichen Abschluss der Grundschicht von Kap. 28 darstellte.[470] Dies ist bedenkenswert, denn immerhin böte der hinsichtlich des Numerusgebrauchs sich gut an Dtn 28,1–44* anschließende Abschnitt 30,15–20* einen passenden, die dort breit entfaltete Segen-Fluch-Alternative noch einmal feierlich herausstreichenden Abschluss. Wenden wir uns Dtn 30,15–20* zu – einem Text, den Staerk als „Trümmerhaufen“[471] bezeichnet hat –, so wird die Rekonstruktion Steuernagels dem brüchigen und überladenen Abschnitt m.E. immer noch am ehesten gerecht.[472] Zunächst fällt auf, dass der Relativsatz in V. 16 alles andere als gut an V. 15 anschließt. Die Septuaginta wollte Abhilfe schaffen, indem sie aus Dtn 11,27 den allem Anschein nach fehlenden Bedingungssatz nachgeliefert hat. Da dies jedoch eine spätere Verbesserung darstellt, ist es wahrscheinlicher, zwischen V. 15 und V. 16 eine literarische Nahtstelle zu vermuten. Hinzu kommt, dass V. 15 in V. 19a eine Dublette hat, die sich jedoch nach einem Einschub leicht als Wiederaufnahme von V. 15 begreifen ließe.

V. 15	*rʾh ntty lpnyk hywm ʾt hḥyym wʾt hṭwb wʾt hmwt wʾt hrʿ*
V. 19a	[…] *hḥyym whmwt ntty lpnyk hbrkh whqllh*

465 Vgl. dazu Cholewinski, Deutung, 107: „Das Gesetz, das dem Volke im Moabbund gegeben worden ist, ist nicht nur der Dekalog (wie im Horebbund), sondern auch seine breite Ausführung und Erweiterung, die in Dtn 12–26 enthalten ist […]“

466 Im Gegensatz zu einer mit dem Vorbau von Dtn 1–3 und 5 einhergehenden „historisierenden“ Versetzung des dtn Gesetzes in die Mosezeit.

467 Kaiser, Theologie 3, 21.

468 Nach Sonnet, Book, 114f, dienen Dtn 29–30 zudem dem Zweck, das in Dtn 5–28 mündlich verhandelte nun auch rituell zu ratifizieren.

469 Knapp, Deuteronomium 4, 158–163, datiert seine drei in Dtn 29f ermittelten Schichten in die spätexilische bis nachexilische Zeit. Nach Otto, Studien, 138–155, sind Dtn 29–30* Teil seiner Redaktionsschicht DtrL, die bereits die Priesterschaft im Rücken hat (vgl. a.a.O., 149f).

470 Vgl. Steuernagel, Deuteronomium, 159; vgl. dagegen Hölscher, Komposition, 224f.

471 Staerk, Deuteronomium, 73f.

472 Vgl. Steuernagel, Deuteronomium, 159f.

Die V. 16–19a scheinen folglich eine Erweiterung der ursprünglichen V. 15.19b.20*[473] darzustellen. Dabei wird, um in den V. 16–18 die Bedingungen und Folgen von Segen und Fluch noch deutlicher zu machen, billigend in Kauf genommen, dass die positive Seite der Alternative bereits im Grundtext abgehandelt war (vgl. V. 19b–20) und so am Ende noch einmal wiederholt wird, wobei die Abfolge Segen – Fluch – Segen entsteht. Für eine literarische Naht zwischen V. 19a und V. 19b spricht schließlich auch der abrupte Wechsel in die singularische Anrede in V. 19b. Der Abschluss der Segen-Fluch-Sequenz in 28,1–44* könnte demnach folgenden Wortlaut gehabt haben (Dtn 30,15.19b.20*):

> „[15]Siehe, ich habe dir heute vorgelegt das Leben und das Gute, den Tod und das Böse. [...] [19b]So wähle das Leben, damit du lebst, du und deine Nachkommen, [20]indem du Jhwh, deinen Gott, liebst und auf seine Stimme hörst und ihm anhängst. Denn dies (*hw'*)[474] ist dein Leben und die Länge deiner Tage, dass du wohnst in dem Land, das Jhwh deinen Vätern [...] geschworen hat, ihnen zu geben."

Als Ergebnis bleibt festzuhalten, dass die Anbindung von Dtn 28,1–44* an das ältere Gesetzeskorpus, das vielleicht einmal in 26,16 geendet hatte, vermutlich über die Bundesformel in 26,17f sowie deren mosaische Interpretation in 27,9f* verlaufen ist, bevor in Dtn 27 weitere Textbausteine eingeschoben worden sind. Möglicherweise bildeten Dtn 30,15.19b.20* einmal die feierliche Coda der Schicksalsalternative in 28,1–44*. Die Frage, was die Autoren von Dtn 28* im hinteren Deuteronomiumsrahmen weiterhin an Textmaterial vorfanden, hängt entscheidend damit zusammen, wie man mit den deutlichen Hinweisen auf ein bereits auf den Vorabend der Landnahme stilisiertes Deuteronomium in 28,1*.15.21.36* verfährt. Betrachtet man diese als der Grundschicht zugehörig – wie in dieser Arbeit geschehen –, so war den Autoren die Einbindung des ehedem selbständigen Deuteronomiums in den vorliegenden Erzählverlauf, nämlich die Mose-Exodus-Landnahme-Erzählung,[475] schon vertraut.[476] Das aber bedeutet, dass neben dem vorderen Rahmen (Dtn 1–3*; 5*), der der historisch-geographischen sowie sachlichen Koordination von Sinaigesetzgebung und Deuteronomium diente,[477] auch der hintere Rahmen bereits eine entsprechende,

---

473 In V. 20 (vgl. auch Dtn 1,8; 6,10; 9,5.27; 29,12) ist die als Apposition an *'bwt* angehängte namentliche Aufzählung der drei Erzväter nach der ansprechenden These Römers (vgl. ders., Väter, 218–222, sowie die Zusammenfassung a.a.O., 269–271) ein Nachtrag, mit dem die primär die Exodusgeneration bzw. deren Vorfahren repräsentierenden „Väter" im Nachhinein mit den Patriarchen der Genesis identifiziert worden sind; vgl. zu den geschichtstheologischen Konsequenzen auch Schmid, Erzväter, 76.

474 S. zu dieser Übersetzung Römer, Väter, 218, Anm. 1133.

475 Vgl. dazu Gertz, Tora, 208–210 sowie 282–285.

476 Das heißt: Entweder ist die historische Einbindung des Deuteronomiums älter als Kap. 28* oder mit diesem zeitgleich.

477 Vgl. dazu Gertz, Deuteronomium 1–3, 120.

die Landnahme unter Josua vorbereitende Überleitung enthalten hätte, deren Beginn möglicherweise in Dtn 31,1 vorliegt.[478] Der kompositionsgeschichtliche Ort von Dtn 28*, das das Deuteronomium in einer dtr redigierten und in einen größeren Erzählverlauf eingebetteten Gestalt voraussetzt, spricht gegen eine Zugehörigkeit des Kapitels zum ältesten Deuteronomium.[479]

Dies findet weitere Bestätigung in einer gattungskritischen Beobachtung. Da im Alten Orient schriftliche Flüche je nach ihrem Kontext, in dem sie begegnen, in „Vertragsflüche“ und in „Monumentalflüche“ aufgeteilt werden können,[480] stellt sich nämlich die Frage, in welchem gattungsmäßigen Kontext Segen und Fluch in Dtn 28* promulgiert werden: dem eines Vertrages oder dem eines Gesetzes? Für den Gesetzeskontext könnte sprechen, dass auch die übrigen alttestamentlichen Rechtsbücher, das Bundesbuch in Ex 20,22–23,33 und das Heiligkeitsgesetz in Lev 17–26, jeweils mit Segen und Fluch enden. Insbesondere weil das Urdeuteronomium als Aktualisierung des in seinem Kern älteren Bundesbuches[481] und somit formal als eine Art (Reform-)Gesetz zu beschreiben ist, könnte Dtn 28* in der Tat der Abschluss dieses deuteronomischen Gesetzes in Dtn 12–26 gewesen sein.[482] Der Vergleich mit Ex 23,20ff und Lev 26 hilft jedoch nicht weiter, seit erkannt ist, dass der Rahmen des Bundesbuches seinerseits auf dtr Redaktoren zurückgeht und auch das Heiligkeitsgesetz Kenntnis vom dtr redigierten Deuteronomium besitzt.[483] Weiterführend ist dagegen der Vergleich der alttestamentlichen Texte mit den Epilogen in altorientalischen Rechtskorpora, wobei zugleich festzustellen ist, dass der die Flüche enthaltende königstheologische Rahmen für die Gattung der Korpora nicht wesentlich ist und dementsprechend auch fehlen kann.[484] Nach G. Ries zeigt der Vergleich, dass sich die beiden Gruppen in ihrer Funktion „grundsätzlich“ unterscheiden.[485] Im Hinblick auf die keilschriftlichen Gesetzesepiloge stellt er fest:[486]

---

478 Als Überleitung kommen in Frage: Dtn 31,1f.7f (vgl. Kratz, Ort, 102), 32,48–52 sowie ein Kern von Kap. 34 (der in etwa der Hexateuchredaktion von Otto, Studien, 212, entsprechen könnte: V. 1*.2–6.8).

479 So auch Levin, Verheißung, 105–110; Kratz, Komposition, 138; Veijola, Deuteronomiumsforschung, 292; Gertz, Tora, 248.

480 Während „Vertragsflüche“ Vertragstexte sanktionieren, befinden sich „Monumentalflüche“ auf verschiedensten Monumentalinschriften wie Gesetzesstelen oder Königsinschriften; vgl. dazu Assmann, Fluchinschriften, 238.

481 S. oben S. 16 .

482 Vgl. Noth, Fluch, 157, Anm. 5.

483 Vgl. dazu Kaiser, Grundriss 1, 80–82 und 82f.

484 Vgl. Otto, Bedeutung, 149: „Die Gesetzeskorpora sind überlieferungsgeschichtlich von der königstheologischen Rahmung unabhängig.“

485 Ries, Prolog, 77.

486 Ebd.

„Die Flüche richteten sich dort nicht gegen den einzelnen Gesetzesbrecher, sondern gegen zukünftige Herrscher, die ihre Missachtung gegen die Gesetze dadurch bekunden, dass sie die Gesetzesinschrift zerstören oder die Gesetze selbst außer Kraft setzen."

Die in den Gesetzesepilogen auftretenden Flüche, die so genannten „Monumentalflüche", dienten folglich in erster Linie dem Inschriftenschutz. Demgegenüber werden in Verträgen, in denen Flüche ein integraler Bestandteil sind, die einzelnen Übertreter der Vertragsbestimmungen bedroht. In Dtn 28* machen die konditionalen Einleitungssätze in den V. 1f* und 15 deutlich, dass Segen und Fluch in einem vertragsrechtlichen Zusammenhang stehen. Die Einleitung der Flüche lautet (V. 15):[487]

„Und es wird geschehen, wenn du auf die Stimme Jhwhs, deines Gottes, nicht hörst, zu bewahren (und) zu tun alle seine Gebote und Satzungen, die ich dir heute gebiete, dann werden all diese Verfluchungen über dich kommen und dich erreichen."

Der gattungsmäßige Kontext von Segen und Fluch in Dtn 28* ist folglich der eines Vertrages.[488] Auch diese gattungskritischen Überlegungen widerraten der These, in Dtn 28* den Abschluss des Urdeuteronomiums zu sehen, wenn dieses denn in seiner ältesten Gestalt noch nicht als Bundesurkunde stilisiert war.[489]

Alles in allem sprechen die Funktion und die Stellung von Dtn 28* im Deuteronomiumsganzen, der nähere vorangehende und nachfolgende Kontext im hinteren Deuteronomiumsrahmen sowie die nicht auszumerzenden Anspielungen auf die Fiktion der bevorstehenden Landnahme (28,1f*.15.21.36a) und den zeithistorischen Erfahrungshintergrund des babylonischen Exils (vgl. z.B. 28,32.36f*.41) für eine dtr-exilische Einordnung des Kapitelkerns.

2.3 Traditionsgeschichtliche Analyse von Dtn 28*

Gegenstand der traditionsgeschichtlichen Analyse ist allein der soeben erhobene Kernbestand des Kapitels in Dtn 28,1–44*.[490] Nach der Analyse des Segen-Fluch-Formulars in Dtn 28,1–6*.15–19, dem in der vergleichenden Forschung bislang

---

487 Sollte die Abfolge Dtn 26,16–18; 27,9f*; 28,1ff* ursprünglich sein, dann spricht auch der nähere Kontext von Kap. 28 für die Interpretation als Vertragsflüche.

488 Vgl. auch a.a.O., 77f; Steymans, Deuteronomium 28, 196f; Rüterswörden, Dtn 13, 188.

489 Vgl. z.B. die Rekonstruktion der Grundschrift bei Kratz, Komposition, 138, sowie Gertz, Tora, 248.

490 Dies, obwohl Parallelen zu altorientalischen Verträgen und insbesondere zum EST auch in den späteren Wachstumsschichten des Kapitels vorliegen. Vgl. z.B. Dtn 28,53–57 mit EST Z. 448–450 (vgl. zu dieser Parallele Weinfeld, Deuteronomy, 126f, und zum Kannibalismus als Topos der Kriegsnotschilderung in altorientalischen und alttestamentlichen Texten Oeming, Kannibalismus, 99–103).

wenig Beachtung geschenkt worden ist, richtet sich das weitere Vorgehen nach forschungsgeschichtlichen Vorgaben, wobei der EST nicht zuletzt wegen seines ausgezeichneten Erhaltungszustandes den zentralen Vergleichstext darstellt. Ausgehend von einem Vergleich von EST § 63f mit Dtn 28,23f und EST § 39–42 mit Dtn 28,25–34* soll sodann das Verhältnis von EST § 56 zu Dtn 28,20–44* in den Blick genommen werden. EST § 56 ist der Kerntext der jüngsten Abhängigkeitsthese von H. U. Steymans, der in seiner Studie „Deuteronomium 28 und die *adê* zur Thronfolgeregelung Asarhaddons“ die Fluchtraditionen im EST,[491] die antike Übersetzungspraxis von Flüchen sowie die Fluchsequenz in Dtn 28* in ihrem Verhältnis zum EST eingehend untersucht hat und zu dem Ergebnis gekommen ist, dass die Fluchsequenz in Dtn 28,20–44* in joschijanischer Zeit aus EST § 56 (ergänzt durch §§ 38A–42 und 63f) übernommen worden sei.[492]

2.3.1 Das Segen-Fluch-Formular in Dtn 28,1–6*.15–19

Der primäre Zusammenhang der Einleitungssätze 28,1f*.15 mit dem folgenden Segen-Fluch-Formular 28,3–6*.16–19 ist in der Forschung umstritten.[493] Für ein (vorliterarisches) Eigenleben der *brwk*- und *ʾrwr*-Reihe könnte sprechen, dass sich das metrische Segen-Fluch-Formular von den „ganz im dtn Stil“[494] formulierten prosaischen Einleitungen in formaler Hinsicht deutlich absetzt. Ausgehend von dieser Beobachtung versucht etwa G. Seitz, indem er Reihen ohne einleitende Vordersätze postuliert, den Sitz im Leben des Formulars zu erhellen. Während er die Existenz eines derartigen, Segen und Fluch gleichermaßen enthaltenden Formulars mangels analoger Phänomene ausschließt, sieht er die überlieferungsgeschichtlichen Wurzeln zuletzt in der *brwk*-Reihe in 28,3–6*, die er formgeschichtlich in den kultischen Zusammenhang der Abgabe der Erstlingsfrüchte stellt (vgl. Dtn 26,1–15):

> „Man kann also die Vermutung äußern, dass die in 28,3–6 vorliegende bārûk-Reihe vielleicht einmal ein Abschiedssegen nach der Ablieferung der Erstlingsfrüchte gewesen ist. Aus diesem ursprünglichen Sitz ist dann die Segensreihe herausgenommen

491 Insbesondere versucht Steymans, zwischen solchen Flüchen zu unterscheiden, die auf der mesopotamischen Fluchtradition basieren, und solchen, die ein Spezifikum des EST darstellen, um so „das Traditionelle vom Individuellen zu trennen“ (Deuteronomium 28, 3). Vgl. auch a.a.O., 11: „Stellen die motivischen und strukturellen Gemeinsamkeiten von Dtn 28 und den VTE [= EST] einen Sonderfall (*uniqueness*) dar oder gibt es in anderen biblischen und außerbiblischen Segens- und Fluchtexten ähnliche Baupläne (*coincidence*)?“

492 Vgl. a.a.O., 380.

493 Vgl. zum Folgenden Seitz, Studien, 271–273, sowie Grätz, Wettergott, 109–111.

494 Seitz, Studien, 272. Deshalb sei die Verbindung von Einleitungen und Segen-Fluch-Formular wenigstens überlieferungsgeschichtlich nicht ursprünglich (vgl. a.a.O., 271f).

und durch einen entsprechenden Vordersatz der Gesetzesparänese des Dt, in deren Dienst das Segen- und Fluchkapitel 28 steht, einverleibt worden. Zugleich ist in diesem Zusammenhang eine entsprechende Fluchreihe (28,16–19) dazu gebildet worden. Der für einen bestimmten Fall absolut geltende Segen wurde damit an eine Bedingung geknüpft und aus dem individuellen Du des angeredeten Bauern wurde das kollektive Du, mit dem sich das Dt an das Volk wendet.“[495]

Die These klingt auf den ersten Blick sehr überzeugend. Und in der Tat deuten auch gattungskritische Beobachtungen in diese Richtung, insofern ein absoluter Gebrauch der *ʾrwr*-Formel weder im Alten Testament noch in althebräischen epigraphischen Quellen belegt ist.[496] Doch auch gegen den von Seitz erwogenen Rekonstruktionsversuch der *brwk*-Reihe spricht der gattungskritische Befund; denn die in 28,3–6* gebrauchten *brwk*-Formeln stimmen wegen der Anrede in der 2. Pers. Sg. (*brwk ʾth*) rein formal nicht mit den selbständigen althebräischen Segensformeln überein.[497]

„Es ist daher zu fragen, ob nicht die 2. Pers. Sg. in Dtn 28,3–6 analog dem Segenswunsch in Dtn 7,14 die deuteronomisch-deuteronomistische Anredesituation widerspiegelt und deshalb eine originäre (literarische) Verbindung zwischen den Einleitungsversen und den jeweils folgenden Reihen bestanden hat oder sekundär hergestellt ist, wobei die Reihen gegenüber den Einleitungen sekundär wären.“

Wenn demnach sowohl die Einleitungssätze in 28,1f*.15 als auch die jeweils folgende *brwk*- und *ʾrwr*-Reihe selbst den Eindruck erwecken, sich dtr Händen zu verdanken, sollte das bei einem insgesamt als dtr eingestuften Grundbestand in Dtn 28 nicht weiter verwundern; es zeigt lediglich, dass im Eingangsbereich der eigenen dtr Diktion größerer Raum gegeben worden ist. Dabei ist zu betonen, dass zwischen der *ʾrwr*-Reihe und 28,20–44* keine literarische, sondern eine gattungs- bzw. traditionsgeschichtliche Naht liegt, insofern die ab V. 20 folgenden Flüche verstärkt gattungsmäßige und traditionsgeschichtliche Analogien im altorientalischen Vertragsrecht besitzen.

Im Hinblick auf das Segen-Fluch-Formular ist damit freilich noch nicht das letzte Wort gesprochen. Auch wenn es nach all diesen gattungskritischen Problemanzeigen schwierig ist, überlieferungsgeschichtlich hinter die literarische Gestalt der *brwk*- und *ʾrwr*-Reihe zurückzugehen, um einen primären Sitz im Leben der Reihen bzw. einzelnen Formeln zu rekonstruieren, so scheint Seitz m.E. immerhin bei der Suche nach dem sozialen Bezugsrahmen der gesegneten Objekte auf der richtigen Fährte gewesen zu sein. In wenigstens zwei Fällen liegt der Jhwh-Kult als Bezugsrahmen offen vor Augen. (1.) Das Wort *ṭnʾ* „Korb“ ist viermal im Alten Testament belegt, je einmal in der *brwk*- und *ʾrwr*-Reihe und

495 Seitz, Studien, 273.

496 Vgl. Grätz, Wettergott, 109f mit den Anm. 105 u. 106; vgl. schon Schottroff, Fluchspruch, 14.

497 Vgl. Grätz, Wettergott, 110f.

in Dtn 26,2.4 (dtr),[498] wo es den Korb bezeichnet, mit dem die Erstlingsfrüchte in den Tempel gebracht werden, woraufhin ein Segen für Israel und sein Land erbeten wurde (V. 15).[499] (2.) Die Opposition *b'k* und *ṣ'tk* in V. 6 (*brwk 'th bb'k wbrwk 'th bṣ'tk*) erinnert an Ps 121, der u.a. in V. 8 Anklänge an eine Segensliturgie enthält (*yhwh yšmr ṣ'tk wbw'k m'th w'd 'wlm*).[500] Beide Beispiele legen nahe, dass die dtr Verfasser bei der Ausarbeitung des Formulars auf Sprachmaterial aus dem Milieu kultischer Segenshandlungen zurückgegriffen haben. Von daher dürfte Seitz zumindest insofern Recht haben, als der *brwk*-Reihe wenigstens in Bezug auf die in den Formeln gebrauchten Objekte Priorität zukommt; denn ein kultischer Zusammenhang, in dem derlei Objekte verflucht worden wären, ist weniger einleuchtend.

Wenn auch die dtr Autoren von Dtn 28* in Bezug auf die in dem Segen-Fluch-Formular verwendeten Reihen nicht auf traditionsgeschichtliche Vorbilder zurückgreifen konnten, so haben sie das Formular in toto doch nicht völlig frei erfunden. Das Segen-Fluch-Formular mitsamt den Einleitungssätzen besitzt strukturelle Parallelen in Vertragstexten der westlichen Vertragsrechtstradition. Vertragsrechtliche Wurzeln lassen sich schon für die in den Einleitungssätzen über Segen und Fluch entscheidende Wendung *šm' bqwl yhwh* „auf Jhwhs Stimme hören" wahrscheinlich machen,[501] was an drei Beispielen demonstriert sei. In einem Brief des Hethiterkönigs Šuppiluliuma I. an Niqmaddu von Ugarit, in dem deutliche Anklänge an einen bevorstehenden Vertragsschluss laut werden, heißt es:[502]

> „And if you, Niqmaddu, hear (*šemû*) and observe (*naṣāru*) these words of the Great King, your lord, then you shall surely experience the favor which the Great King, your lord, will show to you."

Im neuassyrischen EST lautet eine vergleichbare Bestimmung (§ 17 Z. 194–196):[503]

> „(Bei Gott,) ihr sollt alles, was er [sc. Aššurbanipal] befiehlt, hören ([*šumma*] *lā tašammâni*) und seinem Mund entsprechend handeln."

Eine brauchbare Parallele zu den Konditionalsätzen in Dtn 28,1f*.15 stellt die dem Vasallen gewährte Sicherheitsgarantie des Oberherrn dar,[504] die in hethitischen Verträgen sowie den aramäischen Inschriften von Sfire belegt ist. In den

498 Vgl. zur redaktionsgeschichtlichen Stellung des kleinen geschichtlichen Credos Dtn 26,1–11* Gertz, Stellung.

499 Vgl. Seitz, Studien, 273.

500 Vgl. Seybold, Psalmen, 478.

501 Vgl. zum altorientalischen Hintergrund der Wendung auch Fenz, Stimme, 74–80.

502 HDT 19 § 2; vgl. zu der Parallele Fenz, Stimme, 76.

503 Die eigene Übersetzung basiert auf der Umschrift von Watanabe, *adê*-Vereidigung, 152.

504 Vgl. zu diesem Element o. S. 74.

Sfire-Inschriften ist der einschlägige Abschnitt, soweit dies erkennbar ist, strukturell wie die westlichen Segen-Fluch-Formulare als Schicksalsalternative gestaltet. Der Garantie geht daher ein entsprechender Konditionalsatz voraus, der wie die Einleitungssätze in Dtn 28 den Gehorsam (mit aram. *šmʿ*) des Vasallen gegenüber dem Oberherrn anmahnt. In Sf I B heißt es:[505]

> „... und (wenn) Matiʿ-Il nicht hört (*wlyšmʿ mtʿʾl*) [...] [22]und alle Könige, die in Arpad herrschen werden [...]. [23][...], dann seid ihr eidbrüchig gegenüber allen Vertragsgöttern, die in dieser Inschrift stehen. [24][Wenn du aber hörst (*phn tšmʿ*)[506] ...] ... diese Verträge und sagst: ‚[Ich] bin ein Vertragsmann!' [dann kann ich meine] [25][Hand nicht] gegen dich [erheben] und mein Sohn kann die Hand nicht gegen [deinen] Sohn erheben, und meine Nachkommenschaft (nicht) gegen [deine] Nachkommenschaft."

Die traditionsgeschichtlichen Wurzeln spiegeln sich auch in der Verwendung im Deuteronomium wider, wo die Wendung *šmʿ bqwl yhwh* nach der Kontextanalyse N. Lohfinks fest mit der vertragsrechtlichen Schicksalsalternative aus Segen und Fluch verbunden ist[507] und mithin „den Gesetzesgehorsam unter der Bedingung von Segen und Fluch" bezeichnet.[508] C. Levins Annahme, dass die Wendung im Deuteronomium von der Verpflichtung Israels auf den Bund in 26,17 und den Konditionalsätzen des Segen-Fluch-Kapitels (28,1f.15) ihren Ausgang genommen hat, klingt plausibel, weil dieser Quellpunkt gut mit dem vertragsrechtlichen traditionsgeschichtlichen Hintergrund konform ginge.[509]

Noch deutlicher werden die vertragsrechtlichen Konnotationen, wenn man das Segen-Fluch-Formular insgesamt in den Blick nimmt. Dabei ist in diesem Fall sogar das Woher der Modell stehenden Texte und Vorstellungen insofern leicht zu beantworten, als einschlägige Segen-Fluch-Formulare in assyrischen Verträgen nie, dagegen aber regelmäßig in Texten der westlichen Vertragsrechtstradition belegt sind. Insbesondere der Zusammenhang von einleitenden Konditionalsätzen und einem parallel gestalteten Segen-Fluch-Formular ist

505 Rössler, TUAT I, 183. Vgl. Rüterswörden, שמע, 267.

506 Vgl. für die Rekonstruktion die Parallelstelle in Sf II B: 4 und zu der Konjuktion *phn* Fitzmyer, Inscriptions, 128.

507 Lohfink, Hauptgebot, 66: „Der Bestand an Segens- und Fluchstücken und der Anwendungsbereich von *šmʿ ʾet/šmʿ beqôl* decken sich also einigermaßen. Die Ausdrücke sind nicht in Reihen von Verben für Gesetzesbeobachtung eingedrungen, die nichts mit Segen und Fluch zu tun haben." Vgl. auch Schult, שמע, 981: „Auffallend häufig steckt hinter der scheinbar allgemeinen Forderung des Hörens auf die Worte Jahwes nach Ausweis des Kontextes die Forderung der ausschließlichen Jahweverehrung [...]" Zu der verwandten Formel *šmʿ ʾl* und ihrem vertragsrechtlichen Hintergrund vgl. Kalluveettil, Declaration, 135–138.

508 Levin, Verheißung, 108, Anm. 136.

509 Vgl. Levin, Verheißung, 108, Anm. 136. Nach Veijola, Königtum, 88f, können im Alten Testament überhaupt keine vor-dtr Belege der Wendung mit Sicherheit identifiziert werden, vgl. zu dieser Frage auch Rüterswörden, שמע, 268.

kennzeichnend für die westliche Vertragsrechtstradition. Die nächsten Analogien bieten die meist parallel gestalteten Segen-Fluch-Formulare in hethitischen und aramäischen Verträgen. Wie in Dtn 28,3–6*.16–19 dienen auch dort die aufgezählten Segens- bzw. Fluchobjekte dem Ziel, alle Lebensbereiche der verfluchten Person(en) zu treffen.[510] Die größte Nähe zu dem Segen-Fluch-Formular in 28,1–6*.15–19 besteht zu den recht monoton formulierten Segen-Fluch-Formularen in den hethitischen Vasallenverträgen. So heißt es im Vertrag zwischen Muršili II. und Niqmepa von Ugarit – einem Vertreter der für die Vermittlung der hethitischen Vertragsrechtstradition in die Levante bedeutsamen Gruppe der syro-hethitischen Verträge (Z. 113'–119'):[511]

> „Wenn Niqmepa diese Worte der Bindung und des Eides nicht bewahrt (*lā inaṣṣar*)[512], so mögen die Eide bei diesen Göttern den Niqmepa mit seinem Haupt, seinen Frauen, seinen Söhnen, seinen Enkeln, seinem Haus, seiner Stadt, seinem Land (und) seinem Besitz vernichten.
> Und wenn Niqmepa diese Worte der Bindung und des Eides, die auf dieser Tafel geschrieben stehen, bewahrt (*inaṣṣaršunu*), so mögen die Eide bei diesen Göttern den Niqmepa mit seinem Haupt, seinen Frauen, seinen Söhnen, seinen Enkeln, seinem Haus, seiner Stadt, seinem Land und seinem Besitz bewahren."

Im Zusammenhang der traditionsgeschichtlichen Untersuchung der aramäischen Sfire-Inschriften ist bereits demonstriert worden, dass diese Eigenheit der hethitischen Vertragsrechtstradition auch Eingang in aramäische Vertragstexte gefunden hat,[513] wobei die in den Sfire-Inschriften erhaltenen Spuren eines Segen-Fluch-Formulars der in Dtn 28* vorfindlichen Abfolge Segen-Fluch strukturell noch näher kommen. Die zweimalige Abfolge von Segen und Fluch in der dreisprachigen Behistun-Inschrift des persischen Königs Darius I. (522–486) beweist, dass das westliche Segen-Fluch-Formular noch lange Zeit lebendig war.[514] Alles in allem können in 28,3–6* (und 28,16–19) somit zwar einzelne Segensobjekte und Formulierungen einem Sitz im Leben im Jhwh-Kult mit seinen verschiedensten Segenshandlungen zugesprochen werden, nicht aber die Segensformeln an sich, die ausweislich ihrer Anredeform (*brwk* + 2. Pers.

---

510 Vgl. dazu Weinfeld, Heritage, 187f, mit Analogien in griechischen Texten.

511 Übersetzt nach Del Monte, Trattato, 30–33.

512 Die Verben *naṣāru* bzw. *nṣr* „bewahren", mit denen in den hethitischen und aramäischen Texten das Einhalten der Vertragsinhalte angemahnt wird, entspricht dem hebräischen Wortstamm *šmr*, der in den Einleitungssätzen Dtn 28,1f* und 15 in einem analogen Zusammenhang Verwendung findet, vgl. auch Fenz, Stimme, 70f.

513 S. dazu o. S. 58.

514 Eine knappe Einführung und Übersetzung der Inschrift bieten Borger/Hinz, TUAT I, 419–450; vgl. zu einer Synopse der persischen, elamitischen und babylonischen sowie einer späteren aramäischen Fassung des doppelten Segen-Fluch-Formulars Steymans, Deuteronomium 28, 185–188.

Sg.) vermutlich als dtr Konstruktionen zu betrachten sind. Allerdings arbeiteten die dtr Verfasser nicht voraussetzungslos. Im Hintergrund der Schicksalsalternative in Dtn 28,1–6*.15–19(.20–44*) steht vielmehr das für westliche Verträge typische Segen-Fluch-Formular, das aus parallel gestalteten, möglichst alle Lebensbereiche abdeckenden Segens- und Fluchformeln mit jeweils vorangehenden konditional formulierten Einleitungssätzen besteht. In Dtn 28,1–6* und 15–19 ist somit ein ganz ähnliches Verfahren zu beobachten wie bei den in Dtn 13* zusammengestellten, als Vertragsbestimmungen stilisierten Fallbeispielen zum Ersten Gebot: Es werden mit eigenen sprachlichen Mitteln Strukturen und Formen des altorientalischen Vertragsrechts imitiert.

2.3.2 Dtn 28,23f und EST § 63f

Die offensichtlichen inhaltlichen Gemeinsamkeiten zwischen Dtn 28,23f und EST § 63f spielten in der vergleichenden Forschung zu Dtn 28 von Anfang an eine entscheidende, Weichen stellende Rolle. Nachdem bereits D. J. Wiseman in der Erstveröffentlichung des EST auf die Parallele aufmerksam gemacht hatte,[515] veranlasste sie den Assyriologen R. Borger drei Jahre später zu der Feststellung: „Der Deuteronomist muss doch irgendwie dieses ebenso gesuchte, wie einprägsame Bild einer assyrischen Quelle entnommen haben."[516] Im gleichen Zusammenhang spricht Borger auch bereits das Problem der Vermittlung der Traditionen an, wenn er die Frage stellt: „Kam es vielleicht auch vor in einem Vertrag zwischen den Assyrern und den Judäern??"[517] Auch M. Weinfeld und H. U. Steymans, die beide Vertreter der These einer literarischen Abhängigkeit der biblischen Fluchsequenz von einem assyrischen Vertrag bzw. dem EST sind, beginnen ihre vergleichende Untersuchung mit einer Gegenüberstellung dieser beiden Flüche. Bei EST § 63f und Dtn 28,23f scheint demnach, zumindest forschungsgeschichtlich, der Ansatzpunkt der Abhängigkeitshypothesen zu liegen. Ausgerechnet hier birgt die Annahme einer Abhängigkeit vom EST sowie einer literarischen Vermittlung überhaupt jedoch ernsthafte Probleme.

EST § 63f besitzt im Alten Testament in Lev 26,19f eine weitere Parallele, die in die Analyse mit einzubeziehen ist.[518] Die drei Flüche lauten im direkten Vergleich:

---

515 Wiseman, Vassal-Treaties, 26, Anm. 201.

516 Borger, Asarhaddon-Verträge, 191f.

517 A.a.O., 192; vgl. auch Moran, Background, 83.

518 Die im Papyrus Amherst 63, Kol. 18, Z. 11f bezeugte weitere Parallele kann hier außer Acht bleiben, da sich die Rahmenerzählung „letztendlich auf assyrische Keilschriftquellen stützt" (Kottsieper, Aufnahme, 288).

EST § 63f[519]	*Dtn 28,23f*	*Lev 26,19f*[520]
„… mögen alle Götter … [527]euch den Boden eng wie einen Ziegel machen, [528]euren Boden wie (aus) Eisen (*kī parzilli*) machen! Nichts [529]möge daraus aufgehen!	„Und dein Himmel, der über deinem Kopf ist, wird Bronze (*nḥšt*) sein, und die Erde, die unter dir ist, Eisen (*brzl*).	„Ich breche eure stolze Anmaßung; ich mache euren Himmel wie Eisen (*kbrzl*) und eure Erde wie Bronze (*knḥšh*).
[530]Wie (*kī ša*) es vom Himmel aus Bronze (*ša siparri*) nicht regnet, [531]so mögen Regen und Tau (*zunnu nalšu*) auf eure Felder [532]und eure Fluren nicht kommen! Statt Regen (Var. Tau) [533]möge (es) Kohlen auf euer Land regnen!“	Jhwh wird den Regen deiner Erde zu Flugstaub (*ʾbq*) machen, und Staub (*ʿpr*) wird vom Himmel auf dich herabkommen, bis du vertilgt bist.“	Eure Arbeit (*kḥkm*) soll vergeblich sein, denn euer Acker wird nichts hergeben, und die Feldbäume werden keine Früchte tragen.“

Innerhalb des EST beginnen mit § 63f die so genannten Vergleichsflüche bzw. Zeremoniellen Flüche. Auf diesen Fluchtyp ist in Kapitel II dieser Arbeit bereits mehrfach eingegangen worden, so dass es genügt, einige Eckdaten in Erinnerung zu rufen.[521] Vergleichsflüche wurden ursprünglich im Zusammenhang einer auf dem Prinzip des Analogiezaubers basierenden Symbolhandlung ausgesprochen, die den Vereidigten auf drastische Weise die Folgen einer Verletzung der Eide vor Augen führte. Da literarische Vorbilder in der mesopotamischen Fluchtradition weitgehend fehlen und die im EST belegten Vergleichsflüche aufgrund sprachlicher Eigenheiten aus dem Rahmen fallen, ist ein Einfluss der westlichen Vertragsrechtstradition in Anschlag gebracht worden. Dabei spricht die große formale und inhaltliche Nähe zu den Vergleichen in den aramäischen Sfire-Inschriften, die ihrerseits von hethitischen Fluchtraditionen beeinflusst sein dürften, für eine hethitisch-aramäisch-neuassyrische Traditionslinie, wobei die nordsyrischen Aramäerstaaten als Traditionsträger zu vermuten sind.

Die in den hethitischen Militärischen Eiden bezeugten Vergleichsflüche zeigen noch deutlich die im Hintergrund stehende Symbolhandlung mit einer *demonstratio ad oculos*. In einem thematisch verwandten Fluch, der auch den Handlungsgegenstand und den Vergleichspunkt benennt, heißt es (Rs. III Z. 36-45):[522]

519 Watanabe, *adê*-Vereidigung, 168f.

520 Übersetzung in Anlehnung an Gerstenberger, Leviticus, 366.

521 S. oben S. 67–69 und 95.

522 Oettinger, Eide, 12–15.

„Und einen Ofen legst du vor ihnen nieder, auch Nachbildungen eines Pfluges, eines Lastwagens (und) eines Streitwagens legst du vor (ihnen) nieder, und sie zerbrechen sie ganz. Und er spricht folgendermaßen: ‚Wer diese Eide übertritt, dem soll der Wettergott den Pflug ganz zerbrechen, und wie aus dem Ofen kein Grün emporkommt, so soll aus dessen Feld Gerste und Weizen nicht hervorkommen und darauf soll sich Unkraut ausbreiten!'"

Von dem hethitischen Beispiel herkommend, ist zwar EST § 64 als Vergleichsfluch zu bezeichnen, nicht aber § 63, der lediglich den Boden mit einem Ziegel und einer Eisenplatte vergleicht.[523] In § 64 kann man sich demgegenüber den „Himmel aus Bronze", womit vermutlich ein bronzener Baldachin gemeint ist,[524] noch sehr gut als Objekt einer Symbolhandlung vorstellen, die den Vereidigten die Verschlossenheit des Himmels vor Augen führen sollte. Verbunden sind die formal disparaten Paragraphen 63 und 64 durch das gemeinsame Thema Landwirtschaft bzw. deren Verfluchung sowie durch die Gegenüberstellung von Erde und Himmel.[525]

S. Grätz hat überzeugend nachgewiesen, dass die thematische Einheit Motive und Ausdrücke enthält, die dem Zugehörigkeitsbereich des Wettergottes entstammen. „Gabe und Verweigerung des Regens gehören traditionell in den Wirkungsbereich Adads."[526] Auffällig ist allerdings die Verbindung von Regen und Tau (*zunnu nalšu*) in Z. 531, die nach Grätz „innerhalb der gesammelten Belege des Adad-Fluchs singulär"[527] sei. Da in Mesopotamien neben Regenmangel auch Überschwemmungen auf den Wettergott zurückgeführt werden,[528] werden dort an Stelle von Tau und Regen gelegentlich Regen und Quellwasser parallelisiert,[529] was sich z.B. in dem Adad-Epitheton *bēl nagbi u zunni*, „Herr des Quellwassers und des Regens", niedergeschlagen hat.[530] In einer Fluchformel

523 Vgl. zum Ziegelsteinmotiv auch den Fluch in SAA II 2: I 4'–7'.

524 CAD Š 1, 348 (*šamû* A 2).

525 Vgl. dazu Grätz, Wettergott, 117 mit Anm. 149. Möglicherweise ist in der Gegenüberstellung von Himmel und Erde eine Anspielung auf den Wettergott zu sehen; vgl. das Adad-Epitheton *gugal šamê u erṣeti* und dazu a.a.O., 120.

526 A.a.O., 119; in § 63 soll der eiserne Boden vermutlich das Aufsteigen des Grundwassers verhindern, wobei auch dies in den Zuständigkeitsbereich des Wettergottes fällt; vgl. a.a.O., 120f.

527 A.a.O., 119.

528 Vgl. etwa Schwemer, Wettergottgestalten, 170: „Da übermäßiger Frühjahrsregen das Hochwasser der Flüsse so verstärken kann, dass die Überschwemmung die Feldfrucht vernichtet, zeichnet Adad innerhalb von Fluchformeln gelegentlich auch für die Hochflut und so für das Quellwasser verantwortlich, ohne dass dadurch die grundsätzliche Korrespondenz zwischen Ea, dem Gott des unterirdischen Süßwasserozeans, und Adad, dem Regengott, aufgehoben würde."

529 Vgl. die Belege in CAD Z, 161f (*zunnu* A a und c); Tau (*nalšu*) wird gelegentlich mit Nebel (*imbaru*) parallelisiert, vgl. CAD N I, 203 (*nalšu* a).

530 Vgl. dazu Schwemer, Wettergottgestalten, 170, Anm. 1202.

aus einem babylonisch-assyrischen Vertrag, die den Adad-Fluch aus dem Codex Hammurapi wörtlich aufnimmt, heißt es z.B.:[531]

> „Adad, der Kanalinspektor von Himmel und Erde, möge ihm den Regen im Himmel (*zunnu ina šamê*) und die jahreszeitliche Hochflut in der Quelle (*mīlu ina nagbi*) wegnehmen!"

Die Verbindung von Tau und Regen begegnet dagegen im Westen, nämlich in Ugarit und in der Bibel, wo sie als Gaben Baals bzw. Jhwhs gelten. Eine Passage aus dem ugaritischen *Aqht*-Epos lautet:[532]

> „Sieben Jahre möge Baʿlu versagen,
> acht der Wolkenreiter!
> (Jahre) ohne Tau (*ṭl*), ohne Regen (*rbb*),
> ohne das … der unterirdischen Wasser (*thmtm*),
> ohne das Gute der Stimme des Baʿlu (d.h. des Donners)."

Und in 1Kön 17,1aβb schwört der Prophet Elia in Jhwhs Namen folgenden Eid (vgl. noch 2Sam 1,21a):

> „Es soll diese Jahre weder Tau noch Regen (*ṭl wmṭr*) kommen, ich sage es denn!"

Die motivgeschichtlichen Beobachtungen decken sich mit dem schon erwähnten gattungsgeschichtlichen und sprachlichen Befund der §§ 63ff, der eindeutig in den Westen weist. Dazu passt auch, dass der Vergleich von Himmel und Erde mit Metallplatten in der übrigen mesopotamischen Literatur ohne Parallele ist,[533] dagegen aber in Kleinasien und Griechenland ein verbreitetes Motiv darstellt. Metallene Himmel oder Erden sind von der alt- bis in die junghethitische Zeit im Kontext verschiedener Rituale bezeugt, wobei sowohl Bronze als auch Eisen als Material gebraucht werden.[534] Die Verwendungsweise der verdinglichten Himmel oder Erden in den hethitischen Ritualen berührt sich in mancher Hinsicht mit der in dem Vergleichsfluch EST § 64. Dort scheint dem Vereidigten ein bronzener Baldachin vorgeführt worden zu sein, der in dem begleitenden Fluch mit dem (verschlossenen) Himmel identifiziert worden ist:[535]

> „Wie Regen nicht von dem bronzenen Himmel fällt, so mögen kein Regen (und) Tau auf eure Felder und Wiesen kommen. Statt Regen mögen Kohlen auf euer Land regnen."

531 Übersetzt nach SAA II 1: r. 13f.

532 Zitiert nach Schwemer, Wettergottgestalten, 542; vgl. zu weiteren Belegen Loretz, Ugarit, 161–166.

533 Vgl. Steymans, Deuteronomium 28, 134.

534 Vgl. dazu Görke, Ritual, 202f.

535 Streck, Flüche, 174.

Ein vergleichbarer Analogiezauber ergibt sich aus einem das Ritual des Purijanni (CTH 758) begleitenden Spruch in luwischer Sprache. Nachdem in der Ritualzurüstung neben anderen Gerätschaften auch zwei bronzene Himmel aufgelistet sind, heißt es in dem fragmentarisch erhaltenen Ausspruch:[536]

> „Und hier sind ein Himmel und eine Erde; und wie der Himmel nicht Erde wird und die Erde nicht Himmel wird, so wird dieses Ritual auch nicht [ ] werden!"

Auch in Griechenland dienen die Metalle Bronze und Eisen vielfach der (metaphorischen) Beschreibung des Himmels, so etwa in den homerischen Epen.[537] Zusammengenommen spricht all dies für die These, dass die Flüche in EST § 63f einen Import aus dem (aramäischen) Westen darstellen.[538] Für die Beziehung zu Dtn 28,23f ist mit dieser Feststellung jedoch noch nicht allzu viel gewonnen; denn die Flüche könnten ja zuerst aus dem Westen in neuassyrische Vertragstexte und später von dort – quasi als Reimport – nach Juda gelangt sein.

Weiterführend ist hier zunächst eine innerbiblische Verhältnisbestimmung der Flüche in Dtn 28,23f und Lev 26,19f. Nach Steymans sprechen die inhaltlichen Übereinstimmungen der EST-Flüche sowie der beiden biblischen Belege für eine zweistufige literarische Abhängigkeit, wobei die EST-Flüche den Anfang und Lev 26,19f das Ende bildeten: „So erscheint eine Entwicklungslinie, die sich von den VTE [= EST] zu Lev 26,19 erstreckt, vom eher zufälligen Zusammentreffen von Erde und Baldachin zu immer exakterem Parallelismus und immer konsequenterer Anpassung der Motive an die Verhältnisse Palästinas."[539] Für das Verhältnis von Lev 26,19f zu Dtn 28,23f ist vor jeglicher Suche nach traditionsgeschichtlichen Vorgaben ein Blick auf die in ihrem Kern schon in die nachexilische Zeit zu datierende[540] Komposition von Lev 26 sinnvoll. Innerhalb dieser bilden die V. 19f das Gegenstück zu der bedingten Segensverheißung in V. 4f. Sie sind folglich in erster Linie von daher abzuleiten, zumal nichts für die Annahme spricht, dass der Segen in V. 4f vom Fluch in V. 19f abhängig sei.[541] Weit wichtiger ist indes die Beobachtung, dass Lev 26,19f zwei Elemente

536 Zitiert nach Görke, Ritual, 202. Zu weiteren Beispielen des „Himmels aus Bronze" in hethitischen Texten s. CHD L–N, 453 (*nepiš* g).

537 Vgl. Brown, Israel, 106f.

538 So auch Otto, Deuteronomium, 29, der überdies auf ein interessantes Zwischenglied der Flüche, nämlich einen Adad-Fluch aus dem nordsyrischen Aleppo (Anfang 9. Jh.), einem Ort der intensiven Kontakte zwischen späthethitischen und aramäischen Traditionen, aufmerksam macht, in dem es heißt: „Der Wettergott des Himmels und der ḫarranäische Mondgott sollen ihn verfluchen, damit ihm vom Himmel kein (Regen?) herabkommt, aus der Erde aber kein Gewächs hervorkommen soll." (ebd.)

539 Steymans, Deuteronomium 28, 291.

540 Grünwaldt, Heiligkeitsgesetz, 351, plädiert für eine Datierung des Heiligkeitsgesetzes in die frühnachexilische Zeit.

541 Nach Grünwaldt haben Lev 26,4–6.13 vielmehr den Anhang zur Hirtenallegorie in Ez 34,25–30 als Vorlage gebraucht (ebd.).

mit EST § 63f gemeinsam hat, die Dtn 28,23f, die postulierte Vorlage von Lev 26,19f, nicht aufweist: Erstens thematisieren Lev 26,19f und die EST-Flüche (Z. 528f; 531f) gegen Dtn 28,23f die Ertraglosigkeit des Erdbodens; in Dtn 28 erscheint das Thema Ernteausfall dagegen erst in Gestalt der Nichtigkeitsflüche in den V. 38ff.[542] Zweitens formulieren Lev 26,19f und EST § 64 Vergleiche; Dtn 28,23f tut dies nicht. Lev 26,19f scheint somit gegenüber Dtn 28,23f eine traditionsgeschichtlich ursprünglichere Gestalt bewahrt zu haben, was nicht zuletzt die Übereinstimmungen mit den EST-Flüchen nahe legen.[543] In jedem Fall ist es schwer vorstellbar, dass Lev 26,19f von Dtn 28,23f abhängig ist, aber dabei über die literarische Vorlage hinweg traditionsgeschichtlich an die EST-Flüche anknüpft, die dem Verfasser von Lev 26,19f laut Steymans' Theorie eigentlich nicht (mehr) bekannt gewesen sein dürften.[544] Mit dem Konsens der Forschung liegt es näher, bei dem Vergleich von Himmel und Erde mit Metallplatten an ein kursierendes westliches Fluch-Motiv zu denken, das in Dtn 28,23f und Lev 26,19f jeweils verschieden literarisch verarbeitet worden ist.[545] Dass Lev 26 unabhängig von Dtn 28 auf westliche Fluchtraditionen Zugriff hatte, beweist z.B. der Nichtigkeitsfluch in 26,26, der in gleicher Gestalt in verschiedenen aramäischen Inschriften belegt ist.[546]

Die Annahme, dass zwischen Dtn 28,23f und Lev 26,19f keine direkte Abhängigkeit besteht, stellt auch die Abhängigkeitsthese bezüglich EST § 63f und Dtn 28,23f in Frage, da mit Lev 26,19f ein unabhängiger Repräsentant der westlichen Tradition bezeugt wäre. Das entscheidende Argument, das gegen eine direkte Abhängigkeit der Flüche in Dtn 28,23f von EST § 63f spricht, liegt

542 Vgl. Grätz, Wettergott, 124: „Dtn 28,22b.23f.38–40.42 behandeln also die traditionsgeschichtlich zusammengehörigen Themen Wassermangel und Ernteausfall." Vgl. zu dieser Motivverbindung auch Hag 1,10f.

543 Diese Schlussfolgerung sollte allerdings nicht dazu gereichen, jetzt umgekehrt eine Abhängigkeit der Flüche in Dtn 28,23f von Lev 26,19f zu postulieren, der schon die späte Entstehung des Heiligkeitsgesetzes entgegensteht.

544 Vgl. Grätz, Wettergott, 125: „Eine direkte Abhängigkeit des Textes Lev 26,19b.20 von Dtn 28,23f. ist nicht wahrscheinlich, weil dann erstens die Vertauschung der ursprünglichen Entsprechungen zwischen den Metallen und Himmel bzw. Erdboden, zweitens das erneute Zusammenfügen der schon im frühesten rekonstruierbaren *literarischen* Stadium von Dtn 28 erfolgten Trennung des Trockenheitsmotivs vom Ernteausfallmotiv, drittens die Wiederherstellung des wahrscheinlich ursprünglichen Vergleichs und viertens das Fehlen des Motivs vom Staubregen erklärt werden müssten." (kursiv im Original)

545 Vgl. z.B. Weinfeld, Deuteronomy, 117, Anm. 3; Cholewinski, Heiligkeitsgesetz, 315, sowie Gerstenberger, Leviticus, 380, mit der Feststellung: „Der Vergleich von Himmel und Erde mit Metallplatten ist sicher in Altisrael sprichwörtlich gewesen." – Grünwaldt, Heiligkeitsgesetz, 357, folgt dagegen der These einer literarischen Abhängigkeit in der von Steymans begründeten Form.

546 S. dazu in dieser Arbeit S. 286. Vgl. auch Weinfeld, Deuteronomy, 124f.

jedoch in der abnormen Reihenfolge Erde – Himmel in den EST-Flüchen. Denn wo immer der Wettergott sich in der Gabe bzw. der Verweigerung von Regen und Quellwasser aktiv zeigt, ist ausschließlich die Abfolge Himmel – Erde (= Wassermangel – Ernteausfall) vorausgesetzt.[547] Die Umstellung von Himmel und Erde in EST § 63f verlangt also nach einer Erklärung. Ein Blick auf den Kontext der Flüche verrät, dass sie sehr wahrscheinlich aus Rücksicht auf die in den § 63–65 begegnenden Metalle Eisen, Bronze und Zinn erfolgt ist, die offenkundig nach abnehmenden Härtegraden sortiert sind.[548] Da aber aus der schulischen Praxis bekannt ist, dass Übereinstimmungen in Fehlern bzw. – neutral gesprochen – Normabweichungen der vermeintlichen Vorlage ein unzweifelhaftes Indiz für Abspicken bzw. -schreiben sind, Dtn 28,23f aber an Stelle der (zwar kontextbedingten, aber dennoch normabweichenden) Umstellung von Himmel und Erde die übliche Reihenfolge zu erkennen gibt, spricht alles gegen eine literarische Abhängigkeit von EST § 63f. Die Vorstellung, Dtn 28,23f sei eine Art Reimport einer nach Assyrien gelangten westlichen Fluchformel, wobei die Übersetzer überdies (aufgrund ihrer Kenntnis der westlichen Gepflogenheiten!)[549] die verloren gegangene ursprüngliche Reihenfolge Himmel – Erde wieder hergestellt hätten, ist alles andere als wahrscheinlich.[550] Da folglich die Annahme, Dtn 28,23f sei von EST § 63f literarisch abhängig, mit einer Hypothese mehr arbeitet als die hier präferierte Annahme einer in EST § 63f und Dtn 28,23f unabhängig voneinander vorliegenden westlichen Fluchtradition, ist letzterer der Vorzug zu geben.

Abschließend ist noch ein weiteres Argument für eine Abhängigkeit von Dtn 28,23f vom EST zu entkräften. Demnach hätten EST § 63f und Dtn 28,23f neben dem Vergleich von Himmel und Erde mit Bronze und Eisen auch das sich anschließende Bild vom Kohle- bzw. Staubregen gemeinsam.[551] Bei näherer Betrachtung liegen den Bildern jedoch sehr unterschiedliche Vorstellungen zugrunde. In Dtn 28,24 wird der vorangehende Vers nicht inhaltlich erweitert, sondern in seiner Intention noch einmal chiastisch aufgenommen, indem das Bild für die Verschlossenheit von Himmel und Erde in einem synonymen Parallelismus membrorum durch ein Bild für extreme Trockenheit lediglich variiert wird.

547 Vgl. Grätz, Wettergott, 121.

548 Vgl. Ebd.

549 Wenn diese Kenntnis bei den judäischen Übersetzern vorauszusetzen wäre, fragt man sich freilich, warum sie dann noch eine assyrische literarische Vorlage nötig gehabt haben sollten, um den Fluch zu formulieren.

550 Das Argument, die Reihenfolge sei bei der Übernahme vertauscht worden, weil der Himmel in Palästina aufgrund des Regenfeldbaus wichtiger sei (vgl. Steymans, Deuteronomium 28, 289), überzeugt nicht, da der Regen normalerweise auch im mesopotamischen Adad-Fluch den Vorrang besitzt (vgl. z.B. SAA II 1: r. 13f).

551 Vgl. Steymans, Deuteronomium 28, 289.

Dtn 28,23

Und dein Himmel, der über deinem Kopf ist, wird Bronze (*nḥšt*) sein, und die Erde, die unter dir ist, Eisen (*brzl*).

Dtn 28,24

Jhwh wird den Regen deiner Erde zu Flugstaub (*ʾbq*) machen, und Staub (*ʿpr*) wird vom Himmel aufdich herabkommen, bis du vertilgt bist."

Dass das Bild vom Staubregen auf eine real erfahrbare Trockenheit abzielt, geht aus der Vokabel *ʾbq* hervor, die „den feinen Staub, der von Pferden und Fußgängern aufgewirbelt und vom Wind davongetragen wird",[552] bezeichnet. Das abschließende „bis du vertilgt bist" (*ʿd hšmdk*), das in Dtn 28 immer wieder thematische Einheiten beschließt (vgl. V. 20; 24; 45; 48 u.ö.),[553] bezieht sich auf die V. 23 und 24 gleichermaßen.

Im EST-Fluch stellt die Aussage „Statt Regen möge (es) Kohlen (*peʾttu* = Holzkohlen) auf euer Land regnen" demgegenüber eine inhaltliche Erweiterung und erhebliche Verschärfung des Vorangehenden dar. Dem hier verwendeten Bild stehen Vorstellungen eines übernatürlichen göttlichen Eingreifens wie bei der Vernichtung von Sodom und Gomorra nahe, auf die Jhwh bekanntlich Feuer und Schwefel (*gpryt wʾš*) vom Himmel regnen ließ (*hmṭyr*) (Gen 19,24). Die nächsten altorientalischen Analogien gehören denn auch nicht dem Bereich der Landwirtschaft an, sondern stammen aus Schilderungen von Krieg und Belagerung.[554]

Alles in allem scheint den drei verglichenen Stellen ein kursierendes Motivgefüge zugrunde zu liegen, dessen Ursprung am ehesten im Westen zu suchen ist. Ein literarisches Abhängigkeitsgefälle legt sich – mit abnehmender Plausibilität – weder von Dtn 28,23f nach Lev 26,19f noch von EST § 63f nach Dtn 28,23f nahe.

2.3.3 Dtn 28,25–34* und EST § 39–42

Ab Dtn 28,20ff begegnen Fluchformeln mit yiqtol-x-Formen, die regelmäßig Jhwh als Subjekt haben (V. 20*.21.22.24.25*.27.28.35). Die Flüche können grob dem im Vorderen Orient weit verbreiteten Typ „curse by the gods or by a single god" zugeordnet werden, der laut Hillers 1. aus dem Namen des Gottes,

552 Wächter, עפר, 278.

553 Vgl. zu der in Dtn 28 auffallend häufig gebrauchten Konstruktion *ʿd* + *šmd* im Inf., die z.B. in V. 45 als „Reinterpretation" des vorangehenden Fluchteils dient, Lohfink, שמד, 189.

554 Vgl. Grätz, Wettergott, 118, Anm. 152. Zu ergänzen ist ein Abschnitt aus der neuassyrischen Sammeltafel K. 2401: „I issued forth as a fiery glow from the gate of heaven, to hurl down fire and have it devour them." (SAA IX 3: II 15–19).

2. dem Epitheton des Gottes sowie 3. dem eigentlichen Fluch besteht.[555] Flüche mit namentlich genanntem Gott als Subjekt erscheinen in den Quellen selten isoliert; oft begegnen sie im Zusammenhang von ganzen Fluchreihen, für deren Logik zwei Prinzipien zu beachten sind:

(1) Bei Fluchreihen mit namentlich genannten göttlichen Subjekten spiegelt die Abfolge der Götter in aller Regel die Hierarchie des Reichspantheons wider.[556]

(2) Bei Fluchreihen mit namentlich genannten göttlichen Subjekten korrespondieren die Fluchthemen in der Regel mit dem Zuständigkeits- bzw. Funktionsbereich der betreffenden Götter.[557]

Dieser Voraussetzungen eingedenk, hat M. Weinfeld bereits 1965 darauf hingewiesen, dass sich die Themenabfolge der Flüche in Dtn 28,26–35 mit der Reihenfolge von EST § 39–42 deckt:[558]

> „The curses concerning leprosy, blindness, the exposure of the slain, violation of the wife, pillage and the enslavement of children, all appear, then, in close proximity both in Deuteronomic imprecations and in those of the VTE [= EST] and they appear, moreover, in almost identical order."

In Bezug auf den ganzen Abschnitt Dtn 28,26–35 kommt Weinfeld zu dem Ergebnis, „that a Judean scribe had transposed an entire and consecutive series of maledictions from Assyrian treaty documents to the book of Deuteronomy comprising vv. 26–35".[559] An dieser Stelle ist zu betonen, dass Weinfeld keinesfalls eine Abhängigkeit speziell vom EST, sondern lediglich von einem beliebigen assyrischen Vertragstext postuliert, wobei er den EST m.E. zu Recht als einen typischen Repräsentanten des assyrischen Vertragsrechts begreift. R. Frankena, der im selben Jahr wie Weinfeld eine Studie zu den Parallelen zwischen dem EST und dem Deuteronomium vorlegte, rechnet demgegenüber mit einer Abhängigkeit der Fluchsequenz in Dtn 28,20–57 von einer Jerusalemer Kopie des EST.[560] Dabei gilt sein Hauptaugenmerk dem Abschnitt Dtn 28,28–34, den biblischen Entsprechungen der EST-Flüche bei den Gottheiten Šamaš (§ 40) und Venus (§ 42), der laut Frankena sogar Aufschluss über die Vorgehensweise der judäischen Kompilatoren gebe. Demnach seien die Einzelthemen der beiden

555 Hillers, Treaty-Curses, 13; vgl. zu dem Fluchtyp a.a.O., 12–18.

556 Vgl. a.a.O., 13: „Where curses by individual gods occur in a series, they are usually listed in strict order of the gods' rank within the pantheon."

557 So auch das Ergebnis der Übersicht über die Fluchthemen in EST § 37–56 bei Streck, Flüche, 178: „Werden Götter namentlich angerufen, so hängt der Fluchinhalt mit ihrem Funktionsbereich zusammen."

558 Weinfeld, Traces, 419f.

559 A.a.O., 423.

560 Vgl. Frankena, Vassal-Treaties, 151.

EST-Flüche (Rechtlosigkeit; Blindheit; Wandeln in der Finsternis; Verlust von Frau, Haus und Habe) übernommen und an geeigneter Stelle ergänzt worden.[561] Die Ergebnisse und Thesen insbesondere Weinfelds und Frankenas aufnehmend, gelangt Steymans zu einem die „Himmelsflüche" (abgesehen vom Jupiterfluch) vom Anu- bis zum Venus-Fluch (EST §§ 38A–42) umfassenden „geschlossenen Abschnitt, der als Vorlage für eine Übersetzungstätigkeit angesehen werden kann, an deren Ende Dtn 28,25–35 stand".[562]

Für die Frage, ob die Parallelen zwischen Dtn 28,25–34* und EST § 39–42 auf eine Abhängigkeit von einem assyrischen Vertrag im Allgemeinen (Weinfeld) oder vom EST bzw. einer judäischen Kopie des EST im Besonderen (Frankena; Steymans) hindeuten, sind in erster Linie zwei Dinge zu klären: 1.) Liegt in Dtn 28,25–34* eine Abhängigkeit vom Wortlaut oder lediglich von den Themen der entsprechenden EST-Paragraphen vor? 2.) Ist die Reihenfolge der Götter sowie die Verknüpfung der einzelnen Götter mit den jeweiligen Fluchthemen in den EST-Paragraphen innerhalb der neuassyrischen Fluchtradition einmalig, oder lassen sich vergleichbare Fluchreihen auch in anderen assyrischen Verträgen wahrscheinlich machen?

Ausgehend von diesen Fragestellungen, sollen im Folgenden einzelne Abschnitte der Gesamtfluchfolge in den Blick genommen werden, angefangen bei *Dtn 28,27–29* und EST § 39f, die im Vergleich wie folgt lauten:

EST § 39–40[563]	*Dtn 28, 27–29*
„[419]Sîn, die Leuchte des Himmels (und) der Erde, möge euch mit *saḫaršubbû*-Krankheit [420]bekleiden, euer Erscheinen in der Gegenwart des Gottes (Var. der Götter) und des Königs verbieten! [421]Lauft wie Wildesel (und) Gazelle in der Steppe umher!	„[27]Jhwh wird dich mit ägyptischem Geschwür (*šḥyn mṣrym*)[564] und mit Hämorrhoiden (*ʿplym*)[565] und mit Ausschlag (*grb*) und mit Krätze (*ḥrs*) schlagen, von denen du nicht geheilt werden kannst.
[422]Šamaš, das Licht des Himmels und der Erde, möge für euch keine wahrhaftige, gerechte Rechtshandlung [423]vollziehen, die Sicht eurer Augen verwirren! [424]Wandelt in Dunkelheit umher (*ina ekleti itallakā*)!"	[28]Jhwh wird dich mit Wahnsinn, Blindheit und Geistesverwirrung schlagen. [29]Und du wirst am Mittag umhertasten, wie der Blinde im Finstern umhertastet. Und du wirst keinen Erfolg haben auf deinen Wegen. Und du wirst nur ausgebeutet und beraubt werden alle Tage – und es gibt keinen Helfer."

561 Vgl. a.a.O., 148f.

562 Steymans, Deuteronomium 28, 299.

563 Watanabe, *adê*-Vereidigung, 162f.

564 S. u. S. 246, Anm. 675.

565 S. u. S. 246, Anm. 676.

Die feste Verknüpfung eines bestimmten Fluchthemas mit einer bestimmten Gottheit zeigt sich besonders schön an den mesopotamischen Flüchen mit Anrufung des Mondgottes Sîn. K. Watanabe ist dieser Tradition, die ihren Niederschlag in bis dato 27 Belegen gefunden hat, in einem Aufsatz nachgegangen, in dem sie den Nachweis erbringt, dass der Sîn-Fluch vom 14. bis zum 7. Jh. in weitgehend formalisierter Gestalt tradiert worden ist.[566] Der Fluch droht regelmäßig an, „dass der betr. Mensch durch den Mondgott Sîn an *saḫaršubbû*-Krankheit erkranken und aus der Stadt verbannt werden soll."[567] *saḫaršubbû* wird für gewöhnlich mit „Lepra" oder „Aussatz" übersetzt. Das Wort wird in lexikalischen Texten mit *garābu* gleichgesetzt; dieses aber korrespondiert mit hebräisch *grb*, eine der in Dtn 28,27 genannten Hautkrankheiten (vgl. noch Lev 21,20; 22,22).[568] Die lexikalische Parallele zwischen Dtn 28,27 und dem mesopotamischen Sîn-Fluch ist ein wichtiges Indiz für eine Abhängigkeit von der mesopotamischen Fluchtradition. Neben dem *saḫaršubbû*-Motiv begegnet im Sîn-Fluch regelmäßig das Motiv der Exkommunikation, wobei in neuassyrischer Zeit zusätzlich gefordert wird, dass der Verfluchte von Tempel und Palast ausgeschlossen sein soll[569] (vgl. EST § 39 Z. 419f: „Sîn ... möge ... euer Erscheinen in der Gegenwart des Gottes ... und des Königs verbieten!"). Es fällt auf, dass diese auch in anderen neuassyrischen Verträgen anzutreffende Erweiterung in Dtn 28,27 fehlt. Nach Steymans ist die Auslassung mit dem Umstand zu erklären, dass die Flüche in Dtn 28 stets Israel als Kollektiv im Blick hätten, eine Exkommunikation Gesamtisraels aber schlechterdings nicht möglich sei. Diese Auskunft ist allerdings angesichts der zwischen individuellem und kollektivem „Du" oszillierenden Anrede in Dtn 28 wenig überzeugend.[570] Eine Abhängigkeit von der neuassyrischen Sîn-Fluchtradition einmal angenommen, könnte man vielmehr fragen, ob der Ausschluss vom Tempel in Dtn 28,27 vielleicht deshalb fehlt, weil der einzig legitime Jerusalemer Tempel in der Zeit, in der Dtn 28* verfasst wurde, bereits in Trümmern lag.[571]

Šamaš, der Sonnengott, dem nichts verborgen bleibt, gilt in Mesopotamien als „Erheller der Finsternis" und „Herr der Gerechtigkeit".[572] Der Šamaš-Fluch

566 Vgl. Watanabe, Überlieferung, 15. Die 27 Belege sind in Übersetzung a.a.O., 106–109, nachzulesen.

567 A.a.O., 114.

568 Vgl. Weinfeld, Traces, 418, Anm. 3, sowie Watanabe, Überlieferung, 110.

569 Vgl. a.a.O., 112.

570 Steymans, Deuteronomium 28, 106f; vgl. nur Dtn 28,35*, wo wohl kaum von den Knien und Schenkeln Gesamtisraels die Rede ist.

571 Immerhin erwähnt Dtn 28* den Tempel auch sonst mit keinem Wort.

572 Janowski, Rettungsgewissheit, 31. Vgl. zum Sonnengott in Mesopotamien a.a.O., 30–97.

in EST § 40 bedroht dementsprechend die Verfluchten mit Rechtlosigkeit und Blindheit.[573] Beide Themen, Rechtlosigkeit und Blindheit, bestimmen auch den Jhwh-Fluch in Dtn 28,28f.[574] Wegen seines nächtlichen Durchschreitens der Unterwelt besitzt der mesopotamische Sonnengott einen Bezug zum Totenreich, der auch in EST § 40 noch anklingt.[575] Wie A. Berlejung wahrscheinlich gemacht hat, zielt der Fluch mit der Wendung *ina ekleti itallakā*, „Wandelt in Dunkelheit umher!", auf die Versetzung der Verfluchten in die Unterwelt (*bīt ekleti*).[576] Dtn 28,29, „Und du wirst am Mittag umhertasten, wie der Blinde im Finstern umhertastet", enthält keine vergleichbar drastische Aussage. Wie die Fortsetzung zeigt, ist die Finsternis hier Metapher für Recht- und Erfolglosigkeit des Verfluchten, die in der folgenden Fluchreihe expliziert wird.[577] Somit schwächt Dtn 28,28f den EST-Fluch in einem wichtigen Punkt ab. Gleichwohl bleibt festzuhalten, dass Dtn 28,28f mit EST § 40, aber auch mit weiteren mesopotamischen Šamaš-Flüchen,[578] die Fluchthemen Rechtlosigkeit und (metaphorisch verstandene) Blindheit teilt, auch wenn letztere im EST-Fluch anders konnotiert ist.

Das entscheidende Argument für ein Einwirken der neuassyrischen Vertragsrechtstradition auf Dtn 28* steckt in der gemeinsamen Abfolge der an den Göttern Sîn und Šamaš orientierten Fluchthemen in Dtn 28,27–29. Die im Alten Testament einmalige[579] Zusammenstellung der beiden Themenkomplexe Hautkrankheiten und Rechtlosigkeit bzw. Blindheit in Dtn 28,27–29, die thematisch der Abfolge von Sîn- und Šamaš-Fluch in EST § 39f entspricht, gewinnt noch einmal durch die Beobachtung an Wert, dass die Sonne bzw. der Sonnengott in der Levante in der Regel die Priorität vor dem Mond bzw. dem Mondgott besitzt,[580] was auch in einem westlichen Text wie Dtn 28* die umgekehrte

---

573 Zu den Interpretationsschwierigkeiten in Z. 423 vgl. Steymans, Deuteronomium 28, 85.

574 Weinfeld, Traces, 421, stellt zu Recht fest, dass die Blindheit in Dtn 28,28f weniger physisch als vielmehr metaphorisch zu verstehen ist.

575 Vgl. auch die beiden ersten bei Steymans, Deuteronomium 28, 88, zitierten babylonischen Šamaš-Flüche, in denen sich der Fluch des Sonnengottes noch in der Unterwelt auswirkt.

576 Berlejung, Rezension, 194. Dasselbe gilt für die Wiederaufnahme des Dunkelheitsmotivs in EST § 56 Z. 485f.

577 Vgl. Weinfeld, Traces, 420f; Wächter, עור, 1192; vgl. auch Steymans, Deuteronomium 28, 120: „Dunkelheit und Finsternis stehen hier wohl als Metaphern für alles, was ein Leben unglücklich machen kann."

578 Vgl. die Übersicht bei Steymans (a.a.O., 88–90); vgl. zu den Šamaš-Flüchen auf Kolophonen a.a.O., 91, Anm. 1.

579 Vgl. a.a.O., 295.

580 Eine Ausnahme bilden in dieser Hinsicht die Nērab-Stelen, die den Mondgott *šhr* vor dem Sonnengott *šmš* bezeugen, vgl. Theuer, Mondgott, 376 mit Anm. 257.

Reihenfolge der Flüche erwarten ließe.[581] In diesem Punkt ist Weinfeld beizupflichten, wenn er postuliert:[582]

> „The peculiar association of the curses of leprosy and judicial blindness in Dt 28,27–29 cannot, therefore, be satisfactorily explained unless we assume that the pairing of these two concepts – which is comprehensible only in the light of Mesopotamian religion – was literally transcribed from a Mesopotamian treaty copy to the book of Deuteronomy."

Für die Frage, ob allein der EST die gemeinsame Fluchfolge mit Dtn 28,27–29 erklären kann, ist zu prüfen, ob die Abfolge Sîn – Šamaš innerhalb der neuassyrischen Überlieferung eine Eigenheit des EST ist, oder die übliche Reihenfolge darstellt. Steymans kommt zu dem Ergebnis, dass die Reihenfolge Sîn – Šamaš „selbst für Mesopotamien nicht als feste Regel" festzustellen ist.[583] Doch in diesem Punkt gilt es, regional zu differenzieren und sich strikt auf die religiösen Verhältnisse im neuassyrischen Reich zu beschränken. In den wenigen und zudem oft schlecht erhaltenen neuassyrischen Vertragstexten enthalten 9 Götterlisten die Götter Sîn und Šamaš. 7mal erscheint dabei die gesuchte Reihenfolge Sîn – Šamaš.[584] In den übrigen beiden Fällen handelt es sich um Verträge mit babylonischen Machthabern.[585] Eine der dort bezeugten Götterlisten wird nicht wie üblich mit Aššur, sondern mit Marduk, dem babylonischen Reichsgott, eröffnet, was den babylonischen Charakter des Dokuments offenbart.[586] Man kann also sagen, dass die im EST bezeugte Abfolge Sîn – Šamaš, die im Übrigen deren Vater-Sohn-Verhältnis widerspiegelt,[587] die in neuassyrischen Verträgen übliche Reihenfolge darstellt;[588] in Babylonien scheint die Hierarchie eine andere gewesen zu sein (vgl. auch die Götterliste im Codex Hammurapi). Auch andere neuassyrische Textsorten, die Götterreihungen bzw. -listen enthalten (etwa Götterinvokationen in Königsinschriften und Briefen), bezeugen die Abfolge Sîn – Šamaš.[589] Es ist also keinesfalls so, dass der EST mit der Stellung des Šamaš-Fluchs nach dem Sîn-Fluch eine Besonderheit

581 Vgl. Steymans, Deuteronomium 28, 91, Anm. 5. Vgl. auch die Reihenfolge in der Götterliste der Sfire-Inschriften (Sf I A: 9) und dazu Theuer, Mondgott, 372.

582 Weinfeld, Traces, 422f. Seine These einer literarischen („literally") Abhängigkeit gilt es jedoch noch zu prüfen (s. u. Kap. V).

583 Steymans, Deuteronomium 28, 91.

584 SAA II 2; 3; 6 (3mal); 8; 10.

585 SAA II 1 und 9.

586 S. zu diesem Vertrag in dieser Arbeit S. 37, Anm. 126.

587 Vgl. Streck, Flüche, 182.

588 Zu diesem Ergebnis gelangt auch Barré, God-List, 118, wenn er die Struktur einer für neuassyrische Verträge typischen Götterliste darstellt.

589 Vgl. dazu Pongratz-Leisten, *ina šulmi īrub*, 115–128; vgl. zur Vorangstellung des Mondgottes bei den neuassyrischen Königen Theuer, Mondgott, 370.

darstellt;[590] er spiegelt zwar keine (gemein)altorientalische,[591] wohl aber eine neuassyrische Tradition wider. Als Ergebnis bleibt zweierlei festzuhalten: Auf der einen Seite deutet die Themensequenz in Dtn 28,27–29 nicht zwingend auf eine Abhängigkeit vom EST hin; auf der anderen Seite ist die im Alten Testament einmalige Themenabfolge Hautkrankheiten – Rechtlosigkeit bzw. Blindheit zusammen mit dem *saḫaršubbû*-Motiv in V. 27 jedoch ein gewichtiges Argument für eine wie auch immer geartete Abhängigkeit von der neuassyrischen Fluchtradition.

Dtn 28,30–34 gilt als Gegenstück zum Venus-Fluch. Die mit dem Abendstern gleichgesetzte Göttin Ištar hat die Themen Liebe und Krieg als ihre Domäne.[592] Ihre Stellung in der Fluchsequenz des EST verdankt die Göttin vermutlich dem Umstand, dass sie wie Šamaš als Tochter des Mondgottes gilt.[593] Die Querbezüge zwischen Dtn 28,30–34 und EST § 42 sind bei näherem Hinsehen weniger aussagekräftig als bei den vorangehenden Versen. Auch scheint bei Dtn 28,30–34 die eigene biblische Tradition eine größere Rolle gespielt zu haben. Am deutlichsten zeigen sich die Gemeinsamkeiten zum Venus-Fluch noch in V. 30, der deshalb EST § 42 gegenübergestellt sei:

EST § 42[594]	*Dtn 28,30*
„428Venus, die unter den Sternen (besonders) strahlend ist, möge vor euren Augen eure Gattinen (*ḫīrātīkunu*) 429im Schoß eures Feindes (*nak*[*i*]*rīkunu*) liegen lassen! Eure Söhne mögen 430euer Haus (*bītkun*) nicht besitzen! Ein fremder Feind (*nak*[*i*]*ru aḫû*) möge all eure Habe aufteilen!“	„30Eine Frau (*ʾšh*) wirst du dir anverloben, aber ein anderer Mann soll sie genießen[595]. Ein Haus (*byt*) wirst du bauen, aber du sollst nicht in ihm wohnen. Einen Weinberg (*krm*) wirst du pflanzen, aber du sollst ihn nicht ‚entweihen‘.“

In EST § 42 droht Venus in ihrer Eigenschaft als Liebes- und Kriegsgöttin den Verfluchten mit einer Niederlage vor dem Feind, der sich der entscheidenden Lebensgrundlagen – Frau, Haus und Habe – bemächtigt. Ein Vergleich des Venus/Ištar-Fluches des EST mit einem Fluch im Baal von Tyrus-Vertrag, welcher der Göttin Astarte, der westsemitischen Entsprechung der mesopotamischen Ištar, zugeordnet ist, zeigt, dass der Venus-Fluch des EST innerhalb

590 Vgl. auch die Vergleichstexte bei Weinfeld, Traces, 421f.

591 So zu Recht Steymans, Deuteronomium 28, 91.

592 Vgl. zu Ištar Abusch, Ishtar, 452–456.

593 Vgl. Krebernik, Mondgott, 365, sowie Streck, Flüche, 182.

594 Watanabe, *adê*-Vereidigung, 164f.

595 S. u. S. 246, Anm. 677.

der neuassyrischen Fluchtradition keinen Einzelfall darstellt. Der gegen Baal von Tyrus gerichtete Fluch stimmt nicht nur thematisch (Kriegsniederlage und Preisgabe der Lebensgrundlagen an den Feind), sondern in seinem letzten Satz beinahe wörtlich mit dem Venus-Fluch in EST § 42 überein:[596]

> „18'So möge Astarte in schwerem Kampfe euren Bogen zerbrechen und euch zu Füßen [eures Feindes] 19'sitzen lassen, ein fremder Feind möge euer Gut verteilen.“

Der Abschnitt Dtn 28,30–34 behandelt ebenfalls das Thema der Kriegsniederlage vor den Feinden, die sich der Lebensgrundlagen des Verfluchten bemächtigen. Im Gegensatz zu EST § 42 erscheint hier eine – weit umfangreichere – Reihe von Nichtigkeitsflüchen, die eine typisch aramäische Fluchgattung darstellen, die bei der Besprechung von 28,38–42 noch einmal in den Blick kommt. Steymans macht zu Recht darauf aufmerksam, dass die Umformulierung von einfachen Fluchwünschen in antithetische Nichtigkeitsflüche dem Übersetzungsprozess geschuldet sein kann.[597] In Dtn 28,30 sind jedoch sowohl Form als auch Inhalt in der israelitisch-judäischen Schriftprophetie längst bekannt, wobei z.B. die Infragestellung von Haus und Weinberg in Gestalt von Nichtigkeitsflüchen seit dem 8. Jh. belegt ist:[598]

Am 5,11aβb	Zef 1,13b	Dtn 28,30aβb
bty gzyt bnytm wlʾ tšbw bm	*wbnw btym wlʾ yšbw*	*byt tbnh wlʾ tšb bw*
krmy ḥmd nṭʿtm wlʾ tštw ʾt yynm	*wnṭʿw krmym wlʾ yštw ʾt yynm*	*krm tṭʿ wlʾ tḥllnw*

Insbesondere für die Trias Frau – Haus – Weinberg in Dtn 28,30, die in der Tat weitgehend mit EST § 42 parallel läuft, stand den Verfassern der Fluchsequenz schon im Deuteronomium selbst eine Parallele bereit, die zudem aus demselben Themenkreis „Krieg“ stammt. Es handelt sich um eine vor-dtr Spruchreihe aus dem Kriegsgesetz in Dtn 20,5*–7[599], in der verschiedene Kategorien von Israeliten vom Kriegsdienst freigestellt werden. Die Spruchreihe liefert exakt die drei in Dtn 28,30 in Nichtigkeitsflüche gegossenen Stichworte Haus – Weinberg – Frau, wobei letztere an die Spitze gestellt worden ist:

Dtn 20,5*–7	Dtn 28,30
my hʾyš ʾšr bnh byt ḥdš wlʾ ḥnkw […]	*ʾšh tʾrś wʾš ʾḥr yšglnh*
wmy hʾyš ʾšr nṭʿ krm wlʾ ḥllw […]	*byt tbnh wlʾ tšb bw*
wmy hʾyš ʾšr ʾrš ʾšh wlʾ lqḥh […]	*krm tṭʿ wlʾ tḥllnw*

596 Borger, TUAT I, 159.

597 Steymans, Deuteronomium 28, 298.

598 Vgl. zu diesen und weiteren Belegen des Fluchtyps Podella, Notzeit-Mythologem, 430–434.

599 Vgl. zum Kriegsgesetz und seiner literarhistorischen Differenzierung Otto, Ethik, 199f.

Die Beobachtung, dass sowohl EST § 42 als auch Dtn 28,30 die Reihe der den Feinden preisgegebenen Lebensgrundlagen mit der Frau eröffnen, findet ihre Bestätigung in weiteren Texten, die deutlich machen, dass die Preisgabe der eigenen Frau(en) an den/die Gegner als die größte Schmach empfunden worden ist.[600]

Die Fluchreihe in Dtn 28,30–34 deckt sich demnach thematisch mit dem Fluchthema der Kriegsniederlage und Preisgabe der Lebensgrundlagen an den Feind, welches in EST § 42 sowie – in vereinfachter Gestalt – im Baal von Tyrus-Vertrag der Göttin Venus/Ištar zugeordnet worden ist. Im Zusammenhang mit den beiden vorangehenden Flüchen in 28,27–29, die ihrerseits eine Abhängigkeit von der neuassyrischen Fluchtradition nahe legten, könnte somit der gesamte Abschnitt 28,27–34 von einer neuassyrischen Fluchreihe Sîn – Šamaš – Venus/Ištar beeinflusst worden sein. Da sich die formale wie inhaltliche Ausgestaltung des möglicherweise vorgegebenen Fluchthemas der Kriegsniederlage in 28,30–34 jedoch hinlänglich aus der eigenen biblischen Tradition ableiten lässt, ist eine von Frankena und Steymans postulierte (literarische) Abhängigkeit speziell vom EST nicht nachweisbar.

Nachdem der Abschnitt Dtn 28,27–34 auf sein Verhältnis zu EST §§ 39–40.42 hin befragt worden ist, soll im Folgenden der übersprungene Fluch in *Dtn 28,25a.26* in den Blick genommen werden, der letztlich darauf abzielt, dass die Leichen der Verfluchten von Tieren gefressen werden (V. 26). Der Fluch spiegelt die in der alten Welt weit verbreitete „menschliche Grundangst vor dem Unbestattet-Bleiben" wider.[601] Die Androhung, nach der die Leichen der Verfluchten verschiedenen Tieren ausgeliefert sein werden, die eine Bestattung verhindern, ist deshalb ein beliebtes und vielfach vorkommendes Fluchthema.[602] In den EST begegnet das Motiv gleich viermal (§ 41; § 47 Z. 451; § 56 Z. 481–484; § 59),[603] zweimal mit Adler und Geier (*arû zību*) (§ 41: Ninurta; § 59: Palil) und zweimal mit Hunden und Schweinen (*kalbī šaḫî*) (§ 41: Adad; § 56: Göttergruppe).

Der nachfolgende Kontext in Dtn 28,27–34, der thematisch die Fluchreihe Sîn – Šamaš – Venus zu spiegeln scheint, könnte auch im Fall von Dtn 28,25a.26 für eine thematische Abhängigkeit von einem neuassyrischen Fluch mit gött-

600 Vgl. z.B. Sf I A: 40f sowie im Alten Testament 2Sam 12,11; 16,20–22; Jer 8,10.

601 Fabry, נבל, 168; Das Unbestattet-Bleiben bzw. die Vernichtung der Leiche durch Tiere hatte nach altorientalischer Vorstellung schreckliche Folgen für die Weiterexistenz des menschlichen Totengeistes in der Unterwelt; vgl. z.B. Fischer, Tod, 143f.

602 Vgl. für den Vorderen Orient Hillers, Treaty-Curses, 68f, sowie Lindenberger, Jewish Liturgy, 150–152 (mit einem weiteren Beleg aus Elephantine, vgl. vor allem die Zusammenfassung 152–154); vgl. für Griechenland Brown, Israel, 280–282.

603 Vgl. Streck, Flüche, 177.

lichem Subjekt sprechen. Im EST steht zwischen Šamaš- und Venus-Fluch ein dem Kriegsgott Ninurta zugeordneter Fluch, der wie Dtn 28,25a.26 die Motive Kriegsniederlage und Leichenfraß kombiniert und in der Forschung als potentielle Vorlage namhaft gemacht wird.[604] Die Flüche lauten im Vergleich:

EST § 41[605]	*Dtn 28,25a.26*
„[425]Ninurta, der allererste der Götter, möge durch seinen wütenden Pfeil euch zu Fall bringen, [426]mit eurem Blut die Steppe anfüllen, Adler (*arû*) und Geier (*zību*) euer Fleisch[427]fressen lassen!“	„Jhwh wird dich geschlagen vor deinen Feinden geben. Auf einem Weg wirst du gegen sie ausziehen, und auf sieben Wegen wirst du vor ihnen fliehen. Und deine Leichen(*nbltk*) werden für alle Vögel des Himmels und die Tiere der Erde (*lkl ʿwp hšmym wlbhmt hʾrṣ*) zum Fraß (*lmʾkl*) werden – und keiner wird sie verscheuchen.“

Der Vergleich legt die thematischen Gemeinsamkeiten offen. Obgleich das in V. 26 gebrauchte Textmaterial („Leiche[n]“ [*nblh*], „Vögel des Himmels und Tiere der Erde“ [*ʿwp hšmym wbhmt hʾrṣ*], „Fraß“ [*mʾkl*])[606] sowie die in V. 25f* erscheinende Motivkombination Kriegsniederlage – Leichenfraß, die ja auch die logische kausale Abfolge zum Ausdruck bringt, biblisch breit belegt ist (1Sam 17,46; Jer 15,3; 19,7; 34,20; Ez 39,4; Ps 79,1f), mag – nicht zuletzt wegen der ähnlichen Querbezüge der folgenden Verse – auch der Fluch in Dtn 28,25a.26 thematisch von einem assyrischen Fluch abhängig sein. Wenig überzeugend ist indes die weitergehende These Steymans', der Merismus „Vögel des Himmels und Tiere der Erde“ verdanke sich einem „Zusammenbau der Paragraphen 56 und 41“[607], in denen einerseits „Adler und Geier“ und andererseits „Hunde und Schweine“ zum Leichenfraß auftreten.[608] Die Rezeption von biblischen Motiven liegt – auch bei einer thematischen Abhängigkeit von einem assyrischen Fluch, der die Themen Kriegsniederlage und Leichenfraß vorgegeben hätte – in jedem Fall näher als die komplizierte These einer Zusammenarbeitung verschiedener EST-Paragraphen.[609]

604 Vgl. schon Weinfeld, Traces, 419.

605 Watanabe, *adê*-Vereidigung, 162f.

606 Vgl. 1Sam 17,44.46; 1Kön 14,11; 16,4; 21,24; 2Kön 9,10.36; Ez 39,17–20; Ps 79,2; vgl. für Jer die Zusammenstellung der Belege bei Stipp, Konkordanz, 102. Zu *ʾyn mḥryd* vgl. Jes 17,2; Nah 2,12.

607 Steymans, Deuteronomium 28, 304.

608 EST § 56 Z. 483f lauten: „Die Erde möge eure Leichen [484]nicht empfangen! Im Bauch der Hunde (*kalbī*) und Schweine (*šaḫî*) möge eure Grabstätte[!] sein!“ (Watanabe, *adê*-Vereidigung, 166f).

609 Noch komplizierter wird der Sachverhalt, wenn man mit Steymans, Deuteronomium 28, 304f, gar mit drei – im EST entfernt liegenden – Vorlagen (§ 65, 41 und 56) rechnet, auf die der biblische Verfasser von Dtn 28, 25a.26 zurückgegriffen haben soll.

Ist eine thematische Abhängigkeit von einem assyrischen Fluch nicht ausgeschlossen, so stellt sich auch an dieser Stelle die Frage, ob das dem Gott Ninurta zugeordnete Fluchthema in EST § 41 innerhalb der assyrischen Fluchtradition einen Sonderfall darstellt, oder auch in anderen assyrischen Texten zu erwarten ist. Insbesondere an diesem Beispiel tritt die Problematik, eine Traditionsgeschichte einzelner Flüche nachzuzeichnen, offen zu Tage, die ganz wesentlich mit der schlechten Quellenlage der Fluchtexte zu tun hat. Steymans, der ein solches Unterfangen dennoch wagt, zitiert zunächst alle bekannten Flüche mit Anrufung Ninurtas, um deren Fluchthemen zu vergleichen.[610] Nach Durchsicht aller 15 Vergleichstexte kommt er zu dem Ergebnis, dass Ninurta in den allermeisten Fällen mit den Themen Grenze, Grenzstein und Erbsohn in Verbindung gebracht wird.[611] Gerade einmal zwei Texte haben wie EST § 41 explizit kriegerische Konnotationen, und das dort dominierende Motiv des Leichenfraßes begegnet in keinem der Vergleichstexte. Steymans kommt zu der seine Abhängigkeitsthese bestätigenden Schlussfolgerung: „Keine festgeschriebene Ninurtafluchtradition stand also Pate für die konkrete Gestalt des Fluches der VTE [= EST].“[612] Doch bei näherem Hinsehen entpuppt sich Steymans' Annahme einer thematischen Extravaganz von EST § 41 als äußerst schwach begründet. Denn bei EST § 41 handelt es sich um einen Ninurta-Fluch in einem assyrischen Text aus dem 7. Jh. Alle Vergleichstexte stammen aber aus Babylonien, wobei der jüngste datierbare Text ins 10. Jh. gehört. Demnach ist es aufgrund fehlender Quellen überhaupt nicht möglich, zu sagen, mit welchen Fluchthemen der Gott Ninurta in der neuassyrischen Epoche verbunden war. Auf der anderen Seite passen die in EST § 41 auftauchenden Motive ausgezeichnet zum Verständnis Ninurtas[613] in neuassyrischer Zeit, in der der Gott als Krieger und Großwildjäger große Bedeutung für das assyrische Königtum erlangte, wobei der aggressive, die Feinde bekämpfende König zuweilen mit dem Gott gleichgesetzt werden konnte.[614] Es ist also denkbar und wohl auch zu erwarten, dass sich mit der gewandelten Bedeutung Ninurtas in neuassyrischer Zeit auch die mit diesem Gott verknüpften Fluchthemen verändert haben. Vielleicht ist EST § 41, immerhin der einzige Beleg aus neuassyrischer Zeit, ein Indiz für einen solchen Wandel. In jedem Fall verbietet die Quellenlage, den EST-Fluch als Unikum in neuassyrischer Zeit auszugeben.

Vorausgesetzt, EST §§ 39–42 bzw. eine entsprechende assyrische Fluchreihe habe auf die Themenfolge in Dtn 28,25–34* eingewirkt, so bleibt immer

---

610 Steymans, Deuteronomium 28, 97–99.

611 A.a.O., 99.

612 A.a.O., 100.

613 Vgl. zu Ninurta als Kriegsgott Streck, Ninurta, 517.

614 Vgl. a.a.O., 520.

noch das Problem zu lösen, dass Dtn 28,25f*, das Pendant zum Ninurta-Fluch in EST § 41, nicht wie in der entsprechenden EST-Reihe zwischen Sîn – Šamaš (28,27–29) und Venus/Ištar (28,30–34), sondern am Anfang der Reihe erscheint. Schon P.-E. Dion vermutete, die dem Ninurta-Fluch entsprechenden V. 25f* verdankten ihre Kopfstellung einer am Kontext orientierten absichtsvollen Umstellung.[615] Diese Annahme wirft die Frage auf, ob es für eine solche Umstellung einen wirklich triftigen Grund gibt. Eine mögliche Lösung verbirgt sich hinter dem vorangehenden Textabschnitt. Nach dem Auftaktvers 28,20*, der den Eindruck erweckt, als eine Art summarische Prolepse der folgenden Jhwh-Flüche komponiert worden zu sein,[616] folgt in 28,21–25*(26*) ein Textstück, für das schon G. v. Rad innerbiblische Referenztexte ins Gespräch gebracht hat, deren inhaltliche Gemeinsamkeiten ihm zufolge nicht verwundern sollten: „denn die Thematik all dieser Segens- und Fluchformeln war eine beschränkte und stereotype“.[617] Weiterführend ist sodann eine Beobachtung H. Weipperts, die in dem besagten Abschnitt die vor allem im Jeremiabuch breit belegte Trias Schwert – Hunger – Pest wiedererkennt: „Inhaltlich beschreiben die hier zusammengestellten Flüche die drei Plagen דבר (Verse 21.22a), רעב bzw. die Voraussetzungen dafür (Verse 22b–24) und חרב (Vers 25a).“[618] Die primäre Reihenfolge dieser so genannten Heimsuchungstrias[619], die zuerst „den Krieg als von außen kommendes Übel“ und anschließend „seine Wirkungen auf die Belagerten“ vor Augen hat, lautet 1. Schwert (*ḥrb*), 2. Hunger (*rʿb*) und 3. Pest (*dbr*).[620] Die kausale Abfolge erscheint in Dtn 28,21–25* in der genauen Umkehrung der Glieder (vgl. aber auch Ez 5,12). Im Hinblick auf Dtn 28,25a.26 ergibt sich hieraus die doppelte Auffälligkeit, dass der Fluch am Ende und am Anfang zweier Reihen steht – auf der einen Seite der biblischen Heimsuchungstrias in 28,21–26*, auf der anderen Seite der an den Göttern Sîn – Šamaš – Ninurta – Venus orientierten

---

615 Dion, Aspects, 48. Vgl. schon Weinfeld, Traces, 420 mit Anm. 1.

616 So ähnlich auch Grätz, Wettergott, 105f, der aus dem Befund allerdings nicht traditions-, sondern literarkritische Konsequenzen zieht und die Authentizität des ganzen Verses in Frage stellt.

617 Von Rad, Deuteronomium, 125. Genannt werden Jer 15,2 und Am 4,6–10.

618 Weippert, Prosareden, 152f.

619 Vgl. dazu Kaiser, חרב, 174f. Die Trias ist Kaiser zufolge auf das dtr redigierte Jeremiabuch, die Fortschreibungen des Ezechielbuches sowie die Chronikbücher beschränkt. Als literarischen Quellpunkt der Trias im Jeremiabuch vermutet er Jer 5,12, als Sitz im Leben entsprechender Reihen die Klage (vgl. Klgl 4,9). Der traditionsgeschichtliche Hintergrund derartiger Heimsuchungsreihen könnte m.E. in altorientalischen Vertragsflüchen zu suchen sein. In einem Brief an den assyrischen König Aššurbanipal zitiert der Verfasser, ein assyrischer Statthalter, aus einem Arabervertrag einen Fluch mit den Worten: „… as the treaty of the king, my lord, has caught up with them, those who escaped the iron sword will die of hunger.“ (SAA XVIII 143: r. 4–7; vgl. auch Parpola/Watanabe, Treaties, XXIII).

620 Kaiser, חרב, 174.

Fluchreihe in 28,25–34* –, in denen er jedoch jeweils am falschen Ort erscheint. Diese doppelte Deplatzierung erkennend, kommt P. Kübel zu einer m.E. plausiblen Erklärung für die Verortung von Dtn 28,25a.26 am Ende und Anfang zweier Reihen. Demnach gelangte das „Schwert“ der Heimsuchungstrias an das Ende sowie der dem Ninurta-Fluch entsprechende Jhwh-Fluch an den Anfang der dem EST entsprechenden Reihe, „damit die beiden Reihen vereinigt werden konnten“.[621] Das folgende Schema veranschaulicht das Verfahren bzw. dessen Resultat:[622]

Heimsuchungstrias	*Dtn 28,*	*Assyrisierende Fluchreihe*
„Pest“	21.22a	
„Hunger“	22b–24	
„Schwert“	25a.26	Ninurta-Fluch
	27	Sîn-Fluch
	28–29	Šamaš-Fluch
	30–34	Venus/Ištar-Fluch

Nachdem für den Abschnitt Dtn 28,25–34* eine Orientierung an einer assyrischen Fluchsequenz als wahrscheinlich erscheint, stellt sich die Frage, ob möglicherweise auch die folgenden Jhwh-Flüche in 28,35* und 28,36f* auf entsprechende Themenvorgaben zurückzuführen sind.

Der Krankheitsfluch *Dtn 28,35** ist in der Forschung mit dem Gula-Fluch EST § 52[623], aber auch mit dem Anu-Fluch EST § 38A in Verbindung gebracht worden, der Steymans zufolge den Vorteil hat, mit einem „geschlossene[n] Bereich der Parallelen“ zu rechnen, „der EST §§ 38A–42 neben Dtn 28,25–35 stellt“.[624] Abgesehen davon, dass bei dieser Annahme die Umstellung des Krankheitsfluchs an das Ende der Reihe von Dtn 28,25–35* erklärt werden müsste, ist das Fluchthema Krankheit schon im EST selbst derart oft belegt und dabei verschiedenen Göttern zugeordnet,[625] dass eine Abhängigkeit ausgerechnet vom Anu-Fluch mehr als zweifelhaft erscheint, zumal die „bösen Geschwüre“ (*šḥyn rʿ*) aus Dtn 28,35* nichts mit der umfangreichen Liste an Krankheiten in EST § 38A zu tun haben.

621 Kübel, Aufbau, 6. Kübel formuliert das Ergebnis als (rhetorische) Frage (a.a.O., 5f): „Sollte in Dtn 28 das Schwert an das Ende und der Ninurta-Fluch an den Anfang gestellt worden sein, damit die beiden Reihen vereinigt werden konnten?“

622 Vgl. zu dem Schema a.a.O., 6. Das einzelne Textbausteine bzw. -glieder umstellende Verfahren ist auch für assyrische Schreiber verbürgt, die so genannte Permutationen bei der Redaktionsarbeit an Königsinschriften einsetzten, vgl. Fales, Code, 176.

623 Vgl. etwa Frankena, Vassal-Treaties, 146.

624 Steymans, Deuteronomium 28, 299.

625 Vgl. Streck, Flüche, 172f.

Ein Deportationsfluch à la *Dtn 28,36f** findet sich zwar nicht im EST,[626] dafür aber in dem schon häufiger als Vergleichstext herangezogenen, wenige Jahre älteren Vasallenvertrag mit Baal von Tyrus (SAA II 5) (Kol. IV Z. 14'–15'):[627]

> „So mögen Melqart und Eschmun euer Land der Zerstörung 15'und eure Leute der Deportation preisgeben, aus eurem Lande …"

Von Frankena stammt in diesem Zusammenhang die interessante These, Dtn 28,36f* sei in dem der Reihe Dtn 28,25ff* Pate stehenden assyrischen Vasallenvertrag mit Juda dem eigenen Gott Jhwh zugeordnet gewesen – analog der Zuordnung des Deportationsfluchs im Baal von Tyrus-Vertrag zu den lokalen Göttern Melqart und Eschmun.[628] Um seine These zu stützen, kann Frankena darauf verweisen, dass Jhwh auch nach alttestamentlichen Aussagen als Garant von Vasalleneiden in Erscheinung tritt (vgl. z.B. Ez 17,19) und dass an einer Stelle gar ein entsprechender Fluch vorausgesetzt zu sein scheint (vgl. 2Kön 18,25). Sollte 28,36f* tatsächlich ebenfalls einem assyrischen Vorbild zu verdanken sein, so wäre auch in diesem Fall allein das Thema Deportation, nicht aber der Wortlaut vorgegeben gewesen, der überdeutlich auf die dtr Fiktion der bevorstehenden Landnahme abhebt – der Voraussetzung dafür, dass Israel einen König „über sich setzen" (*'šr tqym 'lyk*) kann – und überdies vermutlich auf das Schicksal König Jojachins anspielt (vgl. 2Kön 24,12). Aber diese, den Deportationsfluch betreffenden Mutmaßungen sind lediglich eine Denkmöglichkeit, die mangels aussagekräftiger Quellen nicht weiter verfolgt werden sollte. Ein Deportationsfluch lag schließlich schon von der zeithistorischen Situation des Exils her nahe, in der die älteste Fluchsequenz wahrscheinlich entstanden ist.

Alles in allem lässt sich somit im Gefolge Weinfelds für den Abschnitt Dtn 28,25–34* mit abnehmender Beweiskraft eine Abhängigkeit von einer assyrischen Fluchreihe wahrscheinlich machen, wie sie in EST §§ 39–42 bezeugt ist.

Götterreihe	*Fluchthemen*	*Dtn 28*
Sîn	Hautkrankheit	27
Šamaš	Rechtlosigkeit/Blindheit	28f
Venus/Ištar	Kriegsniederlage + Preisgabe der Lebensgrundlagen	30–34
Ninurta	Kriegsniederlage + Leichenfraß	25f*

626 Bezeichnenderweise wird der Deportationsfluch Dtn 28,36f von Steymans, der eine literarische Abhängigkeit der Fluchsequenz in 28,20–44* speziell vom EST postuliert, als Nachtrag betrachtet (vgl. ders., Deuteronomium 28, 259f).

627 Borger, TUAT I, 159.

628 Frankena, Vassal-Treaties, 146.150.

Ist in 28,27–29 die Folge von *saḫaršubbû*-Krankheit und Rechtlosigkeit/Blindheit ein deutlicher Hinweis auf assyrischen Einfluss, so könnten die Themen Kriegsniederlage und Preisgabe der Lebensgrundlagen in 28,30–34 sowie die Themenkombination Kriegsniederlage und Leichenfraß in 28,25f* ebenfalls auf vorgegebene Fluchthemen, verbunden mit den Göttern Venus/Ištar und Ninurta, zurückgehen. Wichtig sind im Hinblick auf die eingangs formulierten Fragestellungen zwei Schlussfolgerungen. Erstens scheint die Verknüpfung der Fluchthemen mit den entsprechenden Göttern in EST §§ 39–42 keinen Sonderfall innerhalb der assyrischen Fluchtradition darzustellen. Während sich zu Sîn-, Šamaš- und Venus/Ištar-Fluch leicht neuassyrische Parallelen beibringen lassen, muss der traditionelle Charakter im Falle des Ninurta-Fluches mangels aussagekräftiger Vergleichstexte freilich hypothetisch bleiben. Zweitens scheint auch die Reihenfolge der Götter in EST §§ 39–42 weniger dem Zufall als der Konvention geschuldet zu sein. Wie M. P. Streck zeigen konnte, sind die Flüche mit göttlichem Subjekt im EST nicht wahllos aneinandergereiht worden (und d.h. singulär), sondern vielmehr das Ergebnis einer planmäßigen Gestaltungsarbeit, für die er vier Typen von Kriterien namhaft machen konnte:[629]

1. Die Götterhierarchie
2. Götterpaare
3. Das Eltern-Kind-Verhältnis der Götter
4. Ähnliche Aspekte oder Funktionen der Götter

Während bei der Reihe Sîn – Šamaš – Venus/Ištar das Vater-Kind(er)-Verhältnis leitend war,[630] verdanken die in EST §§ 38A–43 zusammengestellten Götter ihre Position dem vierten Kriterientyp. Die genannten Kriterientypen dürften auch in anderen neuassyrischen Fluchsequenzen leitend gewesen sein, in denen Flüche mit göttlichem Subjekt vorkamen. Da der Fluchsequenz des EST – der, wie gesagt, den einzigen im Original überlieferten Vereidigungstext der neuassyrischen Epoche darstellt – bislang keine vergleichbar gut erhaltene neuassyrische Fluchfolge gegenübergestellt werden kann, bleibt in diesem Punkt vieles hypothetisch. Doch zeigt ein Vergleich einer Fluchfolge in dem Vasallenvertrag mit Baal von Tyrus mit einem Abschnitt aus dem EST, dass das hier vertretene Postulat eines weitgehend konventionellen Charakters sowohl der Reihenfolge der Flüche als auch der festen Verbindung von Göttern und Fluchthemen in die richtige Richtung weist:[631]

629 Streck, Flüche, 183.

630 Vgl. für Belege der Reihe Sîn – Šamaš – Ištar Steymans, Deuteronomium 28, 145f.

631 Borger, TUAT I, 171 und 159 (kursiv im Original).

EST §§ 50–53 Z. 457–465

„§ 50 [457]So möge Ninlil, die in Ninive wohnt, [458]ein flammendes Schwert *gegen* euch *angürten*. § 51 [459]So möge die Ischtar, die in Arbela wohnt, [460]euch Erbarmen und Schonung nicht angedeihen lassen. § 52 [461]So möge Gula, die große Oberärztin, Krankheit und Mühsal [in euer Herz] (legen), [462]eurem Körper eine nicht heilende Wunde beibringen. [463]Badet [462][in eurem Blute] [463]wie in Wasser. § 53 [464]So möge die Siebengottheit (Sebetti), die kriegerischen Götter, [mit ihren] zornigen [Waffen] [465]eure Niederwerfung [bewirken].“

Vertrag mit Baal von Tyrus (SAA II 5) Kol. IV Z. 1'–5'

„[1'][So möge Ninlil, die in Ninive wohnt, ein flammendes Schwert *gegen* euch *angürten*.] [2'][So möge] die Ischtar, [die in Arbela wohnt], euch [Erbarmen und Schonung nicht angedeihen lassen.] [3'][So möge] Gula, die [große] Oberärztin, [Krankheit und Mühsal in] euer [Herz (legen)], [4']eurem Körper [eine nicht heilende Wunde beibringen]. Badet [in eurem Blute wie in Wasser]. [5']So möge die Siebengottheit, die kriegerischen Götter, mit ihren [zornigen] Waffen eure [Niederwerfung] bewirken.“

Da die Siebengottheit in Eidgötterlisten der erhaltenen neuassyrischen Vertragstexte in der Regel den Übergang zu den Göttern der Vertragspartner markiert,[632] ist es verständlich, wenn die Gemeinsamkeiten nicht über dieses Götterkollektiv hinausgehen. Da überdies im Vertrag mit Baal von Tyrus der Anfang der Fluchsektion weggebrochen ist,[633] könnten sich die Gemeinsamkeiten in der Abfolge der Flüche nach vorn auf noch einen größeren Bereich erstreckt haben. So oder so macht die Gegenüberstellung der beiden Fluchreihen deutlich, dass in diesem Punkt mit einer weitgehenden Standardisierung zu rechnen ist, zumal die beiden Verträge aus völlig entgegengesetzten Gebieten des neuassyrischen Imperiums stammen, einmal aus dem medischen Osten, einmal aus dem levantinischen Westen. Es ist von daher durchaus denkbar, dass Vasallenverträge mit Israel bzw. Juda vergleichbare Fluchsequenzen aufzuweisen hatten.[634] Im Anschluss an Weinfeld ergibt sich aus den Gemeinsamkeiten in der Themenabfolge zwischen Dtn 28,25–34* und EST § 39–42, dass ein x-beliebiger assyrischer Vertrag direkt oder indirekt auf die biblische Fluchsequenz Einfluss genommen hat. Eine von Frankena und Steymans postulierte Abhängigkeit speziell vom EST ist folglich keinesfalls zwingend.

632 Vgl. Barré, God-List, 19.

633 Vgl. Parpola/Watanabe, Treaties, XLVII: 75 bzw. 80 % des Vertrags sind verloren.

634 Angesichts des schlechten Erhaltungszustandes der Fluchsektionen der neuassyrischen Vereidigungstafeln nimmt es nicht Wunder, dass der vorgestellten parallelen Abfolge keine weiteren Beispiele an die Seite gestellt werden können. Selbst von dem umfangreichen Vertrag mit dem Aramäer Mati'-il (SAA II 2) sind gerade einmal gut 40% der Flüche erhalten, von denen jedoch die meisten Vergleichsflüche ohne göttliche Subjekte sind (vgl. a.a.O., XLVI).

2.3.4 Dtn 28,20–44* und EST § 56

Ein ganz anderes Bild ergibt sich, wenn sich mit Steymans herausstellen sollte, dass neben der genannten Götterreihe insbesondere der ausgedehnte Fluch bei den großen Göttern in EST § 56 die Themenabfolge in Dtn 28,20ff* gesteuert hätte. Da EST § 56 ein Kompositum-Fluch ist, der – im Gegensatz zu den Flüchen in EST §§ 39–42 – nicht nach konventionellen Kriterien gestaltet worden ist,[635] kommt der Frage nach dem traditionsgeschichtlichen Zusammenhang zwischen Dtn 28* und dem Konglomerat an Flüchen in EST § 56 eine entscheidende Rolle zu. Steymans gelangt in seiner traditionsgeschichtlichen Analyse der Fluchsequenz in Dtn 28* zu dem folgenreichen Ergebnis, dass Dtn 28,20–44* und EST § 56 eine „fast identische Themenabfolge" zu erkennen gäben.[636] So erklärten sich zugleich die Umstellungen in Dtn 28,23–35*. Laut Steymans habe nämlich der biblische Verfasser – „[d]ie Stichwortfolge von § 56 übernehmend"[637] – an thematisch geeigneter Stelle weitere Flüche aus EST § 39–42 und § 63f eingefügt, die aufgrund ihrer Beziehung zum Sonnengott bzw. zu Himmel und Erde gut mit dem solaren Gepräge Jhwhs zu vereinbaren gewesen seien.[638] Im Folgenden soll an drei Beispielen auf Schwachpunkte der Argumentation aufmerksam gemacht werden, die es zweifelhaft erscheinen lassen, in EST § 56 die thematische Vorlage von Dtn 28,20ff* zu sehen.

Bei dem ersten Beispiel handelt es sich um die allgemeinen Verfluchungen in § 56 Z. 489f, die Steymans zufolge Dtn 28,33b–35* Modell gestanden haben sollen.[639] Die beiden Stellen lauten im Vergleich:

EST § 56 Z. 489f[640]	*Dtn 28,33b–35**
„Alles Gute (*mimma ṭābtu*) möge euch verboten sein!	„Und du wirst bloß ausgebeutet und bedrückt werden alle Tage. [34]Und du wirst wahnsinnig werden von dem, was deine Augen sehen.

635 Vgl. schon Watanabe, *adê*-Vereidigung, 196: Die Flüche in § 56 seien „assoziativ nacheinander aufgereiht". Vgl. dann vor allem Steymans, Deuteronomium 28, 109–129 sowie 149, der nach einer Analyse von EST § 56 a.a.O., 126, zu dem Ergebnis kommt: „Die assyrische Hofkanzlei verwendete offenbar traditionelles Material, um daraus einen unter den bekannten mesopotamischen Texten einmaligen palindromisch strukturierten Fluch zu schaffen."

636 A.a.O., 300.

637 A.a.O., 301.

638 Vgl. a.a.O., 301, sowie den Exkurs a.a.O., 139–142.

639 A.a.O., 306f.

640 Watanabe, *adê*-Vereidigung, 166f.

[490]Alles Krankhafte (*mimma marṣu*) möge euer Schicksal sein!"

[35]Jhwh wird dich mit bösen Geschwüren an den Knien und an den Schenkeln schlagen, von denen du nicht geheilt werden kannst, *von deiner Sohle bis zu deinem Scheitel.*

Die Annahme, dass EST Z. 489f die Vorlage für Dtn 28,33b–35* darstellt, hängt ganz wesentlich an der Übersetzung von *mimma marṣu* mit „alles Krankhafte"; denn allein so entsteht eine Entsprechung zu dem plastisch ausgemalten Krankheitsfluch in Dtn 28,35*. Der Begriff *marṣu* kann nach CAD einmal „sick, diseased" bedeuten, hat daneben aber noch die allgemeine Bedeutung „difficult, inaccessible, impregnable, severe, grievous, bitter"; entscheidend ist jeweils der Kontext, in dem das Wort erscheint. Im EST ist mit *marṣu* an drei Stellen in der Tat eine physische Krankheit gemeint (Z. 389; 418; 461). An der hier relevanten Stelle legt der Kontext allerdings die offenere Semantik nahe: *mimma marṣu* korrespondiert ganz offensichtlich mit dem vorangehenden *mimma ṭābtu* „alles Gute" und wird von CAD dementsprechend unter der allgemeinen Bedeutung „severe, grievous, bitter" verbucht.[641] Der Ausdruck *mimma marṣu* ist folglich am ehesten mit „alles Schlechte" zu übersetzen. Damit aber fehlt in dem Passus des EST eine Analogie zu dem Krankheitsfluch in Dtn 28,35*.

Das zweite Beispiel betrifft die Fluchreihe in Dtn 28,38–42, die mit den schon besprochenen V. 23f in einem engen traditionsgeschichtlichen Zusammenhang steht: War in 28,23f von der Verschlossenheit von Himmel und Erde die Rede, so werden in 28,38–42 die Konsequenzen der Trockenheit beschrieben, die zu einem durch Insektenfraß verursachten Ernteausfall führen. Beide Themen gehören in das Umfeld des strafenden Wettergottes.[642] Steymans sieht in der Abfolge der Themen Essen, Trinken und Körperpflege den Einfluss von EST § 56 Z. 490–493. In diesen Zeilen liegt eine Reihe vor, die neben den erwähnten Themen auch noch die Kleidung und den Wohnort mit dem Fluch belegt. Eine vergleichbare Verfluchung der Lebensgrundlagen Essen, Körperpflege, Trinken, Kleidung und Wohnort bietet auch schon der ältere Aššur-nērārī-Vertrag (SAA II 2), bei dem der Wettergott Adad für den Fluch verantwortlich zeichnet (Kol. IV Z. 14–16):[643]

„[14]Staub möge ihnen zum Essen, Asphalt zum Salben, [15]Esels-Urin zum Trinken und Papyrus zur Kleidung [16]gereichen. Ihr Lager möge in einem Loch sein."

Zu vergleichen ist aber auch ein nicht völlig erhaltener Abschnitt aus einem Fluch bei den Göttern Melqart und Eschmun im Vertrag mit Baal von Tyrus (SAA II 5) (Kol. IV Z. 16'–17'):[644]

641 Vgl. CAD M I, 295 (*marṣu* 2 b); vgl. auch Lambert, Rezension Steymans, 397.

642 Vgl. Grätz, Wettergott, 124f.

643 Borger, TUAT I, 156.

644 A.a.O., 159.

„[16']die Brote in eurem Munde, das Kleid auf eurem Körper, [...] [17']das Öl bei eurem Salben mögen sie verderben [...].“

Die zu vergleichenden Abschnitte aus EST § 56 und Dtn 28 lauten:

EST § 56 Z. 490–493[645]	Dtn 28,38–44
„Asphalt und Trocken-Asphalt mögen eure Speise sein!	„[38]Viel Samen wirst du aufs Feld bringen, aber wenig sollst du ernten, denn die Heuschrecke wird ihn fressen.
[491]Eselsurin möge euer Getränk sein!	[39]Weinberge wirst du pflanzen und bearbeiten, aber Wein sollst du nicht trinken und nicht in Vorrat legen, denn der Wurm wird ihn fressen.
Naphtha möge eure Salbung sein!	[40]Ölbäume wirst du in deinem ganzen Gebiet haben, aber Öl zum Salben sollst du nicht haben, denn deine Oliven werden abfallen.
	[41]Söhne und Töchter wirst du zeugen, aber sie sollen nicht bei dir sein, denn sie werden in die Gefangenschaft gehen.
	[42]Alle deine Bäume und die Frucht deines Landes wird die Grille in Besitz nehmen.
[492]Die *elapû*(*a*)-Pflanze des Flusses möge eure Decke sein!	
[493]*šēdu*-, *utukku*- und böser *rābiṣu*-Dämon mögen sich eure Häuser (als Wohnstätte) erwählen!“	[43]Der Fremde, der in deiner Mitte (lebt), wird höher und höher über dich hinaufsteigen, aber du, du wirst tiefer und tiefer hinabsteigen. [44]Er wird dir leihen, aber du wirst ihm nicht leihen; er wird zum Haupt, aber du wirst zum Schwanz.“

Ein Vergleich der beiden Reihen legt offen, dass die Differenzen erheblich größer sind als die Gemeinsamkeiten. Wie gesagt, liegt im EST eine geschlossene und in ähnlicher Gestalt auch in anderen Fluchsektionen bezeugte Reihe von Verfluchungen der menschlichen Lebensgrundlagen von der Nahrung bis zur Wohnung vor. Dtn 28,38–42 variieren dagegen das Thema der Ertraglosigkeit des Ackerlandes aufgrund von Insektenbefall. Die Gemeinsamkeiten bestehen also lediglich in der allgemeinen Abfolge der weit verbreiteten Themen Essen, Trinken und Körperpflege.

Demgegenüber lohnt es sich, in Dtn 28,38–42 nach Einflüssen der westlichen Tradition Ausschau zu halten. In die Richtung der westlichen Fluchtradition weist zunächst die den Kern der Reihe bildende Gattung der Nichtigkeitsflüche, die in der Regel in Reihen erscheinen und einem festen, stereotypen Bauplan

645 Watanabe, *adê*-Vereidigung, 166f.

folgen: Im Vordersatz wird in singularischer Anrede eine lebenswichtige Tätigkeit genannt, deren erhoffte Wirkung im Nachsatz fluchhaft negiert wird (hebr. *wlʾ*). T. Podella hat die Gattung m.E. zu Recht traditionsgeschichtlich auf das hethitische Notzeit-Mythologem zurückgeführt. Nach diesem verursacht das Verschwinden der Wettergottheit eine Notzeit in der Götter-, Menschen- und Tierwelt, die vor allem darin besteht, dass vitale Lebensäußerungen ihre Wirkung verlieren und insbesondere Essen und Trinken nicht zur Sättigung führen. In Gestalt von Flüchen begegnet das Motiv vor allem im aramäischen Milieu, weshalb an eine aramäische Herkunft der Gattung zu denken ist.[646] Von den traditionsgeschichtlichen Vorläufern für die Reihe in Dtn 28,38–42 sei zuerst ein Fluch der assyrisch-aramäischen Bilingue vom Tell Feḫerīye zitiert (Z. 18f):[647]

> *wl*[19] *zrʿ wʾl yḥṣd*
> *wʾlp šʿryn lzrʿ wprys lʾḥz mnh*
> „Und er wird säen, aber er soll nicht ernten.
> Und er wird tausend (Maß) Gerste säen, aber er soll nur ein halbes Maß einnehmen."

Auch bei den Schriftpropheten sind vergleichbare Reihen belegt. So heißt es etwa in einer Strafandrohung in Micha 6,15:[648]

> *ʾth tzrʿ wlʾ tqṣwr*
> *ʾth tdrk zyt wlʾ tswk šmn*
> *wtyrwš wlʾ tšth yyn*
> „Du wirst säen, aber du sollst nicht ernten.
> Du wirst Oliven keltern, aber du sollst dich nicht mit Öl salben;
> und Trauben (keltern), aber du sollst keinen Wein trinken."

Die Reihenfolge von Essen, Trinken, Körperpflege, die Dtn 28,38ff mit EST § 56 gemeinsam hat, erklärt sich leicht, wenn man bedenkt, dass die Trias Korn (*dgn*) – Wein (*tyrwš*) – Öl (*yṣhr*) im Alten Testament mit 19 Belegen eine feststehende Reihe bildet und zudem als ein „Charakteristikum des Dtn"[649] gelten kann. Interessant ist in diesem Zusammenhang der Beleg in Dtn 11,14, weil sich die Stelle deutlich an die Fluchsequenz in Dtn 28 anlehnt und dabei die Nichtigkeitsflüche mit Hilfe der Trias Korn – Wein – Öl in eine Segensformel verwandelt, aus der hervorgeht, wie flexibel derart geprägte Reihen gebraucht werden konnten:

> „[13]Und es wird geschehen, wenn ihr auf meine Gebote hört (*whyh ʾm šmʿ tšmʿw ʾl mṣwty*) [...], [14]so werde ich eurem Land Regen geben zu seiner Zeit, Frühregen und

646 Vgl. zu einer ausführlichen Begründung der Traditionslinien o. S. 63–67.

647 Schwiderski, Inschriften, 194.

648 Zur literarhistorischen Beurteilung von Mi 6,9–16 s. Kessler, Micha, 275–277.

649 Fleischer, תירוש, 646. vgl. u.a. Hos 2,10; Joel 2,24; Dtn 7,13; 11,14; 12,17; 14,23; 18,4; 28,51. Ein Beleg der Trias ist auch aus Ugarit bekannt (vgl. Seitz, Studien, 286, Anm. 129).

Spätregen, dass du einsammelst dein Korn, deinen Wein und dein Öl (*dgnk wtyršk wyṣhrk*) […].“ (Dtn 11,13f)

Die Nichtigkeitsflüche in Dtn 28,38ff weisen jeweils eine kausale Erweiterung auf, die den Ernteausfall vor allem mit dem verheerenden Wirken von verschiedenen Schädlingen begründen. Das Thema Schädlingsfraß ist auch in der Fluchsektion der aramäischen Inschriften von Sfire bezeugt. Bemerkenswert ist nun, dass die Schädlinge dort in der gleichen Reihenfolge aufgeführt werden wie in Dtn 28.[650]

Dtn 28,38–42*	Sf I A: 27f
ky yḥslnw h'rbh	*wšbʿ šnn y'kl 'rbh*
„[...], denn die Heuschrecke wird ihn fressen.“	„Und sieben Jahre wird die Heuschrecke fressen.“
ky t'klnw htlʿt	*wšbʿ šnn t'kl twlʿh*
„[…], denn der Wurm wird ihn fressen.“	„Und sieben Jahre wird der Wurm fressen.“
kl ʿṣk wpry 'dmtk yyrš hṣlṣl	*wšbʿ [šnn ys]*^{28}*q twy ʿl 'py 'rqh*
„Alle deine Bäume und die Frucht deines Landes wird die Grille in Besitz nehmen.“	„Und sieben Jahre wird die Grille (?) aufsteigen auf die Oberfläche seines Landes“

Gemeinsam ist den Reihen auch, dass abschließend das Thema Schädlingsfraß noch einmal zusammenfassend auf das ganze Land bezogen wird. Aus dem Rahmen fällt lediglich V. 41, der sich zwar formal in den Kontext einfügt, aber inhaltlich mit der drohenden Deportation der Söhne und Töchter das Thema der Ertraglosigkeit des Ackerlandes verlässt. Möglicherweise liegt gerade darin ein versteckter Hinweis auf den zeithistorischen Kontext der Verfasser von Dtn 28* vor; denn speziell der an dieser Stelle gebrauchte Ausdruck (*hlk*) *bšby* „in die (Kriegs-)Gefangenschaft gehen“ steht im Alten Testament häufig im Zusammenhang mit dem babylonischen Exil[651] und dient in späten Texten gar „als eine neutrale, beinahe technische Bezeichnung für das Exil oder die Exilgemeinde“.[652] Im Hinblick auf die Frage nach den traditionsgeschichtlichen Wurzeln der Reihe Dtn 28,38–42 ist in diesem Zusammenhang die Beobachtung höchst bedeutsam, dass die Dtn 28* sowie den Sfire-Inschriften gemeinsame Schädlingsreihe in eben dieser Folge in der (ursprünglich mesopotamischen)

---

650 Vgl. dazu Weinfeld, Traces, 424, Anm. 2, und Tawil, Curse, 60: aram. *twy* ist mit akk. *dayye/ṭayye* und hebr. *ṣlṣl* zu identifizieren.

651 Vgl. Jer 20,6; 22,22; Klgl 1,5.18; Ez 12,11; 30,17f; vgl. auch 2Chr 28,17; als spiegelnde Strafe für Babel: Jer 30,16; Jes 46,2. Ein ähnliches Schicksal, wie es Israel laut Dtn 28,41 treffen wird, hat Moab nach Jer 48,46 bereits ereilt: Die Söhne und Töchter des Volkes sind in die (babylonische) Gefangenschaft (*šby*) weggeführt. Zu außerbiblischen Belegen vgl. Otzen, שבה, 950f.

652 A.a.O., 953; vgl. auch a.a.O., 957: „In einigen späteren Texten werden Wörter wie „Gefangennahme“ und „Gefangenschaft“ beinahe zu einem term. techn. für das babyl. Exil […].“

lexikalischen Serie ur$_5$ra = *ḫubullu* erscheint, die ein fester Bestandteil der altorientalischen Schreiberausbildung war. Diesem Sachverhalt soll an anderer Stelle nachgegangen werden.[653] Die gebrauchte Fluchgattung sowie die parallele Schädlingsreihe deuten in jedem Fall darauf hin, dass Kontakte auf der Ebene der (aramäischen) Schreibertradition bei der Rezeption von Vertragsrechtstraditionen eine große Rolle gespielt haben könnten. Mit dieser Annahme wäre auch ein alternatives Erklärungsmodell zu Thesen einer literarischen Abhängigkeit von bestimmten Vertragstexten wie dem EST bereitgestellt.

Zweifelhaft ist schließlich die Parallelisierung des Dämonen-Fluches in § 56 Z. 493 mit dem Fluch vom „aufsteigenden Fremden" in Dtn 28,43f, die als drittes Beispiel genannt sei. Die Gegenüberstellung der Flüche gelingt Steymans nur mit einer problematischen Verharmlosung der aufgeführten Dämonen. Wenn er etwa schreibt: „Die genannten Dämonen galten in Assyrien nicht als schlechthin böse, man schrieb ihnen vielmehr Schutzfunktionen zu. Erst im Fluch werden sie zu Bedrängern"[654], so lässt sich dies zumindest für den mit dem Achtergewicht zuletzt genannten *rābiṣu*-Dämon nicht verifizieren. Dieser gilt auch ohne das Adjektiv *lemnu* als böse und für den Menschen schädlich.[655] Es ist zudem zu fragen, ob sich der EST-Fluch und Dtn 28,43f überhaupt auf einen Nenner bringen lassen. Steymans sieht diesen in der Vorstellung, „dass den Menschen ihr allernächster Lebensraum ‚un-heimlich' wird. Die gemeinsame Aussage lautet: Lebensgenossen, gegen deren Nähe man sonst nichts hat, verwandeln sich in unangenehme Bedrücker."[656] Doch diese Beschreibung wird m.E. keinem der beiden Flüche gerecht. Der Dämonen-Fluch in EST § 56 führt die vorangehenden Flüche inhaltlich fort: Wie dort Essen und Trinken, Körperpflege und Kleidung verflucht und somit verunmöglicht werden, so ist es, hier bezogen auf den Wohnort, ausgeschlossen, in einem von Dämonen besetzten Haus zu leben. Gänzlich anders ist die Aussage in Dtn 28:[657]

> „Der nach Dtn 28,43f emporkommende Fremdling (גר) vertreibt die Verfluchten weder aus ihren Wohnungen, noch bezieht er deren leerstehenden Häuser, sondern er steigt über sie empor (עלה על), was in V.44 dezidiert in wirtschaftlicher Hinsicht interpretiert ist."

653 S. u. S. 284–286.

654 Steymans, Deuteronomium 28, 309.

655 Vgl. die Belege in CAD R, 23 (*rābiṣu* 2 c), sowie Barré, *rabiṣu*, 682f. – Vgl. auch den *rbṣ* in Gen 4,7.

656 Steymans, Deuteronomium 28, 309.

657 Grätz, Wettergott, 115, Anm. 136. Die Vokabel *lwh* ist dem Privatrecht entlehnt, s. o. S. 184.

Dabei ist auch zu beachten, dass Dtn 28,43f nicht wie der Dämonen-Fluch Glied einer Reihe ist, sondern sich sowohl formal wie inhaltlich von der vorangehenden Reihe von Nichtigkeitsflüchen absetzt.

Die drei vorgetragenen Beispiele sprechen gegen eine Abhängigkeit der Fluchsequenz in Dtn 28,20–44* von EST § 56. Der Aufbau von Dtn 28,20–44* ist überzeugender mit einer Abhängigkeit von einer EST § 39–42 entsprechenden assyrischen Fluchreihe zu erklären, neben der weitere alttestamentliche Reihen (etwa die Heimsuchungstrias oder die Trias Korn – Wein – Öl) und Motive (z.B. die „Vögel des Himmels und Tiere der Erde“) verwendet wurden. Dass diese Abhängigkeit eher eine traditionsgeschichtliche als eine literarische Abhängigkeit ist, soll im weiteren Verlauf der Arbeit gezeigt werden.

Exkurs: Dtn 28* als „Übersetzung“ einzelner EST-Paragraphen?

Nach Steymans kann das Abhängigkeitsverhältnis zwischen Dtn 28* und einzelnen EST-Paragraphen näherhin als das einer „Übersetzung“ bestimmt werden.[658] Den gegen eine solche These in der vergleichenden Forschung oft geltend gemachten geringen Grad der Übereinstimmung in den Formulierungen[659] versucht Steymans zu entkräften, indem er die Differenzen auf den Übersetzungsvorgang zurückführt. Dieser Weg erscheint – nicht zuletzt aufgrund der recht komfortablen Quellenlage in einem Gebiet kontinuierlicher Mehrsprachigkeit[660] – auf den ersten Blick vielversprechend zu sein. Da jede Übersetzung eine Interpretation des Übersetzers einschließt und überdies kulturelle und sprachliche Charakteristika der Zielsprache den Übersetzungsprozess ganz erheblich steuern, sind Differenzen zwischen dem Ausgangs- und dem Zieltext vorprogrammiert. Wie Steymans zeigen kann, gilt dies selbst bei so geprägten Textbausteinen wie Flüchen. An dieser Stelle ist es lohnend, sich punktuell in den Steymans'schen Argumentationsgang einzuklinken, um auf Schwierigkeiten bei der Übertragung seiner am altorientalischen Vergleichsmaterial gesammelten Erkenntnisse auf Dtn 28* aufmerksam zu machen. Nachdem Steymans Fluchsektionen mehrsprachig überlieferter Verträge und Inschriften auf ihre Übersetzungstreue überprüft hat,[661] kommt er nach der Durchsicht von insgesamt fünf Textkorpora zu dem Ergebnis, dass in den Fällen, in denen die Fluchsequenz nicht aus traditionell festgelegten Formeln besteht „eher von einer ‚Übertragung‘ in die

658 Vgl. z.B. Steymans, Deuteronomium 28, 299.

659 Vgl. z.B. Jeremias, Kultprophetie, 168f.

660 Vgl. zum Phänomen der Mehrsprachigkeit im Alten Orient Cooper, Bilingual Babel, und Hallo, Bilinguism.

661 Vgl. Steymans, Deuteronomium 28, 150–194.

Formulierungsgewohnheiten der Zielsprache" gesprochen werden sollte, wobei die grundsätzliche Themenabfolge der Flüche bestehen bleibe.[662] In den Übersetzungstexten sind ihm zufolge im Wesentlichen vier Typen von Differenzen belegt:[663]

(1.) Glieder einer Aufzählung werden vermehrt bzw. reduziert.

(2.) Metaphern werden in Abstrakta bzw. Abstrakta in Metaphern verwandelt.

(3.) Einfache akkadische Fluchwünsche stehen aramäischen Nichtigkeitsflüchen gegenüber.

(4.) Götternamen werden geändert.

Bei der Übertragung der gewonnenen Einsichten in die antike Übersetzungspraxis auf das Verhältnis zwischen Dtn 28* und seiner postulierten assyrischen Vorlage gerät dann allerdings der Vergleich in die Schieflage, insofern die dem Übersetzungsprozess geschuldeten Differenzen aller in die Untersuchung einbezogenen altorientalischen Übersetzungstexte auf einen eng begrenzten Textabschnitt in Dtn 28,20–44* übertragen werden, an den die gleichen (quantitativen) Maßstäbe angelegt werden. Die Problematik dieser Vorgehensweise soll im Folgenden an einem markanten Beispiel demonstriert werden.

Ein wichtiger Baustein in Steymans' Argumentation ist die assyrisch-aramäische Inschrift vom Tell Feḫerīye aus dem 9. Jh. Der Vergleich der Schutzflüche in der assyrischen und aramäischen Fassung zeigt, dass Übersetzung und Textvorlage einen hohen Übereinstimmungsgrad im Wortlaut aufweisen und dass bei einem Umfang von 80 (assyrisch) bzw. 85 (aramäisch) Wörtern im Wesentlichen lediglich drei Differenzen festzumachen sind:[664]

(1.) Die aramäische Fassung bietet in Z. 17f über die assyrische Entsprechung in Z. 28f hinaus die im Aramäischen feststehende Wendung *mn ydh*.

(2.) Die aramäische Fassung formuliert in Z. 18–22 antithetische Nichtigkeitsflüche, während die assyrische in Z. 30–35 einfache Fluchwünsche aufweist.

(3.) Im letzten Fluch besteht das den Verfluchten treffende Unheil in der aramäischen Fassung aus einer mit dem Gott Nergal in Verbindung gebrachten Pestkrankheit (*mwtn šbṭ zy nyrgl*) (Z. 23), wohingegen die assyrische Fassung drei Krankheiten (*di'u šibṭu diliptu*) auflistet (Z. 37f).

662 A.a.O., 194.

663 Vgl. ebd.

664 Vgl. die Gegenüberstellung der Texte a.a.O., 157–160.

Die Tell Feḫerīye-Inschrift ist nun in zweierlei Hinsicht für eine Übertragung der Übersetzungsvorgänge auf das Alte Testament von Vorteil: Einerseits steht sie als assyrisch-aramäische Bilingue sprachlich dem postulierten Vermittlungsweg des EST, der entweder vom Assyrischen direkt ins Hebräische oder über eine aramäische Übersetzung in die hebräische Sprachwelt gelangt sein soll, sehr nahe. Andererseits dient sie bei Steymans wegen der offenkundigen Unterschiede zwischen beiden Fassungen als Paradebeispiel dafür, „dass die übersetzende gleichzeitig eine gestaltende Hand war",[665] weshalb er an dieser Stelle seinem Gesamtergebnis vorgreifend folgert: „Sollte Dtn 28 tatsächlich von den Flüchen eines assyrischen Vertrages beeinflusst sein, so darf wohl nach Betrachtung der Bilingue von Tell Fekheriye kaum gefordert werden, dass man die VTE [= EST] wortwörtlich übersetzt hätte."[666]

Wendet man sich allerdings von der Tell Feḫerīye-Inschrift Dtn 28* zu, so ergibt sich bezüglich der Übersetzungsdifferenzen dann doch ein ganz anderes Bild, etwa auch bei dem Fluch in Dtn 28,23f, der wegen seiner großen Nähe zu EST § 63f den forschungsgeschichtlichen Ausgangspunkt der Abhängigkeitsthesen bildete und Steymans zufolge als „Übersetzung" der einschlägigen EST-Flüche betrachtet werden sollte.[667] Ein Vergleich von Dtn 28,23f (23 Wörter) mit EST § 63f (50 Wörter) auf der einen und zwischen den beiden Fassungen der Tell Feḫerīye-Inschrift auf der anderen Seite macht indes deutlich, dass Dtn 28,23f, obwohl wesentlich kürzer als der Fluchteil der Inschrift, im Gegensatz etwa zu den beiden Fassungen der Bilingue erschreckend wenige wörtliche Parallelen zu EST § 63f zu erkennen gibt und folglich nicht als Übersetzung betrachtet werden sollte. Es ist bezeichnend, dass sich Steymans allein für die vier größten Abweichungen (der Subjektwechsel zu Jhwh; das Fehlen des Ziegelsteinmotivs [EST Z. 527] und der Feststellung der Ertraglosigkeit des Ackerbodens [EST Z. 528]; die Reduktion bzw. Vermehrung von Gliedern einer Aufzählung [z.B. „Regen und Tau" in EST Z. 531; „Flugstaub und Staub" in Dtn 28,24]; die umgekehrte Reihenfolge von Himmel und Erde) in zwei Versen aus Dtn 28 genötigt sieht, mindestens drei der wesentlich umfangreicheren altorientalischen Übersetzungstexte ins Feld zu führen, in denen jeweils eine der genannten Abweichungen ebenfalls belegt ist.[668] Vergleicht man Dtn 28,23f mit EST § 63f vor dem Hintergrund der von Steymans herangezogenen antiken Übersetzungen, so

665 A.a.O., 160.

666 A.a.O., 161.

667 Vgl. a.a.O., 299.

668 Vgl. a.a.O., 290, mit der konzedierenden Feststellung: „Wer immer die hier behandelten Abschnitte der VTE [sc. EST § 63f, CK] ins Hebräische übersetzte, wollte nicht beweisen, wie gut er aramäisch oder assyrisch beherrschte, sondern unter Verwendung einer geeigneten Vorlage einen neuen Text für einen neuen Zweck schaffen […]"

wird schnell deutlich, dass hier selbst von einer freien Übersetzung keine Rede sein kann, da sich bei näherem Hinsehen lediglich die Bilder vom Himmel aus Bronze und dem Boden bzw. der Erde aus Eisen für die Verschlossenheit von Himmel und Erde sowie zwei sehr verschieden konnotierte Bilder von der Pervertierung des lebenswichtigen Regens durch Kohlen bzw. Staub wirklich entsprechen. Der Vergleich zeigt, dass die Gemeinsamkeiten allein auf der Ebene geprägter Motive liegen:

EST § 63f[669]	*Dtn 28,23f*
„[...] mögen alle Götter [...] [527]euch den Boden eng wie einen Ziegel machen, [528]euren Boden wie (aus) Eisen (*kī parzilli*) machen! Nichts [529]möge daraus aufgehen!	„Und dein Himmel, der über deinem Kopf ist, wird Bronze (*nḥšt*) sein, und die Erde, die unter dir ist, Eisen (*brzl*).
[530]Wie (*kī ša*) es vom Himmel aus Bronze (*ša siparri*) nicht regnet, [531]so mögen Regen und Tau (*zunnu nalšu*) auf eure Felder [532]und eure Fluren nicht kommen! Statt Regen (Var. Tau) [533]möge (es) Kohlen auf euer Land regnen!"	Jhwh wird den Regen deiner Erde zu Flugstaub (*'bq*) machen, und Staub (*'pr*) wird vom Himmel auf dich herabkommen, bis du vernichtet bist."

Auch von daher liegt die oben dargelegte Interpretation der Parallelen zwischen EST § 63f und Dtn 28,23f als traditionsgeschichtliche Abhängigkeit von einem westlichen Motivgefüge aus dem Umkreis des Wettergottes näher als die Annahme einer literarischen Abhängigkeit der biblischen Flüche vom EST.

Am Ende der traditionsgeschichtlichen Analyse soll, die gewonnenen Einsichten aufnehmend, kurz der kunstvolle Aufbau der engeren Fluchsequenz Dtn 28,25–37* in den Blick genommen werden. Dass der Abschnitt Dtn 28,25–37* konzentrisch um die Nichtigkeitsflüche in V. 30–32 gelegt ist, die, abgehoben durch das Stichwort *'šwq* „ausgebeutet" in V. 29b und 33b, den Kompositionsmittelpunkt bilden, ist schon länger bekannt.[670] P. Kübel hat jüngst überzeugend dargelegt, dass die im ersten Teil des Palindroms (Dtn 28,25–32*) greifbare Fluchreihe, wie sie in EST § 39–42 belegt ist, auch den Aufbau des zweiten Teils (Dtn 28,34ff*) gesteuert hat, wo die Themen der Götter Šamaš und Sîn, Wahnsinn (V. 34: *whyyt mšg'*) und Hautkrankheit (V. 35: *šḥyn r'*), unverkennbar wiederkehren.[671] Geht man ferner von der Ursprünglichkeit der Verse 36f* aus, so gewinnt man zusätzlich ein passendes Gegenstück zu V. 25f*,

669 Watanabe, *adê*-Vereidigung, 168f.

670 Vgl. Steymans, Deuteronomium 28, 249–251.

671 Kübel, Aufbau, 6.

wobei im Fall des Deportationsfluchs 28,36f* das mit dem Kriegsgott Ninurta verbundene Thema der Kriegsniederlage leitend gewesen wäre.[672] Damit ergibt sich für den Abschnitt 28,25–37* eine makellose Palindromie, die an der assyrischen Götterreihe Ninurta – Šamaš – Sîn –Venus/Ištar orientiert ist:

A	Ninurta-Fluch	25f*
B	Sîn-Fluch	27
C	Šamaš-Fluch	28–29a
D	*ʿšwq*	29b
E	Venus/Ištar-Fluch	30–33a
D'	*ʿšwq*	33b
C'	Šamaš-Fluch	34
B'	Sîn-Fluch	35*
A'	Ninurta-Fluch	36f*

2.4 Ertrag

Die literarische Analyse von Dtn 28 hat ergeben, dass das Kapitel ausweislich der wiederholten Ein- bzw. Überleitungen sowie inhaltlicher Perspektivenwechsel in mehreren Stufen nach hinten gewachsen ist (für den Segen: 1–6, erweitert [nach dem Fluch] in 7–14; für den Fluch: 15–44, erweitert in 45–57 sowie 58–68[69]). Dieser Kernbestand hat davon abgesehen lediglich kleinere redaktionelle Retouchierungen in V. 1b.2b.20bβγ.25b.35b.36b.37bβ erfahren. Voran ging Dtn 28* als paränetische Überleitung vom Gesetzeskern (Dtn 12–26*) die Bundesformel in 26,17f sowie deren Aufnahme in 27,9f*. Möglicherweise endete das Kapitel einmal mit dem die Schicksalsalternative aus Segen und Fluch wiederaufnehmenden Entscheidungsruf in 30,15–20*, der noch einmal den künftigen Landbesitz (vgl. Dtn 28,21 u.ö.) an den Gehorsam gegenüber der Stimme Jhwhs bindet und den Ernst der Entscheidung auf Leben und Tod betont. Neben dem näheren Kontext sprechen insbesondere die Anspielungen auf die Fiktion einer am Vorabend der Landnahme erfolgenden Promulgation von Segen und Fluch mit Mose als Sprecher (28,1f*.15.21.36a) dafür, dass Dtn 28* bereits die dtr Einbindung des Deuteronomiums in den größeren Kontext der Mose-Exodus-Landnahme-Erzählung voraussetzt und somit selbst nicht vor-dtr sein kann. Gegen eine ursprüngliche Zugehörigkeit zum Urdeuteronomium konnte zudem die aparte Stellung des Kapitels im ältesten Überschriftensystem sowie seine gattungsmäßige Angewiesenheit auf einen vertragsrechtlichen Kontext geltend

672 Den Ninurta-Fluch bringt Kübel, Aufbau, 6f, jedoch nicht mit den Versen 36f, die er als Nachtrag betrachtet, sondern mit V. 41 in Zusammenhang, wobei freilich die biblische Reihe Korn – Wein – Öl (V. 38–40) in die ansonsten durchgehende Palindromie eingedrungen wäre.

gemacht werden. Schließlich legen die zum Teil deutlichen Anspielungen auf das babylonische Exil und die damit einhergehenden Deportationen (V. 32; V. 36f* und das Schicksal Jojachins; V. 41 mit *hlk bšby*) einen entsprechenden Erfahrungshintergrund nahe. Ein Hinweis auf den zeithistorischen Kontext könnte auch dadurch gegeben sein, dass auffälligerweise am Ende jeder thematischen Reihe in 28,20–44* auf die drohende nationale Katastrophe angespielt wird:

- V 25f*: am Ende der Heimsuchungstrias
- V. 32: am Ende der assyrisierenden Fluchreihe
- V. 36f*: am Ende der palindromisch gewendeten assyrisierenden Fluchreihe
- V. 41: am Ende der Trias Korn – Wein – Öl

All dies legt den Schluss nahe, dass die Flüche in Dtn 28* als *vaticinia ex eventu* zu begreifen sind und schon der Kern des Kapitels als exilisch-dtr zu beurteilen ist.

Die traditionsgeschichtliche Analyse hat gezeigt, dass Parallelen sowohl zur neuassyrischen als auch zur westlichen Vertragsrechtstradition zu erkennen sind. Einflüsse der westlichen Tradition finden sich in dem Segen-Fluch-Formular Dtn 28,1–6*.15–19 (bestehend aus konditionalen Einleitungssätzen [mit *šmr*] und einer parallel gestalteten Segen-Fluch-Formel), in der Gattung der Nichtigkeitsflüche (28,30f; 28,38–41) sowie in einzelnen Motiven (Wassermangel und Ernteausfall [28,23f.38–41]; Insektenfraß [28,38f.42]). Die entscheidende Vorgabe spiegelt die Themenabfolge der Flüche in 28,25–34* (Kriegsniederlage und Leichenfraß – Hautkrankheit – Blindheit/Rechtlosigkeit – Kriegsniederlage und Preisgabe der Lebensgrundlagen), die sich der assyrischen Götterreihe Sîn – Šamaš – Ninurta – Venus/Ištar verdankt, wie sie in EST §§ 39–42 belegt ist. Daneben waren der biblischen Tradition eigene Reihen und Motive leitend, etwa die Heimsuchungstrias am Anfang (28,21–26*) und die Trias Korn – Wein – Öl gegen Ende der Sequenz (28,38–40). Aus diesem Befund ergeben sich m.E. die folgenden Rückschlüsse für die eingangs formulierte Frage, wie die Parallelen mit dem altorientalischen Vertragsrecht in Dtn 28* zu erklären sind:

(1.) Die gemeinsame Themenabfolge in Dtn 28,27–29 und EST § 39f bzw. in 28,25–34* und EST §§ 39–42, die an die Reihenfolge der Götter im neuassyrischen Reichspantheon gekoppelt ist, wie auch die mögliche Unterscheidung von westlich-aramäischen und neuassyrischen Traditionen, macht deutlich, dass die Annahme eines gemeinsemitischen Fluchkanons zu kurz greift. Dies gilt in verstärktem Maße für die Annahme, die Gemeinsamkeiten beruhten überhaupt nicht auf wie auch immer gearteter Abhängigkeit, sondern allein auf Zufall (*coincidence*).

(2.) Die These, Dtn 28 sei ausgerechnet von dem neuassyrischen Sukzessionsvertrag Asarhaddons (EST) aus dem Jahre 672 abhängig, hat sich nicht bestätigt. Abgesehen von dem problematischen westlichen

Motivgefüge in Dtn 28,23f und EST § 63f kann vor allem die Abfolge der Fluchthemen in Dtn 28,20–44* viel plausibler mit der (aus den genannten Gründen leicht modifizierten) assyrischen Götterreihe Sîn – Šamaš – Ninurta – Venus/Ištar und ihrer palindromischen Umkehrung erklärt werden als mit einer Abhängigkeit von EST § 56. In dem Fall, in dem eine parallele Themenfolge in der Tat gegeben ist, nämlich in Dtn 28,25–34* und EST §§ 39–42, hat sich aber sowohl die Reihenfolge der Götter als auch die Verbindung der Fluchthemen mit den jeweiligen Göttern als weitgehend konventionell assyrisch erwiesen. Als Kontaktmedium kommt folglich nicht zwingend der EST von 672, sondern ein x-beliebiger assyrischer Vertrag in Frage. Da den Königen von Juda als tributpflichtigen assyrischen Vasallen allein im 7. Jh. vermutlich mehr als ein halbes Dutzend Verträge auferlegt worden sind (möglicherweise auch eine judäische Version des EST),[673] ergeben sich genügend Möglichkeiten für ein allmähliches Einsickern einzelner Elemente des assyrischen Vertragsrechts.

(3.) Im Hinblick auf die Fluchfolge in Dtn 28,25–34*, die eine entsprechende assyrische Reihe voraussetzt, ist im weiteren Verlauf der Arbeit zu klären, welche Art von Abhängigkeit vorliegen könnte. Da die These einer literarischen Abhängigkeit in der Regel eine Engführung auf einen bestimmten Text impliziert, sprechen die identifizierten westlichen Einflüsse von vornherein eher für eine weniger statische Theorie. Dabei wird es entscheidend wichtig sein, die erkannten aramäischen und vor allem assyrischen Einflüsse mit der mutmaßlichen Entstehungszeit des Kapitels in der nach-assyrischen Zeit des baylonischen Exils überzeugend zu korrelieren.

673 Vgl. auch Radner, Vorbild, 374.

2.5 Übersetzung von Dtn 28,1–44[674]

Segen-Fluch-Formular Dtn 28,1–6*.15–19	
(1) Und es wird geschehen, wenn du auf die Stimme Jhwhs, deines Gottes, genau hörst, zu bewahren (und) zu tun alle seine Gebote, die ich dir heute gebiete, *dann wird Jhwh, dein Gott, dich als höchste über alle Nationen der Erde stellen.* (2) dann werden all diese Segnungen über dich kommen und dich erreichen, *wenn du auf die Stimme Jhwhs, deines Gottes, hörst.*	(15) Und es wird geschehen, wenn du auf die Stimme Jhwhs, deines Gottes, nicht hörst, zu bewahren (und) zu tun alle seine Gebote und Satzungen, die ich dir heute gebiete, dann werden all diese Verfluchungen über dich kommen und dich erreichen.
(3) Gesegnet wirst du sein in der Stadt, und gesegnet wirst du sein auf dem Feld. (4) Gesegnet wird sein die Frucht deines Leibes und die Frucht deines Ackers *und die Frucht deines Viehs*, der Wurf deiner Rinder und die Zucht deiner Schafe. (5) Gesegnet wird sein dein Korb und dein Backtrog. (6) Gesegnet wirst du sein bei deinem Eingang, und gesegnet wirst du sein bei deinem Ausgang.	(16) Verflucht wirst du sein in der Stadt, und verflucht wirst du sein auf dem Feld. (17) Verflucht wird sein dein Korb und dein Backtrog. (18) Verflucht wird sein die Frucht deines Leibes und die Frucht deines Ackers, der Wurf deiner Rinder und die Zucht deiner Schafe. (19) Verflucht wirst du sein bei deinem Eingang, und verflucht wirst du sein bei deinem Ausgang.

Vorgaben	Dtn 28,20–44*
	(20) Jhwh wird den Fluch, die Verwirrung und die Bedrohung gegen dich senden, in allem Geschäft deiner Hand, das du tust, bis du vertilgt bist und bis du schnell zugrunde gegangen bist, *wegen der Bosheit deiner Taten, mit denen du mich verlassen hast.*
dbr	(21) Jhwh wird die Pest (dbr) an dir hangen lassen, bis er dich vernichtet hat aus dem Land, in das du kommst, um es in Besitz zu nehmen. (22) Jhwh wird dich mit Schwindsucht und mit Fieber und mit Fieberglut und mit Entzündung

674 Wenn in der abschließenden Übersetzung von Dtn 28,1–44* das Segen-Fluch-Formular in 28,1–6*.15–19 von der Fluchsequenz in 20–44* der Übersichtlichkeit halber graphisch abgesetzt ist, so ist noch einmal zu betonen, dass beide Abschnitte nicht literargeschichtlich, sondern lediglich bezüglich ihrer traditionsgeschichtlichen Wurzeln zu differenzieren sind.

rʿb	und mit Trockenheit und mit Getreidebrand und mit Mehltau schlagen, und sie werden dich verfolgen, bis du zugrunde gegangen bist. (23) Und dein Himmel, der über deinem Kopf ist, wird Bronze sein, und die Erde, die unter dir ist, Eisen. (24) Jhwh wird den Regen deiner Erde zu Flugstaub machen, und Staub wird vom Himmel auf dich herabkommen, bis du vertilgt bist.
ḥrb bzw. Ninurta	(25) Jhwh wird dich geschlagen vor deinen Feinden geben. Auf einem Weg wirst du gegen sie ausziehen, und auf sieben Wegen wirst du vor ihnen fliehen, *und du wirst zum Schrecken für alle Königreiche der Erde werden.* (26) Und deine Leichen werden für alle Vögel des Himmels und die Tiere der Erde zum Fraß werden – und keiner wird sie verscheuchen.
Sîn	(27) Jhwh wird dich mit ägyptischem Geschwür[675] und mit Hämorrhoiden[676] und mit Ausschlag und mit Krätze schlagen, von denen du nicht geheilt werden kannst.
Šamaš	(28) Jhwh wird dich mit Wahnsinn, Blindheit und Geistesverwirrung schlagen. (29) Und du wirst am Mittag umhertasten, wie der Blinde im Finstern umhertastet. Und du wirst keinen Erfolg haben auf deinen-Wegen.
ʿšwq	Und du wirst nur ausgebeutet und beraubt werden alle Tage – und es gibt keinen Helfer.
Venus/Ištar	(30) Eine Frau wirst du dir anverloben, aber ein anderer Mann soll sie genießen.[677] Ein Haus wirst du bauen, aber du sollst nicht in ihm wohnen. Einen Weinberg wirst du pflanzen, aber du sollst ihn nicht ‚entweihen'. (31) Dein Ochse wird vor deinen Augen geschlachtet, aber du sollst nicht von ihm essen. Dein Esel wird vor dir geraubt, aber er soll nicht zu dir zurückkehren. Dein Kleinvieh wird deinen Feinden gegeben ṯ und es gibt für dich keinen Helfer. (32) Deine Söhne und deine Töchter werden einem anderen Volk gegeben, und deine Augen sehen und schmachten nach ihnen den ganzen Tag ṯ und du bist machtlos. (33) Die Frucht deines Landes und all deinen Ertrag wird ein Volk essen, das du nicht kennst
ʿšwq	– und du wirst bloß ausgebeutet und bedrückt werden alle Tage.

675 Vgl. dazu Winkle, Kulturgeschichte, 834–836.

676 Vgl. Tov, Text, 50.

677 Vgl. ebd.

Šamaš	(34) Und du wirst wahnsinnig werden von dem, was deine Augen sehen.
Sîn	(35) Jhwh wird dich mit bösen Geschwüren an den Knien und an den Schenkeln schlagen, von denen du nicht geheilt werden kannst, *von deiner Sohle bis zu deinem Scheitel.*
Ninurta (?)	(36) Jhwh wird dich und deinen König, den du über dich setzen wirst, zu einem Volk führen, das du und deine Väter nicht kennen, *und du wirst dort anderen Göttern dienen – Holz und Stein,* (37) und du wirst zum Entsetzen, zum Spottlied und zum scharfen Spott für alle Völker werden, *zu denen Jhwh dich führen wird.*
dgn h'rbh	(38) Viel Samen wirst du aufs Feld bringen, aber wenig sollst du ernten, denn die Heuschrecke wird ihn fressen.
krm htlʿt	(39) Weinberge wirst du pflanzen und bearbeiten, aber Wein sollst du nicht trinken und nicht in Vorrat legen, denn der Wurm wird ihn fressen.
ztym	(40) Ölbäume wirst du in deinem ganzen Gebiet haben, aber Öl zum Salben sollst du nicht haben, denn deine Oliven werden abfallen.
hlk bšby	(41) Söhne und Töchter wirst du zeugen, aber sie sollen nicht bei dir sein, denn sie werden in die Gefangenschaft gehen.
hṣlṣl	(42) Alle deine Bäume und die Frucht deines Landes wird die Grille in Besitz nehmen.
	(43) Der Fremde, der in deiner Mitte (lebt), wird höher und höher über dich hinaufsteigen, aber du, du wirst tiefer und tiefer hinabsteigen. (44) Er wird dir leihen, aber du wirst ihm nicht leihen; er wird zum Haupt, aber du wirst zum Schwanz.

(Die Nachträge sind kursiv gesetzt)

IV. Die Entstehungszeit der dtr Bundestheologie

Die vergleichende Forschung hat von Anfang an versucht, das Alter der Bundestheologie auch anhand der altorientalischen Parallelen zu bestimmen. Prominentester Vertreter aus jüngerer Zeit ist E. Otto, der seine These einer direkten Übertragung einzelner EST-Paragraphen in Dtn 13* und 28* als Neubegründung der de Wette'schen These versteht, nach der das Urdeuteronomium als Grundlage der in 2Kön 22f beschriebenen Joschijanischen Reform in die spätvorexilische Zeit zu datieren sei.[1] Dabei ersetzt Otto die inzwischen als dtr Programmtext bezüglich ihres Quellenwertes in Verruf geratene Joschija-Perikope[2] durch die *external evidence* des EST.[3] Da dieser *adê*-Text nach Otto ein Vertreter der zeitlich exakt eingrenzbaren Sondergattung des Loyalitätseides bei nicht regulärer Thronfolge sei,[4] sei er dazu geeignet, der alttestamentlichen Literaturgeschichte den vielfach gesuchten Archimedischen Punkt zurückzubringen, insofern Dtn 13* und 28* den Kern des Urdeuteronomiums bildeten. Doch einmal abgesehen davon, dass die These einer direkten Übertragung einzelner EST-Paragraphen in Dtn 13* und 28* m.E. nicht aufrecht zu erhalten ist, sind Datierungen aufgrund altorientalischer Parallelen prinzipiell problematisch, da die Vergleichstexte in aller Regel auch später eingewirkt haben können und folglich bloß für die Bestimmung eines *terminus a quo* geeignet erscheinen.[5] Dies gilt selbst dann, wenn die Treueidgattung mit Otto tatsächlich auf die neuassyrische Zeit beschränkt gewesen sein sollte.[6]

---

1 Vgl. insbesondere Otto, Archimedischer Punkt, 321, mit dem sprechenden Titel „Das Deuteronomium als Archimedischer Punkt der Pentateuchkritik. Auf dem Wege zu einer Neubegründung der De Wette'schen Hypothese".

2 Vgl. zu 2Kön 22f u. S. 305–308.

3 Vgl. Otto, Deuteronomium, 14: „Löst man sich von den Voraussetzungen der de Wette'schen Hypothese, so wird sie eindrücklich bestätigt." (im Original kursiv)

4 Otto, Deuteronomium, 69: „Diese Datierung wird durch die bislang nicht ausreichend berücksichtigte Tatsache gestützt, dass die neuassyrische Gattung der Loyalitätseide ihre Funktion in der Sukzessionssicherung bei irregulärer Thronfolge hat und derartige Loyalitätseide in spätbabylonischer und persischer Zeit unbekannt sind."

5 Kratz, Komposition, 137, gibt in diesem Zusammenhang zu Recht zu bedenken: „Ginge man nur nach den altorientalischen Parallelen, müsste man Ps 104, Spr 22,17–23,11 oder die Hiobdichtung gegen Ende des 2. Jts. v. Chr. datieren."

6 Vgl. die Kritik an der These einer zeitlich begrenzten Sondergattung „Nachfolgeeid" in der vorliegenden Arbeit S. 85–87.

Überzeugender ist es demgegenüber, die biblischen Texte zunächst nach textimmanenten Gesichtspunkten zu datieren. Im Hinblick auf Dtn 13 und 28 macht die literarische Analyse eine Datierung schon der Kapitelkerne in die Exilszeit wahrscheinlich. Ausschlaggebend für eine solche Verortung sind in erster Linie kompositionskritische Argumente: Dtn 13* beinhaltet drei Bestimmungen zum Umgang mit Menschen, die zum Dienst anderer Götter auffordern. Die singularische Grundschicht des Kapitels erweist sich durch ihre dtr Diktion sowie ihre deplatzierte Lage zwischen den Zentralisationsgeboten in Kap. 12.14–16 als Nachtrag zum ältesten Deuteronomium. Darüber hinaus setzt Dtn 13* das Erste Gebot im Wortlaut von Dtn 5,6f.9a voraus; das Erste Gebot wird aber gemeinhin einer exilisch-dtr Redaktion des Deuteronomiums zugerechnet. Weniger eindeutig liegen die Dinge bei Dtn 28, dem in mehreren Stufen gewachsenen Segen- und Fluch-Kapitel. Hier sprechen aber – neben Anspielungen auf das Exil – nicht zuletzt die Einleitungssätze in V. 1f*.15 sowie der Landnahmesatz in V. 21, die die dtr Fiktion einer am Vorabend der Landnahme ergangenen Verkündigung der deuteronomischen Gesetze erfordern, für eine entsprechende Datierung des Kapitels. Da die aufgeführten Argumente jedoch ein bestimmtes Bild von der Entstehung des Deuteronomiums als Voraussetzung haben, das sich zwar auf einen recht breiten Forschungskonsens stützen kann, aber gleichwohl hypothetisch bleibt, sollen im Folgenden zwei weitere Gründe beigebracht werden, die – unabhängig von der Deuteronomiumsexegese – die Datierung der Bundestheologie *nach* der Katastrophe von 587 auf ein festeres Fundament stellen. Das erste Argument, das ebenfalls redaktionsgeschichtlicher Natur ist, folgt aus der Beobachtung, dass das von L. Perlitt betonte „Bundesschweigen" der Prophetie des 8. Jh. streng genommen für die gesamte vorexilische Prophetie gilt. Gewichtiger, weil von redaktionsgeschichtlichen Prämissen unabhängig, ist aber ein zweites inhaltliches Argument, das sich aus einem Vergleich der dtr mit der „politischen"[7] Vertragskonzeption ergibt, wie sie in altorientalischen Quellen des 1. Jt. vorausgesetzt ist.

7 Die im Folgenden gebrauchte Kennzeichnung des altorientalischen Vertragswesens mit dem adjektiv „politisch" ist eine mehr als gekünstelte Notlösung, die der altorientalischen Realität keinesfalls gerecht wird; denn auch die „politische" bzw. „profane" königliche Vereidigungspraxis ist nach altorientalischem Verständnis – wie die Person des Königs selbst – Teil des religiösen Symbolsystems und lässt sich deshalb nicht sicher vom eher „religiösen" Gebrauch vertragsrechtlicher Vorstellungen und Sprachformen im Deuteronomismus abgrenzen. Um diesen Bedenken Rechnung zu tragen, sollen die Adjektive „politisch" und „religiös" nachfolgend in Anführungszeichen gesetzt werden.

1. Das „Bundesschweigen" der vorexilischen Prophetie

Perlitt sicherte seine Spätdatierung der Bundestheologie in das 7. Jh. mit dem berühmten „Bundesschweigen" bei den Propheten des 8. Jh. ab. Weder Amos, Micha und Jesaja noch der Prophet Hosea kennen die Vorstellung, Jhwh habe mit seinem Volk einen „Bund" geschlossen. Die acht verstreuten Belege des Begriffs *bryt* in diesem Textbereich haben entweder zwischenmenschliche Verhältnisse im Blick (Am 1,9; Hos 6,7; 10,4; 12,2), sind nachträglich eingetragen (Hos 8,1) oder aber sachlich anders gelagert (Hos 2,20; Jes 28,15.18).[8] Die Beweiskraft dieses *argumentum e silentio* ist in der folgenden Forschung weitgehend anerkannt worden. Weniger Aufmerksamkeit hat ein nur wenige Jahre nach Perlitts „Bundestheologie" erschienener Aufsatz von W. Thiel erfahren, in dem er den hebräischen Terminus *bryt* „Bund" in den Prophetenbüchern untersucht. Thiel kommt zu dem Ergebnis, dass sich das „Bundesschweigen" bei den Propheten des 7. Jh. fortsetzt: „In den Büchern Zephanja, Nahum, Habakuk findet sich weder der Begriff *b^e^rît* noch sonst eine bundestheologische Assoziation."[9] Dabei sei noch einmal betont, dass es hier nicht allgemein um den Nachweis von dem altorientalischen Vertragsrecht entlehnten Vorstellungen oder Sprachformen geht, die in der Schriftprophetie von Anfang an zu finden sind,[10] sondern um die konkrete Vorstellung, Jhwh habe mit seinem Volk einen „Bund" geschlossen.

Besonders interessant sind Thiels Ergebnisse zum Jeremiabuch.[11] Abgesehen von den *bryt*-Belegen in Jer 34,8.10.18, die auf eine von Zidkija vollzogene eidliche Verpflichtung von Jerusalemer Bürgern zur Sklavenfreilassung zu beziehen sind, ist keiner der 24 *bryt*-Belege (3,16; 11,2.3.6.8.10; 14,21; 22,9; 31,31–33; 32,40; 33,20.21.25; 34,8.10.13.15.18; 50,5) Teil der vorexilischen Jeremiaüberlieferung. Nach Thiel wird die Bundestheologie vielmehr erst „durch die *dtr. Redaktion* an die Botschaft Jeremias herangetragen", wobei „Probleme und Anliegen der Exilszeit leitend"[12] sind: „Es geht den Deuteronomisten um die theologische Deutung der Katastrophe und der heillosen Gegenwart."[13] Auch wenn Thiels pauschale Zuweisung der bundestheologischen Aussagen an die dtr Redaktion heute insofern zu präzisieren ist, als verschiedene Stellen nicht als dtr, sondern bereits als nach-dtr zu beurteilen

---

8 Vgl. Perlitt, Bundestheologie, 129–155; vgl. dazu Thiel, Rede, 12f, mit der präzisierenden Einschätzung der Tier-*bryt* in Hos 2,20, die sicherlich nicht auf den Propheten des 8. Jh. zurückgeht.

9 A.a.O., 13.

10 Vgl. dazu S. 270f.

11 Vgl. Thiel, Rede, 13–19.

12 A.a.O., 18 (kursiv im Original).

13 Ebd.

sind,[14] so ist doch seine grundsätzliche These, dass sich das „Bundesschweigen“ der Propheten bei Jeremia fortsetzt, weiterhin gültig.[15] Thiel kommt auch im Hinblick auf das Ezechielbuch zu dem ernüchternden Ergebnis, dass die Bundestheologie wenigstens im Grundbestand „keine Rolle“ spielt,[16] und zwar unbeschadet der Tatsache, dass der Prophet in Kap. 17 Zidkijas Bruch des Vasallenvertrags mit Nebukadnezar scharf verurteilt, wobei er – altorientalischen Gepflogenheiten folgend – Jhwh als geschädigte und zu Sanktionen herausgeforderte Partei betrachtet.[17] Interessant ist die Beobachtung, dass dort, wo in jüngeren Redaktionsschichten der Begriff *bryt* auftaucht, dieser ausweislich der Formel *bryt ʿwlm* „ewiger Bund“ wahrscheinlich schon vom priesterschriftlichen Strang der Bundestheologie beeinflusst ist, die den Bund im Unterschied zum dtr Konzept als reine Selbstverpflichtung Jhwhs versteht.[18] Nach Thiel liegt somit die „erste sichere Bezeugung bundestheologischer Aussagen in der prophetischen Verkündigung“ bei Deuterojesaja vor.[19] Thiel, der grundsätzlich an der Entstehung der Bundestheologie im 7. Jh. festhält, erklärt sich das „Bundesschweigen“ der Prophetie des 7. und beginnenden 6. Jh. damit, „dass sie noch relativ jung war und anderen, nichtprophetischen Wurzeln entstammte“.[20] Wenn aber die „nichtprophetischen Wurzeln“, mit denen Thiel wohl auf die dtn/dtr Literatur anspielt, selbst den Eindruck erwecken, frühestens exilischen Ursprungs zu sein, so fügt sich die in der Prophetie anscheinend erst spätexilisch entwickelte Vorliebe für die Bundestheologie gut in das vorgezeichnete Entstehungsbild. Natürlich kann das „Bundesschweigen“ der vorexilischen Literatur nicht die Beweislast für eine exilische Datierung von Dtn 13* und 28* tragen; aber immerhin macht der Befund deutlich, dass eine vorexilische Bundestheologie im Deuteronomium auf weiter Flur allein stünde. Ist es aber wahrscheinlich, dass eine joschijazeitliche Bundestheologie im Deuteronomium erst spätexilisch in der Prophetie rezipiert worden ist?

---

14 Prominentestes Beispiel ist Jer 31,31–34; vgl. dazu Groß, Zukunft, 134–152.

15 Vgl. zum deuterojeremianischen Charakter der Belege auch Stipp, Konkordanz, 30f.

16 Thiel, Rede, 22.

17 Vgl. a.a.O., 19.

18 Vgl. a.a.O., 20f. Zur Unterscheidung der beiden Bundeskonzepte vgl. Groß, Zukunft, 46.

19 Thiel, Rede, 23.

20 A.a.O., 26.

2. Das Spezifikum der dtr Bundestheologie: Der abwesende König

Kennzeichnend für die dtr Bundestheologie ist die Vorstellung, Jhwh habe mit seinem Volk „Israel" am Horeb einen Bund (*bryt*) geschlossen (Dtn 5,2). Gelegentlich wird in der Forschung die These vertreten, die Idee einer Bundesbeziehung zwischen Gott und Mensch sei ein Spezifikum der alttestamentlichen Bundestheologie, das diese von allen anderen im Alten Orient belegten Vertragskonzepten unterscheide.[21] Doch bei näherem Hinsehen ist das Exzeptionelle der dtr Bundestheologie nicht die Anwesenheit Jhwhs, sondern die Abwesenheit des judäischen Königs – ganz unabhängig davon, ob ein Juda auferlegter Vasallenvertrag oder ein judäischer Treueid als konzeptionelles Vorbild gedient hat.

Um diese These zu belegen, soll im Folgenden die Rolle der Götter und der Könige im „politischen" bzw. „profanen" altorientalischen Vertragsrecht näher beleuchtet werden. Welche Rolle spielten die Götter in der Welt der Verträge? Aus den Quellen geht zunächst eindeutig hervor, dass Götter als Zeugen des Vertragsschlusses vorgesehen sind, weshalb Verträge in der Regel eine entsprechende Liste enthalten, die Götter möglichst beider Parteien aufführt, vor denen der Eid zu leisten ist. Vertragsschlüsse werden daher auch räumlich „vor" (aram. *qdm*/akk. *ina panē*)[22] den Göttern bzw. deren Bildern vollzogen. Sodann ergibt sich aus den Fluchformeln, dass Götter als Garanten der Vertragsinhalte galten, indem sie den Vertragsbrüchigen – mittels ihrer irdischen Stellvertreter – mit einer empfindlichen Strafe belegten. Abgesehen von dieser eher dienenden Doppelrolle der Götter als Zeugen und Garanten der Eide ist strittig, ob die Götter in den „politischen" Verträgen – wie im Alten Testament – auch als Vertragspartner in Erscheinung traten.[23]

---

21 Vertreter dieser These nennt Lewis, Identity, 405, Anm. 21.

22 Vgl. dazu S. 59.

23 Die These Ottos, es handele sich hierbei um ein Phänomen, dass „im Alten Orient im 7. Jh. an zwei Stellen zeitgleich aufgekommen [sei]: in Assyrien und Juda" (ders., Gottes Recht, 161), ist nicht haltbar. Er begründet seine These mit zwei zweifelhaften Texten. Bei der Sammeltafel SAA IX 3 ist fraglich, ob hier überhaupt von einem Vertrag zwischen Gott und König die Rede ist. Es dürfte eher eine Anspielung auf die Vereidigung anlässlich des Regierungsantritts Asarhaddons vorliegen (vgl. Pongratz-Leisten, Herrschaftswissen, 77–80). Abgesehen davon wird die Beziehung zwischen König und Gottheit schon im 2. Jahrtausend gelegentlich mit vertragsrechtlicher Terminologie ausgedrückt. Darauf hat zuletzt Morrow, Cuneiform Literacy, 211f., im Rahmen seiner Kritik an Otto aufmerksam gemacht: „Evidence from the Second Millennium includes the treaty-like bond suggested by the *zukru* ceremony from Emar, as well as the Sumerian reform text of Urukagina, the title *ʾil brt* in a Hurrian text from Ugarit, and the 12th century Marduk ‚prophecy' text." – Was das in vielerlei Hinsicht ungewöhnliche und in seiner Echtheit nicht über jeden Zweifel erhabene (vgl. Otto, Deuteronomium, 85, Anm. 371) phönizische Beschwörungstäfelchen aus Arslan Taş angeht (vgl. zu Text und Übersetzung

In der neuassyrischen Epoche, die allein Gegenstand der folgenden Überlegungen sein soll, haben die theologischen Implikationen der *adê*-Texte eine wesentliche Voraussetzung in der assyrischen Königsideologie, die ihrerseits auf die levantinischen Klientelkönigreiche ausgestrahlt haben dürfte, da sie in abgespeckter Form auch bei den Aramäerkönigen und den Königen Moabs, Edoms, Israels und Judas begegnet. Für den nachfolgenden Argumentationsgang seien deshalb einige Anmerkungen zur assyrischen Königsideologie vorausgeschickt.[24]

Grundlegend für die assyrische Königsideologie ist die Mittlerrolle des irdischen Königs, der die Aufgabe versah, „die Menschenwelt und die Götterwelt in Einklang zu bringen und zu halten".[25] Er war ebenso Repräsentant der Menschen vor den Göttern wie umgekehrt Statthalter der Götter vor den Menschen. Eine assyrische Formel, die das Verhältnis zwischen Reichsgott und irdischem König auf den Punkt bringt, lautet: „Der Gott Aššur ist König, NN ist der Stellvertreter Aššurs."[26] Aus der Statthalterschaft des irdischen Königs folgt als weiteres entscheidendes Merkmal der Königsideologie die Handlungseinheit zwischen König und Reichsgott: Gott und König agieren – insbesondere im Kriegsfall[27] – in einer Art „sozial-mythischem Parallelismus".[28] So machen terminologische Anspielungen in Königsinschriften deutlich, dass der assyrische Großkönig seine Feldzüge als „Reaktualisierung des mythischen Kampfes" der Götter begriff (vgl. z.B. die Formel *abūb*[*ān*]*iš sapānu* „wie eine Flut niederwalzen").[29]

Zevit, Inscription, 111f), das einen „ewigen Bund" (*'lt 'lm*) zwischen verschiedenen Göttern und deren Verehrern bezeugt, so ist zu berücksichtigen, dass es sich bei dem Schriftträger, der seine apotropäische Schutzfunktion wahrscheinlich an einer Tür eines Privathauses versah (vgl. Gibson, Textbook, 78), offenbar um ein Zeugnis der Volks- bzw. Privatfrömmigkeit handelt. Eine aussagekräftige Parallele zu den bundestheologischen Vorstellungen im Alten Testament ist damit eher nicht gewonnen (vgl. a.a.O., 79). Wenn Otto (Gottes Recht, 161) das Gipstäfelchen im Übrigen ohne weitere Begründung der assyrischen Tradition zuschlägt, so ordnet er den Text m.E. nicht hinreichend präzise ein. Neben dem assyrischen Reichsgott Aššur, der an der Spitze der Götter genannt wird, werden mit der Erwähnung der Naturgottheiten „Himmel und Erde" sowie dem Gott Ba'al als „Herrn der Erde" auch westliche religiöse Vorstellungen greifbar, denen die spezifisch westliche Vertragsschlussformel *krt 'lh* „einen Vertrag schneiden" an die Seite gestellt werden kann.

24 Vgl. zum assyrischen König Maul, König; vgl. auch Röllig, Königtum, 121–124.

25 Maul, König, 70.

26 Vgl. Cancik-Kirschbaum, Assyrer, 102.

27 Vgl. dazu Maul, König, 74f.

28 Der Ausdruck dient bei Theissen/Merz, Jesus, 472, der Beschreibung der frühjüdisch-apokalyptischen Völkerengelvorstellung. – Lohfink, Begriff, 50ff, spricht von einem „Entsprechungsdenken". Vgl. zur Vorstellung weiterhin Oded, War, 166–168.

29 Maul, König, 74.

Die Königsideologie hat Folgen für die Vertragsvorstellung. Nach Ausweis der aus verschiedenen Gebieten und Epochen des Vorderen Orients überlieferten internen und externen Verträge waren Vereidigungen ein königliches Privileg: Der König war – in Vasallenverträgen und Treueiden – Vertragsherr oder – in paritätischen Verträgen – gleichberechtigter Vertragspartner.[30] Ist aber auf dem Hintergrund der Königsideologie der irdische König Repräsentant des Reichsgottes, so steht hinter dem König als Vertragsherrn letztlich immer auch der Reichsgott selbst.[31] Diese basale Vorstellung wird in den Vertragstexten selbst nur selten thematisiert; dennoch gibt es eine Reihe von Textbelegen, insbesondere in assyrischen Königsinschriften, die diesen Nachweis erbringen, weil sie – dem Repräsentationsdenken entsprechend – den Reichsgott Aššur dort nennen, wo an anderer Stelle promiscue der assyrische König steht, z.B. in der verbreiteten Formel *adê ša šarri* „Vertrag des Königs", die gelegentlich in Gestalt von *adê ša Aššur* „Vertrag Aššurs" erscheint.[32]

(1.) Eine Empörung gegen den assyrischen Großkönig kann dem Entsprechungsdenken gemäß als „Sünde" gegen die „*adê* Aššurs" bezeichnet werden.[33]

(2.) Auch der Tribut, der die „materielle Form der Vertragserfüllung"[34] darstellt, gehört letztlich dem assyrischen Reichsgott. Eine häufig vorgebrachte Anklage gegenüber abhängigen Vasallenkönigen geht deshalb dahin, dass diese den Tribut für Aššur (*biltu maddattu ana Aššur*) verweigert hätten.[35]

---

30 Vgl. für das neuassyrische Korpus Radner, Vorbild, 358. Nicht zufällig bezeichnet der akkadische Terminus *adê* nie ein privates Abkommen (vgl. Watanabe, *adê*-Vereidigung, 24).

31 Vgl. Maul, König, bes. 76f.

32 Bildlich konnte die Idee, dass hinter dem Großkönig als Vertragsherrn letztlich der assyrische Königsgott steht, umgesetzt werden, indem auf Stelen, die in unterworfenen Gebieten aufgestellt wurden, neben dem Bild des Königs auch die Symbole der großen Götter eingezeichnet waren. „Durch die Errichtung einer solchen Stele soll der Vasall gemahnt werden, dass der mit dem Gott Aššur in Person des Königs geschlossene Vertrag wie ein göttliches Gebot einzuhalten sei." (Mayer, Politik, 481)

33 Götterbrief TCL 3 Z. 309f (vgl. Mayer, Feldzug, 98f). Vgl. dazu auch Mayer, Politik, 224: „Als assyrischer Reichsgott ist in diesem Falle Aššur der ‚Vertragsschließende'. Wird der Vertrag nun durch einen Vasallen gebrochen, so ist Aššur auch derjenige, der davon unmittelbar betroffen ist." – Dass der irdische König als Statthalter des eigentlichen göttlichen Vertragsherrn freilich selbst an den Vertrag gebunden ist und bei Vertragsbruch mit einer Strafe belegt wird, geht aus dem Propagandatext „Sin of Sargon" hervor, in welchem dem assyrischen König vorgeworfen wird, gegen die *adê* des Königs der Götter (*adê šar ilāni*) gesündigt zu haben (SAA III 33: 19).

34 Bär, Tribut, 240.

35 Vgl. für Belege der stereotyp formulierten Anklage Oded, War, 98.

(3.) Während neuassyrische Könige sich häufig rühmen, dem unterworfenen Herrscher ihr Joch auferlegt zu haben, kann das Vasallenverhältnis auch als „Joch Aššurs“ (*nīr Aššur*) bezeichnet werden.[36]

(4.) Dass der Reichsgott Aššur es ist, der für den assyrischen König andere Länder unterjocht, geht z.B. aus einem Feldzugsbericht Aššurbanipals hervor, in welchem dieser einem Araberscheich den Vorwurf macht, er habe sich gegen die mit ihm abgeschlossenen Verträge verfehlt und das Joch seiner Herrschaft abgeworfen, „das Aššur ihm auferlegt hatte, so dass er mein Joch ziehen sollte“.[37]

Auch im EST gibt es einige Indizien dafür, dass der Reichsgott Aššur in Handlungseinheit mit dem assyrischen König der eigentliche Vertragsherr ist:

(1.) Die EST-Tafeln sind ausweislich der Überschrift mit Gottessiegeln gesiegelt worden.[38] Die Überschrift lautet (i–iv):[39]

> „Siegel des Gottes Aššur, des Königs der Götter, des Herrn der Länder, das nicht geändert werden darf. Siegel des großen Fürsten, des Vaters der Götter, das nicht vindiziert werden darf.“

Dass der Reichsgott in seiner Funktion als „König der Götter“ im EST an Stelle des irdischen Königs siegelt, lässt sich leicht erklären, wenn Aššur der eigentliche Vertragsherr ist.[40]

(2.) In einer der Bestimmungen werden die Nachkommen der Vereidigten nicht nur zur Loyalität gegenüber dem künftigen König Aššurbanipal, sondern auch und zuerst gegenüber dem Gott Aššur verpflichtet. Die Bestimmung lautet (EST § 34: 393–396):[41]

---

36 Vgl. für zahlreiche Belege in neuassyrischen Königsinschriften a.a.O., 97f.

37 Streck, Assurbanipal, 65 (Z. 87f); vgl. dazu auch Oded, War, 98.

38 Vgl. zu den Gottessiegeln auf den EST-Tafeln Maul, König, 76. Vgl. auch Watanabe, Siegelung; auch hethitische Verträge konnten mit Gottessiegeln versehen sein, vgl. Watanabe, Gottessiegel.

39 Watanabe, *adê*-Vereidigung, 145.

40 Vgl. zu dieser Interpretation Maul, König, 76. Überzeugend ist auch die ebd. erwogene Deutung der dreifachen Siegelung mit je einem alt-, einem mittel- und einem neuassyrischen Siegel: „Dies sollte – während die irdischen Könige Assyriens und Stellvertreter des Gottes sterblich waren – die ewige Herrschaft Assurs symbolisieren.“ – Allerdings ist die mittelassyrische Herleitung des Siegels der Abrollung C nicht über jeden Zweifel erhaben. Moortgat-Correns, Abrollung, spricht sich etwa für eine Umdatierung in die Zeit Tiglatpilesars III. aus.

41 Die eigene Übersetzung basiert auf der Umschrift von Watanabe, *adê*-Vereidigung, 162.

„… Aššur, euren Gott, [394]und Aššurbanipal, den Großprinzen des Nachfolgehauses, euren Herrn, [395]mögen eure Söhne und eure Enkel [396]… respektieren (*lipluḫū*)“[42]

(3.) Weil Aššur der eigentliche Vertragsherr ist, eignet auch der materiellen Grundlage der Vereidigung göttliche Qualität; EST § 35: 406–409 lauten entsprechend:[43]

„Bei Gott (*šumma*), ihr sollt diese *adê*-Tafel, [407]die mit dem Siegel des Gottes Aššur, des Königs der Götter, [408]gesiegelt und vor euch niedergelegt ist, [409]wie euren Gott (*kī ilīkunu*) bewahren.“

Die vorgestellte Königsideologie ist keinesfalls auf die mesopotamischen Großkönige beschränkt. Sie findet sich, auf die bescheideneren Verhältnisse übertragen, ebenso bei den aramäischen Klientelkönigen.[44] Die Quellenlage ist in der Levante eine andere als in Mesopotamien. Dennoch gibt es auch aramäische Belege für die prominente Rolle der Götter beim Vertragsabschluss. So treten die in der Götterliste der aramäischen Sfire-Inschriften aufgeführten Gottheiten nicht allein als Zeugen (vgl. Sf I A: 7ff und speziell I A: 12f) und Garanten der Vertragsinhalte (vgl. I A: 21ff sowie die Repressionsformeln in I B: 23, 33; III: 4, 14, 16f, 23), sondern auch als am Vertragsschluss beteiligte Parteien in Erscheinung: In Sf I B: 5f heißt es, nachdem gesagt worden ist, dass es sich bei der vorliegenden Inschrift um einen Vertrag zwischen den Königen von *Ktk* und Arpad handelt:

„Und der Vertrag der Götter von *ktk* (*wʿdy ʾlhy ktk*) mit dem Vertrag der Götter von Arpad (*ʿm ʿdy ʾ*[*lhy ʾrpd*]).“[45]

42 Die Bestimmung widerspricht nicht der von Cogan, Imperialism, 55–61, vertretenen These, nach der die Assyrer von ihren Vasallen keine Verehrung assyrischer Götter forderten, vgl. auch Cogan, Judah, bes. 409. Vgl. zu *palāḫu* als Ausdruck der Vertragstreue und des Gebotsgehorsams CAD P, 45–47 (*palāḫu* 5, bes. g). – Anders Spieckermann, Juda, 332–338, dem insofern entgegenzukommen ist, als Passagen wie EST Z. 393–396 von den (judäischen) Rezipienten möglicherweise als eine Aufforderung, Aššur zu verehren, (miss)verstanden werden konnten.

43 Die eigene Übersetzung basiert auf der Umschrift von Watanabe, *adê*-Vereidigung, 162.

44 Vgl. zur aramäischen Königsideologie Lipiński, Aramaeans, 498–500. Das Entsprechungsdenken kommt schön in einer Inschrift Hasaels von Damaskus zum Ausdruck, in der es heißt: „Hadad made me king and Hadad went in front of me.“ (zitiert nach Lipiński, a.a.O., 498)

45 Einen ikonographischen Beleg für die hierin zum Ausdruck kommende Vorstellung findet Mayer, Politik, 481, Anm. 5, auf einer Stele des Aramäerkönigs Kulamuwa von Samʾal, die Mayer zufolge den König darstelle, wie er auf die Symbole des assyrischen Reichsgottes, seines Familiengottes sowie des Sonnen- und des Mondgottes weise. „Dies heißt, dass Aššur mit dem Gott des Herrschers von Samʾal einen Vertrag geschlossen hat, dessen Einhaltung vom Sonnengott und von dem für die Aramäer in gleicher Funktion als Wahrer des Rechts ebenso wichtigen Mondgott überwacht wird.“ Allerdings ist weder Mayers Interpretation des Zeigegestus (vgl. für andere Interpretationen Magen, Königsdarstellungen, 53) noch seine Identifizierung der Hörnerkrone mit Aššur gesichert, die z.B. von Tropper, Inschriften, 27, mit Hadad identifiziert wird.

Und der nächste Satz macht deutlich, dass die Götter die Urheber und eigentlichen Handlungsträger des Vertragsschlusses sind (Sf I B: 6):

> „Ein Vertrag der Götter ist es (*ʿdy ʾlhn hm*), welchen die Götter gesetzt haben (*zy smw ʾlhn*)."

Die Vorstellung, dass der irdische König als Repräsentant Jhwhs fungiert und Gott und König in Handlungseinheit agieren, war in abgemilderter Form auch in den Kleinstaaten Israel und Juda lebendig.[46] Dementsprechend teilte man dort auch die Idee, dass letztlich der Reichsgott hinter einem internationalen Vertrag steht, der mit Sanktionen reagiert, wenn ein Eid gebrochen wird. Stellen wie Hos 6,7[47], Jer 34,8–22*[48] und insbesondere Ez 17,11ff prangern ganz offensichtlich die Übertretung von „politischen" Verträgen an, die in Übereinstimmung mit der altorientalischen Umwelt als ein Affront gegenüber Jhwh verstanden wird. Es ist zu betonen, dass diese Stellen – im Gegensatz etwa zu dem dtr Nachtrag in Hos 8,1[49] – die spätere dtr Bundestheologie noch nicht zu kennen scheinen, da die in ihnen greifbaren theologischen Implikationen völlig im „politischen" Vertragsdenken aufgehen. Ez 17[50] enthält in V. 1–10 eine allegorische Bildrede vom Geschick des Zedernwipfels und des undankbaren Weinstocks, die in V. 11–24 eine Deutung erfährt. Die hier in erster Linie relevante Deutung der Allegorie berichtet, wie der König von Babel nach Jerusalem kam, den König von Juda und seine Oberen deportierte und einem seiner Nachkommen (gemeint ist wohl Zidkija) einen (Vasallen-)Vertrag (*bryt* bzw. *ʾlh*) auferlegte. Obgleich das Land mit Absicht geschwächt worden war, empörte sich der neue König von Juda gegen seinen Oberherrn, indem er mit Ägypten gemeinsame Sache machte. Dem vertragsbrüchigen König wird daraufhin von

46 Vgl. Niemann, Königtum, 1596: „Elemente der Königsideologie Ägyptens, wo der Pharao absoluter Monarch und, als König agierend, Gott(essohn) ist, und Mesopotamiens, wo der König Stellvertreter Gottes (in Handlungseinheit, nicht Wesenseinheit), Krieger, Hirte, Segensmittler ist, finden sich dem Anspruch nach auch in Israel/Juda [...]"; vgl. auch Janowski, Königtum, 517f. – Im Alten Testament spiegeln sich klassische Topoi der altorientalischen Königsideologie hauptsächlich in den so genannten Königspsalmen: So propagiert etwa Ps 18 die Entsprechung von kämpfendem Gott und kämpfendem König (vgl. Adam, Held, passim); Ps 72 zeichnet den judäischen König als Repräsentanten Jhwhs, der in Gesellschaft und Natur Gottes Heil vermittelt (vgl. dazu Janowski, Frucht); und Ps 2 spricht den König in Übereinstimmung insbesondere mit der ägyptischen Königsideologie als „Sohn" Gottes an (vgl. dazu Koch, König) – Auch auf der moabitischen Meša-Stele agieren König Meša und sein Gott Kamoš im Kampf gegen Israel in Handlungseinheit (eine Übersetzung der Inschrift bietet Müller, TUAT I, 646–650). Vgl. zum Königtum in Edom, wo ebenfalls ägyptische und assyrische Einflüsse zu Ansätzen einer religiösen Herrschaftslegitimation geführt haben, Bosshard-Nepustil/Morenz, Königtum, 145–187.

47 Vgl. Jeremias, Hosea, 93.

48 Vgl. Wanke, Jeremia 2, 320–324.

49 Vgl. Jeremias, Hosea, 104.

50 Vgl. dazu Lang, Aufstand, 54–60.

Jhwh sein Tod in Babel angekündigt. Interessant ist nun vor allem V. 19, in dem – den assyrischen und aramäischen Gepflogenheiten folgend – Jhwh als Vertragspartner und mithin als geschädigte Partei in Erscheinung tritt, die sich zu entsprechenden Sanktionen provoziert sieht:[51]

> „Darum, so spricht [der Herr] Jahwe, so wahr ich lebe, meine Verfluchung (*ʾlty*), die er missachtet hat, und meinen Bund (*bryty*), den er gebrochen hat, das gebe ich auf seinen Kopf."

Selbst wenn Ez 17 nicht die judäische, sondern die babylonische Vereidigungspraxis reflektieren sollte, wie D. S. Vanderhooft annimmt,[52] so zeigen immerhin die ähnlich gelagerten Belege in Hos 6,7 und Jer 34,8–22* sowie die aramäischen Sfire-Inschriften, dass die Vorstellung von der Beteiligung der Götter am Vertrag nicht auf Mesopotamien zu beschränken ist, sondern eine auch in der Levante bezeugte Anschauung spiegelt.

Die besprochenen assyrischen, aramäischen und biblischen Beispiele machen deutlich, dass die – auf der Königsideologie basierende – Idee einer göttlichen Urheberschaft der Verträge im 1. Jt. das gedanklich Normale war. Hierin scheint demnach nicht das Spezifikum der alttestamentlichen Bundestheologie zu liegen. Der Unterschied besteht vielmehr darin, dass die göttliche Urheberschaft im „politischen" Vertragsdenken ausnahmslos königlich vermittelt gedacht ist. Die Vereidigung, die den Kern der internen und externen Verträge bildet, war im Alten Orient, wie gesagt, ein königliches Privileg. Doch genau diese Regel wird in der dtr Bundestheologie, in der kein irdischer König zwischen Gott und Volk tritt, übergangen.[53] Dass damit ein tiefgreifender Wandel im religiösen Symbolsystem einhergeht, ergibt sich schon aus dem Umstand, dass der judäische König einen festen Platz nicht allein in der rezipierten „politischen" Vertragskonzeption innehatte, sondern darüber hinaus in vorexilischer Zeit die zentrale Gestalt des religiösen Symbolsystems war; denn gemäß diesem „vermittelte der König Israel nicht nur Jahwes politisch-geschichtliches Handeln in der Völkerwelt, sein segnendes Handeln in Natur und Gesellschaft, sondern auch Jahwes gottesdienstliche Nähe; d.h.

---

51 Pohlmann, Hesekiel, 237.

52 Nach Vanderhooft, Empire, 166, spiegeln die in Ez 17 verwendeten Begriffe „concrete Babylonian imperial administrative ideas and procedures". Vanderhooft betont ferner, dass die hier erkennbar werdende babylonische Vorgehensweise „appears not unlike the Assyrian" (ebd.). Dies hat auch schon Tsevat, Vassal Oaths, 201, richtig gesehen.

53 Allenfalls könnte man meinen, dass Mose in der dtr Bundeskonzeption die Rolle des Königs übernommen habe. – So oder so ist die – vom judäischen Königtum losgelöste – dtr Bundestheologie ein weiterer Beleg dafür, dass sich das ehemalige Königreich Juda in exilischer Zeit „von der sonst im antiken Israel geteilten Vorstellungswelt der altorientalischen Königsideologie grundsätzlich verabschiedet hat" (so Gertz, Gewalt, 322, in Bezug auf das in dieser Hinsicht ähnlich gelagerte nachstaatliche Königsgesetz Dtn 17,14–20).

alle wesentlichen Aspekte der Gottesbeziehung der Großgruppe, der kreatürliche, der politische und der kultische, sollten nach dieser Anschauung über den König laufen und in seiner Person ihre Einheit finden."[54] J. Assmann versucht die Tragweite der Rezeption der „politischen" Vertragsvorstellung im Alten Testament zu verdeutlichen, indem er den Transfer als „Umbuchungsprozess" beschreibt:[55]

> „Die Beziehung des Vasallen zu seinem Oberherrn wird nicht *verglichen* mit der des Volkes zu Gott, sondern sie wird dem Konto politischer Beziehungen abgezogen und dem Konto religiöser Beziehungen gutgeschrieben."

Allerdings liegt streng genommen nicht eine „Umbuchung" von der politischen in die religiöse Sphäre als zwei getrennten Teilsystemen vor, sondern vielmehr ein Wandel innerhalb des religiösen Symbolsystems selbst, wobei die königlich-staatliche Vermittlung zugunsten einer direkten Gott-Volk-Beziehung aufgegeben wird.[56] Die Abwesenheit des judäischen Königs als *differentia specifica* der dtr Bundestheologie im Gegensatz zu den im Alten Orient belegten „politischen" Vertragskonzeptionen gilt dabei unabhängig davon, ob ein interner oder ein externer Vertrag das konzeptionelle Vorbild war: Sollte ein (judäischer) Treueid der dtr Bundestheologie Pate gestanden haben, dann läge die Besonderheit darin, dass der judäische König als Repräsentant Jhwhs und Mittler zwischen Gott und Volk übergangen worden wäre. Sollte ein (aramäischer, assyrischer oder babylonischer) Vasallenvertrag das konzeptionelle Vorbild abgegeben haben, wäre befremdend, dass der Bund nicht – wie in den Vasallenverträgen üblich – mit dem Vasallenkönig stellvertretend für dessen Untertanen, sondern direkt mit den Untertanen geschlossen wird. Auch in diesem Fall wäre die Abwesenheit des judäischen Königs auffallend. Es stellt sich somit die Frage, ob dieser Vorgang zu Lebzeiten eines amtierenden judäischen Königs möglich erscheint. Oder sollte diese signifikante „Nullstelle" die erfahrene politische Wirklichkeit nach 587 spiegeln, als es in Juda keinen irdischen König mehr gab, wohl aber noch den Königsgott Jhwh, dessen Geschichtsmächtigkeit aber nach

54 Albertz, Religionsgeschichte 1, 184.

55 Assmann, Herrschaft, 51 (kursiv im Original). Assmann verbindet seine These mit der m.E. richtigen Einsicht, dass „[i]m Zeichen des gesetzgebenden Gottes [...] der irdische Herrscher diese Position zu räumen [hat]" (a.a.O., 52); und man sollte ergänzen: Er hatte sie wahrscheinlich schon geräumt!

56 Dass das judäische Spezifikum, das in der Gott-Volk-Unmittelbarkeit besteht, allerdings eine „Revolte gegen die assyrische Herrschafts- und Königsideologie" (so Otto, Gottes Recht, 166 [im Original kursiv]) darstellt, ist damit noch nicht gesagt; mit gleichem Recht könnte man eine Revolte gegen die eigene, judäische Königsideologie postulieren, die sich in dieser Hinsicht eben kaum von der assyrischen unterschieden hat. Wahrscheinlicher ist aber, dass der König übergangen wird, weil es schlicht und ergreifend kein Königtum mehr gab, als die Bundestheologie in Juda konzipiert worden ist; vgl. auch Aurelius, Ursprung, 16, Anm. 51.

der staatlichen Katastrophe auf eine harte Probe gestellt und neu zu begründen war. Das folgende Schema veranschaulicht den frappanten Unterschied bezüglich der Rolle des Königs in den „politischen“ Vertragskonzeptionen und der dtr Bundestheologie.

Treueide	Vasallenvertäge	dtr Bundestheologie
Reichsgott König	Reichsgott Großkönig	Jhwh –
↓	↓	↓
Untertanen	Vasallenkönig Untertanen	– „Israel“

Exkurs: Die nationale Katastrophe Israels 722 als geschichtstheologische Lektion für das exilische Juda

Die Ausbildung der dtr Bundestheologie mit ihrem programmatischen Verzicht auf die Mittlerrolle des judäischen Königtums ist sicher nicht im Jahre 587 plötzlich „vom Himmel gefallen“; sie hat mit einiger Sicherheit ideengeschichtliche Vorbilder im Nordreich Israel, auf die zurückgegriffen werden konnte. Es gehört zu den Eigentümlichkeiten des antiken Israel und Juda, dass beide Staaten – zeitversetzt – ein ähnliches militärisch-politisches Geschick erlitten haben: Nachdem das Königtum im Nordreich Israel 722 an den Expansionsbestrebungen der assyrischen Großkönige gescheitert war, überlebte der israelitische Reichs- und Dynastiegott Jhwh die nationale Katastrophe nicht zuletzt aufgrund der Tatsache, dass der Reichsgott des Südreichs Juda ebenfalls Jhwh hieß, mit dem er in der Folge identifiziert werden konnte (vgl. Dtn 6,4). Als Juda zwischen 597 und 587 mit der Deportation bzw. Ermordung der letzten Vertreter der davidischen Königsdynastie ebenfalls seiner zentralen Identifikationsfigur beraubt worden war, konnte man bereits auf die analogen Erfahrungen des Nordreichs zurückgreifen. Als ein entscheidender Versuch, den Verlust der Monarchie im Nordreich Israel nach 722 narrativ zu verarbeiten, kann die vor-priesterschriftliche Moseerzählung angesehen werden.[57] In ihr wird aus der zeit- bzw. erfahrungsgeschichtlichen Not eine geschichtstheologische Tugend gemacht, indem die nachstaatlichen Erfahrungen nach dem Fall Samarias 722 in die vorstaatliche Mosezeit rückprojiziert werden. Von den verschiedenen Aspekten, die nach 722 eine grundlegende Transformation der altisraelitischen (Staats-)Religion herbeiführen, sei in diesem Zusammenhang

57 Vgl. zu ihrer Rekonstruktion zusammenfassend Gertz, Mose, 7–11.

nur die Neubestimmung der Gotteskonzeption, wie sie in der Moseerzählung greifbar wird, angesprochen: Während in der staatlichen Epoche Israels vor 722 das Verhältnis zwischen dem Reichs- und Dynastiegott Jhwh und seinem (Staats-)Volk Israel genauso königlich vermittelt war wie in den benachbarten Königreichen Ammon, Moab und Edom das zwischen Milkom, Kamoš und Qaus und ihrem jeweiligen (Staats-)Volk, ist in der Moseerzählung der naturgegebene Zusammenhang in diesem entscheidenden Punkt aufgegeben.[58]

> „Für die Moseerzählung steht Israel [...] in keinem naturgewachsenen Gottesverhältnis zu einem ihm längst bekannten Gott, der inmitten seines Volkes residiert. Es ist vielmehr das Verhältnis zu einer Wahlgottheit, gegründet allein in der anfänglichen Rettungstat des Exodus selbst, die einer Gottheit zugeschrieben wird, die Mose bis dahin unbekannt gewesen ist."

Die Loslösung der Religion aus den Fesseln von Staat und Königtum in der nachstaatlichen Epoche des Nordreichs Israel war dann aller Wahrscheinlichkeit nach präfigurierend für die geschichtstheologische Deutung der nationalen Katastrophe des judäischen Staatswesens ca. 150 Jahre später, als mit der rechtlichen Metapher des Vertrags (*bryt*) die u.a. in der Moseerzählung beschriebene Gotteskonzeption auf den Begriff gebracht worden ist.[59] Die Präambel des Dekalogs Dtn 5,6 sowie die Exodusformel in Dtn 13,11 legen offen, dass schon die ältesten bundestheologischen Texte eine „stabile Ehe"[60] mit dem ideengeschichtlich vorausgesetzten Exodus-Credo eingegangen sind.

Die oben dargestellte Überführung einer ehedem „politischen" Institution in die „religiöse" Sphäre, gebunden an das Ende der Eigenstaatlichkeit in Juda, hat eine Analogie in zwei weiteren primär dem Königtum vorbehaltenen Sprachformen bzw. Metaphern im Alten Testament: Erstens dem deuterojesajanischen Heilsorakel und zweitens der priesterschriftlichen *Imago Dei*-Metapher. Beide Beispiele verdienen auch deshalb besondere Aufmerksamkeit, weil sie sich im Gegensatz zur Bundestheologie aufgrund ihres Vorkommens in literaturgeschichtlich recht exakt bestimmbaren Textbereichen in die exilisch-nachexilische Zeit datieren lassen.

(1.) Das deuterojesajanische Heilsorakel für „Israel" hat seine nächste Parallele in den nach Gattung und Inhalt in der Regel ebenfalls als Heilsorakel einhergehenden altorientalischen Königsorakeln, wie sie vor allem in der neuassyrischen Prophetie des 7. Jh.s breit belegt sind, aber vereinzelt auch schon

58 A.a.O., 12; vgl. auch a.a.O., 11–16, und zu den ideengeschichtlichen Wurzeln der Moseerzählung in der Prophetie des 8. Jh. a.a.O., 17–19.

59 Vgl. auch a.a.O., 16.

60 Becker, Exodus-Credo, 93.

in aramäischen und biblischen Texten des 8. Jh.begegnen. Während Deuterojesaja die typischen Formelemente Ermutigungsformel, Selbstvorstellung und -prädikation sowie spezifische Inhalte mit den altorientalischen Parallelen teilt,[61] geht er im Hinblick auf die Adressaten der Orakel eigene Wege, indem er nicht dem eigenen (judäischen) König, sondern dem Volk „Israel“ Jhwhs Beistand und Schutz zusagt. Nach M. Weippert bedeutet dies, „dass das deuterojesajanische Heilsorakel auf einer Neuinterpretation des traditionellen Königsorakels beruht, bei der der judäische König durch das ‚Volk‘ (d.h. die nach Babylonien deportierten Judäer und ihre Nachkommen) ersetzt worden ist.“[62] Die Frage nach den traditionsgeschichtlichen Wurzeln der deuterojesajanischen Heilsorakel ist in der Forschung strittig. Eine Abhängigkeit ausgerechnet von den neuassyrischen Prophetien ist jedenfalls nicht zwingend. Weippert macht in diesem Zusammenhang zu Recht auf ein Königsorakel aus Nordsyrien aus dem 8. Jh. aufmerksam, das sich auf der Zakkūr-Stele[63] befindet und an den gleichnamigen aramäischen König von Hamat adressiert ist. Während einige Forscher die aramäischen Belege zum Anlass nehmen, die recht späten neuassyrischen Königsorakel mit der so genannten Aramaisierung Assyriens zu erklären,[64] rechnet Weippert nicht zuletzt aufgrund von Anspielungen auf judäische Königsorakel im Alten Testament (1 Kön 11,31–39*; 2 Sam 7) damit, „dass es eine gemeinaltorientalische – oder wenigstens syrisch-mesopotamische – prophetische Sprache gab, an der sowohl die assyrischen Prophet(inn)en als auch Deuterojesaja partizipierten“.[65] Nimmt man die mutmaßlichen Primärstadien von Jes 7 und 8 hinzu, die auf (authentisch-?)jesajanische Heilsorakel an den judäischen König Ahas angesichts der militärischen Bedrohung durch Israel und Aram-Damaskus anspielen,[66] so scheint das prophetische Königsorakel ungeachtet der Frage nach der traditionsgeschichtlichen Herkunft (aramäisch oder gemeinaltorientalisch?) schon im 8. Jh. in Juda beheimatet gewesen zu sein, und zwar in Übereinstimmung mit der altorientalischen Umwelt im Bereich der judäischen Herrscherlegitimation. Die auf das Volk „Israel“ umadressierten deuterojesajanischen Heilsorakel aus exilischer Zeit sind dann in jedem Fall ein schönes Beispiel dafür, dass nach dem Ende des Königtums in Juda der Person des Königs vorbehaltene Sprachformen einem neuen Verwendungszweck zugeführt werden konnten. Dass damit zugleich eine „verspätete“ Rezeption der ursprünglich notwendigerweise aus

---

61 Vgl. zu den Gemeinsamkeiten Weippert, Deuterojesaja, 37–55.

62 A.a.O., 51.

63 Vgl. zum Text der Inschrift Schwiderski, Inschriften, 422.

64 Vgl. Tadmor, Aramaization, 458, sowie Podella, Notzeit-Mythologem, 437, Anm. 35.

65 Weippert, Deuterojesaja, 58.

66 Vgl. zu Jes 8,1–4 z.B. Becker, Jesaja, 94–102, und zu Jes 7 z.B. Barthel, Prophetenwort, 118–183; vgl. auch Kratz, Propheten, 59.

der Königszeit stammenden königlichen Heilsorakel einhergeht, sei an dieser Stelle ausdrücklich angemerkt.
(2.) Das andere Beispiel ist die priesterschriftliche Vorstellung von der Gottebenbildlichkeit des Menschen in Gen 1,26–28, nach der der *bṣlm ʾlhym* geschaffene Mensch als „lebendige Statue Gottes“[67] verantwortlich über seine Mitwelt herrschen soll. Auch in diesem Fall ist offensichtlich, dass die *Imago Dei*-Metapher ihren Erfahrungshintergrund in der altorientalischen Königsideologie besitzt.[68] Dabei dürften die traditionsgeschichtlichen Wurzeln der Metapher ausweislich des umfangreichen Vergleichmaterials am ehesten in Ägypten liegen, wo der Herrscher häufig als „Gottesbild“ prädiziert wird.[69] An Plausibilität gewinnt diese Annahme noch durch die Tatsache, dass in Palästina/Israel Siegelamulette des Neuen Reiches zu Tage gefördert worden sind, die neben den Namen der Könige auch die Beischrift „Bild des Amun/Re“ (*tjt Rʿ; tjt Jmn; tjt Jmn Rʿ*) bezeugen.[70] Was den Überlieferungsweg der *Imago Dei*-Metapher angeht, so ist erstens möglich, dass ihr Vorkommen in der Priesterschrift auf der direkten (d.h. mit P zeitgleich erfolgten) Rezeption einer ägyptischen Herrscherprädikation beruht.[71] Die zweite, m.E. wahrscheinlichere Möglichkeit geht dahin, dass die Metapher vor ihrer Rezeption in der Priesterschrift – ungeachtet weitgehend fehlender traditionsgeschichtlicher Zwischenglieder[72] (vgl. aber Ps 2[73]) – zuerst im Rahmen der judäischen Königsideologie

67 Janowski, Statue, 183.

68 Vgl. dazu ausführlich Neumann-Gorsolke, Schöpfung, 173–185.

69 Vgl. Kaiser, Theologie 2, 305–309; Keel/Schroer, Schöpfung, 178f; Neumann-Gorsolke, Schöpfung, 177–181. – Anders Otto, Gottes Recht, 180, der assyrische Einflüsse geltend macht: „Wird in der politischen Theologie Assyriens der König als ‚Repräsentant‘ (*ṣalmu*) des Königsgottes Aššur verherrlicht, so wird […] dieses Motiv im priesterschriftlichen Schöpfungsbericht der Genesis in Gen 1,26–28 […] demokratisiert und damit die Menschheit insgesamt mit der Königsfunktion beauftragt […]“ Rüterswörden, Rezension, 659, erkennt in Ottos These einer priesterschriftlichen Rezeption einer assyrischen Metapher zu Recht einen Widerspruch zu der von diesem andernorts mit Nachdruck vertretenen Gleichzeitigkeit von assyrischem Prätext und biblischer Rezeption: „Wer damit rechnet, dass noch P in Gen 1,26–28 die assyrische Königsideologie im Blick hat, hat es nicht leicht, gegen die lange Virulenz assyrischer Vertragskonzeptionen zu argumentieren.“

70 Vgl. Keel/Schroer, Schöpfung, 178.

71 Als „wichtiges traditionsgeschichtliches Link zu Gen 1,26“ führt Neumann-Gorsolke, Schöpfung, 180, einen perserzeitlichen Beleg auf einer ägyptischen Hieroglypheninschrift Darius’ I. an, der in geographischer und vor allem zeitlicher Nähe zu P liegt.

72 Vgl. dazu Janowski, Statue, 193, Anm. 39.

73 Die in Ps 2,7 gebrauchte Metapher vom „Sohn“ könnte ein Indiz dafür sein, dass der judäische König auch als *ṣlm ʾlhym* prädiziert worden ist, denn beide Metaphern werden in ägyptischen Quellen in einem Atemzug genannt. In einer Inschrift auf einer Stele Amenophis’ III. heißt es: „[D]u bist mein geliebter Sohn, der aus meinem Leibe hervorgegangen ist, mein Abbild, das ich auf Erden gestellt habe.“ (zitiert nach Neumann-Gorsolke, Schöpfung, 178)

„politisch" gebraucht worden ist, bevor sie anschließend, nach dem Ende des Königtums in Juda, auf den Menschen schlechthin übertragen und damit „universalisiert"[74] werden konnte. Wie schon beim deuterojesajanischen Heilsorakel läge auch in diesem Fall ein alttestamentlicher Beleg für eine „verspätete" Rezeption vor. Wie immer man sich entscheidet: Die priesterschriftliche Rede von der Gottebenbildlichkeit des Menschen ist in jedem Fall ein eindrückliches Beispiel für eine Überführung einer dem Königtum vorbehaltenen Metapher in die Anthropologie in einer Zeit, als es keinen judäischen König mehr gab, auf den die Metapher (länger) hätte angewendet werden können.

In beiden Fällen, dem deuterojesajanischen Heilsorakel sowie der priesterschriftlichen *Imago Dei*-Metapher ist somit die Annahme möglich, dass ein Element der altorientalischen Königsideologie zuerst in der judäischen Königsideologie beheimatet war, bevor sie dann – sekundär – in exilisch-nachexilischer Zeit in das (inzwischen der zentralen Gestalt des Königs beraubte) religiöse Symbolsystem integriert wurde – ein Gedanke, der auch im Hinblick auf die allem Anschein nach „verspätete" Rezeption des Vertragsrechts im Deuteronomium im Auge zu behalten ist. Entscheidend ist aber in diesem Zusammenhang die Tatsache, dass beide Beispiele einer Transformation ehedem königsideologischer Sprachformen im Alten Testament eindeutig in die nachstaatliche Zeit gehören.[75] Dies legt eine entsprechende Datierung der dtr Bundestheologie nahe, bei der ja ein ganz analoger Übertragungsprozess aufgezeigt werden konnte.

3. Ertrag

Das von Perlitt wieder ins Bewusstsein gehobene „Bundesschweigen" der Prophetie des 8. Jh. gilt streng genommen für die gesamte vorexilische Prophetie. Insbesondere im Jeremiabuch gehören sämtliche Belege für die Vorstellung, Jhwh habe mit „Israel" einen Bund geschlossen, erst der deuterojeremianischen Redaktion an, die die dtr Bundestheologie bereits voraussetzt. Die erst spätexilische Rezeption der Metapher vom Bund Jhwhs mit „Israel" in der Prophetie spricht gegen eine joschijazeitliche Entstehung der Bundestheologie.

---

74 Der beliebte Ausdruck „Demokratisierung" (vgl. z.B. Otto, Gottes Recht, 180) wird zu Recht zunehmend kritisch betrachtet, vgl. Spieckermann, Heilsgegenwart, 234 mit Anm. 23, der im Hinblick auf Ps 8 den treffenden Titel „der königliche Mensch" gewählt hat (a.a.O., 227). Auch Janowski stellt richtig fest: „Sie [sc. die *Imago Dei*-Vorstellung] ist aber kaum das Ergebnis einer innerisraelitischen ‚Demokratisierung' des Königsbildes, sondern – nach dem Ende des judäischen Königtums – vielmehr das Resultat einer *Universalisierung der Herrschaftsvorstellung*, in die durch die Priesterschrift offenbar absichtsvoll königsideologische Metaphern eingebaut wurden (‚Royalisierung' des Menschenbildes, vgl. Ps 8,6f.)." (Janowski, Statue, 193 [kursiv im Original])

75 Vgl. für Dtjes Schmid, Propheten, 331, und für P Gertz, Tora, 236f.

Dem redaktionsgeschichtlichen Argument ist ein weit gewichtigeres inhaltliches Argument an die Seite zu stellen. Im Vergleich mit der Konzeption der „politischen“ Vasallenverträge und Treueide im Alten Orient liegt das Spezifikum der dtr Vertragskonzeption darin, dass der judäische König als Repräsentant Jhwhs keinerlei Rolle mehr spielt: Der Bund besteht zwischen Jhwh und „Israel“. Aller Wahrscheinlichkeit nach gab es in Juda keinen König mehr, der eine dem „politischen“ Vertragsdenken entsprechende Aufgabe hätte wahrnehmen können. Der Vorgang, dass eine dem König vorbehaltene Konzeption nach dem Ende des judäischen Königtums auf eine andere Größe übertragen worden ist, ist im Alten Testament nicht analogielos. Das deuterojesajanische Heilsorakel sowie die priesterschriftliche *Imago Dei*-Metapher spiegeln jeweils eine ursprünglich dem König vorbehaltene Sprachform bzw. Metapher, die in nachstaatlicher Zeit auf „Israel“ bzw. den Menschen schlechthin übertragen worden ist.

Das „Bundesschweigen“ der vorexilischen Prophetie, vor allem aber die spezifische Konzeption der dtr Bundestheologie, die sich von der in den altorientalischen Quellen belegten „politischen“ Vertragskonzeption durch die Abwesenheit des irdischen Königs unterscheidet, bekräftigen noch einmal die in Kap. III im Zusammenhang der literarischen Analysen von Dtn 13 und 28 vorgeschlagene nachstaatliche Entstehung der beiden Deuteronomiumskapitel.

V. Die Rezeption des altorientalischen Vertragsrechts in Dtn 13* und 28*

1. Problemstellung

Die traditionsgeschichtliche Analyse von Dtn 13* und 28* hat gezeigt, dass Vorstellungen und Sprachformen des altorientalischen Vertragsrechts in die Kapitel Eingang gefunden haben. Schließt man Dtn 5,1–6,3* – ein Komplex, der Dtn 13* und 28* vorgelegen haben dürfte – in die Betrachtung mit ein, so ist deutlich, dass die Vertragsmetapher von Anfang an als Interpretament des Ersten Gebots diente. In Dtn 13* und 28* konnten entgegen dem derzeitigen Forschungstrend neben neuassyrischen auch spezifisch aramäische Traditionen identifiziert werden, wobei hinsichtlich der Bestimmbarkeit der Abhängigkeiten verschiedene Grade der Evidenz zu Tage getreten sind. Der westlichen bzw. aramäischen Tradition sind mit großer Wahrscheinlichkeit die folgenden Elemente an die Seite zu stellen:

- der Aufbau und die Anredeform der drei Stipulationen in Dtn 13*;
- die paronomastischen Infinitive in Dtn 13,(6*.)10aα.16a;
- der Fall der abgefallenen Stadt in Dtn 13,13–19*;
- das Segen-Fluch-Formular in Dtn 28,1–6*.15–19 (bestehend aus konditionalen Einleitungssätzen [mit *šmr* „bewahren“] und einer parallel gestalteten Segen-Fluch-Formel);
- die Gattung der Nichtigkeitsflüche in Dtn 28,30f.38–41;
- einzelne Motive, die in das Umfeld des strafenden Wettergottes gehören (Wassermangel und Ernteausfall [28,23f.38–41]; Insektenfraß [28,38f.42]).

Der neuassyrischen Tradition verdanken sich mit einem hohen Maß an Sicherheit:

- die dem Akkadischen entliehene Formel *dbr srh* „Falsches reden“ in Dtn 13,6*;
- die Themenabfolge der Flüche in 28,25–34* (Kriegsniederlage und Leichenfraß – Hautkrankheit [*grb*] – Blindheit/Rechtlosigkeit – Kriegsniederlage und Preisgabe der Lebensgrundlagen), die die assyrische Götterreihe Sîn – Šamaš – Ninurta – Venus/Ištar als Vorbild hat, wie sie komplett in EST §§ 39–42 belegt ist.

Weniger offensichtlich ist die (oft postulierte) assyrische Herkunft der Prophetengestalten in Dtn 13,2–6*, deren agitatorisches Auftreten aber immerhin rein formal gut der Situation der Prophetie im neuassyrischen Reich der Zeit Asarhaddons entspricht, sowie des Tötungsgebots in Dtn 13,10aα, das die drastischen Maßnahmen zum Schutz altorientalischer Herrscherdynastien aufgreift. Beide Bestimmungen wären jedoch auch in Vertragstexten der levantinischen Klientelkönigtümer denkbar, deren Machthaber sich sicherlich mit ähnlichen Problemen der Herrschaftssicherung konfrontiert sahen.

Als weiteres Ergebnis der Textanalysen ist – neben der traditionsgeschichtlichen Mischgestalt der Kapitel – festzuhalten, dass Dtn 13* und 28* exilisch-dtr Ursprungs sind. Die exilische Datierung der Kapitel konnte im vorangehenden Kapitel durch redaktionsgeschichtliche Beobachtungen sowie den Vergleich mit anderen Vertragskonzepten bekräftigt werden. Ausgehend von diesem traditionsgeschichtlichen und literarhistorischen Befund soll nun im vorliegenden Kapitel der Versuch einer Rekonstruktion des Rezeptionsprozesses erfolgen, an dessen Ende die Ausbildung der Bundestheologie stand. Hieraus ergibt sich eine doppelte Problemstellung:

(1.) Die traditionsgeschichtliche Mischgestalt der Kapitel 13* und 28* widerrät der These einer literarischen Abhängigkeit von einer neuassyrischen Vorlage, sei es ein Juda auferlegter Vasallenvertrag im Allgemeinen oder sei es der Sukzessionsvertrag Asarhaddons (EST) im Besonderen. In diesem Punkt gilt es, der Abhängigkeitsthese ein weniger statisches Alternativmodell gegenüberzustellen, das auch den aramäischen Einflüssen gerecht wird.

(2.) Aufgrund der in dieser Arbeit vertretenen exilischen Datierung der Kapitel soll versucht werden, die – in Bezug auf die altorientalischen Referenztexte – „verspätete“ Rezeption der vertragsrechtlichen Elemente in Dtn 13* und 28* plausibel zu machen, die eben in einer Zeit auftauchen, in der die dahinter stehenden traditionsgeschichtlichen Vorbilder keine „politische“ Rolle mehr spielten und vielleicht auch nicht mehr verfügbar waren.

Im Hinblick auf das Problemfeld einer „verspäteten“ Rezeption der neuassyrischen Vertragsrechtselemente hat M. Nissinen richtig gesehen, dass man „mit einer allmählichen, religiös-sozialen Akkulturation rechnen [muss], die es ermöglichte, begriffliche und gedankliche Strukturen der neuassyrischen Vertragsinstitution der israelitischen Tradition anzupassen, als eigen anzunehmen und inhaltlich zu modifizieren.“[1] Nach der hier vorgelegten Analyse ist mit einem analogen Akkulturationsprozess auch in Bezug auf die aramäischen

1 Nissinen, Prophetie, 181.

Traditionen zu rechnen.[2] Für die Lösung des Zeitproblems ist zu beachten, dass die „verspätete" Rezeption der „politischen" Vertragsvorstellung eine Analogie in den im vorangehenden Kapitel vorgestellten Beispielen für eine Entgrenzung ursprünglich dem Königtum vorbehaltener Konzepte hat.[3] Im Fall des deuterojesajanischen Heilsorakels und der priesterschriftlichen *Imago Dei*-Metapher sind Sprachformen und Metaphern der Königsideologie nach dem Ende des judäischen Königtums in „königslose" Kontexte überführt worden. Da möglicherweise die *Imago Dei*-Vorstellung, sicherlich aber prophetische Heilsorakel nach ihrer möglichen Rezeption in Israel und Juda in vorexilischer Zeit zunächst im judäischen Königtum beheimatet waren, bevor sie nach 587 entsprechend modifiziert werden konnten, ist der „religiöse" Gebrauch der Königsorakel sowie der *Imago Dei*-Metapher in Deuterojesaja und der Priesterschrift näherhin als ein zweistufiger Rezeptionsprozess beschrieben worden. Sieht man die Vertragsmetapher im dtr Deuteronomium in Analogie zum deuterojesajanischen Heilsorakel oder der priesterschriftlichen *Imago Dei*-Metapher, so stellt sich der zweistufige Rezeptionsprozess in diesem Fall wie folgt dar: In der israelitisch-judäischen Königszeit sickerten seit dem 8. Jh. vor dem Hintergrund vermehrter diplomatischer und militärischer Kontakte aramäische und assyrische Vertragsrechtstraditionen ein, die in der Folge vermutlich auf das judäische Vertragsformular eingewirkt haben. Nach der Katastrophe von 587 ermöglichte das Ende des judäischen Königtums die Überführung der „politischen" Vertragskonzeption, die ursprünglich die Beziehung zwischen dem König und seinen Untertanen regelte, auf die direkte Gott-Volk-Beziehung. Das folgende Schema stellt die dtr Bundesvorstellung neben die beiden anderen Beispiele für zweistufige Rezeptionsprozesse im Alten Testament:

2 Vgl. zum Begriff der Akkulturation Blum, Überlegungen, bes. 2–5. Von den a.a.O., 13, genannten Erscheinungsformen kommen im vorliegenden Fall am ehesten die Typen „freie Akkulturation" und „Anpassungs-" bzw. „Akkulturationsdruck" in Frage.

3 Hierbei handelt es sich lediglich um geistesgeschichtlich analoge Fälle, die in keinerlei wechselseitigem Abhängigkeitsverhältnis stehen. Ihre Gemeinsamkeit liegt darin, dass sie aus ein und derselben historisch-politischen Gegebenheit (dem Ende des Königtums in Juda) vergleichbare theologische Konsequenzen ziehen.

	Deuterojesajanisches Heilsorakel	*Gottebenbildlichkeit des Menschen nach P*	*dtr Bundestheologie*
Mögliche altorientalische Vorbilder	Aramäische bzw. gemeinaltorientalische Königsorakel	Ägyptische bzw. assyrische Königsprädikation	Aramäische und assyrische Vasallenverträge
1. Stufe: Königszeit	Judäische Königsorakel	Judäische Königsprädikation (?)	Judäische Treueide (?)
Mögliche alttestamentliche Reflexe	Jes 7*; 8*; 2Sam 7*; 1Kön 11,31–39*	Ps 2,7 (?)	2Kön 11,17* Prophetie
2. Stufe: Exilszeit	Übertragung auf „Israel"	Übertragung auf den Menschen schlechthin	Übertragung auf Jhwh allein
Alttestamentliche Belege	Dtjes passim	Gen 1,26–28	Dtn 5*; 13*; 28*

Am besten dokumentiert ist der zweistufige Rezeptionsprozess im Fall der deuterojesajanischen Heilsorakel für „Israel": Als Quellen für potentielle altorientalische Vorbilder stehen zahlreiche neuassyrische, aber auch aramäische Königsorakel bereit; den „politischen" Gebrauch der Orakel im Kontext des judäischen Königtums belegen Texte wie Jes 7* und 8*; der „religiöse" Gebrauch der Orakel in nachköniglicher Zeit ist schließlich bei Deuterojesaja breit bezeugt. Will man den Rezeptionsprozess im Fall der Vertragsmetapher nachzeichnen, so fehlt ein entscheidendes Glied in der Kette der Quellentexte. Vorhanden sind die potentiellen altorientalischen Vorbilder, nämlich aramäische und neuassyrische Vasallenverträge; vorhanden ist auch das Ergebnis der zweiten Rezeptionsstufe, nämlich die ausgebildete dtr Bundestheologie. Es fehlt jedoch das entscheidende Zwischenglied in Form judäischer „politischer" Vertragstexte. Aber auch in diesem Punkt erlauben, wie sich zeigen wird, versteckte Hinweise in der Bibel sowie der Vergleich mit einschlägigen altorientalischen Texten einige Rückschlüsse.

Die Vorgehensweise im nachfolgenden Kapitel gestaltet sich so, dass das Interesse zunächst der ersten Rezeptionsstufe gilt, wobei auf der einen Seite das Einsickern vertragsrechtlicher Vorstellungen und Sprachformen in der israelitisch-judäischen Königszeit anhand einschlägiger Spuren im Alten Testament aufgezeigt und auf der anderen Seite nach den vermittelnden Institutionen gefragt werden soll. In diesem Zusammenhang ist auch auf die Frage nach dem Vorhandensein und der möglichen Gestalt judäischer Treueide einzugehen. Anschließend kommt die zweite Rezeptionsstufe in den Blick, in der Vorstellungen und Sprachformen des „politischen" Vertragsrechts im Deuteronomium als

Interpretament des Ersten Gebots dienen. Auch hier gilt dem potentiellen Trägerkreis die größte Aufmerksamkeit.

2. Die erste Rezeptionsstufe

Die Rezeption vertragsrechtlicher Vorstellungen und Sprachformen in Dtn 13* und 28* ist vor dem Hintergrund zahlreicher Interdependenzen im altorientalischen Vertragsrecht im 1. Jt. zu sehen, an denen die Königreiche Israel und Juda ausweislich der biblischen Schriftprophetie seit dem 8. Jh. partizipierten.

2.1 Interdependenzen im altorientalischen Vertragsrecht und die Rezeption vertragsrechtlicher Vorstellungen und Sprachformen im Alten Testament

Die traditionsgeschichtliche Untersuchung der aramäischen Sfire-Inschriften wie des neuassyrischen EST hat ergeben, dass sich die westliche bzw. aramäische und die neuassyrische Vertragsrechtstradition wechselseitig beeinflusst haben. Der Einfluss der aramäischen auf die neuassyrische Vertragsrechtstradition ist insbesondere bei der sprachlichen Entlehnung des aramäischen *terminus technicus* für „Vertrag" *ʿdy* sowie bei der Rezeption typisch westlicher Fluchgattungen über jeden Zweifel erhaben.[4] Umgekehrt erweisen sich die aramäischen Sfire-Inschriften als vielfach von der assyrischen Tradition geprägt, z.B. in Bezug auf das Vertragsformular oder die mit dem assyrischen Reichsgott Aššur anhebende Götterliste.[5]

Wenn auch den zu Tage geförderten aramäischen Inschriften entsprechend aussagekräftige Monumentalinschriften in Israel/Palästina (bislang) nicht gefunden worden sind,[6] spiegelt doch die biblische Schriftprophetie seit dem ausgehenden 8. Jh. ein allmähliches Einsickern von Vorstellungen und Sprachformen des altorientalischen Vertragsrechts. Die etlichen Parallelen zwischen Vertragsflüchen und prophetischen Texten sind seit langem bekannt und sollen an dieser Stelle nicht noch einmal genannt werden.[7] Wie nicht anders zu erwarten, begegnen in der Prophetie Traditionen der an den diplomatischen Kontakten

---

4 Vgl. dazu o. S. 95 u. 97–102.

5 Vgl. dazu o. S. 59–62.

6 S. u. S. 290, Anm. 120.

7 Vgl. dazu Fensham, Malediction; ders., Common Trends; und ausführlich Hillers, Treaty-Curses, 43–79.

in erster Linie beteiligten Völkerschaften: nämlich der syrischen Aramäer und der mesopotamischen Assyrer. Für den nordsyrisch-aramäischen Bereich ist die in der biblischen Prophetie breit rezipierte Gattung der Nichtigkeitsflüche namhaft zu machen, deren Traditionsgeschichte von T. Podella eingehend untersucht worden ist.[8] In jüngerer Zeit konnte darüber hinaus gezeigt werden, dass mit den rezipierten Sprachformen oftmals auch gedankliche Eigenheiten des Vertragsrechts adaptiert worden sind. So identifizierte U. Rüterswörden in Amos 7 etliche inhaltliche Entsprechungen zu Flüchen in den aramäischen Sfire-Inschriften sowie dem neuassyrischen EST, wobei er in den Amos-Visionen das „Einfallstor für eine seinerzeit wohl neuartige Strafvorstellung“[9] erblickt:[10]

> „statt eines Tun-Ergehenszusammenhangs findet sich eine neuartige Strafvorstellung, wie sie im Alten Orient gängig ist: das Strafhandeln der Gottheit aufgrund eines Vergehens, das im Bereich des Vertragsbruchs situiert ist.“

Ähnlich gelagert ist eine Beobachtung von B. Becking, der in Nah 3,7 eine „*interpretatio israelitica*“[11] einer mesopotamischen Vorstellung offen legte, die im Adad-Fluch des EST belegt ist.[12] Die Idee von Jhwh als „judge acting in history“[13] verdanke sich somit ebenfalls dem altorientalischen Vertragsdenken.

Interessant ist nun die Tatsache, dass sich die seit dem 8. Jh. bezeugte Rezeption vertragsrechtlicher Vorstellungen und Sprachformen im Alten Testament bis in spätexilisch bzw. nachexilisch zu datierende Texte hinein verfolgen lässt. Zwei Beispiele einer „verspäteten“ Rezeption im Umfeld der Priesterschrift und damit außerhalb des Deuteronomismus seien hier kurz vorgestellt:

(1.) Während der aramäische Ausdruck für „Vertrag“ *ʿdy* – wie oben dargelegt – seit dem 8. Jh. in Gestalt des akkadischen *adê* in Assyrien und Babylonien als Lehnwort bezeugt ist, erscheint er im Alten Testament vermutlich erstmals im Kontext des bundestheologischen Konzepts der Priesterschrift, wo er für den Dekalog als Inbegriff der „Bundesbestimmungen“ Verwendung findet.[14] Gerade in diesem Fall ist mit einiger Sicherheit anzunehmen, dass die Entlehnung aus dem Aramäischen viel früher stattgefunden hat, als dies die Beleglage im Alten

---

8 Vgl. Podella, Notzeit-Mythologem, 438: „Die formale und inhaltliche wie auch die historisch-geographische und kulturelle Nähe der atl. Prophetie des 8. und 7. Jh.s. v. Chr. zu den Aramäerstaaten Syriens lässt demnach vermuten, dass der Nichtigkeitsfluch nicht ursprünglich israelitisch ist, sondern von den nördlichen Nachbarn Israels übernommen wurde.“

9 Rüterswörden, Bundestheologie, 96–99, das Zitat 96.

10 Ebd.

11 Becking, Judge, 115.

12 Als weiteren Beleg der Vorstellung zitiert Becking einen Abschnitt aus dem Gilgameš-Epos, vgl. a.a.O., 115.

13 A.a.O., 116.

14 S. dazu o. S. 102f.

Testament erwarten lässt. Auch wenn dies nicht zu beweisen ist, hat der Begriff vermutlich erst längere Zeit im „profanen“ bzw. „politischen“ Systembereich Verwendung gefunden, ehe er in der priesterschriftlichen Literatur in einen rein theologischen Gebrauch überführt worden ist.

(2) Ähnliches ist im Hinblick auf zahlreiche Flüche in Lev 26, dem Abschlusskapitel des Heiligkeitsgesetzes, zu vermuten, die keine Parallele in Dtn 28 besitzen, aber traditionsgeschichtlich der nordsyrisch-aramäischen Tradition nahe stehen.[15] Ein Paradebeispiel ist in dieser Hinsicht der Nichtigkeitsfluch in Lev 26,26, der nahezu wortwörtliche Parallelen in drei aramäischen Inschriften hat.[16] Der zeitliche Graben von ca. 200 Jahren, der zwischen dem jüngsten Beleg auf der aramäischen Bukān-Inschrift und dem Heiligkeitsgesetz klafft, legt auch hier die Annahme nahe, dass entsprechende Flüche in Israel und Juda bereits in vorexilischer Zeit geläufig waren.

2.2 Kontaktmedien und Kontaktträger: Vasallenverträge und Schreiberschulen[17]

All diese Rezeptionsvorgänge auf dem Gebiet des Vertragsrechts sind vor dem Hintergrund breit belegter diplomatischer Kontakte der beteiligten mesopotamischen und levantinischen Staaten gesehen gut vorstellbar. Was die konkrete Vermittlung der Traditionen angeht, so spielen m.E. zwei Institutionen eine entscheidende Rolle: Einerseits die Praxis, internationale Beziehungen mit Hilfe von eidlich abgesicherten Abkommen auf eine rechtliche Basis zu stellen, andererseits der im Alten Orient stark vernetzte Berufsstand der Schreiber.

2.2.1 Vasallenverträge als Kontaktmedien

Internationale Verträge, die häufig den traditionsgeschichtlichen „Stempel“ beider am Vertragsschluss beteiligten Völkerschaften zu erkennen geben, können als vorzügliche Kontaktmedien gelten. So ist es etwa sicher kein Zufall, dass der einzige Beleg für die aramäischen Nichtigkeitsflüche in der akkadischen Literatur in einem Feldzugsbericht Aššurbanipals zu finden ist, der an dieser Stelle wahrscheinlich aus einem Vasallenvertrag mit dem in der syrischen Wüste

---

15 Vgl. Weinfeld, Deuteronomy, 124–126.

16 Podella, Notzeit-Mythologem, 436, sieht in dem Fluch „eine Art *missing link* zwischen hebräischen, aramäischen und assyrischen Vorstellungen“. – Vgl. dazu auch unten S. 286f.

17 Vgl. zu dieser Terminologie o. S. 18.

beheimateten arabischen Qedar-Stamm zitiert.[18] Auch Asarhaddons Vasallenvertrag mit Baal von Tyrus (SAA II 5) gibt in seinem Fluchteil neben dem vorherrschenden assyrischen auch phönikisches Lokalkolorit zu erkennen, womit feststeht, dass „[d]er Vertragsabschluss [...] für beide Parteien eine Konfrontation mit der Götterwelt des jeweils anderen [bedeutete]".[19] Für die These, dass die Verbreitung völkerrechtlicher Verträge nebenbei einen „diplomatischen Synkretismus"[20] förderte, können weitere sprechende Belege beigebracht werden. Zu nennen ist hier etwa die sowohl aramäische als auch hethitische und insbesondere assyrische Götter(paare) aufführende Götterliste der aramäischen Inschriften von Sfire.[21] Aber auch die an das neuassyrische Reichspantheon angelehnte Fluchreihe in Dtn 28,25–34*, die die assyrische Götterreihe Sîn – Šamaš – Venus/Ištar – Ninurta voraussetzt, gehört wohl in diesen Zusammenhang.[22]

Wenn im Alten Testament Gemeinsamkeiten einerseits mit aramäischen und andererseits mit neuassyrischen Vertragstexten zu identifizieren sind, so fügt sich dazu der Sachverhalt, dass für Israel und Juda (Vasallen-)Verträge gerade mit den aramäischen Nachbarstaaten wie mit dem neuassyrischen Großreich belegt bzw. zu postulieren sind. Mit Blick auf das größere Nordreich Israel lassen sich zahlreiche Kontakte mit Aramäerstaaten auf Vertragsebene namhaft machen. Für das 9. Jh. ist hier vor allem auf die direkten nördlichen Nachbarn, Aram-Damaskus[23] und Ḥamat[24], zu verweisen. Im 8. Jh. folgten – z.T. unter israelitischer Ägide – gegen das nach Westen expandierende assyrische Reich gerichtete Koalitionen mit etlichen Aramäerstaaten, die wahrscheinlich ebenfalls auf vertraglicher Basis zusammengehalten worden sind. Wendet man sich dem kleineren Bruderstaat Juda zu, so ist zu vermuten, dass der im Entstehen begriffene Kleinstaat spätestens seit seiner ersten außerbiblischen Erwähnung in der aramäischen Inschrift von Dan[25] in die militärisch-diplomatischen

18 Vgl. dazu o. S. 65.

19 Radner, Handelspolitik, 160f, Anm. 31. „Dabei sind die Flüche so individuell auf diese Gottheiten zugeschnitten, das [sic!] zumindest von Seiten des assyrischen Schreibers eine eingehende Beschäftigung mit den religiösen Vorstellungen des phönikischen Vertragspartners vorauszusetzen ist; gleiches gilt wohl auch für den tyrischen Schreiber." (ebd.)

20 Albertz, Religionsgeschichte 1, 228, Anm. 1: „Der diplomatische Synkretismus zeigt sich besonders in den antiken Staatsverträgen, in denen die Götter beider Vertragspartner beschworen und zueinander in Beziehung gesetzt werden."

21 Vgl. dazu o. S. 59–62.

22 Vgl. dazu o. S. 216–228. Nach Steymans, Deuteronomium 28, 298, Anm. 3, reflektiert Hos 5,10–13 den mesopotamischen Gula-Fluch.

23 Vgl. zu etlichen Vertragsschlüssen zwischen Israel und Aram-Damaskus Kottsieper, Inschrift, 492–496.

24 Vgl. zu den Kontakten zwischen Israel und Ḥamat Hutter, Widerspiegelungen, 429–432.

25 Vgl. zu dieser Inschrift Dietrich, *dāwīd*.

Kooperationen und Konfrontationen der levantinischen Staatenwelt einbezogen ist. Nach Ausweis der alttestamentlichen Historiographie ist es in diesem Zusammenhang auch zu Vertragsschlüssen gekommen (vgl. 1Kön 15,18f).

Was Verträge mit dem neuassyrischen Großreich angeht, so ist zu vermuten, dass den Königen von Juda als tributpflichtigen assyrischen Vasallen, nachdem man sich um 730 Tiglatpileser unterworfen hatte, allein im 7. Jh. vermutlich mehr als ein halbes Dutzend Verträge auferlegt worden sind. Nach der (erneuten) Unterwerfung Hiskijas um 700 gaben nicht allein die Thronfolgeregelungen unter Sanherib und Asarhaddon, sondern darüber hinaus jede Thronbesteigung eines assyrischen Großkönigs sowie jeder Herrscherwechsel auf dem judäischen Thron Anlässe für neue Verträge ab. Da die Verträge den Vasallen in schriftlicher Form als so genannte *ṭuppi adê* („Vertragstafeln“) ausgeliefert wurden, ist damit zu rechnen, dass zahlreiche assyrische Vertragstexte, vermutlich in aramäischer Übersetzung,[26] in Jerusalem vorhanden waren und im Staatsarchiv aufbewahrt wurden.

Fazit: Sowohl aramäische als auch assyrische (Vasallen-)Verträge dürften in Jerusalem im 8. und 7. Jh. bekannt und sehr wahrscheinlich im königlichen Archiv vorhanden gewesen sein.

2.2.2 Schreiber als Kontaktträger

Als weiterer Faktor, der für Interdependenzen im altorientalischen Vertragsrecht geltend gemacht werden kann, ist auf Kontakte auf der Ebene der Schreibertradition aufmerksam zu machen. Vor der eigentlichen Beschäftigung mit dem altorientalischen Schreiberstand ist dieser jedoch von dem Phänomen einer allgemeinen Literalität zu unterscheiden. In der gegenwärtigen Forschung setzt sich zunehmend die Ansicht durch, dass in den städtisch geprägten altorientalischen Gesellschaften mit einer breit gestreuten grundlegenden Beherrschung des Mediums Schrift zu rechnen ist, wobei die Fähigkeit, zu lesen, noch einmal als größer einzuschätzen ist als diejenige, zu schreiben.[27] Von jenen Grundfertigkeiten im Umgang mit der Schrift grundsätzlich zu unterscheiden ist der Berufsstand der gründlich ausgebildeten und hochgradig spezialisierten professionellen Schreiber, der in diesem Zusammenhang allein von Interesse ist. Das Hauptaugenmerk gilt dabei der Ausbildung der Schreiber.

---

26 Krebernik, Deuteronomiumskommentar, 35f.

27 Vgl. zu Mesopotamien Wilcke, Überlegungen, 48f. Vgl. speziell für das neuassyrische Reich Parpola, Scribe, 320–322. Vgl. zu den davon leicht abweichenden Verhältnissen im spätvorexilischen Juda Carr, Tablet, 112–122. Carr kommt a.a.O., 122, zu folgendem Ergebnis: „[T]he epigraphic evidence supports the biblical picture of a largely illiterate populace combined with a ruling class who had received a broader training that began with alphabetic knowledge but moved far beyond it.“

Die folgende Übersicht konzentriert sich aufgrund der zahlreichen und recht gut erschlossenen Quellen zu Schule und Schreiberausbildung geographisch im Wesentlichen auf Mesopotamien.[28] An geeigneter Stelle werden Nachrichten aus Ägypten und der Levante eingeschoben. Auch wenn sich die Verhältnisse in Mesopotamien nicht eins zu eins auf die levantinischen Kleinstaaten übertragen lassen, ist aufgrund der an Mesopotamien orientierten weitgehenden Einheitlichkeit der altorientalischen Schreiberausbildung dennoch eine prinzipielle Vergleichbarkeit gegeben.[29]

Informationen zu Schreibern und deren Ausbildung in Mesopotamien geben die aus nahezu allen Gebieten und Epochen überlieferten Schulübungen – Tontafeln, die von Schülern im Rahmen ihrer Ausbildung geschrieben wurden. Hinzu kommen Schulerzählungen aus altbabylonischer Zeit, die, obgleich sie gelegentlich satirisch überzeichnen, wichtige Einblicke in den Schulalltag erlauben.[30] Die Notwendigkeit, Schreiber (sum. DUB.SAR = akk. *ṭupšarru* = „Tontafelschreiber") auszubilden, war in Südmesopotamien mit der Entwicklung der Schrift um 3000 v. Chr. gegeben.[31] Die Schreiberausbildung erfolgte anfangs innerhalb der Familie, wobei der schriftkundige Vater entweder das eigene oder ein bei sich aufgenommenes Kind unterrichtete. Die Entstehung von Edubba'a (akk. *bīt ṭuppi*[*m*]) bezeichneten Institutionen[32] verdankte sich höchst wahrscheinlich der komplexer werdenden Verwaltung unter der stark zentralisierten Regierung der dritten Dynastie von Ur am Ausgang des 3. vorchristlichen Jahrtausends, in der eine institutionell geschulte Beamtenschaft unabdingbar geworden war.[33] Das weit verbreitete Phänomen von Schreiberfamilien legt aber nahe, dass die „private" Schreiberausbildung auch in den folgenden Epochen nebenbei fortbestand, wobei nicht selten der Sohn

28 Dabei stütze ich mich für die altbabylonische Zeit auf Waetzoldt, Schreiber, 33–50, und für die neubabylonische Zeit auf Gesche, Schulunterricht, passim. Eine Zusammenfassung des mesopotamischen Schul- und Ausbildungssystems bietet Carr, Tablet, 17–46.

29 Vgl. zu diesem Problem a.a.O., 113–115. Carr kommt aufgrund der Befunde in den levantinischen Kleinstaaten im 1. Jt. zu dem m.E. richtigen Schluss, „that small-scale kingdoms like Judah and Israel maintained scribal-textual systems, often emulating their bigger neighbors and borrowing parts of their systems while working in broader regional scribal traditions". (a.a.O., 114f)

30 Vgl. zu den in den Erzählungen zum Ausdruck kommenden Bildungszielen Volk, Edubba'a, 11–30.

31 Volk betont zu Recht, dass der „Zusammenhang von Schriftlichkeit und Schule als Schriftzeichen und deren Inhalte vermittelnde Institution […] von Anbeginn des Schreibens an als Voraussetzung zu gelten [hat]" (a.a.O., 3).

32 Der sumerische Terminus ist wohl am besten mit „Haus, das Tafeln zuteilt" zu übersetzen (vgl. ebd.). Nach Volk waren die Edubba'a genannten Institutionen „ein spezifischer Fall von ‚Schule', indem sie ganz auf die Bedürfnisse des Palastes ausgerichtet waren" (a.a.O., 10).

33 Vgl. Waetzoldt, Schreiber, 33. Etwa zeitgleich erscheinen auch in Ägypten die ersten Belege für Palast- und Tempelschulen; vgl. Fischer-Elfert, Schreiber, 62.

seinem Vater im Amt nachfolgte.[34] Was die grobe Gliederung der Ausbildung angeht, so spricht sich Waetzoldt aufgrund der altbabylonischen Quellen, die von den neubabylonischen im Wesentlichen bestätigt werden,[35] für eine grundsätzliche Zweiteilung in eine „Elementarausbildung“ und eine sich anschließende „berufsorientierte Ausbildung in Form einer Famulatur“ aus.[36] In der Elementarphase standen nach dem Erlernen der (sumerischen und akkadischen) Keilschriftzeichen zunächst lexikalische Listen und einfache Texte auf dem Plan.[37] Gelegentlich konnte sich nach der Elementarausbildung eine Art „Oberstufe“ anschließen, in der bereits anspruchsvollere Literatur und verschiedene Gebrauchstexte behandelt wurden.[38] Zu den zentralen pädagogischen Mitteln im Schulunterricht zählten „einerseits Abschreiben, Wiederholung und Diktat und andererseits Auswendiglernen“.[39] Insbesondere das Memorieren hat nach Auskunft der Schulerzählungen einen ungleich höheren Stellenwert eingenommen als im modernen Schulbetrieb. Zu den wichtigsten Unterrichtsmaterialien gehörten zweifellos die lexikalischen Listen, die als „Leitfossil für Schulen“[40] gelten können. Die Listen, die zum Teil bis in das 3. Jt. zurückgehen und im 1. Jt. oftmals kanonische Geltung besaßen, verzeichneten katalogartig Objekte der Erfahrungswelt.[41] Wenn Schüler in den Schulerzählungen damit prahlen, umfangreiche Listen memorieren zu können,[42] gibt das einen Eindruck von der zentralen Rolle der lexikalischen Listen im mesopotamischen Schulunterricht. Einen empirischen Beleg für die Annahme, dass lexikalische Listen wenigstens vom Lehrer aus dem Kopf memoriert werden konnten, stellen die überlieferten Listen aus Ugarit bereit, die nicht importiert, sondern vor Ort entstanden sind.[43]

34 Vgl. Waetzoldt, Schreiber, 41f; Volk, Edubba'a, 4, Anm. 21; van Soldt, Texts, 180–182; Lipiński, State Scribes, 162f. In Ugarit fand die Schreiberausbildung wohl grundsätzlich nicht im Palast, sondern in Privathäusern statt (vgl. van Soldt, Texts, 180).

35 Gesche gliedert feiner, indem sie einen Elementarunterricht, zwei (schon spezialisierende) Schulstufen und eine berufsspezifische Fachausbildung unterscheidet (vgl. das Schema bei Gesche, Schulunterricht, 210).

36 Waetzoldt, Schreiber, 38. Eine auf die Grundausbildung folgende Fachausbildung für Schreiber der höheren Verwaltung ist auch in Ägypten anzutreffen; vgl. Williams, Scribal Training, 216, sowie ders, The Sage, 26: „Further specialized education was necessary for those scribes who aspired to administrative positions in the government, temple, or army, or who sought a career in such areas as medicine, astronomy, sorcery, or dream interpretation.“

37 Vgl. Waetzoldt, Schreiber, 39.

38 Vgl. a.a.O., 40.

39 A.a.O., 36.

40 Schretter, Schule, 461.

41 Vgl. zu den Listen allgemein Jursa, Babylonier, 96–98.

42 Vgl. Carr, Tablet, 24.

43 Vgl. van Soldt, Texts, 175.

Nach Abschluss der Elementarausbildung, die ca. 8–10 Jahre in Anspruch nehmen konnte,[44] setzte der angehende Schreiber seine Ausbildung als Famulus bei einem professionellen Schreiber an Ort und Stelle seiner späteren Tätigkeit fort. Alles in allem begann der fertig ausgebildete Schreiber seine Laufbahn in der höheren Verwaltung somit wohl nicht vor dem 20. Lebensjahr.[45] Eine maßgebliche Zielgruppe der Fachausbildung waren die in der Palastverwaltung tätigen, juristisch geschulten Hofschreiber,[46] über deren wichtige Rolle am Königshof auf der einen Seite die wenigen Erwähnungen in Listen und anderen Texten und auf der anderen Seite die umfangreichen Tontafelfunde in den Königspalästen selbst Auskunft geben.[47] Hofschreiber sind unter dem Titel DUB.SAR.É.GAL seit der Ur-III-Zeit bezeugt, in der sie „indispensable for administration of the scale and complexity practiced in Mesopotamia" waren.[48] In der königlichen Verwaltung erledigten Hofschreiber nicht allein den alltäglichen administrativen Schriftverkehr, sondern betrieben darüber hinaus Traditionspflege, indem sie verschiedene das Königtum betreffende Textsorten (Rechtssammlungen, Eponymenlisten, Königslisten, Annalen etc.) kopierten und redigierten, aber auch, indem sie in dieser Sparte als Autoren tätig waren.[49] Hofschreiber kommen schließlich auch als anonyme Autoren von großen epischen Werken (etwa dem Tukulti-Ninurta- oder Gilgameš-Epos) in Betracht.[50] Ein ganz wesentlicher

---

44 Vgl. Waetzoldt, Schreiber, 38, und Gesche, Schulunterricht, 219.

45 Vgl. Waetzoldt, Schreiber, 41.

46 Vgl. Gesche, Schulunterricht, 217: „Für die Schreiber von administrativen Texten und Urkunden war die Ausbildung, die sie in der Schule erhalten hatten, nicht ausreichend. Sie benötigten eine fachlich orientierte Ausbildung, in der sie sich die praktischen Fähigkeiten zum Anfertigen der entsprechenden Texte aneigneten. Sie mussten nicht nur die in der Verwaltungssprache üblichen Formulierungen lernen, sondern auch, dass für unterschiedlichen Textgattungen jeweils unterschiedliche Tafeln verwendet wurden."

47 Vgl. Sweet, Sage, 103: „Quite apart from this inner evidence of the presence of scribes in royal palaces, the material evidence of the hundreds of tablets excavated in palaces at sites such as Mari, Assur, Kalḫu, and Nineveh make it quite clear that many scribes were employed in palace administration."

48 Ebd. Nach der Personennamenliste Proto-Lu waren 18 verschiedene Spielarten von Hofschreibern in der königlichen Verwaltung der Ur-III-Zeit beschäftigt, unter ihnen ein DUB.SAR. LUGAL, der vermutlich als Privatsekretär des Königs fungierte (vgl. ebd.).

49 Vgl. ebd.: „The palace is the obvious place where these texts were composed, and their existence witnesses to the activity of wise man – in this case experts skilled in the use of the wiritten word – at the royal court. The same place of origin may be posited for the several collections of laws for which Mesopotamia is famous, as also for lists of year-names, king lists, and eventually chronicles." In diesem Punkt entspricht der mesopotamische Literaturbetrieb im Palast in etwa dem ägyptischen „Lebenshaus" als Ort der Traditionspflege, das ebenfalls mehr war als „a mere scriptorium or library, although it was a center for the composition, preservation, study, and copying of texts" (Williams, Sage, 27; vgl. auch ders., Scribal Training, 220f).

50 Vgl. Sweet, Sage, 104f.

Aspekt der Ausbildung bestand im Erwerb juristischer Kenntnisse.[51] Die zahlreich überlieferten Abschriften von (zum Teil außer Gebrauch stehenden) Rechtstexten, allen voran des bekannten Codex Hammurapi, der bis in spätbabylonische Zeit tradiert wurde, legen die Vermutung nahe, dass diese Texte zu Unterrichtszwecken kopiert wurden.[52] So dürfte sich auch das so genannte „Neubabylonische Gesetzesfragment“, das mit Exzerpten aus diversen Rechtstexten beschrieben ist, eben dieser Ausbildungsphase verdanken.[53] Das Korpus der Modellverträge, die „dem Üben im Formulieren ganzer Verträge“[54] dienten, ist für die Bereiche des Kauf-, Pacht- und Pfandrechts sowie der Sklavenfreilassung belegt, z. T. bis in die achämenidische Zeit.[55] Eine vergleichbare Ausbildung an Modellen von Staatsverträgen ist daher wahrscheinlich. Die einschlägige Terminologie wurde mit Hilfe von lexikalischen Listen wie der sumerisch-akkadischen Serie *ana ittišu* erworben, die eine Kompilation u.a. von Kontraktklauseln und juristischen Fachbegriffen vor allem des Schuld-, Ehe- und Prozessrechts darstellt.[56] Die verwaltungstechnische Phraseologie steuerte die lexikalische Liste ur$_5$-ra = *ḫubullu* bei,[57] die, in großen Teilen, ein fester Bestandteil des mesopotamischen Schulunterrichts war.[58] H. Neumann hat schließlich anhand altbabylonischer Quellen darlegen können, dass im Rahmen der Schreiberausbildung neben den formalen juristischen Fertigkeiten auch „juristisch-dogmatisches Denken“ vermittelt worden ist.[59]

In Bezug auf die These, dass Schreiber als Kontaktträger fungierten, ist ein weiterer Aspekt der altorientalischen Schreibertradition wichtig, nämlich ihre Internationalität. Der nationale Grenzen sprengende Charakter der altorientalischen Schreiberausbildung ist schon im 3. Jt. zu beobachten und nimmt in späterer Zeit mit der Verstärkung der internationalen Kontakte noch zu. Dabei dient von Anfang an die altmesopotamische Schule auch in den mesopotamischen Randgebieten (z.B. in Ebla) als „kulturelles Orientierungsmuster“.[60] Bei seiner

---

51 Vgl. dazu Neumann, Prozessführung.

52 Vgl. Gesche, Schulunterricht, 217.

53 Vgl. ebd., Anm. 831; vgl. dazu auch Neumann, Prozessführung, 76f.

54 A.a.O., 77.

55 Vgl. a.a.O., 77f.

56 A.a.O., 77.

57 Vgl. ebd.

58 Vgl. Gesche, Schulunterricht, 77.

59 Neumann, Prozessführung, 92.

60 Schretter, Schule, 461; für weitere Beispiele aus dem 3. und 2. Jt. s. a.a.O., 461–466. Vgl. ausführlich Carr, Tablet, 47–61, der a.a.O., 61, die These wagt, „that the Mesopotamian scribal educational tradition was important not just in Elam, Ebla, Hatti, Nuzi, Alalakh, Amarna, Ugarit, Hazor, Aphek, and Megiddo but also in Israel“. In den Kleinstaaten Israel und Juda, wo nicht vor dem 9. Jh. mit einer greifbaren Schreibertradition zu rechnen ist, scheint es mir allerdings wahrscheinlicher, dass die mesopotamische Schreiberausbildung nicht direkt, sondern über die aramäische Tradition vermittelt Einfluss ausgeübt hat.

Verbreitung scheinen nach Auskunft der Quellen lexikalische Listen eine zentrale Rolle gespielt zu haben.[61] Der Einfluss der mesopotamischen Schreibertradition nimmt im 2. Jt., als das Akkadische die überregionale Verkehrssprache wird, noch einmal erheblich zu. Dem Befund in Ḫattuša,[62] Ugarit[63] sowie in Amarna[64] zufolge waren die dort eingesetzten Schreiber mit dem Akkadischen wenigstens in Grundzügen vertraut. Dort gefundene Texte, die der mesopotamischen Schule entstammen, belegen die Orientierung an der mesopotamischen Schreiberausbildung.[65] Im 1. Jt. scheint einerseits die mesopotamische Schreibertradition weiterhin prägend zu sein, andererseits gewinnt das Aramäische als die *lingua franca* der zweiten Hälfte des Jahrtausends gegenüber dem Akkadischen seit dem 8. Jh. merklich an Boden.[66] Ein Indiz für dieses ambivalente Bild in neuassyrischer Zeit ist die Beobachtung, dass viele Urkunden in aramäischer Sprache weiterhin vom assyrischen juristischen Formular abhängig sind,[67] das Teil der Schreiberausbildung ist. Zahlreiche Hinweise legen im Hinblick auf das 1. Jt. weitreichende kulturelle Kontakte auf der Ebene der Schreibertradition nahe,[68] wobei jetzt die aramäische Tradition oftmals eine vermittelnde Funktion einnimmt. Aus assyrischen Quellen geht hervor, dass aramäische Schreiber am Hof des assyrischen Großkönigs in bedeutenden Positionen beschäftigt waren.[69] Assyrisch-aramäische Bilinguen machen einen regelrechten intellektuellen Diskurs der assyrischen und aramäischen Schriftgelehrsamkeit wahrscheinlich.[70] In den nordsyrischen Aramäerstaaten lassen sich vergleichbare Kontakte zwischen Aramäern und den vormaligen Luwiern bzw. Kanaanäern vermuten. Nach

61 Vgl. Schretter, Schule, 466.

62 Vgl. Beckman, Mesopotamians.

63 Vgl. van Soldt, Texts, 186, der im Hinblick auf die ugaritischen Schreiber allerdings lieber von „biscriptal“ als von „bilingual“ sprechen möchte. Vgl. auch Dietrich, Aspects.

64 Vgl. zum Befund in Amarna Artzi, Studies, 139–155. Zu den Verhältnissen in der Levante vgl. Demsky, Education, bes. 165–170, und van der Toorn, Cuneiform Documents, bes. 106.

65 Vgl. den Überblick bei Artzi, Studies, 153.

66 Vgl. für etliche Belege und Beispiele, die diese These bestätigen, Röllig, Aramäer. – Während der assyrische König Sargon am Ausgang des 8. Jh. in einem Brief noch darauf beharrte, dass seine Verwaltungsbeamten mit ihm statt in aramäischer in akkadischer Sprache korrespondieren, scheint sich im 7. Jh. merklich das Aramäische als Verwaltungssprache durchzusetzen, da seitdem die Zahl der überlieferten Keilschrifttafeln im Briefverkehr signifikant zurückgeht (vgl. Parpola, Correspondence, XVI). Den Gebrauch des Aramäischen in der assyrischen Garnison in den Philisterstädten im 7. Jh. bestätigen entsprechende Funde, vgl. Naveh, Writing, 20.

67 Vgl. Röllig, Aramäer, 184.

68 Dezidiert nachgewiesen sind Kontakte auf der Ebene der Schreibertradition zwischen den benachbarten Königreichen Israel und Juda; vgl. Renz, Schrift, 51f.

69 Vgl. Görke, Einfluss, 326f; vgl. zur Rolle der Aramäer in der Administration des neuassyrischen Reiches auch Garelli, Importance.

70 Vgl. Fales, Bilinguisme, 250.

W. Röllig bezeugen nordwestsyrische Texte einen „‚stream of tradition‘ [...], der phönizische wie aramäische Schreibertradition gleichermaßen prägte“.[71] Die eingangs formulierte These, dass die zusammengetragenen Informationen über den Schreiberstand *cum grano salis* auf Israel und Juda übertragen werden können, soll mit Hilfe des nachfolgenden Exkurses bekräftigt werden.

Exkurs: Hofschreiber in Israel und Juda

Im Alten Testament begegnet der Titel *spr* „Schreiber“ zuerst in den davidisch-salomonischen Beamtenlisten (2Sam 8,16–18 bzw. 20,23–26 und 1Kön 4,1–6). Auch wenn das biblische Bild der frühen Königszeit in der gegenwärtigen Forschung zu Recht einer kritischen Dekonstruktion unterliegt,[72] werden doch die Listen mit hohen königlichen Beamten zumeist weiterhin als zeitgenössische Originalquellen betrachtet.[73] Neben der Erwähnung eines königlichen Schreibers (*spr hmlk*) in 2Kön 12,11f, der unter Joasch von Juda mit der Auszahlung von Spenden für Reparaturmaßnahmen am Jerusalemer Tempel betraut ist, spielt der Schreiberstand dann vor allem in religionspolitisch entscheidenden Krisenzeiten eine wichtige Rolle, nämlich zum einen im Zusammenhang mit der Joschijanischen Reform um 622 v. Chr. (2Kön 22f) und zum anderen angesichts der Bedrohung Jerusalems durch die Babylonier Anfang des 6. Jh. (2Kön 18f par Jes 36f; Jer 36f). Insgesamt ist festzustellen, dass sich alle biblischen Nachrichten von Schreibern aus vorexilischer Zeit auf Schreiber am Königshof beschränken.[74] Der Schreiber zählt dabei zu den *śrym*, den hohen Beamten bzw. Ministern am Königshof.[75]

71 Röllig, Aramäer, 178; vgl. dazu auch Mayer, Politik, 71f.

72 Vgl. zu David und Salomo Dietrich, Königszeit, 94–201; Finkelstein/Silberman, Posaunen, 140–163, und speziell zum salomonischen Königtum Gertz, Erinnerung, 11–28.

73 Vgl. z.B. Würthwein, Könige 1, 39 und 43; Dietrich, Königszeit, 169–175; Gertz, Erinnerung, 26. Allerdings gibt Niehr, שׂר, 867, zu bedenken, „dass die at.lichen Quellen in bezug auf Angaben hinsichtlich der Verwaltung im 10.–8. Jh. spätere Strukturen widerspiegeln und historisch nicht zuverlässig sind“. Die anhand der Amarnabriefe gewonnene Erkenntnis, dass im spätbronzezeitlichen Palästina nicht jeder Fürstenhof einen eigenen Schreiber beschäftigte (vgl. Zwickel, Kommunikationsmöglichkeiten, 464f), meldet auch im Hinblick auf die bescheidenen administrativen Verhältnisse im Jerusalem der davidisch-salomonischen Epoche Zweifel an, die zudem durch den epigraphischen Befund genährt werden, nach dem sich eine eigentliche hebräische Schreibertradition nicht vor dem 9. Jh. belegen lässt (vgl. Renz, Schrift, 51).

74 Vgl. auch Zwickel, Kommunikationsmöglichkeiten, 469. Dieses Bild bestätigen van der Toorn, Cuneiform Documents, 100–105, für das spätbronzezeitliche Syrien-Palästina sowie Lipiński, Aramaeans, 504f, und Lemaire, Scribes, 253, für die zeitgleichen aramäischen, ammonitischen und moabitischen Nachbarstaaten Israels und Judas.

75 Niehr, ספר, 926. Vgl. dazu auch Rüterswörden, Königszeit, 85–89. Vgl. zu den *śrym* in der Königszeit Niehr, שׂר, 866–873, der darauf aufmerksam macht, dass sich das Beamtentum in der frühen Königszeit erst allmählich aus der königlichen Hausverwaltung entwickelt hat.

„Insofern ist der soper, auch wenn über seinen Aufgabenbereich aus den Quellen der frühen Königszeit kein Aufschluss gewonnen werden kann, nicht als einfacher Schreiber, sondern als Vorsteher der königlichen Kanzlei zu verstehen."

Neben dem Kanzleiwesen dürfte dem Hofschreiber auch die Traditionspflege sowie die Abfassung von Texten historiographischen Inhalts (z.B. königliche Annalen) oblegen haben.[76] Der Dienstraum des Hofschreibers war wahrscheinlich die in Jer 36,10.20f erwähnte und in Palastnähe gelegene „Halle des Schreibers" (*lškt* NN). Als königliche Kanzlei diente sie vermutlich zugleich der Aufbewahrung der Staatsarchive.[77]

Schon die Beamtenliste aus salomonischer Zeit, in der die beiden Hofschreiber Söhne des unter David amtierenden Schreibers sind (vgl. 1Kön 4,3 mit 2Sam 8,17; 20,25) legt auch in Juda eine Weitergabe des Berufswissens in Schreiberfamilien nahe (vgl. auch die Schreiberfamilien in 1Chr 2,55), wobei der Sohn gelegentlich die Amtsnachfolge des Vaters antritt. Eine Kontinuität ist dann in der späten Königszeit vor allem am Beispiel der „Schreiberdynastie" der Schafaniden nachzuweisen.[78] Die Tatsache, dass sämtliche im Alten Testament erwähnten Schreiber aus vorexilischer Zeit hohe Beamte am Königshof waren, darf allerdings nicht dazu verleiten, den Schreiberberuf auf diese Spitzengruppe einzuschränken. Neben den Hofschreibern gab es vermutlich gewöhnliche „Straßenschreiber", die im Dienst der zumeist analphabetischen Bevölkerung standen, sowie andere hierarchisch niedriger stehende Schreiber der Tempel- (vgl. die levitischen Schreiber in 1Chr 24,6 und 2Chr 34,13) oder Hofverwaltung, einmal abgesehen von Schreibern, die im Dienst von Armee (vgl. 2Kön 25,19 par Jer 52,25), Wirtschaft und Handel standen.[79]

Wie in anderen Gebieten des Alten Vorderen Orients sind auch in Palästina Inschriften zu Tage gefördert worden, die als mutmaßliche Schreibübungen mit der Schreiberausbildung in Verbindung zu bringen sind. Die Beobachtung, dass dabei Alphabete, Wort- und Briefschreibübungen, aber auch Übungen literarischer Texte zum Vorschein gekommen sind,[80] erinnert an den Befund

---

76 Vgl. Rüterswörden, Königszeit, 88f.

77 Vgl. Niehr, ספר, 927; zu entsprechenden Schreiberkammern in Palastnähe in großen Städten des Nordreichs, in denen offensichtlich auch Wirtschafts- und Verwaltungstexte archiviert wurden, vgl. Zwickel, Kommunikationsmöglichkeiten, 475.

78 Vgl. den „Stammbaum" der Schafaniden bei Dearman, Servants, 410, und Wahl, Entstehung, 380.

79 Vgl. Lipiński, State Scribes, 163: „A clear distinction should be made between the ordinary street scribes, who helped the illiterate, and the subordinate scribes of the palace or temple administration, on the one side, and the scribes who formed a narrow circle of state officials, on the other."

80 Vgl. die Zusammenstellung der mit dem Schulbetrieb in Zusammenhang stehenden Inschriften aus Palästina bei Renz/Röllig, Handbuch II/1, 22–25. Vgl. zu den Verhältnissen in Juda auch Renz, Beitrag, 129, Anm. 16, mit dem Hinweis auf ein „möglicherweise als Schulübung einzustufende(s)" Ostrakon aus Arad, „das dann die Herstellung einer Königsinschrift zum Übungsgegenstand hätte".

andernorts. Die Verhältnisse im kleinen, abgelegenen Königreich Juda waren freilich sehr viel bescheidener als in den Großreichen in Mesopotamien oder Ägypten oder als in einem mächtigen syrischen Stadtstaat wie Ugarit.[81] Dennoch dürften sich einige Grunddaten der Schreiberausbildung mit aller gebotenen Vorsicht auf Juda übertragen lassen, über die man im Alten Testament selbst so gut wie nichts erfährt.

Vielfach wird angenommen, dass man sich die Ausbildung der für die Verwaltung notwendigen schriftgelehrten Beamten allein nach dem Famulussystem vorzustellen hat. Ob es darüber hinaus in vorexilischer Zeit Schulen in Jerusalem oder sogar im judäischen Umland gegeben hat, ist in der Forschung umstritten.[82] Eine überzeugende These, die zwischen Famulussystem und Schule vermittelt, hat D. W. Jamieson-Drake vorgelegt. Er kommt, nachdem er archäologische Daten zum Schriftgebrauch in Juda statistisch ausgewertet hat, zu dem Ergebnis, dass in dem politisch unbedeutenden Königreich erst seit dem 8. Jh., als der Übergang von einem so genannten „chiefdom“ zu einem kleinen Staat vollzogen wurde,[83] mit einer professionellen Schreiberausbildung zu rechnen ist. Wenn es Schulen gegeben haben sollte, dann allein in Jerusalem, wo sie, mit dem Palast verbunden, der Ausbildung der Verwaltungsbeamten dienten.[84] Es spricht allerdings nichts dagegen, auch in der späten Königszeit nebenbei weiterhin mit einem familieninternen Schreibunterricht zu rechnen, wofür neben der Existenz der mit Palast und Tempel in Beziehung stehenden Schreiberfamilie der Schafaniden auch die Verhältnisse in anderen altorientalischen Gesellschaften sprechen.[85] Für die von Jamieson-Drake vorgeschlagene Spätdatierung der professionellen Schreiberausbildung spricht auch die Beleglage des Titels *spr*

81 Differenzen ergeben sich auch aus den verschiedenen Schriftsystemen, vgl. Lipiński, State Scribes, 163f: „In contrast to Mesopotamia or Egypt, where the complicated systems of cuneiform signs, hieroglyphs or hieratic graphemes required a long apprenticeship, the simple alphabetic script used in Israel and Judah, as well as the numerals, could be learned in a short time, without any prolonged training in a school."

82 Vgl. zu den einzelnen Positionen Wanke, Lehrer, 51–56. Wanke selbst kommt a.a.O., 52, zu folgendem Ergebnis: „Geht man die angebotenen Belege und Argumentationsketten im einzelnen durch, dann ergibt sich, dass mit ihnen die Existenz eines institutionalisierten Schulwesens wenigstens im vorexilischen Israel nicht zwingend nachweisbar ist. Alle Belege und Tatbestände erklären sich ausreichend auch bei der Annahme von Famulaturen oder von Unterweisung in der Familie.“ Zu einem vergleichbaren Ergebnis gelangt Grabbe, Priests, 171–174.

83 Vgl. Jamieson-Drake, Scribes, 139.

84 A.a.O., 147–150.

85 Vgl. auch Schmid, Schreiber, 1002: „Wahrscheinlich wird man beide Annahmen [sc. Famulussystem und Schule, CK], die sich nicht ausschließen, kombinieren können, wie sich etwa aufgrund der eng mit Königshof und Tempel verbundenen Jerusalemer Schreiberfamilie der Schafaniden (vgl. 2Kön 22,3; Jer 36) nahe legt.“

„Schreiber" im Alten Testament:[86] Neben den 13 Vorkommen in den Vorderen Propheten (zu ihnen gehören streng genommen auch die drei Belege in Jes 36f, dem Seitenstück zu 2Kön 18f), von denen lediglich die Belege in den davidisch-salomonischen Beamtenlisten und der „Schreiber des Königs" in 2Kön 12 in die frühe Königszeit datieren, ist der Titel 12mal in Jeremia, 2mal in Ezechiel, 2mal in Ester, 1mal im Psalter und 20mal in Chronik und Esra/Nehemia und damit in erster Linie seit dem 7. Jh. bezeugt.[87]

Summa summarum können mit R. F. Person die folgenden vier in der Forschung gebräuchlichen Argumente vorgetragen werden, die für eine professionelle Schreiberausbildung – sei es in regelrechten Schreiberschulen oder innerhalb einer Familie von professionellen Schreibern – im (spät)vorexilischen Juda sprechen:[88]

> „(1) The Hebrew Bible itself contains three kinds of evidence: (a) narratives that describe the activity of professional scribes (for example, 2 Kgs 22:8–13), (b) the mention of the existence of source materials, which presumably would have come from the royal court, such as ‚the Book of the Chronicles of the Kings of Israel' and ‚the Book of the Chronicles of the Kings of Judah'; and (c) vocabulary reflecting the technical language of scribalism. (2) The administrative complexity of the institution of the monarchy required the service of professional scribes; therefore, in order to fulfill this need, scribal schools were established. (3) Scribal schools existed throughout the ancient Near East; hence, by analogy, ancient Israel may have also had scribal schools. (4) Archaeological evidence, especially epigraphic sources, increasingly suggests the existence of professional scribes who were trained with some amount of standardization."

Im Anschluss an diesen Exkurs soll der Ertrag der Einsichten in die antike Schreiberausbildung für die Interpretation der Interdependenzen im altorientalischen Vertragsrecht an zwei Beispielen deutlich gemacht werden:

86 Vgl. zur Herkunft des Substantivs *spr* Niehr, ספר, 925, der sich für eine etymologische Ableitung von akk. *šāpirum* „Anweisungsgebender" ausspricht, „wobei mit einem historisch oder soziologisch bedingten Bedeutungswandel zu ‚Schreiber' zu rechnen ist". Der von Rüterswörden (Königszeit, 88, Anm. 129) erhobene Einwand, der Wechsel von akk. *š* zu hebr. *s* setze die neuassyrische Zeit voraus, wodurch die Belege in den davidisch-salomonischen Beamtenlisten zu einem Problem würden, hat seinerseits zur Voraussetzung, dass diese Belege tatsächlich die terminologischen Verhältnisse der frühen Königszeit spiegeln.

87 Vgl. Niehr, ספר, 925f.

88 Person, Deuteronomic School, 70. Obgleich für die judäische Exilszeit aussagekräftige Quellen fehlen, scheint der nachexilische Befund gegen einen völligen Abbruch der Schreibertradition zu sprechen; vgl. Schams, Scribes, 312: „Thus the role of scribes from pre-exilic times and the general Near Eastern tradition of influential and educated scribes at royal courts and in the administration of empires continued in a non-monarchic context."

(1.) Das erste Beispiel betrifft Reihungen von Schädlingen einerseits in Vertragsflüchen in den aramäischen Sfire-Inschriften, dem neuassyrischen EST sowie in Dtn 28 und andererseits in der lexikalischen Liste ur$_5$-ra = *ḫubullu*. In Dtn 28,38–42* ist eine Folge von Nichtigkeitsflüchen jeweils mit einer Begründung versehen, in der die Ernteausfälle auf das Wirken von verschiedenen Schädlingen zurückgeführt werden. Die Inschriften von Sfire bezeugen in einer Fluchsequenz die gleichen Schädlinge in exakt der gleichen Reihenfolge:[89]

Dtn 28,38–42	Sf I A: 27f
ky yḥslnw h'rbh	*wšbʿ šnn y'kl 'rbh*
„[...], denn die Heuschrecke wird ihn abfressen.“	„Und sieben Jahre wird die Heuschrecke fressen.“
ky t'klnw htlʿt	*wšbʿ šnn t'kl twlʿh*
„[…], denn der Wurm wird ihn fressen.“	„Und sieben Jahre wird der Wurm fressen.“
kl ʿṣk wpry 'dmtk yyrš hṣlṣl	*wšbʿ [šnn ys][28]q twy ʿl 'py 'rqh*
„Alle deine Bäume und die Frucht deines Landes wird die Grille in Besitz nehmen.“	„Und sieben Jahre wird die Grille (?) aufsteigen auf die Oberfläche seines Landes“

Die Tatsache, dass in beiden Texten sowohl die Terminologie als auch die Reihenfolge der Schädlinge übereinstimmt, könnte auf den ersten Blick auf eine wie immer zu bestimmende wechselseitige Abhängigkeit schließen lassen. Die Parallele erscheint jedoch in einem völlig anderen Licht, wenn erkannt ist, dass alle drei genannten Schädlinge auf Tafel XIV der schon mehrfach erwähnten lexikalischen Liste ur$_5$-ra = *ḫubullu*[90] bezeugt sind,[91] auf deren Tafeln jeder Schreiber – sofern er diese nicht ohnehin in weiten Teilen auswendig beherrschte – zurückgreifen konnte, wenn er denn solcherlei Tierreihen bilden wollte.

Sf I A: 27f	Dtn 28,38–42*	ur$_5$-ra = *ḫubullu* XIV[92]
'rbh	*'rbh*	*erbû* (Z. 227)
twlʿh	*tlʿt*	*tūltu* (Z. 271ff)
twy	*ṣlṣl*	*dayye* (Z. 359)

Die bei einem Vergleich augenfälligen, recht umfangreichen Auslassungen zwischen den entsprechenden Worten in ur$_5$-ra = *ḫubullu* können leicht mit dem

89 Vgl. dazu Weinfeld, Traces, 124, Anm. 2, und Tawil, Curse, 60: aram. *twy* ist mit akk. *dayye/ ṭayye* und hebr. *ṣlṣl* zu identifizieren.

90 Zu den weiteren Themen der Liste s. Civil, Education, 302.

91 Vgl. Tawil, Curse, 60: „[A]ll of these are crop-consuming insects listed in sequential order in the lexical texts.“

92 Vgl. Landsberger, Materialien, 26; 30; 65.

oft bezeugten Befund erklärt werden, dass für den alltäglichen Gebrauch nicht die 24 Tafeln mit ca. 9700 Einträgen zählende Liste in toto,[93] sondern lediglich Exzerpte einzelner Tafeln angefertigt worden sind.[94]

In Z. 30 folgen in den Sfire-Inschriften nach der Rekonstruktion von H. Tawil drei weitere Schädlinge. Der Satz lautet:

> *wyšlḥn ʾlhn mn klmh ʾkl bʾrpd wbʿmh*
> „Mögen die Götter die Raupe, die Laus und den ‚Fresser' gegen Arpad und sein Volk senden."

In § 85: 599f des neuassyrischen EST begegnet ein analoger Fluch:[95]

> „... mögen sie [sc. die Götter, CK] Heuschrecken (*erbû*), Läuse (*kalmutu*), Raupen (*mūnu*) und „Fresser" (*ākilu*) [600]eure Städte, euer Land und euren Bezirk fressen lassen!"

Die lexikalischen Parallelen liegen wiederum auf der Hand:

Sf I A: 30	EST § 85: 599f
mn	*mūnu*
klmh	*kalmutu*
ʾkl	*ākilu*

Auch in diesem Fall macht Tawil auf die entsprechende Abfolge von akk. *mūnu* und *ākilu* in lexikalischen Listen (in ur$_5$-ra = *ḫubullu* XIV Z. 276ff und Z. 279ff)[96] und literarisch-astrologischen Texten aufmerksam.[97]

Am auffälligsten ist die Entsprechung bei einer weiteren Abfolge von Schädlingen in Sf I A: 31f. Nach der überzeugenden Rekonstruktion von Tawil werden hier drei Arten von Kleidermotten aufgeführt, *ss*, *qml* und ʾ[*šš*], die wiederum auf Tafel XIV der lexikalischen Liste ur$_5$-ra = *ḫubullu* belegt sind, wobei sie dort diesmal sogar in direkter Abfolge begegnen:[98]

Sf I A: 31f	ur$_5$-ra *ḫubullu* XIV[99]
qml	*kalmat ṣubāti* (Z. 267)
ʾ[*šš*]	*ašāšu* (Z. 268)
ss	*sāsu* (Z. 268a/269)

93 Vgl. Civil, Education, 302.

94 Vgl. die große Zahl an Exzerpten der Liste in Ugarit (van Soldt, Texts, 198–203); auch bei einem Fragment aus Hazor scheint es sich um ein Exzerpt zu handeln (s. Tadmor, Text, 101). Vgl. zu dem Phänomen auch Gesche, Schulunterricht, 146.

95 Watanabe, *adê*-Vereidigung, 170f.

96 Vgl. Landsberger, Materialien, 31f.

97 Vgl. Tawil, Curse, 61.

98 Vgl. a.a.O., 61f.

99 Vgl. Landsberger, Materialien, 30.

Die Tatsache, dass die in den Vertragsflüchen belegten diversen Aufzählungen von Schädlingen in ein und derselben Terminologie und in der entsprechenden Reihenfolge in ur$_5$-ra = *ḫubullu* bezeugt sind, macht deutlich, dass selbst frappierende lexikalische Parallelen nicht leichtfertig mit der These einer literarischen Abhängigkeit des einen Textes vom anderen erklärt werden sollten, sondern sich der weitgehend einheitlichen Schreiberausbildung, in der lexikalische Listen gebraucht und auswendig gelernt wurden, verdanken können.

(2) Das zweite Beispiel sind im Wortlaut nahezu identische Flüche auf aramäischen Inschriften aus Tell Feḫerīye, Sfire, Bukān sowie im Alten Testament, die hinreichend mit Kontakten auf der Ebene der Schreiberschulen erklärt werden können. Die Flüche lauten:

> *wm'h nšwn l'pn btnwr lḥm w'l yml'nh*
> „Und hundert Frauen mögen in einem Ofen Brot backen, aber sie sollen ihn nicht füllen!"
> (Tell Feḫerīye-Inschrift, Z. 22; 2. Hälfte 9. Jh.)[100]

> *wšbʿ bnth yhpn bšṭ lḥm w'l yml'n*
> „Und sieben seiner Töchter mögen in einem Ofen Brot backen, aber sie sollen ihn nicht füllen!"
> (Sfire-Inschriften I A: 24; Mitte 8. Jh.)

> *wšb*[7]*ʿ nšn y'pw btnr ḥd w'l yml'*[8]*why*
> „Und sieben Frauen mögen in einem Ofen (Brot) backen, aber sie sollen ihn nicht füllen!"
> (Bukān-Inschrift, Z. 6–8; spätes 8. Jh.)[101]

> *ʿśr nšym lḥmkm btnwr 'ḥd whšybw lḥmkm bmšql w'kltm wl' tšbʿw*
> „Zehn Frauen werden euer Brot in einem Ofen backen und euer Brot abgewogen herbeibringen, und ihr werdet essen, aber ihr sollt nicht satt werden!"
> (Lev 26,26; spätes 6. Jh.?)

Im Hinblick auf die vorliegende Fragestellung ist der Beleg auf der Bukān-Stele am interessantesten, da dort dem judäischen Königreich vergleichbare sprachliche Verhältnisse vorauszusetzen sind. Die fragmentarische Stele ist in der Nähe des südöstlich des Urmiasees gelegenen Bukān und somit im mannäischen Gebiet zu Tage gefördert worden. Die aramäische Inschrift, die mit Hilfe der Paläographie in das späte 8. Jh. zu datieren ist,[102] bietet einen Teil der Schutzflüche, wie sie regelmäßig am Ende von Königsinschriften oder Staatsverträgen bezeugt sind. Angesichts der Abfassungssprache und des Fundortes

100 Die eigene Übersetzung basiert auf der Edition von Schwiderski, Inschriften, 194.

101 Die eigene Übersetzung basiert auf der Edition von Schwiderski, Inschriften, 83.

102 Vgl. Fales, Evidence, 133.

stellt sich die Frage: Wie kommt eine in Aramäisch verfasste und mit geprägten aramäischen Sprachmustern versehene Inschrift in eine weit im Osten gelegene nicht-aramäische Kultur? Da die Stele aufgrund ihrer Größe kaum importiert sein wird[103] und überdies den urartäischen Gott Haldi nennt,[104] ist davon auszugehen, dass die Inschrift nicht allein im Gebiet der Mannäer gefunden, sondern auch dort entstanden ist. Dies aber bedeutet, dass sich entweder ein aramäischer Schreiber am mannäischen Hof befand,[105] oder dass ein mannäischer Schreiber in einer aramäischen Schreiberschule gründlich ausgebildet worden ist.[106] Sprachliche Eigenheiten sprechen eher für letztere Möglichkeit.[107] Die Inschrift legt jedenfalls das Vorhandensein einer Gruppe nahe, „whose members were scribes, and perhaps officials and members of the state leadership, who adopted Aramaic for writing and as a language of culture".[108] Die Situation wäre dann mit der im Königreich Juda vergleichbar. Auch in Juda ist nach der Erzählung in 2Kön 18,13ff allein die Jerusalemer Führungsschicht in der Lage, Aramäisch zu verstehen, während das gemeine Volk auf der Stadtmauer auf Hebräisch angesprochen werden muss. Demnach könnte das Aramäische im mannäischen und judäischen Königreich im ausgehenden 8. Jh. als eine Art Kultursprache der Führungsschicht gedient haben. Die Nichtigkeitsflüche auf der Bukān-Inschrift beweisen, dass die aramäische Schreibertradition im 8. Jh. – neben der aramäischen Sprache – auch geprägte aramäische Sprachformen wie z.B. die Fluchgattung der Nichtigkeitsflüche in andere kulturelle und sprachliche Kontexte vermitteln konnte. Ähnliches ist für Juda zu postulieren (vgl. Lev 26,26).

Während die Rolle der aramäischen Schreibertradition im Fall der Verbreitung der typisch aramäischen Gattung der Nichtigkeitsflüche auf der Hand liegt, ist die Verbindung im Fall der Parallelen zu der Liste ur_5-ra = *ḫubullu* weniger offensichtlich. Doch auch bei diesem Beispiel ist zu vermuten, dass die aramäische Schreiberausbildung mit den lexikalischen Listen einen

103 Die Stele war mindestens 2m hoch und 80cm breit, vgl. Kottsieper, TUAT NF II, 312.

104 Umstritten ist, ob auch die mannäische Hauptstadt Izirtu (*zʿtr*) genannt wird, wie Lemaire, Inscription, 21f, vermutet. Fales, Evidence, 136–138, plädiert dagegen für den Personennamen *Bs/zʿtr*, der auch in den Annalen Tiglatpilesers III. bezeugt ist.

105 So Sokoloff, Inscription, 106.

106 So Ephʿal, Inscription, 118.

107 Vgl. Kottsieper, TUAT NF II, 312, der nicht zuletzt angesichts der Unsicherheiten beim Gebrauch der Genera zu dem Ergebnis kommt, dass der Schreiber „sicher von Haus aus nicht aramäischsprachig" war.

108 Ephʿal, Inscription, 118. Wenn Fales, Evidence, 147, die Existenz einer aramäischen Inschrift im Mannäerreich mit der Annahme erklären will, die Inschrift sei Niederschlag einer antiassyrischen Koalition zwischen einem aramäischen (Matiʿ-ʾel von Arpad?) und einem mannäischen Herrscher, so wäre auch in diesem Fall vorauszusetzen, dass es unter den Mannäern Menschen gab, die die Stelen entziffern konnten.

„Exportschlager“ der mesopotamischen Schreibertradition übernommen und weitergegeben hat. Die Übereinstimmungen in den Sfire-Inschriften mit ur_5-ra = *ḫubullu* sprechen m.E. für den Gebrauch dieser prominenten Liste in der aramäischen Schreiberausbildung.[109] Wenn man bedenkt, dass ur_5-ra = *ḫubullu* für die Spätbronzezeit in Amarna[110], Hazor[111], Ugarit, Ḫattuša und Alalaḫ belegt ist,[112] wobei eine beträchtliche Anzahl neben der akkadischen Spalte auch eine solche in der Landessprache enthalten,[113] erscheint es nicht abwegig, in einer Zeit der akkadisch-aramäischen Zweisprachigkeit in der neuassyrischen Epoche mit einer aramäischen Spalte zu rechnen. Die Gemeinsamkeiten zwischen Dtn 28,38–42 und Sfire I A könnten dann ein Indiz dafür sein, dass die Schreiberausbildung in Israel und Juda ihrerseits an der aramäischen Schreibertradition partizipierte, über die nebenbei eine ursprünglich mesopotamische Erfindung in andere Sprach- und Kulturkreise vermittelt worden ist.[114] Das Alte Testament selbst benennt einen möglichen Vermittlungsweg: Die in 2Kön 18,13ff erscheinenden judäischen Hofbeamten sind beim Erwerb ihrer aramäischen Sprachkenntnisse vermutlich mit der aramäischen Schreibertradition in Berührung gekommen.[115]

Beide vorgestellten Beispiele für Interdependenzen im altorientalischen Vertragsrecht deuten auf Kontakte auf der Ebene der (aramäischen) Schreibertradition hin. Da auch die Schädlingsreihe in Dtn 28,38–42 an der mesopotamischen Liste ur_5-ra = *ḫubullu* orientiert zu sein scheint, liegt damit zugleich ein erstes Anzeichen dafür vor, dass auch die Verfasser der bundestheologischen Texte im Deuteronomium im Schreibermilieu zu suchen sind. Im Hinblick auf die eingangs formulierte doppelte Problemstellung stellt die Beobachtung, dass sich auch frappierende Parallelen hinlänglich mit Kontakten auf der Ebene

109 Aufgrund eines ähnlichen lexikalischen Vergleichs zwischen einer Aufzählung von häuslichen Einrichtungsgegenständen auf einer Tafel aus dem ägyptischen Achetaton mit ur_5-ra = *ḫubullu* schließt Artzi, Studies, 141f, auf das dortige Vorhandensein der Liste.

110 Vgl. a.a.O., 142.

111 Vgl. Tadmor, Text; vgl. zu dem Fund auch Demsky, Education, 162: „This find places the Canaanite scribal schools squarely within the ‚stream of tradition'; they afforded the local student a classical literary education.“

112 Vgl. die Übersicht bei Artzi, Studies, 153.

113 Vgl. wiederum den Befund in Ugarit (van Soldt, Texts, 198–203).

114 Für Israel und Juda sprechen Lipiński zufolge neben den verschiedenen Zeugnissen der Listenwissenschaft auch der konstante Konsonantenbestand des Althebräischen für den Gebrauch von lexikalischen Listen (vgl. ders., State Scribes, 159f).

115 Vgl. auch Carr, Tablet, 156f, der im spätvorexilischen Juda mit einem zweigleisigen Ausbildungssystem rechnet: „one track focusing on texts in the local language and another, more exclusive educational track focused on education in a foreign language and a highly limited corpus of foreign language texts.“ (a.a.O., 157)

der Schreibertradition erklären lassen, eine vielversprechende Alternative zu Thesen einer literarischen Abhängigkeit zwischen Deuteronomiumstexten und altorientalischen Vertragstexten bereit, die der traditionsgeschichtlichen Mischgestalt in Dtn 13* und 28* eher gerecht würde.[116]

2.3 Ein judäischer Treueid als Vorbild für Dtn 13* und 28*?

Die Beobachtung, dass sich die in Dtn 13* und 28* identifizierten Parallelen zum altorientalischen Vertragsrecht nicht allein einer Tradition – geschweige denn einem bestimmten Vertragstext – zuschlagen lassen, legt einen längeren Rezeptions- bzw. Adaptionsprozess nahe, in dem die ehedem fremden Traditionen der eigenen angepasst, als Eigen angenommen wurden und – verzögert und in modifizierter Gestalt – in die dtr Bundestheologie Eingang fanden. Damit gerät eine Lösungsmöglichkeit in den Blick, die in der Forschung selten vertreten wird,[117] die aber – wie sich zeigen wird – literatursoziologisch am plausibelsten ist und zudem den Vorteil hat, sowohl die traditionsgeschichtliche Mischgestalt als auch die „verspätete“ Rezeption in den dtr Kapiteln Dtn 13* und 28* am besten zu erklären. Ausgangspunkt ist die begründete Annahme, dass das Königreich Juda bereits lange Zeit vor der Adaption der Vertragsmetapher im Deuteronomismus an der im Alten Orient üblichen Praxis partizipiert hat, nationale und internationale Beziehungen mit Hilfe von internen und externen Verträgen auf eine rechtliche Grundlage zu stellen. Wenn aber judäische Treueide bzw. Vasallenverträge vorhanden waren, ist die in der Forschung vorherrschende Annahme wenig wahrscheinlich, dass diese keinen Einfluss auf die Ausbildung der offenkundig am „politischen“ Vertragsrecht orientierten Bundestheologie gehabt hätten.

Wenn ein judäischer Vertragstext die in Dtn 13* und 28* rezipierten vertragsrechtlichen Vorstellungen und Sprachformen bereitgestellt haben sollte, kommt von der Textgattung eher ein Treueid in Frage. Dafür spricht, dass sich Juda zwar gelegentlich und mitunter freiwillig in aramäische Abhängigkeit begeben hat und seit ca. 730 Vasall des assyrischen Großkönigs war, dass es aber keinerlei Belege für den umgekehrten Fall gibt, dass das kleine Königreich andere Staaten in ein Vasallenverhältnis gezwungen hätte (und sei es mit assyrischer Unterstützung wie im Fall des Bar-gaʾyah von *Ktk* in den Sfire-Inschriften). Eher dürften, insbesondere seit sich Juda in der Hiskijazeit zu einer mittleren Macht entwickelte, paritätische Verträge auf judäische Initiative ausgetauscht

116 Auch Carr (a.a.O., 60f) sieht in biblischen Parallelen zu altorientalischen Vergleichstexten den Einfluss der Schreibertradition.

117 Vgl. aber Fohrer, Vertrag, 21; Levin, Verheißung, 125f; Aurelius, Ursprung, 16.

worden sein, deren Ziel in der Bildung anti-assyrischer Koalitionen lag.[118] Deshalb ist es wenig wahrscheinlich, dass je ein genuin judäisches Vasallenvertragsformular entwickelt worden ist. Eine ganz andere Sachlage ergibt sich jedoch in Bezug auf judäische Treueide, die sicherlich in Analogie zur üblichen altorientalischen Verwaltungspraxis auch im königszeitlichen Juda vorauszusetzen sind. In diese Richtung deuten auch Spuren einer innerstaatlichen Vereidigungspraxis im Alten Testament selbst,[119] die das Fehlen einschlägiger epigraphischer Zeugnisse[120] wenigstens ein Stück weit ausgleichen können.[121]

Das Alte Testament ist per se nicht an der Überlieferung rein administrativer Vorgänge interessiert, insofern diese keine theologische Relevanz haben. Eine Ausnahme ist 2Kön 11. Das Kapitel beinhaltet eine vor-dtr Erzählung von der Inthronisation des Joasch von Juda.[122] Nachdem die Gewaltherrschaft der Königin Atalja beendet ist, schließt der Priester Jojada zwischen dem König und dem Volk einen Vertrag (*bryt*). In V. 17 lässt sich recht sicher der entscheidende Satz rekonstruieren, der später im Sinn der dtr Bundestheologie bearbeitet worden ist. Der ursprüngliche Text lautete:[123]

wykrt yhwydʿ ʾt hbryt byn hmlk wbyn hʿm
„Und Jojada schloß den Vertrag zwischen dem König und dem Volk.“

---

118 Möglicherweise gehört der Bericht von der babylonischen Gesandtschaft zu Hiskija in das Vorfeld eines solchen Bündnisses (vgl. 2Kön 20).

119 Vgl. zu den in Frage kommenden biblischen Stellen auch Lemaire, Serments, 140–144.

120 Ähnlich ist es mit israelitischen bzw. judäischen Königsinschriften, die nicht überliefert, aber sicherlich vorauszusetzen sind, vgl. Witte, Geschichtswerke, 57, Anm. 15. Die Existenz von Monumentalinschriften im antiken Israel und Juda ist durch die Siloah-Inschrift (Renz/Röllig, Handbuch I, 178–189) sowie Stelenfragmente aus Samaria (a.a.O., 135) und Jerusalem (a.a.O., 189–191) gesichert.

121 Ein weiteres markantes Beispiel für solch eine indirekte Bezeugung ist die babylonische Prophetie. Diese ist in altbabylonischen Quellen nicht belegt, aber man erfährt in den Mari-Texten von ihrer Existenz (vgl. Charpin, Archives, 177–179 [Brief 371]; vgl. a.a.O., 179: „Aucun texte de Babylonie ne documente l'existence d'un *âpilum* de Marduk, ni d'aucun autre dieu. On pourrait donc penser que Yarîm-Addu utilise ici un vocable propre à Mari et à l'ouest pour désigner une sorte de prêtre qui portait un autre nom en Babylonie. On se rappellera cependant la lettre de la déesse Ištar-Kititum adressée au roi d'Ešnunna Ibâl-pî-El II [publiée par M. Ellis dans *M.A.R.I.* 5], qui montre que les ‚prophéties' existaient également dans les royaumes amorites de l'est.“). Wenn babylonische Prophetie aber sogar in der mesopotamischen Peripherie bekannt war, hat es mit an Sicherheit grenzender Wahrscheinlichkeit eine babylonische Prophetie mit einschlägigen schriftlichen Äußerungen gegeben; dass diese nicht in überlieferten Quellen bezeugt ist, darf nicht zu dem Schluss führen, es habe sie niemals gegeben. Wenn nun babylonische und judäische Treueide nicht überliefert sind, aber ihre Existenz im Alten Testament verbürgt ist, bedeutet das für die Frage nach den Wurzeln der Bundestheologie, dass man nicht so tun darf, als habe es babylonische und judäische Vertragstexte nicht gegeben.

122 Vgl. Würthwein, Könige 2, 344–352.

123 Rekonstruktion nach Würthwein, a.a.O., 345 und 350.

Die determinierte Form *hbryt* „*der* Vertrag" legt nahe, dass die Vereidigung der Bevölkerung auf den König ein durchaus gebräuchliches Instrument der Loyalitätssicherung im Rahmen der Thronbesteigung war.[124]

Daneben gibt es Erwähnungen von Vereidigungen, die aus einem bestimmten Anlass und auf einen konkreten Inhalt hin vorgenommen worden sind. Jer 34,8–22[125] berichtet von einer unter Zidkija von Juda ausgesprochenen und später widerrufenen Sklavenbefreiung während der Belagerung Jerusalems durch die Babylonier. Für unsere Fragestellung ist von Interesse, dass die Sklavenbefreiung offensichtlich auf der Grundlage einer eidlichen Abmachung zwischen König und Volk vollzogen wurde. Der ursprüngliche Text ist nachträglich mit Bestimmungen aus Dtn 15 verbunden worden.[126] Der in den Versen 8b–9a*.10–13a.18* und eventuell 21* zu suchende Grundbestand[127] berichtet, dass Zidkija von Juda das ganze Volk in Jerusalem unter Eid auf eine Sklavenbefreiung in Jerusalem verpflichtete (*krt* [...] *bryt ʾt kl hʿm ʾšr byrwšlm lqrw lhm drwr*, V. 8). Beamte und Volk, die dem Bund beigetreten waren (*ʾšr bʾw bbryt*, V. 10]), verwirklichten zunächst die Freilassung, machten sie aber später – vermutlich während der Belagerungspause von 588 (vgl. V. 21*)[128] – wieder rückgängig. Das auf den Eidbruch reagierende Prophetenwort in V. 18 gewährt einen schönen Einblick in das Selbstverfluchungsritual, dem sich die Vereidigten zu unterziehen hatten, das eine große Nähe zu entsprechenden hethitischen und aramäischen Zeremonien aufweist:

> „Ich mache die Männer, die meinen Bund (*bryty*) übertreten und die Worte des Bundes (*dbry hbryt*), den sie vor mir geschnitten hatten (*ʾšr krtw lpny*), nicht gehalten haben, dem Kalb gleich, das sie in zwei Hälften zerschnitten haben (*ʾšr krtw lšnym*) und zwischen dessen Stücken sie hindurchgegangen sind."[129]

Wenn in Jer 34,8–22* der politische Akt einer Sklavenfreilassung mit einer Vereidigung der Jerusalemer Bürgerschaft einhergeht, so macht dies deutlich, dass der judäische König noch stärker als die Monarchen der zeitgenössischen Großreiche andere politische Kräfte im Staat einzubinden hatte.[130] Diese Beobachtung spricht für einen vermehrten Einsatz eidlich abgesicherter

---

124 Levin, Atalja, 93, schließt, dass es sich hierbei „um einen förmlichen Bestandteil der Königserhebung gehandelt hat".

125 Vgl. auch Neh 5,12f: Nehemia vereidigt die Vermögenden, indem er eine Zeichenhandlung vollzieht, die den bedingten Fluch als *demonstratio ad oculos* darstellt. Der *qhl* antwortet mit „Amen" (*ʾmn*) (vgl. Brown, Israel, 272f).

126 Vgl. zum Verhältnis von Jer 34,8–22 und Dtn 15 Kessler, Staat, 217, Anm. 20.

127 Die Rekonstruktion folgt Wanke, Jeremia 2, 321.

128 Vgl. dazu Hardmeier, Prophetie, 271–273.

129 Vgl. zum traditionsgeschichtlichen Hintergrund auch oben S. 67–69.

130 Vgl. auch Otto, Restitution, 156 mit Anm. 174.

Abkommen zwischen König und Volk bzw. der staatlichen Elite im judäischen Staat.[131]

Aufgrund der in Kap. II der Arbeit referierten innerstaatlichen Vereidigungspraxis in anderen altorientalischen Gesellschaften und der hier zusammengestellten Belege aus dem Alten Testament kann gefolgert werden, dass es in Juda Vereidigungen auf den König gab, sei es bei Regierungsantritt (2Kön 11*), sei es im Zusammenhang mit konkreten (sozial-) politischen Aktionen des judäischen Königs (Jer 34*).[132] Obgleich somit das Alte Testament die Existenz judäischer Treueide bestätigt und sogar einen mit der Vereidigung einhergehenden Selbstverfluchungsritus überliefert, bleibt die Frage nach der konkreten traditionsgeschichtlichen Gestalt solcher Dokumente doch vorerst auf Analogien angewiesen. Sollten der dtr Bundestheologie judäische Treueide Pate gestanden haben, ergeben sich die traditionsgeschichtlichen Merkmale in erster Linie aus Dtn 13* und 28* selbst. Um an dieser Stelle einem Zirkelschluss zu entgehen, ist den alttestamentlichen Texten freilich eine *external evidence* an die Seite zu stellen, die den alttestamentlichen Befund bestätigt. Die umfangreichen und recht gut erhaltenen aramäischen Vertragstexte von Sfire, deren traditionsgeschichtlichen Wurzeln in dieser Arbeit bereits nachgegangen worden ist, scheinen mir in dieser Hinsicht die geeigneten Referenztexte zu sein. Sie führen vor Augen, welche Gestalt ein Vasallenvertrag im 8. Jh. in einem levantinischen Klientelkönigreich hatte, das auf der einen Seite vom assyrischen Großreich abhängig und auf der anderen Seite im Umfeld anderer abhängiger Kleinstaaten gelegen war, die einen eigenen kulturellen Hintergrund hatten. Die aramäischen Inschriften von Sfire sollen daher im Folgenden als traditionsgeschichtliches Modell für das postulierte judäische Formular dienen. Der traditionsgeschichtliche Befund der Sfire-Inschriften stellte sich wie folgt dar:[133]

---

131 Auch der im Vergleich zu Dtn 13* und 28* jüngere bundestheologische Text Dtn 29,9ff orientiert sich bei der Darstellung der Bundesschlusszeremonie eher an der innenpolitischen Institution der Bevölkerungseide als an einer Vasallenvereidigung, bei der der abhängige Herrscher das Selbstverfluchungsritual stellvertretend für seine Untertanen vollzieht. Die Terminologie mit *ʿbr* (29,11) zeigt überdies eine gewisse Nähe zu dem Vereidigungsritual in Jer 34*.

132 Für die Annahme, dass der judäische König wenigstens von seinen Beamten einen Treueid einforderte, spricht darüber hinaus die typologische Klassifizierung des judäischen Beamtentums als „patrimonial", womit es – im Gegensatz zum modernen Beamtentum – „auf der persönlichen Bindung an den Herrscher" beruht (so in Anlehnung an die Webersche Typologie Rüterswörden, Beamte, 252), die ohne Zweifel per Treueid garantiert war. Dagegen spricht nicht, dass die judäischen Könige seit ca. 730 selbst eidpflichtige „Knechte" der mesopotamischen Großkönige waren, denn die Vereidigung von direkten Untertanen war eine rein innenpolitische Angelegenheit, an der auch der Vasallenstatus nichts änderte; eingeschränkt war lediglich die Außenpolitik der Vasallenkönige.

133 Vgl. dazu o. S. 57–77.

(1.) Wie nicht anders zu erwarten, enthält das aramäische Dokument genuin aramäische Traditionen: den *terminus technicus* für „Vertrag" *'dy*, die Gattung der Nichtigkeitsflüche sowie die Verwendung des paronomastischen Infinitivs in den Stipulationen.

(2.) Sodann lässt sich der neuassyrische Einfluss nicht verkennen: am Formular (z.B. die zweiseitige Präambel, die direkt in die Götterliste übergeht, sowie die Stellung der Flüche), an der Götterliste, die mit Aššur und Mulissu anhebt und eine ganze Reihe von weiteren mesopotamischen Gottheiten folgen lässt, sowie anhand einzelner sprachlicher Entlehnungen aus dem Akkadischen.

(3.) Schließlich können eine Reihe von Elementen der (spät)hethitischen Tradition identifiziert werden: eine Segensformel sowie eine Sicherheitsgarantie für Vertragstreue, die Naturgottheiten am Ende der Götterliste, das Notzeitmythologem in den Nichtigkeitsflüchen, die Gattung der Vergleichsflüche sowie formale und inhaltliche Spezifika der Stipulationen.

Damit zeigen die Sfire-Inschriften einen ähnlichen traditionsgeschichtlichen Befund wie Dtn 13* und 28*, wo ebenfalls eigene mit assyrischen und aramäischen Komponenten vermischt sind. Der kleine Schönheitsfehler, dass die Sfire-Inschriften keinen Treueid, sondern einen Vasallenvertrag darstellen, wiegt nicht schwer, da sich beide Textgattungen in den hier relevanten Gesichtspunkten nicht unterscheiden.[134] Folglich hätte ein judäischer Treueid vermutlich eine ähnliche Mischgestalt wie die Sfire-Inschriften und käme damit als Vorbild für Dtn 13* und 28* durchaus in Frage.

3. Die zweite Rezeptionsstufe

Ausgangspunkt der nachfolgenden Rekonstruktion der zweiten Rezeptionsstufe sind die im Vorangehenden erzielten Ergebnisse. Erstens belegen Reflexe auf die aramäische und assyrische Vertragsrechtstradition in der biblischen Schriftprophetie das Vorhandensein solcher Traditionen im königszeitlichen Israel und Juda. Zweitens ist mit der begründeten Möglichkeit zu rechnen, dass judäische Treueide von diesen eingesickerten vertragsrechtlichen Traditionen beeinflusst worden sind und nun ihrerseits eine Rolle bei der Ausbildung der dtr Bundestheologie in der Exilszeit spielen konnten. Diese Annahme erklärt nicht

---

134 Das ergibt ein Vergleich der Sfire-Inschriften mit hethitischen und assyrischen Treueiden. In den Sfire-Inschriften sind besonders die Schutzbestimmungen für König und Dynastie in Sf III sowie die ausführliche Fluchsequenz mit ihren Vergleichen hervorzuheben, die jeder Zeit auch in einem Treueid hätten vorkommen können.

nur die traditionsgeschichtliche Mischgestalt von Dtn 13* und 28*, da man andernfalls neben der postulierten neuassyrischen Vorlage noch andere Vorbilder unterstellen müsste; sie macht zudem die „verspätete" Rezeption leichter verständlich. Denn dann wären in der Tat zunächst in der Königszeit aramäische und assyrische Elemente rezipiert und der eigenen Vertragsrechtstradition einverleibt bzw. akkulturiert worden, bevor das Konzept nach dem Ende des judäischen Königtums auf die Gott-Mensch-Beziehung übertragen worden ist. Welche traditionsgeschichtlichen Vorgaben bei der Ausbildung der dtr Bundestheologie eine Rolle gespielt haben, ist bereits Gegenstand von Kap. III gewesen. An dieser Stelle soll nach dem möglichen Trägerkreis gefragt werden, der unter exilischen Bedingungen die Vertragsmetapher als Interpretament des Ersten Gebots dienstbar gemacht hat.

3.1 Die Trägerkreise der dtr Bundestheologie

Da die historischen Umstände der Rezeption der Vertragsrechtstraditionen im Deuteronomium weitgehend im Dunkeln liegen, soll im folgenden Teil der Untersuchung der Versuch unternommen werden, über die Rückfrage nach den potentiellen Trägerkreisen ein wenig Licht in das Dunkel zu bringen. Ausgangspunkt der Rückfrage ist die schon von M. Weinfeld aufgestellte These, nach der allein der Berufsstand der gelehrten Schreiber für ein derart komplexes und von juristischen Begrifflichkeiten und Vorstellungen durchsetztes Werk wie das Deuteronomium verantwortlich sein könne.[135] B. M. Levinson hat Weinfelds These auf ein solideres Fundament gestellt, indem er im Deuteronomium Redaktionstechniken aufzeigen konnte, die analog in anderen altorientalischen Rechtstexten begegnen und mithin die Tätigkeit von rechtsgelehrten Schreibern voraussetzen.[136]

Die Ergebnisse der literarischen Analysen aufgreifend, nach denen Dtn 13* und 28* Bestandteil einer dtr Überformung des ältesten Deuteronomiums sind, gilt es an dieser Stelle nach einem Trägermilieu zu suchen, welches die These einer Rezeption der Vertragsrechtselemente in der ersten Hälfte des 6. Jh. auch von literatursoziologischer Seite absichert. Im Hinblick auf die Trägerkreise der dtr Literatur haben N. Lohfink und C. Hardmeier auf so genannte „Historische Kurzgeschichten"[137] bzw. „historische Tendenzerzählungen"[138] aus dem

135 Vgl. Weinfeld, Deuteronomy, 158ff.

136 Vgl. Levinson, Deuteronomy, 4–6 und 17–20

137 Lohfink, Gattung, 319. Nach Lohfink gehören hierher: „Die Erzählung vom Bundesschluss unter Joschija" (2Kön 22f), „Die Erzählung vom Schicksal des Jahweworts unter Jojakim" (Jer 26 und 36) sowie „Die Erzählung vom verwerflichen Ursprung der ägyptischen Gola" (Jer 37–43) (zur Abgrenzung der Erzählungen s. a.a.O., 342).

zeitlichen Umfeld der Katastrophe von 587 in den Königebüchern sowie im Jeremiabuch aufmerksam gemacht, in denen sich der Trägerkreis, nämlich königliche Beamte und insbesondere die Schreiberfamilie der Schafaniden, selbst in Szene setzt. Im Folgenden sollen zunächst zwei dieser Tendenzerzählungen, Jer 36 und 2Kön 18f, kurz vorgestellt und auf ihren Ertrag hinsichtlich des Trägermilieus befragt werden. Ihnen soll Jer 8,8f, eine in ein Prophetenwort gekleidete Polemik gegen „Schreiber", die angeblich die Tora Jhwhs verfälschen, an die Seite gestellt werden. Der Text gehört m.E. in ein den beiden anderen Tendenzerzählungen vergleichbares zeitgeschichtliches Umfeld und gestattet darüber hinaus weitere Einblicke in die dtr Trägerschaft.

3.1.1 Hofbeamte und Schreiber in Jer 36

Die in Jer 36 überlieferte Erzählung von der Vernichtung der Schriftrolle thematisiert in ihrem Kern einen Konflikt zwischen dem Propheten Jeremia und König Jojakim von Juda. Im Mittelpunkt stehen gegen Jerusalem[139] und Juda gerichtete Jhwh-Worte, die Jeremia von seinem Schreiber Baruch auf eine Schriftrolle schreiben lässt, der sie bei passender Gelegenheit im Tempel vortragen soll. Die Rolle wird dann insgesamt dreimal verlesen. Zuerst vor allem Volk in der Halle des Schreibers Gemarja ben Schafan. Nachdem dann Micha, der Sohn Gemarjas und Enkel Schafans, die Worte vernommen hat, informiert er die übrigen Hofbeamten (*śrym*), die sich in der königlichen Kanzlei (*lškt hspr*) aufhalten. Namentlich genannt werden: Der Hofschreiber Elischama, ferner Delaja ben Schemaja, Elnatan ben Achbor, Gemarja ben Schafan, Zidkija ben Hananja. Die Beamten verlangen daraufhin von Baruch, dass er zu ihnen kommt und auch ihnen den exakten Inhalt der Schriftrolle eröffnet. Bevor die Beamten anschließend den König über das Schriftstück benachrichtigen, deponieren sie es in der Kanzlei und legen Baruch nahe, sich mit Jeremia zu verbergen. Als die Schriftrolle vor Jojakim und seinem Kabinett zum dritten Mal verlesen wird, verbrennt sie der König Stück für Stück im Kohlenbecken. Soweit die in diesem Zusammenhang relevanten Erzählzüge.

Die in Exposition (1–8), Hauptteil (9–26) und Schluss (27–32) klar gegliederte Erzählung ist vermutlich in den Versen 3, 7, 24f und 29–31 redaktionell überarbeitet worden.[140] Die Nachträge sind in erster Linie am Verhalten des Königs und einzelner Funktionsträger interessiert. Vor allem V. 24f und V. 29–31 zeichnen Jojakim als negative Kontrastgestalt zum frommen Joschija, der

138 Hardmeier, Micha, 280. Hardmeier nennt Jer 26, Jer 36 und 2Kön 18f.

139 So mit dem alexandrinischen Text von V. 2, vgl. Stipp, Jeremia, 94.

140 Vgl. dazu Wanke, Jeremia 2, 331f.

nach 2Kön 22f in einer vergleichbaren Situation sich in angemessener Weise vor Jhwh demütigt und damit wenigstens sein persönliches Geschick zum Guten wendet.[141] Was die Entstehungszeit des Kapitelkerns angeht, so besteht angesichts des redaktionellen Charakters der Querbezüge zu 2Kön 22f kein Anlass, Jer 36* zeitlich hinter die (dtr) Joschija-Perikope zu platzieren.[142] Die Grunderzählung könnte daher ohne weiteres in zeitlicher Nähe zu den berichteten Ereignissen entstanden sein. Nach dem alexandrinischen Text spielten sich diese im achten Jahr Jojakims (600/601) ab (vgl. V. 23). Dazu passt, dass Nebukadnezar zu Beginn des Jahres 600 eine herbe Niederlage in Ägypten erlitten hat, in deren Folge sich die Babylonier aufs erste zurückziehen mussten.[143] Aufgrund der Erzählpragmatik, bei der sich Jer 36* mit anderen Tendenzerzählungen im Jeremiabuch sowie – unter umgekehrtem Vorzeichen – mit 2Kön 18f* trifft, erscheint eine Entstehung der Erzählung in der Zeit Zidkijas gut möglich, in der sich der König in einer vergleichbaren geschichtlichen Situation vor die entsprechende Alternative gestellt sah, entweder auf die Hilfe Ägyptens zu hoffen, oder sich Babel zu unterwerfen. Jer 36* wäre dann eine Art „Empfehlungsschreiben“[144], welches Zidkija und die Seinen dazu anhalten sollte, Jeremias Warnung vor dem „Feind aus dem Norden“ nicht wie Jojakim in den Wind zu schlagen.

Obgleich direkte Nachrichten zu den Verfassern fehlen, erlauben doch die in der Erzählung in Szene gesetzten Personen einige Rückschlüsse über deren Trägerschaft.[145] Betrachtet man Jer 36* im Zusammenhang mit den erzählpragmatisch verwandten Tendenzerzählungen in Jer 26*[146] und Jer 37–40*[147], so sticht sogleich die prominente Rolle der Schafaniden ins Auge, die – obwohl in Hofkreisen beheimatet – beständig auf Jeremias Seite agieren. Jer 26,24 rettet der Schafanide Achikam den Propheten vor dem mordlustigen Volk; Jer 36,11f.19 ist es eine Gruppe von Hofbeamten, unter ihnen der Schafanide Gemarja und

141 Wanke spricht zu Recht von einer „Kontrasterzählung zu 2. Kön 22f.“ (a.a.O., 338).

142 So Wahl, Entstehung, 376. Das Argument, die Universalität der Unheilsprophetie in V. 2 lege nahe, dass Juda bereits das gleiche Schicksal wie das Nordreich erlitten habe (a.a.O., 373), lässt sich leicht mit einem Hinweis auf den textkritischen Apparat widerlegen, da der an dieser Stelle zu bevorzugende alexandrinische Text statt „Israel“ „Jerusalem“ bezeugt (s. o. S. 295, Anm. 139).

143 Vgl. zu den zeitgeschichtlichen Informationen Stipp, Jeremia, 90 und 110.

144 Hardmeier, Micha, 279.

145 Die Mehrzahl der in Jer 36 namentlich genannten Offiziellen ist in der zeitgenössischen judäischen Onomastik belegt, vgl. Dearman, Servants, 414: „This suggests that the narrator accurately portrays his characters in each scene by using appropriate names – if not the actual names of officials – since it is possible that some of the officials whose patronym has not been preserved in the biblical texts are named with their patronym in one or more of the *bullae*.“

146 Vgl. zu Jer 26 Hardmeier, Micha, 274–281, und zum Verhältnis zwischen Jer 26 und 36 a.a.O., 279.

147 Vgl. zu Jer 37–40* Hardmeier, Prophetie, 174–247.

sein Sohn Micha, die Jeremias Verhaftung verhindern, indem sie Baruch raten, sich mit dem Propheten zu verbergen; Jer 40,6 berichtet schließlich, dass sich Jeremia nach der Eroberung Jerusalems freiwillig dem Schafanenkel Gedalja in Mizpa angeschlossen habe. Wohl mit Recht wird deshalb eine Entstehung von Jer 36* im Umkreis der Schafanfamilie erwogen, die Jeremia zu Lebzeiten protegiert und später seine Überlieferungen gesammelt und tradiert habe.[148] In eine ähnliche Richtung deuten aber auch die deuterojeremianischen Nachträge. So verschärft V. 24f eine schon im Grundbestand vorhandene Stoßrichtung:[149] Innerhalb der königlichen Beamtenschaft gibt es eine Jeremia wohlgesonnene Fraktion, der auch der Schafanide Gemarja angehört, die vergebens versucht, Jojakim an der Verbrennung der Schriftrolle zu hindern. Die Erzählpragmatik der spätvorexilischen Tendenzerzählung sowie der exilischen deuterojeremianischen Nachinterpretation in V. 24f weist somit auf eine identische Trägerschaft hin, die im Umkreis der Schafanfamilie zu suchen ist.

Ist mit der Schafanfamilie bereits die judäische Schreiberzunft im Blick,[150] so macht die hervorgehobene Rolle, die der Schreiber Baruch in der Erzählung spielt, wahrscheinlich, dass innerhalb der projeremianischen Beamtenfraktion insbesondere Hofschreiber als Träger der Jeremiaüberlieferungen in Frage kommen.[151] Der hier vertretenen schafanidischen Trägerschaft von Jer 36* widerspricht daher in keiner Weise die oft erwogene Möglichkeit, dass der Schreiber Baruch selber der Verfasser des Kapitels sei; er gehörte wie die Schafaniden zum Anhängerkreis Jeremias.[152] Jer 36 macht in jedem Fall deutlich, dass

148 Vgl. Lohfink, Gattung, 339; Wahl, Entstehung, 381, der allerdings schon den Grundbestand des Kapitels in die Exilszeit datiert.

149 Die grundsätzlich richtige Beobachtung von Wanke, Jeremia 2, 339, V. 25 mache aus Jer 36* „eine Tendenzerzählung [...], die bestimmte Kreise in Juda, nämlich die an der Joschijareform beteiligten Schafaniden, gegenüber dem König von der Verantwortung an dem Unheil ausnimmt", ist m.E. insofern zu präzisieren, als schon die Grunderzählung von dieser Tendenz getrieben war.

150 Auch Schafans Sohn Gemarja ist nach Jer 36,10 ein *spr*. Dass sich der Titel an dieser Stelle nicht auf seinen Vater Schafan bezieht, zeigt ein Blick auf zeitgenössische Dienstsiegel, die ganz entsprechend den Namen, die Filiation und den Titel bzw. das Amt aufführen, vgl. Avigad/Sass, Corpus, 57f (Siegel 21, 22 und 23); vgl. auch Grabbe, Priests, 154.

151 Baruch ben Nerija war vermutlich ebenfalls königlicher Beamter, vgl. Avigad, Baruch, 55: „The presence of Baruch's bulla in an archive amidst bullae of royal officers seems to indicate that at some time Baruch belonged to the category of royal scribes, as did his contemporaries Gemariah ben Shaphan the scribe, and Elishama the scribe (Jer. 36:10–12)." – Vgl. auch Wahl, Entstehung, 377: „Trotz der legendenartigen Darstellung können wir annehmen, dass die institutionellen Rollenverteilungen als solche den Gegebenheiten der späten Königszeit entsprechen. Andernfalls hätte der Erzähler seine Rezipienten nicht überzeugen können. In diesem Sinne steht in der Gestalt des Baruchs zumindest die königliche Schreiberzunft im Hintergrund [...]"

152 Vgl. etwa Stipp, Jeremia, 112.

judäische Hofbeamte und insbesondere Hofschreiber an der Entstehung und Überlieferung von religiöser Literatur am Vorabend des Exils und in den folgenden Jahrzehnten beteiligt waren.

3.1.2 Hofbeamte als Verfechter dtn Ideen in 2Kön 18f*

Eine interessante Spur, die einen Zusammenhang zwischen Jerusalemer Hofbeamten und dem Deuteronomium nahe legt, ist die von C. Hardmeier in 2Kön 18f rekonstruierte „Erzählung von der assyrischen Bedrohung und der Befreiung Jerusalems".[153] Sie ist Hardmeier zufolge im Jahre 588 vor dem Hintergrund der babylonischen Belagerung Jerusalems entstanden, in der sie den Kampfgeist der Belagerten mit dem Beispiel der göttlich gefügten Befreiung der Stadt vor den Assyrern stärken sollte.[154] Wie damals König Hiskija eine Kapitulation Jerusalems verhindert hatte, so soll der zwischen Widerstand und Ergebung schwankende Zidkija gut hundert Jahre später in einer vergleichbaren politischen Situation agieren. In der Erzählung spielen namentlich aufgeführte Jerusalemer Spitzenfunktionäre eine entscheidende Rolle, unter anderem der Hofschreiber Schebna (18,18). Hardmeier hat wahrscheinlich gemacht, dass die in der Erzählung auftretenden Hofbeamten gleichzeitig deren Verfasser- bzw. Trägerkreis darstellen.[155] Dabei haben sie grundsätzlich dieselben politischen Interessen wie die in Jer 37f in Erscheinung tretenden Gegner Jeremias aus den Reihen der Hofbeamten (*śrym*), die dem Propheten aufgrund seiner defätistischen Botschaft gar nach dem Leben trachten (vgl. Jer 38,4).[156] Da Jeremia mit den Schafaniden und deren Parteigängern ebenfalls hohe königliche Beamte (*śrym*) auf seiner Seite hat (vgl. Jer 36), ist in den Jahren vor dem Untergang Judas auf eine „Fraktionierung *innerhalb* der Gruppe von hohen Beamten"[157] zu schließen, die sich literarisch bekämpft haben.

Von Belang ist in diesem Zusammenhang, dass die Verfasser von 2Kön 18f* augenscheinlich einen deuteronomistischen Standpunkt einnehmen. Dieser erschließt sich aus der ersten Rabschake-Rede (18,19–25), in der der Assyrer das Vertrauen auf Jhwh als grundlos entlarven will, indem er vor den Jerusalemer Hofbeamten die Kultzentralisation und damit „einen Kernsatz ihres Glaubens"[158]

---

153 Vgl. Hardmeier, Prophetie, 87–159.

154 Hardmeier (a.a.O., 287–303) hat überzeugend die Belagerungspause von 588 als die im Hintergrund stehende Erzählsituation von 2Kön 18f* wahrscheinlich gemacht.

155 A.a.O., 409–449.

156 Vgl. a.a.O., 417.

157 A.a.O., 412 (kursiv im Original).

158 A.a.O., 395.

lächerlich macht. Wenn es in 18,22 heißt, Hiskija habe die Höhen und Altäre abgeschafft und gefordert, „vor diesem Altar in Jerusalem sollt ihr anbeten" (*lpny hmzbḥ hzh tštḥww byrwšlm*), so handelt es sich dabei sachlich um nichts anderes als das Grundgebot des Urdeuteronomiums (vgl. Dtn 12,13f).[159] Die Tatsache, dass der Rabschake gegen das dtn Zentralisationsgebot in Dtn 12,13f und nicht etwa gegen das dtr Fremdgötterverbot in Dtn 5,7 polemisiert,[160] ist nicht nebensächlich. Sie entspricht der Datierung der Erzählung in spätvorexilische Zeit, in der das Deuteronomium wahrscheinlich noch keine Fremdgötterpolemik beinhaltete. Demnach werden in 2Kön 18f* Jerusalemer Hofbeamte sichtbar, die am Vorabend des Exils national-religiöse (Auseinandersetzungs-)Literatur produzieren und sich dabei auf das Deuteronomium beziehen.[161]

3.1.3 Hofschreiber und die Tora Jhwhs in Jer 8,8f

Auf einen Zusammenhang zwischen Schreibern und der Tora Jhwhs deutet eine Polemik aus dem Jeremiabuch hin, die möglicherweise ein weiterer Beleg für die politischen Richtungskämpfe im Umfeld der Exilskatastrophe ist. In Jer 8,8f sagt der Prophet im Namen Jhwhs:[162]

> „Wie könnt ihr sagen: ‚Weise (*ḥkmym*) sind wir, und das Gesetz Jahwes (*twrt yhwh*) ist bei uns!' Fürwahr seht, zum Trug (*lšqr*) hat es gemacht der trügerische Griffel von Schreibern (*'ṭ šqr sprym*). Zuschanden wurden Weise (*ḥkmym*), von Schrecken erfüllt und gefangen genommen. Seht, das Wort Jahwes (*dbr yhwh*) haben sie verworfen. Und welche Weisheit (*ḥkmh*) ist ihnen (geblieben)?"

Schon M. Weinfeld sah in dem Prophetenwort einen Beleg für seine These, „that in Jeremiah's time there existed a circle of חכמים סופרים engaged in the composition

159 Vgl. auch a.a.O., 396f.

160 Während der Zusammenhang zwischen 2Kön 18,22 und der dtn Zentralisationsforderung offenkundig ist, lässt sich ein solcher zwischen 2Kön 18,32–35 und dem dtr Fremdgötterverbot nicht wahrscheinlich machen (gegen Hardmeier, Prophetie, 399–408, der a.a.O., 395, Anm. 141, im Anschluss an Spieckermann schon in Dtn 6,4 die „intolerante Ablehnung aller anderen Götter" ausgedrückt sieht). Das vom Rabschake vorgetragene Argument, die Götter der anderen Völker hätten diese nicht retten können, spiegelt wohl weniger den Anspruch, dass Israel keine anderen Götter verehren soll (Dtn 5,7), als vielmehr zeitgeschichtliche Erfahrungen der militärischen Übermacht der Babylonier, an der die konventionelle theologische Vorstellung vom Reichsgott als der staatlichen Schutzmacht gescheitert ist. Die Erfahrung des Scheiterns der Götter der unterlegenen Völker deckt sich dann allerdings mit der (spät) exilischen Fremdgötterpolemik, die den Schluss zieht, dass die fremden Götter nicht helfen können, weil sie nicht existieren (vgl. den Zusatz in 2Kön 19,18 und dazu Würthwein, Könige 2, 426 mit Anm. 6).

161 Folglich handelt es sich bei 2Kön 18f* streng genommen um einen Beleg für einen vorexilischen Deuteronomismus.

162 Wanke, Jeremia 1, 97f.

of Torah literature".[163] Weinfelds Stellungnahme präzisierend, sind Jer 8,8f vornehmlich zwei wichtige Informationen zu entnehmen:

Erstens: Der Text handelt von „Schreibern" (*sprym*), die sich selbst als „Weise" bzw. „Sachverständige" (*ḥkmym*) apostrophieren. Zwei Gründe sprechen dabei für die Annahme, dass mit dem Plural *sprym* der Stand der gelehrten Hofschreiber gemeint ist: Einerseits bezeichnet die Pluralform im Alten Testament stets entweder mehrere Hofschreiber (1Kön 4,3) oder den gesamten Schreiberstand (1Chr 2,55; 2Chr 34,13);[164] andererseits ist die Näherbestimmung „weise/ sachverständig" in anderen altorientalischen Kontexten ein geläufiges Attribut der gelehrten Hofschreiber.[165] Folglich legen sowohl der Titel *sprym* selbst als auch sein Attribut *ḥkmym* eine Interpretation der Gruppe als gelehrte Hofschreiber nahe.

Zweitens: Der Text wirft den Schreibern vor, die Tora Jhwhs mit ihrem „Lügengriffel" (*ʿṭ šqr*) verfälscht, d.h. in irgendeiner Form redaktionell bearbeitet zu haben.[166] Demnach ist Jer 8,8f zufolge die Tora und damit die religiöse Tradition Gegenstand der literarischen Tätigkeit von Hofschreibern.

Wenn somit Jer 8,8f den gesuchten Zusammenhang zwischen Hofschreibern und der Tora Jhwhs bezeugt, hängt viel an der Lösung der beiden folgenden, in der Forschung uneinheitlich beantworteten exegetischen Fragen:

1. Was ist mit der Cs.-Verbindung *twrt yhwh* gemeint?
2. Wie ist das Prophetenwort zu datieren?

Ad 1: Der Terminus *twrh* bezeichnet im Alten Testament zunächst die einzelne priesterliche Weisung (vgl. Dtn 33,10; Jer 18,18), die in der Regel mündlich

163 Weinfeld, Deuteronomy, 158; Weinfeld sieht hierin ein Proprium der judäischen Schreiber: „The Israelite סופר was consequently equated with four types of functions: clerical, political, didactic and religious. The first three of these were already performed by Mesopotamian and Egyptian scribes, but the fourth, in the Hezekian-Josianic period and afterwards, was peculiar to the Judean scribe." (a.a.O., 162) – Grabbe, Priests, 153 bemerkt zu Weinfelds Interpretation der Stelle treffend: „The importance of Weinfeld's proposal is that it makes a theological work [...] the product of scribes."

164 Vgl. Maier, Jeremia, 301: „Auffallend ist also in Jer 8,8 die Pluralform, die offensichtlich den gesamten Berufsstand diskreditieren soll, also nicht nur gegen einen amtierenden Inhaber des hohen Staatsamtes gerichtet ist."

165 Vgl. zu Mesopotamien Sweet, Sage, 61f; zu Ägypten und der häufig bezeugten Verbindung „scribes and sages" Grabbe, Priests, 164; zu Ugarit van Soldt, Texts, 180, Anm. 53; auch der Aramäer Ahiqar gilt als *spr ḥkym wmhyr*, vgl. Grabbe, Priests, 163.

166 Vgl. auch Niemann, Ende, 128: „Jes 10,1 und Jer 8,8 scheinen dabei nicht nur das Aufschreiben und Wiederabschreiben von Gesetzestexten, sondern auch das Interpretieren, möglicherweise eine Schulung in beidem, vorauszusetzen."

erteilt wurde (vgl. Mal 2,6f; Hag 2,11–13).[167] Im Deuteronomium und von diesem abhängigen Literaturbereichen steht der Begriff in den jüngeren Schichten allgemein für „das Ganze der heilsamen Willenszuwendungen Jahwes an Israel".[168] Die Frage lautet also: Bezeugt Jer 8,8f noch den älteren priesterlichen Sprachgebrauch, oder ist bereits der spätere dtr Gebrauch im Blick?[169] Für letztere Möglichkeit spricht, dass der Torabegriff in Jer 8,8f durch die Cs.-Verbindung *twrt yhwh* direkt auf Jhwh bezogen ist und dass mit ihm dem Kontext gemäß ein schriftlich niedergelegtes Dokument gemeint ist – beides Charakteristika des dtr Umgangs mit dem Torabegriff. Mit dem Bezug auf Jhwh entspricht die Stelle den anerkanntermaßen dtr Jer-Belegen in 9,12; 16,11; 26,4; 32,23; 44,10.23,[170] die diesen Zusammenhang jeweils durch ein an *twrh* angehängtes Suffix herstellen. Damit ist aber noch nicht ausgemacht, dass auch der Beleg in Jer 8,8f den dtr Sprachgebrauch spiegelt. Um dies entscheiden zu können, ist ein Überblick über das gesamte Alte Testament angeraten. Nach C. Maier, die den Torabegriff im Jeremiabuch eingehend untersucht hat, sind alle Stellen im Alten Testament, in denen die Cs.-Verbindung *twrt yhwh* begegnet, exilisch oder nachexilisch zu datieren,[171] wobei der erweiterte dtr Sprachgebrauch jeweils vorauszusetzen ist. Ein ähnliches Bild ergibt sich hinsichtlich der *twrh*-Belege, die den Bezug zu Jhwh durch ein Suffix herstellen, die m.E. in diesem Zusammenhang unbedingt mit einzubeziehen sind.[172] Wendet man sich dem Deuteronomium zu,[173] so zeigt sich, dass dort schon der Terminus *twrh* ohne den Bezug zu Jhwh niemals vordtr erscheint.[174] In Dtn 4,44 wurde z.B. der älteren Überschrift in 4,45*, die ursprünglich die „Satzungen und Rechte" (*ḥqym wmšpṭym*) ankündigte, eine

167 Vgl. Liedke/Petersen, תורה, 1036.

168 Von Rad, Theologie 1, 235.

169 Die ältesten Belege für den erweiterten Gebrauch befinden sich nicht bei Hosea, wie z.B. Liedke/Petersen, תורה, 1038, und López, תורה, 612, annehmen. – Vgl. zu Hos 8,1 als einem dtr Zusatz Jeremias, Hosea, 104, und zu 4,6 und 8,12 a.a.O., 66 und 111. Der Begriff *twrh* ist für Hosea vielmehr die „Zusammenfassung der vielen Lebenshilfen Gottes in Gestalt von Einzelweisungen (*tôrot* 8,12), die Gegenstand der Priesterlehre sind." (a.a.O., 66)

170 Vgl. Liedke/Petersen, תורה, 1041.

171 Maier, Jeremia, 304. Die Stellen sind: Ex 13,9; 2Kön 10,31; Jes 5,24; 30,9; Jer 8,8; Am 2,4; Ps 1,2; 19,8; 119,1; Esra 7,10; Neh 9,3; 1Chr 16,40; 22,12; 2Chr 12,1; 17,9; 31,3.4; 34,14; 35,26 (vgl. auch *twrt ʾlhym*: Jos 24,26; Jes 1,10; Hos 4,6; Ps 37,31; Neh 8,8; 10,29.30).

172 Ex 16,4; Jes 42,4; 51,7; Jer 6,19; 9,12; 16,11; 26,4; 31,33; 32,23; 44,10.23; Ez 22,26; Hos 8,1; Ps 1,2; 40,9; 78,10; 89,31; 94,12; 119passim; Dan 9,10.11; Neh 9,26.29.34; 2Chr 6,16

173 Vgl. dazu Braulik, Ausdrücke, 36–38.

174 Die Dtn-Belege sind: 1,5; 4,8.44; 17,11.18.19; 27,3.8.26; 28,58.61; 29,20.28; 30,10; 31,9.11.12.24.26; 32,46; 33,4.10. Die einzigen Belege aus dem Gesetzeskorpus sind ebenfalls als dtr zu beurteilen. Vgl. zu 17,11 Gertz, Gerichtsorganisation, 68f, und zu 17,14–20, dem so genannten Königsgesetz, Perlitt, Staatsgedanke, 187–191.

weitere vorangestellt,[175] in der der Begriff *twrh* mindestens die Kapitel 5–28 umfasst.[176] Die Cs.-Verbindung *twrt yhwh* in Jer 8,8f legt folglich nahe, dass an dieser Stelle bereits der im Deuteronomismus beheimatete erweiterte Torabegriff vorliegt.[177]

Entscheidend für die Frage, was mit der Tora Jhwhs genau gemeint ist, ist sodann die Tatsache, dass diese in Jer 8,8f schriftlich niedergelegt ist, denn nur so kann sie von den Schreibern mit deren „Lügengriffel" verfälscht worden sein. Wo aber im Alten Testament von der Tora als einem schriftlich verfassten Dokument die Rede ist, erkennbar an Derivaten der Wurzeln *spr* „Buch" oder *ktb* „schreiben",[178] handelt es sich in aller Regel um einen Hinweis auf das Deuteronomium.[179] In sämtlichen dtr Stellen ist mit *twrh* eindeutig das Deuteronomium (*twrt mšh*) gemeint. In den Stellen aus Chr und Esra/Neh ist die Identität in vielen Fällen durch die Aufnahme der Verbindung *twrt mšh* ebenfalls sichergestellt; in jedem Fall dürfte das Deuteronomium mitgemeint sein, falls an eine übergreifende Größe gedacht sein sollte. Wenn aber hinter der Verbindung *twrt yhwh*, insofern von einem schriftlich niedergelegten Dokument die Rede ist, im Alten Testament ohne Ausnahme das Deuteronomium oder weitere Stadien des werdenden Pentateuch stehen, drängt sich auch für den Beleg in Jer 8,8f diese Deutung auf:[180]

> „So muss man in dem Text eine prophetische Stellungnahme zu der einzigen Tora sehen, die es damals, in der spätvorexilischen Zeit, gab: dem Deuteronomium in seiner vorexilischen Gestalt."

---

175 Vgl. Veijola, Deuteronomium, 122f.

176 Vgl. auch Braulik, Ausdrücke, 36f.

177 Das deckt sich mit dem Ergebnis der Untersuchung von Maier, Jeremia, 354: „Der Begriff תורה wird im Jeremiabuch erstmals von exilischen Autoren gebraucht, deren Theologie als dtr. bestimmt werden kann […]"

178 Folgende Belege sind zu berücksichtigen: *ktb* „schreiben": Ex 24,12; Dtn 17,18; 27,3.8; 31,9; Jos 8,32.34; 1Kön 2,3; Hos 8,12; Dan 9,11.13; Esra 3,2; Neh 8,14; 10,35.37; 1Chr 16,40; 2Chr 23,18; 25,4; 31,3; 35,26. – *spr* „Buch": Dtn 31,26; Jos 1,8; 2Kön 22,8.11; Neh 8,1; 9,3; 2Chr 17,9; 34,14.15. – kombiniert: Dtn 28,58.61; 29,20; 30,10; 31,24; Jos 8,31; 23,6; 24,26; 2Kön 14,6; 23,24

179 Ausnahmen sind Jes 8,16 und 30,9, wo Tora ein prophetisches Orakel meint (López, תורה, 611f), sowie Ex 24,12, wo der Dekalog gemeint sein dürfte (*twrh* neben *mṣwh*). Der *twrh*-Beleg in Hos 8,12 ist nach Jeremias, Hosea, 111, „der älteste direkte Beleg für die Niederschrift von Priesterweisungen"; demnach steht der Begriff hier noch in der alten Tradition

180 Veijola, Deuteronomisten, 235. Nach Veijola, ebd, zeigt Jer 8,8f, „dass schon die Autoren des Werkes, das die Grundlage für die dtr Schule bildete, mit dem Titel סֵפֶר bezeichnet werden konnten". Vgl. auch Seybold, Jeremia, 107: „*tôrâ* ist hier doch wohl schon so etwas wie „das Gesetz" in schriftlich vorliegender Form. Es ist nicht nur an konkrete Weisungen der Priester zu denken, theologische Voten von Experten in fraglichen Fällen, sondern möglicherweise bereits an gesammelte ‚Weisungen' in der Art des Deuteronomiums oder seiner Vorformen."

Geht man in der Datierung andere Wege, handelt es sich entsprechend um eine Stellungnahme zum Deuteronomium in seiner exilischen bzw. nachexilischen Gestalt.[181]

Ad 2: Die Frage, in welcher Zeit der Vorwurf in Jer 8,8f entstanden ist, wird in der Forschung vielstimmig beantwortet, wobei die Einschätzungen von authentisch-jeremianisch bis nachexilisch reichen.[182] Auch die Einsicht, dass sich die V. 8f aufgrund des Adressatenwechsels leicht aus ihrem Kontext herauslösen lassen, wobei V. 10 gut an die V. 4–7 anschließen würde,[183] hilft nicht weiter, da es sich auch um ein versprengtes Jeremiawort handeln könnte. Weiterführend ist die Beobachtung, nach der in Jer 8,8f wahrscheinlich schon der erweiterte Torabegriff begegnet, der erstmals im dtr redigierten Deuteronomium bezeugt ist. Da dieser Gebrauch im übrigen Jeremiabuch, abgesehen von den anerkanntermaßen dtr Belegen, nicht bezeugt ist und er in Jer 8,8 als Zitat der angesprochenen Schreiber eingeführt wird, könnte man annehmen, dass der Terminus *twrt yhwh* hier erstmals im späteren dtr Sinn Verwendung findet, nämlich als Zusammenfassung des Jhwh-Willens, wie er nach Ansicht der Schreiber allein im Deuteronomium schriftlich festgehalten ist. Einen konkreten Anhaltspunkt für die Datierung des Textes liefert vielleicht V. 9, der das Schicksal der angesprochenen Schreiber benennt; „denn der Hinweis auf Schrecken und Gefangenschaft ist kaum etwas anderes als eine Anspielung auf die Katastrophe von 587 v. Chr.“.[184] Demnach könnte der Vorwurf, die Schreiber hätten die Tora Jhwhs verfälscht, eine wie auch immer geartete redaktionelle Tätigkeit am Deuteronomium in (früh)exilischer Zeit im Blick haben. Oder aber man versteht die Polemik grundsätzlich und sieht mit G. Wanke hinter Jer 8,8f einen die Exilskatastrophe aufarbeitenden Konflikt zwischen Gruppen, die sich einzig und allein um die schriftlich niedergelegte Tora sammeln und solchen, „die unter Verweis auf die Erfahrungen in der Vergangenheit die prophetische Verkündigung als für Israels Verhalten maßgeblich verstanden wissen wollen“.[185] Allerdings ist es keineswegs zwingend, den Text deshalb gleich in die nachexilische Zeit zu datieren. Vielmehr legen die oben vorgestellten Tendenzerzählungen in Jer 36* und 2Kön 18f*, in der eine vergleichbare Konfliktlage zwischen Hofbeamten, die sich auf die Tora berufen, und Parteigängern Jeremias erkennbar

181 So Wanke, Jeremia 1, 98, der den Konnex über den spät-dtr Vers Dtn 4,6 herstellt.

182 Für authentisch gehalten wird das Wort z.B. von Weiser, Jeremia, 71f. Nachexilisch datieren Wanke, Jeremia 1, 98, und Maier, Jeremia, 306.

183 Vgl. z.B. Wanke, Jeremia 1, 98.

184 A.a.O., 98. Das in diesem Zusammenhang verwendete Verb *lkd* ni „gefangen werden“ steht auch Jer 6,11 für das Exil (vgl. auch Jes 8,15; 28,13; Jer 48,44; 51,56; Klgl 4,20 und dazu Groß, לכד, 574, der hier „Gefangenschaft als Teil des Strafgerichts Gottes“ sieht).

185 Wanke, Jeremia 1, 98; vgl. auch Maier, Jeremia, 306.

war, eine zeitliche Ansetzung nicht sehr weit von der Exilskatastrophe entfernt nahe.[186] Gegen eine extreme Spätdatierung spricht zudem, dass der Funktionsbereich der Schreiber in Jer 8,8f noch weit entfernt ist von einem Schriftgelehrten im rabbinischen Sinn, wie er in nachexilischer Zeit in der Gestalt des Esra aufscheint.[187] Alles in allem ist Jer 8,8f ein gewichtiges Argument für die These, dass judäische Hofschreiber im frühen 6. Jh. die Tora Jhwhs, womit aller Wahrscheinlichkeit nach das Deuteronomium gemeint ist, zum Objekt ihrer literarischen Tätigkeit gemacht haben.

Die Tendenzerzählungen Jer 36* und 2Kön 18f* spiegeln bei einem identischen „Sitz im Leben" – nämlich der babylonischen Bedrohung Jerusalems in der Zidkijazeit – diametral entgegengesetzte Standpunkte, die einen erbitterten Richtungsstreit innerhalb der judäischen Beamtenschaft in den Jahren vor dem Untergang Jerusalems wahrscheinlich machen. Auf der einen Seite begegnet in Jer 36* eine aus Mitgliedern der Schafanfamilie und weiteren Anhängern Jeremias bestehende pro-babylonische Fraktion, die sich mit Jeremia gegen die Aufstandspolitik Zidkijas stellt und so in den Verdacht gerät, mit den babylonischen Feinden gemeinsame Sache zu machen.[188] Auf der anderen Seite kommt in 2Kön 18f* eine national-religiös gesinnte Beamtenfraktion zu Wort, die, indem sie auf die Uneinnehmbarkeit Zions und ägyptische Waffenhilfe vertraut, den Vertragsbruch Zidkijas unterstützt. Die Polemik in Jer 8,8f könnte ein Indiz dafür sein, dass dieser Fraktion u.a. Hofschreiber angehörten.

Ausgehend von den quellenkritisch erhobenen Einsichten in die politischen Auseinandersetzungen in der Zidkijazeit, ist in der Folge die These einer „tiefen Spaltung des Deuteronomismus in Juda"[189] in frühexilischer Zeit aufgestellt

186 In diese geschichtlichen Zusammenhänge wird das Prophetenwort auch von Stipp, Jeremia, 11, gestellt: „Das Bild derjenigen, die sich im Schutz der Tora YHWHs sicher fühlen und ihre Heilsgewissheit lautstark öffentlich vertreten, passt ausgezeichnet auf die Kreise, die sich in 2 Kön 18f.* selbst kurz vor dem Exil als Deuteronomisten porträtiert haben."

187 In nachexilischer Zeit ist ein Funktionswandel im Schreibertitel zu konstatieren: „*sōfēr* ist nicht mehr nur der Schreiber, sondern zugleich der, der sich in den ‚Schriften' bzw. dem ‚Gesetz' auskennt […]" (Kühlewein, ספר, 167). Esra wird in Esra 7,6 charakterisiert als „ein Schriftgelehrter, bewandert im Gesetz Moses (*spr mhyr btwrt mšh*), das Jhwh, der Gott Israels, gegeben hatte." Nach V. 10 ist Esra mit der doppelten Aufgabe nach Jerusalem gekommen, um erstens „das Gesetz Jhwhs zu untersuchen und zu tun" (*ldrwš ʾt twrt yhwh wlʿśt*) und zweitens „in Israel Satzung und Recht zu lehren" (*wllmd byśrʾl ḥq wmšpṭ*). Vgl. Veijola, Deuteronomisten, 226: „Damit kommen in Esra 7,10 in bündiger Form zwei zentrale Anliegen der Schriftgelehrten, die Auslegung und der Unterricht der Tora, zum Vorschein."

188 2Kön 18f* denunziert die Position Jeremias als Feindpropaganda, indem sie dem assyrischen Rabschake in den Mund gelegt wird (vgl. etwa 2Kön 18,31b.32a mit Jer 38,2.17f und dazu Hardmeier, Prophetie, 369–371).

189 Hardmeier, Micha, 288.

worden, die zudem eine plausible Erklärung für das berühmte „Prophetenschweigen“ des DtrG abgebe.[190] Insbesondere wird die Trägerschaft, die hinter dem DtrG steht, scharf von dem für die dtr Überformung der Jeremiaüberlieferung verantwortlichen Verfasserkreis abgesetzt.[191] Doch gibt es Anzeichen dafür, dass die im Umfeld der Exilskatastrophe sichtbaren Gegensätze in der weiteren Exilszeit an Brisanz verloren haben.[192] Einschlägig ist in diesem Zusammenhang der Bericht von der Auffindung des Gesetzbuchs unter König Joschija in 2Kön 22f, der aufgrund seiner Relevanz für die Frage nach dem Trägermilieu der dtr Literatur ebenfalls vorgestellt werden soll.

3.1.4 Der Hofschreiber Schafan und die Joschijanische Reform nach 2Kön 22f

In 2Kön 22f kann sachlich ein Fund- (22,3–20) von einem Reformbericht (23,1–24) unterschieden werden.[193] Die Perikope ist in der alttestamentlichen Forschung in erster Linie wegen ihres möglichen Quellenwertes für die Joschijanische Reform von Interesse, wobei die verschiedenen literarkritisch bzw. religionsgeschichtlich orientierten Rekonstruktionsversuche in aller Regel allein in Kap. 23 auf verwertbares Quellenmaterial stoßen.[194] Da hier jedoch die Frage nach den Trägerkreisen der Joschija-Perikope im Mittelpunkt steht, soll nachfolgend allein der für die Fragestellung weit relevantere Fundbericht in 22,3–20 besprochen werden,[195] dessen Inhalt rasch erzählt ist: König Joschija

190 Vgl. ebd. – Vgl. auch die spätere Infragestellung der Erklärungskraft der These bei Hardmeier, Einführung, 27.

191 Nach Albertz, Deuteronomisten, ist das DtrG in der babylonischen Gola, Jer-D dagegen „wahrscheinlich“ (a.a.O., 333) in Palästina entstanden.

192 Ein Grund für das Erlöschen der Gegensätze könnte auch darin liegen, dass große Teile der anti-babylonischen Fraktion wohl spätestens nach der Ermordung Gedaljas 582 deportiert bzw. getötet worden sind.

193 Die Abgrenzung der Berichte wird in der Forschung uneinheitlich gehandhabt (vgl. das forschungsgeschichtliche Referat bei Albertz, Religionsgeschichte 1, 309, Anm. 8). Ich folge der Gliederung von Hardmeier, König Joschija, 100f, der die episodischen Berichte treffend als *res gestae* bezeichnet. – Vgl. zu den Rahmenteilen a.a.O., 87–100.

194 Vgl. aus religionsgeschichtlicher Perspektive Uehlinger, Kultreform, 70–85, der hinter verschiedenen in 2Kön 23 aufgeführten Maßnahmen eine „Purgierung des Jerusalemer Staatskults bzw. Residenzheiligtums von obsolet gewordenen Ritualen“ (a.a.O., 80) sieht. Hardmeier, König Joschija, 133–145, gelangt aufgrund einer detaillierten literarischen Analyse zu einem ähnlichen Ergebnis. Er rekonstruiert in 23,4–15* ein Annalenexzerpt, das ursprünglich diverse Beseitigungs- und Reinigungsmaßnahmen des Residenzkultes in Jerusalem aufzählte.

195 Die Beschränkung auf 22,3–20 stellt keine literargeschichtliche Entscheidung dar. Auf den hinter dem Fundbericht stehenden dtr Verfasserkreis dürften auch weitere Partien aus 2Kön 22f zurückgehen. Richtig ist auch, dass die Auffindungserzählung letztlich in der Bundesschlussszene in 23,1–3 gipfelt, vgl. Lohfink, Gattung, 321f.

von Juda schickt in seinem achtzehnten Regierungsjahr (622) den Hofschreiber Schafan zum Priester Hilkija, der eine Instandsetzung des Jerusalemer Tempels in die Wege leiten soll. Bei dieser Gelegenheit informiert Hilkija den Schreiber über ein im Tempel aufgefundenes Gesetzbuch (*spr htwrh*). Nachdem Schafan das Buch erst einmal selbst gelesen hat, geht er zum König und trägt es diesem vor. Als König Joschija den Inhalt hört, zerreißt er seine Kleider und beauftragt unter anderem Hilkija, Schafan und dessen Sohn Ahikam, Jhwh über die Folgen der Worte für ihn selbst, das Volk und ganz Juda zu befragen. Daraufhin suchen die Hofbeamten die Prophetin Hulda auf, die ihnen ein zweiteiliges Orakel erteilt: In seinem ersten Teil wird Jerusalem und seinen Bewohnern wegen der Missachtung des Ersten Gebots Unheil angekündigt; im zweiten Teil wird dem König ein friedliches Ende und ein ehrenvolles Begräbnis verheißen, weil er sich vor Jhwh gedemütigt hat.

Was die literarische Beschaffenheit von 2Kön 22,3–20 angeht, so besteht ein weitgehender Konsens darin, in dem Bericht keinerlei vor-dtr Quellenmaterial zu erblicken.[196] Der erzählfiktive Charakter des Fundberichts erhellt insbesondere aus der Beobachtung, dass der die Kontingenz des Buchfundes herausstreichende Instandsetzungsauftrag in 22,3–7 sehr wahrscheinlich von der parallelen Episode in 12,10–17 abhängig ist, da er hier einzig dem Ziel dient, „den Schreiber des Königs mit dem Priester zusammenzubringen, damit dieser ihm das Gesetzbuch übergeben kann".[197] Für die Beurteilung von 2Kön 22,3–20 als „dtr Konstrukt aus exilischer Retrospektive"[198] sprechen ferner etliche Anspielungen auf das dtr redigierte Deuteronomium. Vorausgesetzt sind allem voran das Fremdgötterverbot (vgl. 22,17) und die Schicksalsalternative in Dtn 28 (Segen bei Gehorsam/Fluch bei Ungehorsam; vgl. 22,15–20).[199] Vor allem aber die Bezeichnung der gefundenen Urkunde als *spr htwrh* (vgl. 2Kön 22,8.11 mit Dtn 28,58.61; 29,20; 30,10; 31,26; vgl. auch 2Kön 23,2.3.21 mit Dtn 28,69; 29,8.20), die unmissverständlich klarstellt, dass mit dem Gesetzbuch nichts anderes als das Deuteronomium gemeint ist, spricht für die Kenntnis des dtr Deuteronomiums.[200]

Die Querbezüge machen deutlich, dass die Joschija-Perikope 2Kön 22f auf diese Weise einem doppelten Ziel dient: Auf der einen Seite stilisiert sie

196 Während Würthwein, Könige 2, 446–452, mit mehreren dtr Schichten rechnet, vertritt Hardmeier, König Joschija, 102–115, die Einheitlichkeit der Erzählung.

197 Würthwein, Könige 2, 358; vgl. auch Hardmeier, König Joschija, 103.

198 A.a.O., 113f.

199 Vgl. zu weiteren Berührungen mit dem dtr Deuteronomium (speziell dem Paradigma von Dtn 9,7ff) sowie deuterojeremianischer Phraseologie a.a.O., 105–111.

200 Vgl. a.a.O., 104: „Es handelt sich um die תורה, die Mose nach Dtn 31,9 im Anschluss an den Vortrag niedergeschrieben und nach 31,26 als ספר התורה neben der Lade verwahren ließ."

König Joschija zum „einzigartigen, idealen König einer Epoche, die ansonsten als ganze rettungslos durch die Sünden von Jerobeam bis Manasse gezeichnet ist (23,26b) und auf die Katastrophe von 587 zuläuft“;[201] auf der anderen Seite stellt sie eine Empfehlung des Deuteronomiums in seiner exilischen Gestalt dar, in der es als *spr hbryt* (23,2) die materiale Grundlage des Bundes zwischen Jhwh und Israel ist. Fragt man von dieser Zielbestimmung aus nach den verantwortlichen Trägerkreisen, so fällt auch hier sogleich die entscheidende Rolle auf, die dem Schreiber Schafan im Zusammenhang mit der Auffindung des Gesetzbuches zukommt:[202]

> „Wenn in 2 Kön 22 mit achtmaliger Nennung offenkundig absichtsvoll der Name des Staatsschreibers Schafan eingeprägt wird, kann man fragen, ob hier nicht ein besonderes Band zwischen diesem Mann, dem aufgefundenen Buch und seinem Programm angedeutet werden soll.“

Die prominente Rolle, die der Hofschreiber im Fundbericht einnimmt, lässt Folgerungen sowohl für die erzählte Zeit als auch für die Erzählzeit zu. Im Hinblick auf erstere gilt: Auch wenn die in 2Kön 22,3–20 berichteten Ereignisse offensichtlich frei erfunden sind, so legt die im Text hergestellte Verbindung zwischen Schafan und dem Gesetzbuch doch nahe, dass der Hofschreiber und sein Sohn direkt an den national-religiös gesinnten Reformmaßnahmen Joschijas beteiligt waren.[203] Sollten diese Maßnahmen in irgendeiner Weise mit einem vorexilischen Deuteronomium in Verbindung gestanden haben,[204] ergäbe sich automatisch ein eng umgrenzter Verfasserkreis, der sich überdies mit der gut begründeten These deckt, nach der sich schon das älteste Deuteronomium gelehrten Schreiberkreisen verdankt.[205] Was die Folgerungen für die Erzählzeit angeht, so ist zu bedenken, dass in 2Kön 22,3–20 etliche Querbezüge in die exilische Jeremiaüberlieferung und vor allem zu den Nachträgen in Jer

---

201 A.a.O., 114.

202 Stipp, Jeremia, 8. Stipp äußert darauf mit Recht den in eine Frage gekleideten Verdacht: „War er ein führender Vertreter der im Alten Testament so folgenreichen deuteronomistischen Bewegung?“ (a.a.O., 8f)

203 Die Annahme, dass einzelne Erzählzüge und Handlungsträger den geschichtlichen Ereignissen entsprechen, gewinnt an Wahrscheinlichkeit, wenn erkannt ist, dass „der Erfindungsgabe der dtr Editoren für die Darstellung der spätvorexilischen Zeit Grenzen gesetzt [sind], insofern die dtr Editoren der ersten Ausgabe des DtrG in der Exilszeit unter ihren Adressaten auch Zeitzeugen hatten“ (Gertz, Tora, 250).

204 In diesem Sinne interpretiert Hardmeier, König Joschija, 115, die Perikope: „Die geschichtlich als solche wohl richtige Erinnerung, dass z.Zt. Joschijas eine Art Reformverfassung in Gestalt eines vorexilischen Deuteronomiums eingeführt wurde, wird in 2Reg 22 aus einer dtr Retrospektive festgehalten.“

205 Vgl. oben S. 294.

36 festzustellen sind.[206] Insbesondere bei der Betrachtung von Jer 36 hatte sich eine Entstehung im Milieu der auch in exilischer Zeit noch einflussreichen Schafanfamilie nahe gelegt. Somit ist zu fragen, ob in 2Kön 22,3–20 möglicherweise Mitglieder der Schafaniden ihrem Eponymen, dem Hofschreiber Schafan ben Azalja, in (spät)exilischer Zeit ein Denkmal setzen wollten.[207]

Im Hinblick auf eine mögliche Spaltung des exilischen Deuteronomismus, nach der die national-religiöse Trägerschaft des DtrG den exilischen Tradenten der Jeremiaüberlieferung, die im Umfeld der Schafanfamilie lokalisiert werden, feindlich gegenübergestanden hätten, ist nun von Bedeutung, dass in 2Kön 22f* der Hofschreiber Schafan innerhalb des DtrG in friedlicher Koexistenz neben den in 2Kön 18f* zu Wort kommenden Jeremiagegnern als entscheidende Person der Erzählung in Erscheinung tritt. Aufgrund dieser Sachlage wird man mit Hardmeier Jer-D und DtrG „[w]ahrscheinlich [...] für synchrone dtr Komplementärbildungen nach 547/539 zu halten haben, die bei nur geringen Sprach- und geschichtstheologischen Unterschieden in engster Korrespondenz zueinander entstanden sind. Beide buchstabieren in komplementärer Weise die Möglichkeiten einer Schicksalswende und eines Neuanfangs im Lande, beide mit mehr oder weniger royalistischen Tendenzen."[208]

Die aufgeführten Beispiele haben gemein, dass sie die judäischen Funktionseliten im Allgemeinen und den Stand der Hofschreiber im Besonderen mit dem Deuteronomium als der Tora Jhwhs in Bezug setzen, wobei Ansätze aufscheinen, die auf das spätere Schriftgelehrtentum zulaufen.[209] Die in den

206 Nach Hardmeier, König Joschija, 114, stehen im Hintergrund von 2Kön 22,3–20 „vermutlich die Modelle und Traditionen der Verhaltenstypologien der letzten Könige Judas aus der Zeit Zidkijas, die in Jer 21,11–22,30* + 23,5f.* und Jer 36* vorgeprägt und durch Jer-D weiterentwickelt wurden [...]".

207 Vgl. zur Entstehungszeit des DtrG Gertz, Tora, 281f.

208 Hardmeier, König Joschija, 115.

209 Vgl. Dearman, Servants, 411: „Indeed they are scribes, but the role for many of them in the scripural accounts is the reading, preservation, *and interpretation* of YHWH's word." (kursiv im Original) – Vgl. zu der These, dass die Deuteronomisten als Vorläufer der Schriftgelehrten zu begreifen sind, Veijola, Deuteronomisten.

Tendenzerzählungen[210] zu Tage getretenen königskritischen Anwandlungen der judäischen Funktionseliten fügen sich in die im königszeitlichen Juda auch sonst zu beobachtenden machtpolitischen Konstellationen, in denen der König auf der einen Seite ohne Zweifel die Spitze der Hierarchie darstellt, aber auf der anderen Seite als machtpolitische Gegengewichte die hohen Beamten (*śrym*) und den Landadel (*ʿm hʾrṣ*) zu berücksichtigen hatte (vgl. Jer 44,21).[211] R. Kessler stuft das vorexilische Juda in Anlehnung an S. Talmon von daher als „partizipatorische Monarchie" ein.[212] Vor allem die *śrym* agieren – insbesondere im Jeremiabuch – gegenüber dem König erstaunlich selbständig (vgl. Jer 38,5). Zu den kritischen Tönen der Beamten im Jeremiabuch fügt sich Lachisch-Ostrakon VI, aus dem hervorgeht, „dass *śārîm* in Jerusalem gegen die Interessen des Königs handeln".[213] Einen entscheidenden Machtfaktor stellen in diesem Zusammenhang auch die Beamtenfamilien dar.[214] Vor diesem Hintergrund ist es gut vorstellbar, dass die spätvorexilisch religionspolitisch agilen Hofbeamten, sofern sie nicht deportiert worden sind, in den ersten Jahrzehnten des Exils weiterhin aktiv waren.

---

210 Obgleich alle Texte in einem begrenzten Zeitraster entstanden sind, ergeben sich doch ganz nebenbei auch Konsequenzen für die Redaktionsgeschichte des Deuteronomiums. Während nämlich die spätvorexilische Erzählung in 2Kön 18f* in V. 22 zwar das Urdeuteronomium mit der Zentralisationsforderung, aber noch nicht die bundestheologischen Erweiterungen mit dem Ersten Gebot zu kennen scheint (in den ironischen Rabschakereden, in denen wesentliche zeitgenössische Theologumena des Jhwh-Glaubens lächerlich gemacht werden [vgl. 2Kön 18,22.32–35], wäre der Bund zwischen Jhwh und Israel ein gefundenes Fressen gewesen, hätte es die Bundesvorstellung schon gegeben), setzt die (spät)exilische Joschija-Perikope in 2Kön 22f diese bereits voraus. Die Ausbildung der Bundesvorstellung scheint demnach zeitlich zwischen den beiden Erzählungen stattgefunden zu haben.

211 Vgl. dazu Kessler, Staat, 161–207.

212 Vgl. a.a.O., 204–207, mit dem Zitat a.a.O., 205f: „Genauer wird man also die Herrschaftsform Judas als eine ‚partizipatorische Monarchie' bezeichnen müssen, bei der Beamtenaristokratie und Landadel an der königlichen Macht partizipieren und ein Gegengewicht zu ihr bilden."

213 A.a.O., 172.

214 Vgl. a.a.O., 194: „Die Existenz solcher Beamtenfamilien zeigt, dass die Macht des Königs nicht autokratisch ausgeübt wird. Indem über Generationen hinweg bestimmte Familien hohe Staatsämter bekleiden, besteht ein Gegengewicht mit hoher eigenständiger Bedeutung. Man kann hier durchaus von einer Aristokratie sprechen. Ihr Eigengewicht zeigt sich daran, dass offenbar mit einem Thronwechsel keineswegs automatisch auch die höchsten Beamten ausgewechselt werden. So haben noch im fünften Jahr Jojakims (Jer 36,9) wichtige Mitglieder der Schafan-Familie hohe Staatsämter inne, und in einem konkreten Konflikt stehen sie in Opposition zum König (Jer 26,24; 36)." Einflussreiche Beamtenfamilien sind auch im assyrischen Reich der Sargonidenzeit ein entscheidender Machtfaktor, so dass diesbezüglich gar der Vergleich mit der Mafia gewagt wird, vgl. Vogelzang, Learning, 23f.

3.2 Die judäische Funktionselite als Trägerschaft der dtr Bundestheologie

Das anhand der biblischen Tendenzerzählungen ermittelte Trägermilieu fügt sich gut zu der These eines zweistufigen Rezeptionsprozesses, nach der ein judäischer Treueid die vertragsrechtlichen Vorstellungen und Sprachformen für die Ausbildung der Bundestheologie beigesteuert hat. Wenn nämlich Angehörige der judäischen Funktionseliten als Trägerkreis der bundestheologischen Texte wahrscheinlich zu machen sind, ist in diesem Milieu in Analogie zu den Verhältnissen im neuassyrischen Reich mit einer direkten Kenntnis der Treueide zu rechnen. Dafür sprechen zahlreiche Anspielungen auf *adê*-Texte im assyrischen königlichen Briefverkehr.[215] Mit den in den Briefen genannten *adê*-Texten sind ganz offensichtlich diejenigen Treueide gemeint, die die jeweiligen Briefverfasser, hohe assyrische Beamte, auf den König geleistet haben. Dabei werden gelegentlich auch einzelne Bestimmungen oder Flüche der Treueide wiedergegeben. Auffällig ist der Befund, dass in den Briefen neben einzelnen Flüchen und kleineren Fluchreihen[216] hauptsächlich das Anzeigegebot eine Rolle spielt,[217] das in der politischen Praxis das zentrale Problem benannt zu haben scheint. Damit haben die assyrischen Beamten aber exakt die gleichen Vertragsrechtselemente rezipiert, wie sie in Dtn 13* und 28* Eingang gefunden haben: Das Anzeigegebot (Dtn 13*) und Fluchreihen (Dtn 28*). Obgleich die in den assyrischen Briefen begegnende Formel „in den *adê* steht geschrieben …“[218] sicherstellt, dass die Treueide in schriftlicher Form niedergelegt waren, muss doch offen bleiben, ob die Beamten eigene Abschriften besaßen, von denen sie abgeschrieben haben, oder ob nicht eher davon auszugehen ist, dass sie einen solch existenziell wichtigen Text, der überdies phraseologisch weitgehend geprägt war, auswendig beherrscht haben, so dass die vertragsrechtlichen Gebote und Flüche in den Briefen aus dem Gedächtnis reproduziert sein dürften. Überträgt man diese Beobachtung auf Juda, dann sind vergleichbare Textkenntnisse auch bei den judäischen hohen Beamten vorauszusetzen, die aller Wahrscheinlichkeit nach ebenfalls auf ihren König vereidigt waren.[219] Bildeten diese die Trägerschaft der dtr Bundestheologie, dann bestünden auch hier die beiden Möglichkeiten, dass sich die Vertragsrechtselemente in Dtn 13* und 28* entweder eigenen

215 Vgl. dazu o. S. 43–49.

216 Vgl. SAA XVI 126: 19–23; XVIII 143: r. 2–7; 24: 12ff.

217 Vgl. SAA VIII 316: r. 12–16; X 90: r. 17–20; 199: 16–20; 286: r. 6–9; XVI 59: r. 17; 60: 11f; 71: r. 2ff; XVIII 81: 3–7; 83: 1–4.

218 Vgl. SAA X 199: 19; XVI 126: 19; XVIII 81: 3f; 83: 3.

219 Vgl. dazu o. S. 291f.

Abschriften, die möglicherweise in Privatarchiven[220] existiert haben könnten und in die Exilszeit hinübergerettet worden wären,[221] oder – wahrscheinlicher – dem Gedächtnis der Verfasser verdankten.[222]

Beide Szenarien sind in der frühen Exilszeit denkbar.[223] Denn entgegen dem vorherrschenden biblischen Bild einer völligen *tabula rasa* im Juda und Jerusalem nach 587 sprechen sowohl die babylonische Deportationspraxis[224] als auch die babylonischen Gepflogenheiten im Umgang mit eroberten Gebieten[225] eine andere Sprache.[226] Verschont blieb speziell der benjaminitische Norden mit Mizpa

---

220 Vgl. dazu Hardmeier, Wahrhaftigkeit, 125, Anm. 14.

221 Es ist ziemlich sicher anzunehmen, dass im Jerusalemer Palastarchiv Abschriften von „politischen" Verträgen, seien es (Vasallen-)Verträge mit anderen syrisch-palästinischen Königen oder dem assyrischen – bzw., seit 605, dem babylonischen – Großkönig, seien es Treueide, die dem judäischen Herrscher die Gefolgschaftstreue der Beamtenschaft sowie der Bevölkerung garantierten. Was nach der Zerstörung von Palast und Tempel mit den Archiven geschehen ist, ob sie rechtzeitig geborgen werden konnten oder verloren gegangen sind, lässt sich nicht mehr beantworten. Das in diesem Zusammenhang gerne vorgetragene Argument, die Rezeption der „Tagebücher der Könige von Israel" bzw. „Juda" im (spät)exilischen DtrG setze das Überleben der königlichen Archive voraus, ist nicht in jedem Fall zwingend. So kommt Hardmeier mit seiner These eines vor-dtr Annalenwerks aus der Zidkijazeit gut ohne die Annahme von dem DtrG zeitgleichen königlichen Annalen aus, denn „[d]ie Exzerpte, Bezugnahmen und Quellenverweise waren schon Bestandteil des Annalenwerkes in der Zidkijazeit, als die königlichen Archive noch zur Verfügung standen" (Hardmeier, Annalenwerk, 181). Auf das Problem der „verspäteten" Rezeption der vertragsrechtlichen Vorstellungen und Sprachformen im Deuteronomium bezogen, kommt Hardmeier zu dem Schluss, dass neben den erwähnten Exzerpten aus den Königsannalen „durchaus auch die judäische Version eines [assyrischen? CK] Loyalitätseides vermutet werden kann, von dem Dtn 13* inspiriert ist" (Hardmeier, Rezension, 1034).

222 Aufgrund der Einsichten in die solide Ausbildung der Schreiber erscheint eine Rezeption der „politischen" Verträge bzw. Treueide in der Exilszeit aber auch dann als möglich, wenn die Archive mit den einschlägigen Texten nicht mehr vorhanden gewesen sein sollten. Was Carr im Hinblick auf schriftliche Traditionen aus der vorexilischen Zeit äußert, ließe sich *cum grano salis* auch auf die vertragsrechtlichen Traditionen, die in der Exilszeit in das Deuteronomium Eingang gefunden haben, übertragen: „The written form of such traditions probably were lost amidst the destruction of Jerusalem. Nevertheless, because of the oral-written character of the ancient educational system, a fairly exact form of such writings were retained in the minds of Israelite scribal masters, masters who then could both reproduce and augment the tradition in light of intense dislocation and crisis." (Carr, Response, 11; vgl. zu seiner Theorie einer oral-written education ders., Tablet, 156ff).

223 Die These, nach der judäische Hofbeamte in nachstaatlicher Zeit für die Bundestheologie verantwortlich zeichneten, ist bereits von Kaiser erwogen worden (vgl. ders., Theologie 2, 49, Anm. 108).

224 Vgl. dazu Albertz, Exilszeit, 65–97, und Berlejung, Geschichte, 151–153. Dem Konsens zufolge wurden in den drei Deportationen von 598/7, 587/6 und 582 ca. 20% der Bevölkerung deportiert (vgl. a.a.O., 151).

225 Vgl. dazu Lipschits, Policy.

226 Vgl. Barstad, Myth, bes. 47–55 u. 77–82, sowie ders., Major Challenges.

als (unzerstörtes) Verwaltungszentrum,[227] wo die Babylonier den Schafanenkel Gedalja als Statthalter einsetzten (vgl. Jer 41). Da Gedalja, der vielleicht schon unter Jojakim als Palastvorsteher (*ʾšr ʿl hbyt*) gedient hatte, den verbliebenen judäischen Hofstaat bei sich hatte (Jer 41,10), ist mit der Möglichkeit zu rechnen, dass er auf lange Sicht als Vasallenkönig installiert werden sollte.[228] Auch in Jerusalem ist nach 587 nicht mit einem totalen Abbruch zu rechnen. Kleinfunde in den Gräbern von Ketef Hinnom machen deutlich, dass die Stadt in der Exilszeit weiterhin bewohnt war, u.a. von einer begüterten Oberschicht.[229] Selbst in kultischer Hinsicht bedeutete das Exil keineswegs einen Endpunkt.[230] Im Hinblick auf die möglichen Trägerkreise der Bundestheologie ist vor allem auf das differenzierte Bild zu verweisen, das die Erzählüberlieferung Jer 39–43 zeichnet. Demnach richteten die Sieger ihre Deportationsmaßnahmen danach, wer zuvor auf ihrer Seite stand und wer nicht.[231] Weggeführt wurden vornehmlich Mitglieder der anti-babylonisch gesinnten national-religiösen Fraktion. Das heißt aber umgekehrt, dass die pro-babylonischen Parteigänger Jeremias, unter ihnen Mitglieder der judäischen Funktionselite, den Deportationen entgingen. So weiß das Jeremiabuch zu berichten, dass die um Gedalja versammelte probabylonische Fraktion nach dessen Ermordung durch den Davididen Jischmael (vgl. Jer 41,2)[232] zwar zunächst nach Ägypten geflohen, jedoch zum Teil wieder nach Juda zurückgekehrt ist (vgl. Jer 43,5–7 u. 44,14.28).[233]

4. Ertrag

Ausgehend von dem traditionsgeschichtlichen und literarhistorischen Befund in Dtn 13* und 28*, nach dem auf der einen Seite neben genuin judäischen und neuassyrischen auch westlich-aramäische Traditionen zu identifizieren sind und auf der anderen Seite eine Entstehung der Kapitel nach 587 wahrscheinlich ist, war es die doppelte Zielsetzung des vorliegenden Kapitels, erstens der These einer literarischen Abhängigkeit der Deuteronomiumskapitel von einem konkreten assyrischen Text eine weniger statische Rezeptionstheorie entgegenzustellen,

227 Knauf, Land, 134: „Mizpa blieb Verwaltungs- und Bet-El Kultur-, wenn nicht sogar Kultzentrum." Vgl. zum archäologischen Befund auch Albertz, Exilszeit, 67.

228 Vgl. Lohfink, Gattung 336.

229 Vgl. Berlejung, Geschichte, 151.

230 Vgl. Berlejung, Notlösungen; vgl. zu Bethel als neuem Kultzentrum in exilischer Zeit Blenkinsopp, Bethel.

231 Vgl. auch Berlejung, Geschichte, 154.

232 Wahrscheinlich der Anlass der dritten Deportation im Jahre 582 (vgl. Albertz, Exilszeit, 83; anders, Stipp, Gedalja, 164f).

233 Vgl.auch Hardmeier, Wahrhaftigkeit, 125, Anm. 14.

die auch den aramäischen Einflüssen gerecht wird, und zweitens das Phänomen einer „verspäteten“ Rezeption plausibel zu machen, insofern aramäische und neuassyrische Traditionen erst in der Zeit der babylonischen Oberherrschaft über Juda in das dtr Deuteronomium aufgenommen worden sind. Dem Befund in Dtn 13* und 28* wird man am ehesten gerecht, wenn man von einem zweistufigen Rezeptionsprozess ausgeht, wie er sich im Alten Testament auch für das deuterojesajanische Heilsorakel und die priesterschriftliche *Imago Dei*-Metapher nahe legt. In all diesen Fällen scheinen Vorstellungen und Sprachformen der altorientalischen Königsideologie zuerst im Umfeld des (israelitisch-)judäischen Königtums rezipiert worden zu sein, bevor sie in nachstaatlicher bzw. nach-königlicher Zeit einem rein „religiösen“ Gebrauch zugeführt wurden.

Im Fall der Rezeption des altorientalischen Vertragsrechts gibt die biblische Schriftprophetie zu erkennen, dass seit dem 8. Jh. in Israel und Juda mit einer Akkulturation von Vorstellungen und Sprachformen der aramäischen und neuassyrischen Vertragsrechtstradition zu rechnen ist. Diese erste Rezeptionsstufe ist vor dem Hintergrund zahlreicher Interdependenzen im altorientalischen Vertragsrecht zu sehen, deren schönstes und augenfälligstes Beispiel die Entlehnung des aramäischen *terminus technicus* für „Vertrag“ *ʿdy* im Akkadischen und Hebräischen ist.[234] Als Kontaktmedien und Kontaktträger können einerseits die internationale Textgattung des Vasallenvertrags selbst und andererseits der international vernetzte Berufsstand der Schreiber namhaft gemacht werden, deren weitgehend standardisierte Ausbildung etliche Textparallelen zu erklären vermag (geprägte Fluchgattungen; gemeinsame Schädlingsreihen in Vertragsflüchen und lexikalischen Listen). Waren aber ausweislich der biblischen Schriftprophetie aramäische und assyrische Vertragsrechtstraditionen im vorexilischen Israel und Juda bekannt, so liegt es – nicht zuletzt angesichts der traditionsgeschichtlichen Gestalt der den judäischen Gegebenheiten geopolitisch nächst liegenden aramäischen Sfire-Inschriften – nahe, dass diese einen Einfluss auf das israelitische und judäische „politische“ Vertragswesen gehabt haben. Für die Existenz judäischer (interner) Verträge sprechen sowohl die Verhältnisse in anderen altorientalischen Gesellschaften als auch vereinzelte Anspielungen im Alten Testament (vgl. z.B. 2Kön 11,17*).

In der zweiten Rezeptionsstufe sind die über einen längeren Zeitraum eingesickerten und mit der Zeit als Eigen akzeptierten vertragsrechtlichen Vorstellungen und Sprachformen nach dem Ende des judäischen Königtums 587 auf die Gott-Mensch-Beziehung übertragen worden. Als Trägerkreis der im dtr Deuteronomium erstmals greifbaren Bundestheologie kommt nach der erzählpragmatischen Auswertung verschiedener so genannter „historischer

234 Vgl. dazu o. S. 97–105.

Tendenzerzählungen" aus dem Umfeld des Deuteronomismus am ehesten die judäische Funktionselite (Hofbeamte und Hofschreiber) in Frage – ein Personenkreis, der nach dem Zeugnis neuassyrischer Quellen auf den König vereidigt war und seinen Treueid im Wortlaut rekapitulieren konnte.

VI. Ergebnis

Den Ausgangspunkt der vorliegenden Untersuchung bildeten zahlreiche formale und inhaltliche Parallelen zwischen dem Deuteronomium und altorientalischen Vertragstexten. Vor dem Hintergrund einer durch die Westexpansion der Assyrer seit dem 8. Jh. bedingten Zeit gesteigerter militärisch-diplomatischer Kontakte liegt es nahe, dass die Vorstellung, Jhwh habe mit Israel am Horeb einen Bund (hebr. *bryt*) geschlossen (vgl. Dtn 5,2), das konzeptionelle Vorbild und den theologischen Anstoß von den im Vorderen Orient breit belegten „politischen" Vertragstexten erhalten hat. Zu den relativ ältesten Texten, die die Rezeption vertragsrechtlicher Vorstellungen und Sprachformen im Alten Testament spiegeln, werden insbesondere die drei Fälle von Verführung zu Nachfolge und Dienst anderer Götter in Dtn 13 sowie das umfangreiche Segen-Fluch-Kapitel Dtn 28 gerechnet. Deshalb stand eine eingehende Analyse der beiden Deuteronomiumskapitel im Zentrum der vorliegenden Untersuchung. Vor dem Hintergrund der bisherigen vergleichenden Forschung zum Thema Bundestheologie sind im Einleitungskapitel der Arbeit drei Fragerichtungen formuliert worden, die in diesem abschließenden Kapitel noch einmal aufgegriffen werden sollen:

(1.) Woher stammen die in den bundestheologischen Texten rezipierten vertragsrechtlichen Vorstellungen und Sprachformen?

(2.) Wann ist die Bundestheologie ausgebildet worden?

(3.) Wie könnte der Rezeptionsprozess verlaufen sein, an dessen Ende die Bundestheologie stand?

Die drei Fragen können aufgrund der in dieser Arbeit vorgelegten Textanalysen wie folgt beantwortet werden:

(1.) Im Hinblick auf die Frage nach der Herkunft der in Dtn 13* und 28* rezipierten vertragsrechtlichen Vorstellungen und Sprachformen ist eine in der gegenwärtigen vergleichenden Forschung vorherrschende rein neuassyrische traditionsgeschichtliche Herleitung nicht haltbar. Dtn 13* und 28* bilden vielmehr ein Amalgam aus genuin judäischen, westlich-aramäischen und neuassyrischen Traditionselementen. Für Dtn 13* und 28* ergibt sich im Hinblick auf die Rezeption der beiden maßgeblichen Vertragsrechtstraditionen die folgende Übersicht:

*Dtn 13**

Elemente der westlich-aramäischen Tradition	*Elemente der neuassyrischen Tradition*
– der Aufbau und die Sprachregelung der drei in Dtn 13* zusammengestellten Stipulationen – die paronomastischen Infinitive in Dtn 13,(6*.)10aα.16a – der Fall der zum Fremdgötterdienst verführten israelitischen Stadt in Dtn 13,13–19*	– die dem Akkadischen entliehene Formel *dbr srh* „Falsches reden" in Dtn 13,6* – die Prophetengestalten in Dtn 13,2–6* (?) – das Tötungsgebot in Dtn 13,10aα (?)

*Dtn 28**

Elemente der westlich-aramäischen Tradition	*Elemente der neuassyrischen Tradition*
– das Segen-Fluch-Formular in Dtn 28,1–6*.15–19 (bestehend aus konditionalen Einleitungssätzen [mit *šmr* „bewahren"] und einer parallel gestalteten Segen-Fluch-Formel) – die Gattung der Nichtigkeitsflüche in Dtn 28,30f.38–41 – einzelne Motive, die in das Umfeld des strafenden Wettergottes gehören (Wassermangel und Ernteausfall [28,23f.38–41]; Insektenfraß [28,38f.42])	– die Themenabfolge der Flüche in Dtn 28,25–34* (Kriegsniederlage und Leichenfraß – Hautkrankheit [*grb*] – Blindheit/Rechtlosigkeit – Kriegsniederlage und Preisgabe der Lebensgrundlagen), die auf die assyrische Götterreihe Sîn – Šamaš – Ninurta – Venus/Ištar zurückgeht, wie sie komplett in EST §§ 39–42 belegt ist

Dass die Gemeinsamkeiten zwischen Dtn 13* und 28* und den verschiedenen altorientalischen Vertragstexten nicht einfach parallelen Entwicklungen und somit dem Zufall geschuldet sind (*coincidence*), sondern eine Abhängigkeit einerseits von der westlich-aramäischen und andererseits von der neuassyrischen Vertragsrechtstradition spiegeln (*uniqueness*), ergibt sich nicht zuletzt aus den syntaktischen und terminologischen Entlehnungen (die paronomastischen Infinitive in Dtn 13*; die Formel *dbr srh* in Dtn 13,6*; das Wort *grb* in Dtn 28,27), den aufgegriffenen Gattungen (die Nichtigkeitsflüche in Dtn 28*) sowie der ursprünglich in Assyrien verankerten Fluchreihe in Dtn 28,25–34*. In diesen Zusammenhang gehören in jedem Fall auch die Entlehnungen des aramäischen *terminus technicus* für „Vertragsbestimmungen/Vertrag" *'dy* ins Akkadische (*adê*) und Hebräische (*'dwt*), die entsprechende Interdependenzen im altorientalischen Vertragsrecht offenbaren.

Schon mit Blick auf diesen Befund ließ sich konstatieren, dass die ältere vergleichende Forschung mit ihrer These einer hethitischen Ableitung der Bundestheologie wenigstens partiell im Recht war, insofern die aramäischen

Vertragstexte ganz augenscheinlich in einer traditionsgeschichtlichen Verbindungslinie zu den Vasallenverträgen der hethitischen Großreichszeit stehen.

(2.) Die Frage der Entstehungszeit der Bundestheologie ist – dies hat nicht zuletzt die forschungsgeschichtliche Skizze offenbart – einzig und allein aufgrund textimmanenter Kriterien zu beantworten, da von jeder vermeintlichen *external evidence* bestenfalls ein *terminus a quo* zu erhoffen ist. Die literarische Analyse von Dtn 13 und 28 hat ergeben, dass schon die Kapitelkerne[1] Teil einer exilisch-dtr Überformung des Urdeuteronomiums sind. Dies zeigt vor allem eine kompositionsgeschichtliche Verortung der Kapitel im Buchganzen: Dtn 13* stört den vorgegebenen Zusammenhang der ältesten Zentralisationsgesetze in Dtn 12*.14–16* und ist zudem vom dtr Einschub in Dtn 5,1–6,3* – insbesondere vom Ersten Gebot in Dtn 5,6f.9a – inhaltlich und phraseologisch abhängig. In Dtn 28* legen nicht zuletzt Anspielungen einerseits auf die Fiktion einer am Vorabend der Landnahme erfolgten Verkündigung von Segen und Fluch mit Mose als Sprecher (Dtn 28,1f*.15.21.36a) und andererseits auf das babylonische Exil und die damit einhergehenden Deportationen (Dtn 28,32; 28,36 und das Geschick Jojachins; 28,41 mit der Formel *hlk bšby*) eine Interpretation der Flüche als *vaticinia ex eventu* und eine entsprechende exilisch-dtr Verortung des Kapitels nahe. Für eine Entstehung der Bundestheologie nach 587 spricht des Weiteren der Konkordanzbefund in den Prophetenbüchern (das so genannte „Bundesschweigen" der vorexilischen Prophetie) sowie die spezifische Konzeption des im Deuteronomium vorausgesetzten Bundesgedankens, die im Gegensatz zu allen anderen belegten altorientalischen Vertragskonzeptionen den irdischen König als Mittler zwischen Gott und Mensch auffälligerweise völlig übergeht.

(3.) Die Frage nach den Voraussetzungen und näheren Modalitäten der Rezeption fußt auf den vorangehend referierten literarhistorischen und traditionsgeschichtlichen Befunden in Dtn 13* und 28*. Ersterer spricht für eine Entstehung der Bundestheologie in der Exilszeit nach 587; letzterer macht eine Abhängigkeit sowohl von der westlich-aramäischen als auch von der neuassyrischen Vertragsrechtstradition wahrscheinlich, worin sich exakt die geopolitischen Konstellationen spiegeln, in denen sich das Königreich Juda im 8. und 7. Jh. vorfand (Nähe zu syrischen Aramäerstaaten; seit ca. 730 assyrischer Vasall). Die traditionsgeschichtliche Komplexität in Dtn 13* und 28* sowie die exilische Entstehung der Kapitel, die vor dem Hintergrund der erwähnten geopolitischen Konstellationen für eine „verspätete" Rezeption der aramäischen und neuassyrischen Traditionen spricht, erklärt sich am plausibelsten mit der

1 Vgl. zu den Rekonstruktionen insbesondere die Übersetzungen der Kapitel auf S. 168–170 und 245–247, in denen die Nachträge vom Grundtext kursiv abgehoben sind.

Annahme eines komplexen, mehrstufigen Rezeptionsprozesses.[2] Dabei gelangten im Zusammenhang einer ersten Rezeptionsstufe in der israelitisch-judäischen Königszeit Vorstellungen und Sprachformen der westlich-aramäischen sowie der neuassyrischen Vertragsrechtstradition nach Israel und Juda. Spuren dieser allmählichen Akkulturation zeigen sich vor allem in der alttestamentlichen Prophetie, wo seit dem 8. Jh. vertragsrechtliche Vorstellungen (z.B. Jhwh als geschichtsmächtiger Richtergott) und Sprachformen (z.B. aramäische Nichtigkeitsflüche) zu Tage treten, die ihre traditionsgeschichtlichen Wurzeln im aramäischen und assyrischen Vertragsrecht haben. Als einschlägige Kontaktmedien und Kontaktträger dieser Rezeptions- und Adaptionsvorgänge können einerseits die den Vertragsparteien ausgehändigten Vertragstexte selbst und andererseits der für die Abfassung der Texte verantwortliche Schreiberstand vor dem Hintergrund seiner im Alten Orient stark vernetzten Ausbildung geltend gemacht werden. Indizien dafür sind einerseits die räumlich und zeitlich weite Verbreitung einer aramäischen Fluchreihe (Tell Feḫerīye, Sfire, Bukān, AT) sowie die Beobachtung, dass sich analoge Schädlingsreihen in den Sfire-Inschriften, dem EST und Dtn 28* mit einer gemeinsamen Abhängigkeit von der lexikalischen Liste ur_5-ra = *ḫubullu* erklären lassen, die zu den gebräuchlichen

2 Die These eines mehrstufigen Rezeptionsprozesses ist jüngst auch für den griechischen Kulturraum aufgestellt worden. Rollinger hat in einem materialreichen Aufsatz (ders., Verschriftlichung) die altorientalische (insbesondere neuassyrische) mit der homerischen Vertragspraxis verglichen, wobei er eine „weitgehende Übereinstimmung" (a.a.O., 409) aufdeckte: „In beiden Fällen sind die Verträge beschworene Übereinkünfte. Die Öffentlichkeit spielt eine wesentliche Rolle. Gotteszeugenschaft und Fluch stellen das Rückgrat des Vertrages dar. Darüber hinaus weist das den Vertragsabschluss begleitende Ritual signifikante Ähnlichkeiten auf." (ebd.) In den beiden abschließenden Kapiteln geht Rollinger auf die Frage nach den näheren Modalitäten der Rezeption des altorientalischen Vertragsrechts in den homerischen Epen ein. Aus der Beobachtung, dass neben den Gemeinsamkeiten auch signifikante Unterschiede zu erkennen sind, folgert er, „dass wir uns gewiss nicht einen mit dem neuassyrischen Vertragswesen vertrauten griechischen Schreiber vorstellen dürfen, der einen altorientalischen Vertragstext als Muster übernimmt, ihn übersetzt und diesen in Griechenland verbreitet" (a.a.O., 410). Gegen eine direkte Rezeption bzw. literarische Abhängigkeit von altorientalischen Vertragstexten spricht nicht zuletzt, dass Parallelen sowohl im Vertragsaufbau als auch im Vertragsschlussritual zu erkennen sind, obwohl Letzteres in den altorientalischen Quellen so gut wie nicht angesprochen wird. Nach Rollinger folgt daraus für die homerischen Epen, „dass entweder der Dichter oder seine ‚Gewährsmänner' solche Vertragsabschlüsse aus eigener Anschauung kannten und aufgriffen" (a.a.O., 411). Voraussetzung für diese Schlussfolgerung ist, dass seit dem 8. Jh. Vorstellungen und Sprachformen der neuassyrischen Vertragsrechtstradition (über die levantinische Kontaktzone, vgl. a.a.O., 414f) in Griechenland – nicht zuletzt durch abgeschlossene internationale Verträge (vgl. a.a.O., 416) – einsickerten und als Eigen angenommen worden sind. Das von Rollinger entworfene Szenario einer zweistufigen Rezeption des altorientalischen Vertragsrechts – zuerst in der politischen Praxis der Griechen, dann – „in gigantische Dimensionen ‚aufgeblasen'" (a.a.O., 412) – in der (homerischen) Geschichtskonstruktion – deckt sich weitgehend mit der hier vorgelegten These bezüglich der Rezeption des altorientalischen Vertragsrechts im Alten Testament.

Instrumenten der altorientalischen Schreiber(schule) gehörte. Die ursprünglich fremden aramäischen und assyrischen Traditionselemente dürften in der Folge schon bald als Eigen akzeptiert worden sein und in das judäische „politische“ Vertragswesen Eingang gefunden haben. Sowohl die Verhältnisse in anderen altorientalischen Königreichen als auch der biblische Befund (vgl. z.B. 2Kön 11,17*) legen nahe, dass es im vorexilischen Juda eine innerstaatliche Vereidigungspraxis gegeben hat. Obgleich einschlägige Quellen fehlen, die Aufschluss über die konkrete Gestalt der dabei zugrunde liegenden Vertragstexte geben könnten, dürften judäische Treueide aufgrund der geopolitischen Lage Judas eine vergleichbare traditionsgeschichtliche Mischgestalt gehabt haben wie z.B. die aramäischen Inschriften von Sfire, die ihrerseits ein Gemenge aus westlichen (aramäischen und [spät]hethitischen) und mesopotamischen (neuassyrischen) Traditionselementen darstellen. Da auch Dtn 13* und 28* einen entsprechenden traditionsgeschichtlichen Befund zu erkennen geben, sind judäische Vertragstexte als potentielle Vorlagen der Bundestheologie in jedem Fall mit in Betracht zu ziehen.

Die exilisch-dtr Herkunft von Dtn 13* und 28* legt sodann nahe, dass es im Zusammenhang einer zweiten Rezeptionsstufe nach dem Verlust der Eigenstaatlichkeit in Juda (nach 587) zu einer Integration der bereits vorhandenen vertragsrechtlichen Vorstellungen und Sprachformen in die entstehende Bundestheologie gekommen ist, wobei die in allen überlieferten altorientalischen Vertragskonzeptionen bezeugte königlich-staatliche Vermittlung zugunsten der direkten Gott-Volk-Beziehung aufgegeben worden ist. Die Modifikation einer mit dem Königtum verknüpften Institution in nachstaatlicher Zeit ist im Alten Testament nicht analogielos. In vergleichbarer Weise konnten in exilisch-nachexilischer Zeit die Gattung der Königsorakel auf das Volk „Israel“ (so in Dtjes) und die *Imago Dei*-Metapher als Königsprädikation auf alle Menschen (so in P) übertragen werden.

Nimmt man diese zweite Rezeptionsstufe noch einmal näher in den Blick, so ist zu betonen, dass die Bundestheologie ihren literarhistorischen Quellort wahrscheinlich im dtr redigierten Deuteronomium hat. Dies aber wirft ein Schlaglicht auf den für die Bundestheologie verantwortlichen Trägerkreis. In so genannten „historischen Tendenzerzählungen“ dtr Ursprungs, die in den zeitlichen Kontext der Katastrophe von 587 gehören (2Kön 18f*; Jer 36*; vgl. auch Jer 8,8f und 2Kön 22f*), setzt sich der Trägerkreis der Erzählungen, nämlich judäische Hofbeamte und insbesondere die Schreiberfamilie der Schafaniden, selbst in Szene. Dass speziell dieser Trägerkreis mit vertragsrechtlichen Vorstellungen und Sprachformen vertraut ist, zeigen zahlreiche neuassyrische Briefe, in denen die Funktionselite des assyrischen Königs wiederholt einschlägige Stipulationen und Flüche der Treueide paraphrasiert, mit denen sie auf den König vereidigt worden sind. Es mag sein, dass die Beamten eigene Abschriften ihrer Treueide besaßen; wahrscheinlicher ist aber, dass sie den Text im Wortlaut auswendig beherrschten. Entsprechende Textkenntnisse dürften auch bei der judäischen Funktionselite vorauszusetzen und noch in der Exilszeit abrufbar gewesen sein.

Die Frage, welche Art von Abhängigkeit die bundestheologischen Texte mit den altorientalischen Vertragstexten verbindet, ist vom literarhistorischen und traditionsgeschichtlichen Befund in Dtn 13* und 28* her zu beantworten. Die exilisch-dtr Herkunft der bundestheologischen Texte, die eine „verspätete" Rezeption der altorientalischen Vertragstexte voraussetzt, vor allem aber die Tatsache, dass in Dtn 13* und 28* sowohl westlich-aramäische als auch neuassyrische Traditionselemente identifiziert werden können, spricht gegen die These einer literarischen Abhängigkeit von einem bestimmten Vertragstext. So wird die gegenwärtig florierende These einer neuassyrischen (Übersetzungs-) Vorlage etwa dem starken westlich-aramäischen Einschlag keinesfalls gerecht. Dem in dieser Arbeit vorgetragenen Versuch, die Parallelen zwischen Dtn 13* und 28* und dem altorientalischen Vertragsrecht mit einem zweistufigen Rezeptionsprozess zu erklären, bei dem die judäische Funktionselite und insbesondere der juristisch geschulte Schreiberstand eine zentrale Rolle spielten, kommt dagegen der Begriff der „traditionsgeschichtlichen Abhängigkeit" am nächsten.[3] Die Parallelen sind nicht das Ergebnis eines Abschreibe- oder gar Übersetzungsvorgangs, sondern verdanken sich einem mehrere Generationen währenden Rezeptions- und Akkulturationsprozess, der in erster Linie von einem international vernetzten Schreiberstand getragen worden ist – einem Trägerkreis, der nach 587 nicht gänzlich von der (religions-)politischen Bühne verschwunden ist.

Abschließend möchte ich auf zwei Konsequenzen aufmerksam machen, die sich m.E. aus der in dieser Arbeit vertretenen Entstehungszeit der Bundestheologie nach 587 ergeben:

Die erste Konsequenz der exilischen Datierung von Dtn 13* und 28* ist die Möglichkeit, dass auch neubabylonische Vertragstexte als Modell der dtr Bundestheologie in Betracht kommen könnten. Dass babylonische Vasallenverträge nach Juda gelangt sind, steht dabei grundsätzlich außer Frage (vgl. z.B. Ez 17). Neuere Textfunde legen zudem nahe, dass die Babylonier die assyrischen Rechts- und Verwaltungsstrukturen weitgehend übernommen haben. Die in Dūr-Katlimmu gefundenen Tontafeln[4], die „sowohl in ihrem Schriftduktus als auch in ihrer äußeren Form und in ihrem Formular typisch assyrisch [sind]"[5],

---

3 Vgl. auch Jeremias, Kultprophetie, 169.

4 Vgl. zu den Tafeln Kühne, Tontafeln.

5 Röllig, Einordnung, 132. – Der Fund stellt den alten Konsens, der den Fall Ninives im Jahr 612 für eine Art deadline der assyrischen Schrifttradition hielt (vgl. z.B. Dalley, Nineveh, 141: „It must be concluded that Assyrian cuneiform died out completely after the fall of Nineveh."), auf eine neue Grundlage.

stammen *notabene* aus dem zweiten und fünften Jahr Nebukadnezars II.[6] Von daher ist es überhaupt nicht ausgemacht, dass sich die babylonischen Vasallenverträge grundlegend von den assyrischen unterschieden haben, weshalb die Parallelen zwischen dem Deuteronomium und den neuassyrischen Vertragstexten eine babylonische Einflussnahme nicht grundsätzlich ausschließen.[7] Ein Indiz dafür, dass das Deuteronomium dennoch (wenigstens indirekt, z.B. über judäische Treueide) vom assyrischen und nicht vom babylonischen Vertragsrecht abhängig ist, ergibt sich aber immerhin aus der Abfolge der Fluchthemen Hautkrankheit – Blindheit/Rechtlosigkeit in Dtn 28,27–29, die aller Wahrscheinlichkeit nach an der assyrischen Götterabfolge Sîn – Šamaš orientiert ist. In babylonischen Verträgen war die Reihenfolge aber traditionell eine andere (vgl. z.B. SAA II 1), und es ist anzunehmen, dass babylonische Götterlisten in diesem Punkt konstant blieben.

Eine zweite Konsequenz des hier vorgelegten Entstehungsmodells der Bundestheologie kann an dieser Stelle lediglich angedeutet werden. Sollte sich die exilische Datierung der Bundestheologie bewahrheiten, dann könnte der Gebrauch der Ehemetapher in Jer 2–6 als eine wichtige Voraussetzung der Vertragsmetapher gelten. J. Jeremias hat vorgeschlagen, die Ehemetapher im Jeremiabuch als Fortschreibung der Hurerei-Thematik bei Hosea zu begreifen, wobei bei Jeremia der Bezug auf die Außenpolitik viel deutlicher betont werde.[8] Die realpolitischen Bezüge werden noch markanter, wenn man mit C. Hardmeier in Jer 2–6* eine Vorlese-Rede sieht, die nach Zidkijas Bruch des babylonischen Vasallenvertrags 597 entstanden sei und eine Kritik der judäischen Aufstandspolitik beinhalte. Demnach beklagt der Prophet, indem er den mit Zidkijas Aufstandspolitik einhergehenden Vertragsbruch gegenüber den Babyloniern als

6 Der Gebrauch des assyrischen Formulars bei babylonischer Datierung bedeutet, „dass die alte Rechtsordnung bruchlos auf die neuen Verhältnisse übertragen wurde“ (Röllig, Einordnung, 132). Vgl. auch Berlejung, Geschichte, 149f.

7 Vor diesem Hintergrund ist Steymans' Versuch, aufgrund der Anspielung auf eine babylonische Vereidigung Zidkijas in Ez 17,13 im Jahr 597 zu einem *terminus ad quem* der Übertragung des EST in Dtn 28 zu gelangen, nicht ganz schlüssig. Seine Schlussfolgerung lautet: „Wer also nach 597 v. Chr. JHWH-Flüche nach mesopotamischem Vorbild gestalten wollte, hätte in dieser babylonischen Vereidigung den nahe liegenden Anknüpfungspunkt gefunden.“ (ders., Vorlage, 140f) – Da aber keine babylonischen Vertragstexte der betreffenden Epoche überliefert sind und dementsprechend niemand weiß, wie und ob sie sich von den assyrischen unterschieden haben, bewegen sich dergleichen Folgerungen auf äußerst dünnem Eis.

8 Vgl. Jeremias, Einfluss, 139: „In der politischen Realität seiner Zeit ging es Jeremia vor allem um Judas illusionäre Hoffnung auf Ägypten; in 2,36 wird das Zuschandenwerden dieser Erwartung mit der zwischenzeitlich schon enttäuschten Hoffnung auf Hilfe durch Assyrien begründet und schon auf diese Weise das von Hosea überkommene Begriffspaar Ägypten-Assyrien aufgebrochen.“

Ehebruch beschreibt (vgl. Jer 2,36), eine „massive Vertrauens- und Loyalitätskrise zwischen JHWH und den Führungseliten in Jerusalem".[9] Wendet man sich vom Jeremiabuch wieder der dtr Bundestheologie zu, so wird deutlich, dass diese in ihrer Intension noch weit über die prophetische Ehemetapher hinausgeht. Gab in Jer 2–6* noch der „historisch-alltägliche Erfahrungsraum"[10] den Anlass für das Strafhandeln Jhwhs, wobei dem judäischen König als politisch-religiösem Oberhaupt noch die entscheidende Funktion zukam, so konstruiert die Bundestheologie – jetzt am Königtum vorbei – die Vorstellung einer vertraglichen Beziehung zwischen Jhwh und „Israel". Stellt man die große Bedeutung der Jeremia-Überlieferung für den Deuteronomismus in Rechnung, so scheint es nicht ganz abwegig zu sein, in der jeremianischen Ehemetapher ein konzeptionelles und theologisches „Modell der Bundesvorstellung"[11] zu sehen.

Aber wie dem auch sei: Die dtr Bundestheologie ist nach dem Textbefund in Dtn 13* und 28* der gewagte Versuch einer theologischen Deutung des Exilsgeschicks „Israels".[12] Er steht dabei im Dienst einer monolatrischen Interpretation des Jhwh-Glaubens: Auf die Übertretung des Ausschließlichkeitsgebots (Dtn 5,7.9a; 13,3b.7b.14b) folgen Krieg und Deportationen (Dtn 28,25f*.32.36f*.41).[13] Auch damit wird ein im Alten Orient geltendes Interpretationsmodell aufgegriffen, nach dem eine nationale Katastrophe als gerechte göttliche Strafe für einen gebrochenen Vertrag gedeutet wird.[14] Am Ende bleibt somit das leicht paradoxe Bild, dass ausgerechnet das auf das Zurückdrängen konventioneller staatlicher Strukturen (vgl. z.B. Dtn 17,14–20) und kulturelle Exklusion bedachte dtr redigierte Deuteronomium für die Durchsetzung seiner exklusiven Gotteskonzeption Anleihen bei konventionellen „politischen" Begründungsstrukturen und – traditionsgeschichtlich gesehen – nicht zuletzt bei den „Völkern

---

9 Hardmeier, Wahrhaftigkeit, 139.

10 Hardmeier, Geschichte, 29: „Der historisch-alltägliche Erfahrungsraum ist somit zugleich der Schauplatz der Gott-Volk-Mensch-Beziehung und ihrer Geschichte."

11 Zobel, Prophetie, 13, der freilich mit anderen chronologischen Verhältnissen rechnet; vgl. zum Verhältnis der beiden Metaphern auch Baumann, Liebe, 66–75, bes. 74f, sowie Hardmeier, König Joschija, 131, Anm. 74.

12 Vgl. auch Groß, Zukunft, passim, sowie Kaiser, Theologie 3, 11–38.

13 So gilt schon vom Kernbestand des Kapitels: „An Jahwes Recht wurde man schuldig, und Fluch ist jetzt Deutungskategorie von Volksgeschichte geworden." (Preuß, Deuteronomium, 154f)

14 Vgl. zu dieser Art von Kausalität in hethitischen Quellen Malamat, Causality, und in assyrischen Quellen Weeks, Causality; für die levantinischen Kleinstaaten sei lediglich an die Rolle des seinem Land Moab zürnenden Reichsgottes Kamoš auf der Meša-Stele erinnert. – In diesen traditionsgeschichtlichen Zusammenhang gehört auch das Motiv der Strafgrunderfragung (vgl. zu biblischen und außerbiblischen Belegen Skweres, Strafgrunderfragung).

ringsum“ (Dtn 13,8 u.ö.) macht, die doch eigentlich religiös bekämpft werden sollen. Das Deuteronomium der Exilszeit ist damit unbeabsichtigt zu einem sprechenden Beispiel von kulturellen und sprachlichen Kontakten im Alten Vorderen Orient geworden.

Abkürzungs- und Literaturverzeichnis

Abkürzungsverzeichnis

Die Abkürzungen richten sich grundsätzlich nach S. M. Schwertner, Theologische Realenzyklopädie (TRE), Internationales Abkürzungsverzeichnis für Theologie und Grenzgebiete, Berlin/New York [2]1994. Die Abkürzungen der biblischen Bücher orientieren sich an den Loccumer Richtlinien. Darüber hinaus und davon abweichend werden folgende Abkürzungen gebraucht:

Allgemeine Abkürzungen:

cs.	Status constructus
Inf. abs.	Infinitivus absolutus
Pers.	Person
Pl.	Plural
Rs.	Rückseite
Sg.	Singular
Vs.	Vorderseite

Bibliographische Abkürzungen:

AHw	Akkadisches Handwörterbuch, W. von Soden, Wiesbaden 1959ff.
CAD	The Assyrian Dictionary of the Oriental Institute of the University of Chicago, Chicago/Glückstadt 1956ff.
CHD	The Hittite Dictionary of the Oriental Institute of the University of Chicago, Chicago 1980ff.
DDD	Dictionary of Deities and Demons in the Bible, K. van der Toorn u.a. (Hg.), Leiden u.a. [2]1999.
EST	Esarhaddon's Succession Treaty (s. Watanabe, *adê*-Vereidigung, sowie SAA II 6)
HDT	Hittite Diplomatic Texts (s. Beckman, Texts).

SAA II	State Archives of Assyria II (s. Parpola/Watanabe, Treaties).
SAA III	State Archives of Assyria III (s. Livingstone, Court Poetry).
SAA V	State Archives of Assyria V (s. Lanfranchi/Parpola, Correspondence).
SAA VIII	State Archives of Assyria VIII (s. Hunger, Reports).
SAA IX	State Archives of Assyria IX (s. Parpola, Prophecies).
SAA X	State Archives of Assyria X (s. Parpola, Letters).
SAA XIII	State Archives of Assyria XIII (s. Cole/Machinist, Letters)
SAA XVI	State Archives of Assyria XVI (s. Luukko/van Buylaere, Correspondence).
SAA XVIII	State Archives of Assyria XVIII (s. Reynolds, Correspondence).
Sf	Sfire-Inschriften (s. Schwiderski, Inschriften)
ZAR	Zeitschrift für altorientalische und biblische Rechtsgeschichte, E. Otto (Hg.), Wiesbaden 1995ff.

Legende der Umschrift des Hebräischen und Aramäischen

א = ʾ	ז = *z*	מ = *m*	ק = *q*
ב = *b*	ח = *ḥ*	נ = *n*	ר = *r*
ג = *g*	ט = *ṭ*	ס = *s*	שׂ = *ś*
ד = *d*	י = *y*	ע = ʿ	שׁ = *š*
ה = *h*	כ = *k*	פ = *p*	ת = *t*
ו = *w*	ל = *l*	צ = *ṣ*	

Literaturverzeichnis

Die in der Arbeit als Kurztitel verwendeten Begriffe werden im Folgenden jeweils in eckigen Klammern angegeben.

Abou-Assaf, A./Bordreuil, P./Millard, A. R., La statue de Tell Fekherye et son inscription bilingue assyro-araméenne, Études Assyriologiques 7, Paris 1982. [Statue]

Abusch, T., Art. Ishtar, DDD, ²1999, 452–456. [Ishtar]

Adam, K.-P., Der königliche Held. Die Entsprechung von kämpfendem Gott und kämpfendem König in Psalm 18, WMANT 91, Neukirchen 2001. [Held]

Aejmelaeus, A., Function and Interpretation of כי in Biblical Hebrew, JBL 105, 1986, 193–209. [Function]

–, Die Septuaginta des Deuteronomiums, in: T. Veijola (Hg.), Das Deuteronomium und seine Querbeziehungen, SESJ 62, Göttingen 1996, 1–22. [Septuaginta]

Albertz, R., Religionsgeschichte Israels in alttestamentlicher Zeit 1, GAT 8/1, Göttingen 1992. [Religionsgeschichte 1]

–, Wer waren die Deuteronomisten? Das historische Rätsel einer literarischen Hypothese, EvTh 57, 1997, 319–338. [Deuteronomisten]

–, Die Exilszeit. 6. Jahrhundert v. Chr., Biblische Enzyklopädie 7, Stuttgart u.a. 2001. [Exilszeit]

Altman, A., Who Took the Oath on the Vassal Treaty: Only the Vassal King or also the Suzerain? – The Hittite Evidence, ZAR 9, 2003, 178–184. [Oath]

–, The Historical Prologue of the Hittite Vassal Treaties. An Inquiry Into the Concepts of Hittite Interstate Law, Bar-Ilan Studies in Near Eastern Languages and Culture, Jerusalem 2004. [Historical Prologue]

Artzi, P., Studies in the Library of the Amarna Archive, in: J. Klein/A. Skaist (Hg.), Bar-Ilan Studies in Assyriology Dedicatet to P. Artzi, Jerusalem 1990, 139–155. [Studies]

Assmann, J., Altorientalische Fluchinschriften und das Problem performativer Schriftlichkeit. Vertrag und Monument als Allegorien des Lesens, in: H.U. Gumbrecht/K. L. Pfeiffer (Hg.), Schrift. Materialität der Zeichen, Reihe A/12, München 1993, 233–255. [Fluchinschriften]

–, Herrschaft und Heil. Politische Theologie in Ägypten, Israel und Europa, München/Wien 2000. [Herrschaft]

Aurelius, E., Zukunft jenseits des Gerichts. Eine redaktionsgeschichtliche Studie zum Enneateuch, BZAW 319, Berlin/New York 2003. [Zukunft]

–, Der Ursprung des Ersten Gebots, ZThK 100, 2003, 1–21. [Ursprung]

–, Die fremden Götter im Deuteronomium, in: M. Oeming/K. Schmid (Hg.), Der eine Gott und die Götter. Polytheismus und Monotheismus im antiken Israel, AThANT 82, Zürich 2003, 145–169. [Götter]

Avigad, N., Baruch the Scribe and Jerahmeel the King's Son, IEJ 28, 1978, 52–56. [Baruch]

Avigad, N./Sass, B., Corpus of West Semitic Stamp Seals, Jerusalem 1997. [Corpus]

Bade, W. F., Der Monojahwismus des Deuteronomiums, ZAW 25, 1910, 81–90. [Monojahwismus]

Baltzer, K., Das Bundesformular, WMANT 4, Neukirchen-Vluyn 1960. [Bundesformular]

Bär, J., Der assyrische Tribut und seine Darstellung. Eine Untersuchung zur imperialen Ideologie im neuassyrischen Reich, AOAT 243, Neukirchen-Vluyn 1996. [Tribut]

Barré, M. L., The God-List in the Treaty between Hannibal and Philip V of Macedonia: A Study in Light of the Ancient Near Eastern Treaty Tradition, Baltimore/London 1983. [God-List]

–, Art. Treaties in the ANE, ABD 6, 1992, 653–656. [Treaties]

–, The First Pair of Deities in the Sefire I God-List, JNES 44, 1985, 205–210. [Deities]

–, Art. *RABIṢU*, DDD, ^{2}1999, 682–683. [*rabiṣu*]

Barstad, H. M., The Myth of the Empty Land. A Study in the History and Archaeology of Judah During the „Exilic" Period, Symbolae Osloenses Fasciculus Suppletorius 28, Oslo 1996. [Myth]

–, After the „Myth of the Empty Land": Major Challenges in the Study of Neo-Babylonian Judah, in: O. Lipschits/J. Blenkinsopp (Hg.), Judah and the Judeans in the Neo-Babylonian Period, Winona Lake/Indiana 2003, 3–20. [Major Challenges]

Barthel, J., Prophetenwort und Geschichte. Die Jesajaüberlieferung in Jes 6–8 und 28–31, FAT 19, Tübingen 1997. [Prophetenwort]

Baumann, G., Liebe und Gewalt: die Ehe als Metapher für das Verhältnis JHWH – Israel in den Prophetenbüchern, SBS 185, Stuttgart 2000. [Liebe]

Becker, U., Jesaja – Von der Botschaft zum Buch, FRLANT 178, Göttingen 1997. [Jesaja]

–, Das Exodus-Credo. Historischer Haftpunkt und Geschichte einer alttestamentlichen Glaubensformel, in: ders./J. van Oorschot (Hg.), Das Alte Testament – ein Geschichtsbuch?! Geschichtsschreibung oder Geschichtsüberlieferung im antiken Israel, Arbeiten zur Bibel und ihrer Geschichte 17, Leipzig 2005, 81–100. [Exodus-Credo]

–, Von der Staatsreligion zum Monotheismus. Ein Kapitel israelitisch-jüdischer Religionsgeschichte, ZThK 102, 2005, 1–16. [Staatsreligion]

–, Endredaktionelle Kontextvernetzungen des Josua-Buches, in: M. Witte u.a. (Hg.), Redaktions- und religionsgeschichtliche Perspektiven zur „Deuteronomismus"-Diskussion in Tora und Vorderen Propheten, BZAW 365, Berlin/New York 2006, 139–161. [Kontextvernetzungen]

Becking, B., A Judge in History. Notes on Nahum 3,7 and Esarhaddon's Succession Treaty § 47:452, ZAR 1, 1995, 111–116. [Judge]

Beckman, G., Mesopotamians and Mesopotamian Learning at Ḫattuša, JCS 35, 1983, 97–114. [Mesopotamians]

–, Hittite Diplomatic Texts, SBL Writings from the Ancient World 7, Atlanta ^{2}1999. [Texts]

–, International Law in the Second Millenium: Late Bronze Age, in: R. Westbrook (Hg.), A History of Ancient Near Eastern Law 1, HdO 72/1, Leiden u.a. 2003, 753–774. [Law]

–, Hittite Treaties and the Development of Cuneiform Treaty Tradition, in: M. Witte u.a. (Hg.), Redaktions- und religionsgeschichtliche Perspektiven zur

„Deuteronomismus"-Diskussion in Tora und Vorderen Propheten, BZAW 365, Berlin/New York 2006, 279–301. [Treaties]

Ben-Barak, Z., Succession to the Throne in Israel and in Assyria, OLP 17, 1986, 85–100. [Succession]

Berlejung, A., Rezension von H. U. Steymans, Deuteronomium 28 und die *adê* zur Thronfolgeregelung Asarhaddons. Segen und Fluch im Alten Orient und in Israel, OLZ 92, 1997, 191–199. [Rezension]

–, Notlösungen – Altorientalische Nachrichten über den Tempelkult in Nachkriegszeiten, in: U. Hübner/E. A. Knauf (Hg.), Kein Land für sich allein. Studien zum Kulturkontakt in Kanaan, Israel/Palästina und Ebirnâri für Manfred Weippert zum 65. Geburtstag, OBO 186, Göttingen 2002, 196–230. [Notlösungen]

–, Geschichte und Religionsgeschichte des antiken Israel, in: J. C. Gertz (Hg.), Grundinformation Altes Testament, Göttingen 2006, 55–185. [Geschichte]

Beyerlin, W., Herkunft und Geschichte der ältesten Sinaitradition, Tübingen 1961. [Herkunft]

Blenkinsopp, J., Bethel in the Neo-Babylonian Period, in: O. Lipschits/J. Blenkinsopp (Hg.), Judah and the Judeans in the Neo-Babylonian Period, Winona Lake/Indiana 2003, 93–107. [Bethel]

Blum, H., Überlegungen zum Thema „Akkulturation", in: ders. u.a. (Hg.), Brückenland Anatolien: Ursachen, Extensität und Modi des Kulturaustausches zwischen Anatolien und seinen Nachbarn, Tübingen 2002, 1–17. [Überlegungen]

Borger, R., Zu den Asarhaddon-Verträgen aus Nimrud, ZA 54, 1961, 173–193. [Asarhaddon-Verträge]

–, Assyrische Staatsverträge, TUAT I, Gütersloh 1982–1985, 155–177. [TUAT I]

–, Beiträge zum Inschriftenwerk Assurbanipals. Die Prismenklassen A,B,C = K,D,E,F,G,H,J und T sowie andere Inschriften. Mit einem Beitrag von Andreas Fuchs, Wiesbaden 1996. [Beiträge]

Borger, R./Hinz, W., Die Behistun-Inschrift Darius' des Großen, TUAT I, Gütersloh 1982–1985, 419–450. [TUAT I]

Bosshard-Nepustil, E./Morenz, L. D., Königtum in Edom. Zur symbolischen, architektonischen und schriftlichen Repräsentation einer fremdkulturell geprägten Institution, in: dies., Herrscherpräsentation und Kulturkontakte. Ägypten – Levante – Mesopotamien. Acht Fallstudien, AOAT 304, Münster 2003, 145–196. [Königtum]

Braulik, G., Das Deuteronomium und die Geburt des Monotheismus, in: E. Haag (Hg.), Gott, der einzige. Zur Entstehung des Monotheismus in Israel, QD 104, Freiburg 1985, 115–159. [Monotheismus]

–, Deuteronomium I, NEB 15, Würzburg 1986. [Deuteronomium I]

–, Die Ausdrücke für „Gesetz" im Buch Deuteronomium, in: ders., Studien zur Theologie des Deuteronomiums, SBAB 2, Stuttgart 1988, 11–38. [Ausdrücke]

–, Die Funktion von Siebenergruppierungen im Endtext des Deuteronomiums, in: F. V. Reiterer (Hg.), Ein Gott eine Offenbarung. Beiträge zur biblischen Exegese, Theologie und Spiritualität, FS N. Füglister, Würzburg 1991, 37–50. [Siebenergruppierungen]

–, Deuteronomium II, NEB 28, Würzburg 1992. [Deuteronomium II]

–, Das Buch Deuteronomium, in: E. Zenger u.a., Einleitung in das Alte Testament, Studienbücher Theologie 1/1, Stuttgart 31998, 125–141. [Einleitung]

Brinkman, J. A., Political Covenants, Treaties, and Loyalty Oaths in Babylonia and Between Assyria and Babylonia, in: L. Canfora u.a. (Hg.), I trattati nel mondo antico: Forma, ideologia, funzione, Saggi di storia antica 2, Rom 1990, 81–111. [Covenants]

Brown, J. P., Israel und Hellas, BZAW 231, Berlin/New York 1995. [Israel]

Cancik, H., Das ganze Land Ḥet. Hethiter und die luwischen Staaten in der Bibel, in: Kunst- und Ausstellungshalle der Bundesrepublik Deutschland GmBH (Hg.), Die Hethiter und ihr Reich. Das Volk der 1000 Götter, Stuttgart 2002, 30–35. [Land]

Cancik-Kirschbaum, E., Die Assyrer. Geschichte, Gesellschaft, Kultur, München 2003. [Assyrer]

Carr, D. M., Writing on the Tablet of the Heart. Origins of Scripture and Literature, Oxford 2005. [Tablet]

–, Response to W. M. Schniedewind, How the Bible Became a Book: The Textualization of Ancient Israel, in: ders. u.a. (Hg.), In Conversation with W. M. Schniedewind, How the Bible Became a Book: The Textualization of Ancient Israel (Cambridge 2003), Journal of Hebrew Scriptures 5/18, 2005, 1–58 (1–19). [Response]

Charpin, D. u.a., Archives épistolaires de Mari I/2, Archives royales de Mari XXVI, Paris 1988. [Archives]

Cholewinski, A., Heiligkeitsgesetz und Deuteronomium. Eine vergleichende Studie, AnBib 66, Rom 1976. [Heiligkeitsgesetz]

–, Zur theologischen Deutung des Moabbundes, Bib 66, 1985, 96–111. [Deutung]

Civil, M., Art. Education in Mesopotamia, ABD 2, 1992, 301–305. [Education]

Cogan, M., Imperialism and Religion. Assyria, Judah and Israel in the Eighth and Seventh Centuries B.C.E., SBL MS 19, Missoula/Montana 1974. [Imperialism]

–, Judah under Assyrian Hegemony: A Reexamination of *Imperialism and Religion*, JBL 112, 1993, 403–414. [Judah]

Cole, S. W./Machinist, P., Letters From Priests to the King Esarhaddon and Assurbanipal, SAA XIII, Helsinki 1998. [Letters]

Cooper, J., Bilingual Babel: Cuneiform Texts in Two or More Languages from Ancient Mesopotamia and Beyond, in: R. Sarkonnak/R. Hodgson, Writing ... in Stereo: Bilinguism in the Text, Visible Language 27, 1993, 68–96. [Bilingual Babel]

–, International Law in the Third Millennium, in: R. Westbrook (Hg.), A History of Ancient Near Eastern Law 1, HdO 72/1, Leiden u.a. 2003, 241–251. [Law]

Dahmen, U., Leviten und Priester im Deuteronomium. Literarkritische und reaktionsgeschichtliche Studien, BBB 110, Bodenheim 1996. [Leviten]

D'Alfonso, L., Die hethitische Vertragstradition in Syrien (14. – 12. Jh. v. Chr.), in: M. Witte u.a. (Hg.), Redaktions- und religionsgeschichtliche Perspektiven zur „Deuteronomismus"-Diskussion in Tora und Vorderen Propheten, BZAW 365, Berlin/New York 2006, 303–330. [Vertragstradition]

Dalley, S., Nineveh after 612 BC, AFo 20, 1993, 134–147. [Nineveh]

–, Shamshi-ilu. Language and Power in the Western Assyrian Empire, in: G. Bunnens (Hg.), Essays on Syria in the Iron Age, ANES.S 7, Lovain u.a. 2000, 79–88. [Shamshi-ilu]

Dearman, J. A., My Servants the Scribes: Composition and Context in Jeremiah 36, JBL 109, 1990, 403–421. [Servants]

Delcor, M., Les attaches litteraires l'origine et la signification de l'expression biblique „prendre a temoin le ciel et la terre", VT 16, 1966, 8–25. [Attaches litteraires]

Del Monte, G. F., Il trattato fra Muršili II di Ḫattuša e Niqmepaʿ di Ugarit, Orientis Antiqui Collectio 18, Rom 1986. [Trattato]

Demsky, A., The Education of Canaanite Scribes in the Mesopotamian Cuneiform Tradition, in: J. Klein/A. Skaist (Hg.), Bar-Ilan Studies in Assyriology Dedicatet to P. Artzi, Jerusalem 1990, 157–170. [Education]

Dietrich, M., Aspects of the Babylonian Impact on Ugaritic Literature and Religion, in: N. Wyatt u.a. (Hg.), Ugarit, Religion and Culture. Proceedings of the International Colloquium on Ugarit, Religion and Culture Edinburgh, July 1994, Münster 1996, 33–45. [Aspects]

Dietrich, W., Die frühe Königszeit in Israel. 10. Jahrhundert v. Chr., Biblische Enzyklopädie 3, Stuttgart u.a. 1997. [Königszeit]

–, *dāwīd, dôd* und *bytdwd*, ThZ 53, 1997, 17–32. [*dāwīd*]

–, Von David zu den Deuteronomisten. Studien zu den Geschichtsüberlieferungen des Alten Testaments, BWANT 156, Stuttgart u.a. 2002. [David]

Dillmann, A., Die Bücher Numeri, Deuteronomium und Josua, KEH XIII, Leipzig [2]1886. [Deuteronomium]

Dion, P. E., Quelques aspects de l'interaction entre religion et politique dans le Deutéronome, Science et Esprit 30, 1978, 39–55. [Aspects]

–, Deuteronomy 13. The Suppression of Alien Religious Propaganda in Israel During the Late Monarchical Era, in: B. Halpern/D. W. Hobson (Hg.), Law and Ideology in Monarchic Israel, JSOT.S 124, Sheffield 1991, 147–216. [Deuteronomy 13]

Dohmen, C., Die Statue von Tell Fecherīje und die Gottebenbildlichkeit des Menschen. Ein Beitrag zur Bilderterminologie, BN 22, 1983, 91–101. [Statue]

Dohmen, C./Oeming, M., Biblischer Kanon, warum und wozu? Eine Kanontheologie, QD 137, Freiburg u.a. 1992. [Kanon]

Donner, H., „Hier sind deine Götter, Israel!", in: H. Gese/H. P. Rüger (Hg.), Wort und Geschichte, FS K. Elliger, Neukirchen-Vluyn 1973, 45–50. [Götter]

–, Geschichte des Volkes Israel und seiner Nachbarn in Grundzügen Teil 1: Von den Anfängen bis zur Staatenbildung, GAT 4/1, Göttingen ²1995. [Geschichte 1]

Donner, H./Röllig, W., Kanaanäische und aramäische Inschriften Band II: Kommentar, Wiesbaden 1964. [KAI II]

Durand, J.-M., Précurseurs syriens aux protocoles néo-assyriens. Considérations sur la vie politique aux bords-de-l'Euphrat, in : D. Charpin/F. Joannès (Hg.), Marchands, diplomates et empereurs. Études sur la civilisation mésopotamienne offertes à Paul Garelli, Paris 1991, 13–71. [Précurseurs]

Ebeling, E., Neubabylonische Briefe, Abhandlungen der Bayerischen Akademie der Wissenschaften 30, München 1949. [Briefe]

Edzard, D. O., Der Vertrag von Ebla mit A-bar-Qa, in: P. Fronzaroli (Hg.), Literature and Literary Language at Ebla, QuSem 18, Florenz 1992, 187–217. [Vertrag]

Eichrodt, W., Theologie des Alten Testaments. Teil 1: Gott und Volk, Stuttgart ⁸1968. [Theologie 1]

Eidem, J., International Law in the Second Millennium: Middle Bronze Age, in: R. Westbrook (Hg.), A History of Ancient Near Eastern Law 1, HdO 72/1, Leiden u.a. 2003, 745–752. [Law]

Eph'al, I., The Bukān Aramaic Inscription: Historical Considerations, IEJ 49, 1999, 116–121. [Inscription]

Erlandsson, S., Art. אחר, ThWAT I, 1973, 218–220. [אחר]

Fabry, H.-J., Noch ein Dekalog! Die Thora des lebendigen Gottes in ihrer Wirkungsgeschichte. Ein Versuch zu Deuteronomium 27, in: M. Böhnke/H. Heinz (Hg.), Im Gespräch mit dem dreieinigen Gott: Elemente einer trinitarischen Theologie, FS W. Breuning, Düsseldorf 1985, 75–96. [Dekalog]

–, Art. נבל, ThWAT V, 1986, 163–170. [נבל]

Fales, F. M., A Literary Code in Assyrian Royal Inscriptions: The Case of Ashurbanipal's Egyptian Campaigns, in: ders. (Hg.), Assyrian Royal Inscriptions: New Horizons in Literary, Ideological, and Historical Analysis. Papers of a Symposium Held in Cetona (Siena) June 26–28, Orientis Antiqui Collectio 17, Rom 1981, 169–202. [Code]

–, Le double bilinguisme de la statue de Tell Fekherye, Syria 60, 1983, 233–250. [Bilinguisme]

–, Rezension von A. Lemaire/J.M. Durand, Les inscriptions anaméennes de Sfiré et l'Assyrie de Shamshi-ilu, RA 80, 1986, 88–93. [Rezension]

–, Istituzioni a confronto tra mondo semitico occidentale e Assiria nel I millennio a.C.: Il trattato di Sefire, in: L. Canfora u.a. (Hg.), I trattati nel mondo antico forma ideologia funzione, Saggi di storia antica 2, Rom 1990, 149–173. [Istituzioni]

–, Evidence for West-East Contacts in the 8th Century BC: The Bukān Stele, in: G. B. Lanfranchi u.a. (Hg.), Continuity of Empire (?). Assyria, Media, Persia, History of the Ancient Near East/Monographs 5, Padova 2003, 131–147 + Pl 3. [Evidence]

Farber, W., Rezension von K. Watanabe, Die *adê*-Vereidigung anlässlich der Thronfolgeregelung Asarhaddons, ZA 80, 1990, 160–164. [Rezension]

Fensham, F. C., Malediction and Benediction in Ancient Near Eastern Vassal-Treaties and the Old Testament, ZAW 74, 1962, 1–9. [Malediction]

–, Common Trends in Curses of the Near Eastern Treaties and *Kudurru*-Inscriptions Compared with Maledictions of Amos and Isaiah, ZAW 75, 1963, 155–175. [Common Trends]

Fenz, A. K., Auf Jahwes Stimme hören. Eine biblische Begriffsuntersuchung, WBTh 6, Wien 1964. [Stimme]

Finkelstein, I./Silberman, N. A., Keine Posaunen vor Jericho. Die archäologische Wahrheit über die Bibel, München [5]2003. [Posaunen]

Fischer, A. A., Tod und Jenseits im Alten Orient und Alten Testament, Neukirchen-Vluyn 2005. [Tod]

Fischer-Elfert, H.-W., Der Schreiber als Lehrer in der frühen ägyptischen Hochkultur, in: J. G. Prinz von Hohenzollern/M. Liedtke (Hg.), Schreiber, Magister, Lehrer. Zur Geschichte und Funktion eines Berufsstandes, Schriftenreihe zum Bayerischen Schulmuseum Ichenhausen 8, Bad Heilbrunn 1989, 60–70. [Schreiber]

Fitzmyer, J. A., The Aramaic Inscriptions of Sefire, Biblica et Orientalia 19/A, Rom [2]1995. [Inscriptions]

Fleicher, G., Art. תירוש , ThWAT VIII, 1995, 643–653. [תירוש]

Floss, J. P., Jahwe dienen – Göttern dienen. Terminologische, literarische und semantische Untersuchung einer theologischen Aussage zum Gottesverhältnis im Alten Testament, BBB 45, Bonn 1975. [Jahwe dienen]

Fohrer, G., Der Vertrag zwischen König und Volk in Israel, ZAW 71, 1959, 1–22. [Vertrag]

Frankena, R., The Vassal-Treaties of Esarhaddon and the Dating of Deuteronomy, OTS 14, 1965, 122–154. [Vassal-Treaties]

Friedrich, J., Staatsverträge des Ḫatti-Reiches in hethitischer Sprache I, Mitteilungen der Vorderasiatisch-Ägyptischen Gesellschaft 31/1, Leipzig 1926. [Staatsverträge I]

–, Staatsverträge des Ḫatti-Reiches in hethitischer Sprache II, Mitteilungen der Vorderasiatisch-Ägyptischen Gesellschaft 34/1, Leipzig 1930. [Staatsverträge II]

Garelli, P., Importance et rôle des Araméens dans l'administration de l'empire assyrien, in: H.-J. Nissen/J. Renger (Hg.), Mesopotamien und seine Nachbarn. Politische und kulturelle Wechselbeziehungen im Alten Vorderasien vom 4. bis 1. Jahrtausend v. Chr., Berliner Beiträge zum Vorderen Orient 1, Berlin ²1987, 437–447. [Importance]

Gelb, I. J., Rezension von D. J. Wiseman, The Vassal-Treaties of Esarhaddon, BiOr 19, 1962, 159–162. [Rezension]

Gerstenberger, E., Art. עשק, ThWAT VI, 1989, 441–446. [עשק]

–, Das 3. Buch Mose. Leviticus, ATD 6, Göttingen ⁶1993. [Leviticus]

Gertz, J. C., Die Gerichtsorganisation Israels im deuteronomischen Gesetz, FRLANT 165, Göttingen 1994. [Gerichtsorganisation]

–, Art. Bund II: Im AT, RGG⁴ 1, 1997, 1862–1865. [Bund]

–, Die Stellung des kleinen geschichtlichen Credos in der Redaktionsgeschichte von Deuteronomium und Pentateuch, in: R. G. Kratz/H. Spieckermann (Hg.), Liebe und Gebot. Studien zum Deuteronomium, FS L. Perlitt, FRLANT 190, Göttingen 2000, 30–45. [Stellung]

–, Mose und die Anfänge der jüdischen Religion, ZThK 99, 2002, 3–20. [Mose]

–, Konstruierte Erinnerung. Alttestamentliche Historiographie im Spiegel von Archäologie und literaturhistorischer Kritik am Fallbeispiel des salomonischen Königtums, BThZ 21, 2004, 3–29. [Erinnerung]

–, Tora und Vordere Propheten, in: ders. (Hg.), Grundinformation Altes Testament, Göttingen 2006, 187–302. [Tora]

–, Regulierung von Gewalt in Gesellschaft und Politik im Alten Testament, in: F. Schweitzer (Hg.), Religion, Politik und Gewalt, Kongressband des XII. Europäischen Kongresses für Theologie 18.–22. September 2005 in Berlin, VWGTh 29, Gütersloh 2006, 310–323. [Gewalt]

–, Kompositorische Funktion und literarhistorischer Ort von Deuteronomium 1–3, in: M. Witte u.a. (Hg.), Redaktions- und religionsgeschichtliche Perspektiven zur „Deuteronomismus"-Diskussion in Tora und Vorderen Propheten, BZAW 365, Berlin/New York 2006, 103–123. [Deuteronomium 1–3]

Gesche, P. D., Schulunterricht in Babylonien im ersten Jahrtausend v. Chr., AOAT 275, Münster 2001. [Schulunterricht]

Gesenius, W./Kautzsch, E./Bergsträsser, G., Hebräische Grammatik, Leipzig 28 1909 (Lizenzausgabe Darmstadt 1995). [Grammatik]

Gibson, J. C. L., Textbook of Syrian Semitic Inscriptions. Volume III: Phoenician Inscriptions Including Inscriptions in the Mixed Dialect of Arslan Tash, Oxford 1982 (Reprint 2002). [Textbook]

Giogieri, M., Birra, acqua ed olio: paralleli siriani e neo-assiri ad un giuramento ittita, in: S. de Martino/F. P. Daddi (Hg.), Anatolia antica. Studi in memoria di Fiorella Imparati Tomo I, Eothen 11, Florenz 2002, 299–320. [Birra]

–, Zu den Treueiden mittelhethitischer Zeit, AFo 32, 2005, 322–346. [Treueide]

Görke, S., Aramäischer Einfluss in Assyrien, in: M. Dietrich/O. Loretz (Hg.), Die Außenwirkung des späthethitischen Kulturraumes. Güteraustausch – Kulturkontakt – Kulturtransfer, AOAT 323, Münster 2004, 326–333. [Einfluss]

–, Das Ritual der Aštu (CTH 490) – Rekonstruktion und Tradition eines hurritisch-hethitischen Rituals aus Boğazköy/Hattuša (in Druckvorbereitung). [Ritual]

Grabbe, L. L., Priests, Prophets, Diviners, Sages. A Socio-Historical Study of Religious Specialists in Ancient Israel, Valley Forge 1995. [Priests]

Grätz, S., Der strafende Wettergott. Erwägungen zur Traditionsgeschichte des Adad-Fluchs im Alten Orient und im Alten Testament. BBB 114, Bodenheim 1998. [Wettergott]

Grayson, A. K., Akkadian Treaties of the Seventh Century B.C., JCS 39, 1987, 127–160. [Treaties]

Greenfield, J. C./Shaffer, *A.*, Notes on the Curse Formular of the Tell Fekherye Inscription, RB 92, 1985, 47–59. [Notes]

Groß, H., Art. לכד, ThWAT IV, 1984, 573–576. [לכד]

Groß, W., Zukunft für Israel. Alttestamentliche Bundeskonzepte und die aktuelle Debatte um den Neuen Bund, SBS 176, Stuttgart 1998. [Zukunft]

Grünwaldt, K., Das Heiligkeitsgesetz Leviticus 17–26. Ursprüngliche Gestalt, Tradition und Theologie, BZAW 271, Berlin/New York 1999. [Heiligkeitsgesetz]

Haas, V., Magie und Zauberei. B: Bei den Hethitern, RA 7, 1987–1990, 235–255. [Magie]

–, Geschichte der hethitischen Religion, HdO I/15, Leiden 1994. [Geschichte]

Haase, R., Deuteronomium und hethitisches Recht. Über einige Ähnlichkeiten in rechtshistorischer Hinsicht, WO 25, 1994, 71–77. [Deuteronomium]

Hagedorn, A. C., Between Moses and Plato. Individual and Society in Deuteronomy and Ancient Greek Law, FRLANT 204, Göttingen 2004. [Moses]

Hagenbuchner, A., Schutz- und Loyalitätsverpflichtungen in hethitischen Staatsverträgen, in: H. I. H. Prince Takahito Mikasa (Hg.), Essays on Anatolian Archaeology, Bulletin of the Middle Eastern Culture Center in Japan 7, Wiesbaden 1993, 99–118. [Loyalitätsverpflichtungen]

Hallo, W. W., Bilinguism and the Beginnings of Translation, in: ders. (Hg.), Origins. The Ancient Near Eastern Background of Some Modern Western Institutions, Studies in the History and Culture of the Ancient Near East 6, Leiden u.a. 1996, 154–168. [Bilinguism]

Hardmeier, C., Prophetie im Streit vor dem Untergang Judas. Erzählkommunikative Studien zur Entstehungssituation der Jesaja- und Jeremiaerzählungen in II Reg 18–20 und Jer 37–40, BZAW 187, Berlin/New York 1990. [Prophetie]

–, Umrisse eines vordeuteronomisitischen Annalenwerks der Zidkijazeit. Zu den Möglichkeiten computergestützter Textanalyse, VT 40, 1990, 165–184. [Annalenwerk]

–, Die Propheten Micha und Jesaja im Spiegel von Jeremia 26 und II Regum 18–20. Zur Prophetie-Rezeption in der nachjoschijanischen Zeit (1991), in: Ders. (Hg.), Erzähldiskurs und Redepragmatik im Alten Testament. Unterwegs zu einer performativen Theologie der Bibel, FAT 46, Tübingen 2005, 273–289. [Micha]

–, Geschichte und Erfahrung in Jer 2–6. Zur theologischen Notwendigkeit einer geschichts- und erfahrungsbezogenen Exegese und ihrer methodischen Neuorientierung, EvTh 56, 1996, 3–29. [Geschichte]

–, König Joschija in der Klimax des DtrG (2Reg 22f.) und das vordtr Dokument einer Kultreform am Residenzort (23,4–15*). Quellenkritik, Vorstufenrekonstruktion und Geschichtstheologie in 2Reg 22f., in: R. Lux (Hg.), Erzählte Geschichte. Beiträge zur narrativen Kultur im alten Israel, BThSt 40, Neukirchen-Vluyn 2000, 81–145. [König Joschija]

–, Wahrhaftigkeit und Fehlorientierung bei Jeremia. Jer 5,1 und die divinatorische Expertise Jer 2–6* im Kontext der zeitgenössischen Kontroversen um die politische Zukunft Jerusalems, in: C. Maier u.a. (Hg.), Exegese vor Ort, FS P. Welten, Leipzig 2001, 121–144. [Wahrhaftigkeit]

–, Rezension von E. Otto, Das Deuteronomium. Politische Theologie und Rechtsreform in Juda und Assyrien, TLZ 126, 2001, 1030–1034. [Rezension]

–, Einführung, in: ders., Erzähldiskurs und Redepragmatik im Alten Testament. Unterwegs zu einer performativen Theologie der Bibel, FAT 46, Tübingen 2005, 1–31. [Einführung]

Hasel, G. F., Art. כרת, ThWAT IV, 1984, 355–367. [כרת]

Hawkins, J. D, Kuzi-Tešub and the „Great Kings“ of Karkamiš, AnSt 38, 1988, 99–108. [Kuzi-Tešub]

–, „Great Kings“ and „Country-Lords“ at Malatya and Karkamiš, in: T. P. J. van den Hout/ J. de Roos (Hg.), Studio Historiae Ardens, Ancient Near Eastern

Studies Presented to Philo H. J. Houwink ten Cate on the Occasion of his 65th Birthday, Istanbul 1995, 73–85. [Great Kings]

–, Die Erben des Großreiches I. Die Geschichte der späthethitischen Kleinkönigreiche Anatoliens und Nordsyriens im Überblick [ca. 1180–700 v. Chr.], in: Kunst- und Ausstellungshalle der Bundesrepublik Deutschland GmBH (Hg.), Die Hethiter und ihr Reich. Das Volk der 1000 Götter, Stuttgart 2002, 56–61. [Erben I]

–, Die Erben des Großreiches II. Die archäologischen Denkmäler in den späthethitischen Kleinkönigreichen Anatoliens und Nordsyriens im Überblick [ca. 1180–700 v. Chr.], in: Kunst- und Ausstellungshalle der Bundesrepublik Deutschland GmBH (Hg.), Die Hethiter und ihr Reich. Das Volk der 1000 Götter, Stuttgart 2002, 264– 273. [Erben II]

Hecker, K., Akkadische Texte, TUAT NF II, Gütersloh 2005, 27–93. [TUAT NF II]

Heimpel, W., Letters to the King of Mari. A New Translation, with Historical Introduction, Notes, and Commentary, Mesopotamian Civilizations, Winona Lake/Indiana 2003. [Letters]

Helfmeyer, F. J., Art. אחרי, ThWAT I, 1973, 220–224. [אחרי]

–, Art. כלה, ThWAT IV, 1984, 166–174. [כלה]

Hempel, J., Die Schichten des Deuteronomiums. Ein Beitrag zur israelitischen Literatur- und Rechtsgeschichte, Beiträge zur Kultur- und Universalgeschichte 33, Leipzig 1914. [Schichten]

Hillers, D. R., Treaty-Curses and the Old Testament Prophets, BibOr 16, Rom 1964. [Treaty-Curses]

Höffken, P., Eine Bemerkung zum religionsgeschichtlichen Hintergrund von Dtn 6,4, BZ 28, 1984, 88–93. [Dtn 6,4]

Hoftijzer, J./Jongeling, K., Dictionary of the North-West Semitic Inscriptions. Part One and Two, HdO I/21 1–2, Leiden u.a. 1995. [Dictionary]

Hölscher, G., Komposition und Ursprung des Deuteronomiums, ZAW 40, 1922, 161–255. [Komposition]

Horst, F., Das Privilegrecht Jahwes. Rechtsgeschichtliche Untersuchungen zum Deuteronomium, in: ders., Gottes Recht. Gesammelte Studien zum Recht im Alten Testament, ThB 12, München 1961, 17–154. [Privilegrecht]

Hossfeld, F.-L., „Wahre und falsche Propheten in Israel“, BiKi 38, 1983, 139–144. [Propheten]

–, Der Dekalog als Grundgesetz – eine Problemanzeige, in: R. G. Kratz/H. Spiekermann (Hg.), Liebe und Gebot. Studien zum Deuteronomium, FS L. Perlitt, FRLANT 190, Göttingen 2000, 46–59. [Dekalog]

Hossfeld, F.-L./Reuter, E., Art. ספר, ThWAT V, 1986, 929–944. [ספר]

Houtman, C., Der Himmel im Alten Testament. Israels Weltbild und Weltanschauung, OTS 30, Leiden u.a. 1993. [Himmel]

Hunger, H., Astrological Reports to Assyrian Kings, SAA VIII, Helsinki 1992. [Reports]

Hutter, M., Das Ineinanderfließen von luwischen und aramäischen religiösen Vorstellungen in Nordsyrien, in: P. W. Haider (Hg.), Religionsgeschichte Syriens: Von der Frühzeit bis zur Gegenwart, Stuttgart u.a. 1996, 116–122. [Ineinanderfließen]

–, Widerspiegelungen religiöser Vorstellungen der Luwier im Alten Testament, in: M. Dietrich/O. Loretz, Die Außenwirkung des späthethitischen Kulturraumes. Güteraustausch – Kulturkontakt – Kulturtransfer, AOAT 323, Münster 2004, 425–442. [Widerspiegelungen]

Jamieson-Drake, D. W., Scribes and Schools in Monarchic Judah: A Socio-Archeological Approach, JSOT.S 109, Sheffield 1991. [Scribes]

Janowski, B., Rettungsgewissheit und Epiphanie des Heils. Das Motiv der Hilfe Gottes „am Morgen" im Alten Orient und im Alten Testament. Band I: Alter Orient, WMANT 59, Neukirchen-Vluyn 1989. [Rettungsgewissheit]

–, Art. Königtum (II) AT. 1. Historische Aspekte, NBL 2, 1995, 516–520. [Königtum]

–, Die Frucht der Gerechtigkeit. Ps 72 und die judäische Königsideologie, in: E. Otto/E. Zenger, „Mein Sohn bist du" (Ps 2,7). Studien zu den Königspsalmen, SBS 192, Stuttgart 2002, 94–134. [Frucht]

–, Die lebendige Statue Gottes. Zur Anthropologie der priesterlichen Urgeschichte, in: M. Witte (Hg.), Gott und Mensch im Dialog Bd. I, FS O. Kaiser, BZAW 345/I, Berlin/New York 2004, 183–214. [Statue]

Jenni, E., Dtn 19,16: *sarā* „Falschheit", in: A. Caquot/M. Delcor (Hg.), Mélanges bibliques et orientaux en l'honneur de M. Henri Cazelles, AOAT 212, Kevelaer/Neukirchen-Vluyn 1981, 201–211. [Dtn 19,16]

Jeremias, J., Kultprophetie und Gerichtsverkündigung in der späten Königszeit Israels, WMANT 35, Neukirchen-Vluyn 1970. [Kultprophetie]

–, Der Prophet Hosea, ATD 24/1, Göttingen 1983. [Hosea]

–, Der Prophet Amos, ATD 24/2, Göttingen 1995. [Amos]

–, Hoseas Einfluss auf das Jeremiabuch – ein traditionsgeschichtliches Problem, in: ders., Hosea und Amos. Studien zu den Anfängen des Dodekapropheton, FAT 13, Tübingen 1996, 122–141. [Einfluss]

Joannès, F., Le traité de vassalité d'Atamrum d'Andarig envers Zimri-Lim de Mari, in: D. Charpin/F. Joannès (Hg.), Marchands, diplomates et empereurs. Études sur la civilisation mésopotamienne offertes à P. Garelli, Paris 1991, 167–177. [Traité]

–, La pratique du serment à l'époque néo-babylonienne, in: S. Lafont (Hg.), Jurer et maudire: Pratiques politiques et usages juridiques du serment dans le Proche-Orient ancien, Revue de l'association Méditerranées 10–11, Paris 1996, 163–174. [Serment]

Jursa, M., Die Babylonier. Geschichte, Gesellschaft, Kultur, München 2004. [Babylonier]

Kaiser, O., Art. חרב , ThWAT III, 1982, 164–176. [חרב]
–, Einleitung in das Alte Testament. Eine Einführung in ihre Ergebnisse und Probleme, Gütersloh [5]1984. [Einleitung]
–, Grundriss der Einleitung in die kanonischen und deuterokanonischen Schriften des Alten Testaments Bd. 1: Die erzählenden Werke, Gütersloh 1992. [Grundriss 1]
–, Der Gott des Alten Testaments. Theologie des Alten Testaments Teil 1: Grundlegung, Göttingen 1993. [Theologie 1]
–, Der Gott des Alten Testaments. Wesen und Wirken. Theologie des Alten Testaments Teil 2: Jahwe, der Gott Israels, Schöpfer der Welt und des Menschen, Göttingen 1998. [Theologie 2]
–, Der Gott des Alten Testaments. Wesen und Wirken. Theologie des Alten Testaments Teil 3: Jahwes Gerechtigkeit, Göttingen 2003. [Theologie 3]
Kalluveettil, P., Declaration and Covenant. A Comprehensive Review of Covenant Formulae from the Old Testament and the Ancient Near East, AnBib 88, Rom 1982. [Declaration]
Kaufman, S. A., The Akkadian Influences on Aramaic, AS 19, Chicago/London 1974. [Influences]
–, Reflections on the Assyrian-Aramaic Bilingual from Tell Fakhariyeh, Maarav 3, 1982, 137–175. [Reflections]
Keel, O./Schroer, S., Schöpfung. Biblische Theologien im Kontext altorientalischer Religionen, Göttingen 2002. [Schöpfung]
Kellermann, D., Art. לוה II, ThWAT IV, 1984, 492–493. [לוה]
Kempinski, A./Košak S., Der Išmeriga-Vertrag, WO 5, 1970, 191–217. [Išmeriga-Vertrag]
Kessler, R., Staat und Gesellschaft im vorexilischen Juda. Vom 8. Jahrhundert bis zum Exil, VT.S 47, Leiden u.a. 1992. [Staat]
–, Micha, HThK.AT, Freiburg u.a. 1999. [Micha]
Kienast, B., Der Vertrag Ebla-Assur in rechtshistorischer Sicht, in: H. Waetzoldt/H. Hauptmann (Hg.), Wirtschaft und Gesellschaft von Ebla (Akten der Internationalen Tagung Heidelberg 4.–7. November 1986), HSAO 2, Heidelberg 1988, 231–243. [Vertrag]
Klengel, H., Syria: 3000 to 300 B. C. A Handbook of Political History, Berlin 1992. [Syria]
–, Geschichte des hethitischen Reiches, HdO 34, Leiden u.a. 1999. [Geschichte]
–, Die Geschichte des hethitischen Reiches, in: Kunst- und Ausstellungshalle der Bundesrepublik Deutschland GmBH (Hg.), Die Hethiter und ihr Reich. Das Volk der 1000 Götter, Stuttgart 2002, 62–73. [Hethiter]

Knapp, D., Deuteronomium 4. Literarische Analyse und theologische Interpretation, GTA 35, Göttingen 1987. [Deuteronomium 4]

Knauf, E. A., Die Umwelt des Alten Testaments, NSK.AT 29, Stuttgart 1994. [Umwelt]

–, Wie kann ich singen im fremden Land? Die „babylonische Gefangenschaft" Israels, BiKi 55, 2000, 132–139. [Land]

Koch, C., Zwischen Hatti und Assur: Traditionsgeschichtliche Beobachtungen zu den aramäischen Inschriften von Sfire, in: M. Witte u.a. (Hg.), Redaktions- und religionsgeschichtliche Perspektiven zur „Deuteronomismus"-Diskussion in Tora und Vorderen Propheten, BZAW 365, Berlin/New York 2006, 379–406. [Hatti]

Koch, K., Der König als Sohn Gottes in Ägypten und Israel, in: E. Otto/E. Zenger, „Mein Sohn bist du" (Ps 2,7). Studien zu den Königspsalmen, SBS 192, Stuttgart 2002, 1–32. [König]

Köckert, M., Zum literargeschichtlichen Ort des Prophetengesetzes Dtn 18 zwischen dem Jeremiabuch und Dtn 13, in: R. G. Kratz/H. Spieckermann (Hg.), Liebe und Gebot. Studien zum Deuteronomium, FS L. Perlitt, FRLANT 190, Göttingen 2000, 80–100. [Ort]

Koppen, F. van/Toorn, K. van der, Art. Agreement עדות, DDD, Leiden u.a. ²1999, 12f. [Agreement]

Korošec, V., Hethitische Staatsverträge. Ein Beitrag zu ihrer juristischen Wertung, Leipziger rechtswissenschaftliche Studien 60, Leipzig 1931. [Staatsverträge]

Kottsieper, I., Die literarische Aufnahme assyrischer Begebenheiten in frühen aramäischen Texten, in: D. Charpin/F. Joannès (Hg.), La circulation des biens, des personnnes et des idées dans le Proche-Orient ancien, Actes de la XXXVIIIᵉ rencontre assyriologique internationale (Paris, 8–10 juillet 1991), Éditions recherche sur les civilisations, Paris 1992, 283–289. [Aufnahme]

–, Die Inschrift vom Tell Dan und die politischen Beziehungen zwischen Aram-Damaskus und Israel in der 1. Hälfte des 1. Jahrtausends vor Christus, in: M. Dietrich/I. Kottsieper (Hg.), „Und Mose schrieb dieses Lied auf". Studien zum Alten Testament und zum Alten Orient, FS O. Loretz, AOAT 250, Münster 1998, 475–500. [Inschrift]

–, Nordwestsemitische Texte. 8. Jh. v. Chr. – 3. Jh. n. Chr., TUAT NF II, Gütersloh 2005, 307–328. [TUAT NF II]

Kratz, R. G., Die Komposition der erzählenden Bücher des Alten Testaments. Grundwissen der Bibelkritik, Göttingen 2000. [Komposition]

–, Der literarische Ort des Deuteronomiums, in: H. Spieckermann/R. G. Kratz (Hg.), Liebe und Gebot. Studien zum Deuteronomium, FS L. Perlitt, FRLANT 190, Göttingen 2000, 101–120. [Ort]

–, Die Propheten Israels, München 2003. [Propheten]

–, „Höre Israel" und Dekalog, in: C. Frevel u.a. (Hg.), Die Zehn Worte. Der Dekalog als Testfall der Pentateuchkritik, QD 212, Freiburg u.a. 2005, 77–86. [Dekalog]

Krebernik, M., Rezension von A. Lemaire/J. M. Durand, Les inscriptions araméennes de Sfiré et l'Assyrie de Shamshi-ilu, ZA 74, 1984, 156–160. [Rezension]

–, M. Weinfelds Deuteronomiumskommentar aus assyriologischer Sicht, in: G. Braulik (Hg.), Bundesdokument und Gesetz. Studien zum Deuteronomium, HBS 4, Freiburg u.a. 1995, 27–36. [Deuteronomiumskommentar]

–, Art. Mondgott. A. I. In Mesopotamien, RlA 8, 1995, 360–369. [Mondgott]

Kreuzer, S., Die Exodustradition im Deuteronomium, in: T. Veijola (Hg.), Das Deuteronomium und seine Querbeziehungen, SESJ 62, Göttingen 1996, 81–106. [Exodustradition]

Kronholm, T., Art. נדה, ThWAT V, 1986, 254–260. [נדה]

Kübel, P., Zum Aufbau von Dtn 28, BN 122, 2004, 5–9

Kuhl, C., Die „Wiederaufnahme" – ein literarkritisches Prinzip?, ZAW 64, 1952, 1–11. [Wiederaufnahme]

Kühlewein, J., Art. ספר, THAT II, [4]1993, 162–173. [ספר]

Kühne, H., Vier spätbabylonische Tontafeln aus Tall Šēḫ Ḥamad, Ost-Syrien, SAAB 7/2, 1993, 75–107. [Tontafeln]

Kutsch, E., Art. Bund, TRE 7, 1981, 397–410. [Bund]

Labahn, A., Wort Gottes und Schuld Israels. Untersuchungen zu Motiven deuteronomistischer Theologie im Deuterojesajabuch mit einem Ausblick auf das Verhältnis von Jes 40–55 zum Deuteronomismus, BWANT 143, Stuttgart u.a. 1999. [Wort Gottes]

Lafont, B., L'avènement de Šu-Sîn, RA 2, 1994, 7–119. [L´avènement]

–, Relations internationales, alliances et diplomatie au temps des royaumes amorrites, in : J.-M. Durand/D. Charpin (Hg.), Mari, Ébla et les Hourrites dix ans de travaux, Actes du colloque international (Paris, mai 1993), Amurru 2, Paris 2001, 213–328. [Relations internationales]

Lambert, W. G., Rezension von H.U. Steymans, Deuteronomium 28 und die *adê* zur Thronfolgeregelung Asarhaddons. Segen und Fluch im Alten Orient und in Israel, AfO 54/55, 1997, 396–399. [Rezension Steymans]

–, Rezension von M. L. Barré, The God-List in the Treaty Between Hannibal and Philip V of Macedonia: A Study in Light of the Ancient Near Eastern Treaty Tradition, JCS 40, 1988, 120–123. [Rezension Barré]

Lamprichs, R., Die Westexpansion des neuassyrischen Reiches. Eine Strukturanalyse, AOAT 239, Neukirchen-Vluyn 1995. [Westexpansion]

Landsberger, B., Materialien zum sumerischen Lexikon (MSL) VIII/2. The Fauna of Ancient Mesopotamia, Second Part. Ḫar-ra = *ḫubullu* Tablets XIV and XVIII, Rom 1962.

Lanfranchi, G. B./Parpola, S., The Correspondence of Sargon II Part II: Letters From the Northern and Northeastern Provinces, SAA V, Helsinki 1990. [Correspondence]
–, Esarhaddon, Assyria and Media, SAAB 12/2, 1998, 99–109. [Esarhaddon]
Lang, B., Kein Aufstand in Jerusalem. Die Politik des Propheten Ezechiel, SBB 7, Stuttgart 1978. [Aufstand]
Lemaire, A., Les serments politiques en araméen et en hébreu, in: S. Lafont (Hg.), Jurer et maudire: Pratiques politiques et usages juridiques du serment dans le Proche-Orient ancien, Revue de l'association Méditerranées 10–11, Paris 1996, 125–145. [Serments]
–, Art. Scribes – Proche-Orient ancien, Dictionnaire de la bible supplément 12, Paris 1996, 244–253. [Scribes]
–, Une inscription araméenne du VIIIe S. AV. J.-C. trouvée à Bukân (Azerbaidjan Iranien), Studia Iranica 27, 1998, 15–30. [Inscription]
Lemaire, A./Durand, J.-M., Les inscriptions araméennes de Sfiré et l'Assyrie de Shamshi-ilu, HEO 20, Genf/Paris 1984. [Inscriptions]
Levin, C., Der Sturz der Königin Atalja. Ein Kapitel zur Geschichte Judas im 9. Jahrhundert v. Chr., SBS 105, Stuttgart 1982. [Atalja]
–, Joschija im deuteronomistischen Geschichtswerk, ZAW 96, 1984, 351–371. [Joschija]
–, Der Dekalog am Sinai, VT 35, 1985, 165–191. [Dekalog]
–, Die Verheißung des neuen Bundes in ihrem theologiegeschichtlichen Zusammenhang ausgelegt, FRLANT 137, Göttingen 1985. [Verheißung]
–, Über den „Color Hieremianus" des Deuteronomiums, in: T. Veijola (Hg.), Das Deuteronomium und seine Querbeziehungen, SESJ 62, Göttingen 1996, 107–126. [„Color Hieremianus"]
–, Das Deuteronomium und der Jahwist, in: R. G. Kratz/H. Spieckermann (Hg.), Liebe und Gebot. Studien zum Deuteronomium. FS L. Perlitt, FRLANT 190, Göttingen 2000, 121–136. [Deuteronomium]
–, Die Entstehung der Bundestheologie im Alten Testament, Nachrichten der Akademie der Wissenschaften zu Göttingen I. Philologisch-Historische Klasse, Jahrgang 2004 Nr. 4, Göttingen 2004, 89–104. [Entstehung]
Levinson, B. M., „But You Shall Surely Kill Him!". The Text-Critical and Neo-Assyrian Evidence for MT Deuteronomy 13:10, in: G. Braulik (Hg.), Bundesdokument und Gesetz. Studien zum Deuteronomium, HBS 4, Freiburg u.a. 1995, 37–63. [Deuteronomy 13:10]
–, Recovering the Lost Original Meaning of ולא תכסה עליו (Deuteronomy 13:9), JBL 115, 1996, 601–620. [Deuteronomy 13:9]
–, Deuteronomy and the Hermeneutics of Legal Innovation, New York/Oxford 1997. [Deuteronomy]

–, Textual Criticism, Assyriology, and the History of Interpretation: Deuteronomy 13:7a as a Test Case in Method, JBL 120, 2001, 211–243. [Deuteronomy 13:7a]

Lewis, T. J., The Identity and Function of El/Baal Berith, JBL 115, 1996, 401–423. [Identity]

Liedke, G., Gestalt und Bezeichnung alttestamentlicher Rechtssätze. Eine formgeschichtlich-terminologische Studie, WMANT 39, Neukirchen-Vluyn 1971. [Gestalt]

Liedke, G./Petersen, C., Art. תורה, THAT II, [4]1993, 1032–1043. [תורה]

Lindenberger, J. M., What Ever Happened to Vidranga? A Jewish Liturgy of Cursing From Elephantine, in: M. Daviau u.a (Hg.), The World of the Aramaeans III. Studies in Language and Literature in Honour of P.-E. Dion, JSOT.S 326, Sheffield 2001, 134–157. [Jewisch Liturgy]

Link, C., Art. Föderaltheologie, RGG[4] 3, 2000, 172–175. [Föderaltheologie]

Lipiński, E., Royal and State Scribes in Ancient Jerusalem, in: J. A. Emerton (Hg.), Congress Volume Jerusalem 1986, VT.S 40, Leiden u.a. 1988, 157–164. [State Scribes]

–, The Aramaeans. Their Ancient History, Culture, Religion, OLA 100, Leuven u.a. 2000. [Aramaeans]

Lipschits, O., Nebuchadrezzar's Policy in 'Ḫattu-Land' and the Fate of the Kingdom of Judah, UF 30, 1998, 467–487. [Policy]

Liverani, M., The Medes at Esarhaddon's Court, JCS 47, 1995, 57–62. [Medes]

Livingstone, A., Court Poetry and Literary Miscellanea, SAA III, Helsinki 1989. [Court Poetry]

Lohfink, N., Der Bundesschluss im Land Moab. Redaktionsgeschichtliches zu Dt 28,69–32, 47, BZ NF 6, 1962, 32–56. [Bundesschluss]

–, Das Hauptgebot. Eine Untersuchung literarischer Einleitungsfragen zu Dtn 5–11, AnBib 20, Rom 1963. [Hauptgebot]

–, Die Wandlung des Bundesbegriffs im Buch Deuteronomium, in: J. B. Metz u.a. (Hg.), Gott in Welt Bd. I: Philosophische Grundfragen – Theologische Grundfragen – Biblische Themen, FS K. Rahner, Freiburg u.a. 1964, 423–444. [Wandlung]

–, Die Gattung der „Historischen Kurzgeschichte" in den letzten Jahren von Juda und in der Zeit des Babylonischen Exils, ZAW 90, 1978, 319–347. [Gattung]

–, Kerygmata des Deuteronomistischen Geschichtswerks, in: J. Jeremias/L. Perlitt (Hg.), Die Botschaft und die Boten, FS H. W. Wolff, Neukirchen-Vluyn 1981, 87–100. [Kerygmata]

–, Art. חרם, ThWAT III, 1982, 192–213. [חרם]

–, Der Begriff des Gottesreichs vom Alten Testament her gesehen, in: J. Schreiner (Hg.), Unterwegs zur Kirche. Alttestamentliche Konzeptionen, QD 110, Freiburg u.a. 1987, 33–86. [Begriff]

–, Die *ḥuqqîm ûmišpāṭîm* und ihre Neubegrenzung durch Dtn 12,1, in: ders., Studien zum Deuteronomium und zur deuteronomistischen Literatur II, SBAB 12, Stuttgart 1991, 229–256. [Dtn 12,1]

–, Die Ältesten Israels und der Bund. Zum Zusammenhang von Dtn 5,23; 26,17–19; 27,1.9f und 31,9, BN 67, 1993, 26–42. [Älteste]

–, Dt 26,17–19 und die „Bundesformel", in: ders., Studien zum Deuteronomium und zur deuteronomistischen Literatur I, SBAB 8, Stuttgart 1990, 211–261. [Dt 26,17–19]

–, Bundestheologie im Alten Testament. Zum gleichnamigen Buch von Lothar Perlitt, in: ders., Studien zum Deuteronomium und zur deuteronomistischen Literatur I, SBAB 8, Stuttgart 1990, 325–361. [Bundestheologie]

–, Dtn 28,69 – Überschrift oder Kolophon?, BN 64, 1992, 40–52. [Dtn 28,69]

–, Moab oder Sichem – Wo wurde Dtn 28 nach der Fabel des Deuteronomiums proklamiert?, in: F. García Martínez u.a. (Hg.), Studies in Deuteronomy, FS C. J. Labuschagne, VT.S 53, Leiden/New York 1994, 139–153. [Moab]

–, Art. שמר, ThWAT VIII, 1995, 176–198. [שמר]

–, *'d(w)t* im Deuteronomium und in den Königsbüchern, in: Studien zum Deuteronomium und zur deuteronomistischen Literatur III, SBAB 20, Stuttgart 1995, 167–177. [*'d(w)t*]

–, Der Neue Bund im Buch Deuteronomium?, ZAR 4, 1998, 100–125. [Bund]

Löhr, M., Das Deuteronomium, Untersuchungen zum Hexateuchproblem II, SKG.G 1 Heft 6, Berlin 1925. [Deuteronomium]

López, G., Art. תורה, ThWAT VIII, 1995, 597–637. [תורה]

Loretz, O., Ugarit und die Bibel. Kanaanäische Götter und Religion im Alten Testament, Darmstadt 1990. [Ugarit]

–, Mari-Amurriter und Israeliten ohne die amurritischen Traditionen Ugarits, Rezensionsartikel zu Actes de la table ronde „Les traditions amorrites et la Bible" Paris 20–21 juin 1997, UF 31, 1999, 323–332. [Mari-Amurriter]

Luukko, M./Buylaere, G. van, The Political Correspondence of Esarhaddon, SAA XVI, Helsinki 2002. [Correspondence]

Magen, U., Assyrische Königsdarstellungen – Aspekte der Herrschaft: eine Typologie, BaF 9, Mainz 1986. [Königsdarstellungen]

Maier, C., Jeremia als Lehrer der Tora: soziale Gebote des Deuteronomiums in Fortschreibungen des Jeremiabuches, FRLANT 196, Göttingen 2002. [Jeremia]

Malamat, A., Doctrines of Causality in Hittite and Biblical Historiography: A Parallel, VT 5, 1955, 1–12.

Malul, M., The Comparative Method in Ancient Near Eastern and Biblical Legal Studies, AOAT 227, Neukirchen-Vluyn 1990. [Method]
Maul, S. M., Der assyrische König – Hüter der Weltordnung, in: J. Assman (Hg.), Gerechtigkeit: Richten und Retten in der abendländischen Tradition und ihren altorientalischen Ursprüngen, München 1998, 65–77. [König]
–, Art. Omina und Orakel. A. Mesopotamien, RlA 10, 2003, 45–88. [Omina]
Mayer, W., Art. דבר, ThWAT II, 1977, 133–135. [דבר]
–, Sargons Feldzug gegen Urartu – 714 v. Chr. Text und Übersetzung, MDOG 115, 1983, 65–132. [Feldzug]
–, Politik und Kriegskunst der Assyrer, ALAM 9, Münster 1995. [Politik]
McCarthy, D. J., Der Gottesbund im Alten Testament. Ein Bericht über die Forschung der letzten Jahre, SBS 13, Stuttgart 1966. [Gottesbund]
–, Treaty and Covenant, A Study in Form in the Ancient Oriental Documents and in the Old Testament, AnBib 21a, Rom ²1978. [Treaty]
McKane, W., A Critical and Exegetical Commentary on Jeremiah, Volume II, Comentary on Jeremiah XXVI–LII, ICC, Edingburgh 1996. [Jeremiah II]
Mendenhall, G. E., Ancient Oriental and Biblical Law, BA 17, 1954, 26–46. [Law]
–, Covenant Forms in Israelite Tradition, BA 17, 1954, 50–76. [Covenant Forms]
–, Recht und Bund in Israel und dem Alten Vorderen Orient, Theologische Studien 64, Zürich 1960. [Recht]
Merendino, R. P., Das deuteronomische Gesetz. Eine literarkritische, gattungs- und überlieferungsgeschichtliche Untersuchung zu Dt 12–26, BBB 31, Bonn 1969. [Gesetz]
Merklein, H., Der (neue) Bund als Thema der paulinischen Theologie, ThQ 176, 1996, 290–308.
Moorgat-Correns, U., Zur Abrollung C auf den Vasallenverträgen Asarhaddons aus dem Jahre 672 zu Nimrud, SMEA 35, 1995, 151–171. [Abrollung]
Moran, W. L., Some Remarks on the Song of Moses, Bib 43, 1962, 317–327. [Remarks]
–, The Ancient Near Eastern Background of the Love of God in Deuteronomy, CBQ 25, 1963, 77–87. [Background]
–, The Conclusion of the Decalogue (Ex 20,17 = Dt 5,21), CBQ 29, 1967, 543–554. [Conclusion]
Morenz, L. D./Bosshard-Nepustil, E., Herrscherpräsentation und Kulturkontakte Ägypten – Levante – Mesopotamien, AOAT 304, Münster 2003. [Herrscherpräsentation]
Morrow, W., The Sefire Treaty Stipultations and the Mesopotamian Treaty Tradition, in: P. M. M. Daviau u.a. (Hg.), The World of the Arameans III. Studies in Language and Literature in Honour of P.-E. Dion, JSOT.S 326, Sheffield 2001, 83–99. [Sefire Treaty]

–, *Fortschreibung* in Mesopotamian Treaties and in the Book of Deuteronomy, in: B. M. Levinson/E. Otto (Hg.), Recht und Ethik im Alten Testament. Beiträge des Symposiums „Das Alte Testament und die Kultur der Moderne“ anlässlich des 100. Geburtstags Gerhard von Rads (1901–1971) – Heidelberg, 18.–21. Oktober 2001, Altes Testament und Moderne 13, Münster 2004, 111–123. [Fortschreibung]

–, Cuneiform Literacy and Deuteronomic Composition, A Review of Eckart Otto, Das Deuteronomium. Politische Theologie und Rechtsreform in Juda und Assyrien, BibOr 62, 2005, 204–214. [Cuneiform Literacy]

Müller, G. G. W./Sakuma, Y., B. II. Hethitische Staatsverträge, Der Neue Pauly 16, Stuttgart 2003, 328–337. [Staatsverträge]

Müller, H.-P., Moabitische historische Inschriften, TUAT I, Gütersloh 1982–1985, 646–650. [TUAT I]

Naveh, J., Writing and Scripts in Seventh-Century B.C.E. Philistia: The New Evidence from Tell Jemmeh, IEJ 35, 1985, 8–21. [Writing]

Neumann, H, Art. Staatsvertrag II: Alter Orient, Der Neue Pauly 11, Stuttgart 2001, 879f. [Staatsvertrag]

–, B. I. Keilschriftliche Staatsverträge Mesopotamiens und Nordsyriens, Der Neue Pauly 16, Stuttgart 2003, 321–327. [Staatsverträge]

–, Prozessführung im Edubba'a. Zu einigen Aspekten der Aneignung juristischer Kenntnisse im Rahmen des Curriculums babylonischer Schreiberausbildung, ZAR 10, 2004, 71–92. [Prozessführung]

–, Texte des 3. Jt. v. Chr. in sumerischer, akkadischer und hurritischer Sprache, TUAT NF II, Gütersloh 2005, 1–26. [TUAT NF II]

Neumann-Gorsolke, U., Herrschen in den Grenzen der Schöpfung. Ein Beitrag zur alttestamentlichen Anthropologie am Beispiel von Psalm 8, Genesis 1 und verwandten Texten, WMANT 101, Neukirchen-Vluyn 2004. [Schöpfung]

Niccacci, A., The Syntax of the Verb in Classical Hebrew Prose, JSOT.S 86, Sheffield 1990. [Syntax]

Niehr, H., Art, ספר, ThWAT V, 1986, 921–929. [ספר]

–, Art. שׂר, ThWAT VII, 1993, 855–879. [שׂר]

–, Religionen in Israels Umwelt: Einführung in die nordwestsemitischen Religionen Syrien-Palästinas, Würzburg 1998. [Religionen]

–, Auswirkungen der späthethtitischen Kultur auf die Religion der Aramäer in Südanatolien und Nordsyrien, in: M. Dietrich/O. Loretz, Die Außenwirkung des späthethitischen Kulturraumes. Güteraustausch – Kulturkontakt – Kulturtransfer, AOAT 323, Münster 2004, 405–424. [Auswirkungen]

Nielsen, E., Deuteronomium, HAT I/6, Tübingen 1995. [Deuteronomium]

Niemann, H. M., Art. Königtum in Israel, RGG[4] 4, 2001, 1593–1597. [Königtum]

–, Kein Ende des Büchermachens in Israel und Juda (Koh 12,12) – Wann begann es?, BiKi 53, 1998, 127–134. [Ende]

Nissinen, M., Falsche Prophetie in neuassyrischer und deuteronomistischer Darstellung, in: T. Veijola (Hg.), Das Deuteronomium und seine Querbeziehungen, SESJ 62, Göttingen 1996, 172–195. [Prophetie]

–, References to Prophecy in Neo-Assyrian Sources, SAA.S VII, Helsinki 1998. [References]

Noth, M., „Die mit des Gesetzes Werken umgehen, die sind unter dem Fluch", in: ders., Gesammelte Studien zum Alten Testament, ThB 6, München 1957, 155–171. [Fluch]

–, Der historische Hintergrund der Inschriften von sefîre, ZDPV 77, 1961, 118–172. [Hintergrund]

Oates, J./Oates, D., Nimrud. An Assyrian Imperial City Revealed, London 2001. [Nimrud]

Oded, B., War, Peace and Empire. Justifications for War in Assyrian Royal Inscriptions, Wiesbaden 1992. [War]

Oeming, M., „Ich habe einen Greis gegessen". Kannibalismus und Autophagie als Topos der Kriegsnotschilderung in der Kilamuwa-Inschrift, Zeile 5–8, im Alten Orient und im Alten Testament, BN 47, 1989, 90–106. [Kannibalismus]

Oettinger, N., Die Militärischen Eide der Hethiter, StBoT 22, Wiesbaden 1976. [Eide]

Otten, H., Die Überlieferungen des Telipinu-Mythus, MVAG 46, Leipzig 1942. [Überlieferungen]

–, Die Bronzetafel aus Boğazköy. Ein Staatsvertrag Tutḫalijas IV, StBoT Beih. 1, Wiesbaden 1988. [Bronzetafel]

Otto, E., Die Bedeutung der altorientalischen Rechtsgeschichte für das Verständnis des Alten Testaments, ZThK 88, 1991, 139–168. [Bedeutung]

–, Theologische Ethik des Alten Testaments, ThW 3,2, Stuttgart u.a. 1994. [Ethik]

–, Vom Rechtsbruch zur Sünde. Priesterliche Interpretation des Rechts, JBTh 9, 1994, 25–52. [Rechtsbruch]

–, Deuteronomium 4: Die Pentateuchredaktion im Deuteronomiumsrahmen, in: T. Veijola (Hg.), Das Deuteronomium und seine Querbeziehungen, SESJ 62, Göttingen 1996, 196–222. [Deuteronomium 4]

–, Treueid und Gesetz. Die Ursprünge des Deuteronomiums im Horizont neuassyrischen Vertragsrechts, in: ZAR 2, 1996, 1–52. [Treueid]

–, Das Deuteronomium als Archimedischer Punkt der Pentateuchkritik. Auf dem Wege zu einer Neubegründung der De Wette'schen Hypothese, in: M. Vervenne/J. Lust (Hg.), Deuteronomic Literature, FS C. H. W. Brekelmans, BEThL 133, Leuven 1997, 321–339. [Archimedischer Punkt]

–, Die Ursprünge der Bundestheologie im Alten Testament und im Alten Orient, ZAR 4, 1998, 1–84. [Ursprünge]

–, Das Deuteronomium. Politische Theologie und Rechtsreform in Juda und Assyrien, BZAW 284, Berlin/New York 1999. [Deuteronomium]

–, Soziale Restitution und Vertragsrecht. *mīšaru(m), (an)-durāru(m), kirenzi, parā tarnumar, š^e^miṭṭa* und *d^e^rôr* in Mesopotamien, Syrien, in der Hebräischen Bibel und die Frage des Rechtstransfers im Alten Orient, RA 92, 1998 (ersch. 2000), 125–160. [Restitution]

–, Das Deuteronomium im Pentateuch und Hexateuch: Studien zur Literaturgeschichte von Pentateuch und Hexateuch im Lichte des Deuteronomiumsrahmen, FAT 30, Tübingen 2000. [Studien]

–, Gottes Recht als Menschenrecht. Rechts- und literaturhistorische Studien zum Deuteronomium, BZAR 2, Wiesbaden 2002. [Gottes Recht]

Otzen, B., Art. שבה, ThWAT VIII, 1995, 950–958. [שבה]

Pakkala, J., Intolerant Monolatry in the Deuteronomistic History, Publications of the Finnish Exegetical Society 76, Göttingen 1999. [Monolatry]

–, Der literar- und religionsgeschichtliche Ort von Deuteronomium 13, in: M. Witte u.a. (Hg.), Redaktions- und religionsgeschichtliche Perspektiven zur „Deuteronomismus“-Diskussion in Tora und Vorderen Propheten, BZAW 365, Berlin/New York 2006, 125–137. [Deuteronomium 13]

Parpola, S., Neo-Assyrian Treaties from the Royal Archives of Nineveh, JCS 39, 1987, 161–189. [Treaties]

–, The Correspondence of Sargon II Part I: Letters from Assyria and the West, SAA I, Helsinki 1987. [Correspondence]

–, Letters From Assyrian and Babylonian Scholars, SAA X, Helsinki 1993. [Letters]

–, Assyrian Prophecies, SAA IX, Helsinki 1997. [Prophecies]

–, The Man Without a Scribe and the Question of Literacy in the Assyrian Empire, in: B. Pongratz-Leisten u.a. (Hg.), *Ana šadî Labnāni lū allik.* Beiträge zu altorientalischen und mittelmeerischen Kulturen, FS W. Röllig, AOAT 247, Neukirchen-Vluyn 1997, 315–321. [Scribe]

–, International Law in the First Millennium, in: R. Westbrook (Hg.), A History of Ancient Near Eastern Law II, HdO 72/2, Leiden/Boston 2003, 1047–1066. [Law]

Parpola, S./Watanabe, K., Neo-Assyrian Treaties and Loyalty Oaths, SAA II, Helsinki 1988. [Treaties]

Perlitt, L., Bundestheologie im Alten Testament, WMANT 36, Neukirchen-Vluyn 1969. [Bundestheologie]

–, Der Staatsgedanke im Deuteronomium, in: S. E. Balentine/J. Barton (Hg.), Language, Theology, and the Bible, FS J. Barr, Oxford 1994, 182–198. [Staatsgedanke]

Person, R. F. Jr., The Deuteronomic School: History, Social Setting, and Literature, Studies in Biblical Literature 2, Leiden u.a. 2002. [Deuteronomic School]

Plöger, J. G., Literarkritische, formgeschichtliche und stilkritische Untersuchungen zum Deuteronomium, BBB 26, Bonn 1967. [Deuteronomium]

–, Art. אדמה, ThWAT I, 1973, 95–105. [אדמה]

Podella, T., Notzeit-Mythologem und Nichtigkeitsfluch, in: Bernd Janowski u.a. (Hg.), Religionsgeschichtliche Beziehungen zwischen Kleinasien, Nordsyrien und dem Alten Testament. Internationales Symposium Hamburg 17.–21. März 1990, OBO 129, Göttingen 1996, 427–454. [Notzeit-Mythologem]

Pohlmann, K.-F., Studien zum Jeremiabuch. Ein Beitrag zur Frage nach der Entstehung des Jeremiabuches, FRLANT 118, Göttingen 1978. [Studien]

–, Das Buch des Propheten Hesekiel (Ezechiel) Kapitel 1–19, ATD 22/1, Göttingen 1996. [Hesekiel]

Polak, F. H., The Covenant at Mount Sinai in the Light of Texts from Mari, in: C. Cohen u.a. (Hg.), Sefer Moshe. The Moshe Weinfeld Jubilee Volume. Studies in the Bible and the Ancient Near East, Qumran, and Post-Biblical Judaism, Winona Lake/Indiana 2004, 119–134. [Covenant]

Pongratz-Leisten, B. Herrschaftswissen in Mesopotamien. Formen der Kommunikation zwischen Gott und König im 2. und 1. Jahrtausend v. Chr., SAA.S 10, Helsinki 1999. [Herrschaftswissen]

–, *INA ŠULMI ĪRUB*. Die kulttopographische und ideologiche Programmatik der *akītu*-Prozession in Babylonien und Assyrien im 1. Jahrtausend v. Chr., Mainz 1994. [*ina šulmi īrub*]

Pope, M.H./Röllig, W., Art. El und Art. ʿEljôn, WM I, [2]1983, 279–284. [El]

Preiser, W., Zur Ausbildung einer völkerrechtlichen Ordnung in der Staatenwelt des Alten Orients, in: U. Magen (Hg.), Vom Halys zum Euphrat, FS T. Beran, Münster 1996, 227–239. [Ausbildung]

Preuß, H. D., Deuteronomium, EdF 164, Darmstadt 1982. [Deuteronomium]

Puech, E., La stéle de Bar-Hadad à Melquart et les rois d'Arpad, RB 99, 1992, 311–324. [Stéle]

Puukko, A. F., Das Deuteronomium. Eine literarkritische Untersuchung, BWAT 5, Leipzig 1910. [Deuteronomium]

Rad, G. v., Das fünfte Buch Mose. Deuteronomium, ATD 8, Göttingen [2]1968. [Deuteronomium]

–, Theologie des Alten Testaments Band 1: Die Theologie der geschichtlichen Überlieferungen Israels, München [10]1992. [Theologie 1]

Radner, K., Die neuassyrischen Texte aus Tall Šēḫ Ḥamad, Berichte der Ausgrabung Tall Šēḫ Ḥamad/Dūr-Katlimmu Band 6/Texte 2, Berlin 2002. [Texte]

–, Assyrische Handelspolitik: Die Symbiose mit unabhängigen Handelszentren und ihre Kontrolle durch Assyrien, in: R. Rollinger/C. Ulf (Hg.), Commerce and Monetary Systems in the Ancient World: Means of Transmission and Cultural Interaction, Melammu Symposia 5, Wiesbaden 2004, 152–163. [Handelspolitik]

–, Assyrische *ṭuppi adê* als Vorbild für Deuteronomium 28,20–44?, in: M. Witte u.a. (Hg.), Redaktions- und religionsgeschichtliche Perspektiven zur „Deuteronomismus"-Diskussion in Tora und Vorderen Propheten, BZAW 365, Berlin/New York 2006, 351–378. [Vorbild]

Renz, J., Schrift und Schreibertradition. Eine paläographische Studie zum kulturgeschichtlichen Verhältnis von israelitischem Nordreich und Südreich, ADPV 23, Wiesbaden 1997. [Schrift]

–, Der Beitrag der althebräischen Epigraphik zur Exegese des Alten Testaments und zur Profan- und Religionsgeschichte Palästinas. Leistung und Grenzen, aufgezeigt am Beispiel der Inschriften des (ausgehenden) 7. Jahrhunderts vor Christus, in: C. Hardmeier (Hg.), Steine – Bilder – Texte. Historische Evidenz außerbiblischer und biblischer Quellen, Arbeiten zur Bibel und ihrer Geschichte 5, Leipzig 2001, 123–155. [Beitrag]

Renz, J./Röllig, W., Handbuch der althebräischen Epigraphik Band I. Text und Kommentar, Darmstadt 1995. [Handbuch I]

–, Handbuch der althebräischen Epigraphik Band II/1. Zusammenfassende Erörterungen, Paläographie und Glossar, Darmstadt 1995. [Handbuch II/1]

Reuter, E., „Nimm nichts davon weg und füge nichts hinzu!" Dtn 13,1, seine alttestamentlichen Parallelen und seine altorientalischen Vorbilder, BN 47, 1989, 107–114. [Dtn 13,1]

–, Kultzentralisation. Entstehung und Theologie von Dtn 12, BBB 87, Frankfurt/M. 1993. [Kultzentralisation]

Reuter, T., Art. Vasallität, Handwörterbuch zur deutschen Rechtsgeschichte 5, Berlin 1998, 644–648. [Vasallität]

Reynolds, F., The Babylonian Correspondence of Esarhaddon and Letters to Assurbanipal and Sin-šarru-iškun from Northern and Central Babylonia, SAA XVIII, Helsinki 2003. [Correspondence]

Richter, W., Die Bearbeitungen des „Retterbuches" in der deuteronomischen Epoche, BBB 21, Bonn 1964. [Bearbeitungen]

Riemschneider, K., Lehrbuch des Akkkadischen, Leipzig ²1973. [Lehrbuch]

Ries, G., Prolog und Epilog in den Gesetzen des Altertums, Münchner Beiträge zur Papyrusforschung und antiken Rechtsgeschichte 76, München 1983. [Prolog]

Ringgren, H. u.a., Art. עבד etc., ThWAT V, 1986, 982–1012. [עבד]

Röllig, W., Zum „Sakralen Königtum" im Alten Orient, in: B. Gladigow (Hg.), Staat und Religion, Düsseldorf 1981, 114–125. [Königtum]

–, Zur historischen Einordnung der Texte, SAAB 7/2, 1993, 129–132. [Einordnung]

–, Aramäer und Assyrer. Die Schriftzeugnisse bis zum Ende des Assyrerreiches, in: G. Bunnens (Hg.), Essays on Syria in the Iron Age, ANES.S 7, Lovain u.a. 2000, 177–186. [Aramäer]

Rollinger, R., Die Verschriftlichung von Normen: Einflüsse und Elemente orientalischer Kulturtechnik in den homerischen Epen, dargestellt am Beispiel des Vertragswesens, in: Ders./C. Ulf (Hg.), Griechische Archaik. Interne Entwicklungen – Externe Impulse, Berlin 2004, 369–425. [Verschriftlichung]

Römer, T., Israels Väter. Untersuchungen zur Väterthematik im Deuteronomium und in der deuteronomistischen Tradition, OBO 99, Fribourg/Göttingen 1990. [Väter]

Römer, W. H. P., Historische Texte in sumerischer Sprache, TUAT I, Gütersloh 1982–1985, 289–353. [TUAT I]

Rose, M., Der Ausschließlichkeitsanspruch Jahwes. Deuteronomische Schultheologie und die Volksfrömmigkeit in der späten Königszeit, BWANT 106, Stuttgart u.a. 1975. [Ausschließlichkeitsanspruch]

–, 5. Mose I, ZBK.AT 5,1, Zürich 1994. [5. Mose]

Rössler, O., Aramäische Staatsverträge, TUAT I, Gütersloh 1982–1985, 178–189. [TUAT I]

Rooy, H. F. van, The Structure of the Aramaic treaties of Sefire, Journal for Semitics 1, 1989, 133–139. [Structure]

Ruppert, L., Art. סרר etc., ThWAT V, 1986, 957–963. [סרר]

Rüterswörden, U., Die Beamten der israelitischen Königszeit. Eine Studie zu śr und vergleichbaren Begriffen, BWANT 117, Stuttgart u.a. 1985. [Königszeit]

–, Art. Beamte, NBL 1, 1989, 252–254. [Beamte]

–, Art. שמע, ThWAT VIII, 1995, 255–279. [שמע]

–, Das Böse in der deuteronomischen Schultheologie, in: T. Veijola (Hg.), Das Deuteronomium und seine Querbeziehungen, SESJ 62, Göttingen 1996, 223–241. [Schultheologie]

–, Bundestheologie ohne ברית, ZAR 4, 1998, 85–99. [Bundestheologie]

–, Dtn 12,1. Der Anfang des deuteronomischen Gesetzes, in: C. Kähler u.a. (Hg.), Gedenkt an das Wort, FS W. Vogler, Leipzig 1999, 206–216. [Dtn 12,1]

–, Der Prophet in den Lachisch-Ostraka, in: C. Hardmeier (Hg.), Steine – Bilder – Texte. Historische Evidenz außerbiblischer und biblischer Quellen, Arbeiten zur Bibel und ihrer Geschichte 5, Leipzig 2001, 179–192. [Prophet]

–, Dtn 13 in der neueren Deuteronomiumsforschung, in: A. Lemaire (Hg.), Congress Volume Basel 2001, VT.S 92, Leiden/Boston 2002, 185–203. [Dtn 13]

–, Die Stellung der Deuteronomisten zum alttestamentlichen Dämonenwesen, in: A. Lange u.a. (Hg.), Die Dämonen. Die Dämonologie der israelitischjüdischen und frühchristlichen Literatur im Kontext ihrer Umwelt, Tübingen 2003, 197–210. [Stellung]

–, Rezension von E. Otto, Gottes Recht als Menschenrecht. Rechts- und literaturhistorische Studien zum Deuteronomium, OLZ 98, 2003, 657–660. [Rezension]

–, Die Liebe zu Gott im Deuteronomium, in: M. Witte u.a. (Hg.), Redaktions- und religionsgeschichtliche Perspektiven zur „Deuteronomismus"-Diskussion in Tora und Vorderen Propheten, BZAW 365, Berlin/New York 2006, 229–238. [Liebe]

Sader, H. S., Les états araméens de Syrie depuis leur fondation jusqu'à leur transformation en provinces assyriennes, Beiruter Texte und Studien 36, Beirut 1987. [États]

–, The Aramaean Kingdoms of Syria. Origin and Formation Processes, in : G. Bunnens (Hg.), Essays on Syria in the Iron Age, ANES.S 7, Lovain u.a. 2000, 61–76. [Kingdoms]

Schams, C., Jewish Scribes in the Second-Temple Period, JSOT.S 291, Sheffield 1998. [Scribes]

Schmid, K., Art. Schreiber/Schreiberausbildung in Israel, RGG^4 7, 2004, 1001–1002. [Schreiber]

–, Erzväter und Exodus. Untersuchungen zur doppelten Begründung der Ursprünge Israels innerhalb der Geschichtsbücher des Alten Testaments, WMANT 81, Neukirchen-Vluyn 1999. [Erzväter]

–, Hintere Propheten (Nebiim), in: J. C. Gertz (Hg.), Grundinformation Altes Testament, Göttingen 2006, 303–401. [Propheten]

–, Hatte Wellhausen Recht? Das Problem der literarhistorischen Anfänge des Deuteronomismus in den Königebüchern, in: M. Witte u.a. (Hg.), Redaktions- und religionsgeschichtliche Perspektiven zur „Deuteronomismus"-Diskussion in Tora und Vorderen Propheten, BZAW 365, Berlin/New York 2006, 19–44. [Wellhausen]

Schottroff, W., Der altisraelitische Fluchspruch, WMANT 30, Neukirchen-Vluyn 1969. [Fluchspruch]

Schretter, M., Zur Rolle der altmesopotamischen Schule bei der Gestaltung und überregionalen Verbreitung kultureller Orientierungsmuster, in: R. Rollinger/C. Ulf (Hg.), Commerce and Monetary Systems in the Ancient World: Means of Transmission and Cultural Interaction. Proceedings of the Fifth Annual Symposium of the Assyrian and Babylonian Intellectual Heritage Project Held in Innsbruck, Austria, October 3rd–8th 2002, Oriens et occidens 6, Stuttgart 2004, 461–469. [Schule]

Schuler, E. von, Hethitische Dienstanweisungen für höhere Hof- und Staatsbeamte, AfO Beih. 10, Graz 1957. [Dienstanweisungen]

–, Sonderformen Hethitischer Staatsverträge, Jahrbuch für Kleinasiatische Forschung 2, 1965, 445–464. [Sonderformen]

–, Art. Notzeit, WM I, 1965, 188f. [Notzeit]

–, Die Kaškäer, Ein Beitrag zur Ethnographie des Alten Kleinasien, Berlin 1965. [Kaškäer]

Schult, H., Art. שמע, THAT II, 41993, 974–982. [שמע]

Schulz, H., Das Todesrecht im Alten Testament. Studien zur Rechtsform der Mot-Jumat-Sätze, BZAW 114, Berlin 1969. [Todesrecht]

Schwemer, D., Die Wettergottgestalten Mesopotamiens und Nordsyriens im Zeitalter der Keilschriftkulturen. Materialien und Studien nach den schriftlichen Quellen, Wiesbaden 2001. [Wettergottgestalten]

Schwiderski, D., Studien zur Redaktionsgeschichte und Religionsgeographie der akkadisch-aramäischen Bilingue vom Tell Feḫerīje, in: E. Schwertheim/E. Winter (Hg.), Religion und Region, Götter und Kulte aus dem östlichen Mittelmeer, Asia Minor Studien 45, Bonn 2003, 31–47. [Studien]

– (Hg), Die alt- und reichsaramäischen Inschriften Band 2: Texte und Bibliographie, Fontes et subsidia ad Bibliam pertinentes 2, Berlin/New York 2004. [Inschriften]

Seebass, H., Noch einmal zu Dtn 13,10 in Dtn 13,7–12, ZAR 5, 1999, 186–192. [Dtn 13,10]

Segert, S., Altaramäische Grammatik mit Bibliographie, Chrestomathie und Glossar, Leipzig 21983. [Grammatik]

Seitz, G., Redaktionsgeschichtliche Studien zum Deuteronomium, BWANT 93, Stuttgart u.a. 1971. [Studien]

Seybold, K., Der Prophet Jeremia. Leben und Werk, Stuttgart u.a. 1993. [Jeremia]

–, Die Psalmen, HAT 15, Tübingen 1996. [Psalmen]

Simian-Yofre, H., Art. עוד, ThWAT V, 1986, 1107–1128. [עוד]

Singer, I., The Treaties between Karkamiš and Hatti, in: G. Wilhelm (Hg.), Akten des IV. Internationalen Kongresses für Hethitologie, StBoT 45, Wiesbaden 2001, 635–641. [Treaties]

Skweres, D. E., Das Motiv der Strafgrunderfragung in biblischen und neuassyrischen Texten, BZ NF 14, 1970, 181–197.

Smend, R., Die Entstehung des Alten Testaments, ThW 1, Stuttgart u.a. 31989. [Entstehung]

–, Die Bundesformel, in: ders., Die Mitte des Alten Testaments. Exegetische Aufsätze, BevTh 99, Tübingen 1986, 11–39. [Bundesformel]

–, Die Zehn Gebote, in: ders., Bibel, Theologie, Universität. Sechzehn Beiträge, Göttingen 1997, 21–34. [Zehn Gebote]

Soden, W. v., Aramäische Wörter in neuassyrischen und neu- und spätbabylonischen Texten. Ein Vorbericht I, Or NS 35, 1966, 1–20. [Wörter I]

–, Aramäische Wörter in neuassyrischen und neu- und spätbabylonischen Texten. Ein Vorbericht III, Or NS 46, 1977, 183–197. [Wörter III]

–, Grundriss der akkadischen Grammatik, AnOr 33, Rom 1995. [Grundriss]

Sokoloff, M., The Old Aramaic Inscription from Bukān: A Revised Interpretation, IEJ 49, 1999, 105–115. [Inscription]

Soldt, W. H. van, Babylonian Lexical, Religious and Literary Texts and Scribal Education at Ugarit and its Implications for the Alphabetic Literary Texts, in: M. Dietrich/O. Loretz, Ugarit. Ein ostmediterranes Kulturzentrum im Alten Orient. Ergebnisse und Perspektiven der Forschung Band I: Ugarit und seine altorientalische Umwelt, ALASP 7, Münster 1995, 171–212. [Texts]

Sonnet, J.-P., The Book Within the Book. Writing in Deuteronomy, Biblical Interpretation Series 14, Leiden u.a. 1997. [Book]

Spieckermann, H., Juda unter Assur in der Sargonidenzeit, FRLANT 129, Göttingen 1982. [Juda]

–, Heilsgegenwart. Eine Theologie der Psalmen, FRLANT 148, Göttingen 1989. [Heilsgegenwart]

Staerk, W., Das Deuteronomium. Sein Inhalt und seine literarische Form. Eine literarkritische Studie, Leipzig 1894. [Deuteronomium]

Starke, F., Zur urkundlichen Charakterisierung neuassyrischer Treueide anhand einschlägiger hethitischer Texte des 13. Jh., ZAR 1, 1995, 70–82. [Charakterisierung]

–, Art. Kleinasien III: Geschichte C: Hethitische Nachfolgestaaten 1: Historischer Überblick, Der Neue Pauly 6, 1999, 518–533. [Kleinasien]

Steiger, H., Art. Vertrag (staatsrechtl. – völkerrechtl.), Handwörterbuch zur deutschen Rechtsgeschichte 5, Berlin 1998, 842–852. [Vertrag]

Steudel, A., Die Texte aus Qumran II. Hebräisch/Aramäisch und Deutsch, Darmstadt 2001. [Texte]

Steuernagel, C., Das Deuteronomium, HK I/3.1, Göttingen ^{2}1923. [Deuteronomium]

Steymans, H. U., Rezension von L. Canfora/M. Liverani/C. Zaccagnini (Hg.), I trattati nel mondo antico. Forma, ideologia, funzione, AfO 38/39, 1991/92, 201–206. [Rezension]

–, Eine assyrische Vorlage für Deuteronomium 28,20–44*, in: G. Braulik (Hg.), Bundesdokument und Gesetz. Studien zum Deuteronomium, Herders biblische Studien 4, Freiburg u.a. 1995, 119–141. [Vorlage]

–, Deuteronomium 28 und die *adê* zur Thronfolgeregelung Asarhaddons. Segen und Fluch im Alten Orient und in Israel, OBO 145, Fribourg/Göttingen 1995. [Deuteronomium 28]

–, Die Vereidigten Asarhaddons. Beobachtungen zu Textkritik, Dependenzgrammatik und Semantik des Sukzessionseids (SAA 2 6), (Diplomarbeit zur Erlangung des Magistergrades der Philosophie. Eingereicht an der

Geisteswissenschaftlichen Fakultät der Universität Wien am 1. März 2000). [Beobachtungen]

–, Die neuassyrische Vertragsrhetorik der „Vassal Treaties of Esarhaddon" und das Deuteronomium, in: Braulik, G. (Hg.), Das Deuteronomium, ÖBS 23, Frankfurt/Main 2003, 89–152. [Vertragsrhetorik]

–, Die literarische und historische Bedeutung der Thronfolgevereidigung Asarhaddons, in: M. Witte u.a. (Hg.), Redaktions- und religionsgeschichtliche Perspektiven zur „Deuteronomismus"-Diskussion in Tora und Vorderen Propheten, BZAW 365, Berlin/New York 2006, 331–350. [Bedeutung]

Stipp, H. J., Textkritik – Literarkritik – Textentwicklung. Überlegungen zur exegetischen Aspektsystematik, EThL 66, 1990, 143–159. [Textkritik]

–, Das Verhältnis von Textkritik und Literarkritik in neueren alttestamentlichen Veröffentlichungen, BZ 34, 1990, 16–37. [Verhältnis]

–, Jeremia im Parteienstreit. Studien zur Textentwicklung von Jer 26, 36–43 und 45 als Beitrag zur Geschichte Jeremias, seines Buches und judäischer Parteien im 6. Jahrhundert, BBB 82, Frankfurt/M. 1992. [Jeremia]

–, Probleme des redaktionsgeschichtlichen Modells der Entstehung des Jeremiabuches, in: W. Groß (Hg.), Jeremia und die „deuteronomistische Bewegung", BBB 98, Weinheim 1995, 225–262. [Probleme]

–, Deuterojeremianische Konkordanz, Arbeiten zu Text und Sprache im Alten Testamente 63, St. Ottilien 1998. [Konkordanz]

–, Gedalja und die Kolonie von Mizpa, ZAR 6, 2000, 155–171. [Gedalja]

Stolz, F., Art. אות, THAT I, [5]1994, 91–95. [אות]

Streck, M., Assurbanipal und die letzten assyrischen Könige bis zum Untergang Niniveh's, 3 Teile, VAB 7, Leipzig 1916. [Assurbanipal]

Streck, M. P., Die Flüche im Sukzessionsvertrag Asarhaddons, ZAR 4, 1998, 165–191. [Flüche]

–, Art. Ninurta/Ninĝirsu. A. I. In Mesopotamien, RlA 9, 2001, 512–522. [Ninurta]

Sürenhagen, D., Politischer Niedergang und kulturelles Nachleben des hethitischen Großreiches im Lichte neuerer Forschung, in: U. Magen/ M. Rashad, Vom Halys zum Euphrat, FS T. Beran, Altertumskunde des Vorderen Orients 7, Münster 1995, 283–293. [Niedergang]

Sweet, R. F. G., The Sage in Mesopotamian Palaces and Royal Courts, in: J. G. Gammie/L. G. Perdue, The Sage in Israel and the Ancient Near East, Winona Lake/Indiana 1990, 99–108. [Sage]

Tadmor, H., A Lexicographical Text from Hazor, IEJ 27, 1977, 98–102. [Text]

–, Treaty and Oath in the Ancient Near East: A Historian's Approach, in: G. M. Tucker/D. A. Knight (Hg.), Humanizing America's Iconic Book. Society of Biblical Literature Centennial Addresses, Chico/California 1982, 127–151. [Treaty]

–, The Aramaization of Assyria: Aspects of Western Impact, in: H.-J. Nissen/ J. Renger (Hg.), Mesopotamien und seine Nachbarn. Politische und kulturelle Wechselbeziehungen im Alten Vorderasien vom 4. bis 1. Jahrtausend v. Chr., Berliner Beiträge zum Vorderen Orient 1, Berlin ^{2}1987, 449–470. [Aramaization]

–, Alleanza e dipendenza nell'antica Mesopotamia e in Israele: terminologia e prassi, in: L. Canfora/M. Liverani/C. Zaccagnini (Hg.), I trattati nel mondo antico: Forma, ideologia, funzione, Saggi di storia Antica 2, Rom 1990, 17–36. [Alleanza]

Tawil, H., The End of the Hadad Inscription in the Light of Akkadian, JNES 32, 1973, 477–482. [Hadad Inscription]

–, A Curse Concerning Crop-Consuming Insects in the Sefîre Treaty and in Akkadian: A New Interpretation, BASOR 225, 1977, 59–62. [Curse]

–, Two Notes on the Treaty Terminology of the Sefîre Inscriptions, CBQ 42, 1980, 30–37. [Notes]

Theißen, G./Merz, A., Der historische Jesus, Göttingen ^{2}1997. [Jesus]

Theuer, G., Der Mondgott in den Religionen Syrien-Palästinas: unter besonderer Berücksichtigung von KTU 1.24, OBO 173, Göttingen 2000. [Mondgott]

Thiel, W., Die deuteronomistische Redaktion von Jeremia 1–25, WMANT 41, Neukirchen-Vluyn 1973. [Redaktion 1]

–, Die Rede vom „Bund" in den Prophetenbüchern, ThV 9, 1977, 11–36. [Rede]

Toorn, K. van der, Cuneiform Documents from Syria-Palestine. Texts, Scribes and Schools, ZDPV 116, 2000, 97–113. [Cuneiform Documents]

Tov, E., Der Text der Hebräischen Bibel. Handbuch der Textkritik, Stuttgart u.a. 1997. [Text]

Tropper, J., Nekromantie. Totenbefragung im Alten Orient und im Alten Testament, AOAT 223, Neukirchen-Vluyn 1989. [Nekromantie]

–, Die Inschriften von Zincirli. Neue Edition und vergleichende Grammatik des phönizischen, sam'alischen und aramäischen Textkorpus, ALASP 6, Münster 1993. [Inschriften]

Tsevat, M., The Neo-Assyrian and Neo-Babylonian Vassal Oaths and the Prophet Ezekiel, JBL 78, 1959, 199–204. [Vassal Oaths]

Uehlinger, C., Gab es eine joschijanische Kultreform? Plädoyer für ein begründetes Minimum, in: W. Groß (Hg.), Jeremia und die „deuteronomistische Bewegung", BBB 98, Weinheim 1995, 57–89. [Kultreform]

Vanderhooft, D. S., The Neo-Babylonian Empire and Babylon in the Latter Prophets, Atlanta 1999. [Empire]

Veenhof, K. R., Geschichte des Alten Orients bis zur Zeit Alexanders des Großen, GAT 11, Göttingen 2001. [Geschichte]

Veijola, T., Zu Ableitung und Bedeutung von *hēʿīd* I im Hebräischen, UF 8, 1976, 343–351. [Ableitung]

–, Das Königtum in der Beurteilung der deuteronomistischen Historiographie. Eine redaktionsgeschichtliche Untersuchung, AASF. B 198, Helsinki 1977. [Königtum]

–, Wahrheit und Intoleranz nach Deuteronomium 13, in: ZThK 92, 1995, 287–314. [Wahrheit]

–, Bundestheologische Redaktion im Deuteronomium, in: ders. (Hg.), Moses Erben. Studien zum Dekalog, zum Deuteronomismus und zum Schriftgelehrtentum, BWANT 149, Stuttgart u.a. 2000, 153–175. [Redaktion]

–, Das Bekenntnis Israels. Beobachtungen zu Geschichte und Aussage von Dtn 6,4–9, in: ders., Moses Erben. Studien zum Dekalog, zum Deuteronomismus und zum Schriftgelehrtentum, BWANT 149, Stuttgart u.a. 2000, 76–93. [Bekenntnis]

–, Die Deuteronomisten als Vorgänger der Schriftgelehrten. Ein Beitrag zur Entstehung des Judentums, in: ders., Moses Erben. Studien zum Dekalog, zum Deuteronomismus und zum Schriftgelehrtentum, BWANT 149, Stuttgart u.a. 2000, 192–240. [Deuteronomisten]

–, Deuteronomisumsforschung zwischen Tradition und Innovation (I), ThR 67, 2002, 273–327. [Deuteronomisumsforschung]

–, Das fünfte Buch Mose. Deuteronomium. Kapitel 1,1–16,17, ATD 8,1, Göttingen 2004. [Deuteronomium]

Villard, P., La réception des conventions jurées dans les messages des serviteurs d'Assarhaddon, in: S. Lafont (Hg.), Jurer et maudire: Pratiques politiques et usages juridiques du serment dans le Proche-Orient ancien, Revue de l'association Méditerranées 10–11, Paris 1996, 147–161. [Réception]

Vogelzang, M. E., Learning and Power During the Sargonid Period, in: J. W. Drijvers/A. A. MacDonald (Hg.), Centres of Learning. Learning and Location in Pre-Modern Europe and the Near East, Brill's Studies in Intellectual History 61, Leiden u.a. 1995, 17–28. [Learning]

Voigt, R., Die Struktur der Götterliste in Sefire I A, in: C. Wunsch (Hg.), XXV. Deutscher Orientalistentag, Vorträge, München 8.–13.4.1991, ZDMG.S 10, Stuttgart 1994, 62–68. [Struktur]

Volk, K., Edubba'a und Edubba'a-Literatur: Rätsel und Lösungen, ZA 90, 2000, 1–30. [Edubba'a]

Volkwein, B., Masoretisches *ʿēdūt, ʿēdwōt, ʿēdōt* – „Zeugnis“ oder „Bundesbestimmungen“?, BZ 13, 1969, 18–40. [„Bundesbestimmungen“]

Wächter, L., Art. עור , ThWAT V, 1986, 1190–1193. [עור]

–, Art. עפר, ThWAT VI, 1989, 275–284. [עפר]

Waetzoldt, H., Der Schreiber als Lehrer in Mesopotamien, in: J. G. Prinz von Hohenzollern/ M. Liedtke (Hg.), Schreiber, Magister, Lehrer. Zur Geschichte und Funktion eines Berufsstandes, Schriftenreihe zum Bayerischen Schulmuseum Ichenhausen 8, Bad Heilbrunn 1989, 33–49. [Schreiber]

Wahl, H. M., Die Entstehung der Schriftprophetie nach Jer 36, ZAW 110, 1998, 365–389. [Entstehung]

Waltke, B./O'Conner, M. P., An Introduction to Biblical Hebrew Syntax, Winona Lake/ Indiana 1990. [Introduction]

Wanke, G., Der Lehrer im alten Israel, in: J. G. Prinz von Hohenzollern/ M. Liedtke (Hg.), Schreiber, Magister, Lehrer. Zur Geschichte und Funktion eines Berufsstandes, Schriftenreihe zum Bayerischen Schulmuseum Ichenhausen 8, Bad Heilbrunn 1989, 51–59. [Schreiber]

–, Jeremia. Teilband 2: Jeremia 25,15–52,34, ZB, Zürich 2003. [Jeremia 2]

Watanabe, K., Die literarische Überlieferung eines babylonisch-assyrischen Fluchthemas mit Anrufung des Mondgottes Sîn, ASJ 6, 1984, 99–119. [Überlieferung]

–, Die Siegelung der „Vasallenverträge Asarhaddons" durch den Gott Aššur (Taf. 33), BaM 16, 1985, 377–392. [Siegelung]

–, Die *adê*-Vereidigung anlässlich der Thronfolgeregelung Asarhaddons, BaM Beih. 3, Berlin 1987. [*adê*-Vereidigung]

–, Mit Gottessiegeln versehene hethitische „Staatsverträge", Acta Sumerologica 11, 1989, 261–276. [Gottessiegel]

Weber, M., Die Wirtschaftsethik der Weltreligionen. Das antike Judentum, Schriften und Reden 1911–1920, E. Otto (Hg.), Max Weber Gesamtausgabe 21/1, Tübingen 2005. [Judentum]

Weeks, N., Admonition and Curse. The Ancient Near Eastern Treaty/Covenant Form as a Problem in Inter-Cultural Relationships, JSOT.S 407, London 2004. [Admonition]

Weeks, N. K., Causality in the Assyrian Royal Inscriptions, OLP 14, 1983, 115–127.

Weidner, E. F., Politische Dokumente aus Kleinasien. Die Staatsverträge in akkadischer Sprache aus den Archiven von Boghazköi, BoSt 8 u. 9, Leipzig 1923. [Dokumente]

Weinfeld, M., Traces of Assyrian Treaty Formulae in Deuteronomy, Bib 46, 1965, 417–427. [Traces]

–, Deuteronomy and the Deuteronomic School, Oxford 1972. [Deuteronomy]

–, Covenant Terminology in the Ancient Near East and its Influence on the West, JAOS 93, 1973, 190–199. [Covenant Terminology]

–, The Loyalty Oath in the Ancient Near East, UF 8, 1976, 379–414. [Loyalty Oath]

–, The Extent of the Promised Land – The Status of Transjordan, in: G. Strecker (Hg.), Das Land Israel in biblischer Zeit, Göttinger Theologische Arbeiten 25, Göttingen 1983, 59–75. [Promised Land]

–, The Common Heritage of Covenantal Traditions in the Ancient World, in: L. Canfora u.a. (Hg.), I trattati nel mondo antico: Forma, ideologia, funzione, Saggi di storia antica 2, Rom 1990, 175–191. [Heritage]

–, Deuteronomy 1–11. A New Translation with Introduction and Commentary, AB 5/1, New York 1991. [Deuteronomy 1–11]

Weippert, H., Die Prosareden des Jeremiabuches, BZAW 132, Berlin/New York 1973. [Prosareden]

Weippert, M., Die Kämpfe des assyrischen Königs Assubanipal gegen die Araber. Redaktionskritische Untersuchung des Berichts in Prisma A, WO 7, 1973/74, 39–85. [Kämpfe]

–, „Ich bin Jahwe" – „Ich bin Ištar von Arbela". Deuterojesaja im Lichte der neuassyrischen Prophetie, in: B. Huwyler u.a. (Hg.), Prophetie und Psalmen, FS K. Seybold, AOAT 280, Münster 2001, 31–59. [Deuterojesaja]

Weisberg, D. B, Guild Structure and Political Allegiance in Early Achaemenid Mesopotamia, Yale Near Eastern Researches 1, New York 1967. [Guild Structure]

Weiser, A., Das Buch Jeremia Kapitel 1–25,14, ATD 20, Göttingen [8]1981. [Jeremia]

Wellhausen, J., Prolegomena zur Geschichte Israels, Berlin [6]1927 (Nachdruck 2001). [Prolegomena]

–, Die Composition des Hexateuchs und der historischen Bücher des Alten Testaments, Berlin [3]1899 (Nachdruck 1963). [Composition]

Wildberger, H., Art. סגלה, THAT II, [4]1993, 142–144. [סגלה]

Wilcke, C., Wer las und schrieb in Babylonien und Assyrien. Überlegungen zur Literalität im Alten Zweistromland, Bayerische Akademie der Wissenschaften. Philosophisch-Historische Klasse. Sitzungsberichte, Heft 6, München 2000. [Überlegungen]

Williams, R. J., Scribal Training in Ancient Egypt, JAOS 92, 1972, 214–221. [Scribal Training]

–, The Sage in Egyptian Literature, in: J. G. Gammie/L. G. Perdue, The Sage in Israel and the Ancient Near East, Winona Lake/Indiana 1990, 19–30. [Sage]

Winkle, S., Kulturgeschichte der Seuchen, Düsseldorf/Zürich 1997. [Kulturgeschichte]

Wiseman, D. J., The Vassal-Treaties of Esarhaddon, Iraq 20, 1958, 1–99, pl. 1–53, I–XII. [Vassal–Treaties]

–, "Is it Peace?" – Covenant and Diplomacy, VT 32, 1982, 311–326. [Covenant]

Witte, M., Von den Anfängen der Geschichtswerke im Alten Testament – Eine forschungsgeschichtliche Diskussion neuerer Gesamtentwürfe, in: E.-M. Becker (Hg.), Die antike Historiographie und die Anfänge der christ-

lichen Geschichtsschreibung, BZNW 129, Berlin/New York 2005, 53–81. [Geschichtswerke]
Wolff, H. W., Das Kerygma des deuteronomistischen Geschichtswerks (1961), in: ders., Gesammelte Studien zum Alten Testament, ThB 22, München 1964, 308–324. [Kerygma]
–, Dodekapropheton 4. Micha, BK XIV/4, Neukirchen-Vluyn 1982. [Micha]
Würthwein, E., Die Bücher der Könige. 1. Könige 1–16, ATD 11,1, Göttingen 1977. [Könige 1]
–, Die Bücher der Könige. 1. Kön. 17–2. Kön. 25, ATD11,2, Göttingen 1984. [Könige 2]

Zenger, E. Die Bundestheologie – ein derzeit vernachlässigtes Thema der Bibelwissenschaft und ein wichtiges Thema für das Verhältnis Israel – Kirche, in: ders. (Hg.), Der Neue Bund im Alten, QD 146, 1993, 13–49. [Bundestheologie]
Zevit, Z., A Phoenician Inscription and Biblical Covenant Theology, IEJ 27, 1977, 110–118. [Inscription]
Ziegler, K.-H., Völkerrechtsgeschichte: ein Studienbuch, München 1994. [Völkerrechtsgeschichte]
–, Art. Völkerrecht, Handwörterbuch zur deutschen Rechtsgeschichte 5, Berlin 1998, 948–963. [Völkerrecht]
Zobel, K., Prophetie im Deuteronomium, BZAW 199, Berlin/New York 1992. [Prophetie]
Zuckerman, B., On Being „Damned Certain“: The Story of a Curse in the Sefire Inscription and Its Interpretation, in: A. Beck u.a (Hg.), Fortunate the Eyes That See, FS D. N. Freedman, Michigan/Cambridge 1995, 422–435. [Story]
Zwickel, W., Kommunikationsmöglichkeiten im alten Israel. Ein Beitrag zu den Rahmenbedingungen der Verschriftlichung biblischer Texte, in: F. Hartenstein u.a. (Hg.), Schriftprophetie, FS J. Jeremias, Neukirchen-Vluyn 2004, 459–479. [Kommunikationsmöglichkeiten]

Register

1. Stellen

Biblische Texte

Gen 1,26–28 263.269
Gen 4,7 237
Gen 6,7 187
Gen 7,4 187
Gen 7,23 187
Gen 15 75
Gen 19,24 216
Gen 43,3 103

Ex 13,9 301
Ex 16,4 301
Ex 19,3b–8 8.198
Ex 19,5 198
Ex 19,21 103
Ex 19,23 103
Ex 19–24 5
Ex 20 5.139
Ex 20,22–23,33 202
Ex 21,12 119
Ex 21,29 103
Ex 22,19a 138.145
Ex 22,24 184
Ex 23,20ff 202
Ex 23,23f 150
Ex 24,12 302
Ex 31 102.
Ex 31,15 119
Ex 31,18 102.
Ex 32,12 127.185.186. 187
Ex 33,5 186
Ex 35,2 119

Lev 17–26 202
Lev 21,20 219
Lev 22,22 219
Lev 24,16 119
Lev 24,21 119
Lev 26 202.213.272
Lev 26,4f 213
Lev 26,4–6.13 213
Lev 26,19f 209–216
Lev 26,26 272.286.287
Lev 26,44 186

Num 5,21 176
Num 14,12 186
Num 25,4 127
Num 25,11 186
Num 35,31 119

Dtn 1,1 115
Dtn 1,5 301
Dtn 1,8 201
Dtn 1–3 187.200.201
Dtn 3,18 187
Dtn 4 11.103.107.109.120.121.141.166.167
Dtn 4,1–40 113.120
Dtn 4,2 112
Dtn 4,6 303
Dtn 4,8 301
Dtn 4,15–20 138
Dtn 4,19 121.139
Dtn 4,20 123
Dtn 4,28 120.191
Dtn 4,35 120
Dtn 4,39 120
Dtn 4,44 194f.301
Dtn 4,44–28,68 8
Dtn 4,45 16.103.115.140.141.166.193.194.197.301
Dtn 5 5.138–141.196.200.201.269

Keilschriftliche Texte

Ugaritische, aramäische und hebräische Texte

Sf II B: 18 97
Sf II C 56
Sf III 56.293
Sf III: 1f 148
Sf III: 1ff 69
Sf III: 1–4 73.75.76.148.154.164
Sf III: 2 76.158
Sf III: 4 70.97.256
Sf III: 4–6 148
Sf III: 4–7 71.73
Sf III: 5f 76
Sf III: 9 97.149
Sf III: 9–14 154.164f
Sf III: 9–19 73
Sf III: 11 165
Sf III: 12f 76.149
Sf III: 13 76
Sf III: 14 97.149.256
Sf III: 16f 256
Sf III: 17 97
Sf III: 18 76
Sf III: 19 97
Sf III: 19–21 73
Sf III: 20 97
Sf III: 21–23 73
Sf III: 23 97.256
Sf III: 23ff 54.73
Sf III: 27 97

Tell Feḫerīye-Inschrift 63f.235.239f.286

2. Namen und Sachen

Abarsal 24
Abī-Iate' 39
Adad-šumu-uṣur 45
adê 21.23.37.38.40.41.42.43.44.45.46.47.49.50.51.57.72.80.82.83.84.85.86.91.94.95.97-105.154.156.178.204.248.253.254.256.271.274.310.316
adê u māmīt 49.98
'dwt 97.102-105.316
'dy 24.57.69.77.96.97-105.256.257.271.293.313.316
Ägypten 5.16.23.103.170.257.263.275.276.282.296.300.312.321
Alaksandu von Wilusa 146
Aleppo 25.28.31.32.54.60.71.213
Amphiktyonie 4
„andere Götter“ 115.116.131.134.138.139.141.143.144.145.169.191.247.299
Anzeigegebot 23.31.33.41.43.44.46.47.50.93.94.142.143.145.146.158.161.162.167.310
Aqht-Epos 212
Aramäer 54.65.71.77.256.271.279
Aramäerstaaten 28.53.54.61.68.105.210.271.273.279.317
Aramaisierung 102.105.262
ardu 20
ardūtu 20
Arnuwanda 34.35
Arslan Tash 252f
Asarhaddon 107.110.111.147.151.157.167.171.204.243.252.267.273.274
Aššur 5.59.60.65.253-256
Aššurbanipal 37.39.4.42.47.65.79.80.86.89.90.91.92.93.94.95.96.144.148.151.152.153.159.162.163.206.227.255.256.272
Aššurṯnērārī V. 38.53.55.60.97
Aššur-uballit II. 49
Assyrer 3.21.28.40.43.54.79.86.102.109.209.256.271.298.315